O SUPREMO TRIBUNAL FEDERAL NA CRISE INSTITUCIONAL BRASILEIRA

FRANCISCO GÉRSON MARQUES DE LIMA

O SUPREMO TRIBUNAL FEDERAL NA CRISE INSTITUCIONAL BRASILEIRA

*Estudo de casos:
abordagem interdisciplinar
de Sociologia Constitucional*

• *Decisões políticas do STF* • *Ruptura do Estado de Direito*
• *Dificuldades entre o Senado e o Judiciário* • *Descrédito e ineficácia das decisões do Judiciário* • *Afinação do STF com a política governamental* • *O STF frente à Magistratura* • *Planos econômicos e crise social* • *Instabilidade das instituições e o fomento da violência* • *Empobrecimento público e privatização das estatais* • *Insegurança e desconforto da sociedade brasileira* • *Impunidade e Lei de Improbidade Administrativa*

O SUPREMO TRIBUNAL FEDERAL
NA CRISE INSTITUCIONAL BRASILEIRA
Estudo de casos: abordagem interdisciplinar
de Sociologia Constitucional

© Francisco Gérson Marques de Lima

ISBN: 978-85-7420-955-5

Direitos reservados desta edição por
MALHEIROS EDITORES LTDA.
Rua Paes de Araújo, 29, conjunto 171
CEP 04531-940 — São Paulo — SP
Tel.: (11) 3078-7205 — Fax: (11) 3168-5495
URL: www.malheiroseditores.com.br
e-mail: malheiroseditores@terra.com.br

Composição
Acqua Estúdio Gráfico Ltda.

Capa
Criação: Vânia Lúcia Amato
Arte: PC Editorial Ltda.

Impresso no Brasil
Printed in Brazil
05.2009

Rendo minhas homenagens ao Professor e amigo Dr. Ivo Dantas pelo estímulo à investigação científica e pelas contribuições sociológicas ao Direito Constitucional.

Meus agradecimentos ao professor Dr. Raymundo Juliano, da Faculdade de Direito da UFPE, pela valiosa orientação na elaboração de minha Tese de Doutoramento, sem o que ela não teria prosperado.

Também à Ana Maria Camelo, diligente bibliotecária da Procuradoria Regional do Trabalho da 7ª Região (CE), cujo trabalho na coleta de dados foi essencial ao desenvolvimento da pesquisa. E, na mesma senda, aos servidores da biblioteca do STF, que nos remeteram cópias de acórdãos e de obras essenciais a esta investigação, e pela colaboração no envio de dados estatísticos daquele Tribunal.

Minhas desculpas às princesas bailarinas Kybele e Gabriela, pelo tempo que não lhes dedico, pois, imerso nos estudos, vou perdendo a sua infância, a mais bela etapa da existência. Uma dolorosa opção de vida, pela qual rezo para o destino ser complacente comigo. Que Deus tenha piedade de mim e as proteja.

A cada riso e traquinagem destes dois anjos, a contagiosa magia me põe na região fronteiriça entre o compromisso sério desta investigação científica e o desejo de correr infantilmente pelos campos imaginários do mundo de faz-de-conta, como Peter Pan, Sininho e a turma da Terra de Ninguém.

Bem, concluí a obra, meninas. Agora vamos brincar... Estremeçamos o céu...

SUMÁRIO

INTRODUÇÃO 11

PARTE I – *A SOCIOLOGIA CONSTITUCIONAL, A ESTRUTURA E O PAPEL DO SUPREMO TRIBUNAL FEDERAL*

Capítulo 1 – A SOCIOLOGIA CONSTITUCIONAL

1. *A perspectiva sociológica desta obra* 29

2. *A Sociologia do Direito Constitucional e o Sociologismo Constitucional*

   2.1 A Sociologia Jurídica e a Sociologia Constitucional 35

   2.2 A importância da Sociologia Aplicada para a perspectiva crítica do Direito 45

3. *Caráter social da Constituição Federal de 1988 e a interpretação socialmente adequada* 47

4. *O intérprete responsável* 53

5. *A crise da Constituição e a crise institucional* 56

6. *Eleições e mandatos políticos na CF/1988* 59

Capítulo 2 – SUPREMO TRIBUNAL FEDERAL: UMA APRESENTAÇÃO NECESSÁRIA

1. *Composição e competência. Importância* 63

2. *Função e desmistificação política do STF: as questões políticas*

   2.1 A idéia de Política e sua pertinência com a função do Judiciário .. 74

   2.2 As questões políticas e sua possível sindicabilidade pelo STF .. 77

   2.3 A necessidade de transparência na justificação das decisões políticas pelo Judiciário 95

3. *Supremo Tribunal Federal: ilegitimidade e descompasso social*

   3.1 Papel democrático do STF 100

   3.2 Sobre a legitimidade e a legalidade 103

   3.3 O STF: entre a legitimidade e a legalidade 114

8 O SUPREMO TRIBUNAL FEDERAL NA CRISE INSTITUCIONAL BRASILEIRA

Capítulo 3 – *Fundamentos para uma Corte Constitucional. O exemplo alemão*

1. Situamento prévio 122
2. STF: natureza, dificuldades e fundamentos para uma Corte
   Constitucional 123
3. Cortes Constitucionais nas Constituições estrangeiras 142
4. O Tribunal Constitucional Federal da Alemanha
   ("Bundesverfassungsgericht")
   4.1 Composição do Tribunal 150
   4.2 Jurisdição constitucional e competência do
   "Bundesverfassungsgericht" 152
   4.3 O "Bundesverfassungsgericht" e o STF. Os números e a visão
   desses Tribunais 155
5. Proposta de composição de uma Corte Constitucional no Brasil 162

Capítulo 4 – *O descumprimento da Constituição*

1. Epítome 169
2. O letal descumprimento da Constituição de 1988 e o interesse na
   hierarquização do Judiciário 170
3. A tíbia atuação do STF ante o descumprimento da CF/1988 177

Capítulo 5 – *Crise ética e institucional*

1. Sinopse 183
2. Crise das Instituições e sua corrupção, fragilização e descrédito
   do Judiciário 184
3. A necessidade da "Justiça" na crise sócio-econômica e ética 201
4. O Senado Federal, o Judiciário e o posicionamento do STF. Crise
   entre Poderes? 228
5. Posições político-partidárias e outras condutas reprováveis no
   STF. Um similar no STJ 241
6. Desvios éticos nos Tribunais: um mapa dos anos 2000 245

Capítulo 6 – *Afinação do STF com a conjuntura política*

1. Contextualização 254
2. O Supremo Tribunal Federal e suas decisões antigovernistas.
   Vicissitudes 255
3. O compromisso da toga 269
4. A suposta gestão política do Ministro Nelson Jobim 278
5. O Supremo Tribunal Federal na atualidade 302

SUMÁRIO   9

PARTE II – *JURISPRUDÊNCIA PONTUAL DO STF. ESTUDO DE CASOS*

Capítulo 7 – INTRODUÇÃO AOS CASOS ESTUDADOS 313

Capítulo 8 – BLOQUEIO DE ATIVOS FINANCEIROS 317

Capítulo 9 – MEDIDAS LIMINARES, CAUTELARES E TUTELAS ANTECIPADAS CONTRA O PODER PÚBLICO 325

Capítulo 10 – O "IMPEACHMENT" DO PRESIDENTE DA REPÚBLICA (1992) 334

Capítulo 11 – PROCESSO DE PRIVATIZAÇÃO 339

Capítulo 12 – PLANOS ECONÔMICOS: A MUDANÇA DO CONCEITO DE "DIREITO ADQUIRIDO" E A SUSPENSÃO DA EXECUÇÃO 359

Capítulo 13 – A ANTECIPAÇÃO DO PLEBISCITO, EM 1993 386

Capítulo 14 – ALCANCE DA REVISÃO CONSTITUCIONAL (1993) 392

Capítulo 15 – REEDIÇÃO DE MEDIDA PROVISÓRIA 397

Capítulo 16 – CONVENÇÃO 158 DA OIT 416

Capítulo 17 – O SEQÜESTRO DE VERBA PÚBLICA, POR FALTA DE CUMPRIMENTO DE PRECATÓRIO JUDICIAL, E A REJEIÇÃO DOS PEDIDOS DE INTERVENÇÃO NAS UNIDADES POLÍTICAS 428

Capítulo 18 – REELEIÇÃO PARA PRESIDENTE DA REPÚBLICA, GOVERNADORES E PREFEITOS 438

Capítulo 19 – O VALOR DO SALÁRIO MÍNIMO 448

Capítulo 20 – O MANDADO DE INJUNÇÃO 463

Capítulo 21 – A VEDAÇÃO DA VINCULAÇÃO AO SALÁRIO MÍNIMO 473

Capítulo 22 – TAXAS ANUAIS DE JUROS (12% A.A.) 483

Capítulo 23 – RESTRIÇÃO AO USO DAS AÇÕES DIRETAS DE INCONSTITUCIONALIDADE 498

Capítulo 24 – O CASO "HUMBERTO LUCENA". RUPTURA DA SEPARAÇÃO ENTRE OS PODERES 510

Capítulo 25 – A ILEGITIMIDADE DO MINISTÉRIO PÚBLICO PARA PROPOR AÇÃO CIVIL PÚBLICA QUE VERSE SOBRE TRIBUTOS 517

Capítulo 26 – PROCESSO LEGISLATIVO E PRINCÍPIO DA LEGALIDADE. MATÉRIA "INTERNA CORPORIS" 520

Capítulo 27 – OS RECURSOS EXTRAORDINÁRIOS NA JUSTIÇA DO TRABALHO 526

Capítulo 28 – O APAGÃO ELÉTRICO 538

Capítulo 29 – A REFORMA DA PREVIDÊNCIA (2003) 547

10   O SUPREMO TRIBUNAL FEDERAL NA CRISE INSTITUCIONAL BRASILEIRA

Capítulo 30 – **A** HISTÓRICA IMPUNIDADE DOS CRIMES DE IMPROBIDADE
ADMINISTRATIVA

1. Histórico da jurisprudência do STF 567

*2. O "caso Sardenberg": afastamento da Lei de Improbidade aos
agentes políticos e prevalência do foro privilegiado (2007)* 571

*3. O "esquema do mensalão". Recebimento da denúncia pelo STF
(2007)* 574

Capítulo 31 – **D**IREITO DE GREVE NO SERVIÇO PÚBLICO 582

Capítulo 32 – **A** LUTA PELA COMPETÊNCIA DA **J**USTIÇA DO TRABALHO 595

Capítulo 33 – **O**UTROS DADOS JURISPRUDENCIAIS E INSTITUCIONAIS

1. Justificativa deste capítulo 617

2. Investigação pelo Ministério Público 617

3. Choque do STF com a Polícia Federal e a ABIN (2008) 619

4. Um caso não punido no TRT-22ª Região, pelo STF 626

5. Outros casos, para reflexão pelo leitor 627

CONCLUSÕES 637

BIBLIOGRAFIA 645

INTRODUÇÃO

O Supremo Tribunal Federal está afinado com a sociedade para assegurar-lhe os reais interesses? Considerando a possibilidade de os interesses políticos serem contrários aos da sociedade, estará o STF consciente e apto a tutelar os últimos? Das vezes em que a sociedade, ferida em seus direitos, bateu nos umbrais do STF, quantas delas este lhe abriu as portas da justiça, especialmente no período posterior a outubro de 1988? Qual foi a postura adotada pela Corte em grandes casos surgidos depois de outubro/1988, envolvendo questões altamente relevantes, de ordem política, econômica, social e institucional?

Natureza inicial deste trabalho. Este livro resulta da Tese de Doutorado em Direito, que o Autor submeteu, com pleno sucesso, à Universidade Federal de Pernambuco (UFPE), em novembro de 2000, sob o título "Contribuições do Supremo Tribunal Federal para a Instabilidade do Brasil". A banca fora composta pelos eminentes Profs. Drs. Ivo Dantas, George de Siqueira, Marcos Ferreira da Costa, Michel Zaidan e Francisco de Queiroz Cavalcanti. O Orientador inicial fora o Prof. Dr. Ivo Dantas, que foi sucedido pelo Prof. Dr. Raymundo Juliano. Entre a versão original e esta foi mantida a idéia principal de apresentar um estudo crítico do STF, sob a perspectiva da Sociologia Constitucional.

A primeira edição desta obra foi publicada em 2001, pela Editora ABC, de Fortaleza. Apesar da dificuldade de distribuição, a tiragem se esgotou, o que ensejou esta nova edição, que, obviamente, segue atualizada e aumentada, atenta às novas decisões do STF. Imprimiu-se-lhe, ainda, uma revisão metodológica, com o acréscimo do Capítulo 1, o reabilitamento desta Introdução e a divisão do trabalho em duas partes, tornando a obra técnica e metodologicamente aperfeiçoada.

12   O SUPREMO TRIBUNAL FEDERAL NA CRISE INSTITUCIONAL BRASILEIRA

Naqueles anos (2000-2001), as obras sobre o Supremo Tribunal Federal eram ainda mais escassas do que atualmente, havendo, mesmo, uma omissão em apresentar um estudo crítico a seu respeito, em especial de cunho metajurídico. Isto contribuiu fortemente para a relevância deste trabalho, que se mostrou pioneiro no assunto, tal como mencionado pela ilustre Banca Examinadora da Tese de Doutoramento.

Definição do tema no quadro do conhecimento humano: o viés deste trabalho é sociológico, indiscutivelmente.[1] Porém, ele padeceu da mesma perplexidade que Ivo Dantas enfrentou ao apresentar sua Dissertação no Mestrado em Sociologia da UFPE: onde situar a presente pesquisa no quadro do conhecimento humano? Pertence ao Direito, à Política ou à Sociologia? Na verdade, ela fica em uma zona fronteiriça entre a Sociologia do Direito e a Sociologia Política (denominada por alguns de Ciência Política). Cláudio Souto se reporta a uma *Sociologia do Direito Constitucional*, linha estudada por Bidart Campos, para se referir ao estudo do impacto sociológico do Direito Constitucional.

Desenvolve-se, aqui, um estudo crítico do Direito, numa visão predominante da Sociologia. Não de qualquer Direito, mas de um específico: do Direito Constitucional. Não de um aspecto qualquer do Direito Constitucional, mas da sua correlação com a sociedade, sua versão sociológica. Não de toda correlação, mas, sim, no que seja decorrente da aplicação das normas pelo Supremo Tribunal Federal, na sua *jurisdição constitucional.*

Pode-se dizer que a presente investigação insere-se no campo da *Sociologia do Direito Aplicada,* porquanto apura e comprova um certo *descompasso social* fático-político do STF e analisa os reflexos de algumas dessas decisões na sociedade, partindo de dados concretos, objetivos e jurisprudenciais. A pesquisa cuida de apreciar conseqüências sociais na aplicação de normas constitucionais pelo STF, numa dimensão mais próxima do quotidiano, do cidadão comum. Vale dizer: aprecia se o arcabouço teórico da jurisdição constitucional, com todas as suas te-

---

1. Cláudio Souto e Solange Souto criticam a falta de pesquisa no âmbito da Sociologia do Direito, afirmando que, no Brasil, tudo indica ter sido no Estado de Pernambuco que a primeira investigação empírica do País foi realizada. No sustento de sua afirmação, citam casos esparsos de pesquisa no Brasil, elogiando os trabalhos desenvolvidos pelo professor pernambucano Luciano Oliveira (*Sociologia do Direito – Uma Visão Substantiva*, pp. 110-116 e 138-147).

INTRODUÇÃO 13

ses, são aplicadas adequadamente pelo Supremo Tribunal Federal, sob o ponto de vista social. Não apenas sociológico, mas social mesmo.

Problematização: Sabe-se que as Instituições brasileiras passam por grave crise, imergindo em dificuldades várias e pondo em xeque sua legitimidade – pelo menos tendo por referencial a função social a que estão teoricamente fadadas a desempenhar. Sua crise é de funcionamento, de eticidade, e não de serem sepultadas ou de uma Instituição fechar a Casa do outro ou decretar intervenções. Obviamente, em um trabalho como o presente, específico, é impossível apresentar todas as Instituições, cotejando o papel de cada uma com a realidade de seu atuar. Pelo fato de não ser o objeto principal do estudo, algumas dessas considerações se mostrariam desnecessárias, inócuas, tão evidentes são.

Porém, é deveras preocupante o rumo que as coisas vão tomando, em direção a um futuro que antecipa presas aterradoras. Não bastassem os turvos dias hodiernos, piores (muito piores) ameaçam sobrevir, já mostrando sua face de início de século, desde os problemas naturais (aquecimento global, instabilidade climática, falta de água potável, tsunâmis etc.) até os problemas sociais (desemprego, violência, miséria, concentração de renda, desajustes, doenças, opressão, decadência moral, corrupção, impunidade, inversão de valores...). Estes problemas típicos de transição de séculos agravam-se em virada de milênio. E o mundo vai girando. A sociedade global parece não conseguir sobreviver sob o manto de um mesmo sistema por mais de um século. E isto é um fenômeno histórico, digno de estudo, cuja investigação fica para os sociólogos e historiadores.

Em julho de 2006, a imprensa do país inteiro (jornais escritos e televisivos, revistas *Veja*, *Época*, *IstoÉ* e outras fontes) divulgou que um terço da Câmara dos Deputados se encontrava investigada pela Polícia Federal e pelo Ministério Público por suspeita de corrupção, desvio de verbas e lavagem de dinheiro, já havendo sido denunciados quase 100 deputados, envolvidos com os escândalos do mensalão, dos vampiros, das ambulâncias etc.

A mesma imprensa divulgou, também neste período, nova onda de ataques do PCC (Primeiro Comando da Capital) a São Paulo, a maior capital da América Latina e uma das maiores cidades do mundo, deixando a população aterrorizada e as autoridades públicas desnorteadas. Isto depois que o PCC, havia pouco mais de um mês, paralisara a capital, seu

14 O SUPREMO TRIBUNAL FEDERAL NA CRISE INSTITUCIONAL BRASILEIRA

comércio, escolas, aeroportos etc. Em 2007, o crime organizado desafiou e continuou desonrando o Estado e aterrorizando as famílias brasileiras.

Neste quadro horripilante, não se afigura justificável que o STF se exima de sua responsabilidade social, aliando-se à conjuntura governamental, quando o próprio governo se perde nos meandros da condução da nação e se enlameia sem nada ver ou nada saber.

O Judiciário e, em especial, o STF, deve se portar como a reserva moral do país e espancar à chibata a corrupção, antes que a sociedade se degenere e perca, de vez, a noção do certo e do errado, confundindo o bem com o mal, o trabalho com a roubalheira, a atividade produtiva honesta com o enriquecimento sem causa, a justiça com a iniquidade. Um país sem noção de bons valores é uma nação de malfeitores, uma sociedade de criminosos, uma horda de facínoras incontidos. Neste estado, a selvageria logo se instala e as Instituições perdem o sentido, passando a ser descartáveis. O Judiciário e o Ministério Público são as Instituições mais apropriadas para a moralização do país: primeiro, porque possuem garantias vocacionadas a assegurar sua independência; segundo, porque suas bases são erguidas em critério objetivo de acesso aos cargos, sem interferência política; terceiro, porque são Instituições destinadas ao controle dos princípios da Administração Pública, da legalidade e da moralidade; quarto, porque suas bases não dependem de conchavos políticos para funcionarem. É difícil, por exemplo, que o Legislativo faça a faxina na sua própria casa, uma vez que é da essência dos seus membros (políticos profissionais) a convivência pacífica, harmoniosa e politicamente aceitável entre si.

O país se ergue tão instável que um simples comentário de final de semana (como em janeiro de 1999, sobre provável bloqueio de contas bancárias pelo Governo Federal), oriundo de fonte desconhecida, abala toda a nação, que, alardada, corre aos bancos para sacar as economias juntadas por anos a fio. Uma sucessão de governos desacreditados. Pior: que inspiram descrédito interno e externo. E o receio de que ocorram infelizes experiências pretéritas, como o confisco da poupança pelo Presidente Collor, lateja na sociedade, que aprendeu a desconfiar do STF, nestes casos, em face do exemplo passado.

É notória a função metajurídica do STF. A importância social de seus pronunciamentos iguala-se aos reflexos políticos que dos próprios atos contestados decorrem, porquanto estes são dotados de grande repercussão. O pronunciamento dessa Corte, por expressar a palavra final do

INTRODUÇÃO 15

Estado, pode mudar o rumo do país, o perfil da política sócio-econômica. Daí, a relevância de tais decisões para toda a nação. Entretanto, será que o Supremo Tribunal está afinado com a sociedade para assegurar-lhe os interesses? Considerando a possibilidade de os interesses políticos serem contrários aos da sociedade, estaria o Supremo consciente e apto a tutelar os últimos? Das vezes em que a sociedade, ferida em seus direitos, bateu nos umbrais do STF, quantas delas ele lhe abriu as portas da justiça, especialmente no período posterior a outubro de 1988?

Diante destes questionamentos, dentre tantos outros que poderiam ser feitos, são trazidas à baila decisões do STF que refletem o seu *descompasso* com os anseios do povo e da população, com o cidadão mesmo, em momentos em que estes mais precisaram daquele órgão. Isto, por outro lado, não implica sustentar o completo alheamento do STF em outras ocasiões, dignas de registro, como, de fato, também é feito nesta obra. Existem decisões grandiosas e altamente elogiáveis do STF, ao que não faltam propagadores, inclusive virtuais. É justamente por isto que esta investigação busca colmatar a lacuna deixada pelos elogios e louvores (mesmo que merecidos) para tratar da parte antipática da construção jurisprudencial da Corte. Traz-se a lume, destarte, facetas desse Tribunal, em instantes críticos, cuja definição (ou indefinição) foi perniciosa à sociedade, sobremodo no período pós-Constituição Federal de 1988, época em que se atribuiu àquela Corte a imensa função de garantir os novos ditames da democracia e do Estado de Direito, considerando a então recém-superação do regime militar, o qual se impusera por mais de vinte anos.

No enfoque das decisões, muitas vezes se releva a *quantidade* de julgamentos do STF, sobretudo proferidos em litígios individuais. Prima-se pela *qualidade sociológica* dessas decisões, pela dimensão que elas representaram em certo momento histórico, pelos efeitos sociais que acarretaram, pelo seu conteúdo e alcance, enfim. Os casos particulares, nos quais envolvidos meros interesses individuais, não foram abordados, salvo se repetidos e tenham assumido conotação metaindividual, a ponto de afetar interesses genéricos da sociedade. Ademais, as decisões proferidas em ações tais, podem servir de paradigma para inúmeras outras (individuais ou coletivas).[2]

---

2. Isto ocorre, comumente, com as ações de controle de constitucionalidade em geral. Aliás, se houver duas ou mais ADIs ajuizadas com idêntico objeto, aquela que for julgada primeiro surtirá efeitos nas outras, a ponto de estas perderem o objeto (STF, Pleno, ADI 1.460-DF, Rel. Min. Sydney Sanches, j. 17.3.1999, *RTJ* 170/423).

16 O SUPREMO TRIBUNAL FEDERAL NA CRISE INSTITUCIONAL BRASILEIRA

Foi pela consciência da importância do Judiciário, por respeitá-lo e defendê-lo como Instituição, e em particular ao Supremo Tribunal, que se desenvolveu esta pesquisa. É preferível colaborar com as Instituições nacionais, apontando-lhes as falhas e lhes sugerindo aperfeiçoamento, ao invés de simplesmente sabujá-las, pois é apontando-lhes as deficiências que se contribui para o seu aprimoramento. Dizia Plutarco que um amigo não se associa em vão a nenhum empreendimento e, consultado antes, contribui para orientar a questão ao outro no sentido do dever e da utilidade. "Mas o bajulador, mesmo quando lhe é permitido examinar a questão e discuti-la, pensa somente em se mostrar condescendente e em nos agradar e, temendo ser suspeito de hesitação ou de escapadela, mostra-se tão disposto, tão ardente como vós, em ver a realização de vossos desejos".[3]

Delimitação investigativa: A investigação foi levada a cabo sob uma perspectiva mais prática do que teórica. E não poderia ser outra a dimensão, eis que consiste em averiguar, criticamente, a postura do Supremo Tribunal Federal, quando chamado a se pronunciar sobre grandes questões da nação, destacadamente no período posterior à Constituição Federal de 1988.

Obviamente, em estudo desta espécie, não se poderia abordar o STF ao longo de toda a história do Brasil. Por isso, este mister se limita ao período posterior a outubro de 1988 (data da promulgação da atual Constituição Federal), mais especificamente dos anos 1990 até a atualidade. Justifica-se a limitação cronológica por se entender que esta foi (e ainda é) a época em que a crise nacional verminou de vez, com vigorosos tentáculos em todos os setores (principalmente o público), descortinando o legado maldito, e porque a CF/1988 é um marco na mudança dos rumos políticos do país, trazendo novos ares. Depois da instalação

---

Os casos de decisões proferidas em *writs* também têm corriqueiramente servido de paradigma (v., no "estudo de casos", o ocorrido com o mandado de injunção e as taxas de juros de 12% a.a.). Ultimamente, os arestos proferidos nos apelos individuais funcionam como *precedentes* do STF (*v.g.*, sócio cotista e Lei 7.713/1988/ no RE 185.816-8-PR, 1ª T., Min. Moreira Alves, *JSTF* 209/213, o Relator limitou-se a invocar precedente da corte sobre a matéria como fundamentação do julgado; vide, semelhantemente: 2ª T., RE 170.143-9-PR, Min. Maurício Corrêa, *JSTF* 208/288, sobre anistia de correção monetária; e 2ª T., HC 72.287-3-SP, Min. Carlos Velloso, *JSTF* 208/389, pertinente a depositário infiel nos contratos de mútuo).

3. Plutarco, *Como Tirar Proveito de seus Inimigos*, p. 71.

INTRODUÇÃO 17

do STF, foi justamente quando mais se precisou deste órgão, em razão da abertura política dos anos 1980 e em face das pressões do mercado externo e do elitizado capital interno, colorido pela concentração do poder político, vez por outra com traços de absolutismo; tudo em meio a uma instabilidade jurídico-institucional quase inimaginável e insustentável, animada pela violência incontida das ruas, pelo crime organizado, pelo menosprezo à ética (pública, geral e particular) e pelo desrespeito às decisões do Judiciário. Não se poderia, mesmo, fazer qualquer abordagem sociológica sem delimitar o momento histórico.

O alento para debruçar-se sobre o assunto foi exatamente o esquecimento doutrinário a respeito desta faceta do STF, e porque se tem atribuído ao Executivo culpa quase exclusiva para as dificuldades atuais, quando, ao ver deste pesquisador, aquele órgão máximo do Judiciário em muito contribuiu, no que era (e é) de sua competência, para esta situação.

Conforme já antecipado em linhas antecedentes, nesta investigação não serão discutidos todos os problemas que assolam o país, apesar da sua conotação jurídica, muitos, conseqüenciais do neoliberalismo, da globalização, da imposição do mercado internacional, da mercantilização do ser humano e da ausência de políticas sociais realmente comprometidas com a dignidade, a inserção e o desenvolvimento das pessoas. Foi selecionada, primeiramente, a realidade brasileira e, dentro dela, um problema específico, referente ao colapso institucional. Ainda na busca pela especificidade, escolheu-se a feição *sócio-jurídico-política*, de ordem *constitucional*, levada a cabo pelo STF, órgão máximo, no Brasil, incumbido de interpretar a Constituição e, de resto, a assegurar uma justa estabilidade às relações jurídicas.

A seu turno, não se discute, nesta abordagem, propriamente a *juridicidade* das decisões do STF, aqui patenteadas, senão apenas reflexamente. Primeiro, porque as teses pertinentes a referidas matérias encontram amparo jurídico tanto *contra* quanto *a favor*, as quais já foram defendidas e contraditadas por ilustres juristas, mostrando a sua complexidade. Segundo, porque grande parte dessas conclusões do STF foram tomadas por maioria de votos, encontrando-se na divergência dos votos argumentos fortes o suficiente para sustentar ambas as teses (contra e a favor), sob o plano jurídico-dogmático, técnico, embora umas mais do que as outras, às vezes embasadas em argumentos sofismáticos,

18 O SUPREMO TRIBUNAL FEDERAL NA CRISE INSTITUCIONAL BRASILEIRA

dentro de uma lógica argumentativa formal, meramente retórica, conquanto distanciada da realidade. Terceiro, porque cada uma dessas teses, por si só, já justificaria todo um tratado, considerando o relevo constitucional, social, político e econômico. Por fim, porque não condiria com a natureza deste estudo mourejo de tal monta, tarefa hercúlea a desafiar os deuses do Olimpo: a clarividência de Hermes, a sabedoria de Atena (Minerva), o tempo de Zeus (descendente de Cronos) e a disposição guerreira de Ares. Fugiria, enfim, do objetivo a que a obra se propõe.

De sua vez, não se aprecia, aqui, o caráter nem se discute a honestidade de nenhum ministro do STF. Tal aspecto não é objeto deste trabalho, que não é tribunal nem cadafalso para linchamentos públicos; a investigação não foi conduzida para esta finalidade nem fora este o móvel deste estudo sociológico. Não há elementos para se analisar a retidão do caráter dos ministros, a não ser sua conduta, manifestação externa, objetiva, que, no seu atuar, possa ter ofendido os interesses sociais e comprometido os dispositivos constitucionais referentes às vedações dos magistrados, a exemplo da proibição de atividades político-partidárias, assunto enfocado oportunamente no curso destas laboriosas páginas. Mas o enfoque foi, muito mais, de conduta como magistrados integrantes do Poder Judiciário, sem a abordagem moral nem psicológica do comportamento, e sempre respeitando as autoridades envolvidas. Questiona-se o trabalho, e não a pessoa; discute-se a obra, e não o seu autor; investiga-se a jurisprudência, e não o juiz.

Todavia, se, porventura, escapando da pena, alguma tinta incontida aparentar pôr em dúvida a honestidade de algum Ministro, ficam de logo manifestas as necessárias escusas, porquanto não terá sido proposital, senão fruto de algum descuido de redação, cuja obscuridade leve a interpretação indevida.

Na verdade, a preocupação com as Instituições encarregadas da prestação jurisdicional e da defesa jurídica da população tem sido uma realidade diuturna deste Autor. O que tem acontecido com o Supremo Tribunal Federal e a Procuradoria Geral da República (esta, durante quase todo o Governo presidencial de Fernando Henrique Cardoso)? O primeiro pareceu chancelar judicialmente medidas contrárias aos interesses do simples cidadão brasileiro. A segunda, quedou-se inerte ao descumprimento da Constituição Federal, da legalidade e do Estado Democrático de Direito, deixando de apurar irregularidades e de ajuizar ações im-

INTRODUÇÃO   19

prescindíveis ao resguardo da moralidade e do patrimônio público, conquanto não se tenha detido para a defesa de atos governistas, nos mandatos do Presidente Fernando Henrique Cardoso.[4]

Enfim, a presente tese analisa, criticamente, o impacto social das decisões do STF e, de modo correlato, como esta Corte tem se postado perante as grandes questões que marcaram o Brasil após 1988, ano da promulgação da Constituição Cidadã.

Pioneirismo da tese: Uma análise crítica da postura jurisprudencial do STF, sob os auspícios da Sociologia Constitucional. É este o foco da presente Tese, sem precedentes no Brasil ao tempo da sua apresentação no Doutorado em Direito da UFPE. Nunca dantes o tema fora enfrentado metodicamente. Logo, facilmente se vê que este trabalho veio colmatar uma lacuna na investigação científica, o que demonstra o pioneirismo da Tese, reconhecido em sua defesa perante a Banca Examinadora (em 2000). Além disso, o momento histórico de abertura democrática e de instabilidade na governabilidade da nação inspiraram o desenvolvimento deste estudo, em especial porque a crise brasileira exige (e exigirá) do STF, talvez mais do que nunca, férteis pronunciamentos, os quais brindarão os cidadãos com novos dados, contra ou a favor desta perspectiva. Neste diapasão, procedeu-se aos necessários assentamentos, em contínuo trabalho de pesquisa e de inserção de novos dados ao corpo do texto, em contínuo processo de atualização. Afinal, como dito acima, continuaram (e continuam) a vir à tona muitas decisões do STF merecedoras de novos comentários e análise *a posteriori*, o que se faz nesta nova etapa da obra.

Das fontes, dos métodos e da metodologia da pesquisa: A presente pesquisa foi predominantemente jurisprudencial, na busca das decisões que amparassem o que aqui se sustenta. Pesquisou-se no *Informativo-STF* (periódico do próprio STF), no banco de dados da *Internet*, no Diário da Justiça da União e em repositórios autorizados de jurisprudência, além de em jornais, revistas e outros periódicos de notícias. Lamentavelmente, porém, nem tudo de quanto se tomou conhecimento –

---

4. Seria conseqüência de seus *Chefes* não se submeterem ao crivo democrático da eleição direta e geral pelos membros da própria categoria a que pertencem (magistratura e Ministério Público)? Esta questão será analisada no tópico referente à *ilegitimidade do STF.*

20 O SUPREMO TRIBUNAL FEDERAL NA CRISE INSTITUCIONAL BRASILEIRA

por ouvir falar ou ver na imprensa –, conseguiu-se encontrar dado material ou a fonte oficial precisa, o que foi companheiro dos obstáculos naturais da pesquisa, conquanto devidamente superados.

No pertinente à coleta de dados e apuração quantitativa, contou-se com o trabalho oficial do próprio STF, que, através do BNDPJ (Banco Nacional de Dados do Poder Judiciário), oferece dados extraídos do movimento processual brasileiro. Embora a Sociologia tenha uma certa cautela em aceitar os *relatórios de justiça*, como expressão de dados estatísticos (a *normoestatística*), a título de fonte válida de investigação, o caso em tela merece uma reflexão positiva: a fonte, aqui, é a oficial, séria, feita a partir de informações estatísticas formais dos próprios órgãos públicos, isto é, do próprio Poder Judiciário. E a apuração quantitativa é fácil, porque os dados judiciais são fáceis de recensear. O STF já os tem. Isto lhes confere um considerável juízo de confiabilidade.

A estatística jurídica (melhor, judiciária) é imprescindível para qualquer análise sobre o Poder Judiciário. Neste ponto, a presente investigação se beneficiou com o trabalho realizado pelo setor de estatística do STF, devidamente publicizado e disponibilizado no site desta Corte.

Já a análise qualitativa requer um trabalho intelectivo aprofundado e um juízo crítico mais refinado. E tal tarefa foi empreendida a partir do exame dos dados do BNDPJ/STF e da leitura das ementas, liminares, acórdãos e despachos proferidos pelos Ministros do STF, publicados nos repositórios autorizados, no *Ementário de Jurisprudência do STF*, nos órgãos oficiais de publicação (sobretudo *Diário Oficial*) e na sua própria página (internet).

Quanto ao recurso à imprensa, fez-se bastante necessário. As matérias jornalísticas, que, sozinhas, não são, academicamente, fontes confiáveis ou cientificamente não são aceitas, trazem, por outro lado, importantes informações sociais, econômicas e políticas. Elas vivem o momento, são atuais. A imprensa é um termômetro da sociedade, apesar de ostentar validade científica duvidosa, em razão da sua parcialidade, marcada pelo sensacionalismo, pela vendagem jornalística; mas, ainda assim, é um relevante instrumento para corroborar dados coletados de outras fontes científicas. O jornalismo investigativo é importante para a descoberta de ilicitudes e apuração de fatos, ocorridos nas Instituições, ou atos praticados pelas autoridades públicas. As entrevistas a personalidades de destaque, o cruzamento de dados e de opiniões não podem passar

INTRODUÇÃO 21

ao largo da ciência social, simplesmente por ter origem no trabalho da imprensa. E quando a matéria veicula dado oficial ou discursos de personalidades importantes, p. ex., ela é dotada de um grau de aceitabilidade razoável. Este instrumento serve, não eventualmente, de denúncia, justificando a instauração de inquéritos, processos e Comissões Parlamentares de Inquérito (CPIs). Muitos crimes já foram descobertos ou tiveram sua apuração iniciada graças à imprensa. Então, seu valor científico merece um mínimo de consideração. Ademais, pode-se depurar da notícia seus excessos e sensacionalismos, enxugando-a.

A pesquisa no campo político é muito difícil, pois requer apreciação de uma série de posturas dos atores, pronunciamentos, atos, palavras e efeitos. Suas conseqüências não são sentidas imediatamente, pelo que é importante o registro dos fatos, nomes e circunstâncias, para memória do investigador. Neste sentido, atenta aos movimentos sociais, a imprensa é um arcabouço da memória política, enquanto analisa a realidade neste campo. Nem sempre se pode esperar pela revelação da História, que requer tempo e amadurecimento na análise conseqüencial dos fatos. Nenhum trabalho científico pode ser feito tendo como fonte apenas matérias jornalísticas, mas se admite que a investigação as utilize, complementarmente, em especial quando há elementos oficiais, fontes públicas e confiáveis a inspirar a matéria jornalística.

Sobre o risco na manipulação dos dados, mesmo originários do Poder Público, é uma constante em qualquer investigação, sobretudo em se tratando de Ciências Sociais. Mas a prudência, a cautela e a maturidade profissional e investigativa iluminam o desvendamento da realidade.

Sobre todos estes fatores, destaca-se a observação do pesquisador, sempre atenta e crítica, tão largamente usada nesta desafiadora tarefa.

Com esta filosofia de pesquisa desenvolveu-se o presente trabalho, arvorando-se, por vezes, em notícias de periódicos jornalísticos. Sempre que possível, cuidou-se de confirmar ditas matérias através de fontes seguras, imparciais, oficiais e/ou cientificamente aceitas.

Na doutrina, foi grande a dificuldade de se encontrar estudo semelhante, exceção feita à obra de Oscar Vilhena Vieira,[5] a qual, no entan-

---

5. Oscar Vilhena Vieira, *Supremo Tribunal Federal – Jurisprudência Política*, *passim*. Posteriormente, o mesmo autor lançou uma nova coletânea de decisões do STF, no livro *Direitos Fundamentais – Uma leitura da jurisprudência do STF.* Mas

22 O SUPREMO TRIBUNAL FEDERAL NA CRISE INSTITUCIONAL BRASILEIRA

to, não enfrentou, especificamente, este tema, pelo menos sob os auspícios da visão ora conferida ao fenômeno. Também a investigação de Osvaldo Trigueiro do Vale não segue o raciocínio deste estudo: primeiro, porque trata de período diverso, o do período militar (mais precisamente, de 1964 a 1976); segundo, porque aquele trabalho, tão bem laborado, é mais um enaltecimento do STF e de seus Ministros do que uma crítica à sua atuação.[6] Merece destaque a obra de Paulo Bonavides, tratando do *golpe de Estado institucional*, onde dedica algumas valiosas palavras sobre a contribuição do STF para a ingovernabilidade do País.[7] Posteriormente à presente Tese de Doutoramento, o livro que mais se aproximou da análise crítica aqui defendida foi o coordenado pelo Professor Álvaro Ricardo de Souza Cruz, intitulado *O Supremo Tribunal Federal Revisitado – Ano Judiciário 2002*.[8] Trata-se de uma coletânea de artigos, nos quais se analisam algumas decisões do STF, topicamente, como fruto das pesquisas do Núcleo de Direito Constitucional da Faculdade Mineira de Direito da Pontifícia Universidade Católica de Minas Gerais. A abordagem, no entanto, é nitidamente jurídica, e pouco sociológica. Em termos de revista específica, é digno de registro o laborioso apanhado feito pela Editora Análise, em 2006, sobre o STF e o STJ, em estudo rico em dados estatísticos e biográficos dos novos ministros integrantes dessas Cortes.[9] A tais obras básicas, a fonte bibliográfica veio ilustrada por artigos de autores nacionais, todos devi-

---

esta coletânea, no entanto, não segue a linha ousada da obra precedente, eis que é composta de transcrição de julgados, com poucos comentários e raras anotações.

6. Osvaldo Trigueiro do Vale, *O Supremo Tribunal Federal e a Instabilidade Político-Institucional*. Vejam-se trechos da obra: "Acossado em outras oportunidades, o Supremo manter-se-ia fiel à Constituição. Foi sempre assim o comportamento do Supremo" (idem, ibidem, p. 10). Os Ministros da Corte "esqueciam que a toga tinha sido, historicamente, um sudário protetor às investidas partidárias" (p. 11). Após nominar os vários Ministros que integraram o STF, aduz: "Assim, temos dentre eles, de vários pontos da Federação, com diversos tipos de atuação profissional, parlamentares, desembargadores, Procurador-Geral da República, professores, advogados militantes, homens que, revestidos da toga, enfrentaram em diferentes épocas e em adversas circunstâncias, com denodo, coragem e civismo, a defesa dos direitos dos cidadãos, o respeito à lei e aos ditames constitucionais" (p. 17).

7. Paulo Bonavides, *Do País Constitucional ao País Neocolonial, passim.*

8. Álvaro Ricardo de Souza Cruz (Coord.), *O Supremo Tribunal Federal Revisitado – Ano Judiciário 2002, passim.*

9. "Justiça – Supremo e Superior Tribunal: quem são os Ministros, como eles decidem", *Revista Análise*, vol. 2, São Paulo, Editora Análise, junho/2006.

damente mencionados no curso da investigação. No mais, os doutrinadores serviram para fornecer dados conceituais, críticos, históricos e insinuações teóricas.

O método utilizado foi predominantemente indutivo, numa visão prospectiva e, como não poderia deixar de ser, crítico-dialética, na qual se procurou contribuir com propostas para a melhoria do funcionamento do Supremo Tribunal, no exercício da jurisdição constitucional e dos direitos e garantias fundamentais. É das decisões e atos do STF (dados concretos) que se formulam raciocínios gerais.

A abordagem apresentada é a interdisciplinar, analisando diversos prismas das decisões coletadas, ora sob a ótica da Sociologia, ora da Política, ora do Direito e ora da Economia. O enfoque, assim, foi o da complexidade das matérias veiculadas neste estudo. Afinal, as relações entre os cidadãos, entre si, e entre eles e o Estado, não se cingem somente ao campo jurídico.

Optou-se por empregar linguagem leve, descontraída, sem rebuscamentos, ilustrada por lições da História Universal, especialmente clássica, e, até mesmo, de algumas fábulas consagradas pela Literatura mundial. Justifica-se este estilo literário no fato de a obra se dirigir não só aos juristas, mas também a outros segmentos da sociedade, considerando o interesse geral que o assunto suscita e a interdisciplinariedade da investigação.

Objetivos e contribuição sociológica à jurisprudência do STF: Objetiva este estudo muito mais contribuir para uma análise críticoprospectiva da jurisprudência (sobretudo política) do STF do que para lograr o título de Doutor, embora ambas as razões o tenham movido. Colima-se desvendar um campo ainda descoberto da construção jurisprudencial do STF e contribuir para seu amadurecimento, como uma voz pioneira a levantar as possíveis interpretações que poderiam ser utilizadas pela Corte, de modo muito mais vantajoso para o ambiente social. Destarte, a crítica não é vazia nem sem propósito. É uma crítica construtiva, positiva, de feição contribuidora para o aprimoramento do Supremo Tribunal Federal. Afinal, na medida em que se apontam as falhas de uma Instituição, abre-se espaço para que ela as conserte. A definição de deficiências dá margem a que elas sejam corrigidas. Se ninguém apontar onde se encontram os defeitos no funcionamento de qualquer órgão ou entidade, eles não serão aprimorados.

24 O SUPREMO TRIBUNAL FEDERAL NA CRISE INSTITUCIONAL BRASILEIRA

Além disso, este trabalho exibe à sociedade um lado oculto, posto inexplorado, da jurisprudência do STF, convidando-a a desvendá-la e estudá-la criticamente. As Instituições precisam ser analisadas pela sociedade. É assim que a democracia funciona. Que este apanhado sirva, então, de estímulo ao real desempenho deste papel democrático.

Daí o objetivo e a relevância destas páginas.

Da estrutura e divisão deste trabalho: A obra foi dividida em duas Partes, destinando-se a primeira delas à Sociologia Constitucional e à abordagem geral do STF, sua estruturação, seu papel jurídico, social e político, bem ainda a aspectos das crises brasileiras, importantes para a compreensão do funcionamento do Judiciário e, sobretudo, do próprio STF. Crises ética, institucional, econômica, política e social. Esta *Primeira Parte*, está dividida em seis capítulos, e estes subdivididos em tópicos, para facilitar a leitura e a compreensão sistemática. Estes capítulos (do primeiro ao sexto) constituem uma base de sustentação para a *Segunda Parte*, porquanto trazem explicações imprescindíveis para compreender melhor a Corte e a razão de seus julgamentos. É a parte propedêutica, de preparação teórica do leitor.

No Capítulo 1, a obra situa o leitor no contexto sociológico, esclarecendo o campo preciso da investigação e explicando o que seja a *Sociologia Constitucional.*

No Capítulo 2, tem-se uma apresentação do STF, indicando sua composição, estrutura, competência, importância e sua função política, além de questionamentos a propósito da sua legitimidade. Esta análise se encontra diferente da versão original (da Tese defendida em 2000, na UFPE), porque novos Ministros integraram a Corte no Governo do Presidente Lula (Luís Inácio Lula da Silva), aparentando, a um primeiro olhar, que o perfil da Corte também seria alterado.

No Capítulo 3, deu-se continuidade ao tema, focalizando a natureza do STF e suas dificuldades em face do volumoso número de processos que recebe constantemente, além da *miopia social* que por vezes o ataca. Recorrendo a Constituições estrangeiras, colheram-se exemplos de Cortes Constitucionais, sendo destinado especial comentário ao Tribunal Constitucional da Alemanha, discutindo a criação de uma Corte Constitucional no Brasil.

O descumprimento da CF/1988 e sua constante alteração foram enfocados no Capítulo 4, no qual fica salientado o papel desempe-

INTRODUÇÃO 25

nhado pelo STF na *interpretação retrospectiva* de certas questões constitucionais.

Ao Capítulo 5 reservou-se estudo a propósito da crise ética e institucional, que assola o país, alcançando o Judiciário e acarretando conseqüências na forma de aplicar o Direito, pois relega o valor justiça a último plano e, conseqüentemente, rompe o pacto de confiança entre a sociedade e o Estado, fomentando uma perigosa instabilidade. A decorrente fragilização do Judiciário insinua uma crise entre poderes, compactuada pelo STF, sobretudo, no episódio em que o Senado Federal e a magistratura travaram duelo de farpas, quase levando à extinção da Justiça do Trabalho e à quebra de prerrogativas dos juízes, na *reforma do Judiciário* (1999). É neste mesmo capítulo que se analisam infelizes pretensões político-partidárias de membros do STF, pondo em dúvida a imparcialidade no agir da Corte.

O Capítulo 6 destaca a afinação do STF com a política governista, em prejuízo da sociedade, apesar de algumas vicissitudes. E isto se percebe mesmo com os novos Ministros nomeados pelo Presidente Lula, a partir de junho de 2003. Em continuidade ao capítulo antecedente, aborda-se a suposta gestão política do então Presidente do STF, Ministro Nelson Jobim, que tanto *frisson* causou na imprensa e no meio judiciário.

A *segunda parte* desta investigação consiste na comprovação da Tese, seu fundamento material, o estudo de casos, em que o Autor discorre sobre o assunto conforme a sua ótica, no sustento de suas opiniões. Os capítulos em que ela se divide são seqüenciais com relação à *primeira parte*, para facilitar a consulta pelo leitor.

No estudo de casos, a partir do Capítulo 7, chega-se ao centro da tese, justificando o perfil eleito (Sociologia Constitucional aplicada), apresentando as decisões do STF que dão supedâneo à hipótese que aqui se alevanta, ao distanciamento desta Corte relativamente à sociedade e sua afinação com os interesses do Governo da vez. Cada capítulo e tópico abordam especificamente uma questão polêmica deslindada pelo STF, cuja decisão tenha contribuído para o agravamento da crise sócio-econômica ou moral dos brasileiros. É nesta parte que se enfocam, além de outros assuntos, o bloqueio dos ativos financeiros pelo Presidente Collor de Mello, o processo de privatização, a antecipação do plebiscito (1993), a emenda da reeleição, o valor do salário mínimo, o mandado de injunção, a impunidade de autoridades públicas e a reforma da previdência.

Da apresentação do trabalho: Enfim, apresenta-se este trabalho, para o qual se procurou tecer abordagens as mais imparciais, sóbrias e serenas. De tudo quanto se afirma apresentam-se dados jurisprudenciais, em cada um dos tópicos, como base de sustentação dos argumentos expendidos nas respectivas oportunidades e como prova da investigação.

No mais, registra-se a satisfação de ter submetido, anteriormente, à Banca Examinadora do Doutorado em Direito da UFPE, em novembro de 2000, o fruto desta investigação, cujo objetivo principal foi (e é) o de apresentar à comunidade científica e à sociedade em geral algumas "falhas" do Supremo Tribunal Federal e, seqüencialmente, sugerir a este um *repensar* nos seus posicionamentos, além de demonstrar a necessidade de reestruturar o órgão, conferindo-lhe a feição de Corte Constitucional. O êxito logrado perante aquela Banca e o incentivo dos seus componentes, bem ainda dos Profs. Drs. Paulo Bonavides e José de Albuquerque Rocha (ambos da Universidade Federal do Ceará), impulsionaram a publicação deste trabalho, que contou, também, com o estímulo da Profa. Dra. Sandra Helena Moreira (UFC) para o aperfeiçoamento do primeiro capítulo.

Segue, pois, o livro, fruto de exaustivo desforço, ao que não faltou o alento da crítica construtiva, da inspiração na justiça de Deus e da sensibilidade social.

A você, caro leitor, bom proveito.

Fortaleza, dezembro de 2008

PARTE I

A SOCIOLOGIA CONSTITUCIONAL, A ESTRUTURA E O PAPEL DO SUPREMO TRIBUNAL FEDERAL

Capítulo 1
A SOCIOLOGIA CONSTITUCIONAL

Como anda a pesquisa em Sociologia do Direito no Brasil?
Como se investiga e se analisa o impacto social
das decisões do Judiciário na jurisdição constitucional?
É possível falar-se em uma Sociologia
do Direito Constitucional?
O que é uma interpretação social da Constituição?
O que se entende por crise institucional?

1. A perspectiva sociológica desta obra. 2. A Sociologia do Direito Constitucional e o Sociologismo Constitucional: 2.1 A Sociologia Jurídica e a Sociologia Constitucional; 2.2 A importância da Sociologia Aplicada para a perspectiva crítica do Direito. 3. Caráter social da Constituição Federal de 1988 e a interpretação socialmente adequada. 4. O intérprete responsável. 5. A crise da Constituição e a crise institucional. 6. Eleições e mandatos políticos na CF/1988.

1. A perspectiva sociológica desta obra

Foi dito, na Introdução desta obra, que a perspectiva a ser trilhada na investigação seria de cunho sociológico-jurídico, mais especificamente voltada à Sociologia Constitucional (Sociologia do Direito Constitucional).

Agora, incumbe tomar o precioso tempo e a inestimável paciência do leitor para situá-lo no que seja a essência deste estudo. Sim, ressoaria estranho a uma Tese que se afirma estar motivada pela inspiração sociológica não explicar ao leitor justamente a sua razão de ser, a sua topologia no quadro do conhecimento humano.

Quando se elegeu o presente tema, com a ótica aqui desenvolvida, percebeu-se de pronto o caráter pioneiro da abordagem, fator condicio-

30   O SUPREMO TRIBUNAL FEDERAL NA CRISE INSTITUCIONAL BRASILEIRA

nal a uma Tese de doutoramento. E, deparando-se com a riqueza dos assuntos desenvolvidos, veio o necessário enfoque interdisciplinar, senão multidisciplinar. Ao se ter um estudo marcado pela interdisciplinariedade, depara-se com um grande mérito e, ao mesmo tempo, uma fenomenal dificuldade: o mérito consiste na riqueza das matérias manejadas, com suas múltiplas perspectivas, tão essenciais à visão de inteireza, completude e multifacetada dos problemas e realidades investigadas; a dificuldade reside em classificar e situar o trabalho, além do desafio de enfrentar as diversas facetas das questões que vão descortinando cada capítulo, cada tópico. Prevalece o mérito, todavia, sobre a dificuldade, que é, muito mais, preocupação formal, metodológica.

Como dito anteriormente, a exemplo da dificuldade enfrentada por Ivo Dantas, quando da sua Dissertação de Mestrado em Sociologia da UFPE,[1] este trabalho acadêmico também envergou-se, embrionariamente, sob o peso da indagação: onde situar a presente pesquisa no quadro do conhecimento humano? A resposta, porém, reergueu-o em vigorosas bases. Escorre destas páginas um misto de Direito, de Sociologia e de Política. Então, a obra fica em uma zona fronteiriça entre a Sociologia do Direito e a Sociologia Política (chamada por alguns de Ciência Política).

Assim, repitamos, desenvolve-se, aqui, um estudo crítico do Direito, no viés predominantemente sociológico. Não de qualquer Direito, mas de um específico: o Direito Constitucional. Não de um aspecto qualquer do Direito Constitucional, mas da sua correlação com a sociedade, sua versão sociológica. Não de toda correlação, mas, sim, no que seja decorrente da aplicação das normas pelo Supremo Tribunal Federal, máxime na sua jurisdição constitucional; os reflexos sociais do Direito Constitucional aplicado na prática.

Mais uma vez toma-se de empréstimo, então, a lição de Cláudio Souto e Solange Souto, ao se reportarem a uma *Sociologia do Direito Constitucional*, linha estudada por Bidart Campos (da Argentina), referindo-se ao estudo do impacto sociológico da aplicação do Direito Constitucional. De grande envergadura internacional e histórica é o trabalho de Ferdinand Lassalle, sobre o assunto, enfocando as estruturas

---

1. Ivo Dantas, *Poder Constituinte e Revolução – Breve Introdução à Teoria Sociológica do Direito Constitucional, passim.*

A SOCIOLOGIA CONSTITUCIONAL 31

sociais, a Constituição de papel e os fatores reais do poder.[2] Em linha de pesquisa semelhante, destaca-se conceituado trabalho de Konrad Hesse, distinguindo a Constituição-jurídica da Constituição-real.[3] Cláudio Souto e Solange Souto criticam a falta de pesquisa no âmbito da Sociologia do Direito, afirmando que, "com referência à pesquisa sócio-jurídica no Brasil, tudo indica que foi em Pernambuco que a primeira investigação empírica do País foi realizada". No sustento de sua afirmação, citam casos esparsos de pesquisa no Brasil, elogiando os trabalhos desenvolvidos nesta área, no Estado de Pernambuco, pelo Prof. Luciano Oliveira. Das pesquisas em Sociologia básica que Cláudio Souto e Solange Souto mencionam, observa-se que elas se concentram em estudiosos de Pernambuco, com uma incursão nos do Rio de Janeiro e, mais raramente, nos de São Paulo. Nos outros Estados, a pesquisa em sociologia jurídica mostrava-se tão rara que nem mereceu destaque quantitativo,[4] o que não significa dizer que ela não exista. De fato, surgiram pesquisadores respeitados, como os vinculados ao IDES (Instituto Direito e Sociedade – PUC-RJ), dos quais ora se destaca: Celso Campilongo, Edmundo Lima de Arruda Júnior, José Eduardo Faria, Eliane Botelho, Joaquim Falcão, Felipe Augusto de Miranda Rosa, Antonio Carlos Wolkmer e José Geraldo de Sousa Júnior.[5] Mesmo assim, é de se concordar que a produção em Sociologia Jurídica ainda é pequena no Brasil.

Em um ambiente tão efervescente e profícuo (disparidades sociais, crises institucionais, corrupção generalizada, desigualdades sócio-geográficas, sucessivos planos econômicos, multiplicidade de raças e religiões...), porque o Brasil não tem sido palco de mais estudos sociológicos, principalmente sobre o impacto da jurisdição constitucional?

---

2. Ferdinand Lassalle, *A Essência da Constituição, passim.*
3. Konrad Hesse, *A Força Normativa da Constituição, passim.*
4. Cláudio Souto e Solange Souto, *Sociologia do Direito – Uma Visão Substantiva,* pp. 110-116 e 138-147. Particularmente, é importante a contribuição à Sociologia Jurídica prestada pela Profa. Sandra Helena Moreira a cursos de Direito, nas aulas que ministra em Fortaleza, abrindo nos alunos mentalidade crítica e prospectiva da idéia de sociedade.
5. Veja-se: Eliane Botelho Junqueira e Luciano Oliveira (Orgs.), *Isto ou Aquilo: Sociologia Jurídica nas Faculdades de Direito, passim.*

32 O SUPREMO TRIBUNAL FEDERAL NA CRISE INSTITUCIONAL BRASILEIRA

Bastante percuciente é a observação de Machado Neto, segundo o qual, em época de crise espera-se uma "proliferação sociológica, tal como sempre ocorreu no passado em tais circunstâncias críticas, responsáveis diretas pelo aparecimento da preocupação humana pelo social".[6] De fato, causa estranheza que, vivendo-se um momento de liberdade de pensamento, democracia na produção do pensamento, livre da censura intelectual, tenha-se tão poucas obras críticas sobre o Supremo Tribunal Federal. Sua jurisprudência vara a sociedade sem que se as critique sociologicamente, com elementos concretos, sob o alento da ciência. Por que, se a importância do tema mostra-se indiscutível e se, a seu turno, tem-se, veridicamente, um farto manancial jurisprudencial do STF de cunho político, econômico e social?

Na verdade, a pesquisa sociológica envolve uma complexidade muito grande e exige extrema cautela do pesquisador,[7] na coleta, manuseio e interpretação dos dados, além, normalmente, de pesquisa de campo (entrevistas, questionários, busca de indicadores sociais na prática, análise de estatísticas e dados oficiais, interpretação dos balanços públicos etc.), fatores a que o pesquisador do Direito, sobretudo no Brasil, não é predisposto. Talvez seja esta a razão principal de tão pouca produção em Sociologia do Direito no País. Percebe-se, aliás, que as pesquisas nesta área são desenvolvidas muito mais por pesquisadores da Sociologia do que do Direito.

O ensino jurídico brasileiro não incentiva a pesquisa, não põe os jovens estudantes para pensar nem, muito menos, para ir às ruas colher dados, sentir o problema social, o julgamento popular, o sentimento do povo. O ensino, aqui, ainda é o dogmático.[8] Formam-se bacharéis acomodados e autômatos, num tratamento de relação de consumo, em que

6. Antônio Luís Machado Neto, *Sociologia Jurídica*, p. 85.
7. Cf. Emile Durkheim, *As Regras do Método Sociológico, passim*.
8. Através da Resolução n. 9, de 29.9.2004, o MEC, por sua Câmara de Educação Superior do Conselho Nacional de Educação, lançou como diretriz obrigatória a determinação de que "os cursos jurídicos do Brasil devem contemplar em seu Projeto Pedagógico e em sua Organização Curricular conteúdos e atividades que atendam, em seu Eixo de Formação Fundamental, áreas que envolvam conteúdos essenciais sobre Antropologia, Ciência Política, Economia, Ética, Filosofia, História, Psicologia e Sociologia". Censuras à parte, visou-se estimular estudos mais críticos nos cursos de Direito, mais humanos e mais gerais, assinalados pela interdisciplinariedade do conteúdo. Sacrificaram-se disciplinas jurídicas, em prol de outras, gerais. O tempo dirá do acerto ou desacerto do MEC e se, de fato, suas diretrizes serão postas em prática.

A SOCIOLOGIA CONSTITUCIONAL 33

o conhecimento é o objeto comprado e o aluno, escudado na proteção da Instituição de Ensino (preocupada com a saúde financeira e o investimento que fez e faz), sente-se o consumidor, cheio das prerrogativas e dos direitos contratuais, mas incapaz de pensar, enquanto desrespeita o professor e não lhe reconhece a autoridade. É o Direito *burro*, aliás muito conveniente para as relações de domínio.[9] Juízo crítico, só no âmbito do jurisdicismo, mediante o raciocínio jurídico-normativo, com pesquisa bibliográfica (Bibliotecas e *internet*) e, quando muito, jurisprudencial. O argumento é o formal, o da linguagem do Direito; enquanto a pesquisa é "glútea", sem se levantar da cadeira. As exceções a este sistema ainda são raras, bem ainda os aportes críticos.

Nesta obra, tenta-se romper este relativo marasmo da investigação no campo da Sociologia Jurídica, apresentando as seqüelas ou impactos sociológicos dos julgamentos do STF. Quando se fala em "impacto sociológico", não se refere, apenas, ao objeto de estudo da Sociologia em si, mas, também, das repercussões econômicas, políticas, sociais etc., por serem fatores intimamente vinculados ao ambiente maior, que é a realidade social. Deveras, não há como analisar um fato social "puro" (existente apenas no imaginário) sem averiguar os demais fatores que o arrodeiam e nele interagem.

A questão da taxa de juros de 12% a.a., submetida ao STF, inicialmente, ainda às vésperas dos anos 1990, acarretou, sem dúvida alguma, conseqüências sociais, mexendo com o bolso do brasileiro, repercutindo no orçamento das empresas e na elaboração do orçamento familiar. A decisão do STF afetou o mercado, as relações de consumo, os contratos de compra e venda, a prática dos empréstimos bancários, os cartões de crédito, as compras a crediário, as mensalidades pagas em atraso etc. O endividamento das pessoas perante os bancos, os juros do cheque especial, a bola de neve derivada da usura oficializada, a dependência

---

9. O Direito sempre foi um curso de formação de *consciências* e preparação para o poder. Miná-lo, soa muito conveniente, sobretudo num país sem identidade e sem oposição. O Direito é, também, instrumento de luta e reação. Se a sociedade não o conhecer nem souber manejá-lo, o poder correrá solto.
Neste "apagão mental", avulta outra dúvida: a elite brasileira está pronta para que seus filhos concluam Direito sem pensar criticamente, sem ter o domínio jurídico? Ela não está preocupada com a qualidade dos cursos? Se não estiver, há algo errado no ar. Deve haver outra válvula de escape. E não são os cursinhos.

34 O SUPREMO TRIBUNAL FEDERAL NA CRISE INSTITUCIONAL BRASILEIRA

do pequeno investidor... Isto tudo é fato social, são as relações sociais sendo afetadas pela interpretação da Constituição, dada pelo STF. Raciocínio idêntico, embora com repercussão social diferente, é válido para as decisões deste Tribunal sobre a negação de direito adquirido aos expurgos inflacionários decorrentes de mudanças nos planos econômicos, o valor do salário mínimo (notoriamente incapaz de satisfazer às necessidades vitais básicas do trabalhador e de sua família), a fulminação do seqüestro de verbas para pagamento de precatório judicial etc.

É óbvio que o Direito sofre influência social, não apenas na elaboração das normas, mas também na sua aplicação. Conforme já observou Machado Neto:

"E mesmo quando a norma legal já está regulamentada, cabem pressões da opinião pública sobre juízes, tribunais e funcionários administrativos a quem está afeta a aplicação das normas aos casos particulares. Casos há mais ostensivos, em que a própria norma deixa ao poder social a sua complementação, tal como se dá quando a norma refere conceitos eminentemente sociais como pudor, bons costumes, bom pai de família, pessoa nimiamente pobre etc."[10]

No fluxo e refluxo da realidade jurídica, o ambiente social é fundamental para a consolidação do Direito. Mesmo que o Judiciário não tenha o objetivo precípuo de questionar as causas sociais da lide, em cada situação concreta, em cada processo, não pode, simplesmente, olvidar a conjuntura na qual se encontra para compreendê-la. O objeto de julgamento é, primordialmente, uma questão jurídica, mas o magistrado está atrelado ao que o circunda, pois não cuida de uma ciência exata, com padrões predefinidos, comprováveis em laboratório de alvenaria. É juiz e ator social ao mesmo tempo; julga, é julgado e interage com o ambiente, recebendo e expressando a carga de valores que forma a sua personalidade, talhada pelo meio. É a lição retirada de Pedro Scuro Neto:

"O juiz e o tribunal têm diante de si o infrator e a obrigação de proferir uma sentença. Não podem preocupar-se diretamente com a complicada cadeia causal de um crime, um problema que mesmo a mais rigorosa das ciências não pode resolver de imediato, mas através de sucessivas aproximações, do refinamento possível apenas por meio de constantes pesquisas, nas quais sempre permanece um elemento de conjectura e incerteza. O Direito lida precisamen-

10. Antônio Luís Machado Neto, *Sociologia Jurídica*, p. 415.

A SOCIOLOGIA CONSTITUCIONAL   35

te com *incertezas*, as incertezas da vida social; o juiz e o tribunal lidam com o sistema de valores que o infrator desafiou, razão pela qual a sentença precisa mostrar que mesmo violado o Direito continua valendo."[11]

E, de sua vez, é claro que a sociedade sente os reflexos da aplicação do Direito. Para tanto, diversos fatores não jurídicos influenciam na maneira de se interpretarem as normas, como as convicções pessoais do intérprete, sua formação cultural, o meio de onde veio, sua condição social, sua origem etc. A par dos critérios de interpretação e dos princípios que orientam o processo interpretativo, talvez estes fatores exógenos influam mais do que estes critérios e estes princípios formais de interpretação. É o modo de ver o mundo, de conceber os fatos sociais, de encarar o fenômeno jurídico e de visualizar a realidade que mais contam, na prática.

O processo de se interpretar a norma, aplicando-a, é uma tarefa orientada pela Hermenêutica Jurídica. Mas as conseqüências sociais desta aplicação prática são objeto da Sociologia Jurídica aplicada.

2. A Sociologia do Direito Constitucional e o Sociologismo Constitucional

2.1 A Sociologia Jurídica e a Sociologia Constitucional

Não há, ainda, um critério seguro que possa levar à distinção entre Sociologia Jurídica e Sociologia do Direito. Portanto, ambas as expressões serão empregadas indistintamente nesta obra, enquanto se aguarda um amadurecimento maior da doutrina, que possa fixar âncora mais segura neste terreno argiloso, se é que conseguirá.

Ante as concepções que se poderiam trazer a lume, é bastante a lição de Cláudio Souto e Solange Souto. Para estes doutrinadores, Sociologia Jurídica ou Sociologia do Direito é ramo científico que investiga, através de métodos e técnicas de pesquisa empírica (pesquisa baseada na observação controlada dos fatos), o fenômeno social jurídico em correlação com a realidade social. Destarte, a Sociologia Jurídica indaga a realidade social total em função do Direito,

11. Pedro Scuro Neto, *Manual de Sociologia Geral e Jurídica*, pp. 36-37.

36 O SUPREMO TRIBUNAL FEDERAL NA CRISE INSTITUCIONAL BRASILEIRA

estudando as relações recíprocas existentes entre tal realidade social total e o Direito.[12]

Esta definição prioriza o caráter fático da Disciplina. Mas não se pode esquecer que ela pode muito bem se dedicar a estudos teóricos também. Os conteúdos analíticos fazem parte de qualquer ramo do conhecimento, formulando conceitos, leis, princípios e definições fundamentais, investigando a estrutura formal dos sistemas, a sua fundamentação, a metodologia (para os que admitem que existe uma metodologia própria para cada tipo de ciência) etc. Dir-se-á, mesmo, que a maioria dos estudos em Sociologia do Direito no Brasil é de cunho muito mais teórico-analítico.

Os fundadores da Sociologia Jurídica, segundo Gurvitch, são: Durkheim, Duguit, Levy, Hauriou, Max Weber e E. Ehrlich. O estudo do Direito, sob a perspectiva da Sociologia, já vinha se desenvolvendo anteriormente a estes autores, mas sem ser de forma sistematizada, metodologicamente empreendida. Somente a partir da segunda metade do século XIX foi que a Sociologia do Direito ganhou investigação apropriada.

A doutrina aponta dois grandes campos à Sociologia Jurídica: o geral (teórico) e o aplicado (mais empírico). Pertencem à primeira categoria os estudos sobre composição social do Direito, indagações genéricas que se preocupam com as relações entre direito e formas coercíveis; direito e outras formas de controle social; direito e mudança social. Já em sua dimensão aplicada, os pesquisadores que dela cuidam procuram fazer uso "das teorias científicas abstratas sobre o direito em função de problemas científicos e tecnológicos de caráter bem menos genérico, e, assim, mais próximos da prática" (Cláudio Souto e Solange Souto). Destarte, os estudos aplicados de Sociologia do Direito se referem, normalmente, "às relações entre a realidade social total e as formas coercíveis".[13] Após fazer esta digressão, Cláudio Souto e Solange Souto arrematam:

"A Sociologia Jurídica Aplicada, que por sua própria natureza comporta inúmeras modalidades de estudos, pode também corresponder, quanto às so-

---

12. Cláudio Souto e Solange Souto, *Sociologia do Direito...*, cit., p. 36. No mesmo sentido: Ana Lúcia Sabadell, *Manual de Sociologia Jurídica*, pp. 43-49.
13. Cláudio Souto e Solange Souto, *Sociologia do Direito...*, cit., p. 39.

A SOCIOLOGIA CONSTITUCIONAL 37

ciedades civilizadas, à classificação tradicional dos juristas, de uso comum, que distingue matéria normativa constitucional, civil, comercial, processual, administrativa, penal, trabalhista e internacional (Sociologia do Direito Constitucional, Sociologia do Direito Civil, Sociologia do Direito Penal, Sociologia do Direito Internacional etc.)."[14]

Na verdade, a Sociologia Jurídica é, por si só, uma versão aplicada da Sociologia Geral. Distingui-la em *Sociologia do Direito Teórica (geral)* e *Sociologia do Direito Aplicada*, é muito mais uma questão de grau, dizendo-se que é predominantemente *teórica* ou predominantemente *aplicada*, levando-se em conta determinado referencial (a teoria ou a prática). Pode-se apontar como autores da Sociologia Jurídica aplicada Luhmann, Habermas e Gurvitch.[15] No Brasil recente, são formidáveis os trabalhos de José Eduardo Faria, Celso Fernandes Campilongo e José Reinaldo de Lima Lopes, dos quais se fará uso de alguns estudos ao longo desta obra.[16]

Já no campo da Sociologia do Direito Constitucional aplicada, destacam-se, mesmo sem utilizar esta denominação: Bidart Campos, Ferdinand Lassalle e Paulo Bonavides, com seu *A Constituição Aberta*. Reconhece-se que, nesta obra, Paulo Bonavides apresenta um viés muito mais histórico e político do que sociológico; mas suas críticas varam, também, a Sociologia, embora em menor escala. À semelhança de Lassalle, Konrad Hesse faz um estudo diferenciado entre Constituição-jurídica (ou meramente normativa) e Constituição-real (aquela viva no meio em que é inserida). Não é de se olvidar, outrossim, Pablo Lucas Verdú, que imagina um *sentimento constitucional*, disperso na sociedade, aproximando-se da consciência coletiva da Constituição.[17] Recorrendo a Jellinek, Verdú toma de empréstimo a idéia de *sentimento nacional*, que surge em oposição a outras nações (o nacionalismo), para a sua categoria psicologizada de *sentimento constitucional*.[18] Define Verdú:

14. Idem, ibidem, p. 40.
15. P. ex., nas seguintes obras: Niklas Luhmann, *Sociologia do Direito*; Jürgen Habermas, *Direito e Democracia – Entre Facticidade e Validade*; Georges Gurvitch, *Sociologia Jurídica*.
16. José Eduardo Faria (Org.), *Direitos Humanos, Direitos Sociais e Justiça*.
17. Pablo Lucas Verdú, *O Sentimento Constitucional, passim*.
18. Idem, ibidem, pp. 128 e ss.

38 O SUPREMO TRIBUNAL FEDERAL NA CRISE INSTITUCIONAL BRASILEIRA

"A princípio, o sentimento constitucional consiste na adesão interna às normas e instituições fundamentais de um país, experimentada com intensidade mais ou menos consciente porque estima-se (sem que seja necessário um conhecimento exato de suas peculiaridades e funcionamento) que são boas e convincentes para a integração, manutenção e desenvolvimento de uma justa convivência."[19]

Verdú vê o *sentimento constitucional* como espécie do *sentimento jurídico* (tratado por vários autores, entre os quais Del Vecchio), possuindo as mesmas características gerais deste, dentre as quais se destacam: a) a expansividade, no sentido de que tende a estender-se por imitação a outros segmentos sociais; b) a espontaneidade, "entendida não como explicitação plenamente autônoma, independente dos conteúdos emocionais, senão, precisamente, enquanto fruto de uma vontade ou de um impulso íntimo, expressado com certo grau primitivo"; c) a implicação com o ordenamento jurídico e com a idéia da justiça que o inspira e ilumina.[20]

Parece que a concepção de sentimento constitucional seja melhor compreendida e sentida nos sistemas do *common law*, baseados no direito consuetudinário, regidos por uma Constituição sintética e fincados nos costumes. Os laços sentimentais do Direito, que ligam os vários sujeitos e atores sociais, todavia, são mais fluidos nos países de tradição romano-germânica, que normalmente adotam Constituição analítica, muito mais detalhada.

Enquanto *papel*, a Constituição é norma estática, predestinada a atender às necessidades da sociedade e com propensão a reger adequadamente as várias relações do Estado e dos indivíduos, sob o ponto de vista jurídico, econômico, político, social etc.

Mas, enquanto *prática*, a Constituição deixa de ser mera "vocação" para se tornar "real", para o bem ou para o mal. E as Instituições encarregadas de aplicá-la mostram-se verdadeiramente, vivificando-a, assegurando-a ou permitindo que ela seja vilipendiada, ou, pior, inclinando-se a descumpri-la. Então, o estudo da práxis constitucional ultrapassa a dimensão jurídica para alcançar suas repercussões econômicas, políticas e, principalmente, sociais. É na verificação da práxis que se

19. Idem, ibidem, p. 75.
20. Idem, ibidem, pp. 53 e 61 e ss.

A SOCIOLOGIA CONSTITUCIONAL 39

descortina a verdade, que se detecta a atuação democrática ou não, que se retiram as máscaras, porventura colocadas, voluntária ou involuntariamente.[21] Isto já foi sentido por Bidart Campos, segundo quem, para detectar a democracia social, não basta recorrer ao texto da Constituição documental, que, por acaso, poderia (ou pode) precisar de definições em tal sentido. O relevante, afirma, é o funcionamento real e efetivo das Instituições, porque é neste âmbito (a dimensão sociológica do mundo jurídico) que a vigência, também sociológica, das condutas demonstra, com normas constitucionais ou sem elas, se um regime se enquadra no modelo da democracia social, ou não.[22]

A CF/1988 adota um *modelo social de constitucionalismo*,[23] sobre o qual se ergue o Estado. Isto implica dizer que o ordenamento deve expressar os valores sociais do povo, e a interpretação há de estar afinada com o sentimento popular, assegurando a dignidade humana, o regime de liberdade, os valores da democracia. É o Estado de bem-estar, no que seja de possível concretização, posto desejável. Aí, entra a função do intérprete, do aplicador da Constituição, tornando-a viva, numa mágica que retira seu texto estático do papel e o transforma na força motriz das relações jurídicas (*rectius*, constitucionais), políticas, sociais, econômicas etc.

Em sua obra, Verdú prega a interpretação constitucional como tarefa voltada para a efetividade da Constituição (*magis ut valeat*) e do melhor Direito possível em uma sociedade avançada.[24] É certo que "o

---

21. Estudando-se a legislação comparada de outros países não se consegue ter uma percepção completa do ambiente jurídico estrangeiro. A simples leitura da norma pode levar à impressão de que dado sistema é perfeito. Logo, a Sociologia Constitucional é que descortina o véu da aparente perfeição, para mostrar como de fato a Constituição é aplicada.

22. Germán J. Bidart Campos, "La Democracia Social en la Constitución Portuguesa (1976-1996)", in Jorge Miranda (Org.), *Perspectivas Constitucionais – Nos 20 anos da Constituição de 1976*, vol. I, p. 232.

23. Luís Carlos Martins Alves Jr., *O Supremo Tribunal Federal nas Constituições Brasileiras*, p. 363. "Esta Constituição terá cheiro de amanhã, não de mofo", dissera Ulysses Guimarães, então Presidente da Assembléia Nacional Constituinte, em resposta ao Presidente da República José Sarney, que, vendo o texto da futura Carta (CF/1988), aprovada em primeira votação, fora à imprensa brasileira, alertando da *ingovernabilidade do País*. Vejam-se relatos histórico-políticos deste ímpar momento, como de resto dos instantes de elaboração das Constituições brasileiras, em: Paulo Bonavides e Paes de Andrade, *História Constitucional do Brasil, passim*.

24. Pablo Lucas Verdú, *O Sentimento Constitucional*, cit., pp. 123-126.

40   O SUPREMO TRIBUNAL FEDERAL NA CRISE INSTITUCIONAL BRASILEIRA

melhor Direito possível" é uma idéia um tanto vaga, a qual comporta o conteúdo que a racionalidade quiser. É preciso, então, haver referencial. E o referencial não pode ser um só, pois a complexidade social é fulcrada em vários valores, princípios e comportamentos os mais diversos, decorrência mesmo dos vários grupos sociais. Tais referenciais, em um Estado Social, democrático, de Direito, soerguido no respeito à Constituição, só podem ser a dignidade humana, os direitos fundamentais (ao menos os essenciais: o mínimo existencial),[25] a coesão social, a união nacional dos cidadãos, os interesses federativos e democráticos, a preservação das Instituições, a ordem e o desenvolvimento.

Então, quanto mais inserido o juiz estiver no meio social, mais "antenado", jungido de corpo e alma à sociedade, mais estará afinado com ela e melhor compreenderá seu sentimento. Aliás, os sentimentos tenderão a ser os mesmos, que comungarão das mesmas ambições, perplexidades, sonhos e sofrimentos. E, portanto, haverá harmonia entre o espírito da sociedade e a alma do magistrado. A legislação será muito melhor aplicada.

Em parte, a Constituição é aquilo que os juízes dizem que é, porque eles ditam o significado e o alcance de suas normas na prática, conferindo-lhe eficácia ou negando-lha. É justamente aí que se indaga: e como a Constituição vem sendo aplicada, interpretada e utilizada pelos magistrados? O que acontece no trânsito entre o papel e o mundo real da Constituição? Como as decisões judiciais chegam à sociedade e são por esta absorvida?

A resposta a estas indagações só pode ser buscada adequadamente pela Sociologia, na vertente jurídica e, mais propriamente, aplicada: a Sociologia Constitucional ou a Sociologia do Direito Constitucional, expressões aqui empregadas como sinônimas.

---

25. Sobre o mínimo essencial, v: Cláudia Perotto Biagi, *A Garantia do Conteúdo Essencial dos Direitos Fundamentais na Jurisprudência Constitucional Brasileira, passim*; Peter Häberle, *La Garantía del Contenido Esencial de los Derechos Fundamentales, passim*; e Ingo Wolgang Sarlet, *A Eficácia dos Direitos Fundamentais*, p. 309. O Tribunal Federal Constitucional alemão formulou a regra do mínimo existencial, capaz de assegurar existência digna. Estes direitos, componentes do mínimo essencial, devem ser os alvos prioritários dos gastos públicos. Reconhece-se, no entanto, a dificuldade em se estabelecer, dentre o rol de direitos fundamentais, quais são os direitos que compõem este mínimo existencial.

A SOCIOLOGIA CONSTITUCIONAL 41

O objeto da Sociologia Constitucional é o estudo aplicado do fenômeno constitucional: o rebuliço e as razões sociais que levam à mudança da Constituição; a sua aplicação efetiva; a abordagem social do exercício da jurisdição constitucional; a discussão da fenomenologia do processo constitucional, em sua perspectiva do quotidiano, de sua incidência no plano real, fático; os reflexos da práxis de se aplicar a Constituição de uma ou de outra forma; a verificação da aceitação das decisões das Cortes Constitucionais e seus reflexos no ambiente social; a análise crítica da efetivação das normas programáticas, aqui entendidas como aquelas que estabelecem programas político-sócio-econômicos a serem desenvolvidos pelos governantes; os reflexos práticos dos tratados internacionais para o povo, na visão de bloco de constitucionalidade; a análise das políticas de implementação de direitos e garantias fundamentais; a repercussão das grandes decisões dos juízes constitucionais; a mudança do comportamento social em face de decisões proferidas na jurisdição constitucional; a reação social dos grupos atingidos pelas sentenças constitucionais, pela mudança, implementação ou elaboração das normas constitucionais; a análise dos indicadores sociais perante o processo de aplicação da Constituição etc. Como se vê, grande é o seu objeto de estudo. Mas não se pode perder de vista seu referencial: a aplicação da Constituição, isto é, a verificação fática de como ela é aplicada.

No âmbito subjetivo, a Sociologia Constitucional tem em vista os atores que lidam com o Direito Constitucional, numa comunidade aberta de intérpretes (Häberle, Paulo Bonavides). Não se restringe ao Judiciário nem às Instituições Públicas ou oficiais. Vai a campo aberto, ao empirismo, vendo a prática ou efeitos práticos da aplicação constitucional. Para Häberle, no processo de interpretação constitucional "estão potencialmente vinculados todos os órgãos estatais, todas as potências públicas, todos os cidadãos e grupos, não sendo possível estabelecer-se um elenco cerrado ou fixado com *numerus clausus* de intérpretes da Constituição".[26]

A Sociologia do Direito Constitucional é crítica. Estuda o seu objeto numa visão crítico-dialética, propedêutica, realista. E, pertencente à Sociologia Aplicada, é extremamente prática, escudando-se em pes-

---

26. Peter Häberle, *Hermenêutica Constitucional: a Sociedade aberta dos Intérpretes da Constituição: Contribuição para a Interpretação Pluralista e "Procedimental" da Constituição*, p. 13.

42 O SUPREMO TRIBUNAL FEDERAL NA CRISE INSTITUCIONAL BRASILEIRA

quisas materiais, de campo, de indicadores sociais e econômicos. Embora possua uma parte analítica, preocupada com conceitos, definições e sistematização metodológica, ela cuida basicamente do fenômeno social do dia-a-dia. Muitas vezes se socorre das pesquisas já realizadas por órgãos confiáveis e as aplica ao Direito, comparando dados e extraindo conclusões sociológicas. Noutras oportunidades, toma os dados jurídicos e os analisa sociologicamente. É o que se faz, por exemplo, com a análise dos dados fornecidos pelo BNDPJ (Banco Nacional de Dados do Poder Judiciário, indicador oficial do STF). O BNDPJ possui dados estatísticos do movimento processual do Poder Judiciário de todo o país. Então, a partir deles, podem ser feitas algumas inferências sociológicas, partindo de indagações como: porque o mandado de injunção tem sido tão pouco ajuizado? E a ação popular, que praticamente não é manejada pelos cidadãos para defender os seus direitos?

Se a pesquisa em Sociologia Jurídica aplicada, no Brasil, é escassa, muito mais o é em Sociologia Constitucional.[27] Então, não dá para se falar, ainda, em um *sociologismo constitucional*, no sentido de uma cultura da Sociologia Constitucional ou de haver uma corrente ou escola já consolidada que explore sistematicamente as conseqüências práticas do exercício da jurisdição constitucional ou, mais amplamente, da aplicação da Constituição. Todavia, dá para se perceber claramente a importância e a dimensão da Sociologia do Direito Constitucional, a ponto de se justificar uma dedicação e uma exploração maior deste ramo de estudo pelos pesquisadores.

Embora ainda não se tenha apartado da Sociologia Jurídica (bem como esta tem íntima relação com a Sociologia Geral, de modo quase inseparável), é válido dizer que a Sociologia Constitucional é o grande filão de estudos daquela, ante a riqueza de temas, dimensões e perspectivas do Direito Constitucional e a realidade social pressionada pela

---

27. Na biblioteca da Universidade de São Paulo (USP), detecta-se a tese de Doutorado de Antonio Gomes Moreira Maués, intitulada *A Sociologia do Direito Constitucional* (1997). Publicada pela editora Síntese sob o título *Poder e Democracia*, em 1999, constata-se que não se trata, porém, de Sociologia Constitucional, mas, muito mais, de estudos sobre Política, enfrentando aspectos teóricos do pluralismo político na CF/1988.
Assenta-se que o NEC (Núcleo de Estudos Constitucionais), da UniCeub/CNPq, tem um Grupo de Pesquisa Institucional (GPNEC) com uma linha de pesquisa intitulada "O STF e a concretização da CF/88", coordenado, em 2007, pela Profa. Christine Oliveira Peter da Silva, com viés, portanto, em Sociologia Constitucional aplicada.

A SOCIOLOGIA CONSTITUCIONAL   43

Ordem Constitucional. A pesquisa em Sociologia Constitucional pode ir da ordem econômica à implementação de políticas públicas; da ordem social à corrupção que infecta as estruturas de poder; da prática legislativa que complementa a Constituição ao desinteresse em cumpri-la pelos órgãos oficiais; do comportamento do empresariado em tema constitucional à exploração dos trabalhadores, no trato de seus direitos sociais.

A exemplo do que acontece com o Direito em geral, existem fatores não jurídicos a informarem a maneira e a razão de se aplicar o Direito Constitucional. Há elementos psicológicos, morais, filosóficos, que compõem a formação mental do hermeneuta e que terão grande repercussão nas suas concepções. Estas concepções são, talvez, até mais vinculativas do que qualquer critério ou princípio de Hermenêutica. Afinal, o ser humano não consegue se desvencilhar tão facilmente das suas origens, da sua formação, dos traços de sua personalidade.

Os atores sociais interpretam a norma de acordo, p. ex., com as posições que ocupam na estrutura social e do Estado[28] e conforme a sua formação profissional, pessoal, religiosa; suas convicções políticas, ideológicas etc.[29] Em que grupo social[30] os integrantes de uma Suprema

---

28. Pedro Scuro Neto, *Manual de Sociologia...*, cit., p. 79.

29. Cuidando da difícil tarefa de definir o início da vida, a revista *Veja* (25.4.2007, pp. 54-57) apresentou várias interpretações dos cientistas, religiosos e filósofos, donde se constata que cada um vê o fenômeno de acordo com sua perspectiva: a) parte dos geneticistas e fisiologistas defendem que a vida começa na nidação (momento em que o óvulo fecundado se fixa à parede do útero, já apto a alimentá-lo, o que ocorre entre o 5º e o 6º dia após a fecundação), pois é a partir daí que o embrião tem reais condições de se desenvolver; b) a maioria dos neurologistas acredita que este início é o da formação do cérebro (2 semanas da fecundação, quando o embrião acelera sua reprodução), pois, *a contrario sensu*, a morte só ocorre com a parada de funcionamento da atividade cerebral; c) uma corrente de neurocientistas defende que o marco inicial da vida é o começo das sensações, como a dor (27 semanas), só possível com um cérebro mais desenvolvido; d) para os filósofos da Grécia antiga e parcela expressiva do pensamento judaico a vida começa com o nascimento do bebê; e) o islamismo entende que a vida tem início a partir da 16ª semana de gestação, quando o embrião vira feto (de 8 a 16 semanas) e, portanto, adquire uma alma; f) católicos, protestantes e a embriologia defendem que a vida começa já na fecundação (processo que dura cerca de 40 minutos), quando o espermatozóide penetra no óvulo, formando o embrião, que carrega a carga genética do futuro ser humano. Esta discussão, tão complexa, é importante para temas como aborto, direito sucessório, definição de homicídio etc.

30. Para um estudo mais aprofundado sobre a teoria dos grupos, sugere-se a leitura: Georges Gurvitch, *Sociologia Jurídica*, pp. 269 e ss.

44 O SUPREMO TRIBUNAL FEDERAL NA CRISE INSTITUCIONAL BRASILEIRA

Corte (*rectius*, do STF, no Brasil) se situam? Até que ponto o compromisso da imparcialidade vigora, se eles são nomeados por meios que não são imparciais, posto políticos? Tais membros irão aplicar o Direito, cogentemente, na sociedade, regulando suas relações, proibindo ou permitindo condutas. Como aplicarão as normas? Dar-lhes-ão dimensão social, democrática, liberal, opressivo...?

Até a origem dos Ministros do STF, como de resto de qualquer intérprete, repercute na forma como aplicam a Constituição e concebem os fenômenos jurídicos, sociais, econômicos etc. Neste sentido, percebe-se que a origem de muitos Ministros do STF é fidalga: não provêm de classes humildes e são nomeados com a força política que ostentam. Uma força que não surge da noite para o dia, repentinamente. São pessoas próximas ou íntimas das estruturas de poder. A par do notório preparo intelectual, da maturidade exemplar que possuem, obviamente não estão imunes à natureza humana, deixando levar-se pelas concepções ideológicas, pelas inclinações que portam no peito.

Fernando Machado da Silva Lima aponta diversas críticas à Assembléia Nacional Constituinte de 1987, que recebeu poderes de constituinte originário, sendo integrada por membros do Congresso Nacional, com Senadores "biônicos", nomeados por atos de força do regime militar. Segundo o Autor citado, dita Assembléia não era tão legítima assim, nem tão confiável, o que teria sido corroborado pela afirmação de Nelson Jobim, 15 anos depois de promulgada a CF/1988: Nelson Jobim, então já ministro do STF, revelou, em outubro de 2003, que, quando funcionara como constituinte, fizera inserir alguns dispositivos à redação final do texto constitucional sem observar o processo de sua elaboração, fato de conhecimento de Ulysses Guimarães. Fernando M. S. Lima, numa visão bastante cética e pessimista, afirma que a CF/1988 apenas simulou mudanças, deixando tudo da mesma forma. A CF/1988 é, assim, uma *constituição hipócrita*. E se refere à idéia de Constituição Simbólica, sobre o que escreve Marcelo Neves: neste caso, a legislação é utilizada como mera forma de mistificação político-ideológica, mas sem concretização real.[31]

---

31. Fernando Machado da Silva Lima, *Jurisdição Constitucional e Controle do Poder: É Efetiva a Constituição Brasileira?*, pp. 120-123. Vide, também: Marcelo Neves, *A Constitucionalização Simbólica*, pp. 34-41.

A SOCIOLOGIA CONSTITUCIONAL 45

Toda norma tem um pouco de hipocrisia, sobretudo quando traça programas ou ideais a serem conquistados. Mas isto não a torna completamente impraticável nem retira, por inteiro, o seu valor nem a sua vinculatividade.

A Sociologia Constitucional se ocupa, nesta vertente, de desvendar a hipocrisia constitucional e constatar se a Constituição está sendo socialmente cumprida, bem aplicada; se os programas que ela enceta estão sendo colocados em prática, etapa a etapa. Este papel se torna mais importante quando se tem uma Constituição dirigente, como o é a de 1988. Mas, obviamente, a Sociologia Constitucional trata, também, da perspectiva ideológica de condução da Constituição, dos fatores reais de poder, dos interesses em assegurá-la ou não, da eficácia dos instrumentos de sua defesa (eficácia real, empírica, material).

2.2 A importância da Sociologia Aplicada para a perspectiva crítica do Direito

O Direito é reflexo do meio e para ele se dirige, como um bumerangue. Mas, qual meio? O do poder, o das Instituições. A sociedade faz, tolera ou é manipulada pelo poder, que se manifesta nas normas, nas Instituições, nos fatores reais de poder. A escala de valores de uma sociedade sofre prodigiosa influência do poder político, que pode preservá-la, mascará-la ou alterá-la dissimuladamente.

O Direito é multifacetado: é instrumento do poder, mas, ao mesmo tempo, apresenta-se como escudo dos cidadãos contra os abusos do Estado e dos semelhantes privados. Ou, simplesmente, aparenta ser instrumento de defesa dos cidadãos? Uma espécie de cabo Anselmo[32] das estruturas formais?

---

32. O marinheiro cabo Anselmo surgiu no movimento janguista, ainda antes de revolução militar de 1964, tendo se tornado uma personagem legendária na História do Brasil, com requintes de espionagem, infiltração, traição etc. Transitava pelas fileiras da UNE (União Nacional dos Estudantes) e, ao mesmo tempo, nas Forças Armadas. Nunca se soube ao certo a quem ele servia, mas há fortes suspeitas de que fosse um agente duplo, senão triplo, já que se fala, também, de seu envolvimento com a CIA. Para Marco Aurélio Borba, cabo Anselmo integrou as fileiras do regime militar, após 1964, deixando clara sua opção política (*Cabo Anselmo: a Luta Armada ferida por dentro*, p. 9). No entanto, *data venia*, mesmo nesse período as posições de cabo Anselmo não foram muito claras.

No entanto, o simples fato de se ter normas – e o sistema normativo propõe-se a cobrir todas as relações intersubjetivas, afirmando-se "completo" – não assegura a realização dos valores sociais nem a concretização de suas previsões. Isto porque embora se saiba que uma função sociológica nada nobre das normas seja coagir psiquicamente as pessoas e contribuir para a integração social, é indiscutível que nem sempre a mera previsão, por si só, seja suficiente para o cumprimento da legislação. A "ameaça latente" ou o "terror psicológico" da lei precisam se tornar eficazes.

A este fator salta a fluidez das normas, erguida em noções conceituais amplas, técnico-jurídicas, imprecisas, muitas vezes incompreensíveis pela sociedade ou comunidade aberta de intérpretes.

Emerge, neste contexto, o Judiciário, com o clássico discurso de que conferirá eficácia à norma, imprimindo-lhe o verdadeiro conteúdo, garantindo a ordem jurídica, os interesses gerais da nação. Sua leitura da lei, porém, será técnica, supostamente imparcial, pois os juízes foram talhados e formatados, nos bancos das Faculdades, a terem este perfil. Sua hermenêutica será concretizadora e vinculativa aos atores sociais. Sua decisão será definitiva e, a princípio, sem controle social. Logo, quem dominar o Judiciário, terá o Direito concreto sob suas mãos. Enfim, o Judiciário é um ótimo instrumento de poder, de dominação.

É aí que a Sociologia do Direito, com sua perspectiva crítica, entra em ação, desvelando na prática os discursos juridicistas e apresentando as conseqüências sociais das soluções do Direito, com seu aparato institucional, o Judiciário.

Através da ambientação sociológica, perpassa-se o umbral do Direito, indo além da sua perspectiva formalista. De fato, há conseqüências que um simples estudo normativo não consegue vislumbrar. Já a experiência social descortina o que o Direito mostrava perfeito. A Sociologia, assim, retira o véu e desencanta a fábula jurídica, mostrando uma realidade que pode minar ou fortalecer o discurso jurídico.

Embora se tenha um capítulo da Teoria Geral do Direito preocupada com a eficácia ou efetividade das normas, não deixa de se reconhecer a prevalência da visão jurídica analítica neste processo. Já o olhar sociológico fita a realidade social, o Direito sob o sentir do fato social.

Em Direito, quando se fala em efetividade ou eficácia das normas, quer se referir à sua aplicação fática, se ela não caiu no desuso ou se os intérpretes e atores sociais aplicam práticas *contra legem*. Deste modo,

A SOCIOLOGIA CONSTITUCIONAL 47

diz-se efetiva ou eficaz a norma que tem vida e aplicação de fato, pouco importando que seu operador lhe extraia o melhor dos sentidos ou não. Desde que a aplique, estará lhe conferindo eficácia no mundo real.

A Sociologia Jurídica, no entanto, questiona a *qualidade* social desta aplicação. Não basta que se confira efetividade à norma; é preciso que a interpretação seja responsável, compromissada com a sociedade. Numa indagação: qual a interpretação socialmente mais adequada da norma? A resposta pode ser buscada *in abstracto*, quando a preocupação é voltada a encontrar uma solução geral, a partir da norma em si, ante os prováveis fatos concretos e as múltiplas soluções que ela enseja. Mas, normalmente, esta resposta só é percebida *in concreto*, ante um fato específico; no momento da aplicação da norma ao fato concreto. É aí que o fato social mostra toda a sua riqueza, apresentando a miséria dos sujeitos envolvidos, a emoção que os envolve, o sentimento subjacente à questão judicial e às possibilidades materiais dos contendores.

Mas o papel da Sociologia Jurídica não é só criticar a opção jurídica da jurisprudência. É, também, o de fornecer ao Direito (e aos seus operadores) elementos e indicadores sociais que, apresentando as condições sociais da população (com suas carências, regras, mudanças nos costumes, valores etc.), orientem o caminho para a decisão socialmente mais acertada.

A norma precisa ser testada diuturnamente, para que se apreenda a sua importância social, vejam-se os seus efeitos e se aquilate sua aplicação. É o Direito vivo, a Constituição pulsando em cada ato. E nada melhor para avaliar o resultado desta aplicação do que a Sociologia, cuja contribuição pode servir para modificar a norma, expungi-la do ordenamento, atestar sua legitimidade e comprovar outros dados. É preciso ficar-se atento aos termômetros sociais, aos indicadores da condição do ser humano. Um discurso normativo de interpretação escorreita da Constituição pode ser desmentido pelos indicadores sociais. E a justificativa teórica do Direito não se sustentará quando os fatos desaconselharem este tipo de aplicação acrítica ou equivocada.

3. Caráter social da Constituição Federal de 1988 e a interpretação socialmente adequada

A CF/1988 tem uma característica marcante, que a distingue de outras Constituições: ela é uma Constituição social. Seus valores supre-

48 O SUPREMO TRIBUNAL FEDERAL NA CRISE INSTITUCIONAL BRASILEIRA

mos são os direitos sociais e individuais, a liberdade, a segurança, o bem-estar, o desenvolvimento, a igualdade e a justiça. A sociedade brasileira a ser talhada e preservada é fraterna, pluralista e sem preconceitos. Assim diz o Preâmbulo da CF/1988. Segundo o art. 1º desta Carta, o Brasil se alicerça na soberania, na cidadania, na dignidade da pessoa humana, nos valores sociais do trabalho e da livre iniciativa, e no pluralismo político. Estes são os seus fundamentos, as bases de sua estrutura. E são objetivos fundamentais da República brasileira (art. 3º): "I – construir uma sociedade livre, justa e solidária; II – garantir o desenvolvimento nacional; III – erradicar a pobreza e a marginalização e reduzir as desigualdades sociais e regionais; IV – promover o bem de todos, sem preconceitos de origem, raça, sexo, cor, idade e quaisquer outras formas de discriminação". Estes objetivos são as finalidades a serem alcançadas pela República Federativa do Brasil, afirmadas por sua Constituição. Como finalidades, implicam em um processo gradativo, continuado e dirigido pelo Poder Público, o grande dirigente dos rumos da Nação.

Estes são aspectos que revelam o caráter social da Constituição de 1988. Encontram-se tanto nas suas bases (fundamentos) quanto nos seus objetivos (finalidades). Foi uma opção do constituinte de 1987/1988, baseado no exemplo de outras Constituições, como a de Portugal e Espanha, elaboradas após períodos de ditaduras. E mostra-se uma excelente opção, erguida em valores jurídicos, morais e políticos de elevada expressão e reconhecida envergadura. As reformas que a CF/1988 sofreu posteriormente são, no geral, muito menos felizes, posto que menos sociais, refletindo predominância de interesses de grupos econômicos mais fortes e comprometidos com outros valores menos dignos.

Para a consecução destes objetivos, todos os Poderes devem agir harmonicamente. A interpretação a ser dada pelos intérpretes da Constituição, entre os quais se situam os integrantes do Judiciário, há de ser social, que contribua para se ter uma sociedade justa, solidária, livre, sem preconceitos ou discriminação; que leve ao desenvolvimento, em seu conceito dinâmico de políticas econômicas e sociais. É possível, sim, conviverem desenvolvimento econômico, progresso e dignidade humana.

Deste modo, as leis do mercado devem se compatibilizar com os princípios de dignidade humana. A exploração econômica deve respeitar os valores sociais do trabalho. Que se busque a solidariedade entre as forças da produção, o capital e o trabalho. As oportunidades de em-

A SOCIOLOGIA CONSTITUCIONAL 49

prego e trabalho são essenciais a uma sociedade justa, sem preconceitos e discriminação. Não se pode falar em desenvolvimento de um país sem o estímulo às empresas, mas também não se pode dizer que estas cumprem o seu papel social quando explorem o trabalho em condições subumanas, análogas às de escravo, sem proteção alguma à saúde dos trabalhadores, mediante assédios (moral e sexual). E o Estado tampouco cumpre sua função se deixar que tal coisa aconteça.

Uma interpretação social da Constituição consiste exatamente em sopesar os valores constitucionais, os fundamentos e os objetivos da República e aplicá-los na prática, vendo o todo (mas sem esquecer o particular), de olho no progresso e no desenvolvimento (mas preservando a dignidade humana), na procura por uma sociedade justa e solidária. O desenvolvimento não pode ser conquistado a qualquer preço, não pode ser obtido com o sangue e a miséria expressiva dos concidadãos.

A idéia de desenvolvimento, sobretudo no campo social e político, só é possível se abranger os vários atores, possibilitando a eles o acesso aos bens que levem à obtenção da vida digna. Se as classes mais aquinhoadas possuem riqueza destacada, mas campeia uma miséria marcante de outras classes, a concepção social de desenvolvimento se encontra comprometida. Nisto, a visão social é diferente da visão econômica, porquanto a Economia lida muito mais com médias estatísticas, em que os números maiores apagam os números menores. Sob a ótica meramente econômica, vale a explicação: se alguém vive em penúria e nada ganha, padecendo da miséria, enquanto seu vizinho é rico e obtém rendas invejáveis, vivendo luxuosamente, juntos os dois têm uma riqueza média acima dos padrões próprios da classe média. Economicamente, vão bem; mas socialmente vão mal...

O que fazer com o primado constitucional da livre iniciativa, tão caro ao liberalismo? Ele será assegurado, até o limite em que possa vir a comprometer outros valores constitucionais igualmente relevantes. No objetivo de se alcançar uma sociedade solidária é que se exige das empresas, cada vez mais, sua responsabilidade social, o papel que podem desempenhar perante as comunidades mais pobres e a contribuição para a preservação do meio ambiente, p. ex. A política de isenções tributárias ou estímulos fiscais às empresas que desenvolvem programas de responsabilidade social fazem parte deste todo. Em tudo isso, a Constituição deixa entrever algo muito mais claro: a justiça social.

50 O SUPREMO TRIBUNAL FEDERAL NA CRISE INSTITUCIONAL BRASILEIRA

O ponto de partida da justiça social são as desigualdades econômicas, que procura eliminar. Partindo desta premissa sintetizadora, Ruprecht esclarece que a conseqüência da justiça social é a introdução de uma orientação aos conceitos dominantes, quer dizer, "justiça comutativa, que estabelece uma igualdade absoluta; a distributiva, de acordo com a capacidade econômica de cada um; e a legal, que rege as relações individuais com a sociedade. A justiça social tende a elevar o nível de vida dos trabalhadores".[33] Além destas, há também a justiça retributiva, que leva em conta a força de trabalho e a participação efetiva de cada ator.

Para Francisco Meton Marques de Lima, a justiça social é um meio de se alcançar o progresso social, que é um pressuposto do desenvolvimento. Com muita acuidade, esclarece que o "desenvolvimento abriga a soma de todas as políticas, econômicas e sociais, de igualação. O Brasil, por exemplo, ocupa o nono lugar no mundo econômico, mas equipara-se ao Senegal em fome, pobreza, nível salarial, moradia, doenças, tudo decorrente da má distribição de renda".[34]

Difícil é dizer o que seja uma interpretação adequada. Mas firmar os contornos do que seja uma interpretação socialmente adequada é possível, a partir dos elementos previstos pela própria Constituição Federal. O ponto de partida é ver quais são os *fundamentos* da Carta Magna, conforme ela mesma apresenta e aqui já demonstrado. Depois, é ter consciência dos *objetivos* da República Federativa do Brasil, com o compromisso verdadeiro de contribuir para que eles sejam alcançados e projetados. No mais, têm-se à disposição critérios de hermenêutica que servem para buscar fórmulas de aplicação das normas. Sejam quais forem estes critérios ou princípios de interpretação, eles devem obediência a estas duas premissas básicas.

Não é difícil detectar, por exclusão, algumas posturas ou interpretações anti-sociais. As atitudes ou decisões que dêem margem a tratamento desigual entre iguais, levem ao empobrecimento social, dificultem o acesso aos bens da modernidade, reduzam empregos ou postos de trabalho, desamparem necessitados, restrinjam conquistas sociais históricas, chancelem a dilapidação de verbas públicas destinadas aos pro-

33. Alfredo J. Ruprecht, *Os Princípios do Direito do Trabalho*, p. 108.
34. Francisco Meton Marques de Lima, *Os Princípios de Direito do Trabalho na Lei e na Jurisprudência*, pp. 23-24.

A SOCIOLOGIA CONSTITUCIONAL   51

gramas sociais, não punam os ratos do orçamento público, são notoriamente anti-sociais. São interpretações socialmente inadequadas.

Como se vê, há alguns elementos objetivos com que se trabalhar para extrair a noção do que seja ou não adequado na função interpretativa e de aplicação das normas constitucionais. Obviamente, surgirão zonas cinzentas, como é natural a qualquer classificação e qualquer atividade complexa que se desenvolva.

Fazer uma interpretação adequada não é só uma questão de escolha ideológica. Esta já foi feita pelo constituinte, na elaboração da CF/1988. É, isto sim, honrar o compromisso expresso na Constituição, nas entranhas da alma constitucional, cuja Carta escrita se manifesta social. Descumprir estas normas é que significa ofender o espírito da CF/1988, numa escolha política indevida e inadequada.

O suposto subjetivismo amplo encontra alguns limites, estabelecidos na própria Constituição, são as balizas mínimas que conferem objetividade. É a sua dimensão normativa, limitação consistente no próprio sistema constitucional fundamentante, conforme já exposto. Outra plêiade de limites reside no fato social, na realidade, no mundo dinâmico da vida material. Portanto, podem-se apontar dois grandes limites ao subjetivismo da interpretação constitucional: a) limites normativos ou jurídicos; e b) limites fáticos, mundanos. Estes conferem dinamicidade àqueles, mas não os derrogam por completo nem a qualquer circunstância, sob pena de se permitir que os fatos possam ser superiores à previsão da Constituição, pura e simplesmente, o que feriria o primado da supremacia constitucional.

Konrad Hesse utiliza expressões como "ótima concretização da norma [constitucional]" e "interpretação construtiva".[35] Outros autores falam em "máxima eficácia" ou expressões semelhantes, para darem a entender que o hermenêuta deve extrair a maior carga possível de eficácia social à norma constitucional. Destarte, uma das funções da interpretação adequada é conferir dinamicidade ao texto normativo, aplicando-o às situações fáticas presentes e de modo propedêudico. A interpretação voltada ao passado, tendente a volver valores ultrapassados, não é a esperada de nenhum hermeneuta que se preze.

35. Konrad Hesse, *A Força Normativa...*, cit., pp. 22-23.

Por fim, quando se sustenta, aqui, o caráter social da Constituição e a necessidade da interpretação adequada, não siginifica dizer que o Estado brasileiro é um Estado Social pura e simplesmente, consistente no Estado de bem-estar gigantesco. A CF/1988 adotou o Estado Democrático de Direito, que significa alguns passos adiante do Estado simplesmente Social. Um exemplo esclarecedor do Estado Social consistiu na experiência do Estado Novo (de Getúlio Vargas, na década de 1940), em que, a par do inegável investimento na área social, o governo buscou eliminar a oposição entre capital e trabalho, através do controle dos sindicatos de patrões e empregados, da ingerência estatal em muitos setores produtivos, com largo conteúdo interventivo e visão paternalista, em que a legitimidade era meramente carismática, porquanto não passava pelo crivo da democracia, das eleições. A democracia moderna não se compatibiliza com perpetuação de governantes ou de mandatos, exceto se submetidos à vontade popular pelos meios próprios.

O Estado Democrático de Direito vai além do Estado Social, aproveitando sua perspectiva de procurar conciliar capital e trabalho. Mantém as características básicas do Estado de Direito, que é o respeito ao ordenamento, a uma ordem jurídica constitucional, à atuação pautada pelo Direito; e as do Estado Democrático, fundamentalmente a legitimidade, o exercício racional do poder por governantes submetidos ao crivo popular, com mandatos. Mas, a isto tudo, implementa as condições essenciais ao desenvolvimento da sociedade, dos direitos fundamentais, da dignidade humana, da igualdade de oportunidades, do equilíbrio das forças sociais. Deste modo, prima por criar oportunidades a todos, ao invés de simplesmente adotar políticas paternalistas, que levam ao comodismo, ao empobrecimento e não estimulam a produção nem desarnam os espíritos empreendedores.

Podem-se utilizar alguns termos, para efeitos didáticos, que diferenciam os vários estádios das espécies de Estado: o Estado Liberal de Direito é marcado por uma faceta *ordenadora*; o Estado Social de Direito é assinalado pelo seu papel *promovedor*; e o Estado Democrático de Direito agrega o caráter *transformador*, conforme o normatizado.

Lenio Luiz Streck vê as características do Estado Democrático de Direito como próprias do neoconstitucionalismo, o qual superou o positivismo jurídico. Nada mais apropriado do que transcrevê-lo na íntegra, mantendo a fidelidade do texto original:

A SOCIOLOGIA CONSTITUCIONAL 53

"Daí a possibilidade de afirmar a existência de uma série de oposições/incompatibilidades entre o neocontratualismo (ou, se assim se quiser, o constitucionalismo social e democrático que exsurge a partir do segundo pós-guerra) e o positivismo jurídico. Assim: a) o neoconstitucionalismo é incompatível com o positivismo ideológico, porque este sustenta que o direito positivo, pelo simples fato de ser positivo, é justo e deve ser obedecido, em virtude de um dever moral. Como contraponto, o neoconstitucionalismo seria uma 'ideologia política' menos complacente com o poder; b) o neoconstitucionaismo não se coaduna com o positivismo enquanto teoria, estando a incompatibilidade, neste caso, na posição soberana que possui a lei ordinária na concepção positivista. No Estado constitucional, pelo contrário, a função e a hierarquia da lei têm um papel subordinado à Constituição, que não é apenas formal, e, sim, material; c) também há uma incompatibilidade entre neoconstitucionalismo com o positivismo visto como metodologia, porque este separou o direito e a moral, expulsando esta do horizonte jurídico. Tal separação, e a conseqüente afirmação de que o direito pode ser estudado simplesmente como fato social por um observador neutro, determinaria a incompatibilidade, já que o direito do Estado constitucional necessitaria, para ser estudado e compreendido, de uma tomada de postura moral, enfim, requereria uma atitude ética. Já o direito constitucional estaria carregado de princípios morais positivados, que haviam reconduzido ao interior do discurso jurídico as problemáticas morais."[36]

É exatamente neste ambiente neoconstitucional, trazendo para o interesse da hermenêutica constitucional a preocupação com os efeitos da aplicação da norma, que se chama a atenção para o aspecto transformador da CF/1988, nitidamente preocupada com o aspecto social do Direito, o desenvolvimento, a igualdade de oportunidades etc.

4. O intérprete responsável

O Brasil é dotado de pessoas de alto gabarito jurídico. O que falta são pessoas de sensibilidade social, mais próximas do povo, que entendam melhor as suas carências e desejos; que compreendam o seu sofrimento e a sua perspectiva de vida, seus sonhos e planos para o futuro. É preciso compreender e mergulhar no sonho social.

---

36. Lenio Luiz Streck, "A Hermenêutica Filosófica e as Possibilidades de Superação do Positivismo pelo (neo)Constitucionalismo", in Leonel Severo Rocha e Lenio Luiz Streck (Orgs.), *Constituição, Sistemas Sociais e Hermenêutica*, p. 155.

O SUPREMO TRIBUNAL FEDERAL NA CRISE INSTITUCIONAL BRASILEIRA

Mas o sonho e os meios para se chegar a ele devem ser responsáveis.

Estabeleçam-se ou se reconheçam algumas premissas para a fiel e escorreita aplicação da norma jurídica e, mais especificamente, constitucional:

Primeira: O intérprete tem seus compromissos jurídicos, tais como: conferir eficácia à norma, extrair o máximo grau de justiça que ela possa oferecer, fazê-la alcançar o maior número possível de destinatários, preservar seu conteúdo isonômico, assegurar-lhe a progressividade, amoldá-la às situações concretas, estabelecer vínculos entre seu lado meramente normativista e a perspectiva fática, aplicá-la racional e fundamentadamente, dar continuidade ao trabalho do legislador etc. Ao lado destas obrigações gerais, no que se refere ao Estado, há compromissos também de ordem política e social: o intérprete deve observar as reservas econômicas do Estado, os programas constitucionais, o alcance social das medidas governamentais, a integridade dos atos públicos praticados sob o manto da norma, a paz e o progresso sociais etc.

Segunda: A aplicação de qualquer ramo do Direito requer, inicialmente, o conhecimento da Constituição Federal, que lhe é superior. Assim, a compreensão da Constituição funciona como uma *pré-compreensão* indispensável à aplicação das demais normas jurídicas.

Terceira: Na hermenêutica constitucional, o intérprete há de conhecer o tipo de Estado em que está inserido, o qual, no caso brasileiro, é o Democrático de Direito, cujas características, fundamentos e objetivos já foram expostos há pouco. A ciência da forma e do sistema de governo são essenciais à consciência constitucional do hermeneuta, bem ainda o conhecimento do modelo básico de produção.

Quarta: o intérprete há de estar ciente da conjuntura nacional (política, social e economicamente) e afinado com a realidade social, percebendo seus anseios e carências.

Pois bem: o intérprete não pode conferir à norma qualquer interpretação, baseado apenas no subjetivismo, no uso arbitrário de critérios ou métodos hermenêuticos. Seria um comportamento irresponsável, que poderia danificar as finanças públicas, malferir direitos fundamentais, inviabilizar políticas econômicas e sociais.

De que adiantaria o Judiciário assegurar ao homem o benefício da imortalidade se esta não poderia ser alcançada pelo atual conhecimento

A SOCIOLOGIA CONSTITUCIONAL 55

científico? Qual utilidade alcançaria o Judiciário em determinar que todo o orçamento do Estado deva ser empregado numa única ação, se isto poria em risco todos os demais compromissos públicos? E com base em qual senso de justiça deixaria um ser humano morrer à míngua por falta de condições mínimas da saúde que o Estado deva prestar?

A interpretação, portanto, deve ser a responsável, aquela que assegure direitos fundamentais sem causar prejuízos jurídicos superiores e irreversíveis em outros campos. A palavra de ordem é: moderação, mas sem esquecer a ousadia indispensável à justiça. Daí, a doutrina da *reserva do possível* se mostra razoável quando não levada às últimas conseqüências. O equilíbrio entre o caos e a ordem perfeita, entre o direito a algo e as dificuldades em realizá-lo, deve ser buscado. A utilidade da sentença para o jurisdicionado e a possibilidade de ela ser satisfeita – embora careça de força, mas que seja possível – devem ocupar diuturnamente a inteligência do magistrado (*rectius*, do intérprete).

Por ser Estado Democrático de Direito e por situar-se numa nova fase (a do neoconstitucionalismo), o Estado brasileiro é do tipo *transformador*, encarregado de desencadear e estimular o desenvolvimento, a igualdade de oportunidades, o equilíbrio das forças sociais. Inseridas num programa maior, estas medidas (objetivos da República Federativa do Brasil) requerem atuação com vistas ao futuro.

O intérprete deve ter olhos de lince para vislumbrar o futuro da sociedade. Precisa se interessar pelo caso que lhe é submetido, como o bom médico o faz perante o paciente que o procura. A atitude é muito esperada neste universo de pacientes sociais. Nas grandes questões – p. ex., aquelas que envolvem a essência e o funcionamento do Estado, aquelas cuja generalidade envolve interesse de toda a nação, as que ponham em risco a economia e a sociedade –, o hermeneuta não pode olvidar seu dever de julgar para o futuro. Se o legislador elabora leis a ser projetadas ao porvir e, no entanto, os intérpretes só as aplicarem para o presente, isto significaria retirar a essência e o objetivo da norma. "Um tribunal, quando decide – ainda mais um tribunal constitucional –, projeta seu destino. Define seu comportamento para os próximos casos análogos. Cria vínculos com o futuro", afirma Celso Campilongo.[37]

---

37. Celso Fernandes Campilongo, *O Direito na Sociedade Complexa*, p. 100.

O SUPREMO TRIBUNAL FEDERAL NA CRISE INSTITUCIONAL BRASILEIRA

Os membros do Judiciário, de que se destacam os integrantes das Cortes de maior projeção nacional (STF e Tribunais Superiores), não podem julgar pressionados pela imprensa, encurralados pela opinião pública, mas precisam ouvir a voz do povo e aproximar-se dele, pois é a este que devem servir, é o bem-estar do povo que justifica a existência do Estado. As decisões, destarte, têm de ser contextualizadas, observando-se o todo, panoramicamente; mas, por outro lado, não se pode simplesmente sacrificar os direitos individuais. Qualquer sacrifício ou sopesamento de direitos há de passar por um processo cauteloso, racional e sensível do aplicador da norma.

Esta situação se agrava perante um Estado deficiente, um país pobre, com pessoas carentes, uma população de necessitados, que tem sede de justiça e não se conforma com a impunidade nem com a violência.

Neste contexto, o STF detém sobre os ombros uma responsabilidade colossal.

5. A crise da Constituição e a crise institucional

A crise da Constituição, de que aqui se cuida, é aquela apontada por Konrad Hesse, sintetizada por Pedro Rui da Fontoura Porto na seguinte fórmula: a decorrente da inefetividade da Constituição, do descompasso entre suas promessas e a realidade concreta que lhe cabe regular.[38] Daí Konrad Hesse estabelecer uma diferença entre a "Constituição jurídica" e a "Constituição real", algo à semelhança da *Constituição de papel* e aquela *efetiva*, derivada dos fatores reais de poder, mencionada por Ferdinand Lassalle.[39]

Não há sombra de dúvidas de que a disparidade entre a *Constituição-norma* e a *Constituição-real* revela uma crise, para a qual a atuação dos poderes constituídos é inescusável. É preciso ver-se de que modo a ambientação fática absorve a norma. Se, de um lado, a norma deve refletir os fatos sociais, a cultura da sociedade para a qual se dirige, por

---

38. Pedro Rui da Fontoura Porto, *Direitos Fundamentais Sociais: Considerações acerca da Legitimidade Política e Processual do Ministério Público e do Sistema de Justiça para sua Tutela*, p. 69.

39. Konrad Hesse, *A Força Normativa...*, cit., p. 15; Ferdinand Lassalle, *A Essência da Constituição, passim*.

A SOCIOLOGIA CONSTITUCIONAL 57

outro lado deve, também, procurar estabelecer programas para a evolução da sociedade, para o seu desenvolvimento, o seu aprimoramento. E, mais uma vez recorrendo a Konrad Hesse: "a Constituição não configura, portanto, apenas expressão de um ser, mas também de um dever ser; ela significa mais do que o simples reflexo das condições fáticas de sua vigência, particularmente as forças sociais e políticas".[40] Como dever-ser, ela é semente a ser regada para dar bons frutos no futuro; exige cuidados e dedicação dos que por ela são responsáveis. Neste sentido, toda Constituição tem um conteúdo programático. Não sob o aspecto de ser fluida, sem prazo para ser cumprida, sem indicação de responsáveis e de sua atuação. Esta visão de normas constitucionais programáticas é condenável porque cai na ineficácia e na inexigibilidade. O sentido que lhe deve ser conferido, é exatamente o de, reconhecendo o programa a ser trilhado, exigir-se das autoridades e do Poder Público ações e políticas que vão, pouco a pouco, caminhando para a obtenção da finalidade pré-concebida do programa. Um programa no seu sentido ativo, dinâmico, paulatino e executável.

Paulo Bonavides faz uma incursão na crise constitucional, diferenciando-a da crise constituinte do seguinte modo:

"A crise constituinte é a própria crise do poder constituinte, a crise de um regime, de um corpo institucional, de um sistema de governo, ao passo que a crise constitucional é tão-somente a crise de uma Constituição; por isso mesmo não afeta a titularidade do poder constituinte de primeiro grau, e como se circunscreve ao arcabouço político e jurídico do ordenamento estabelecido, se resolve pela intervenção do poder limitado de reforma, contido juridicamente na Constituição. (...).

"Para resolver uma crise constitucional basta reformar a Constituição; quando muito promulgar outra Constitiuição.

"A crise constituinte, ao revés, representa a enfermidade do próprio corpo social. Por isso raramente pode ser debelada. As crises meramente constitucionais se resolvem em geral mediante pronta intervenção do poder constituinte de segundo grau ou poder constituinte derivado, que jaz na própria Constituição, ou, em determinados sistemas e formas de organização política, pela ação jurisprudencial das Cortes constitucionais, por seus arestos, que dirimem conflitos ao redor da lei maior, ocasionalmente verificados."[41]

40. Konrad Hesse, *A Força Normativa...*, cit., p. 15.
41. Paulo Bonavides, *Curso de Direito Constitucional*, pp. 188 e 189.

58 O SUPREMO TRIBUNAL FEDERAL NA CRISE INSTITUCIONAL BRASILEIRA

A crise das Instituições, atualmente, não é de sua insustentabilidade por determinação de outro Poder. Já não se fecham casas legislativas, líderes políticos e estudantes não são mais presos (e não são mesmo), não se cassam intelectuais... As Instituições democráticas, no Brasil, são respeitadas, em sua *existência*, pelo poder. O vício que se tem aqui é outro: é o de [*mau*] *funcionamento*. Um mau fucionamento que se deve muito mais a cada uma das próprias Instituições do que de qualquer outro fator externo. A grande crise é a de ausência de eticidade, a de improbidade, a de desonestidade, a de pouca transparência da verdade, a de desvirtuamento de papéis, de atuação tíbia. Tudo isto leva ao mau funcionamento das Instituições, que deixam de cumprir sua função constitucional, distanciando-se da sociedade.

Nos últimos anos, viu-se um Presidente da República envolvido em escândalos (Collor de Mello, 1990-1992); um Presidente da Câmara Federal que teve de renunciar ao cargo para fugir de apurações mais aprofundadas sobre as suspeitas de seu envolvimento em atos ilegais (Severino Cavalcante, 2004); um Presidente do STF que foi interpelado por magistrados e outros integrantes do meio jurídico, ante sua suposta atuação política em detrimento do comportamento próprio da magistratura (Nelson Jobim, 2006); e, posteriormente, escândalos envolvendo o Presidente do Senado, supostamente emaranhado num esquema de propinas e *lobbies* de empreiteiras (Renan Calheiros, 2007); bem ainda prováveis atos ilegais e imorais praticados por irmãos e filho do Presidente da República mais votado da história do Brasil (Luís Inácio Lula da Silva, 1º e 2º mandatos, a partir de 2003). Vale dizer: os "expoentes máximos", os "chefes" de cada poder da nação tiveram, direta ou indiretamente, com maior ou menor grau de ilicitude e de comprovação, seus nomes citados ou envolvidos em situações embaraçosas, nada apropriadas para as funções que desempenhavam. Postas estas observações, não há muito o que se acrescentar para demonstrar a crise institucional do Brasil, isto é, crise das instituições, que afeta a aplicação da Constituição Federal.

A gravidade é tamanha que não se pode chamar, apenas, de mau funcionamento das Instituições. Este qualificativo é pouco, não expressa a dimensão do problema, pois nele se derrogam direitos e garantias fundamentais clássicos (ato jurídico perfeito, direito adquirido, coisa julgada, propriedade, dignidade humana...), deixam-se de implementar outros tão necessários à vida digna (aviso prévio proporcional, salário mínimo compatível, garantia de emprego...), desvirtuam-se conquistas

A SOCIOLOGIA CONSTITUCIONAL 59

e minam-se as que poderiam sobrevir (por faltar amparo aos necessitados e aos idosos, negar direitos inerentes à seguridade social, deixar de realizar investimentos em áreas cruciais, chancelar a roubalheira no setor público, deixar a impunidade campear etc.). A isto se acrescente uma interpretação vesga da Constituição e se terá um paiol erguido num estopim social. Estes são fatores que causam atraso social, que fragilizam a segurança das relações jurídicas e econômicas, que desatendem os objetivos da República Federativa do Brasil.

Quando o próprio Estado não cumpre as decisões do seu Judiciário e já não se teme a espada da justiça, é sinal de que uma grave crise corrói as entranhas do Direito e envenena a essência da democracia. Esta faceta se mostra ainda mais evidente e temerária quando o vírus da improbidade e da corrupção invade os tecidos públicos e desfalece o corpo da nação, ruborizando-a a cada investida da polícia federal e a cada investigação do Ministério Público.

As instituições brasileiras vivem em dificuldades quase permanentes, o que parece ser contraditório, considerando a natureza transitória das "crises". Mas é a busca pela democracia, pelos direitos fundamentais e pela efetividade das instituições, no cumprimento de seu papel social, econômico e político, o grande marco do ideal que se persegue. O mau funcionamento do Estado é sintomático da penumbra funcional, mesmo quando se arrasta por décadas a fio.

É com este estupor que a presente obra se refere à crise institucional brasileira.

6. Eleições e mandatos políticos na CF/1988

Ficou esclarecido, na Introdução deste trabalho investigativo, que a pesquisa tocaria, embora superficialmente, na análise política de algumas questões brasileiras, de importância para a jurisdição constitucional. Também ficou delimitado o tempo a que se refere a pesquisa: a vigência da CF/1988. Para melhor se compreender alguns capítulos e tópicos que se sucederão, é importante que o leitor seja situado nos mandatos presidenciais do Brasil, a fim de observar o período de abertura política, de cada Governo e nome do respectivo Presidente da República, a contextualização em face de alguns acontecimentos sociais, econômicos, políticos e, mesmo, jurídicos.

60   O SUPREMO TRIBUNAL FEDERAL NA CRISE INSTITUCIONAL BRASILEIRA

Segue, portanto, a relação com os mandatos e nomes de alguns Presidentes da República, que muito servirão para a melhor compreensão de temas aqui abordados:

PRESIDENTES DA REPÚBLICA

Presidente	Mandato
Luiz Inácio Lula da Silva	1º.1.2007 a (?)
Luiz Inácio Lula da Silva	1º.1.2003 a 1º.1.2007
Fernando Henrique Cardoso	1º.1.1999 a 1º.1.2003
Fernando Henrique Cardoso	1º.1.1995 a 1º.1.1999
Itamar Franco	2.10.1992 a 1º.1.1995
Fernando Collor de Mello	5.3.1990 a 2.10.1992
José Sarney	15.3.1985 a 5.3.1990
Tancredo de Almeida Neves	
João B.Figueiredo	15.3.1979 a 15.3.1985
Ernesto Geisel	15.3.1974 a 15.3.1979
Emílio G. Medici	30.10.1969 a 15.3.1974
Márcio Mello	31.8.1969 a 30.10.1969
Augusto Rademaker	31.8.1969 a 30.10.1969
Aurélio Lyra	31.8.1969 a 30.10.1969
Costa e Silva	15.3.1967 a 31.8.1969
Castello Branco	15.4.1964 a 15.3.1967
Ranieri Mazzilli	2.4.1964 a 15.4.1964
Getúlio Vargas	31.1.1951 a 24.8.1954
Getúlio Vargas	10.11.1937 a 29.10.1945
Getúlio Vargas	20.7.1934 a 10.11.1937
Getúlio Vargas	3.11.1930 a 20.7.1934

Vejam-se algumas características das gestões presidenciais importantes para esta obra:

João Batista Figueiredo foi o último dos Presidentes militares, sendo responsável pela preparação do ambiente político de devolução do

A SOCIOLOGIA CONSTITUCIONAL

poder aos civis. A transição para a democracia se deu paulatinamente, entre o ranço do militarismo e a consciência da abertura política.

Um traço comum nos Presidentes da República subseqüentes, foi a elaboração de Planos Econômicos, procurando conter a inflação, controlar a política de preços e salários e lidar com a dívida externa – herança maldita deixada pelos Governos anteriores.

José Sarney deu continuidade ao trabalho de transição, tendo em suas mãos a responsabilidade de promover a consolidação democrática. Em sua gestão, foi convocada a Assembléia Nacional Constituinte, que concluiu sua tarefa institucional com a promulgação da Constituição Federal de 1988. Estava preparado o plano normativo da democracia.

Sucedeu-lhe Fernando Collor de Mello, em quem muito se depositavam as esperanças da plena reabertura política, da consolidação definitiva da democracia e do impulso ao desenvolvimento sócio-econômico. No entanto, envolvido em escândalos, denúncias de improbidade administrativa, de corrupção e de falta de compostura para com as funções do cargo, sofreu *impeachment* dois anos depois do início do mandato.

Assumiu, então, o Vice-Presidente Itamar Franco, em cuja gestão surgiu a versão inicial do Plano Real, a primeira série de medidas que se mostraram realmente eficazes no combate à inflação e na valorização da moeda nacional. Estas medidas foram aperfeiçoadas e implementadas nos Governos seguintes. Dois nomes se destacam entre as autoridades públicas de alto escalão do Governo Federal: Ciro Gomes e Fernando Henrique Cardoso, tendo ambos ocupado a pasta do Ministério da Fazenda, cada um a seu tempo.

O Presidente Fernando Henrique Cardoso promoveu a privatização de empresas públicas e zelou pelo Plano Real, em compromisso seguido pelo seu sucessor, Luís Inácio Lula da Silva, que contou com um ambiente internacional propício à economia.

Vê-se que, apesar do retorno da democracia, a sucessão presidencial foi um tanto conturbada, após 1990. Um Presidente foi afastado (Collor), com mandato que durou pouco mais de dois anos; outro o complementou (Itamar Franco), por período semelhante (1992-1995); o Presidente subseqüente, Fernando Henrique Cardoso (1995-2003), alterou a Constituição para duplicar seu mandato, através da emenda da reeleição; em seguida, o Presidente Lula também se beneficiou da reeleição, iniciando seu mandato em 2003, tendo seu partido cogitado, logo após as eleições de seu segundo período de gestão (em outubro de 2006), de uma provável prorrogação do mandato (o terceiro, mas sem eleições).

Só Getúlio Vargas tivera mandato presidencial superior a FHC e Lula. Os mandatos destes dois Presidentes, juntos, quase se igualam, em duração, aos 20 anos dos militares!

Vale dizer: depois da CF/1988 o Brasil ainda não pode falar, categoricamente, em exercício de mandato presidencial regular, consolidado, ante a oscilação apresentada de sua duração, para mais ou para menos. E isto tem repercussão na escolha dos ministros do STF.

Torna-se importante, agora, explorar a estrutura, a formação, a competência e os fundamentos que informam o STF, objeto do próximo Capítulo, sem o que não se teria a mesma compreensão do tema que este trabalho se propõe a enfrentar.

Capítulo 2
SUPREMO TRIBUNAL FEDERAL: UMA APRESENTAÇÃO NECESSÁRIA

O que é o Supremo Tribunal Federal?
Quais as suas funções?
Como se organiza e se estrutura?
Pode apreciar questões e atos governamentais de natureza política?
Ele tem legitimidade perante o povo brasileiro?
A justiça é um fator que deve orientar as suas decisões?
Ou elas devem se pautar apenas na técnica do Direito dogmático?

1. Composição e competência. Importância. 2. Função e desmistificação política do STF: as questões políticas: 2.1 A idéia de Política e sua pertinência com a função do Judiciário; 2.2 As questões políticas e sua possível sindicabilidade pelo STF; 2.3 A necessidade de transparência na justificação das decisões políticas pelo Judiciário. 3. Supremo Tribunal Federal: ilegitimidade e descompasso social: 3.1 Papel democrático do STF; 3.2 Sobre a legitimidade e a legalidade; 3.3 O STF: entre a legitimidade e a legalidade.

1. Composição e competência. Importância

A apresentação inicial da Sociologia Constitucional era essencial, considerando a inovadora perspectiva que o estudo sugere sobre a aplicação da Constituição Federal.

Este situamento prévio do leitor, tão indispensável, é complementado com o presente capítulo, sobre a conformação do Supremo Tribunal Federal (STF). De fato, é preciso situá-lo no cenário nacional e relembrar o que seja este órgão, apontando-lhe as atribuições essenciais.

64 O SUPREMO TRIBUNAL FEDERAL NA CRISE INSTITUCIONAL BRASILEIRA

Esta parte da pesquisa é essencial para a melhor compreensão das páginas posteriores. Sem ela, sem tais esclarecimentos prévios, tornar-se-iam turvas as discussões seguintes e alguns pontos poderiam passar incompreendidos.

Previsto na vigente Constituição Federal (CF/1988), o Supremo Tribunal Federal (STF) pontifica a estrutura do Poder Judiciário brasileiro, compondo-se de 11 Ministros (vitalícios), escolhidos dentre cidadãos com mais de 35 e menos de 65 anos de idade, de notável saber jurídico e reputação ilibada. O Tribunal tem sede em Brasília-DF e seus Ministros são nomeados pelo Presidente da República, depois de aprovada a escolha pela maioria absoluta do Senado Federal. É o que preceituam o *caput* e o parágrafo único do art. 101, da CF/1988. Na verdade, a participação do Presidente da República é decisiva, restando ao Senado a chancela da indicação presidencial. Isto quando a escolha não é feita no âmbito de gabinetes. Na prática, o Senado não tem rejeitado as indicações feitas pelo Presidente da República.

Não é requisito para o ingresso no STF o exercício da Magistratura, do Ministério Público, da Defensoria Pública nem da Advocacia em si. São necessários, apenas, o "notável saber jurídico" e a "reputação ilibada", além dos limites de idade para ingresso no órgão.[1] No mais, o que pesa mesmo é o trânsito político do candidato a Ministro, frente à cúpula dos demais Poderes. Foi por isto que, no Governo de Fernando Henrique Cardoso (FHC), na prática, costumou-se nomear Ministro do STF integrantes de pastas dos Ministérios do Executivo Federal ou de função do alto escalão do Governo, como foi o caso do Min. Gilmar Ferreira Mendes, ex-Advogado Geral da União no período de janeiro de 2000 a junho de 2002, e do Min. Nelson Jobim, ex-Ministro da Justiça no período janeiro de 1995 a abril de 1997.

Adauto Suannes, comentando a composição dos membros da Suprema Corte norte-americana, salienta que, dos 60 juízes indicados pelo Presidente da República no século XX, cinco foram rejeitados pelo Senado norte-americano, ponto no qual registra a experiência diferente do

---

1. No pertinente à aposentadoria, as regras sobre a magistratura observarão o art. 40, CF, por imposição do art. 93, VI, CF. O citado art. 40 trata da aposentadoria do servidor público, compulsória (aos 70 anos) e voluntária (por tempo de serviço e por idade).

SUPREMO TRIBUNAL FEDERAL: UMA APRESENTAÇÃO NECESSÁRIA   65

Brasil. Conforme noticia o Autor, "jamais tivemos um candidato a Ministro da Suprema Corte rejeitado pelo Senado, que se limita a inquirir o candidato, sem qualquer preocupação com seu passado e sua cultura jurídica. Tivemos, como é de todos sabido, o incrível caso de um *judice* que, renunciando ao cargo, foi servir ao Poder Executivo, de onde retornou ao Supremo Tribunal Federal, ali se aposentando. Além disso, chegaram a integrar nossa Corte Suprema um médico e dois generais".[2]

A nomeação do então Advogado-Geral da União Gilmar Ferreira Mendes, para o STF, no ano de 2002, foi precedida de notas contrárias da AMB e dos juristas Celso Antônio Bandeira de Mello, Dalmo de Abreu Dallari e Fábio Konder Comparato. No Largo São Francisco (São Paulo) houve movimento de estudantes da USP e da PUC-SP contrário à nomeação. Dalmo Dallari afirmava a falta de reputação ilibada ao indicado a Ministro, encontrando-se ele "totalmente incompatibilizado com os advogados e o Judiciário", por ter, certa vez, chamado de "manicômio judiciário" a uma sucessão de sentenças desfavoráveis ao Governo.

Na verdade, ocorreu uma guerra de notas de apoio e de contrariedade, vindo em socorro de Gilmar Ferreira Mendes, o Presidente da Associação Nacional dos Procuradores Federais, Roberto Eduardo Giffoni, os ex-Ministros Célio Borja (do STF) e Oscar Corrêa (da Justiça), e nota subscrita por Arnoldo Wald e Ives Gandra Martins (Academia Internacional de Direito e Economia). Pedindo que a nomeação não tomasse dimensão política (como se isto não fosse da essência da escolha!), pronunciaram-se Celso Bastos e Manoel Gonçalves Ferreira Filho. No meio

---

2. Adauto Suannes, *Os Fundamentos Éticos do Devido Processo Penal*, p. 117. O Autor se referiu, por certo, a José Francisco Rezek, Ministro do STF no período 1983-1990. Exonerado do cargo, a pedido, em 15.3.1990, tornou-se Ministro de Estado das Relações Exteriores do Brasil, função que exerceu até 13.4.1992. Em 4.5.1992 foi nomeado outra vez Ministro do STF, cargo no qual se aposentou, a pedido, em 5.2.1997.
A CF/1891 exigia apenas o "notável saber", sem esclarecer se este era o jurídico ou não. Insatisfeito com determinada decisão do STF, o então Presidente da República, Floriano Peixoto, após várias mazelas, aproveitou a "deixa" constitucional e nomeou para Ministro da Corte o médico Barata Ribeiro e os generais Inocêncio Galvão de Queiroz e Raymundo Ewerton de Quadros ("Discurso" do Min. Paulo Brossard, em 7.9.1989, *Comissão Constitucional do Centenário da República e da Primeira Constituição Republicana*, p. 116). O Senado, no entanto, desaprovou estes Ministros, entendendo que o "notável saber" era o específico das leis (Aliomar Baleeiro, "O Supremo Tribunal Federal", *RF* 69(242)/10).

66　O SUPREMO TRIBUNAL FEDERAL NA CRISE INSTITUCIONAL BRASILEIRA

termo, a OAB se limitou a pedir que houvesse uma revisão nos critérios de nomeação dos Ministros do STF, sugerindo a quarentena para ex-ocupantes de cargos públicos poderem concorrer a Ministro da Corte. A Associação Juízes para a Democracia, sem pessoalizar diretamente a discussão, manifestou-se no sentido de que o Senado "não se furte ao exame da legalidade da indicação e de suas implicações éticas", tendo em vista o histórico de Gilmar Ferreira Mendes como defensor do Planalto.[3]

Outro fato levantado contra a nomeação de Gilmar Mendes era o caso da "máfia dos precatórios do DNER": a imprensa denunciara, no Governo FHC, um esquema de corrupção envolvendo funcionários do Ministério dos Transportes, chefiado pelo então Min. Eliseu Padilha. Era outubro de 1999, quando o Deputado Agnelo Queiroz (PCdoB-DF) constatou que o pagamento de indenizações judiciais estratosféricas do antigo DNER "era uma das poucas rubricas do orçamento cumpridas integralmente". Só em um dos processos cogitava-se do pagamento de R$ 1 bilhão, decorrente de indenização pela construção de uma rodovia na Amazônia. O esquema envolvia escritórios de advocacia, lobistas, Procuradores Federais etc. Instaurou-se investigação interna na Corregedoria da Advocacia-Geral da União (AGU), na qual se constatou que pelo menos em 41 processos os Procuradores do DNER realizavam acordos desvantajosos ao erário. Já haviam sido pagos R$ 122,9 milhões, enquanto outros R$ 752,5 milhões foram sustados porque o esquema foi descoberto a tempo. O relatório destas apurações não foi encaminhado ao Ministério Público nem ao Deputado Agnelo Queiroz, que o solicitara ao Advogado-Geral da União. Segundo publicado no site www.semapirs.com.br, Gilmar Ferreira Mendes teria se recusado a apresentá-lo sob a alegação de que o relatório estava acobertado por segredo de justiça. A Polícia Federal, que tivera idêntico pleito negado junto à AGU, teve acesso ao relatório mediante ordem judicial. E quando do a Justiça Federal determinou que o Ministro dos Transportes apresentasse o relatório que recebera, Eliseu Padilha alegou que o segurara por orientação do Chefe da AGU. Por que tanto interesse nesse relatório? Assinado por corregedores da AGU, ele apontava o conhecimento do esquema pelo Ministro dos Transportes. Corria na Câmara Federal lista de assinaturas para instauração de CPI, ao que muito interessava o dito

---

3. Vide esta polêmica em: www.tj.ro.gov.br/emeron/sapem/2002/maio/1705/ NOT%C3%8DCIAS/08.htm (acessado em 14.3.2007).

SUPREMO TRIBUNAL FEDERAL: UMA APRESENTAÇÃO NECESSÁRIA 67

documento. Tais fatos levaram o Ministério Público Federal a promover ação de improbidade administrativa contra Eliseu Padilha e Gilmar Ferreira Mendes, no ano de 2000, por entender que houvera omissão de ambos no caso do DNER. Dois anos depois, o Procurador Federal junto ao DNER, Pedro Elói, confessou os crimes e apontou Padilha como responsável pelo esquema.[4]

Embora a presunção de inocência seja prevista constitucionalmente, a prudência não recomenda a nomeação para um Tribunal Constitucional de autoridade que responda a ação de improbidade promovida por uma Instituição como o Ministério Público Federal, sobretudo quando encontre rejeição de setores legítimos da sociedade, de juristas renomados, que assinalem ter o candidato pautado sua atuação na defesa de interesses governistas, contrária a direitos fundamentais e de alcance pouco (ou anti) social, a par do brilhantismo intelectual que lhe confira a notoriedade jurídica, fato este incontestável.[5]

4. Vide estes dados em *Memória*: www.semapirs.com.br/semapi2005/site/index. php?inc=mostra_noticia&f_cod_noticia=1277&PHPSESSID=4c712483d8272b9723 68eb33b1250e43 (acessado em 14.5.2007).
5. Em 13.3.2008, o STF julgou prejudicado recurso do Ministério Público Federal contra decisão da Min. Ellen Gracie, que arquivara a PET 3.053, na qual o Min. Gilmar Mendes era acusado de suposto ato de improbidade administrativa, que teria sido praticado quando ele era o chefe da AGU. A ação de improbidade administrativa fora proposta perante a Justiça Federal de 1ª instância do Distrito Federal e chegou ao STF pelo TRF-1ª Região (DF), em virtude da prerrogativa de foro de Gilmar Mendes, que já havia se tornado Ministro do STF. O fundamento para o arquivamento foi o precedente de Ronaldo Sardenberg (Rcl 2.138), quando o STF definiu que a lei de improbidade administrativa não é aplicável a agentes públicos. "O ministro Cezar Peluso indeferiu o pedido do MPF. Já o ministro Marco Aurélio acolheu o pedido, pois, para ele, não há necessidade da ratificação da denúncia pelo Procurador-Geral da República, uma vez que a primeira instância tem competência para analisá-la" (*Notícias-STF*, de 13.3.2008, in http://www.stf.gov.br/portal/cms/verNoticiaDetalhe.asp?id Conteudo=84941&tip=UN, acessado em 17.8.2008).
Novamente se recorre a Adauto Suannes para lhe roubar a pena, na tintura da Suprema Corte dos EUA: "O cuidado que cerca a indicação e a confirmação de alguém para tão elevada missão pode ser aferido por uma anedota absolutamente real: Anthony Kennedy, indicado para a Corte, foi, certa feita, antes de sua confirmação, abordado por um agente do FBI, encarregado de investigar seu passado, que lhe deu ciência de um fato grave: a filha do candidato a *Judice*, em certa ocasião, havia-se retirado de um estacionamento de automóveis sem pagar pela utilização dele. Tal 'mácula' talvez dificultasse a confirmação de sua indicação" (Suannes, *Os Fundamentos Éticos do Devido Processo Penal*, cit., p. 117).

68 O SUPREMO TRIBUNAL FEDERAL NA CRISE INSTITUCIONAL BRASILEIRA

Apesar de ter sido uma das raras ocasiões em que relevantes setores da sociedade vieram a público opor-se à nomeação de um Ministro, que anteriormente criticara a atuação do próprio STF e defendera incontidamente o Governo, mesmo em detrimento dos interesses sociais e dos direitos dos cidadãos,[6] a nomeação saiu, sem sofrer nenhum obstáculo no Legislativo, no Executivo, nem na Corte Suprema.

Esta análise é feita quanto à maneira como ocorreu a nomeação do Min. Gilmar Ferreira Mendes, sem nenhuma intenção de discutir a sua hombridade, sua capacidade intelectual ou moral. O julgamento destas qualidades é feito pelo Judiciário (em ação de improbidade), pelo meio jurídico e pela sociedade; não por este escritor, pois poderia tornar o trabalho apaixonado, com o que não se compatibiliza a pesquisa científica.

Mesmo quando há pressão de várias facções políticas, em regra o Presidente da República consegue nomear para o STF alguém do seu círculo de simpatia (pessoal, ideológica, profissional...), até mesmo porque tem sido corriqueiro no Brasil que o Chefe do Executivo conte com a maioria da Câmara dos Deputados e do Senado Federal.

Enriquece esta observação a reflexão de Cícero Fernandes:

"Não é segredo, para ninguém que viveu à época, que os próprios governos militares, com seus poderes extraordinários (de censura à imprensa, fechar o Congresso e excluir da apreciação judicial o que lhes aprouvesse), sofreram pressão de governadores, de políticos e de interesses que estes representam, toda vez que havia de ser preenchida uma vaga em qualquer dos Tribunais da União.

"Essa ingerência dos bastidores políticos na composição dos tribunais é sumamente deletéria.

"Esse sistema de pressão se torna mais grave pelo fato de ser possível saber, com bastante antecedência em virtude da aposentadoria compulsória, o número exato de vagas e quando elas se darão. E a ingerência se faz duplamente: sobre o governo, na escolha do candidato à vaga, e sobre o governo e o

---

6. Há sinceras dúvidas se é possível falar-se em um dever de o Advogado-Geral da União defender, a qualquer custo, o Governo. De fato, discute-se se o Advogado ou Procurador Público têm, necessariamente, que defender o Governo ou se podem fugir desta atribuição em benefício dos interesses da sociedade ou do próprio Estado, recusando-se a seguir as orientações do Chefe do Executivo, notadamente quando ilegais, abusivas ou arbitrárias. Prevalece a opinião, porém, da defesa necessária, com o que não comunga este Autor, ante a ilação, que daí se retira, de opor o Estado aos interesses da sociedade.

SUPREMO TRIBUNAL FEDERAL: UMA APRESENTAÇÃO NECESSÁRIA   69

aposentando, sob a forma de encaminhamento deste para algum cargo político (nos últimos tempos, um veio ocupar a Casa Civil e dois ou três foram Ministros de Estado). Ora, por maior hombridade, caráter e independência que o candidato à vaga ou o membro do Tribunal possua (e, no Supremo, houve exemplos marcantes), é inevitável que governantes se aproveitem daquelas circunstâncias para enviar para o Judiciário os problemas mais escabrosos de desrespeito à Constituição e às leis e ainda se atrevam (como freqüentemente se vê na mídia) a lançar suspeita sobre juízes que votam contra seus interesses, no mínimo tachando-os de 'polêmicos'. Por outro lado, quando acontece de o Tribunal decidir a favor do governo numa dessas causas, dificilmente o cidadão comum se convence. Foi assim quando se deixou de aplicar aos bancos o limite constitucional de 12% para os juros, quando se absolveu o Collor da acusação de corrupção e quando se permitiu ao governo FHC 'reeditar' indefinidamente suas MPs etc."[7]

Cabe discernir, também, que um Presidente da República, ao ser eleito, já passa a integrar, automaticamente, um grupo do poder, se é que ainda não fazia parte dele. Os cargos que irá preencher tenderão a sê-lo por pessoas afinadas com este grupo. A autoridade do Presidente não se esvai pelo fato de ele pertencer a um agrupamento seleto, mas de certo modo pode vir a se diluir perante os demais parceiros, na medida em que precisará manter íntegros o apoio e a comunhão de interesses. Em política, sabe-se da máxima: ninguém governa sozinho. Portanto, não é de se admirar que sejam nomeados para os Tribunais magistrados, advogados e juristas afinados com a filosofia ou ideologia do grupo. E vem a outra máxima: "um grupo social, salvo raríssimas exceções, nunca está absolutamente isolado".[8] De fato, os grupos se comunicam, interagem, ajudam-se e sentem as conseqüências uns dos outros. A luta entre eles passa a ser a luta externa, contra um inimigo ou ameaça comum; algo que ponha em risco sua existência, sua autoridade, seu *status quo*.

O Supremo Tribunal Federal tem a função básica de decidir, em última e definitiva instância, questões de índole constitucional, interpretando a Carta Maior e afastando as normas inferiores a ela ofensivas, no controle concentrado da constitucionalidade das leis e de outros atos normativos (arts. 102 e 103, CF). Demais disso, desenvolve importante

7. Cícero Fernandes, *Justiça Tarda e Falha*, p. 137.
8. Henri Lévy-Bruhl, *Sociologia do Direito*, p. 119.

70　O SUPREMO TRIBUNAL FEDERAL NA CRISE INSTITUCIONAL BRASILEIRA

papel no julgamento de certas ações originárias[9] em que figurem autoridades ilustres nacionais, como o Presidente da República, Deputados Federais, Senadores, Ministros de Estado e integrantes dos Tribunais Superiores etc. (art. 102, CF), além de ser o órgão competente para requisitar intervenção da União nos Estados-membros por descumprimento de ordem judicial (art. 34, VI, c/c art. 36, II, CF: *representação interventiva*).[10] Através das Ações Diretas de Inconstitucionalidade (ADIs), por exemplo, a população submete ao Supremo Tribunal grandes questões, por meio dos Partidos Políticos, dos Governadores, do Procurador-Geral da República, da Câmara dos Deputados, do Senado Federal etc.[11]

No pertinente ao controle de constitucionalidade, a competência do STF é distribuída em duas formas básicas:

a) por via do *controle difuso*: é da competência de todo juiz e tribunal apreciar, no caso concreto, no litígio *sub judice*, a constitucionalidade da norma, suscitada, incidentalmente à matéria de fundo da ação, por qualquer dos litigantes (individual ou coletivamente), tendo a decisão efeito só *inter partes* (entre os próprios litigantes). Mas o ordenamento pátrio assegura aos legitimados o direito de recorrer dessa decisão do juiz ou tribunal, facultando-lhes levar a causa, voluntariamente, por meio do Recurso Extraordinário, ao Supremo Tribunal Federal, a quem compete dar a última palavra. Qualquer pessoa, sendo parte no processo, pode solicitar ao juiz ou tribunal a manifestação sobre a constitucionalidade ou não de determinada norma, quando isto for importante para o deslinde da querela judicial. Este incidente, como prejudicial de mérito da

---

9. Exemplo: mandado de segurança, *habeas corpus*, ações penais etc., quando, pelo critério da prerrogativa de função, forem ajuizados diretamente no STF.

10. Conforme anotam Cintra, Grinover e Dinamarco, "O sistema brasileiro não consagra a existência de uma *corte constitucional* encarregada de resolver somente as questões constitucionais do processo sem decidir a causa (como a italiana). Aqui, existe o controle *'difuso* da constitucionalidade, feito por todo e qualquer juiz, de qualquer grau de jurisdição, no exame de qualquer causa de sua competência – ao lado do *controle concentrado*, feito pelo Supremo Tribunal Federal pela via da ação direta de inconstitucionalidade (...)" (*Teoria Geral do Processo*, p. 197).

11. A respeito da competência do STF na CF/1988, vide texto do Min. Carlos Mário Velloso, intitulado "O Supremo Tribunal Federal, Corte Constitucional (uma Proposta que visa a tornar efetiva a sua Missão precípua de Guarda da Constituição)", *RTDP* 4/215-238, 1993.

SUPREMO TRIBUNAL FEDERAL: UMA APRESENTAÇÃO NECESSÁRIA   71

ação, pode ser suscitado, inclusive, perante o próprio STF, nas ações de sua competência originária; e

b) por meio do *controle concentrado*: consiste na representação direta de constitucionalidade ou inconstitucionalidade de lei ou ato normativo contestado em face da Constituição Federal, materializando-se em ação, visando ao controle *in abstrato* da norma, proposta perante o Supremo Tribunal Federal, cuja decisão tem eficácia *erga omnes* (contra todos, porque afeta a própria validade da norma, genericamente). A ação direta de inconstitucionalidade só pode ser ajuizada pelo Presidente da República, a Mesa do Senado Federal, a Mesa da Câmara dos Deputados, a Mesa de Assembléia Legislativa ou do Distrito Federal ou do Distrito Federal, o Governador de Estado, o Procurador-Geral da República, o Conselho Federal da Ordem dos Advogados do Brasil (OAB), Partido Político com representação no Congresso Nacional e confederação sindical ou entidade de classe de âmbito nacional.

Compete ao STF, como apontou um de seus ex-membros, o outrora Ministro Sydney Sanches, processar e julgar, originariamente, nas infrações penais comuns, o Presidente da República, o Vice-Presidente, os membros do Congresso Nacional, seus próprios Ministros e o Procurador-Geral da República. "Essa área de competência não é pequena, pois a Câmara dos Deputados tem mais de 500 membros e o Senado Federal mais de 80, não sendo raras as denúncias criminais contra os parlamentares".[12]

A indicação destas funções já demonstra, por si só, a relevância do papel do STF no cenário nacional. Deveras, encarregado de interpretar e aplicar, em última instância, a norma, sua decisão é definitiva, não comportando recurso para mais ninguém. Neste órgão, discutem-se atos os mais variados e matérias as mais diversas, oriundos tanto de instâncias inferiores do Judiciário (Tribunais Superiores, Regionais, de Justiça, juízes etc.), quanto dos demais Poderes (Executivo e Legislativo), de qualquer unidade política (União Federal, Estados, Distrito Federal e Municípios), e dos diversos setores (público e privado). Em tese e desde que de natureza constitucional, qualquer matéria pode ser submetida ao seu crivo, com raras exceções, obedecendo-se ao rito processual e

---

12. "O Supremo Tribunal Federal: Composição, Competências Originárias e Recursais", *III Ciclo de Estudos de Direito do Trabalho*, p. 184.

72 O SUPREMO TRIBUNAL FEDERAL NA CRISE INSTITUCIONAL BRASILEIRA

competencial próprio, estabelecido em lei: constitucional, eleitoral, trabalhista, família e sucessões, criminal, civil, administrativa, tributária, financeira, de direito econômico, financeiro etc.

Ao lado da *importância* destas atribuições, encontram-se o *poder* amplo do STF no cenário nacional e, o mais importante, a *responsabilidade* que lhe recai sobre os ombros, no cumprimento das funções constitucionalmente outorgadas. Como órgão máximo do Judiciário brasileiro, suas decisões refletem em todos os demais setores da estrutura judiciária, quer de modo *direto* (no poder revisional pela via recursal de suas decisões ou no controle da constitucionalidade dos atos normativos do Poder Público), quer de modo *indireto* (em face do balizamento horizontal de suas conclusões, precedentes e súmulas). Este quadro se torna ainda mais evidente com a superveniência da *súmula vinculante* a todos os ramos do Judiciário, conforme estabeleceu a EC 45/2004 (Emenda da Reforma do Judiciário), com tal carga de vigor que ela obriga inclusive a própria Administração Pública e seus agentes.[13] Sob este aspecto é notó-

13. Estabelecida no art. 103-A, CF (EC 45/2004) e regulada pela Lei 11.417/2006, a súmula vinculante é cientificamente insustentável. Dentre outros motivos, avulta: se o STF e, em idêntica escala, os Tribunais Superiores não têm a atribuição basilar de fazer *justiça* (recursos extraordinário, especial, de revista, embargos para o pleno, embargos infringentes etc.), é insustentável que suas súmulas (despreocupadas com o fator *justiça*) vinculem órgãos encarregados de aplicar a *justiça* (Tribunais Regionais, Tribunais de Justiça, Regionais Eleitorais e juízos de primeiro grau em geral). Logo, a inserção da *súmula vinculante* no ordenamento desnorteará os critérios de *justiça*, e, portanto, fragilizará o Judiciário.

Sustentando que os recursos constitucionais, exceto o ordinário, não garantem o princípio do duplo grau de jurisdição, pois o exame neles é incompleto: Oreste Nestor de Souza Laspro, *Duplo Grau de Jurisdição no Direito Processual Civil*, p. 158. Também, quanto aos recursos de terceiro grau para as Justiças do Trabalho e Eleitoral, e perante o STJ e o STF: Ada Pellegrini Grinover, Antonio Magalhães Gomes Filho e Antonio Scarance Fernandes, *Recursos no Processo Penal*, p. 25.

Ademais, o STF examina só a lei, abstratamente, e não os fatos para sumular. Sim, pois a súmula consiste em conclusão de matéria de direito, e não fática. Ora, então como os juízes irão aplicar a súmula aos fatos? Pretender atribuir à súmula vinculante a análise factual constituirá mais uma limitação ao julgador, retirando-lhe a independência. Se o objetivo é este (como, realmente, parece), seria mais fácil e menos problemático elaborar programa de informática que possibilite a mesma conclusão do tribunal para os mesmos casos, bastando que se alimente a fonte de dados. A solução seria muito mais rápida, moderna, automática e não comprometeria a independência do juízo de primeiro grau.

O exemplo mundial que inspirou o Brasil são os EUA. No entanto, percebe-se uma tendência ao fim deste instituto naquele país. Em janeiro de 2005, o então presi-

SUPREMO TRIBUNAL FEDERAL: UMA APRESENTAÇÃO NECESSÁRIA   73

rio o *poder* conferido ao STF na estrutura dos três Poderes da República Federativa do Brasil. De outro lado, é sabido e ressabido que o *poder* tem a natural conseqüência de exigir de seu titular a *responsabilidade, o uso consciente, precavido, justo e ético* no seu exercício, a fim de não prejudicar os subordinados, os menos favorecidos. E, como ostentador de função pública, todo este papel há de ser exercido em proveito e benefício da população, do interesse público e da preservação do País.

É fácil notar, ao fulcro destas ponderações, que o STF, a exemplo dos demais órgãos estatais, institucional e teoricamente tem um *compromisso* sócio-político-econômico, com o povo, no zelo pelos direitos e garantias individuais, coletivos, difusos, no plano constitucional (*abstrato*, pela via de controle concentrado; e *concreto*, pela via recursal e incidentalmente) e mediante alguns casos de competência originária (as ações originárias, que nascem na própria Corte).[14]

A natureza de uma decisão genérica, p. ex., tem por trás a fatal possibilidade de alcançar um contingente enorme de pessoas, bens e direitos; isto sem contar que se submetem ao STF questões de alta relevância, até mesmo porque tudo quanto inspire dúvida a respeito de cumprimento ou violação à Constituição tem considerável carga de importância, por mais que o direito material incorporado na discussão processual possa não sugerir tal teor. Qualquer discussão sobre o sistema normativo e sua uniformização apresenta inolvidável caráter público, preponderante aos interesses particulares subjacentes.

Com tamanha atribuição e tão relevante papel, os membros do STF precisam, evidentemente, ter notório saber jurídico e reputação ilibada. Mas, o notório saber, a rigor, não pode ser apenas o jurídico. É preciso

---

dente da OAB-SP, Luiz Flávio Borges D'Urso, parabenizou a atitude da Suprema Corte dos EUA, que decidira que os juízes estariam desobrigados a seguir diretrizes federais (um tipo de súmula vinculante) sobre sentenças criminais, enquanto criticou a aprovação da dita súmula pelo Senado brasileiro (noticiado em 17.1.2005, no site www.sintese.com, acessado em 20.1.2005).

14. Como sustenta Machado Neto, o próprio Direito tem íntima pertinência com os fatos sociais; e não só com o poder político. Regulado, legitimado e justificado o poder político, não concluem aí as relações do Direito com o poder. "Há, por cima, e por fora do poder político institucionalizado, uma espécie de poder social que mantém íntimas relações com o direito" e por meio desse poder há de se explicar o mecanismo sociológico da vigência. Fulcram-se nesse poder social e nas disputas que por ele se travam a vigência das normas atuais e o aparecimento de novas normas (*Sociologia Jurídica*, p. 415).

74   O SUPREMO TRIBUNAL FEDERAL NA CRISE INSTITUCIONAL BRASILEIRA

um conhecimento interdisciplinar muito maior, um amadurecimento profissional e como pessoa; um domínio do Direito e uma compreensão dos fenômenos sociais, econômicos e políticos, ao que deve se juntar uma formação humanística, de profundo senso de justiça e, enfim, ético. Em tudo, urge a sensibilidade social para compreender os dramas da nação, os jogos do poder econômico e os efeitos da pobreza. Portanto, se o *notório saber jurídico* é um requisito formal essencial ao cargo de Ministro, o conhecimento de outros ramos da vida pública e privada deve ser um pressuposto material indispensável.

2. Função e desmistificação política do STF: as questões políticas

2.1 A idéia de Política e sua pertinência com a função do Judiciário

A par do que se expôs há pouco, de modo mais dogmático, consta-se uma função também *política* do STF. Primeiro, por ele se colocar no ápice da pirâmide judiciária, no cume do Poder Judiciário (cuja estruturação obedece a critérios políticos), uma das Instituições básicas, encarregada de cumprir uma das clássicas *funções* do Estado (legislativa, executiva e judiciária);[15] e por não existir poder *apolítico* dentro da formação estatal. Segundo, por serem as decisões do Judiciário, nesta esteira, manifestações de índole política (não *partidária*) do Estado, no desempenho da *jurisdição*.[16-17] Terceiro, porque habitualmente se sub-

---

15. A teoria da *separação dos Poderes*, ou, melhor, da *separação das funções básicas* do Estado, foi sistematizada por Montesquieu, muito embora autores como Locke já houvessem tratado do assunto.

16. Atinente à função política do Judiciário, na faina da jurisdição, vide Cândido Rangel Dinamarco, *A Instrumentalidade do Processo*, pp. 184-187 e 198-207.

17. Sobre o papel político e a conseqüente intervenção do Judiciário na condução do País, Plauto Faraco de Azevedo leciona que, "na medida em que a justiça controla, ela governa, ao menos de forma negativa, por via de impedimento" (*Direito, Justiça Social e Neoliberalismo*, p. 40). Para Renato Nalini, tem-se na atividade judicial uma dimensão política inequívoca, pois julgar implica em *opções valorativas* inevitáveis. "A lei não tem sido expressão de límpido critério de justiça, mas o predomínio da vontade dominante. É forma evidente de política. Aplicar rigidamente a lei não deixa de ser opção política. A opção do conservadorismo mais retrógrada e hipócrita" ("A Função Política da Magistratura", *LEX-Jurisprudência do Supremo Tribunal Federal* 21(248)/9).

SUPREMO TRIBUNAL FEDERAL: UMA APRESENTAÇÃO NECESSÁRIA 75

metem ao seu crivo questões referentes à condução do País, ao comportamento de altas autoridades, à política econômica da nação, à tributação, às alterações constitucionais, ao controle da constitucionalidade dos atos normativos, aos conflitos entre a União, seus Estados e o Distrito Federal, e entre estes e Estados ou organismos estrangeiros, bem ainda à segurança nacional[18] etc.

Existe, neste contexto, um sentido genérico de atividade política pelo Judiciário como um todo, considerando o termo "Política" como atuação humana ligada ao poder. Afinal, na observação de Bobbio, o poder político pertence à categoria do poder do homem sobre outro homem, não à do poder do homem sobre a natureza. Para referido Autor, o poder político se baseia na posse dos instrumentos mediante os quais se exerce a força física (as armas de toda a espécie e potência): é o poder coator no sentido mais estrito da palavra.[19] Tanto o Judiciário é integrante do poder quanto o Direito é um dos seus instrumentos, sendo este cobrado coercitivamente pelo primeiro. Percebe-se, assim, a íntima relação entre a tríade Judiciário-Direito-poder político. Outrossim, é consabido que a Política não tem um fim específico, muito embora tenha um fim mínimo: "a ordem pública nas relações internas e a defesa da integridade nacional nas relações de um Estado com os outros Estados" (Bobbio).[20]

Ainda aproveitando esta oportunidade para falar um pouco de Política,[21] é necessário invocar-se Bobbio, novamente, para esclarecer que ela não tem fins para sempre estabelecidos; pois seus fins são tantos quantos forem os objetivos a que um grupo organizado se propõe, con-

18. Imunidade parlamentar e crime contra a segurança nacional: STF, Pleno, APND 271, j. em 10.9.1980, Rel. Min. Rafael Mayer, *DJU* 28.11.1980, p. 10.098.
19. Norberto Bobbio, Nicola Matteucci e Gianfranco Pasquino, *Dicionário de Política*, p. 955, verbete "Política".
20. Norberto Bobbio, *Teoria Geral da Política – A Filosofia Política e as Lições dos Clássicos*, p. 167.
21. Johannes Althusius, que publicou uma das obras mais célebres sobre o assunto, em 1603 (com novas edições em 1610 e 1614), entendia a política como a arte de reunir os homens para estabelecer vida social comum, cultivá-la e conservá-la, também sendo chamada de "simbiótica" (*symbiosis*: viver juntos). Nascendo frágil, despojado de bens, com um começo de vida terrível, entre prantos e lágrimas, o homem precisa da comunidade e de que o façam a ela integrar, gozando de seus benefícios e desenvolvimento, de modo justo e adequado. Eis, pois, o papel da política (Johannes Althusius, *Política*, pp. 103-106).

76 O SUPREMO TRIBUNAL FEDERAL NA CRISE INSTITUCIONAL BRASILEIRA

forme a época e as circunstâncias. Diante disso, por exemplo, em tempos de lutas sociais e civis, seu fim é a paz, a concórdia, a unidade do Estado, a ordem pública etc.; em tempos de paz interna e externa, o bem-estar, a prosperidade ou até mesmo a potência; em tempos de opressão por parte de um governo despótico, a conquista dos direitos civis e políticos; em tempos de dependência a uma potência estrangeira, a independência nacional; e assim sucessivamente.[22]

Todos os tribunais do mundo encarregados de aplicar a *jurisdição constitucional* têm um caráter e uma função política, até porque sua atividade envolve um controle dos demais poderes.[23]

Enfim, submetem-se ao STF questões envolvendo o *poder*, ou os *poderes* estatais e seus limites; a organização do Estado; atos de legislatura (inconstitucionalidades *formais*, por desconformidade com o processo legislativo adequado, e *materiais*, de conteúdo da própria norma);[24] a legalidade no exercício das funções pelos órgãos; a separação e harmonia dos Poderes;[25] imunidades parlamentares e do Presidente da República;[26] cassação de mandatos;[27] número de integrantes de casas

---

22. Bobbio, *Teoria Geral da Política*, cit., p. 167. Aristóteles via a Política como a maior de todas as ciências. Considerava que todas as ciências e artes tinham um fim: o bem. Para a Política, o bem seria a justiça, entendida esta como sendo o interesse comum (Aristóteles, *A Política*, p. 101, frag. 1.283a).

23. Louis Favoreau, "Rapport Général Introductif", *Cours Constitutionnelles Européenes et Droits Fondamentaux*, p. 29.

24. Por exemplo, no processo legislativo das propostas de Emenda Constitucional: STF, Pleno, MS 22.986-DF, Min. Octávio Gallotti, j. 12.8.1999, *Informativo-STF* 157, de 9-13.8.1999 (no julgamento, citou-se, a título de precedente, o MS 21.648-DF, *DJU* de 19.9.1997).

25. Envolvendo o Estado de Santa Catarina: STF, Pleno, AOrig 288-5-SC, Min. Octávio Gallotti, j. 27.9.1995, *JSTF* 209/88.

26. Imunidade de Senador: STF, Pleno, AgRInq 874, Rel. Min. Carlos Velloso, j. 22.3.1995, *DJU* 26.5.1995, p. 15.153; STF, Pleno, APQO 222-DF, Rel. Min. Rodrigues Alckmin, j. 3.9.1975, *DJU* 30.4.1976 (caso Milet/Costa), *Ementário* 01.020.01, p. 1, *RTJ* 78(01)/5. Imunidade de Deputado: STF, Pleno, AP 215-DF, Rel. Min. Cordeiro Guerra, j. 6.12.1979, *DJU* 21.12.1979, p. 9.660; *Ementário* 01.158.01, p. 6. Imunidade do Presidente da República: STF, Pleno, APQO 305-DF, Rel. Min. Celso de Mello, j. 30.9.1992, *DJU* 18.12.1992, p. 24.373 (caso Fernando Collor de Mello). Imunidade de Vereador: STF, 1ª T., HC 67.047-SP, Rel. Min. Moreira Alves, j. 21.3.1989; *DJU* 5.5.1989, p. 7.160; *Ementário* 1.540(01)/129.

27. Cassação de Vereador: STF, 2ª T., AgRAg 68.913-SP, Rel. Min. Cordeiro Guerra, j. 18.3.1977, *DJU* 15.4.1977, *RTJ* 80(02)/507.

SUPREMO TRIBUNAL FEDERAL: UMA APRESENTAÇÃO NECESSÁRIA 77

legislativas;[28] conflitos federativos;[29] desmembramento e criação de Municípios[30] etc.

Resta demonstrado, portanto, que o Judiciário tem não só uma função política, como a desenvolve efetivamente. E isto é expresso nas sentenças, nas suas posturas perante os casos que lhe são submetidos (cumprindo sua função institucional e, portanto, estatalmente política), na tutela de interesses metaindividuais, públicos, sociais, econômicos, financeiros; nas manifestações da Justiça Eleitoral (ao preservar o regime representativo) etc.

Esta primeira conotação de atuação política ou de função política segue o sentido próprio da Ciência Política, a qual fornece elementos essenciais sobre a manifestação e o exercício do poder. Contudo, existe um outro sentido de *política*, mais popular, leigo, e referente a um grau maior de liberdade de escolhas no desempenho de funções. É aqui onde se manifestam mais fluidamente os interesses, a atuação mais dissoluta e licenciosa.

Por isto, para além do primeiro sentido, cabe uma análise sobre *questão política*, no sentido que, no Brasil, ensejou a discussão nominada de *doutrina das questões políticas*, para se referir à intervenção do Judiciário nas matérias propriamente políticas.

2.2 As questões políticas e sua possível sindicabilidade pelo STF

Enfrentar este tormentoso assunto é como singrar o mar revolto, sob a tênue luz de um tímido farol, cuja referência se perde e se acha nas trevas remanescentes de uma lua que já não brilha, de um céu que

---

28. Por exemplo, o STF suspendeu a eficácia de dispositivos da Constituição do Estado de Tocantins, que fixava o número de vereadores dos municípios, por entender que a competência para essa fixação é dos Municípios, observado o disposto na CF (STF, Pleno, AgRRcl 488-TO, j. 20.6.1996, Rel. Min. Carlos Velloso, *DJU* 6.12.1996, p. 48.723; *Ementário* 1.853(01), p. 30).

29. União *vs.* Estado do Rio Grande do Sul: STF, Pleno, ACO (AgRg) 548-RS, Min. Ilmar Galvão, j. 17.6.1999, *RTJ* 170/391.

30. Sobre o requisito do plebiscito local para a criação de Município: STF, Pleno, AgRg (suspensão de MS) 936-3-PR, Min. Sepúlveda Pertence, *DJU* 23.2.1996, *JSTF* 210/238.

78 O SUPREMO TRIBUNAL FEDERAL NA CRISE INSTITUCIONAL BRASILEIRA

já não se vê. Mas sua necessidade e sua importância impelem que o leme seja empunhado com mais vigor e que o navio resista às intempéries e aos desafios. E o mesmo otimismo, que alentara os marujos no início da jornada, redobra-se em ânimo e entusiasmo pelo tesouro que pode ser encontrado na ilha tão almejada, por mais distante que seja.

E é exatamente desta mesma forma que se comporta o espírito científico, ante o desafio de cada mistério da Ciência, como o que ora se apresenta.

Questão política diz respeito ao exercício da conveniência de se adotar determinada medida política que a Constituição atribui a certo integrante do Poder Público, em sua função de governo. A medida há de ser qualificada pela sua proposta de governo e de condução dos rumos da nação, o que exige, portanto, dê-se dentro da estrutura organizacional do Estado. O exercício da medida facultada pela Constituição à autoridade pública e o momento de utilizá-la formam os elementos desta *conveniência*, deixando um juízo subjetivo a quem possa exercê-la. Se a autoridade teve melhor tino para perceber o momento certo de adotar a medida governamental ou se esta não era, rigorosamente, a mais adequada, a questão mostra-se, então, como meramente política, a ser controlada politicamente, quem sabe sob a apreciação da incapacidade gerencial e do exercício desarrazoado da medida. Mas se a autoridade não tinha poderes para adotá-la ou se utilizou da forma legalmente inapropriada, fugindo da delimitação imposta pelo ordenamento jurídico, então a questão passa a ter conteúdo jurídico, a desafiar o controle pelo Judiciário. Este aspecto processual não significa que a medida tenha perdido qualquer conotação política; não, significa que elementos de juridicidade permearam a medida, porque utilizada ilegalmente.

O leitor, a estas alturas, por certo deve estar se perguntando: há, desta sorte, uma confusão entre *atos políticos* e *atos discricionários*, considerando que ambos têm por fundamento básico de existência os elementos da oportunidade e da conveniência?

O STF já se deparou com esta indagação, procurando resolvê-la, embora sem muito sucesso. Tal ocorreu, ainda em 1963, no Recurso em Mandado de Segurança 11.140-MT, cuja ementa foi assim grafada:

> "*Ementa*: As medidas políticas são discricionárias, como observa Castro Nunes, apenas no sentido de que pertencem à discrição do Congresso Nacional ou do governo os aspectos de sua conveniência ou oportunidade, a apreciação

SUPREMO TRIBUNAL FEDERAL: UMA APRESENTAÇÃO NECESSÁRIA 79

das circunstâncias que possam autorizá-las, escolha dos meios etc. Mas a discrição legislativa ou administrativa não pode exercitar-se fora dos limites constitucionais ou legais, ultrapassar as raias que condicionam o exercício legítimo do poder. Ultrapassados estes limites, começa a esfera jurisdicional. Desde que se recorra ao Judiciário, alegando que um direito individual foi lesado por ato de outro poder, cabe-lhe examinar se esse direito existe e foi lesado. Eximir-se com a escusa de tratar-se de ato político seria fugir ao dever que a Constituição lhe impõe, máxime após ter ela inscrito, entre as garantias fundamentais, como nenhuma outra antes fizera, o princípio de que nem a lei poderá excluir da apreciação do poder judiciário qualquer lesão de direito individual."[31]

Depois, o tema foi novamente enfrentado pelo STF, agora no MS 22.503-3-DF. Do voto do Min. Moreira Alves se retira:

"Em rigor, há distinção entre ato discricionário, questão exclusivamente política e atos *interna corporis*. Ato discricionário é aquele em que o Poder Judiciário não pode interferir para a verificação da sua conveniência, oportunidade ou justiça. Questão exclusivamente política é questão de discricionariedade política, também infensa ao controle jurisdicional. Já com referência aos atos *interna corporis*, esta Corte, por vezes, a meu juízo, tem entendido que são os que dizem respeito a questões relativas à aplicação de normas regimentais, quando não violam direitos subjetivos individuais, quer de terceiros – como foi caso do *impeachment* do Presidente da República –, quer dos próprios membros do Congresso. Portanto, essa exceção não abrange normas regimentais que dizem com o processo legislativo, normas essas meramente ordinatórias."[32]

Como se percebe, a distinção não ficou nítida pelo STF.

Cláudio Ari Mello, procurando estabelecer tal distinção, mas sem consegui-lo a contento, *data máxima vênia*, enuncia:

"A dificuldade de distinguir as questões políticas dos institutos da discricionariedade administrativa e legislativa é ainda acentuada, porque a natureza política de um ato governamental confere a ele o caráter de ato discricionário, que se sujeita aos critérios de oportunidade e conveniência do órgão competente para a sua *performance*. Como os atos políticos dos Poderes Executivo e

---

31. STF, Pleno, RMS 11.140-MT, Rel. Min. Luiz Gallotti, j. 10.6.1963; *DJU* 1.8.1963, p. 2.419, *Ementário* 547-01, p. 252.
32. STF, Pleno, MS 22.503-3-DF, Rel. para o acórdão Min. Maurício Corrêa, j. 8.5.1996.

80 O SUPREMO TRIBUNAL FEDERAL NA CRISE INSTITUCIONAL BRASILEIRA

Legislativo, a discricionariedade política acaba gerando uma discricionariedade administrativa ou legislativa, de modo que o esforço dogmático para distinguir esses institutos tenderia a ser irrelevante. Assim, uma solução simples e até mesmo tradicional seria definir a essência das questões políticas *associando* competências privativas dos órgãos de direção política com discricionariedade, de modo que teríamos uma *political question* quando o *exercício de uma competência constitucional de um dos órgãos políticos do Estado implicar necessariamente uma discricionariedade em sentido forte*, vale dizer, quando o próprio sistema constitucional, expressa ou implicitamente, transferir aos órgãos legislativos e executivos a escolha dos critérios de oportunidade e conveniência adequados para a execução da competência constitucional."[33]

Em princípio, a semelhança entre atos (exclusivamente) políticos e atos discricionários é grande, sem dúvida. Mas há algumas diferenças, conquanto se reconheça a existência de zonas *gris*, naturais a toda classificação. O ato discricionário é realidade cujo conceito é retirado do Direito Administrativo, enquanto os atos políticos têm seu conceito extraído da Ciência Política, com inserção no Direito e, de resto, no Processo Constitucional. A mentira, por exemplo, utilizada como fundamento da prática do ato discricionário torna-o nulo, por desvio do ato administrativo. O fundamento utilizado poderá desafiar o controle pelo Judiciário, porquanto nasceu uma vinculatividade no ato, donde sua sindicabilidade. Porém, se o ato for tipicamente político, a mentira utilizada como fundamento para sua prática pela autoridade pública só poderá ser combatida eticamente, no plano da Moral e da Política, em observância ao Código de Ética que reger a categoria à qual pertença o infrator. O controle se dá, neste caso, por providências também políticas, como, p.ex., a cassação ou a exigência de renúncia à Presidência de casas legislativas (Senado Federal, Câmaras, Assembléias Legislativas etc.) pelo chefe que tenha infringido normas regimentais ou adotado postura politicamente inaceitável.

Exemplos de infrações políticas encontram-se no Decreto-Lei 201/1967, cujo art. 4º tipifica:

"Art. 4º. São infrações político-administrativas dos Prefeitos Municipais sujeitas ao julgamento pela Câmara dos Vereadores e sancionadas com a cassa-

---

33. Cláudio Ari Mello, *Democracia Constitucional e Direitos Fundamentais*, pp. 262-263.

SUPREMO TRIBUNAL FEDERAL: UMA APRESENTAÇÃO NECESSÁRIA 81

ção do mandato: "I – Impedir o funcionamento regular da Câmara; "II – Impedir o exame de livros, folhas de pagamento e demais documentos que devam constar dos arquivos da Prefeitura, bem como a verificação de obras e serviços municipais, por comissão de investigação da Câmara ou auditoria, regularmente instituída; "III – Desatender, sem motivo justo, as convocações ou os pedidos de informações da Câmara, quando feitos a tempo e em forma regular; "IV – Retardar a publicação ou deixar de publicar as leis e atos sujeitos a essa formalidade; "V – Deixar de apresentar à Câmara, no devido tempo, e em forma regular, a proposta orçamentária; "VI – Descumprir o orçamento aprovado para o exercício financeiro, "VII – Praticar, contra expressa disposição de lei, ato de sua competência ou emitir-se na sua prática; "VIII – Omitir-se ou negligenciar na defesa de bens, rendas, direitos ou interesses do Município sujeito à administração da Prefeitura; "IX – Ausentar-se do Município, por tempo superior ao permitido em lei, ou afastar-se da Prefeitura, sem autorização da Câmara dos Vereadores; "X – Proceder de modo incompatível com a dignidade e o decoro do cargo."

Das condutas elencadas acima, algumas passaram a receber tratamento também penal. Porém, mesmo nestes casos, não ficou afastada sua natureza política, a ensejar sanções políticas. E estas sanções não são sindicáveis, não podem ser apreciadas pelo Judiciário, exceto quanto ao rito processual a ser adotado pela Câmara de Vereadores, no processo de cassação do Chefe do Executivo Municipal. No art. 7º, o citado Decreto-Lei aponta as infrações políticas dos Vereadores, no que ficam valendo as mesmas considerações ora tecidas aos Prefeitos.

Ademais, os critérios de classificação entre atos políticos e atos discricionários são distintos. A dicotomia entre atos puramente políticos e jurídicos não é a mesma que distingue os atos "discricionários" dos "vinculados", porque, aqui, ambos são jurídicos. A dose de politicidade que permeia os atos discricionários e os atos vinculados é realidade natural a todo ato praticado pelo Estado. E, em último caso, os próprios atos judiciais têm, também, uma dose de politicidade, conforme já mencionado neste estudo. Daí, a referência à expressão *atos puramente políticos*. É neste sentido que se fala de atos políticos.

José Adércio Leite Sampaio, citado por Cláudio Ari Mello,[34] procurando sistematizar o assunto, propõe um conjunto didático de critérios para identificar as questões políticas:

34. Cláudio Ari Mello (ob. cit., pp. 259-265) se reporta à *Constituição Reiventada*, de José Adércio Leite Sampaio.

82 O SUPREMO TRIBUNAL FEDERAL NA CRISE INSTITUCIONAL BRASILEIRA

a) *critério positivo*: "parte do conceito de política, associado ao mérito do ato", identificando-se com a oportunidade e a conveniência do uso discricionário do parlamento e do governo. Percebe-se que este critério se confunde com a idéia de competências constitucionais privativas dos três Poderes, deixando a dificuldade de diferenciar discricionariedade política de discricionariedade administrativa e legislativa. Para José Adércio Leite Sampaio, há um caráter *inaugural* das competências naturalmente políticas, além da maior discricionariedade política em relação à administrativa;

b) *critério formal-pragmático*: inspira-se no método prudencial do Juiz William Brennan Jr., da Suprema Corte dos Estados Unidos, em que há um poder discricionário na avaliação da conveniência ou da oportunidade jurídica e política de decidir um determinado caso constitucional. Cláudio Ari Mello observa, com muita propriedade, que os parâmetros de justicialidade da questão remetem a uma decisão prudencial ou pragmática acerca da conveniência da intervenção judicial, "de modo que este critério suscita uma séria de 'sombras' sobre a exata delimitação entre as questões constitucionais políticas justiciáveis e as injusticiáveis, com a agravante de que concede ao Poder Judiciário o poder de estabelecer discricionariedade e *ad hoc* a referida distinção";[35] e

c) *critério negativo*: procura determinar o núcleo de afirmação do poder jurisdicional, sem investigar a natureza *política* da questão constitucional nem a justiciabilidade de todo o ato normativo e executivo, político ou não, que acarrete violação dos direitos e liberdades das pessoas. Este critério é antigo e amplia o espaço livre de jurisdição, ensejando duas constituições: "a Constituição das normas jusfundamentais, protegida pela jurisdição constitucional, e a Constituição orgânica, imune ao controle judicial e largada à sorte das contendas e arranjos políticos".[36]

O tema mencionado neste subtópico é relevante, pois historicamente se tem sustentado que o Judiciário não pode se pronunciar sobre *questões meramente políticas*, também chamadas de *simples, exclusiva ou puramente políticas*.[37] Desta sorte, dicotomizam-se com os atos e

35. Idem, ibidem, p. 260.
36. Idem, ibidem, pp. 260-261.
37. José Eleares Marques Teixeira noticia que a judicialização da atividade estatal, da qual resultou o Estado de Direito e o princípio da separação dos Poderes, não afastou

medidas que só reflexamente têm conseqüências políticas; vale dizer, com as posturas cuja natureza não seja a primordialidade da ação discricionária da autoridade competente. Nesta última classe encontram-se as atividades cujo objetivo e teor voltam-se à vida civil (e constituem o maior número das ações governamentais e particulares).

Meramente políticas são as que se resolvem com faculdades *exclusivamente* políticas, através de poderes *unicamente* políticos, mediante critério *discricionário* da autoridade, e cujos requisitos não podem ser atribuídos à apreciação de outro Poder. As medidas propriamente políticas são discricionárias, no sentido de pertencerem à discrição do Congresso ou do Governo a oportunidade e a conveniência de sua adoção.[38]

Quando a Constituição fixa as competências exclusivas do Congresso Nacional (art. 49), do Senado Federal (art. 52), da Câmara dos Deputados (art. 51) e do Presidente da República (art. 84), adota o critério das

a idéia da existência de uma função política insuscetível de apreensão normativa e não sujeita ao controle judicial. Isso fez surgir e evoluir a doutrina das questões políticas, "utilizada como recurso para a autocontenção do Judiciário ao longo da história do constitucionalismo, especialmente dos Estados Unidos e de países, entre os quais se inclui o Brasil, que adotaram o mesmo sistema e forma de governo" (José Elaeres Marques Teixeira, *A Doutrina das Questões Políticas no Supremo Tribunal Federal*, p. 17).

A mesma doutrina encontra grande aplicação na Argentina, onde, porém, é cara elaborar-se uma definição adequada à sua compreensão. Mostra-se, então, proveitoso o recurso à lista de matérias que os tribunais consideram insindicáveis.

38. Não há confundir os atos propriamente políticos com os "atos de governo", pois estes se destinam à administração e ao gerenciamento da *res publica*, das coisas de Estado, de modo discricionário ou não; sejam dotados de instrumentalidade propriamente política ou não. Veja-se, a respeito, posto a abordagem ter afinidade com o tema da presente obra: Oswaldo Luiz Palu, *Controle dos Atos de Governo pela Jurisdição, passim*. Embora o Autor citado não distinga as ditas categorias, menciona os seguintes casos de atos de governo controlados pelo Judiciário: "a condenação dos órgãos do poder estatal na ampliação do número de vagas para a internação de adolescentes na FEBEM (*JTJ* 227/131 – ApCív 32.465-0-SP); a criação de programas de atendimento a portadores de deficiência sensorial ou mental deficientes, tendo em vista o valor Ensino (ApCív 84.372-5-Araraquara); a vedação do lançamento de esgotos sanitários em cursos d'água, com a determinação de providência a evitar esse mal, construindo obras adequadas (ApCív 246.776-1); na obrigação de fornecer água em condições satisfatórias à população, com a decorrente construção das estações de tratamento (ApCív 30.520-5); ou em temperatura adequada (ApCív 27.652-5); a consecução de exames de suplência, com a determinação de prazos para realização (ApCív 159.186.5/1-00); ou na determinação do cumprimento real e na fiscalização efetiva – por parte da Administração – de normas para a ocupação do solo (ApCív 20.081-5)" (Palu, ob. cit., p. 166).

84   O SUPREMO TRIBUNAL FEDERAL NA CRISE INSTITUCIONAL BRASILEIRA

questões meramente políticas para relacioná-las. Elas o são por sua própria natureza, e não apenas porque a Constituição assim as arrolou. Além disso, existem competências transversais ou decorrenciais, ínsitas às competências explícitas, necessárias ao exercício da função constitucional, que também podem ser classificadas como meramente políticas, mesmo que não relacionadas expressamente pela Constituição.

Dizer que *questões meramente políticas* são aquelas definidas pela Constituição como competências exclusivas de órgãos ou agentes públicos[39] é fugir do problema conceitual para se acomodar à mera *relação* legal, além de ler mal a Carta Magna, pois ela, no caso, não define nem conceitua; apenas *relaciona* competências e ditas questões. Logo, tal postura doutrinal é cientificamente inadmissível, pois não resolve o problema, antes o reduz à vontade do legislador e, portanto, à efemeridade, eis que o texto normativo é circunstancial e oportunista, descuidando-se de conceitos e definições. Só excepcionalmente a legislação cuida de conceitos e definições; e quando o faz é para assegurar direitos e garantias fundamentais, em prol de uma segurança jurídica indispensável. É o que acontece, p. ex., no plano do Direito Tributário, posto a necessidade de delimitar elementos da tributação, como tributo, fato gerador etc.

Os dispositivos constitucionais há pouco citados *relacionam* competências exclusivas e, pois, coincidentemente, questões meramente políticas. Mas, repita-se, não as conceituam, o que, de fato, não é papel da Constituição.

O critério de resolver o problema pela "competência" é falho e cientificamente inaceitável. São dois momentos e instâncias diferentes: (a) a da definição de "questões políticas", com sua delimitação; e (b) a da fixação de competência. De fato, a competência que a Constituição fixa aos poderes em razão da matéria, requer, antes, a compreensão e definição das matérias. Em primeiro lugar, a Constituição, ao tratar do Poder Judiciário, do Executivo e do Legislativo, reparte "funções", apesar da sinonímia que utiliza. Em segundo, a epistemologia (ramo do conhecimento que estuda as ciências, suas leis, princípios, critérios de

---

39. Pontes de Miranda sustentava que não existem casos excluídos do controle judicial *ex ratione materiae*, devendo, na verdade, a abordagem do problema mudar de foco, de tal modo que, ao invés de se apontar matérias insuscetíveis de serem levadas ao Judiciário, deve-se perquirir a competência para certas deliberações (*apud* José Elaeres Marques Teixeira, *A Doutrina das Questões...*, p. 57).

SUPREMO TRIBUNAL FEDERAL: UMA APRESENTAÇÃO NECESSÁRIA 85

formação de conceitos, métodos e construções científicas) condena a atitude de tentar conceituar por exclusão, numa simplificação que inverte a ordem do raciocínio e não responde ao problema principal.

Quando a norma fixa competências e funções dos órgãos do poder em razão da matéria, a doutrina e a jurisprudência é que se encarregam de conceituar e compreender o conteúdo material. É inversão do raciocínio a tentativa de simplificar a distribuição de competência sem conseguir definir a matéria, pretendendo que assim o problema se esgote. Sucede que a competência material requer, necessariamente, a definição da matéria. E, como bem se sabe, quase todas as questões do Direito giram em torno dos conceitos.

Assim, quando o art. 49, IV, da CF, por exemplo, atribui ao Congresso Nacional competência exclusiva para "*aprovar o estado de defesa e a intervenção federal, autorizar o estado de sítio, ou suspender qualquer uma dessas medidas*", não se tem a definição do que seja estado de sítio ou estado de defesa (outro dispositivo se limita a dizer seu alcance e forma de decretação). Tampouco se tem a definição do que se deva entender por "suspensão da medida".

A seu turno, se é competência exclusiva do Congresso Nacional aprovar a intervenção federal nos Estados, como se justifica que o Judiciário possa interferir para averiguar a legalidade do ato? Então, o problema não é de competência, mas de definição do que seja intervenção, porque assim é que se fixam os seus limites como ato político que é, a exigir a adoção de um procedimento próprio, específico para esta modalidade de ato. À guisa de exemplo, é perfeitamente imaginável que, em algum caso concreto, esteja-se perante um ato de intervenção do Governo Federal em determinado Estado-membro, havendo sido adotado, porém, outra forma procedimental, alegando que não se trata, a rigor, de intervenção, mas, sim, de um outro ato qualquer de incumbência da União. Ora, é lógico que, sendo esta questão submetida ao crivo do Judiciário, ele terá, primeiro, que resolver o problema conceitual para, depois, analisar as demais circunstâncias da medida, bem como se poderá apreciar o mérito do ato. E, aqui, percebe-se que, além dos aspectos de competência, forma e procedimento, o Judiciário (*rectius*, o STF) pode ser chamado para esclarecer o sentido da norma, o conceito adequado de determinado instituto ou realidade constitucional. O caráter conceitual constitui, desta maneira, uma imensa porta aberta por onde pode ingressar o Judiciário em medidas a princípio estritamente políticas.

86 O SUPREMO TRIBUNAL FEDERAL NA CRISE INSTITUCIONAL BRASILEIRA

Rui Barbosa, baseado no direito norte-americano, colhendo exemplos de Story, Hare, Cooley, Carlier, Sutherland, Baker, Ashley, Randolph, Goodnow, Harrison e Carson, enumerava como *exclusivamente políticos*: *a)* a declaração de guerra e a celebração da paz; *b)* a mantença e direção das relações diplomáticas; *c)* a verificação dos poderes dos representantes dos governos estrangeiros; *d)* a celebração e rescisão de tratados; *e)* o reconhecimento da independência, soberania e governo de outros países; *f)* a fixação das extremas do país com os seus vizinhos; *g)* o regime do comércio internacional; *h)* o comando e disposição das forças militares; *i)* a convocação e mobilização da milícia; *j)* o reconhecimento do governo legítimo nos Estados, quando contestado entre duas parcialidades; *l)* a apreciação, nos governos estaduais, da forma republicana, exigida pela Constituição; *m)* a afixação das relações entre a União ou os Estados e as tribos indígenas; *n)* o regime tributário; *o)* a adoção de medidas protecionistas; *p)* a distribuição orçamentária da despesa; *q)* a admissão de um Estado à União; *r)* a declaração da existência do estado de insurreição; *s)* o restabelecimento da paz nos Estados insurgentes; *t)* a reconstrução neles da ordem federal; *u)* o provimento dos cargos federais; *v)* o exercício da sanção e do veto sobre as resoluções do Congresso; e *x)* a convocação extraordinária da representação nacional.[40]

Castro Nunes, também se referindo ao sistema norte-americano, sustentava que aquele critério jurisprudencial – *merely, purely, exclusively political questions* – tão repetido entre nós, era empírico, casuístico, não assentava em nenhum princípio racional. Para o Autor, não é por ser *política* a matéria que ela escapa ao poder de apreciação do Judiciário. Matéria eminentemente política é a tributação, são os tratados, é a expulsão dos estrangeiros, é o Direito Eleitoral, são os crimes políticos. Contudo, ninguém dirá que as questões daí derivadas não sejam ou não possam ser, em dados casos, de índole judicial. Essencialmente político, para ele, é o estado de sítio, tanto na decretação como na execução da medida, considerada a mais alta expressão da *polícia política*. No entanto, a configuração do direito individual poderia resultar, *v.g.*, do *tratamento como réus de crimes comuns* dos detidos em conseqüência do sítio, ainda mesmo que tal violação constitucional tivesse assen-

---

40. Rui Barbosa, *apud* Oscar Dias Corrêa, *A Crise da Constituição, a Constituinte e o Supremo Tribunal Federal*, p. 62.

SUPREMO TRIBUNAL FEDERAL: UMA APRESENTAÇÃO NECESSÁRIA   87

to no ato do Congresso que autorizasse a medida. Da mesma natureza a anistia que, não obstante, Rui Barbosa defendera, na defesa de *direitos individuais lesados*.[41]

Lourival Vilanova não vê uma distinção definitiva entre atos políticos e atos judiciais, no que discorda de Rui Barbosa. Na sua concepção, a partir do poder constituinte, portador de atos políticos em sua maior discricionariedade de meios e fins, todos os fatos políticos, *no interior do ordenamento*, são fatos juridicamente qualificados. Inexistem questões só políticas vestidas de juridicidade. Às vezes, acrescenta, a qualificação de questões puramente políticas é dada pelo Poder Judiciário, como preliminar, afastando o seu exame por esse: o Judiciário não deixa de verificar a questão por ser política, mas a questão é política porque ele não a aprecia. Esta estratégia tem sido uma política prudencial adotada pela Suprema Corte norte-americana, "para afastar-se neutralmente dos conflitos de interesses, que escapam à mera técnica de apreciar jurisdicionalmente as controvérsias".[42]

No entanto, mesmo no exercício das atribuições *puramente políticas*, os Poderes não podem contrariar a letra da Constituição,[43] especialmente quanto ao *processo* formalizador e aos requisitos constitucionais indispensáveis para a concretização da medida. Qualquer ofensa neste sentido autorizará a sua submissão ao controle judicial. Ficam-lhe imunes apenas os aspectos da conveniência e da oportunidade, em nome da necessária separação dos Poderes;[44] restando as demais questões *políticas* – intrínsecas à medida – passíveis de controle judicial.

41. Castro Nunes, *apud* Oscar Dias Corrêa, *A Crise da Constituição*..., cit., pp. 64-65.

42. Lourival Vilanova, "A Dimensão Política nas Funções do Supremo Tribunal Federal", *Arquivos do Ministério da Justiça* 157/73-74.

43. Derly Barreto e Silva Filho, "Controle Jurisdicional dos Atos Políticos do Poder Executivo", *CDCCP* 7/11-23.

44. Rui Barbosa, abordando o tema dos atos *puramente políticos*, afirmava: "a violação de garantias constitucionais, perpetrada à sombra de funções políticas, não é imune à ação dos Tribunais. A estes compete sempre verificar se a atribuição política, invocada pelo excepcionante, abrange nos seus limites a faculdade exercida" (*apud* Oscar Dias Corrêa, *A Crise da Constituição*..., cit., p. 63).

O exame judicial limita-se a indagar sobre a *questão prejudicial* – numa linguagem processual –, pois o exercício da jurisdição em tais casos não abrange a apreciação da medida (legislativa, administrativa ou governamental), na oportunidade ou conveniência da iniciativa, na substância, em suma, do ato contestado em juízo.

88 O SUPREMO TRIBUNAL FEDERAL NA CRISE INSTITUCIONAL BRASILEIRA

O controle pelo STF destes atos, no exame de legalidade, competência e adequação da medida *puramente política* aos requisitos exigidos constitucionalmente, não deixa de ter um largo alcance político, pois, em última análise, é pertinente à correta utilização da medida e pode comprometer o ato combatido, ou do Executivo ou do Legislativo. Como os atos de governo, em seus requisitos de validade procedimental, de legalidade e competência, são passíveis de apreciação pelo Judiciário, decorre que a ação política pode sofrer restrição ou chancela do órgão judicante. E o direcionamento governamental pode ter seu rumo alterado pelo Judiciário, por vício alheio à simples oportunidade e conveniência.

Para ilustrar a complexidade do tema e a sua relevância, insta mencionar-se, ainda, os casos analisados pelo STF sobre seu poder de apreciar os limites da atuação das CPIs (Comissões Parlamentares de Inquérito). De fato, reiteradamente se levantou no STF a natureza meramente política da atuação dessas Comissões, o que afastaria sua apreciação por dita Corte. Eis como o STF se manifestou a respeito:

"Ementa: Comissão Parlamentar de Inquérito. Direito de oposição. Prerrogativa das minorias parlamentares. Expressão do postulado democrático. Direito impregnado de estatura constitucional. Instauração de inquérito parlamentar e composição da respectiva CPI. Tema que extravasa os limites 'interna corporis' das casas legislativas. Viabilidade do controle jurisdicional. Impossibilidade de a maioria parlamentar frustrar, no âmbito do Congresso Nacional, o exercício, pelas minorias legislativas, do direito constitucional à investigação parlamentar (CF, art. 58, § 3º). Mandado de Segurança concedido. Criação de Comissão Parlamentar de Inquérito: requisitos constitucionais. (...).

"O controle jurisdicional dos atos parlamentares: possibilidade, desde que haja alegação de desrespeito a direitos e/ou garantias de índole constitucional. O Poder Judiciário, quando intervém para assegurar as franquias constitucionais e para garantir a integridade e a supremacia da Constituição, desempenha, de maneira plenamente legítima, as atribuições que lhe conferiu a própria Carta da República, ainda que essa atuação institucional se projete na esfera orgânica do Poder Legislativo. Não obstante o caráter político dos atos parlamentares, revela-se legítima a intervenção jurisdicional, sempre que os corpos legislativos ultrapassem os limites delineados pela Constituição ou exerçam as suas atribuições institucionais com ofensa a direitos públicos subjetivos impregnados de qualificação constitucional e titularizados, ou não, por membros do Congresso Nacional. *Questões políticas*. Doutrina. Precedentes. A ocorrência de desvios jurídico-cons-

SUPREMO TRIBUNAL FEDERAL: UMA APRESENTAÇÃO NECESSÁRIA   89

titucionais nos quais incida uma Comissão Parlamentar de Inquérito justifica, plenamente, o exercício, pelo Judiciário, da atividade de controle jurisdicional sobre eventuais abusos legislativos (*RTJ* 173/805-810, 806), sem que isso caracterize situação de ilegítima interferência na esfera orgânica de outro Poder da República."[45]

As grandes questões políticas envolvem, normalmente, conceitos indeterminados, abertos, a ensejar interpretação que tende a se projetar ao sabor dos ventos. Conceitos como os de "urgência" e "relevância", nas Medidas Provisórias, constituíram terreno fértil para pronunciamentos do STF, como o que se vê da seguinte ementa:

"Ementa: Constitucional. Administrativo. Medida Provisória: urgência e relevância: apreciação pelo Judiciário. Reedição da Medida Provisória não rejeitada expressamente. CF, art. 62. Conselho Nacional de Educação: Câmara de Educação Básica. Medida Provisória 661, de 18.10.94. Lei 9.131, de 24.11.95. I – Reedição de medida provisória não rejeitada expressamente pelo Congresso Nacional: possibilidade. Precedentes do STF: ADI 295-DF e ADI 1.516-RO. II – Requisitos de urgência e relevância: caráter político: em princípio, a sua apreciação fica por conta dos Poderes Executivo e Legislativo, a menos que a relevância ou a urgência evidenciar-se improcedente. No sentido de que urgência e relevância são questões políticas, que o Judiciário não aprecia: RE 62.739-SP, Baleeiro, Plenário, *RTJ* 44/54; *RDP* 5/223. III – Pedido de suspensão cautelar da alínea 'c', do § 1º do art. 9º da Lei 4.024/1961, com a redação da Lei 9.131/1995, bem assim das alíneas 'd', 'e', 'f' e 'g' do mesmo artigo: indeferimento. IV – Medida cautelar indeferida."[46]

O assunto tem se tornado relevante, ainda, para a delimitação dos poderes do Judiciário na implementação ou fiscalização das políticas públicas. O STF já se pronunciou sobre a matéria, em longa votação, na ADPF 45 – MC-DF, de onde se extrai a seguinte passagem:

45. STF, Pleno, MS 24.831-DF, Rel. Min. Celso de Mello, j. 22.6.2005, *DJ* 4.8.2006, p. 26, *Ementário* 2.240-02, p. 231.
46. STF, Pleno, ADIMC 1.397-DF, Rel. Min. Carlos Velloso, j. 28.4.1997; *DJU* 27.6.1997, p. 30.224; *Ementário* 01.875-02, p. 317. Este e outros pronunciamentos do STF, em idêntico sentido, chancelaram a reedição descomedida de Medidas Provisórias pelo Presidente da República. Era uma oportunidade ímpar de o STF ter acabado com o festival de Medidas Provisórias.
Na verdade, o conceito de *urgência* é muito menos abstrato do que o de *relevância*, por ter um elemento imprescindível de mais fácil apreensão: o tempo.

90 O SUPREMO TRIBUNAL FEDERAL NA CRISE INSTITUCIONAL BRASILEIRA

"(...). É certo que não se inclui, ordinariamente, no âmbito das funções institucionais do Poder Judiciário – e nas desta Suprema Corte, em especial – a atribuição de formular e de implementar políticas públicas (José Carlos Vieira de Andrade, *Os Direitos Fundamentais na Constituição Portuguesa de 1976'*, p. 207, item n. 05, de 1987, Almedina, Coimbra), pois, nesse domínio, o encargo reside, primariamente, nos Poderes Legislativo e Executivo. Tal incumbência, no entanto, embora em bases excepcionais, poderá atribuir-se ao Poder Judiciário, se e quando os órgãos estatais competentes, por descumprirem os encargos político-jurídicos que sobre eles incidem, vierem a comprometer, com tal comportamento, a eficácia e a integridade de direitos individuais e/ou coletivos impregnados de estatura constitucional, ainda que derivados de cláusulas revestidas de conteúdo programático. Cabe assinalar, presente esse contexto – consoante já proclamou esta Suprema Corte – que o caráter programático das regras inscritas no texto da Carta Política 'não pode converter-se em promessa constitucional inconseqüente, sob pena de o Poder Público, fraudando justas expectativas nele depositadas pela coletividade, substituir, de maneira ilegítima, o cumprimento de seu impostergável dever, por um gesto irresponsável de infidelidade governamental ao que determina a própria Lei Fundamental do Estado' (*RTJ* 175/1.212-1.213, Rel. Min. Celso de Mello). Não deixo de conferir, no entanto, assentadas tais premissas, significativo relevo ao tema pertinente 'à reserva do possível' (Stephen Holmes/Cass R. Sunstein, *The Cost of Rights*, 1999, Norton, New York), notadamente em sede de efetivação e implementação (sempre onerosas) dos direitos de segunda geração (direitos econômicos, sociais e culturais), cujo adimplemento, pelo Poder Público, impõe e exige, deste, prestações estatais positivas concretizadoras de tais prerrogativas individuais e/ou coletivas."[47]

Vê-se, assim, que o STF tem tido muito cuidado para não ingressar no mérito das questões propriamente políticas, que lhe são submetidas, mesmo que o conceito envolva aspectos jurídicos, em nome da separação dos Poderes. Certo é, no entanto, que nem sempre esta postura do Tribunal é social e institucionalmente possível. Além do mais, a completa inércia da Corte pode causar prejuízos irreparáveis e descomunais à sociedade e ao Estado. Destarte, em face da competência originária do STF, em muito pautada pelo critério da pessoa e pelo crivo do controle abstrato de constitucionalidade, as questões políticas, os atos de governo,

---

47. STF, Pleno, ADPF 45 MC-DF, Rel. Min. Celso de Mello, *Informativo STF* 345.

SUPREMO TRIBUNAL FEDERAL: UMA APRESENTAÇÃO NECESSÁRIA 91

são freqüentemente submetidos a essa Corte. Além do mais, em via recursal e de controle incidental de constitucionalidade, outros tantos mais atos, desta e de outras naturezas, são levados à Corte, a fim de ultimar em derradeira instância a definitiva interpretação da matéria combatida.

Enfim, o STF tem funções jurisdicionais e políticas,[48] embora estas se alcem sob a epígrafe formal daquelas, desenvolvendo-se sob o pálio dos processos judiciais. Mas a Corte brasileira, segundo Celso A. Mello, "só tem levado em consideração, até o dia de hoje, o elemento político quando é o do interesse da classe dominante e jamais considera o da maior parcela da população brasileira".[49]

Na condução dos rumos da nação, pouco se tem estudado ou publicado sobre este papel sócio-político-econômico do Supremo Tribunal,[50] concentrando-se nas orientações do Executivo e do Legislativo. Sucede que o STF tem papel relevantíssimo nos rumos do País; é responsável na medida em que, provocado judicialmente, permite ou veda (na realidade, mais *permite* do que *veda*) que os Governos adotem tal ou qual linha de atuação sócio-econômica, com reflexos no sistema jurídico e no patrimônio de direitos e garantias fundamentais. No esquema de freios e contrapesos, o Supremo tem a função essencial, ainda, de preservar e assegurar o respeito às Instituições e às competências dos organismos.[51]

48. Sobre a função política do STF, v. tb: M. Seabra Fagundes, "As Funções Políticas do STF", *Arquivos do Ministério da Justiça* 157/29-39; e José Elaeres Marques Teixeira, *A Doutrina das Questões Políticas...*, *passim*.

49. Celso A. Mello, "O § 2º do art. 5º da Constituição Federal", in Ricardo Lobo Torres (Org.), *Teoria dos Direitos Fundamentais*, p. 8.

50. Aliomar Baleeiro censurava a falta, no Brasil, de estudos e pesquisas críticas pelas universidades, Institutos de Advogados, livros e revistas especializadas, sobre o STF. E contrapunha a vasta bibliografia a propósito da Suprema Corte dos EUA, que acompanhava, passo a passo, as diretrizes e tendências dos julgados em cada fase em que periodizavam a obra do Tribunal ("O Supremo Tribunal Federal", *RF* 69(242)/15). Baracho faz menção a enorme rol de estudos que procuram indicar a posição da Suprema Corte dos EUA no sistema político judicial e o reflexo das manifestações jurisprudenciais nas mudanças sociais, bem como o impacto que causam (*Processo Constitucional*, p. 223).

Após a 1ª edição desta obra, surgiram alguns estudos críticos sobre o STF, de que se destaca: Álvaro Ricardo de Souza Cruz (Coord.), *O Supremo Tribunal Federal Revisitado – Ano Judiciário 2002*, *passim*.

51. Acertadamente, Norberto Bobbio defende que uma importante fase de limitação jurídica do poder político "é a que se afirma na teoria e na prática da separação dos poderes" (*Estado, Governo, Sociedade – Para uma Teoria Geral da Política*, p. 99).

O SUPREMO TRIBUNAL FEDERAL NA CRISE INSTITUCIONAL BRASILEIRA

Incluem-se, aí, por exemplo, a atribuição de evitar a fragilização do Judiciário, bem como a de garantir todas as cláusulas do Estado de Direito e da Democracia.[52]

A *separação dos Poderes* não elimina o possível conflito entre eles e não impede, por si só, a sobreposição de um sobre os outros. O sistema de freios e contrapesos, sem olvidar a harmonia entre os Poderes, abre espaços para que um Poder fiscalize os demais, a fim de assegurar o Estado de Direito e tolher o absolutismo de um em detrimento do real interesse público. Deste modo, institucional e constitucionalmente, o Judiciário detém em face do Executivo e, principalmente, do Legislativo o poder de apreciar a constitucionalidade das normas e de julgar os seus membros; o Legislativo, a seu turno, fiscaliza os demais Poderes sob a ótica financeira e orçamentária, além da competência de julgar o Presidente da República nas hipóteses legais e de concorrer para a nomeação de Ministro do STF, dos Tribunais Superiores e do Procurador-Geral da República; o Executivo nomeia os integrantes do STF, dos Tribunais Superiores, do Tribunal de Contas da União (TCU), o Procurador-Geral da República e participa do processo legislativo (inclusive editando Medidas Provisórias e ajuizando ADIs).[53]

Para Nuno Piçarra, os controles *jurídicos* efetuados por um poder judicial independente tendem a ser mais importantes, para efeitos da moderação e limitação do poder estatal, do que os controles *políticos*, entre os órgãos constitucionais, de direção política (parlamento e governo), os quais estão 'unificados' pelo(s) partido(s) majoritário(s). O sistema de controles jurídicos é o núcleo essencial do princípio da separação dos Poderes no Estado de Direito contemporâneo. O controle do poder pelo poder mostra que a função jurisdicional constitui o contrapoder da função legislativa enquanto instrumento da função política (Piçarra, *A Separação dos Poderes como Doutrina e Princípio Constitucional*, p. 259).

52. Em passagem sintetizadora, Willis Santiago Guerra Filho esclarece que o Estado de Direito "atende primordialmente às exigências de *legalidade*, enquanto a democracia é um *princípio de legitimidade*, tendo aquela um caráter formal, cujo conteúdo é preenchido por esse último" (*Ensaios de Teoria Constitucional*, p. 51).

Sobre a íntima vinculação entre o Judiciário e a Democracia: José Renato Nalini, "Proposta Concreta para um Novo Judiciário", *LEX-JSTF* 208/88.

53. "A par dos instrumentos escritos na Constituição", anota Anna Ferraz, "do sistema decorrem os 'não' escritos: o Presidente tem condições políticas de influir na obstrução dos trabalhos do Poder Legislativo, pela ação dos parlamentares de seu Partido ou dos que lhe dão sustentação política, tem poderes para 'retardar' nomeações políticas etc.; a seu turno, o Poder Legislativo pode retardar ou não votar leis que interessem ao Executivo, e assim por diante. O uso equilibrado (e na medida do possível controlado) desses instrumentos é, também, essencial para o funcionamento da

SUPREMO TRIBUNAL FEDERAL: UMA APRESENTAÇÃO NECESSÁRIA 93

Ora, se o poder é, por sua própria formação, essência e exercício, político, também políticos são os atos que concretizam o sistema de freios e contrapesos, pois, cuidando da atividade de poder, não podem ter outra natureza senão a política.

Foi com base na necessidade de um balanceamento entre os Poderes, no fito de harmonizá-los e evitar a prevalência de algum sobre os demais, que surgiu a idéia do *Poder neutro* (um quarto Poder, também chamado *moderador*), de Benjamin Constant. Para este estudioso, os três Poderes, tal como idealizados pela Revolução Francesa, poderiam entrar em conflito e daí resultar um impasse conducente à paralisia ou ao bloqueio do Estado. A função básica do Poder moderador seria a de contornar o conflito, definir *in concreto* as atribuições dos Poderes envolvidos, apontando solução para o impasse, e restabelecer o respeito mútuo, harmonizando-os. No Brasil (CF/1924), o Poder moderador não deu certo, haja vista que, por intermédio dele, o Imperador D. Pedro I na realidade se sobrepunha aos outros Poderes, para impor a sua vontade quanto aos mais diversos assuntos, pouco estando movido pelo sopro da harmonização entre eles.

Tratam-se de temas que, por si sós, justificariam volumes de livros. Mas, quedam-se no quase descuido das investigações. E o estudo da Corte brasileira, sob a ótica do importante múnus político, em especial com a atribuição constitucional de pacificar conflitos interorgânicos, passa à margem da análise aprofundada.

Esta lacuna doutrinária talvez encontre justificativa no pouco conhecimento da função social, política e econômica do STF, frente aos demais Poderes, ou no ranço de o Judiciário estar imune às críticas, tal como historicamente se há verificado.

Importa observar como as decisões do STF corriqueiramente trespassam a população imunes a críticas.[54] Por regra, somente os Gover-

---

ação governamental e o exercício 'moderado' dos poderes constituídos" (*Conflito entre Poderes – O Poder Congressual de Sustar Atos Normativos do Poder Executivo*, pp. 18-19).

54. Pode-se, contudo, apontar a reação de setores da magistratura, do Ministério Público e da OAB contra a postura supostamente política do Min. Nelson Jobim à frente da Presidência do TSE e, depois, do STF (nos idos de 2002 e 2005); e do Min. Gilmar Mendes, quando, na Presidência da Corte, concedeu sucessivos *habeas corpus* ao banqueiro Daniel Dantas (julho de 2008), preso na operação Satiagraha, da Polícia Federal.

94 O SUPREMO TRIBUNAL FEDERAL NA CRISE INSTITUCIONAL BRASILEIRA

nos e setor comprometido da imprensa é que as cobrem de críticas nas vezes em que contrariam os seus interesses. Lêda Boechat Rodrigues, noticiando a história do STF nos anos de 1899-1910, aponta alguns casos em que integrantes da população se pronunciaram abertamente sobre as sentenças desse Tribunal, sobremodo em sede de *habeas corpus*. Algumas dessas críticas foram amplamente divulgadas na imprensa da época, como foi o caso das feitas por Andrade Figueira, que publicou vários artigos nos jornais a propósito do desacerto do STF ao julgar os HCs 1.344 e 1.346, em 4.4.1900, quando do cerco de sua residência e do conduzimento coercitivo e ignóbil de sua família em via pública até a Rua do Lavradio, que transcorrera sob pontapés, socos e tombos. O Conselheiro Domingos de Andrade Figueira estava financeiramente envolvido em plano de deposição do então Presidente da República, motivo pelo qual fora, inicialmente, proibido de sair de casa, junto com sua família e seus pertences, e, depois, fora brutalmente obrigado a comparecer perante o chefe de polícia, Dr. Enéias Galvão (mais tarde ministro do STF), para "prestar esclarecimentos", por meio de mandados destituídos das formalidades legais.[55]

O momento atual exige a desmistificação das concepções acríticas. É hora de demonstrar as falhas do Judiciário, de apresentar ao público o papel de seus órgãos e de lançar novas luzes sobre estas questões, inclusive sugerindo as mudanças que se entendam necessárias – e possíveis. As críticas que se possam tecer, no entanto, devem ser fundamentadas e apresentar conteúdo positivo, no sentido de contribuir para a melhora do sistema, ao invés de destruí-lo. Em seguida a estas avaliações deve vir a cobrança pública do correto atuar dos órgãos que exercem função pública. Primeiro, a conscientização; depois, a ação. Em uma sociedade de cultura corrompida e desprovida de informações sérias, fica difícil a cobrança do atuar escorreito.

Não constitui nenhum demérito apontar os erros do órgão, composto de pessoas humanas, falíveis por natureza e susceptíveis às intempéries do meio em que vivem. Outrossim, em uma abordagem científica, como a presente, é seu dever indicar a dissonância da Corte com a democracia e o possível descumprimento de seu papel social.

---

55. Lêda Boechat Rodrigues, *História do Supremo Tribunal Federal*, t. II (1899-1910: *Defesa do Federalismo*), p. 16.

2.3 A necessidade de transparência na justificação das decisões políticas pelo Judiciário

O STF tem uma importante missão ética, não só jurídica nem política. É ele quem aprecia questões envolvendo moralidade e probidade das autoridades públicas, membros do alto escalão da Administração Pública; ora em grau recursal, ora em sua competência originária. Julga membros do próprio Judiciário e das instâncias encarregadas de aplicar a justiça.

As decisões do STF devem ser mais populares, e não populistas. Sua atuação não basta ser ética, tem de preservar os valores éticos; não basta ser política, tem de assegurar os fins políticos da nação. Como integrante do Poder, inserido numa democracia, não pode simplesmente se esquivar das conseqüências nefastas da má condução do País. No que for possível, precisa atuar, sem usurpar, obviamente, as funções dos demais órgãos, quando insindicáveis.

Nas Cortes Constitucionais européias, há membros que foram políticos e passam a encarar os problemas a eles submetidos da forma mais próxima da visão jurídica. O STF é o contrário: são membros operadores do Direito que passam a conferir maior enfoque político às suas decisões.

É natural que um órgão de cúpula do Poder central, como é o caso do STF, que pontifica o Judiciário brasileiro e mantém íntima relação com a cúpula dos demais Poderes, tenha suas posturas balizadas por critérios ou elementos políticos. A perspectiva política, aí, não deve ser sinônimo de *política governamental* ou chancela necessária dos atos do Governo de plantão; significa análise e adoção de medidas hábeis a atingir os fins sociais, o bem-estar do povo, a firmeza das Instituições, o asseguramento da democracia, a manutenção das conquistas sociais.

Quando se tem uma *Corte Constitucional*, no sentido próprio da expressão, há uma maleabilidade considerável na utilização destes critérios, bem com uma maior abertura na conduta e na contribuição política deste órgão, porque autorizado expressamente pela Constituição, porque a forma de ingresso é propriamente política e devido à finalidade e o papel da Corte na estrutura do Estado. Mas não é este, definitivamente, o ambiente estrutural em que se enquadra o STF, o qual ostenta um misto de *Corte de Apelação* com o de arremedo de *Corte Constitucional*.

Em um Estado Democrático de Direito, as decisões governamentais, sejam elas quais forem, precisam ser transparentes, justificadas ao

96 O SUPREMO TRIBUNAL FEDERAL NA CRISE INSTITUCIONAL BRASILEIRA

povo (quando impossível discuti-las previamente), esclarecidas com eticidade, sem subterfúgios, argumentos falaciosos nem meias verdades. Nesta forma de Estado, é imprescindível que o Poder Público atue com legitimidade, justificando-se continuamente perante o povo. O Estado é de todos. E cada autoridade política e cada agente administrativo são responsáveis por sua condução, porque receberam poderes para isto, devendo prestar contas de sua atuação ao povo. Esta responsabilidade não é só do Executivo; é de todos que formam a estrutura do Poder Público.

A política a ser seguida é a do bem-estar do povo, e não necessariamente a traçada pelo chefe do Executivo, o qual pode cometer erros ou inspirar-se em propósitos recrimináveis. Em Democracia, não existe o *Chefe da Nação*. Esta expressão cunha um ranço oriundo dos antigos impérios, dos reinados. Em Democracia, trabalha-se com equipe e em equipe, formada pela cúpula das Instituições Públicas, sobretudo porque um órgão pode substituir o outro ou lhe fazer as vezes na ausência de um deles. O sistema de freios e contrapesos, num ambiente democrático, justifica-se exatamente nisto, na possibilidade de um *Poder* apreciar atos do outro, quando forem destoantes do papel constitucional conferido ao órgão ou divorciados do compromisso político com os ideais da Nação.

Desta sorte, o compromisso e a responsabilidade de cada órgão público é com o povo, e não com os *conchavos* da política individualista da ganância, da fome de governar por governar, do poder pelo poder.

Pintado este quadro epistêmico, resta coroar com a observação de que o STF, na estrutura brasileira, tem um papel prioritariamente jurídico, ou seja, muito mais jurídico do que político, ao lume de tudo quanto aqui se vem escrevendo. Sua incursão política deve ser a mais regrada e imparcial possível. Qualquer que seja a sua postura nos processos, não pode olvidar os argumentos jurídicos, a Constituição e as leis do País, porque os demais Poderes já estão encarregados de se portarem politicamente e adotarem medidas políticas, ficando o STF justamente incumbido de apreciar a juridicidade dos atos. Portanto, é importantíssimo seu papel no Estado de Direito, como guardião máximo do ordenamento jurídico, da Constituição, das leis e da segurança das relações intersubjetivas.

Se, de todo modo, a questão levada ao STF não encontrar solução na dogmática jurídica, posto outros fatores reclamarem uma resposta inter e multidisciplinar, então será necessário que a Corte a desvende,

SUPREMO TRIBUNAL FEDERAL: UMA APRESENTAÇÃO NECESSÁRIA   97

mesmo que política, para decidi-la adequadamente, nos limites toleráveis pelo Estado Democrático e de Direito. Afinal, o Estado não é só "Democrático" nem é só "de Direito"; é a fusão aperfeiçoada dos dois.

Todavia, mesmo decidindo questões políticas (quanto à sua procedimentalidade, fatores de competência ou, excepcionalmente, conceitual), o STF, ainda assim, estará agindo como órgão judicial, pois esta é a sua natureza e a sua finalidade. Atuando judicialmente, decidindo causas, o Supremo há de observar a necessária fundamentação das decisões, por imperativo do art. 93, IX, CF. O balizamento ético, a resposta verdadeira, o argumento verídico etc., devem pautar a decisão da Corte. Desta forma, seria espúrio se o Tribunal usasse um argumento jurídico falaciosamente para, na verdade, dar sustentação a uma decisão de cunho puramente político. Não seria, definitivamente, ético; e só comprometeria, ainda mais, sua legitimidade.

O intuito da Constituição (art. 93, IX e X: necessidade de fundamentação das decisões) foi exatamente o de que o Judiciário, aí incluído o STF, demonstre à sociedade o caminho racional trilhado na decisão para, empós, concluir de determinada maneira. O mínimo que se pode esperar (e o Estado Democrático de Direito o exige) é que os magistrados sejam transparentes e sinceros nos seus argumentos. Trata-se de um compromisso mínimo para com o povo, para com o jurisdicionado.

Enfim, se for submetida ao STF uma questão tipicamente política ou com forte teor político e ele a tenha de decidir também politicamente, não poderá apresentar à sociedade um argumento apenas jurídico. Ora, se ele fará uma opção política, então terá de expor ao jurisdicionado as razões de sua convicção, que, portanto, não serão apenas jurídicas. Existem causas em que o Direito constitui mera consubstanciação formal das circunstâncias, posto, na realidade, apresentarem natureza política, econômica ou de outra ordem. Estas perspectivas também precisam ser bem ditas e explicadas pelo órgão julgador, de modo transparente, convincente e democrático. O jurisdicionado tem o direito de saber detalhadamente os motivos utilizados pela Corte ao decidir de uma forma ou de outra.

Atenta a este aspecto, Christine Oliveira Peter leciona: "(...) o controle das decisões de um órgão de cúpula, como é o caso do Supremo Tribunal Federal, só se torna viável e possível democraticamente se se levar em consideração três premissas fundamentais: a primeira relacio-

98 O SUPREMO TRIBUNAL FEDERAL NA CRISE INSTITUCIONAL BRASILEIRA

nada com a exigência de racionalidade e fundamentação das decisões; a segunda relacionada com a observância de princípios que sirvam de parâmetros para o controle da atividade interpretativa; e a terceira relativa ao desenvolvimento de uma cultura de debate e crítica por todos os setores da sociedade (inclusive os oficiais) das decisões proferidas pela Corte encarregada da interpretação das normas constitucionais."[56]

Dallari, em crítica mordaz, destila incisivamente que "o Brasil só tem Constituição e democracia quando isso não atrapalha as contas do Governo ou os interesses políticos do Presidente da República".[57] Mas, definitivamente, não é esta a postura a ser tutelada por uma alta Corte judiciária. E isto justifica ainda mais a necessidade de fundamentação das decisões, a fim de evidenciar as razões da sustentação da política governamental.

Em algumas circunstâncias, o STF não se tem pautado desta maneira. Com efeito, argumentos meramente jurídicos ou incompletos têm sido utilizados para decidir questões sob o pálio da economia, da política, da religião etc. Foi o caso, por exemplo, dos expurgos inflacionários dos Planos Collor e Bresser Pereira, em que o STF mudou o conceito de direito adquirido para dar sustentação jurídica a uma política econômica, porquanto o pagamento salarial daqueles períodos aos trabalhadores poderia comprometer o orçamento da União, dos Estados e dos Municípios, além de minar a sobrevivência das próprias empresas. Mas, no entanto, estes aspectos não ficaram muito claros, tendo o STF, na verdade, enfiado goela abaixo uma nova definição de direito adquirido, para dizer que este não fora violado naquelas hipóteses. O mesmo sucedeu ao tempo do chamado "apagão", episódio em que o STF corroborou a decisão do Governo em racionar o uso de energia elétrica (MP 2.152/2001), eis que, por uma falta de planejamento do Poder Público, o País ficou às portas da escuridão. Outro exemplo foi o caso da reforma da Previdência (EC 41/2003), implementada no Governo Lula, oportunidade em que se dizia ter razões econômicas, financeiras, orçamentárias, e não propriamente jurídicas, para modificar o sistema da previdência pública. Houve deficiência na forma de explicitar as coisas, pois se utilizou o Direito para dar sustentação a uma medida econômica, com argumen-

---

56. Christine Oliveira Peter da Silva, *Hermenêutica de Direitos Fundamentais*, p. 273.

57. Dalmo de Abreu Dallari, jornal *Folha de S. Paulo*, 16.1.1998, *apud* José Elaeres Marques Teixeira, *A Doutrina das Questões Políticas...*, cit., p. 217.

tos (ou desculpas) impróprios. E não se discutiu devida nem amplamente números, projeções dos encargos da previdência pública etc. Mas o STF deu inteira sustentação ao plano do Governo, o qual também não primou pela transparência. Ao final, tudo ficou meio nebuloso, com a única certeza da implementação da reforma.

Se o que estiver por trás da decisão do STF for uma questão econômica, ele precisará apresentar à população, claramente, os elementos em que se baseou para decidir, rechaçando certos argumentos e acatando outros. Não é certo jogar uma falácia jurídica para sustentar uma razão econômica.

Nos casos há pouco mencionados, não se está questionando o acerto ou desacerto das decisões do STF; mas, sim, a falta de transparência nos julgamentos. Pois no momento em que esta Corte passa a decidir questões sob o viés da economia ou da política, abre o flanco a um questionamento de seus atos, eis que não recebeu poderes do povo para resolver casos assim, sem discuti-los antes com a população.

Os membros do Legislativo e do Executivo se sujeitam às críticas e sanções políticas, à resposta das urnas, com mandatos temporários. Já os integrantes do Judiciário (e, mais especificamente, do STF) ficam imunes à vontade popular, porque são vitalícios; e não têm se sujeitado às sanções políticas nem às críticas metajurídicas. Então, mais do que o Legislativo e o Executivo, o Judiciário precisa justificar suas decisões, sob pena de se ter uma ditadura judiciária, desequilibrando a democracia.

No sistema democrático, assinalado pela transitoriedade dos agentes políticos, escolhidos pelo povo, há fator ínsito a ele, com o objetivo de assegurar certa permanência de regras e objetivos mínimos. É que, a par dos transitórios, existem os permanentes, cuja função político-democrática é a de garantir que certas pautas apresentadas pelo povo (*rectius*, constituinte originário) não podem ser modificadas. Isto é de suma importância, considerando que todo novo Chefe de qualquer repartição pública ou, em escala maior, da Nação chega ao posto com a intenção de mudar quase tudo, para adequar ao seu gosto governamental.

Sucede que a *res publica* não é um empreendimento privado. Há dinheiro do povo e um vínculo de cidadania entre este e seu País. Deste modo é que alguns limites são impostos na Carta Constitucional pelo poder constituinte originário. Então, as Instituições Públicas permanentes – principalmente as Instituições permanentes – devem zelar por eles.

100 O SUPREMO TRIBUNAL FEDERAL NA CRISE INSTITUCIONAL BRASILEIRA

Neste contexto, o papel do STF, como, de resto, de todo o Judiciário, em evitar que os membros transitórios do Governo vilipendiem a Constituição, é extremamente necessário, garantindo que as mudanças não ocorram periodicamente, ao sabor de cada governante, o que traria uma instabilidade muito grande ao País e, portanto, acarretaria a perda de um objetivo a médio e longo prazo, comprometendo a economia, a justiça, os projetos de desenvolvimento, os compromissos políticos etc.

Porém, quando o STF permite que os novos governantes modifiquem freqüentemente a Constituição, passando por cima das cláusulas pétreas (direta ou indiretamente), deixa de cumprir uma das suas mais relevantes missões. E a chance de obter a legitimidade democrática se esvai uma vez mais.

Na distinção entre o que preservar e o que mudar ingressa uma série de fatores, cambiando entre a política e a ideologia, o comprometimento até pessoal dos magistrados e o dever de imparcialidade, a sensibilidade social e a compreensão democrática do rumo a ser seguido pela nação.

3. Supremo Tribunal Federal: ilegitimidade e descompasso social

3.1 Papel democrático do STF

Postas estas considerações, surge a discussão se o STF tem, de fato, cumprido o seu papel. Na chamada *Crise das Instituições* (que, no Brasil, vem se arrastando há anos) e frente à forma como o País tem sido conduzido, nas últimas décadas, impera averiguar essa realidade.[58] Embora o assunto seja examinado ao longo desta pesquisa, antecipa-se que os anseios sociais têm decaído a um certo desamparo também do

58. Há mais de 60 anos, João Mangabeira, analisando os golpes de estado e o autoritarismo, afirmara dever-se o malogro da democracia presidencialista no Brasil ao Supremo Tribunal Federal. Em 1973, a ele se contrapôs Aliomar Baleeiro, para quem o Tribunal "desempenhou como lhe foi possível sua missão política, protegendo as liberdades e direitos individuais, assegurando o equilíbrio federativo e impondo a supremacia da Constituição e das leis federais. Ainda não se apagaram as recordações dos atritos tormentosos do Supremo com Floriano, Prudente e Hermes da Fonseca" ("O Supremo Tribunal Federal", *RF* 69(242)/14).

SUPREMO TRIBUNAL FEDERAL: UMA APRESENTAÇÃO NECESSÁRIA   101

STF.[59] Anota Sálvio de Figueiredo Teixeira que, de um modo geral, o Judiciário brasileiro, alentado em várias desculpas, "pouco tem feito de efetivo para transformar o quadro em que se insere, em posição cômoda e irreal, quando notórias são as falhas que poderiam ser superadas com determinação e criatividade".[60]

Correlacionando as ambigüidades do STF à crise crônica do próprio federalismo, cuja essência lhe tem cabido garantir, Nelson Saldanha assevera que "a opinião nacional tem sempre tido uma expectativa política em face do Supremo, em certos momentos cruciais".[61] Tais expectativas da população, lastimavelmente, têm sofrido fundados abalos, especialmente nos últimos anos. As vicissitudes apenas serviram para afetar o nível de confiança do povo no Supremo Tribunal Federal. É que a sociedade de hoje está mais atenta aos movimentos políticos e às decisões dos Tribunais, sobretudo agora, quando abertos novos canais de informação como a TV Justiça e a TV Senado.

Se, teórica e institucionalmente, o Supremo Tribunal está talhado para atender às expectativas do povo, fazendo valer o seu bom direito,

---

59. Repise-se: a presente pesquisa se refere ao período de vigência da CF/1988, exatamente porque a promulgação desta Carta coincidiu com a época em que o País saía de vez da ditadura militar e adotava novas fórmulas democráticas e de respeito ao Estado de Direito. Nesta transição, foi incumbida ao STF, como, de resto, a todo o Judiciário brasileiro, a atribuição de assegurar as novas conquistas sociais, os direitos e garantias fundamentais, e de garantir a real consolidação da nova realidade (abertura política, participação democrática, submissão à legislação do País, segurança do regime etc.). Imensa responsabilidade, portanto, a do Judiciário e, especialmente, a do STF. Deveras, a CF/1988 depositou especial confiança no Judiciário e lhe outorgou sublime papel na consolidação no novel regime.

60. Sálvio de Figueiredo Teixeira, "O Judiciário Brasileiro e as Propostas de um Novo Modelo", *LEX-Jurisprudência do STF* 250/7. O renomado Autor defendia que o Judiciário brasileiro, nos últimos meses de 1999, vinha procurando mudar esse panorama de alheamento social através do Min. Paulo Costa Leite (ex-Presidente do STJ) e do então Presidente do STF, Min. Carlos Velloso. A este grupo se acrescentaria o reforço do Juiz Tourinho Neto (empossado em 17.4.2000 na Presidência do TRF-1ª Região, que empunhou a defesa das Instituições e do pacto da nação). E, posteriormente, a posse do Min. Marco Aurélio na Presidência do STF (abril de 2001), em torno do qual se alimentaram expectativas as melhores possíveis, em razão da sua postura de vanguarda e serenidade nos julgamentos da Corte.

Mas todos estes nomes não foram suficientes para mudar o quadro do Judiciário brasileiro, lamentavelmente.

61. Nelson Saldanha, "Reflexões sobre a História do Supremo", *Arquivos do Ministério da Justiça* 157/99.

102 O SUPREMO TRIBUNAL FEDERAL NA CRISE INSTITUCIONAL BRASILEIRA

conforme as normas constitucionais e infraconstitucionais e a justiça social, na esteira do exposto em tópico anterior deste estudo, na prática se tem verificado um distanciamento deste papel.

Por trás da alegação de ser *neutro* (e o argumento da *neutralidade*, por si só, além de ideológico é insustentável), o STF olvida a população, deixando de dar crédito a suas reivindicações, apesar de esta observá-lo à distância, esperando que a ampare ante a violência do Poder Público e de setores privados, quando o Estado não cumpre o seu papel. Há um fosso quase intransponível entre o povo e o STF; um distanciamento deste órgão, mais atento aos problemas políticos do Planalto e do Congresso Nacional (as brigas – domésticas – de partido, de gabinete e de pastas) do que com a população em si.[62] Um argumento *ideológico* de *imparcialidade* (pior, de *neutralidade*) que, na realidade, implica em sujeitar a sociedade às vicissitudes da vez. O expectador que vê um lobo destroçando um cordeiro não pode simplesmente dar-se por imparcial para permitir o horror do dilaceramento em nome da alimentação. Esta postura só ajuda o lobo e abandona o cordeiro à própria sorte miserável. O ser humano deve rebater os atos de violência e crueldade.

Tal atitude, se apática, justifica uma consideração específica sobre a legitimidade do Supremo Tribunal, a qual, apesar das reivindicações democráticas atuais, é frágil. A tão falada *crise da legitimidade do judiciário* é agravada na Corte que o pontifica. Não pelas mesmas razões que a imprensa e os meios jurídicos apontam marcarem as Cortes locais, em especial as estaduais, assinalando-as envolvidas em nepotismos, esquemas de propinas, vendas de sentenças e liminares, obras superfaturadas e crimes de improbidade administrativa. Mas por interpretações e aplicações da norma em desacordo com as expectativas da sociedade. E, registre-se, o vício de interpretação não afeta necessariamente o caráter do intérprete, o qual pode simplesmente estar equivocado na tendência que abraça.

Analisar-se-á, nas próximas páginas, a *legitimidade*, numa perspectiva social e política. De um modo mais preciso, num contexto democrático, que matiza a ordem jurídica constitucional vigente.

---

62. Quanto à distância entre Estado e Sociedade, Robles aventa ser preciso um novo pacto social: o pacto que nos impulsione à contemplação da humanidade como um todo e nos permita salvarmo-nos juntos: "No un pacto a favor del Estado, como los modernos, sino un pacto a favor de la humanidad" (*Los Derechos Fundamentales y la Ética en la Sociedad Actual*, p. 185).

SUPREMO TRIBUNAL FEDERAL: UMA APRESENTAÇÃO NECESSÁRIA   103

3.2 Sobre a legitimidade e a legalidade

Impera enfrentar, portanto, o fenômeno da legitimidade, ao largo do instituto da legalidade, para que se possa compreender melhor e criticamente a postura prática do STF.

De início, vejam-se dois exemplos fáceis de ser concebidos:

a) suponha-se que um sujeito antipatizado pelos companheiros, componente das Forças Armadas, tenha sido designado para comandar a tropa em plena guerra. Pois bem! No desespero da batalha, soldados irrequietos e ativos, tendem a desobedecer a seu comandante, a não aceitar suas ordens, e as idéias de motim tendem a crescer, senão de deserção ou homicídio. É por tais receios que o soldado é educado para aceitar cegamente a hierarquia e as ordens de seus superiores, com base na *legalidade*, ao invés da *legitimidade*. Mas, mesmo assim, com certeza não seria prudente colocar à frente do comando alguém detestado pelos comandados;

b) outro exemplo é o seguinte: em uma repartição pública (poderia ser uma empresa qualquer), é nomeado para chefiar determinado setor alguém antipatizado pelos demais funcionários. Os motivos desta antipatia não interessam ao que ora se pretende demonstrar. Neste caso, parece muito claro que o novo chefe sentirá dificuldade em administrar o setor; não contará com aliados (no máximo, alguns bajuladores inconfiáveis e volúveis, sem comprometimento institucional); e dificilmente poderá levar a cabo as suas pretensões administrativas, até mesmo porque suas ordens não serão seguidas pelos subordinados, exceto pelo uso da força, da coerção, da ameaça, ou o serão de mau grado; logo, de forma deficiente. Enfim, o serviço não se desenvolverá bem, ninguém trabalhará direito, ninguém produzirá adequadamente, ninguém terá estímulo para aplicar o seu potencial nem para usar a criatividade em prol do serviço. A situação tenderá a se complicar a cada dia. E o maior prejudicado serão os usuários do serviço, bem como, se for o caso, a própria empresa, que deixa de produzir e de melhorar a qualidade do seu serviço.

Autoridade sem legitimidade constitui risco à sua própria sobrevivência. É como o professor, em sala de aula: se não for bem aceito pelos alunos (em razão da competência, da simpatia, da educação...), a sua autoridade, por mais que ele seja austero, ruirá na primeira avaliação feita pela coordenação do curso, em que os alunos demonstrarão sua inconformidade e exigirão a cabeça do mestre.

104 O SUPREMO TRIBUNAL FEDERAL NA CRISE INSTITUCIONAL BRASILEIRA

Focalizar a legitimidade é compreender a justificação do poder, do direito de comandar, "porque entre todas as desigualdades humanas nenhuma tem conseqüências tão importantes e por isso mesmo tanta necessidade de justificar-se quanto a desigualdade derivada do poder. Salvo algumas raras exceções, um homem equivale a outro: por que então um deve ter o direito de comandar e os outros o dever de obedecer? Os princípios de legitimidade respondem a esta objeção", conforme sustenta Ferrero.[63] Ela, enfim, diz respeito à "aceitação consensual por parte da sociedade, de um comportamento, de uma decisão ou de uma idéia que, direta ou indiretamente, diga respeito à direção do grupo. Caracteriza o domínio da *Política*, por isso mesmo, relacionada à *vontade da sociedade* (do grego, *polis*)".[64] Inseparável da ideologia, a legitimidade não pode ser suprimida da reflexão filosófica e da análise sociológica, "tratando-se de examinar os fundamentos do poder numa sociedade política em crise".[65]

O princípio democrático, insculpido no art. 1º, CF, quer dizer, em essência, que o exercício do poder nas Instituições estatais, e até em algumas não estatais, mas de relevância pública, como escolas e universidades particulares, sindicatos, partidos políticos etc., "deve ser legitimado democraticamente pelo reconhecimento de seus destinatários, pois não há poder legítimo sem que aqueles que estão sujeitos ao poder o reconheçam".[66]

Após qualificar o poder como "imposição real e unilateral de uma vontade", Salvetti Netto proclama que, embora se sustentando principalmente na força, ele só se legitima, porém, quando consentido seu exercício por quem lhe deva obedecer. Centralizando a importância do consentimento para a legitimação, o Autor acrescenta que o exercício arbitrário é irracional, desqualificado, caótico, informe, sem adequação a uma ordem de convivência pretendida em determinado grupo.[67]

---

63. Ferrero, *apud* Bonavides, *A Constituição Aberta*, p. 36. Segundo Höffe, o Judiciário detém um "mandado para exercício da coerção" (*Justiça Política – Fundamentação de uma Filosofia Crítica do Direito e do Estado*, p. 58). E, no substrato da coerção, o poder de obrigar o cidadão. Este poder coercitivo precisa ser justificado, especialmente no Judiciário, cujos atos não admitem discussão por outros Poderes, em face da *coisa julgada* de suas decisões.

64. Diogo de Figueiredo Moreira Neto, *Teoria do Poder – Parte I*, p. 221.

65. Paulo Bonavides, *A Constituição Aberta*, cit., p. 33.

66. José de Albuquerque Rocha, "Poder Judiciário: o que conservar e o que inovar", *Revista de Direito Processual Civil* 15/29.

67. Pedro Salvetti Netto, *Curso de Teoria do Estado*, p. 155.

SUPREMO TRIBUNAL FEDERAL: UMA APRESENTAÇÃO NECESSÁRIA 105

Sem a legitimidade o poder não é tranqüilo; seu exercício, então baseado na força bruta, pode sucumbir a qualquer momento, sendo bastante os dominados se organizarem ou se revoltarem em turba incontida. A legitimidade, assim, é responsável pelo convencimento do dever de aceitação das ordens, das decisões, das diretivas de quem comanda e das medidas coercitivas. Justificar o poder pela força não é razoável nem sustentável filosoficamente, além de afrontar princípios de democracia e significar a transitoriedade da nova ordem, pois nenhum sistema sobrevive muito tempo pela força bruta. Argumentar com a transitoriedade é a mesma coisa que fragilizar a ordem, a qual já se instalará comprometida, eis que fadada a ser brevemente substituída. O poder necessita de segurança. E esta vem da aceitação dos dominados. Neste ponto, a democracia mostra-se bastante convincente, pois sugere a idéia de que os dominados também participam do poder e, por isto mesmo, sentem-se também dominantes, comungantes dos atos de poder, ao elegerem aqueles que exercitarão as funções a eles conferidas.

Nelson Saldanha assegura que o sentido de legitimidade se encontra freqüentemente preso a um dado formal (p. ex., à legalidade ou a algo equivalente), mas em princípio a exigência de legitimidade vai além e aponta para um nível mais profundo.[68]

Nos modelos políticos antigos, conquanto ainda não se conhecesse o termo, a legitimidade se fundava na idéia de um poder teocrático. Era a origem divina dos reis e governantes, cujos atos se diziam inspirados no alento dos céus. A transfiguração dos deuses nos governantes, na primitiva fase teocrática, impossibilitava qualquer desenvolvimento de uma teoria dos direitos fundamentais, por exemplo, pois ante Deus só existem obrigações; o que se recebe d'Ele é um ato de benevolência de Sua parte e não se pode exigir d'Ele nenhum direito.[69] Tudo girava em torno do governante, cuja vontade bastava por si mesma.

A partir do século XII, essa doutrina caminhou para o seu superamento, com o *Policraticus* de João de Salisbury, as obras de Dante e Marsílio de Pádua, a concepção de La Boétie e a pregação de Hobbes.

---

68. Nelson Saldanha, *Pequeno Dicionário de Teoria do Direito e Filosofia Política*, p. 172, verbete "legitimidade".
69. Haim Cohn, *Los Derechos Humanos en la Biblia y en el Talmud*, p. 13.

106 O SUPREMO TRIBUNAL FEDERAL NA CRISE INSTITUCIONAL BRASILEIRA

Mas a ruptura investigativa fundamental veio com Rousseau, confirmando-se na Revolução Francesa: a autoridade política só se justifica e se fundamenta na razão. Deste modo, a razão superou a legitimação carismática e tradicional.[70]

Max Weber aproximou a *legitimidade* da *legalidade*, apontando ser esta o fundamento do exercício do poder. Kelsen, por seu turno, cuidou da legitimidade sob os auspícios de uma regularidade requerida por um sistema de direito, de uma normatividade jurídica derivada da Constituição, aliada à efetividade.[71]

Luhmann afirma legítimas as decisões nas quais "pode-se supor que qualquer terceiro espere normativamente que os atingidos se ajustem cognitivamente às expectativas normativas transmitidas por aqueles que decidem".[72] Ele vincula a legitimidade ao *processo* e acaba aproximando-a da crença da *legalidade*. Com isto, despolitiza o poder, ao eleger o ponto de convergência da discussão para a adequação ao procedimento de exercício do poder. A rigor, distancia a legitimidade da base racional-valorativa da democracia, que tivera relevante função para embasar o consenso democrático-representativo.[73]

A vinculação da legitimidade à mera legalidade significa anular política e socialmente a primeira, pois qualquer regime poderá se valer da segunda para justificar o poder, não importando o conteúdo de sua atuação, pois legal. A propósito, Paulo Bonavides leciona que a legitimidade subsumida à legalidade compõe a ideologia liberal.[74] Acrescente-se que a subsunção referida é típica de um positivismo normativista, de uma sociedade burocrática despreocupada com os valores de moral e justiça.

---

70. Cf. Eusebio Fernandez, sobre esta superação, a partir de Weber (*Teoría de la Justicia y Derechos Humanos*, pp. 185 e ss.). Também, inclusive relacionando o tema às sociedades marginais, no Estado: João Maurício Adeodato, "Uma Teoria (Emancipatória) da Legitimação para Países Subdesenvolvidos", *Anuário do Mestrado em Direito* 5/207-242.

71. Hans Kelsen, *Teoria Geral do Direito e do Estado*, pp. 121-122. Esta parte histórica da legitimidade é muito bem exposta por Goyard-Fabre, *Os Princípios Filosóficos do Direito Político Moderno*, pp. 273-306.

72. Luhmann, *Sociologia do Direito*, vol. II, cit., p. 64.

73. Vide, neste sentido, Bonavides, *A Constituição Aberta*, p. 51.

74. Bonavides, *Teoria do Estado*, p. 331.

SUPREMO TRIBUNAL FEDERAL: UMA APRESENTAÇÃO NECESSÁRIA 107

Apesar do sentido etimológico destas palavras, de origem comum,[75] a noção de legitimidade precisa se desvincular do conceito de legalidade, porque esta, por si só, não a justifica nem é a mesma coisa. Que se entrelacem, parece ser incontestável, pois se complementam; mas que se esgotem uma na outra, definitivamente não se afigura verdadeiro. Soa mais adequado uma aceitabilidade do poder fundado nos meios democráticos de participação, os mais diretos possíveis, numa perspectiva constitucional e de consenso social, segundo os valores comunitários da época, palmilhado no regime da legalidade (e não só nesta). Na seara constitucional, legítimos seriam os atos especialmente fulcrados no art. 1º, CF/1988: união indissolúvel dos entes políticos (Estados, Municípios e Distrito Federal), Estado Democrático de Direito, soberania, cidadania, dignidade da pessoa humana, valores sociais do trabalho e da livre iniciativa e pluralismo político, e poder emanado do povo.

O conceito de *legalidade* é mais jurídico (técnico-jurídico), enquanto o de *legitimidade* é mais político (político-jurídico ou ideológico). Não são excludentes nem sinônimos. Complementam-se, de forma que uma ação do Estado pode ser legítima e não ser legal, ou vice-versa. A legalidade é um critério jurídico da legitimidade de um Governo. Esta é a qualidade do poder do Estado, que se diz legítimo ou ilegítimo, "conforme seja a expressão de valores com os quais estejamos ou não de acordo".[76] No Estado Democrático de Direito, legitimidade e legalidade entrelaçam-se, preenchem-se, uma dando sustentáculo e justificação política à outra, cada uma a seu tempo, lugar e modo.

Acertadamente, Celso Ribeiro Bastos diferencia legitimidade de legalidade, elucidando que a falta de legitimidade de uma norma jurídica não implica seja ela ilegal. Nada impede a um cidadão considerar ilegítima uma lei que, no entanto, obedeceu a todos os critérios processuais e substanciais para a sua elaboração. "Quando o indivíduo ques-

---

75. Legitimação vem do latim *legitimus*, isto é, "conforme ao que é estabelecido por lei" (Fernando Bastos de Ávila, *Pequena Enciclopédia de Moral e Civismo*, p. 301, verbete "legitimação"). Legitimidade vem de *lex*, lei (Goyard-Fabre, *Os Princípios Filosóficos...*, cit., p. 280; no mesmo sentido, De Plácido e Silva, *Vocabulário Jurídico*, vol. III, p. 61, verbetes "legitimidade" e "legítimo").

76. Celso Bastos, *Dicionário de Direito Constitucional*, p. 97, verbete "legitimidade".

108 O SUPREMO TRIBUNAL FEDERAL NA CRISE INSTITUCIONAL BRASILEIRA

tiona sobre os valores que fundamentam a norma e se convence de que não representam a vontade da maioria, então falta legitimidade, o que não se confunde com legalidade".[77] Ademais, o princípio da legitimidade é utilizado tanto a favor quanto contra os governos, independentemente da legalidade de seus atos.

Na mesma linha, Ivo Dantas situa a legalidade ao processo de escolha do governante e a legitimidade ao exercício do poder, "casado com os ideais do grupo".[78] Esta visão, porém, não responde ao fato de que a legitimidade também deve estar contida no processo de escolha dos governantes. Efetivamente, o próprio processo eleitoral há de ser legítimo, além de legal; como, também, o exercício do poder deve ser legal, e não só legítimo. Para Eros Grau, o Direito é, na dinâmica do Estado, a noção formal, e a legitimação seu aspecto material que, na produção capitalista, justifica a dominação de classe.[79] Sérgio Cademartori, tratando do garantismo como elemento legitimador, enuncia serem duas as fontes de legitimação de todos os poderes do Estado: *a) a legitimação formal*, assegurada pelo princípio da legalidade e sujeição do juiz à lei; e *b) a legitimação substancial*, recebida pela função judicial de sua capacidade de tutelar os direitos fundamentais. E adverte que esta depende daquela para ser satisfeita.[80]

Se o Legislativo, sem consultar as bases e contra a vontade popular, alterar, paulatina e sorrateiramente, a Constituição e a legislação eleitoral a ponto de permitir o Senador biônico, nomeado pelo Presidente da República segundo um procedimento estabelecido em lei, seria legítimo o ato da Casa legislativa, o Senador não-eleito e a própria formação do novo Senado? E se o Congresso emendasse a Constituição para seus membros prosseguirem no mandato por mais uma ou duas legislaturas, seriam legítimos os congressistas nos novos mandatos? E a própria Emenda? Mais: se aprovada Emenda constitucional transformando em Senador vitalício o Presidente da República atual, estaria satisfeito o teste da legitimidade, quando se sabe, antecipadamente, o

---

77. Idem, ibidem, pp. 97-98.
78. Ivo Dantas, *Teoria do Estado – Direito Constitucional*, vol. I, pp. 114-115.
79. Eros Grau, *A Ordem Econômica na Constituição de 1988 – Interpretação e Crítica*, p. 40 e *O Direito Posto e o Direito Pressuposto*, pp. 57 e ss.
80. Sérgio Cademartori, *Estado de Direito e Legitimidade – Uma Abordagem Garantística*, pp. 157-158.

SUPREMO TRIBUNAL FEDERAL: UMA APRESENTAÇÃO NECESSÁRIA 109

entendimento contrário da sociedade e a incompatibilidade com o próprio regime? A resposta às indagações é negativa, pois a forma de acesso ao cargo não terá sido democrática nem contara com o consenso do povo, apesar de legal, regularmente procedimentalizada e, talvez, até constitucional. Mas, definitivamente, não terá sido legítima. Como também não teriam sido legítimas aquelas alterações, contrastantes com a pauta democrática, com a idéia de participação, de periodicidade, nem com a idéia de poder constituinte. E isto sem entrar na discussão doutrinária das leis injustas, de Michel Foucault, as quais também seriam ilegítimas.

Historicamente, cita-se o caso da Alemanha, quando a exacerbação do dogma da legalidade serviu de justificação para pôr fim ao ordenamento democrático-representativo, pondo cabo à República de Weimar, e, sob a forma de "revolução legal", levou a resultados catastróficos, em face do nacional-socialismo.[81]

No plano internacional, cita-se a tentativa norte-americana, na ação desenvolvida pelo Presidente George W. Bush, de lograr a aquiescência da ONU para invadir o Iraque, no seu plano de depor Saddam Hussein (segundo semestre de 2002); ao final, a medida acabou sendo tomada em meio a argumentos falaciosos e por meio da força bruta. A preocupação dos EUA era, tão-só, a de legitimar sua guerra particular; sequer se cogita, aqui, de legalidade, até mesmo porque é difícil falar em tal instância no plano internacional, respeitados os casos dos tratados e convenções.

O princípio da legitimidade foi invocado *contra* o da legalidade pelos partidários de Luís XVIII, que defendiam, contra o direito positivo da Revolução e do Império, o valor da tradição dinástica.

Imagine-se, agora, o exemplo das normas sem eficácia, embora vigentes e formalmente válidas. Incompatíveis com os novos valores sociais, elas caem no desuso, sucumbindo à modernidade. Mas, por permanecerem vigentes, eis que não revogadas, continuam integrando, validamente, o ordenamento jurídico. Caso o Judiciário as aplique, sem dúvida alguma estará acobertado pelo manto da legalidade; contudo, a decisão não será mais legítima, porque a sociedade não mais a aceita, não mais concorda com os valores por ela expressos, forjados no passado. Lembre-se o leitor da importância dos valores para o Direito, orientando a norma, desde a sua elaboração (na valoração do fato a ser nor-

---

81. Bonavides, *A Constituição Aberta*, p. 45.

110   O SUPREMO TRIBUNAL FEDERAL NA CRISE INSTITUCIONAL BRASILEIRA

matizado) até a sua aplicação (quando novamente a norma e o fato nela insculpido passam pelo crivo axiológico).[82]

Até o advento da Lei 11.106/2005, o Código Penal, no art. 240, previa ainda o adultério como crime. Este crime, todavia, já havia caído no desuso punitivo, razão pela qual era perfeitamente compreensível que o juiz, julgando *contra legem*, decidisse pela improcedência da sanção pedida na ação penal respectiva. Certamente esta decisão seria legítima e aceitável, apesar de ilegal. E qualquer pessoa teria por acertada a decisão, porque ela veiculara o consenso social, o valor da comunidade moderna. E, aqui, já se antevê o papel da interpretação da lei como fonte de legitimação do poder, quer quando confere atualidade ao teor normativo, quer quando lhe precisa e define o alcance para atender aos reclamos da sociedade.

Quando o magistrado se apega unicamente à instância da legalidade, desprezando o da legitimidade, enfraquece-se perante a sociedade, porque julga contra ela, que não concorda com a decisão. Isto cria um fosso abissal entre o Judiciário e a sociedade, comprometendo a segurança do órgão e a sua credibilidade. Os valores da sociedade mudam, apesar de, muitas vezes, não serem acompanhados pela alteração de lei vetusta. Então, o magistrado há de ser alguém bem sintonizado com a efervescência social, para acompanhar seus valores e fazê-los valer quando necessário se fizer. Entra, aí, o critério de Justiça, que, mutável no tempo e no espaço, deve se adequar aos valores eleitos por determinada comunidade.

Estes exemplos são bastantes para diferenciar os planos da legalidade e da legitimidade.

De seu turno, não é qualquer norma proveniente do Poder Legislativo que é legítima. Para passar pela instância da legitimidade, ela precisa atender pelo menos a duas condições: *a)* obedecer ao esboço de validade formal, no esquema fundamentante da norma superior, tendo ao cume a Constituição; e *b)* haver um liame axiológico, conformidade com

---

82. Na visão de Miguel Reale, o Direito é composto de fato, valor e norma, sendo que o processo de valoração se manifesta em todas as etapas do Direito (Miguel Reale, *Teoria Tridimensional do Direito – Situação Atual*, *passim*).

Ousado e inovador estudo sobre a teoria dos valores, no plano da interpretação constitucional, foi a seguinte Tese de Doutorado pela UFMG: Francisco Meton Marques de Lima, *O Resgate dos Valores na Interpretação Constitucional: por uma Hermenêutica Reabilitadora do Homem como "Ser-Moralmente-Melhor"*.

SUPREMO TRIBUNAL FEDERAL: UMA APRESENTAÇÃO NECESSÁRIA 111

os valores sociais e democráticos, pois os parlamentares não recebem mandato para legislar contra a própria sociedade nem para lhe castrar a participação, porquanto isto representaria um contra-senso. Decorrencialmente da observância aos dois fundamentos vem a *aceitabilidade* social e, portanto, a eficácia, a validez prática da norma. E terá logrado sucesso o *teste da legitimidade*.

Observe-se, dos exemplos coletados, que os critérios da legalidade e da legitimidade podem ser invocados, como de fato o foram em alguns momentos da história, um contra o outro. Dependendo da conveniência para quem os utilizava, vê-se que ora prevaleceu um, ora o outro. Logo, não se pode conferir-lhes a feição de um só ou único fenômeno sóciopolítico-jurídico.

Para Jorge Miranda, uma Constituição nascida na base de um determinado princípio de legitimidade "pode sofrer, no decurso da sua vigência, uma transmutação, por esse princípio vir a conjugar-se, entretanto, com outro princípio ou até a ser por este substituído – o que significará, claro está, uma alteração da Constituição material, embora permanecendo a Constituição formal ou a instrumental".[83]

Fernando Ruivo coloca que, "se a legitimação do poder é global, mergulhando as suas raízes numa imagem unificadora do mundo, esse mesmo poder atua num sistema de níveis, os quais, embora comunicantes, postulam em si (até porque são modos diferentes de exercício do poder) diferentes necessidades de legitimação, consoante as políticas estatais que os têm orientado e as respostas que a elas a sociedade tem dado".[84]

Enfim, a Constituição, como as normas em geral, pode sofrer interpretações diferentes do que seu espírito originário a havia fomentado. As mudanças sociais, a modernidade, a premência de atualização do teor normativo, o modo como o intérprete encara o preceito, as pressões e influências políticas e econômicas que direcionam o entendimento interpretativo, além de outros fatores, ocasionam estas divergências no trabalho hermenêutico e impelem a aplicação de vários critérios e métodos de interpretação, muitas vezes a ponto de mudar profundamente o teor

---

83. Jorge Miranda, *Manual de Direito Constitucional*, t. II, p. 76.
84. Fernando Ruivo, "Aparelho Judicial, Estado e Legitimação", in *Direito e Justiça – A Função Social do Judiciário*, p. 86.

112 O SUPREMO TRIBUNAL FEDERAL NA CRISE INSTITUCIONAL BRASILEIRA

normativo. Na escolha do critério interpretativo (literal, restritivo, ampliativo, sociológico, teleológico, ponderação, proporcionalidade, harmonização etc.), há sempre uma margem considerável de subjetivismo, que só pode encontrar um correto direcionamento nos primados da razoabilidade e da racionalidade, os quais, também, exigem certa dose de subjetivismo.

Logo, não seria improvável que o órgão máximo encarregado de interpretar a Constituição em última instância viesse a interpretá-la diversamente do consenso social, inclusive modificando-a na sua aplicação, até contrariamente ao estabelecido pelo poder constituinte. Se o Judiciário e, em especial, o STF têm este poder de *mutação constitucional*, é necessário justificá-lo. Deveras, considerando que todo o poder precisa de justificação, obviamente o exercício da jurisdição, como parcela de exercício desse mesmo poder, não pode ficar à margem dessa discussão. O exercício da jurisdição precisa passar pelo teste justificador, sem o que a parcela de poder que desempenha não encontrará legitimidade a sustentá-lo.

Provém de um ranço autoritário apoiar todo o funcionamento do Judiciário na força, na coercibilidade, ao invés do consenso, sem perquirir qual base social próxima confere legitimidade a este exercício. A força será necessária, sim, mas no instante do descumprimento da ordem, que se espera justa e legal.[85] No entanto, para que o ato judicial traga, intrínseca, esta qualidade, é preciso que ele tenha legitimidade, que derive de uma outorga social, de um reconhecimento do povo. A composição, a organização e o funcionamento, em si, do Judiciário, portanto, hão de alicerçar-se em sólida base democrática, para assegurar sua legitimidade e, portanto, a aceitabilidade popular. As noções especulativas sobre um primevo pacto social – perdido no tempo e com incerteza teórica, mediante o qual os homens conferiram poderes ao Estado como condição de sobrevivência, renunciando alguns direitos naturais em favor de outros, positivados – não bastam por si sós para legitimar o exercício do poder, em todas as suas manifestações. Cada parcela do

---

85. Fica para outra obra a análise da legitimidade de o cidadão descumprir a ordem ou sentença injusta; ou desobedecer a lei injusta, sob o argumento da inconstitucionalidade (Antônio Souza Prudente, "A Lei Injusta e sua Inconstitucionalidade Substancial no Estado Democrático de Direito", *RIL* 30(119)/121-130). Ver, também: Henry David Thoreau, *A Desobediência Civil*.

SUPREMO TRIBUNAL FEDERAL: UMA APRESENTAÇÃO NECESSÁRIA   113

Estado necessita de legitimação, sem o que se terá a ruptura das primeiras cláusulas do contrato imaginário, que foram: conferência de poderes pela sociedade a quem de sua confiança, exercício de atribuições em favor do povo, respeito à vontade popular, preservação de direitos não transferidos e promoção do desenvolvimento comunitário e do bem-estar social.

É necessário um poder judiciário – e, sobretudo, um STF – ativamente mais democrático e, neste sentido, mais social e político (no sentido de promover o bem-estar, aprimorar valores e assegurá-los em benefício da sociedade), a alcançar a participação popular, já que o povo não participa de outras etapas da composição e funcionamento do órgão. Afinal, mais do que jurídico, a *legitimidade* é tema sociológico e político.

Até que ponto as ordens do chefe de setor de uma empresa são cumpridas? Se ele não tiver legitimidade perante os subalternos, cairá no descrédito, ninguém o levará a sério e tenderá a descumprir suas ordens; no mínimo, as ordens serão cumpridas defeituosamente, sem sintonia, posto de malgrado. Este fenômeno é igualmente sentido na Administração Pública, acontecendo com os poderes constituídos.

Não se pode esquecer que o Estado conta com instrumentos importantes, como a sanção e a coercibilidade, para impor sua vontade, a qual, espera-se, seja legítima expressão social, adequada à obtenção do bem-estar da comunidade. Neste raciocínio, a força do Judiciário é necessária e serve, também, como legitimador de seus atos, no momento apropriado. É que ela deve se voltar contra o sujeito que infringe o ordenamento, que, por sua vez, é expressão da vontade popular, manifestada através do processo legislativo adequado e legítimo. Se não punir o infrator, o Judiciário estará chancelando a prática de atos contra a sociedade e, portanto, também estará agindo contra esta; vale dizer, estará atuando ilegitimamente. E se o Judiciário não pune um infrator, outros ficarão à vontade para, igualmente, ficarem na impunidade – *rectius*, contra a sociedade.

Anota Nuria Martín que as leis foram feitas por um Poder diferente do Judiciário, o Legislativo. Portanto, também distinto será o espírito da lei que, em teoria, aplica-se, e o espírito das sentenças.[86] E, nesta

---

86. Nuria Martín, *El Control Democrático del Poder Judicial en España*, p. 57.

114 O SUPREMO TRIBUNAL FEDERAL NA CRISE INSTITUCIONAL BRASILEIRA

perspectiva, como fica a interpretação atualizadora ou a criadora do juiz?[87] Onde sua legitimidade? E quando o Judiciário revê o ato do legislativo por vício de inconstitucionalidade? Dizer que o fundamento é a CF não justifica plenamente a legitimidade. Pois se bastasse ela, qualquer órgão ou governo (despótico, democrático, autocrático, tirano), a quem se atribuíram poderes constitucionais, seria legítimo. Na verdade, no regime democrático, todos os Poderes se renovam, arrastando consigo a cúpula estruturante. Daí, vem a legitimidade inaugural. Porém, o Judiciário brasileiro não se submete a este *teste de legitimidade*, que, no entanto, deve se manifestar no *exercício* da função jurisdicional.

3.3 O STF: entre a legitimidade e a legalidade

"A majestade dos tribunais assenta na estima pública", alertava Rui Barbosa,[88] em trecho que espelha o sentido de legitimidade do Judiciário.

André Ramos Tavares defende serem legítimos os membros dos Tribunais Constitucionais e, mais especificamente, os do STF brasileiro, quando chegam à alta corte por nomeação presidencial, tornando-se vitalícios. Sustenta seu argumento na democracia indireta e no fato de a democracia respeitar, também, o Governo das minorias. Em seguida, ressalta que a vitaliciedade afasta a partidarização dos integrantes do Tribunal. Para o Autor, os magistrados do Tribunal podem, assim, manter-se afastados da política partidária e o envolvimento aberto com a atividade partidária é mesmo sentido por todos como ilegítimo. Neste diapasão, os grupos de interesses, na Corte, praticamente inexistem e as pressões só são admissíveis se publicamente transparentes, o que implica dizer que "só se admitem por via de argumentação, nas peças processuais, e por ocasião de sustentações orais, embora com grande apelo a elementos extrajurídicos que, se não podem ingressar diretamente na motivação da decisão jurisdicional, certamente acabam

---

87. Dworkin acha um erro ver-se no juiz um órgão político criador do direito (*Los Derechos en Serio*, pp. 61 e ss.). Sobre função criadora do Juiz: Mário Franzen Lima, *A Hermenêutica Tradicional e o Direito Scientífico*, pp. 211 e ss.; Juvêncio Gomes Garcia, *Função Criadora do Juiz, passim*. Vigo é favorável à criação do direito pelo juiz (*Interpretación Constitucional*, pp. 23 e ss.).
88. Ruy Barbosa, *Escritos e Discursos Seletos*, p. 1.015.

SUPREMO TRIBUNAL FEDERAL: UMA APRESENTAÇÃO NECESSÁRIA   115

repecutindo, de alguma forma, no processo de reflexão dos magistrados constitucionais".[89]

Não se pode acompanhar o Autor citado, porque as idéias básicas de democracia repousam no Governo da maioria, periodicidade dos governantes e participação popular, para que haja *aceitação* do poder. O modo de escolha dos membros do STF ofende, de uma só tacada, todas estas idéias. Ademais, a sustentação é divorciada da realidade, porquanto é notória a existência de grupos de pressão sobre a Corte brasileira, especialmente provenientes do Planalto, de forma tanto velada quanto, em algumas questões, aberta. Basta lembrar-se da agitação do Planalto quando temas previdenciários, tributários e de processo constitucional são submetidos ao STF; ou de como o empresariado se contorce quando temas trabalhistas e econômicos são levados ao Supremo Tribunal. E, nestas pressões, é comum que os Ministros nomeados por determinado ocupante da Presidência da República a ele se vinculem, acompanhando as suas diretrizes. Sobre este assunto e outras posturas políticas de integrantes do STF, encaminha-se o leitor ao que está disposto nos tópicos intitulados "Posições Político-Partidárias e outras Condutas Reprováveis no STF – um similar no STJ" (Capítulo 5, tópico 5), "O Compromisso da Toga" (Capítulo 6, tópico 3) e "A Suposta Gestão Política do Min. Nelson Jobim" (Capítulo 6, tópico 4).

José de Albuquerque Rocha, abordando o Judiciário brasileiro, opina que a legitimidade democrática da função judicial sustenta-se em duas bases: *a)* uma, de cunho material, decorrente do compromisso moral do juiz na atuação dos valores, princípios e regras da Constituição, que é o fundamento do ordenamento jurídico e seu postulado hermenêutico essencial, compromisso do qual deriva uma concepção do juiz como sacerdote do Direito, defensor da Constituição, sobretudo dos direitos humanos, a desaconselhar sua eletividade. A eletividade, por sua natureza, o vincula de alguma maneira aos eleitores, o que contraria o seu compromisso moral com os direitos fundamentais, em defesa dos quais deve julgar até contra a opinião pública e, especialmente, contra os "governos de turno que, no Brasil, levantam a pretensão de amoldar a Constituição a seus desejos, como se suas vontades fossem unímodas" e fossem os donos da Constituição e do Direito; e *b)* outra, de âmbito formal, proce-

---

89. André Ramos Tavares, *Tribunal e Jurisdição Constitucional*, pp. 35, 71 e 84.

116 O SUPREMO TRIBUNAL FEDERAL NA CRISE INSTITUCIONAL BRASILEIRA

dente da sujeição do juiz aos princípios e regras processuais em sua atividade, sobretudo aos princípios constitucionais do devido processo legal, como a imparcialidade, contraditório, ampla defesa etc.[90]

No Estado Democrático de Direito, o Judiciário não está apenas instituído e não é apenas controlado "conforme o Estado de Direito"; também está comprometido com a "democracia".[91] E não se pode qualificar de democrático um órgão que não presta conta à população, nem administrativamente, nem politicamente, nem judicialmente. Pode-se até sustentar a necessidade de os membros do Judiciário ingressarem por concurso público, para assegurar a imparcialidade e a firmeza da técnica. Mas o exercício das suas funções não pode passar ao largo dos controles democráticos, os quais não implicam na ingerência externa das pressões politiqueiras. Entra, aí, um importante papel relacionado ao valor *justiça*, como legitimador do poder.[92] Qual a *responsabilidade política* do Judiciário, quando os outros Poderes a têm pelas eleições? Responde-se: encontra-se na entrega da justiça com segurança e em verdadeiro zelo pelos valores (positivos) da sociedade.

É preciso ter em mente que, numa realidade democrática, a legitimidade requer a participação popular tanto na criação e diplomação do Poder quanto no seu exercício. É que a legitimidade não é fenômeno estático, que se contente com a sua manifestação uma única vez. A legitimação é *processo* contínuo e dinâmico, que nasce e precisa se renovar

---

90. José de Albuquerque Rocha, "Poder Judiciário: o que conservar e o que inovar", *Revista de Direito Processual Civil* 15/31. O mesmo Autor diferencia a legitimidade do *governo* da legitimidade *do judiciário*, referindo-se ao âmbito interno, organizacional, da legitimidade da *atividade jurisdicional*, pertinente à função de julgar, à aplicação do Direito. No que respeita à primeira, o Judiciário é o oposto da democracia, já que o poder é exercido de maneira incontrolável por um pequeno grupo de pessoas, na medida em que os seus dirigentes (os magistrados dos tribunais) não são eleitos pela magistratura, mas, sim, apenas pelos próprios integrantes das respectivas cortes. Quanto à *atividade jurisdicional*, igualmente o Autor sustenta a ilegitimidade do órgão quando não observa os dois fundamentos expostos acima, no texto a que se refere esta nota (idem, pp. 30 e 31).

91. Müller, *Quem é o Povo? – A Questão Fundamental da Democracia*, p. 60.

92. A justiça é um valor que funciona, também, como critério de suma importância para a interpretação das normas. A hermenêutica constitucional dela não se descura, inclusive para efeitos de legitimação do poder político e da jurisdição constitucional (Francisco Gérson Marques de Lima, "Interpretação Axiológica da Constituição, sob o Signo da Justiça", *Estudos de Direito Constitucional – Homenagem a Paulo Bonavides*, pp. 53-83).

SUPREMO TRIBUNAL FEDERAL: UMA APRESENTAÇÃO NECESSÁRIA   117

a cada alvorecer, à semelhança da luz do sol que não traz todos os benefícios ao mundo apenas porque nasceu e espargiu rapidamente sua lucipotência ao substituir o frescor noturno pelo calor matinal. Os seres vivos, senão a própria Terra, carecem que a luz do sol se estenda aos lugares mais longínquos e perdure horas, voltando a nascer no dia seguinte, e no outro dia, e no outro, sucessivamente. A legitimação não é vacina de dose única nem fim em si mesmo. É alimento do poder, necessário todos os dias.

No juízo ordinário há algumas formas de participação popular, *v.g.*, o tribunal do júri, e, a título de arremedo, os juizados especiais cíveis e criminais – pois os conciliadores (no âmbito estadual), na prática, a exemplo dos extintos juízes classistas da Justiça do Trabalho, funcionam mais como cabides de emprego do que como representantes da população; e, no plano processual, a ação popular. Mas são tímidas caricaturas de democracia e participação popular no Judiciário. Por sinal, o Judiciário tem se mostrado resistente à defesa por meio dessas ações, conferindo interpretação restritiva ao seu manuseio.

Postas estas considerações, percebe-se que a ilegitimidade do STF se manifesta em três instâncias: *a)* no ingresso de seus membros no órgão, pois não há a menor participação popular; *b)* no exercício da jurisdição, mediante a proliferação de decisões distanciadas da população, impopulares e, por vezes, perniciosas; e *c)* na impossibilidade de controle eficaz de seus atos pela sociedade (além de ineficazes, os instrumentos que existem – de cunho judicial – não são do conhecimento da população: falta educação do povo, falta isenção do Judiciário em apreciá-los). Estas instâncias indissociáveis conformam o *teste da (i)legitimidade* do Judiciário e de suas decisões. O STF não consegue passar por elas satisfatoriamente.

A acessibilidade à cúpula do Judiciário depõe contra a democracia, pelas dificuldades apontadas. Num regime no qual a cúpula dos poderes é eleita *diretamente* (Presidente da República, Senadores, Deputados Federais e Estaduais, Governadores, Prefeitos e Vereadores), mantém-se, contraditoriamente, o STF com "eleição" *indireta*, apesar de se lhe conferir competência para rever atos normativos e em geral de representantes do povo, portadores de mandato popular. Num País onde o acesso ao judiciário se dá por concurso, ressalvado o caso dos representantes da OAB nos tribunais (e a indicação deles parte da própria Ordem), contrapõe-se o órgão máximo, com seus integrantes escolhidos por critérios meramente políticos, a romper toda a justificativa da escolha de juízes por certame público. Este modo de acesso ao STF situa-se no limbo: não é o critério adotado pelos demais Poderes (eleição), nem é o do próprio Poder Judiciário (concurso público). E pugna contra a regra da democracia direta, esposada pela CF/1988 (art. 1º, parágrafo único: "*todo o poder emana do povo*"). Além de tudo, ainda navega contra o modelo peculiar de acesso e permanência nas Cortes Constitucionais (v. próximo capítulo, estudo comparativo dessas Cortes).

Destarte, a forma de ingresso no STF é das mais ilegítimas possíveis. O critério não é o do concurso público, mas também não é o da eleição. O Ministro do STF não se submete ao exame de competência intelectual via certame, aberto a outros brasileiros e profissionais da área. A competência medida é a política, considerando-se a afinidade ideológica do candidato com o Planalto, com o Governo ou com grupos políticos. Porém, sua escolha não é submetida ao crivo da população, donde sua ilegitimidade. Este dado se agrava com sua vitaliciedade, ocasionando dissintonia com o povo, cuja influência nessa Corte é quase nenhuma, pois não participa do processo de nomeação nem pode demitir ou concorrer para o *impeachment* do Ministro. Enfim, não dispõe de controle nenhum sobre o Tribunal. Vale dizer: a vontade popular representa um *nada* para referida Corte.[93]

Para aumentar a contradição, tem-se que, para a composição do STF, os transitórios (Presidente da República e senadores) nomeiam os permanentes/vitalícios (Ministros da Corte). O critério é o político, conquanto o Tribunal vá decidir questões jurídicas, embora de feições também político-sócio-econômicas, umas mais, outras menos.

Andrei Köerner enfoca os critérios de nomeação de Ministro do STF nos anos de 1900 a 1911. Noticia que a escolha dos Ministros pelo Presidente da República tinha o objetivo de garantir maioria favorável no tribunal, limitada apenas pelos compromissos da Política dos Governadores. A nomeação de um Ministro para o STF poderia ser uma retribuição do Presidente da República a um auxiliar por serviços prestados,

---

93. R. de La Charrière, indignado, lamentou, em um artigo, a impotência da vontade nacional frente aos juízes irresponsáveis: "la 'volonté nationale' puisse être tenue en échec par des 'juges irresponsables'" (*apud* Jacques Chevallier, *L'État de Droit*, p. 94).

SUPREMO TRIBUNAL FEDERAL: UMA APRESENTAÇÃO NECESSÁRIA 119

ou parte de uma aliança entre facções. Em seguida, o Autor estabelece as ligações dos Ministros com as facções a partir de alguns critérios: *a)* ligações pessoais, especialmente de parentesco, com os chefes políticos; *b)* cargos eletivos ou de confiança exercidos, e a facção dominante naquele momento; *c)* a facção do Estado de nascimento do Ministro aliada ao Presidente da República no momento da sua nomeação. No sustento de sua tese, nomina vários Ministros do período, indicando o critério da nomeação presidencial.[94]

Contribui sobremaneira, ainda, para esta ilegitimidade do órgão judicante o seu distanciamento das aspirações populares, o divórcio que apresenta frente às valorações sociais.[95] Consoante Antonio Carlos Wolker, a concretização da legitimidade supõe, antes de tudo, a "transposição da simples detenção do poder e a conformidade com as acepções do justo, advogadas pela coletividade".[96] E assim como foi meritório o trabalho de Max Weber em aproximar a legitimidade da legalidade (legitimidade legal-racional), também é ora de aproximar a judicialidade da legitimidade, enfatizando a *justiça* das decisões do Poder Judiciário.[97]

Além da *justiça*, outros valores, coletados nesta pesquisa, têm sido olvidados pelo Supremo Tribunal Federal. Mencionam-se, sem exausti-

94. Andrei Koerner, *Judiciário e Cidadania na Constituição da República Brasileira*, pp. 187-190.
95. Embora reconhecendo uma certa dificuldade em determinar com exatidão as valorações da coletividade, Robert Alexy acha plausível a idéia de que quem decide tem de se ajustar aos valores da coletividade ou de círculos determinados (*Teoría de la Argumentación Jurídica*, p. 30; tb., do mesmo Autor: *Teoria dos Direitos Fundamentais*, trad. de Virgílio Afonso da Silva, Malheiros Editores, 2008). O valor está presente na argumentação jurídica e deve orientar, indiscutivelmente, a decisão judicial (Chaïm Perelman, *Tratado da Argumentação*, p. 84; e, do mesmo Autor, *Ética e Direito*, pp. 57-60).
96. Antonio Carlos Wolker, "Uma Nova Conceituação Crítica de Legitimidade", *CDCCP* 5/26.
97. Eduardo Faria ministra que a falta de uma postura adequada do magistrado às contradições sociais, em face dos conceitos fechados e tipificantes dos sistemas legais vigentes, é responsável pela ilegitimidade do Direito, levando ao progressivo esgotamento tanto da operacionalidade quanto do acatamento de suas decisões frente à expansão dos conflitos coletivos. E cita, a título desse *esgotamento*, no Brasil contemporâneo, o caso das ocupações de terras, em virtude da tendência dos ocupantes em desconfirmar a autoridade do Judiciário ("Ordem Legal x Mudança Social: a Crise do Judiciário e a Formação do Magistrado", *Direito e Justiça – A Função do Judiciário*, pp. 108-109).

120 O SUPREMO TRIBUNAL FEDERAL NA CRISE INSTITUCIONAL BRASILEIRA

vidade, a violação às leis básicas da preservação da nação (ex.: o processo de entreguismo do patrimônio brasileiro ao estrangeiro), a aniquilação de instrumento hábil à defesa de direitos fundamentais (mandado de injunção), a ruptura da separação dos Poderes e a quebra da segurança jurídica (reedição de Medidas Provisórias).

Por fim, a legislação não disponibiliza à população instrumentos hábeis para controlar as decisões e atos do STF. Os remédios processuais são inúteis (correição parcial, ação criminal, ação popular, ação de responsabilidade), pois serão julgados no Judiciário, perante órgãos subordinados à Corte, quando não no próprio STF. A EC 45/2004 trouxe de inovação o Conselho Nacional de Justiça, cuja atuação perante os Tribunais Superiores e Supremo ainda não se tornou evidente. É certo que as inovações institucionais perpassam por um necessário processo político de afirmação, o que leva tempo para se consolidar. Desta forma, espera-se que o tempo seja profícuo ao CNJ.

A sociedade atual é complexa. Possui muitos grupos com interesses antagônicos, na luta pelo poder, cada qual procurando se impor aos demais. Devem, de toda sorte, ser preservados os interesses mais genéricos, públicos (defesa da nação, organização do País, coesão do povo) e mais justos (numa perspectiva tópica). Contudo, não tem o Supremo Tribunal observado isto em algumas ocasiões, chegando, às vezes, a contrariar os interesses legítimos do próprio Judiciário. E, em certos momentos, contou com a corroboração da Procuradoria Geral da República, de que se destaca o período de 1995-2002 (quando a Procuradoria recebeu, sarcasticamente, pela imprensa, a alcunha, de *engavetadoria*, e o seu líder, de *engavetador-geral*), que se quedava inerte em momentos palpitantes (ex.: os escândalos envolvendo membros do Congresso Nacional; a máfia do orçamento, no fim dos anos 90; as denúncias sobre o alto escalão do Governo, detectadas em telefonemas clandestinos, sobretudo na venda de empresas estatais; a corrupção no desvio de verbas públicas, sobretudo para salvar bancos privados através do Programa de Estímulo à Reestruturação e ao Sistema Financeiro Nacional-PROER, criado pela Medida Provisória 1.179, de 4.11.1995).

Provavelmente, os pronunciamentos e as posturas débeis desses órgãos tenham por causa o fato de seus *Chefes* não serem legitimados pela própria categoria a que pertencem (magistratura e Ministério Público), muito menos pelo povo. Talvez tenha essa ilegitimidade contri-

SUPREMO TRIBUNAL FEDERAL: UMA APRESENTAÇÃO NECESSÁRIA   121

buído em muito para a tomada de malfadadas posturas, principalmente no período há pouco mencionado. Ou conseqüência da forma como ingressam nos respectivos cargos o Procurador-Geral da República e os Ministros do STF, através de nomeação pelo Presidente da República e aquiescência do Senado Federal (critério político).

Na quase totalidade dos casos, a injustiça *não é da lei, mas da interpretação*[98] dada pelo aplicador da norma, da conferida pelo Tribunal. E, deste modo, rui por terra o último reduto capaz de legitimar o STF em suas decisões. Sim, pois as outras instâncias legitimadoras (v. páginas anteriores) inexistem ou inoperam no ordenamento brasileiro. Sem a justiça da decisão, portanto, não se pode falar em legitimação. Mais: sem a explicitação e transparência das motivações do julgamento não há se falar em legitimidade decisória. E quando, em grandes causas, em outros feitos, o STF tem resgatado a justiça, nem assim, por si só, ele resgata a legitimidade, exatamente porque não satisfaz aos demais *testes*, sobremodo quando desatende aos fundamentos da República Federativa e do Estado Democrático de Direito. Por vezes, a decisão, sob este critério, torna-se até legítima, mas deixa a descoberto as instâncias da "forma de ingresso dos membros da Corte" e da "possibilidade de controle eficaz de seus atos". Então, o órgão, em si, continua ilegítimo.

Portanto, sem atender a todos os testes de legitimidade (as *instâncias*, de que se tratou neste tópico), não se pode ter por legítimo o STF, apesar da sua conformação legal e constitucional.

No final do próximo capítulo, após abordar o tema das Cortes Constitucionais, apresentar-se-á, sucintamente, sugestão da forma de ingresso no STF, sendo este transformado em Corte Constitucional. De logo, no entanto, adianta-se que as dificuldades em apresentar a sugestão são muitas, até mesmo porque não há sistemas perfeitos e, ainda, porque, no Brasil, a mudança na forma de ingresso nos tribunais não é, por si só, capaz de mudar todo o Judiciário nem os próprios posicionamentos da Corte. É que, ao lado deste aspecto, penetram outros, como o problema ético, a sensibilidade social e o volume de processos levados a julgamento diuturnamente. De toda forma, pretende-se contribuir com sugestões que possam minimizar essas dificuldades.

---

98. Hart, *O Conceito de Direito*, pp. 174.

Capítulo 3
FUNDAMENTOS PARA UMA CORTE CONSTITUCIONAL. O EXEMPLO ALEMÃO

Há excesso de atribuições conferidas ao STF?
O volume de processos prejudica o trabalho do STF?
O Brasil precisa de uma Corte Constitucional?
Qual a experiência de outros países
sobre Corte Constitucional?
Havendo uma Corte Constitucional no Brasil, como seria
a sua composição e a forma de acesso pelos seus integrantes?

1. Situamento prévio. 2. STF: natureza, dificuldades e fundamentos para uma Corte Constitucional. 3. Cortes Constitucionais nas Constituições estrangeiras. 4. O Tribunal Constitucional Federal da Alemanha ("Bundesverfassungsgericht"): 4.1 Composição do Tribunal; 4.2 Jurisdição constitucional e competência do "Bundesverfassungsgericht"; 4.3 O "Bundesverfassungsgericht" e o STF. Os números e a visão desses Tribunais. 5. Proposta de composição de uma Corte Constitucional no Brasil.

1. Situamento prévio

Tratou-se, no capítulo anterior, da composição, competência, importância, função política e ilegitimidade do Supremo Tribunal Federal. Esta ilegitimidade é decorrência de o órgão não conseguir superar os *testes de legitimidade*, as instâncias aplicadas ao Judiciário para defini-lo como legítimo ou ilegítimo. Especificamente no caso das decisões judiciais, salientou-se que a causa principal se encontra no descompasso decisório entre o STF e as aspirações da sociedade, para quem julga.

Luís Roberto Barroso atribui a redução da importância do papel do Supremo Tribunal em momentos graves à crônica desatenção com a sua composição na experiência constitucional brasileira. Para o Autor, a fal-

FUNDAMENTOS PARA UMA CORTE CONSTITUCIONAL. O EXEMPLO ALEMÃO 123

ta de lastro representativo, de deferência institucional e de autoridade política efetiva tem impedido que a Corte, pela concretização afirmativa dos grandes princípios constitucionais, seja o árbitro das crises políticas. "É por esse vácuo de poder que, nos momentos de incerteza, cresce e se desvirtua o papel das Forças Armadas". E finaliza propondo o fortalecimento de uma Corte Constitucional, com autoridade institucional e sapiência para utilizá-la na solução de conflitos entre os Poderes ou entre estes e a sociedade (com sensibilidade política, o que pode significar, conforme o caso, prudência ou ousadia); "é a salvação da Constituição e o antídoto contra golpes de Estado".[1]

Analisem-se, agora, os balizamentos para uma Corte Constitucional no Brasil, começando pela natureza e dificuldades do Supremo Tribunal Federal.

2. STF: natureza, dificuldades e fundamentos para uma Corte Constitucional

Sem dúvida alguma, o STF é um órgão constitucional, que pontifica o Judiciário brasileiro. Luís Afonso Heck, recorrendo à doutrina alemã, aponta ser preciso para a caracterização de *órgão constitucional* que: *a)* a sua instituição se dê por meio da própria Constituição; *b)* as suas competências estejam estabelecidas na Constituição; e *c)* compartilhe, em forma decisiva, da formação política global do Estado.[2]

O Supremo Tribunal Federal relaciona-se diretamente com os outros órgãos constitucionais, tribunais e autoridades do mais alto escalão do Governo, sem a intermediação de Ministérios nem de autoridades, o que demonstra a sua natureza de órgão constitucional, pelos critérios *supra*, inserido na estrutura do Poder Judiciário. Mas este caráter, apesar da redação do art. 102, CF, não o torna, por si só, *Corte Constitucional*.

1. Luís Roberto Barroso, "Dez Anos da Constituição de 1988 (foi bom para você também?)", *RTDP* 20/40. Em nota de rodapé, o mesmo Autor registra "o valioso empenho do Ministro Sepúlveda Pertence, quando presidente do STF, em dar visibilidade à Corte e difundir pela sociedade o debate sobre o papel institucional do Poder Judiciário. Não é irrelevante a constatação de que foi ele o primeiro Ministro que chegou ao Supremo após a promulgação da Constituição de 1988 a assumir-lhe a presidência" (cit., p. 40, nota n. 14).
2. *O Tribunal Constitucional Federal e o Desenvolvimento dos Princípios Constitucionais*, p. 102.

124 O SUPREMO TRIBUNAL FEDERAL NA CRISE INSTITUCIONAL BRASILEIRA

Observa-se, mesmo, que a maioria dos processos submetidos ao STF tem natureza individual (recursos extraordinários, agravos, embargos declaratórios, reclamações etc.). As ações sobre controle de constitucionalidade (em tese), os conflitos interorgânicos, as questões federativas, o disciplinamento dos poderes, são em escala infinitamente inferior. Isto concorre para desnaturar a sua pretendida natureza de *Corte Constitucional*, apesar de a CF/1988 ter dado um passo adiante quando delimitou a sua competência às matérias constitucionais, deixando para os demais tribunais o apreciamento das questões de legalidade estrita, sobremodo com a criação do Superior Tribunal de Justiça (STJ).

Quando se fala propriamente em *justiça constitucional* ou em *Tribunal Constitucional*, pretende-se abranger tão-somente os tribunais que, de forma específica, são criados para apreciar e julgar autonomamente dois tipos de questões: a) o controle abstrato de constitucionalidade de atos normativos; e b) os litígios interorgânicos,[3] entre órgãos e autoridades estatais, e entre unidades políticas. Por exceção, certas questões de cunho individual são de sua alçada quando o conflito disser respeito ao âmago do próprio sistema constitucional, como determinadas liberdades públicas imprescindíveis à organicidade do próprio Estado, verificáveis em cada caso concreto.

Baseados em Constituições estrangeiras, sobretudo no modelo alemão, vários estudiosos brasileiros propõem a criação de uma *Corte Constitucional*. Willis Santiago Guerra Filho, p. ex., defende a instituição de um Tribunal Constitucional com funções judicantes e, também, "explicitamente, política, para servir de árbitro das grandes questões sociais, a serem resolvidas num sentido que realize o comando superior da Constituição brasileira: o estabelecimento de um Estado Democrático de Direito".[4]

O STF, segundo Paulo Bonavides, não tem condições práticas de analisar as grandes questões constitucionais que lhe são submetidas diuturnamente, em razão do excesso de competência que a CF/1988 lhe conferiu. Dito constitucionalista imputa a crise e a instabilidade (ou ingovernabilidade) do Brasil ao desrespeito à CF, e aponta a causa da crise constituinte à desobediência da Constituição, desobediência esta que não encontra no controle de constitucionalidade o suficiente remédio para as lesões normativas e

---

3. "Canotilho, Jurisdição Constitucional e Intranqüilidade Discursiva", in Jorge Miranda (Org.), *Perspectivas Constitucionais – Nos 20 Anos da Constituição de 1976*, vol. I, p. 877.

4. Willis Santiago Guerra Filho, *Teoria Processual da Constituição*, p. 102.

FUNDAMENTOS PARA UMA CORTE CONSTITUCIONAL. O EXEMPLO ALEMÃO 125

para o arbítrio dos governantes. Para ele, a frouxidão e as omissões nesse controle, por parte do STF, constituem elemento agravante da crise, induzindo preconizar-se a instituição de um Tribunal Constitucional, cuja tarefa única "seria proteger a Lei Maior, segundo o modelo austríaco, tão propagado na Europa e na América Latina, depois da Segunda Grande Guerra". A seu ver, esse tribunal teria aumentada sua independência, afirmação e eficácia, mediante a atribuição, "no palco das instituições de soberania, caráter de poder supralegislativo, suprajudiciário e supra-executivo; enfim, aquela espécie de poder moderador incumbido do nobre encargo de reconduzir os demais Poderes ao respeito da Constituição, e fazê-los assim concretizar a juridicidade da democracia e da liberdade".[5]

Efetivamente, o alarmante número de processos no STF inviabiliza-o como Corte Constitucional.

Em seu discurso de posse na Presidência do STF (1997-1999), o Min. Celso de Mello mostrara-se apreensivo com o volume de feitos existentes e constantemente remetidos aos integrantes da Corte. Depois, apresentou dados de que, até 17.12.1998, seriam julgados 51.086 processos, e anunciava distribuição de outros 50.263.

Analisando a estatística disponibilizada pelo STF na *internet*, em janeiro de 2007 (www.stf.gov.br), constatou-se que em 1999 o número de processos superou as expectativas. De lá para cá, a situação tem-se agravado. Veja-se o ano judiciário de 2006:

Tabela 1: **Julgamentos do STF (2006)**

Movimentação (Ano: 2006)	Total
a) Processos recebidos	127.535
b) Processos distribuídos	116.216
c) Julgamentos	110.284
d) Acórdãos publicados	11.421
e) Homologação de Desistência	13.762
f) Julgamento Mérito e Homologação (c + e)	124.046

Fonte: Biblioteca do STF, Relatórios Anuais (BNDPJ) / Dados coletados em 14.1.2007.
"Processos julgados" englobam *Decisões Monocráticas* e *Decisões Colegiadas*.
Apenas as *Decisões Colegiadas* resultam em *Publicação de Acórdãos*.

---

5. Paulo Bonavides, *Do País Constitucional ao País Neocolonial – A Derrubada da Constituição e a Recolonização pelo Golpe de Estado Institucional*, pp. 42-43.

126 O SUPREMO TRIBUNAL FEDERAL NA CRISE INSTITUCIONAL BRASILEIRA

Tabela 2: Processos Julgados pelo STF (1º.1 a 20.12.2006)

Distribuídos	Julgamentos			
	Pleno	Turmas	Despachos	Total
116.197	546	9.907	33.748	44.201

Fonte: Biblioteca do STF, Relatórios Anuais (BNDPJ), 2007.
Auxílio da Assessoria de Gestão Estratégica do STF.
- *Total de julgamentos* abrange distribuições anteriores e substituições.
- Durante o *recesso forense*, responde pelo STF o seu Presidente, inclusive quanto às liminares e despachos de urgência.

Tabela 3: Sessões de Julgamento do STF (2006)

	Pleno	1ª Turma	2ª Turma	
Sessões ordinárias	37	36	38	
Sessões extraordinárias	39	05	02	
Total	76	41	40	Total geral: 157

Fonte: Biblioteca do STF, Relatórios Anuais (BNDPJ), 2007.
Auxílio da Assessoria de Gestão Estratégica do STF.

Das tabelas apresentadas, tem-se que, no total, o STF realizou 157 (cento e cinqüenta e sete) sessões, julgando colegiadamente ao todo (Pleno + Turmas) 10.453 feitos (Tabela 2), do que resulta uma média de 66,57 processos por sessão (Tabela 3, ano 2006). Considerando que, em geral, as sessões têm duração de quatro horas (das 13:30h às 17:30h – art. 123, RI-STF), conclui-se ter o órgão julgado, por cada hora, 16,64 processos; ou seja, levou 3,6 minutos para julgar cada processo. Na contagem destes parcos minutos, não se mensurou o tempo das sustentações na tribuna pelos advogados, eventuais atrasos e incidentes naturais dos órgãos colegiados, as discussões que ensejam determinados pronunciamentos, o pregão etc. Computando-se estas intempéries, por certo o pequeno período para julgamento de cada processo ficará reduzido a quase nada; a pouco mais do pregão...

Ou seja: com este tempo de julgamento, tem-se um arremedo de apreciação da causa, pois 3,6 minutos mal bastam para se relatar os feitos mais simples, de matérias repetidas, a respeito das quais a Corte já pacificou o entendimento. Consumirão o tempo: a chamada do pro-

FUNDAMENTOS PARA UMA CORTE CONSTITUCIONAL. O EXEMPLO ALEMÃO 127

cesso (pregão), sua especificação minudente (número, nome das partes, Ministro Relator), o anúncio da matéria, a invocação de precedente, a coleta dos votos e o resumo da conclusão do colegiado ao Secretário do órgão. Depois, por mais rápida e dinâmica que seja, a leitura do voto do Ministro fica comprometida em sua qualidade. A discussão das grandes questões (sociais, econômicas, políticas, federativas, de controle de constitucionalidade etc.), das matérias mais complexas, acabam prejudicadas.[6] A TV Justiça mostra exatamente esta deficiência nos julgamentos do STF, oportunidade em que se percebe que o Tribunal dá ênfase a algumas questões, mas nem sempre de modo ideal. A ênfase a alguns processos obviamente reduz o diminuto tempo de outros.

O número de processos distribuídos e julgados pelo STF é alarmante, em especial considerando-se que: *a)* o Ministro Presidente está excluído da distribuição e, eventualmente, o Vice-Presidente; *b)* a Corte não funciona judicialmente nos recessos (RI-STF, art. 78),[7] exceto quanto às liminares e despachos de urgência, pelo seu Presidente, isto é, nos períodos de 20 a 31 de dezembro, e nos meses de janeiro e julho (totalizando 73 dias); e *c)* o Tribunal não funciona nos domingos e sábados (84 dias) e feriados, totalizando cerca de 90 dias. Isto é, restam apenas em torno de 203 (duzentos e três) dias úteis, sem contar licenças médicas, afastamentos (viagens, congressos, representações da Corte em solenidades), férias (RI-STF, art. 78; LC 35/1979, art. 66) etc., dos Ministros.

De sua vez, computando-se o número de feitos julgados por cada Turma e pelo Pleno (Tabela 2), tem-se que cada Ministro julgou, em média, 1.045,3 processos, em 2006,[8] sem contar os despachos de gabinete e as liminares em geral. Isto dá uma média de 5,14 processos analisados por dia útil, por cada Ministro.[9] Somando-se os julgamentos

6. À mesma conclusão, aliás de forma mais agravada, chegou o Min. Ives Gandra Martins Filho, a propósito do Tribunal Superior do Trabalho. Pelos seus cálculos, o TST leva somente 48 (quarenta e oito) segundos para julgar cada processo, em sessão ("A Justiça do Trabalho do Ano 2000: as Leis 9.756/1988, 9.957 e 9.958/2000, a Emenda Constitucional 24/1999 e a Reforma do Judiciário", *Revista Jurídica Virtual* 8/14).
7. A EC 45/2004 não conseguiu acabar com o recesso coletivo nos Tribunais Superiores e no Supremo.
8. Cálculo: 546 procs. (Pleno) + 9.907 procs. (Turmas) = 10.453. Dividido por 10, dos 11 Ministros (pois o Presidente não recebe distribuição), tem-se: 1.045,3 processos por Ministro. Computando-se os processos em que cada Ministro funciona como Revisor, este número praticamente passa a ser o dobro.
9. Considerando 2006 com 203 dias úteis (número aproximado).

128 O SUPREMO TRIBUNAL FEDERAL NA CRISE INSTITUCIONAL BRASILEIRA

colegiados e monocráticos, para abranger as decisões liminares, com certeza este número será alarmante, devendo subir para cerca de umas 20 manifestações diárias, em média, por cada Ministro. E ainda há os despachos, providências acautelatórias, medidas administrativas etc.

É certo que o ano de 2006 registrou uma queda no número de processos do STF, comparativamente à aceleração pela qual vinha o órgão passando nos anos anteriores. Mas longe está, ainda, de atingir patamar pelo menos razoável.

Sustentou-se, há pouco, a predominância de feitos de índole individual submetidos ao STF, onde, *e.g.*, as ações sobre controle de constitucionalidade são em escala numérica infinitamente inferior. Isto contribui para desnaturar a sua pretendida natureza de *Corte Constitucional*. Os números alarmantes, acima, disseminam-se entre processos de dimensão metaindividual, político, típicos de *jurisdição constitucional*; e de cunho individual, particular, o que não lhes retira a complexidade processual e jurídica, embora seu interesse geral para a sociedade seja mínimo. Afinal, há feitos individuais cuja problematização jurídica é deveras complexa, exigindo um atencioso debruçar do julgador, embora sua natureza alheie-se à *jurisdição constitucional* propriamente dita.

Em matéria intitulada "Casos 'pitorescos' ajudam a lotar o Supremo", o jornal *Folha de São Paulo* inicia com a seguinte chamada: "Ministros da mais alta corte da Justiça brasileira julgam conflitos individuais que vão de canelada na sogra a queixa de miss". Em seguida, apresenta uma página inteira de casos que ora se resumem assim:

"1) Em novembro de 2004, chegou ao STF o caso de um funcionário público de Goiás acusado de ter atirado em um papagaio, depredado carros, matado uma cadela prenha e demarcado a rua sem autorização do DETRAN; 2) o comerciante A. R. P. tentou no STF a reversão de sua pena por haver dado uma vassourada em uma senhora, concorrente no ramo do comércio; 3) a causa de F. R. M. foi parar no STF por haver furtado uma bicicleta, avaliada em R$ 60,00; 4) hipótese semelhante aconteceu com o réu C. S., em agosto de 2004, acusado de ter roubado um boné; 5) uma candidata a miss Rio Grande do Sul, que ficou em segundo lugar, recorreu ao STF alegando que a vencedora tinha idade inferior ao previsto no regulamento; 6) por fim, a esperada história da sogra, caro leitor, ocorreu em decisão da 1ª Turma do STF, em março de 2004, só porque o réu F. J. P. N. deu uma 'canelada' na sogra, atingindo sua perna direita."[10]

---

10. Jornal *Folha de S. Paulo*, Caderno Cotidiano, de 23.10.2006, p. C4.

FUNDAMENTOS PARA UMA CORTE CONSTITUCIONAL. O EXEMPLO ALEMÃO 129

Muitos desses processos de cunho particular poderiam quedar-se, no máximo, na apreciação dos Tribunais Superiores, o que, reversamente, ensejaria mais tempo para o Supremo Tribunal analisar com maior profundidade os feitos de interesse da nação, da sociedade, do regime político, da economia nacional.

Consultando as obras de Antônio Joaquim Ferreira Custódio[11] e Osório Silva Barbosa Sobrinho[12], a *internet*, a **Revista Trimestral de Jurisprudência**, a **LEX-Jurisprudência do STF**, e outros repositórios autorizados de jurisprudência, atenta-se para a repetição de várias questões corriqueiramente submetidas ao STF que, por seu conteúdo meramente individual e de quase nenhuma expressividade metaindividual ou repercussão para a nação, poderiam muito bem ter findado em instâncias anteriores, máxime nos Tribunais Superiores. Dentre estes assuntos corriqueiros, repetidos, individuais e alheios à jurisdição propriamente constitucional, exemplifica-se, com algumas decisões proferidas na vigência da CF/1988, salientando que eles se multiplicam às centenas no STF:

"1) revisão de aposentadoria individual de servidor público: STF, 2ª T., RMS 21.834-DF, Min. Maurício Corrêa;

"2) falta de pagamento de vencimentos a determinado servidor pela entidade pública: STF, 1ª T., RMS 23.226-DF, Min. Octávio Gallotti;

"3) gratificação ou vantagens individuais a servidor: STF, 2ª T., RMS 23.363-DF, Min. Maurício Corrêa;

"4) **Habeas corpus** e Recurso em **habeas corpus** de natureza individual, sobretudo de decisões dos Tribunais de Justiça, sem repercussão pública: STF, 1ª T., HC 74.330, Min. Celso de Mello; STF, 1ª T., HC 74.661-RS, Min. Celso de Mello; STF, 2ª T., RHC 78.951-DF, Min. Carlos Velloso;

"5) a maioria dos Recursos Extraordinários, como 'desconto de parcela salarial de trabalhador privado' (STF, 1ª T., RE 109.450-RJ, Min. Sydney Sanches, **RTJ** 170.289), 'vale-refeição a aposentado' (STF, 1ª T., RE 237.300-RS, Min. Moreira Alves, **RTJ** 170/725); 'expulsão de 'praça' da Polícia Militar' (STF, 1ª T., RE 184.727-1-MG, Min. Octávio Gallotti, **LEX-JSTF** 211/280); pensão por morte de servidor (STF, 1ª T., RE 211.545-RS, Min. Celso de

---

11. Antônio Joaquim Ferreira Custódio, *Constituição Federal Interpretada pelo STF, passim.*
12. Osório Silva Barbosa Sobrinho, *Constituição Federal Vista pelo STF, passim.*

130   O SUPREMO TRIBUNAL FEDERAL NA CRISE INSTITUCIONAL BRASILEIRA

Mello, *RTJ* 170/695) e exclusão de companheira de servidor, da pensão (STF, Pleno, MS 21.449-0-SP, Min. Octávio Gallotti, *JSTF* 207/83);[13]
"6) oficial das Forças Armadas que passa para a reserva remunerada: STF, 1ª T., RMS 22.653-DF, Min. Sydney Sanches;
"7) testamento particular: STF, Pleno, AR 1.146-SP, Min. Celso de Mello, *RTJ* 169/857;
"8) Recursos e Agravos de Instrumento de decisões de Colégio Recursal de Juizado Especial: STF, Pleno, Recl 1.051-ES, Min. Sepúlveda Pertence;[14]
"9) remuneração de 1/3 (um terço) de férias de determinado juiz: STF, 1ª T., AOrig. (AgRg) 465-9-RS, Min. Celso de Mello, *DJU* 25.4.1997."

As estatísticas divulgadas pelo STF na *internet* esclarecem que mais de 90% dos processos distribuídos, em 2006, ao órgão, resumiam-se em recursos extraordinários e Agravos (www.stf.gov.br). Citam-se alguns números, na forma das Tabelas abaixo:

Tabela 4: Processos do STF (2006)

Classe processual	Registrados	Distribuídos	Julgados
Ação Cível Originária	—	133	36
Ação Declarat. Constitucionalidade	—	3	—
Ação Direta de Inconstitucionalidade	—	192	240
Ação Originária	—	45	68
Ação Penal	—	15	23
Ação Rescisória	—	57	23
Agravo de Instrumento	1.272	56.141	57.152
Conflito de Competência	—	171	92
Habeas Corpus	—	2.348	3.209
Argüição Descump. Prec. Fundamen.	—	20	22

(continua)

13. Algumas questões corriqueiras (como a última, sobre pensão de companheira de servidor), vão parar no STF apenas porque a originou decisão administrativa do TCU. Vale dizer, por sua natureza não é pertinente propriamente à *jurisdição constitucional*.
14. O STF consagrou a interposição de Recurso Extraordinário dos Colégios Recursais dos Juizados Especiais: STF, Pleno, Recl 525-9-SP, Min. Carlos Velloso, j. 25.4.1996, *LEX-JSTF* 216/199.

FUNDAMENTOS PARA UMA CORTE CONSTITUCIONAL. O EXEMPLO ALEMÃO 131

Classe processual	Registrados	Distribuídos	Julgados
Inquérito	—	164	162
Intervenção Federal	81	—	109
Mandado de Injunção	—	17	17
Mandado de Segurança	—	444	581
Reclamação	7	837	906
Recurso Extraordinário	—	54.575	45.588
Suspensão de Segurança	199	—	291

Fonte: BNDPJ, Secretaria de Estatística do STF. Dados coletados em 14.1.2007.
OBS.: Não estão incluídas, nesta Tabela, todas as categorias processuais indicadas pelo BNDPJ, por pouco influírem para a sustentação deste autor, considerando a sua ínfima participação numérica.

Tabela 5: Percentual de Agravos e Recursos Extraordinários Distribuídos, em Relação aos demais Processos do STF, entre 2004-2006

Ano	Total de Processos Distrib.	AG	% AG / Relação Processos Distrib.	RE	% RE / Relação Processos Distrib.	Soma (RE + AG)	% AG + RE / Relação de Procs. Distrib.
2004	69.171	38.938	56,3	26.540	38,4	65.478	94,7
2005	79.577	44.691	56,2	29.483	37	74.174	93.2
2006	116.216	56.141	48,3	54.575	47	110.716	95,3

Fonte: BNDPJ, Secretaria de Estatística do STF. Dados coletados em 14.1.2007.
OBS.: Não estão incluídas, nesta Tabela, todas as categorias processuais indicadas pelo BNDPJ, por pouco influírem para a sustentação deste autor, considerando a sua ínfima participação numérica.

Em suma: o controle abstrato de constitucionalidade de normas, as questões jurídico-políticas, os conflitos entre unidades da Federação, restam em pequena quantidade no STF, comparativamente a outras classes processuais, cujos feitos abundam assustadoramente e, só raramente, apresentam conteúdo pertinente aos interesses mais genéricos da nação ou às bases do constitucionalismo brasileiro, em seus fundamentos, princípios e objetivos. Na Tabela 4, p. ex., registram-se distribuídos 56.141 agravos de instrumento contra 445 ações originárias (as seis primeiras linhas), 2.348 *habeas corpus*, 20 argüições de descumprimento de preceito fundamental, 444 mandados de segurança e 17 mandados de injunção. O total destas ações distribuídas (4.446) chega apenas a 7,77% do volume de agravos de instrumento, cuja matéria é, acima de tudo, processual/procedimental, antes mesmo de ser essencialmente constitucional. Estas mesmas ações correspondem a 9,75% do volume dos recursos extraordinários; e representam apenas 4,14% de todas as categorias de processos mencionados na Tabela 4. Os demais feitos que constam da estatística do STF só robustece a tese que ora se sustenta.

E isto porque as leis brasileiras têm média de inconstitucionalidade de 41%, conforme divulgaram o site *Consultor Jurídico* e a revista *Exame*, cujos números foram obtidos a partir de decisões do STF ao examinar as leis federais, estaduais e atos normativos dos tribunais brasileiros. O trabalho foi de iniciativa do Fórum Nacional de Comunicação e Justiça (FNCJ), que realizou o *Dia da Cidadania*, em 5.10.2004.

Conforme noticiado pela revista *Exame*, edição de 7.10.2004, o mais surpreendente é o índice de inconstitucionalidade dos atos emitidos pelos tribunais: de cada 100 normas editadas por suas cúpulas, 56 são revogadas pelo STF, ante o vício da inconstitucionalidade. No Tribunal de Justiça de São Paulo, constatou-se que 82% das leis municipais do Estado são inconstitucionais. Índice este que é de 77% em Minas Gerais. E a notícia esclarece que, de cada 100 leis e atos normativos analisados pelo STF, 41% são considerados inconstitucionais, distribuídos da seguinte maneira:

- 82% das leis municipais editadas pelo Estado de São Paulo (ano 2003);
- 77% das leis municipais de Minas Gerais (ano 2004);
- 56% dos atos dos Tribunais do País;
- 51% das leis dos Estados brasileiros;
- 19% das leis saídas do Congresso Nacional e da Presidência da República.[15]

O *ranking* da inconstitucionalidade brasileira, em 2004, estava assim:

---

15. Revista *Exame*, edição de 7.10.2004.

FUNDAMENTOS PARA UMA CORTE CONSTITUCIONAL. O EXEMPLO ALEMÃO 133

Quadro demonstrativo:

Normas	Qtde.	Inconst.	%	Constit.	%	Prejudicada	%
Municipais	17	14	82,4	0	0,0	3	17,6
Tribunais	78	44	56,4	3	3,8	31	39,7
Estaduais	1.461	751	51,4	142	9,7	568	38,9
Federais	720	134	18,6	152	21,1	434	60,3

Causa espécie o que ocorre nos Tribunais, encarregados de aplicarem o Direito e julgarem ações de inconstitucionalidade – sim, pois os Tribunais de Justiça têm esta competência. E, no entanto, são estes mesmos tribunais que despontam no *ranking* de inconstitucionalidade (56%)!

Com tamanho volume de normas inconstitucionais, num percentual altíssimo, a revelar o reiterado comportamento inconstitucional dos Poderes constituídos, o STF precisa de condições para apreciar adequadamente ditas matérias e combater os atos espúrios, que maculam a Constituição.

A condição atual inviabiliza o STF de prestar sua verdadeira tutela constitucional, residindo no volumoso número de processos uma das grandes causas desta *ausência pretoriana*. Tanto o número de apreciações diárias por cada Ministro (acima de 5 processos, sem contar as decisões monocráticas), quanto o tempo despendido nas sessões de julgamento (3,6 minutos, por cada feito), impossibilitam uma análise verticalmente justa, prudente, humanista, serena e prospectiva de grandes questões submetidas ao órgão, *v.g.*, a política econômica do País, o *impeachment* do governante, as relações entre os poderes (autonomia e harmonia), a invasão na propriedade dos cidadãos (genericamente), o estado de sítio, as relações internacionais, os conflitos interorgânicos etc. Tais questões, senão a própria vida e o destino da nação, não podem ser decididos em pouco mais de três minutos.

O excesso de trabalho acarreta, de logo, o retardamento na apreciação de outras demandas. Importa citar que muitos acórdãos do STF demoram meses para ser redigidos e publicados, em prejuízo do cidadão.[16]

---

16. Há um caso peculiarmente moroso, o do HC 69.298: o STF o julgou em 9.6.1992; no entanto, o acórdão só foi publicado em 15.12.2006 (14 anos depois).

134   O SUPREMO TRIBUNAL FEDERAL NA CRISE INSTITUCIONAL BRASILEIRA

No controle concentrado de constitucionalidade, a nação já se acostumou com as liminares-definitivas: quando a Corte concede ou nega a liminar, perde-se de vista o julgamento do mérito, em razão do demasiado tempo para o complemento da tutela jurisdicional tão esperada.

O problema dos números acima, com certeza, não é a única razão de julgamentos socialmente desastrosos do STF. Mas é um dos principais responsáveis, ao lado, sobremaneira, da correlacionada *miopia jurídico-social* e da forma de ingresso de seus membros no órgão.

· Isto tudo exige análise da crise do Judiciário, o que será feito sucintamente em tópico próprio, mais adiante.

De todo modo, por ser conveniente a esta oportunidade, volta-se a invocar-se Paulo Bonavides, o qual afirma categoricamente que a crise do Judiciário é destacadamente uma crise de visão jurídica. A estruturação material do Judiciário não resolve o problema da crise, porquanto esta é de visão, de ética, de aplicação do Direito, de omissão, de inobservância aos preceitos e princípios constitucionais. "A fragilidade do controle jurisdicional, ao ensejo do exame das questões constitucionais de teor político, patenteia, por conseqüência, o dissídio do Judiciário com as aspirações da Sociedade e da Nação. De tal sorte que o discurso, tanto de quem julga como de quem governa, já não corresponde aos anseios da coletividade nacional".[17]

Como superação dessa crise na aplicação da Constituição Federal, no pertinente ao papel do STF, o Autor enuncia que a inconstitucionalidade material é a que os tribunais menos consideram e examinam quando chamados a cumprir seu dever constitucional de proteção dos Poderes e dos direitos fundamentais. Isto demonstra, ainda no entender de Paulo Bonavides, que o STF, a rigor, não assume a função de Corte Constitucional na sua plenitude, qual deveria fazê-lo por mandamento da CF/1988. O Tribunal deixa, portanto, "um espaço vazio onde não atua. Aí, o Executivo, desimpedido de freios, é o senhor das nossas liberdades, dos nossos direitos, das nossas franquias".[18]

Na lição do Jurista, a inconstitucionalidade material corrói e invalida a Carta Magna ao esbarrar na omissão de juízes refratários ao reconheci-

---

Fonte: www.stf.gov.br/processos, acessado em 17.1.2007. Enquanto não publicado o acórdão, a decisão nele consubstanciada não pode ser cumprida.
17. Paulo Bonavides, *Do País Constitucional...*, cit., p. 120.
18. Idem, ibidem.

FUNDAMENTOS PARA UMA CORTE CONSTITUCIONAL. O EXEMPLO ALEMÃO 135

mento e utilização desse conceito em instâncias jurisdicionais de controle de constitucionalidade. "Abraçado à escusa da natureza política das questões, é deveras freqüente a ausência, a inércia, a deserção, marcarem a posição do tribunal" cujo múnus jurídico é "salvaguardar a ordem constitucional quando ameaçada em seus princípios, fundamentos e valores".[19]

Uma das causas dessa *miopia jurídica*, tomando o STF como exemplo, é o excessivo número de processos. De fato, quem prolata 25 decisões por dia, *v.g.*, não tem condições de julgar com a natural qualidade, não dispõe de margem de tempo bastante para pensar e racionalizar sobre qual critério de justiça deve orientar o caso concreto, mesmo quando domine as técnicas de leitura dinâmica. É humanamente impossível, profundamente desgastante e institucionalmente arriscado. Isto sem se falar no principal objetivo da vida, que é vivê-la, ter tempo para a família, para os amigos, para o lazer, a cultura, o aperfeiçoamento etc. Respeitado o objetivo de vida de cada um, a ser traçado voluntariamente pelo próprio sujeito, não se pode exigir que o homem público viva só para o trabalho, perdendo seus anos e sua saúde. Um meio termo ressoa indispensável, entre o trabalho e as demais coisas que formam a vida, a própria existência digna e o sacerdócio.

Perante os julgamentos colegiados, o volumoso número de processos acaba tornando o veredicto praticamente monocrático, pois quando o Relator submete o feito a julgamento, não dispõe de tempo na sessão para ler detalhadamente o relatório e apresentar a matéria em toda sua extensão, o que acaba levando os demais membros da Corte a concordar com ele, confiando na sua palavra e na plausibilidade de acerto da sua conclusão. E, na pressa para julgar o maior número possível de ações e recursos, colocam-se em mesa pilhas de processos *por lote* ou *por bloco*, para obter uma decisão uniforme (e única), novamente prejudicando a qualidade do julgamento, eis que, ao lado da pretensamente "comum matéria de fundo", passam despercebidas algumas outras questões de certos feitos, sobretudo de índole processual. No noticiário eletrônico do STF (www.stf.gov.br/noticias/imprensa/ultimas, acessado em 8.2.2007), havia a seguinte informação:

"STF, 7.2.2007 – 20:10 – *Plenário julga nesta quinta-feira 4.909 processos de pensão por morte:* (...).

19. Idem, ibidem.

136 O SUPREMO TRIBUNAL FEDERAL NA CRISE INSTITUCIONAL BRASILEIRA

"O Supremo Tribunal Federal retoma, na sessão plenária de amanhã (8), o julgamento dos Recursos Extraordinários (REs 416.827 e 415.454) que discutem a constitucionalidade do pagamento integral das pensões por morte concedidas antes de 1995. O fato inédito é que a decisão a ser tomada pelo Supremo nesses dois REs será adotada, na mesma sessão, em 4.909 processos idênticos de beneficiários que pleiteiam o direito à pensão integral.

"A análise conjunta de causas significa agilidade na tramitação, uma vez que decisões monocráticas podem gerar mais recursos, levados ao plenário ou às turmas para novos julgamentos, multiplicando as etapas processuais. Trata-se de uma resposta rápida para os cidadãos, além de economia de tempo e de despesa para o tribunal, o que também se reverte em benefício aos jurisdicionados, ao permitir que a Corte se ocupe de outros processos.

"O julgamento de casos idênticos, em bloco, tornou-se possível após a alteração instituída no artigo 131 do Regimento Interno do STF. A emenda altera o tempo de sustentação oral, de 15 minutos para as causas normais, para 30 minutos nos casos de recursos idênticos ou causas conjuntas. Esse tempo será compartilhado entre os advogados presentes interessados na causa.

"O próximo caso de ações idênticas a serem analisadas pelo STF está previsto para o dia 28 de fevereiro, com a retomada do julgamento do RE 453.740, que discute juros de mora nas condenações impostas à Fazenda Pública para pagamento de verbas remuneratórias devidas a servidores e empregados públicos. A decisão nesse RE deverá abranger mais de 4 mil processos com tema idêntico no STF."

E esta outra notícia, extraída do site (STF), no mesmo dia da sua publicação:

"STF, 9.2.2007 – 19:39 – *Plenário julga 230 recursos de decisões da Presidência:*

"Por unanimidade, o Plenário do Supremo Tribunal Federal (STF), negou provimento a 230 agravos regimentais, julgados 'em conjunto' na tarde desta sexta-feira (9.2). Este julgamento em bloco visa a diminuir o número de processos distribuídos aos Ministros, filtrando os Agravos de Instrumento (AI) que não possuam as peças obrigatórias previstas no artigo 544, parágrafo 1º do Código de Processo Civil, e ainda, aqueles foram interpostos fora do prazo legal."

Mais uma, extraída da mesma fonte:

"2.3.2007 – 11:46 – *1ª Turma do STF julga 200 processos em sessão extraordinária:*

FUNDAMENTOS PARA UMA CORTE CONSTITUCIONAL. O EXEMPLO ALEMÃO   137

"A Primeira Turma do Supremo Tribunal Federal (STF) julgou na manhã desta sexta-feira (2.3), em reunião extraordinária, 200 processos. Presidida pelo ministro Sepúlveda Pertence, a Turma decidiu realizar a sessão para diminuir o acúmulo de demandas. A pauta, composta por listas de processos de relatoria dos ministros da Turma, tratavam basicamente de agravos e embargos. A medida se alinha ao esforço do STF em agilizar e desobstruir o julgamento de casos de menor complexidade."

Em 2006, através da Emenda Regimental 20, o Regimento Interno do STF foi modificado em seu art. 131, § 4º, para permitir este tipo de julgamento em bloco, consistente em apreciação por "temas" e não por "casos".[20] Com a alteração, estimou-se que a Corte julgaria 7.000 processos de uma só vez, em uma única sessão. Por aquela época, o STF havia se deparado com pesquisa segundo a qual apenas 45 temas em julgamento representavam mais de 60% dos processos em curso no Tribunal. O Supremo vinha trabalhando já com dois mecanismos que teriam acelerado seus julgamentos. Um deles era a pauta temática utilizada pelo Plenário da Corte. Por esta técnica, julgavam-se em seqüência na mesma sessão processos relacionados ao mesmo tema. Deste modo, *habeas corpus* e extradição estariam no mesmo bloco. Pelo segundo mecanismo as Turmas passaram a usar o sistema de listas, consistente em uma relação discriminada de casos que já tinham jurisprudência assentada, julgando, então, todos os processos em um só. São mecanismos "desesperados" para superar o volume de processos da Corte, julgando *no atacado*.

Estes trechos dispensam muitos comentários que se poderiam levantar no presente estudo. Os números alarmantes de processos julgados numa única sessão do Tribunal comprometem, de fato, a qualidade do julgamento.

As estatísticas do movimento processual perante o STF em 2006 (v. as tabelas apresentadas) demonstram o gigantismo da atividade da Corte. O alarmante número de processos submetidos a seu crivo sugere o trabalho sobre-humano de cada Ministro no cumprimento de seu dever de magistrado. Além dos feitos em que cada um funciona como Relator, ainda há aqueles de Revisão e vistas em gabinete (art. 23, RI-

---

20. A Emenda Regimental 20 foi aprovada pelos membros da corte nos autos do processo 326.783, em sessão administrativa realizada em 11.10.2006.

138   O SUPREMO TRIBUNAL FEDERAL NA CRISE INSTITUCIONAL BRASILEIRA

STF), há votos a preparar, liminares a apreciar, despachos a proferir, provas a examinar em autos robustos...

O Relatório de Atividades do STF (Biênio 2006/2008) apontou que o ano de 2007 apresentou um incremento de aproximadamente 42% no número de decisões proferidas em relação ao ano de 2006. O Relatório atribuiu este resultado, entre outros fatores, à gestão racionalizada das pautas de julgamento, com a utilização do "julgamento por blocos" em temas repetitivos, como os de pensão por morte, juros de mora, depósito prévio e outros.[21]

Nas grandes questões, a complexidade da matéria exige profundo conhecimento interdisciplinar do Direito, fina visão sócio-político-econômica e resistência às pressões do Governo, dos Partidos, do empresariado, das entidades sindicais, da imprensa, dos *lobbies* em geral.

Luís Roberto Barroso critica o rol de matérias sujeitas ao STF, por força da CF/1988. Como são muitas as atribuições conferidas a este Tribunal, a Corte "debate-se em dezenas de milhares de feitos, que desviam a atenção dos Ministros das questões verdadeiramente constitucionais e relevantes", ao contrário das Cortes verdadeiramente constitucionais espalhadas pelo mundo, inclusive a Suprema Corte americana, inspiradora do modelo brasileiro, que apreciam algumas centenas de processos por ano.[22]

Entre o que seja realmente de grande importância e o que seja menos relevante para a nação, o STF acaba *tirando por cima* e apreciando tudo praticamente sob o mesmo pálio, sem se ater detidamente à largueza de sua decisão em questões de altíssima indagação e de grande repercussão social, política e econômica. Somente quando as forças antagônicas no processo são mais ou menos equivalentes em seu imenso poder político-econômico é que o STF, pressionado por todos os lados, debruça-se com muito mais atenção sobre a causa, gerando as grandes discussões entre seus membros no julgamento. Boa parte dessas *grandes discussões* está narrada neste apanhado científico.

---

21. Cf. in: http://www.stf.gov.br/arquivo/cms/principalDestaque/anexo/relat-2006a2008.pdf, pág. 29 (acessado em 17.08.2008).

22. Luís Roberto Barroso, "Dez Anos da Constituição de 1988 (foi bom para você também?)", *RTDP* 20/39-40.

FUNDAMENTOS PARA UMA CORTE CONSTITUCIONAL. O EXEMPLO ALEMÃO 139

Há anos, Oscar Dias Corrêa preocupava-se com tais assuntos e defendia a necessidade de se conscientizar o cidadão para só recorrer ao STF em situações extremamente inevitáveis. Sua lição, ainda atual, era no sentido de se convencerem os brasileiros de não ser o STF *terceira instância obrigatória*, à qual devam subir todos os feitos. As demandas normalmente se definem e decidem na instância ordinária. Por mais honroso que seja o STF, essa incontida **vocação** de tê-lo por juiz de todas as causas cria-lhe dificuldades que lhe desgastam a atuação e o prestígio, desviando-o da missão constitucional, que deve ser prevalecente e que por definição o é.[23] Hoje, ajunta-se reversamente, é imperioso *conscientizar o Poder Público a expedir menos normas inconstitucionais e a respeitar mais a Constituição.*

A razão principal de tanta demanda perante o STF reside na ofensa reiterada à CF pelas autoridades públicas. Logo, se o cidadão é culpado pelo abarrotamento das prateleiras da Suprema Corte brasileira, muito mais o é o Poder Público: na verdade, o primeiro exerce uma garantia constitucional (o direito de ação); o outro, violenta a Constituição. O sistema, como um todo, portanto, é que está errado.

O jornal *O Povo*, edição de 12.2.2007, referindo-se ao janeiro anterior, noticiou que "a efetiva extinção da Rede Ferroviária Federal (RFFSA), assinada pelo Presidente Luiz Inácio Lula da Silva no dia 22, esbarra num passivo trabalhista de R$ 7,5 bilhões e 38 mil ações de trabalhadores em 660 comarcas do País".[24] Estima-se que os processos de trabalhadores que reclamam perdas no FGTS, causadas por sucessivos planos econômicos, chegam à casa dos 600.000.[25] Como estes casos, muitos outros poderiam ser citados.

Na década de 1960, falava-se muito na **crise do STF**. A Emenda Constitucional 1/1969, atendendo a reclamos do próprio Supremo Tribunal Federal, atribuiu-lhe poderes para, no Regimento Interno da Cor-

---

23. Oscar Dias Corrêa, *A Crise da Constituição...*, cit., p. 92. O mesmo Autor invoca, neste sentido: Lourival Vilanova, "A Dimensão Política nas Funções do STF", *ArqMJ*, pp. 58 e ss.; Oswaldo Trigueiro do Vale, "O STF no Império e na República", *ArqMJ* 157/43-44; e Themístocles Cavalcanti, "O STF e a Constituição", *ArqMJ* 157/7.

24. *O Povo*, edição de 12.2.2007, Editorial Economia, p. 15.

25. Revista *Veja*, edição de 28.2.2007, p. 53.

140 O SUPREMO TRIBUNAL FEDERAL NA CRISE INSTITUCIONAL BRASILEIRA

te, indicar os recursos extraordinários das alíneas "a" e "d" que seriam julgados pelo Tribunal, conforme "à sua natureza, espécie e valor pecuniário" (art. 119, parágrafo único). O novo texto foi recebido como capaz de debelar a *crise do STF*, a ponto de levar um de seus membros (Min. Gonçalves Oliveira) a louvar a EC 1/1969 no particular.[26] No entanto, os anos seguintes demonstraram que a modificação não serviu efetivamente para superar a crise do STF.

Por força da EC 45/2004, a mesma possibilidade foi reaberta ao STF, conforme passou a dispôs o § 3º do art. 102, CF, *verbis*: "No recurso extraordinário o recorrente deverá demonstrar a repercussão geral das questões constitucionais discutidas no caso, nos termos da lei, a fim de que o Tribunal examine a admissão do recurso, somente podendo recusá-lo pela manifestação de dois terços de seus membros". Esta matéria foi regulamentada pela Lei 11.418, de 19.12.2006, que alterou o CPC (v. arts. 543-A e 543-B, CPC). Anteriormente, a CLT já cuidava deste assunto no âmbito do TST (art. 896-A, princípio da transcendência, no Recurso de Revista – MP 2.226/2001).[27]

Com esta alteração, o STF tende a reduzir o número de recursos extraordinários que efetivamente julgará, principalmente por força do § 5º do novel art. 543-A, CPC: "Negada a existência da repercussão geral, a decisão valerá para todos os recursos sobre matéria idêntica, que serão indeferidos liminarmente, salvo revisão da tese, tudo nos termos do Regimento Interno do Supremo Tribunal Federal". Dita modificação aproxima o STF do sistema de Cortes Constitucionais, criando um juízo prévio de delibação, como requisito inicial para o conhecimento do recurso. Isto se mostra muito mais sustentável juridicamente e mais adequado do que a chamada *súmula vinculante*.

José Ferreira de Freitas atribui o aumento da competência da Corte brasileira, nos últimos anos, em matéria de constitucionalidade, ao fato de a CF/1988 ter criado a elaboração de Leis Orgânicas Municipais.[28]

---

26. Cf. Aliomar Baleeiro, "O Supremo Tribunal Federal", cit., pp. 9-10.
27. CLT: "Art. 896-A. O Tribunal Superior do Trabalho, no recurso de revista, examinará previamente se a causa oferece transcendência com relação aos reflexos gerais de natureza econômica, política, social ou jurídica".
28. José Ferreira de Freitas, "O STF como Corte Constitucional", *Cadernos de Direito Constitucional e Ciência Política (Instituto Brasileiro de Direito Constitucional)* 5(19)/138.

FUNDAMENTOS PARA UMA CORTE CONSTITUCIONAL. O EXEMPLO ALEMÃO 141

Se, antes, cada Estado-membro elaborava a Lei Orgânica básica de seus municípios (algo em torno de 26), agora cada Município elaborará a sua (mais de cinco mil). Então, são mais de cinco mil novas leis a potencializar ação direta de inconstitucionalidade perante o Supremo Tribunal.

Entrementes, o próprio STF tem atraído para si questões que deveriam ser resolvidas no primeiro grau de jurisdição, a demonstrar a desconfiança na primeira instância. O exemplo maior, que ilustra esta afirmação, são as Reclamações constitucionais (Rcl) envolvendo ações trabalhistas ajuizadas contra entidades públicas, principalmente Municípios. A causa inicial é a aplicação do art. 114, I, da CF (EC 45/2004), referente à competência da Justiça do Trabalho para processar ações de servidores públicos em face da Administração Pública. Por meio de decisão liminar, confirmada em plenário, na ADI 3395-6-DF (Rel. Min. Cezar Peluso, em 5.4.2006), o STF excluiu da competência da Justiça do Trabalho o processamento de ações envolvendo servidores públicos estatutários ou submetidos a regime administrativo. Contudo, tornou-se praxe que a Administração Pública, quando acionada pelo Ministério Público do Trabalho (em ações civis públicas), ou por outro legitimado, conteste diretamente no STF a competência da Justiça do Trabalho, alegando, nas Reclamações Constitucionais, a autoridade da decisão proferida na ADI 3395-6-DF. E a Corte deferiu, inúmeras vezes, *inaudita altera parte*, liminares suspensivas do curso da ação, sem estabelecer o contraditório e, em algumas ocasiões, sem ter condições de precisar a verdadeira natureza do vínculo jurídico, isto é, se era estatutário ou não. Tal postura do STF estimulou a demanda à Corte, tornando-a instância primária de ações trabalhistas promovidas em todo o País em face da Administração Pública; passou a ser instância de contestação de ações trabalhistas, suprimindo instância.[29]

Conferir ao STF a natureza de Corte Constitucional implica *enxugar* a sua competência, o que só pode ocorrer alterando-se a Constitui-

---

29. Por todas: STF, Rcl 5.656-RJ, Rel. Min. Celso de Mello; Rcl 4.074-GO/MC, Rel. Min. Joaquim Barbosa; Rcl 4.104-GO/MC, Rel. Min. Joaquim Barbosa; Rcl 4.296-TO/MC, Rel. Min. Cezar Peluso; Rcl 4.466-GO/MC, Rel. Min. Joaquim Barbosa; Rcl 4.886-GO/MC, Rel. Min. Gimar Mendes; Rcl 4.912-GO/MC, Rel. Min. Carmen Lúcia; Rcl 4.989-GO/MC, Rel. Min. Carmen Lúcia; Rcl 4.990-PB/MC, Rel. Min. Gilmar Mendes; Rcl 5.254-PA/MC, Rel. Min. Cezar Peluso; Rcl 5.398-GO/MC, Rel. Min. Joaquim Barbosa.

142   O SUPREMO TRIBUNAL FEDERAL NA CRISE INSTITUCIONAL BRASILEIRA

ção Federal. O Supremo Tribunal não pode funcionar como quarta instância de toda e qualquer questão que possua reflexos constitucionais. Não é, aliás, com a decisão do STF que o espírito da parte vencida se acalma. Quem perde uma demanda ficará insatisfeito com todas as decisões contrárias; no máximo, resigna-se sob o martelo derradeiro. Esta última martelada pode ficar a cargo dos Tribunais Superiores em muitos casos.

Não basta, porém, *transformar* o STF em Corte Constitucional, mediante redução de processos e afunilamento da competência. Carece modificar-lhe a composição, a forma de ingresso de seus Ministros, a visão jurídica e extrajurídica. Sim, pois o presente apanhado demonstra que referido Tribunal tem pecado em suas decisões por *miopia social* (*data venia*). Assim, se seus membros permanecerem os mesmos de hoje, isto é, com o mesmo modo de pensar o Direito e de encarar as questões que lhes são levadas, quase nada será alterado. Quanto à forma de ingresso, é necessário criar-se mecanismo capaz de assegurar ao órgão isenção, descompromisso pessoal com quem indique membros à composição da Corte e maior engajamento com a sociedade. Deve ser rompido o *pacto de gratidão*, a *"inclinação da toga à favorança"*.[30] Urge, também, propiciar participação direta da sociedade na escolha de todos ou de alguns dos membros que comporão o órgão, ou, no mínimo, abrir à representação parlamentar e partidária o processo dessa escolha, retirando o monopólio do Executivo, no qual o Senado figura como mero coadjuvante ou órgão chancelador.

3. Cortes Constitucionais nas Constituições estrangeiras

A Constituição é o limite dos excessos do legislador, o qual atua dentro de uma imensa margem de discricionariedade. Estes limites restringem a ditadura da maioria e as mudanças de ocasião, que poderiam implicar na perpetuação no poder por aqueles que lá se encontram, ditando as regras do jogo. A natural regra da sucessão democrática estaria ameaçada. Logo, é fundamental um modelo eficaz e coerente de controle da Constituição, seja ele político ou jurisdicional. Este controle passa pelos Tribunais Constitucionais, que, em alguns países, situam-se no

---

30. Lêda Boechat Rodrigues, *História do Supremo Tribunal Federal*, p. 36.

FUNDAMENTOS PARA UMA CORTE CONSTITUCIONAL. O EXEMPLO ALEMÃO   143

cume da pirâmide judiciária; e, em outros, constituem um órgão político fora da estrutura dos demais Poderes.

Os tribunais constitucionais são considerados, atualmente, pela importância de suas decisões, "parte essencial dos sistemas jurídico-políticos modernos. São instrumentos através dos quais é possível adequar eficazmente todo o ordenamento jurídico à Constituição e compatibilizar o exercício do poder com as exigências fundamentais da democracia".[31] Destarte, observa-se uma tendência mundial em instituir *cortes constitucionais* para dirimir as questões pertinentes à *jurisdição constitucional*. A nomenclatura, obviamente, varia de país para país (Alta Corte Constitucional e depois Corte de Justiça Constitucional, na Áustria; Supremo Tribunal Constitucional, na Alemanha; Corte Constitucional, na Itália; Tribunal Constitucional, na Espanha e em Portugal).[32] Mas a idéia básica e os objetivos são essencialmente os mesmos.

Historicamente, a democratização da Europa no cenário pós-guerra, a desconfiança nos juízes ordinários e o fracasso do legislador em cumprir sua missão, além de os órgãos do Estado haverem demonstrado a aptidão de serem opressores, são fatores que fomentaram a instituição de Tribunais Constitucionais. Urgia a criação desses Tribunais para controlar os parlamentos, que poderiam pôr em risco as liberdades, tão necessárias naquele novo momento histórico. A formação da Corte deveria, então, ser eclética, com integrantes provenientes de várias Instituições e de perfil humanista, conhecedores da realidade nacional e do mundo, aptos a assegurarem o novo sistema constitucional.

É impossível reportar-se a Corte Constitucional sem mencionar o exemplo alemão, que tem prestado a todo o mundo histórica contribuição na aplicação de princípios constitucionais, nas regras de interpretação da Constituição e na relevância de uma Corte desse porte na organização do Estado. Invoca-se o exemplo como paradigma de uma Corte Constitucional a ser criada no Brasil.

Logicamente, há Cortes Constitucionais em outros países, de relevante função e respeitável desempenho, a propósito das quais ora se

31. Márcio Augusto de Vasconcelos Diniz, "Controle da Constitucionalidade das Leis – A Experiência Francesa", *Anuário do Mestrado em Direito* 7/302.
32. Pinto Ferreira, "A Corte Constitucional", *Anuário do Mestrado em Direito* 4/169-178.

144 O SUPREMO TRIBUNAL FEDERAL NA CRISE INSTITUCIONAL BRASILEIRA

tecem brevíssimos comentários sobre a sua estrutura e, mais perfunctoriamente, sobre o papel de algumas delas.

Na Espanha, o Tribunal Constitucional tem esta função de zelar pela jurisdição constitucional. Conquanto tenha natureza jurisdicional por seu procedimento de atuação e de adoção de decisões e por sua independência ante outros órgãos constitucionais, o Tribunal é um órgão especial, separado do Poder Judiciário.[33] Dito Tribunal se compõe de 12 membros, nomeados pelo Rei, para mandato de nove anos, renovando-se por terceiras partes. Desses integrantes, quatro são propostos pelo Congresso, por maioria de três quintos de seus membros; quatro por proposta do Senado, com idêntica maioria; dois são propostos pelo Governo; e dois mediante proposta do Conselho Geral do Poder Judicial. Os membros do Tribunal Constitucional deverão ser nomeados entre magistrados e fiscais, professores de universidade, funcionários públicos e advogados, todos eles juristas de reconhecida competência, com mais de 15 anos de exercício profissional (Constituição da Espanha, art. 159).

Nos EUA, onde se adota o sistema de controle de constitucionalidade difuso (*in concreto*), a Suprema Corte é composta de nove juízes vitalícios nomeados pelo Presidente da República, depois da aprovação do Senado, e tem a atribuição precípua de julgar os casos que ela própria selecionar, por meio do *writ of certiorari* (se ela decidir não examinar certo processo, fica valendo a decisão do tribunal inferior).[34] O Presidente da República designa o Presidente da Suprema Corte, que valerá para todo o tempo em que o escolhido integrar o colegiado. Por isso, o seu período à frente do Tribunal é conhecido pelo seu nome: a "Corte de Warren" (Earl Warren) ou a "Corte de Burger" (Warren Burger).[35] A Suprema Corte sempre esteve à frente nas importantes mudanças ocorridas naquele País, tomando decisões de grande repercussão no panorama das garantias das liberdades civis, esclarecendo dados essenciais para o sistema constitucional americano e para a interpretação da Magna Carta. Foi exatamente por isto que adquiriu grande prestígio no sis

---

33. Nuria Belloso Martín, *El Control Democrático*..., cit., p. 78.

34. Ricardo Arnaldo Malheiros Fiúza, "Poder Judiciário: uma Visão Internacional", *CDCCP* 5(21)/105.

35. Palhares Moreira Reis, "As Togas do STF e o Controle de Constitucionalidade", *Revista Jurídica Consulex* 162/37.

FUNDAMENTOS PARA UMA CORTE CONSTITUCIONAL. O EXEMPLO ALEMÃO 145

tema político americano, em dimensão normalmente não atingida por Cortes em outras nações.[36] Apesar de incumbir a ela própria selecionar os casos que apreciará, a Corte não tem se esquivado de cumprir seu papel no cenário jurídico-político e no âmbito dos direitos e garantias fundamentais, baseando sua atuação sobremodo no primado do devido processo legal.[37]

Já na França, o Conselho Constitucional é órgão político. Mas propende a doutrina a lhe atribuir caráter jurisdicional, sem que a negação disto impeça considerá-lo "investido da autoridade máxima para pronunciar-se sobre a constitucionalidade – e, logo, a natureza de órgão constitucional, investido da jurisdição constitucional".[38] O Conselho Constitucional é composto de dois tipos de integrantes: uns são membros de direito, vitalícios, em razão do cargo, e outros são membros designados. Estes últimos somam nove membros, sendo três nomeados pelo Presidente da República, três pelo Presidente da Assembléia Nacional e três pelo Presidente do Senado, todos para um mandato de nove anos, não renovável – porém com substituição parcial de um terço a cada triênio, revezadamente. Os vitalícios, ou membros natos, são os ex-presidentes da República (art. 56, da Constituição da França). Ao Presidente da República incumbe a nomeação do Presidente do Conselho.[39] Na prática, os ex-presidentes da República não compõem o Conselho francês, por razões fáticas e opção política.

Na Áustria, informa Ricardo Fiúza, o controle da constitucionalidade é feito pelo Tribunal Constitucional (*Verfassungsgericht*), de composição mista, semelhante ao alemão, ou seja, há juízes federais e outros membros (funcionários públicos, catedráticos, magistrados) eleitos em partes iguais pelo Legislativo e pelo Executivo e nomeados pelo Presidente da República. A Alta Corte resultou da influência de Kelsen na

36. José Alfredo de Oliveira Baracho, *Processo Constitucional*, p. 213. Algumas dessas grandes decisões podem ser verificadas na obra de Carl Brent Swisher, *Decisões Históricas da Corte Suprema, passim*.

37. Roberto Rosas, "Suprema Corte Americana: Acompanhamento da Realidade Política e Econômica", *ArqMJ* 49(187)/91-100.

38. Willis S. Guerra Filho, *Processo Constitucional e Direitos Fundamentais*, p. 21. Na fonte doutrinal, demonstra esta tendência: Jacques Chevallier, *L'État de Droit*, pp. 91-96; e François Goguel, "Conseil Constitutionnel Français", *Cours Constitutionnelles Européennes et Droits Fondamentaux*, p. 239.

39. Manuel García-Pelayo, *Derecho Constitucional Comparado*, p. 619.

146 O SUPREMO TRIBUNAL FEDERAL NA CRISE INSTITUCIONAL BRASILEIRA

Constituição austríaca, consagrada em 1920, e apresenta formidável contribuição na tutela dos direitos e garantias fundamentais e dos princípios constitucionais. Na esteira do art. 147 da Constituição da Áustria (revisado em 1929), a Corte compõe-se de um Presidente, um Vice-Presidente e 12 outros membros, além de seis suplentes. O Presidente, o Vice-Presidente, seis membros e três suplentes são nomeados pelo Presidente da República por proposta do Governo Federal, enquanto os demais são nomeados pelo Presidente da República em listas tríplices provenientes do Conselho dos Estados-membros e das profissões.

O mesmo Autor, no estudo comparativo, aduz que, na Itália, a *Corte Constitucional* julga as argüições de inconstitucionalidade, sendo composta por 15 juízes: um terço nomeado pelo Presidente da República, um terço pelo Parlamento e um terço pelos tribunais superiores ordinários ou administrativos. Referidos membros serão escolhidos dentre os magistrados, inclusive aposentados, dos tribunais superiores, os professores de Direito e os advogados, com mais de 20 anos de exercício do cargo ou da profissão, e nomeados para mandato de nove anos, proibida a recondução.[40]

Em Portugal, o Tribunal Constitucional desempenha o controle de constitucionalidade preventivo e repressivo, concreto e abstrato. O Tribunal é composto de 13 juízes, sendo 10 designados pela Assembléia da República e três cooptados por estes, para um mandato de seis anos. Seis dos seus integrantes serão obrigatoriamente escolhidos dentre juízes dos tribunais restantes e, os demais, dentre juristas (art. 224º, Constituição portuguesa).

Na América Latina, o Peru criou, na reforma constitucional de 1993, seu Tribunal Constitucional fora da estrutura do Judiciário, aproximando-se do modelo europeu. Compõe-se o Tribunal de sete membros, eleitos por dois terços dos membros do Congresso da República, para mandato de cinco anos (art. 201, Const. Peru). É requisito da elegibilidade "haber sido magistrado de la Corte Superior o Fiscal Superior durante diez años, o haber ejercido la abogacía o la cátedra universitaria en materia jurídica durante quince años" (art. 201, c/c art. 147, 4, Const. Peru). É vedada a reeleição imediata.

---

40. Ricardo Fiúza, "Poder Judiciário: uma Visão Internacional", *CDCCP* 5(21)/98-107.

FUNDAMENTOS PARA UMA CORTE CONSTITUCIONAL. O EXEMPLO ALEMÃO 147

No México, há um tribunal constitucional, originariamente inspirado no modelo norte-americano e resgatado em 1987, com atribuições estritamente constitucionais.[41] O número de membros é de 11, nomeados para mandato de 15 anos, exigindo-se o mínimo de 35 anos de idade e 10 de profissão, além da licenciatura em Direito e da boa reputação (arts. 94, final, e 95 da Constituição mexicana). A nomeação é feita pelo Presidente da República, com a aprovação de dois terços dos membros presentes do Senado. A posse do membro da Suprema Corte de Justiça da Nação é feita perante o presidente do Senado, o qual, após o compromisso público formal, adverte que o descumprimento das funções pelo novo Ministro acarretará a sua demissão (art. 97, final, Const. México).

Também no Chile há um Tribunal Constitucional, de composição mista, jurídico-política (sete membros).[42] São sete membros, designados para um mandato de oito anos (com renovação da Corte de quatro em quatro anos), da seguinte forma: *a)* três Ministros da Corte Suprema (tribunal máximo da justiça ordinária), eleitos por esta pela maioria absoluta, em votações sucessivas e secretas; *b)* um advogado designado pelo Presidente da República; *c)* dois advogados eleitos pelo Conselho de Segurança Nacional; *d)* um advogado eleito pelo Senado, por maioria absoluta dos senadores em exercício (art. 81, Constituição do Chile). Dispõe a Constituição chilena, ainda, que:

"Las personas referidas en las letras b), c) y d) deberán tener a lo menos quince años de título, haberse destacado en la actividad profesional, universitaria o pública, no podrán tener impedimento alguno que las inhabilite para desempeñar el cargo de juez, estarán sometidas a las normas de los artículos 55 y 56, y sus cargos serán incompatibles con el de diputado o senador, así como también con la calidad de ministro del Tribunal Calificador de Elecciones. Además, en los casos de las letras b) y d), deberán ser personas que sean o hayan sido abogados integrantes de la Corte Suprema por tres años consecutivos, a lo menos" (art. 81, Constituição do Chile).

---

41. Jorge Carpizo e Madrazo, "El Sistema Constitucional Mexicano", in D. Garcia Belaunde e outros (Coords.), *Los Sistemas Constitucionais Iberoamericanos*, pp. 594-595. Esta competência diz respeito, basicamente, à discussão de constitucionalidade de ato normativo e às questões da federação (art. 105, Const. México).

42. Humberto Nogueira Alcalá, "El Sistema Constitucional Chileno", ibidem, p. 319.

148 O SUPREMO TRIBUNAL FEDERAL NA CRISE INSTITUCIONAL BRASILEIRA

"En caso de que un miembro del Tribunal Constitucional cese en su cargo, se procederá a su reemplazo por quien corresponda de acuerdo con el inciso primero de este artículo y por el tiempo que falte al reemplazado para completar su período" (art. 81, Constituição do Chile).

A Colômbia,[43] em sua Constituição Política (art. 239), prevê a Corte Constitucional composta de número ímpar de membros, nos termos da lei, integrando-se segundo o critério de designação de magistrados pertencentes a diversas especialidades do Direito, eleitos pelo Senado da República para períodos individuais de oito anos, a partir de listas apresentadas pelo Presidente da República, pela Corte Suprema de Justiça e pelo Conselho de Estado, proibida a reeleição. Estabelece, a seu turno, o art. 240 da Constituição boliviana que "no podrán ser elegidos Magistrados de la Corte Constitucional quienes durante el año anterior a la elección se hayan desempeñado como Ministros del Despacho o Magistrados de la Corte Suprema o del Consejo de Estado".

A Argentina não tem Corte Constitucional.[44] Pontifica o Judiciário argentino a Corte Suprema de Justiça, cujo acesso se dá a advogados com oito anos de exercício e que possuam as qualidades para ser senador (art. 111, da Constituição).

Na Bolívia,[45] o Poder Judiciário tem um Tribunal Constitucional integrado por cinco magistrados designados pelo Congresso Nacional, mediante voto de dois terços de seus membros presentes, para um mandato improrrogável de 10 anos (admitindo a reeleição após lapso de tempo igual ao que hajam exercido o mandato). Dentre os requisitos à nomeação, encontra-se a exigência de ter o título de advogado e haver exercido com idoneidade a judicatura, a profissão ou a cátedra universitária pelo menos durante 10 anos. Toda matéria que possua dimensão constitucional lhe é submetida, tanto em nível originário quanto em grau recursal, o que acaba desvirtuando um pouco da pretensão de Corte especificamente Constitucional, ante o volume de feitos que lhe podem ser

---

43. Sobre o sistema constitucional da Colômbia, v. Carlos Restrepo Piedrahita, "El Sistema Constitucional Colombiano", *Los Sistemas Constitucionales Iberoamericanos*, pp. 173-210.

44. Germán J. Bidart Campos, "El Sistema Constitucional Argentino", *Los Sistemas Constitucionais Iberoamericanos*, pp. 35-98.

45. V. Benjamín Miguel Harb, "El Sistema Constitucional Boliviano", cit., pp. 99-127.

FUNDAMENTOS PARA UMA CORTE CONSTITUCIONAL. O EXEMPLO ALEMÃO 149

submetidos (art. 119, Constituição da Bolívia). Ao lado do Tribunal Constitucional, há a Corte Suprema, tribunal máximo da justiça ordinária, contenciosa e contencioso-administrativa da República (art. 117-I).

O Equador tem um Tribunal Constitucional, ao lado de uma Corte Suprema de Justiça, esta funcionando como corte de cassação. Os requisitos para ingresso no Tribunal Constitucional são os mesmos da Corte Suprema de Justiça: idade mínima de 45 anos; ter título de doutor em jurisprudência, Direito ou ciências jurídicas; haver exercido com probidade notória a profissão de advogado, a judicatura ou a docência universitária em ciências jurídicas, por um lapso mínimo de 15 anos (arts. 200 e 201, c/c art. 275, Constituição equatoriana). O Tribunal Constitucional, a quem compete a jurisdição constitucional, é composto de nove integrantes, para mandato de quatro anos, permitida a reeleição, nomeados pelo Congresso Nacional. A designação pelo Congresso observará: *a)* dois membros se originarão de listas enviadas pelo Presidente da República; *b)* dois de listas enviadas pela Corte Suprema de Justiça; *c)* dois eleitos pelo Congresso Nacional, que não ostentem o atributo de legislador; *d)* um derivará de lista enviada pelos alcaides e prefeitos das províncias; e *e)* um de lista enviada pelas centrais de trabalhadores e das organizações indígenas e campesinas de caráter nacional, legalmente reconhecidas.

No Uruguai não há uma Corte especificamente constitucional. A Suprema Corte de Justiça é o órgão máximo do Judiciário, compondo-se de cinco membros nomeados pela Assembléia Geral para um mandato de 10 anos, vedada a reeleição nos cinco anos seguintes (arts. 234 a 237, Constituição uruguaia). É ela quem nomeia os integrantes dos tribunais, incumbindo-lhe apreciar na instância judicial toda a matéria judicial, além de exercer a superintendência diretiva, corretiva, consultiva e econômica sobre os tribunais, julgados e demais órgãos do Poder Judiciário.

Paraguai[46] e Venezuela[47] não possuem corte especificamente constitucional, aproximando-se do modelo brasileiro.

---

46. O órgão de cúpula do Judiciário paraguaio é a Corte Suprema, constituindo um dos requisitos para integrá-la o título universitário de Doutor em Direito (Justo José Prieto, "El Sistema Constitucional paraguayo", cit., p. 683).

47. Allan R. Brewer-Carías, "El Sistema Constitucional Venezolano", cit., pp. 773-815.

150 O SUPREMO TRIBUNAL FEDERAL NA CRISE INSTITUCIONAL BRASILEIRA

Vê-se, deste apanhado, que a existência de uma *corte constitucional* na estrutura do Estado é uma realidade cada vez mais viva e necessária, detectada e prevista na maioria das Constituições dos países europeus e da América Latina. Conforme já salientado, o modelo atual, que tem inspirado as demais Cortes do mundo, encontrando grande lastro de difusão no Brasil, é o Tribunal Constitucional Federal da Alemanha, a propósito do qual se tecerão considerações específicas a seguir. Apesar da diferença de realidades entre a Alemanha e o Brasil, é plausível adotar aqui um modelo similar de Corte Constitucional, em razão do quadro positivo que ela tem pintado naquele País e da excelência de seus julgados. A composição do órgão, indiscutivelmente, deverá se adaptar à conjuntura brasileira.

4. O Tribunal Constitucional Federal da Alemanha ("Bundesverfassungsgericht")

4.1 Composição do Tribunal

O *Bundesverfassungsgericht* pontifica o Judiciário alemão e é constituído por dois Senados, de igual hierarquia, compostos por oito juízes, eleitos paritariamente pelo Parlamento Federal (*Bundestag*) e pelo Conselho Federal (*Bundesrat*), nomeados pelo Presidente da República, cujo ato é meramente homologacional, para um mandato de 12 anos. A fim de evitar a sobrecarga na distribuição de processos entre um e outro, o § 14 da Lei de Organização do Tribunal autoriza o Pleno a estabelecer regras especiais, visando a restaurar a igualdade na distribuição. Para o exame prévio sobre o cabimento de *recursos constitucionais*, existem, em cada Senado, Câmaras compostas por três juízes. Em alguns casos de afastamento ou impedimento, o juiz de um Senado pode substituir integrante do outro Senado, em havendo urgência e falta de *quorum* para julgamento da causa.[48]

Os juízes do *Bundesverfassungsgericht* devem ter o mínimo de 40 anos de idade e preencherem os requisitos para o exercício da magistratura. A aposentadoria compulsória se dá aos 68 anos de idade. Três membros de

---

48. Gilmar Ferreira Mendes, *Jurisdição Constitucional – O Controle Abstrato de Normas no Brasil e na Alemanha*, pp. 3-6.

FUNDAMENTOS PARA UMA CORTE CONSTITUCIONAL. O EXEMPLO ALEMÃO 151

cada Senado são escolhidos dentre juízes que integram outros Tribunais Federais. Incumbindo a eleição dos juízes constitucionais exclusivamente às duas corporações políticas federais, o Tribunal Constitucional Federal obtém, "como órgão constitucional e em vista da sua atribuição e posição no Estado, a necessária legitimação política e democrática".[49]

Gilmar Ferreira Mendes aborda o processo de escolha e nomeação dos integrantes do *Bundesverfassungsgericht*, explicando:

"Enquanto os juízes eleitos pelo *Bundesrat* (Conselho Federal), consoante o § 7º, da Lei do *Bundesverfassungsgericht*, são escolhidos mediante eleição direta, na qual os votos de cada Estado devem ser dados de forma unitária, prevê o § 6 (1), da referida lei, que, para os juízes escolhidos pelo Parlamento Federal, há de se fazer uma eleição indireta por colégio composto de doze parlamentares e formado segundo as regras da eleição proporcional. Os integrantes desse colégio são eleitos por uma legislatura e não podem ser destituídos. A exigência de que as decisões sejam tomadas por maioria qualificada de dois terços (até 1956, três quartos dos seus membros) torna imperioso um consenso dos dois grandes partidos (Lei do *Bundesverfassungsgericht*, § 6).

"É inevitável, pois, que a composição do Tribunal reflita a representatividade parlamentar dos partidos políticos."[50]

Conforme salienta Gilmar Ferreira Mendes, a experiência com a demora na escolha dos juízes da Corte pela Comissão Parlamentar ensejou o legislador a outorgar ao próprio Tribunal o extraordinário direito de indicação, desde que a escolha do novo juiz não se tenha verificado no prazo de dois meses, contados da vacância do cargo, e o mais velho dos integrantes do colégio eleitoral ou o presidente do Conselho Federal "tenha sido exortado a decidir sobre a matéria (§ 7º da Lei do *Bundesverfassungsgericht*). O Tribunal tem-se valido dessa autorização de forma extremamente cautelosa".[51]

O juiz permanecerá na Corte durante o mandato (12 anos) ou até sobrevir a idade-limite para aposentadoria (68 anos), sendo vedadas a recondução e a reeleição.

---

49. Luís Afonso Heck, *O Tribunal Constitucional Federal e o Desenvolvimento dos Princípios Constitucionais*, p. 111. A composição da Corte alemã decorre da representatividade parlamentar dos partidos.
50. Gilmar Ferreira Mendes, *Jurisdição Constitucional...*, cit., p. 6.
51. Idem, ibidem, p. 6.

4.2 Jurisdição constitucional e competência do "Bundesverfassungsgericht"

A função básica do *Bundesverfassungsgericht* é desempenhar a *jurisdição constitucional*.

Em sentido formal, a *jurisdição constitucional* é definida a partir do órgão que a exerce, definição esta importante, mas insuficiente, pois não encerra todos os atos de jurisdição constitucional, haja vista que restringiria o atuar a um único órgão, além de que tudo quanto deste viesse seria encarado sob esta epígrafe, sem levar em conta a participação neste setor de outros órgãos jurisdicionais, os quais, também, historicamente possuem esta atribuição, embora em menor escala.

Em sentido material, a *jurisdição constitucional* pode ser compreendida "a partir do procedimento judiciário (ou arbitral), o qual conduz ao controle da constitucionalidade, objetivando garantir diretamente a observância da constituição".[52] Este entendimento apresenta melhor definição e confere alcance mais preciso à expressão, eis que, numa perspectiva moderna, a *jurisdição constitucional* não trata tanto de decidir questões constitucionais, senão de *garantir* a observância da Constituição, diretamente, sendo este o objeto principal da querela a ser dirimida.

A *jurisdição constitucional* é importante, ainda, para o desenvolvimento dos princípios constitucionais e para tornar viva e eficaz a Constituição Federal, em todas as suas previsões (organização do Estado, separação dos poderes, regramentos de direitos e garantias fundamentais, atuação estatal na órbita privada, sistema econômico, forma de governo, sistema político etc.), num ambiente de *justiça constitucional*.

A *justiça constitucional* é garantia da Constituição e, no sistema jurídico, funciona como o instrumento técnico (ou a instituição) apto a assegurar o regular desempenho das funções do Estado. Garantir a Constituição é assegurar a regularidade das normas a ela subordinadas e os valores constitucionais, no esquema de constitucionalidade das leis. Esta garantia é sedimentada pela existência de meios hábeis a combater as normas inconstitucionais.

A Corte Constitucional não atua, precipuamente, como instância de revisão ou Tribunal revisor, destinado a reexaminar decisões de outros

---

52. Luís Afonso Heck, *O Tribunal Constitucional...*, cit., p. 24.

FUNDAMENTOS PARA UMA CORTE CONSTITUCIONAL. O EXEMPLO ALEMÃO 153

Tribunais. Estas são atribuições dos tribunais de apelação, no escalonamento do Judiciário, em suas várias instâncias.

Dentre as significativas competências da Corte Constitucional, ora em comento, ressaltam-se:

a) Controle de normas por meios abstratos e concretos. Pelo primeiro, a norma é apreciada em tese, podendo a medida ser instaurada pelo Governo Federal, Governo Estadual ou um terço dos membros do Parlamento Federal. Já o controle *in concreto* ocorre quando uma ação se encontra em curso e a norma tachada de inconstitucional pelo órgão julgador de origem seja lei formal pós-constitucional (ou, se for lei pré-constitucional, que o legislador a tenha feito incorporar ao ordenamento posteriormente à Constituição). Nesta espécie de controle, devem os tribunais suspender os processos pendentes e submeter a questão constitucional à Corte, sendo ela relevante para o solucionamento da querela. Embora no controle concreto não haja *partes,* aos interessados é assegurado o direito de *manifestação* no *Bundesverfassungsgericht.*

b) Processo de conflito entre órgãos federais. Podem ser partes da relação processual o Presidente da República; o Governo Federal; o Conselho Federal; os partidos políticos, desde que a controvérsia envolva direitos decorrentes de sua peculiar situação constitucional; ou qualquer deputado, desde que pretenda velar por atribuição do Parlamento ou por direito que decorra de seu *status* de parlamentar. Incluem-se aí, ainda, os conflitos entre a União e os Estados, bem como entre Estados diversos e, enfim, os conflitos federativos, em geral.[53]

c) Julgamento de recurso constitucional (§ 90, Lei do Tribunal Constitucional Federal). Invocando jurisprudência do *Bundesverfassungsgericht,* Gilmar Ferreira Mendes informa que o *recurso constitucional* não representa um remédio adicional para os processos submetidos à jurisdição ordinária, mas instrumento constitucional extraordinário, que permite afastar ofensas aos direitos fundamentais perpetrados pelo Poder Público.[54] A utilização desse remédio pressupõe o esgotamento prévio da via judicial, tanto das medidas disponibilizadas pelo ordenamento quanto das possibilidades exigíveis apresentadas ao interessado (princípio da subsidiariedade). O *recurso constitucional* tem por finali-

---

53. Gilmar Ferreira Mendes, *Jurisdição Constitucional...,* cit., pp. 15-16.
54. Idem, ibidem, p. 15.

154 O SUPREMO TRIBUNAL FEDERAL NA CRISE INSTITUCIONAL BRASILEIRA

dade combater ato do Poder Público (Executivo, Legislativo e Judiciário) ofensivo a direito fundamental, não só os atos comissivos, como os omissivos. Como subespécie, cita-se o *recurso constitucional comunal*, por meio do qual os municípios e uniões de municípios recorrem ao Tribunal Constitucional Federal contra leis e decretos que não estejam de acordo com a garantia da autonomia administrativa da entidade política (§ 91, Lei do Tribunal Constitucional Federal).[55]

d) Verificação de normas. Tem por finalidade impedir decisões divergentes dos tribunais e prevenir o risco da violação de regras gerais de Direito Público pelas Cortes alemãs. "Um tribunal deve pedir a decisão ao Tribunal Constitucional Federal se em um litígio é discutível se uma regra de Direito Internacional Público é parte integrante do direito federal e se gera direitos e deveres imediatos ao particular"[56] (art. 100, alínea 2, da Lei Fundamental).

e) Outras atribuições de maior relevo. Julgamento de processos destinados à defesa da Constituição – denúncia contra o Presidente da República;[57] proibição dos partidos políticos; supressão de direitos fundamentais; processo especial de aferição da legitimidade das eleições;[58] acusação contra juiz, por infração aos princípios da Lei Fundamental e à ordem constitucional de um estado, no exercício do cargo ou fora dele, sendo legitimado para propor a acusação o Parlamento Federal.

As decisões do *Bundesverfassungsgericht* fazem coisa julgada formal e material e vinculam os órgãos constitucionais da União e dos Estados, além de todos os Tribunais e autoridades. As decisões proferidas no controle de normas (em geral) e no recurso constitucional contra a lei ou contra decisão judicial fundada em lei inconstitucional possuem eficácia *erga omnes*. Os processos perante o Tribunal Constitucional Federal são gratuitos, excetuada a hipótese de multa, nos casos de recursos constitucionais manifestamente procrastinatórios ou aventureiros.

---

55. Luís Afonso Heck, *O Tribunal Constitucional Federal...*, cit., pp. 147-148.
56. Idem, ibidem, p. 135.
57. "O procedimento de acusação contra o Presidente da República visa à proteção da ordem constitucional, e não tem caráter jurídico-penal, senão jurídico-constitucional", aponta Luís Afonso Heck (ibidem, p. 149).
58. Gilmar Ferreira Mendes, *Jurisdição Constitucional...*, cit., p. 16.

4.3 O "Bundesverfassungsgericht" e o STF.
Os números e a visão desses Tribunais

Que o STF pretende ser uma Corte Constitucional não é nenhuma novidade. Que ele não o é, também não se tem a menor dúvida. Já o Tribunal Constitucional Federal alemão (o *Bundesverfassungsgericht*), contrariamente, é uma autêntica Corte Constitucional, faz questão de sê-lo e tem elementos e condições para sê-lo. Existem diferenças gritantes entre estes dois Tribunais. A primeira grande diferença entre ambos reside na intensa atividade processual.

Luís Afonso Heck apresenta estatística demonstrando o movimento processual no Tribunal Constitucional Federal, no período de 1951 a 1993 (42 anos): foram distribuídos 95.258 processos, dos quais foram dirimidos 92.827 (destes, 77.183 pelo Senado/Câmara e 15.644 solucionados de outra forma).[59]

As estatísticas apresentadas pelo STF são assustadoras, comparativamente às do Tribunal Constitucional Federal, como, de resto, às das Cortes Constitucionais em geral. De 1990 a 1999 (apenas 10 anos; um quarto do período estatístico acima), o STF superou os números da Corte alemã em mais do triplo. Foram recebidos 326.493 processos, sendo distribuídos 297.778. A Corte brasileira julgou 317.664 (mérito + liminar), publicando 91.451 acórdãos.[60] Embora este número tenha oscilado, o que se constata, especialmente na diferença entre o ano de 2002 e os três anos subseqüentes (v. site do STF: www.stf.gov.br, estatísticas do BNDPJ e Tabela 6), com tendência acentuada pela regulamentação moderna do recurso extraordinário (Lei 11.418, de 19.12.2006), ainda é abissal a distância entre os dois Tribunais. O início deste século, então, foi alarmante na movimentação processual do STF, conforme se verifica abaixo:

---

59. Luis Afonso Heck, *O Tribunal Constitucional Federal e o Desenvolvimento dos Princípios Constitucionais*, p. 118.

60. Dados do BNDPJ-STF, Relatórios Anuais (1990-1999). A Suprema Corte Americana, com nove juízes, julgou 75 recursos em 1996, "redigidos e assinados" (Alexandre Vidigal Oliveira, "A Constituição-Cidadã e a Crise do Judiciário – Mudanças Estruturais Necessárias", *BDA-Boletim de Direito Administrativo*, p. 200), contra 31.663 julgados, no mesmo ano, do STF, com 11 Ministros.

Tabela 6: Movimentação Processual do STF (2000-2006)

Processos	2000	2001	2002	2003	2004	2005	2006	Total
Recebidos	105.307	110.771	160.453	87.186	83.667	95.212	127.535	770.131
Distribuídos	90.839	89.574	87.313	109.965	69.171	79.577	116.216	642.655
Julgados (mérito + homologações)	86.138	109.743	117.484	158.785	106.228	104.057	124.046	806.481

Fonte: BNDPJ, Secretaria de Estatística do STF. Dados coletados em 14.1.2007.

FUNDAMENTOS PARA UMA CORTE CONSTITUCIONAL. O EXEMPLO ALEMÃO 157

Esta estatística demonstra que nos anos 2000-2006 o volume processual no STF já dobrou os registros da década anterior (1990-1999), os quais eram estratosféricos. E, neste ponto, não dá mais para comparar a movimentação processual do STF com a dos demais Tribunais Constitucionais. Este é o resultado de se ter um Tribunal que acumula funções de tribunal de apelação com as de corte constitucional distorcida.

Dispondo de mais tempo para analisar os feitos, o Tribunal Constitucional alemão tem maior possibilidade de estudar os casos com afinco e praticar a justiça constitucional do que o STF. A isto, alie-se a mentalidade constitucionalista de seus integrantes, a ponto de desenvolver técnicas interpretativas e princípios orientadores da Norma Maior, valorizando a justiça dos casos submetidos a seu crivo. A própria história e a tradição do Tribunal leva a posicionamentos mais apropriados, constitucionalmente, dos seus integrantes.

O primado da Justiça material pertence, decorrencialmente, ao princípio do Estado de Direito, sendo parte constitutiva deste e, portanto, tendo caráter constitucional, conforme anota Luís Afonso Heck.[61] O Autor transcreve, na sustentação, várias decisões do Tribunal Constitucional Federal (Alemanha) em que a Corte fez prevalecer o primado da Justiça material, por decorrência do Estado de Direito. E registra que "o Tribunal Constitucional Federal sempre acentuou que a certeza jurídica e a Justiça podem estar em conflito, limitando-se a examinar a decisão legislativa sob o aspecto da arbitrariedade".[62]

O mesmo Luís Afonso Heck, citando vários autores alemães, especialmente A. L. Schlözer e O. Mayer, menciona o Tribunal Cameral do Império, fundado em 7.8.1495, um dos precursores do Tribunal Constitucional Federal da Alemanha, como predestinado à aplicação do direito e da justiça, os quais eram postados pela Corte acima do poder estatal. A. L. Schlözer, por ele invocado, asseverava: "Feliz Alemanha, o único lugar do mundo onde se pode, contra o soberano, salvo sua dignidade, levantar a voz da justiça perante um tribunal diverso do dele próprio". E Häberlin, igualmente, explicava: "É uma sorte que nós podemos conduzir processos revolucionários na Alemanha". Já Weitzel esclarecia mais ainda: "Em tempos inquietos, os próprios soberanos podem, então, acal-

---

61. Luis Afonso Heck, *O Tribunal Constitucional Federal...*, cit., p. 193.
62. Idem, ibidem, p. 195.

158 O SUPREMO TRIBUNAL FEDERAL NA CRISE INSTITUCIONAL BRASILEIRA

mar-se com a idéia de que na Alemanha permite-se aos súditos – ao contrário da França onde precisam vindicá-los com violência –, requisitarem em justiça, perante os tribunais do Império, os direitos humanos imprescritíveis roubados pelo despotismo".[63]

Diferentemente, o STF vem reiterando decisões, em via recursal, no sentido de que não é órgão aplicador de *justiça*, senão de mera análise de regularidade processual, de respeito à hierarquia normativa, de manutenção da legalidade, encarregado de dirimir conflitos federativos e de julgar autoridades de foro superprivilegiado; enfim, prende-se a aspectos formalísticos. Não está no seu objetivo, sobretudo ao analisar questão de constitucionalidade em grau recursal, a justiça da medida combatida, tanto assim que o Tribunal já consagrou não caber recurso extraordinário para reexame de prova (Súmula 279-STF).

O papel do Tribunal alemão não é diferente do que deve ser o do STF, por exemplo, na verificação da hierarquia normativa constitucional. O controle da constitucionalidade das leis torna-se cada dia mais importante e necessário, considerando a inflação legislativa que assola o Brasil. O número excessivo de leis e normas em geral acaba gerando descontrole hierárquico, perda do sentido da cadeia de validade normativa. Não raramente, as leis confrontam com a Constituição Federal e entram em choque com outras normas, quebrando a idéia de sistema. Noutras oportunidades, as normas repetem velhos preceitos, desnecessariamente, num esquema de ineficiente redundância.[64] Editam-se leis fadadas à ineficácia e ensejadoras de discussões sobre a sua aplicabilidade, ante a falta de clareza e coerência. São exemplos as Leis 9.957/2000 (rito sumaríssimo) e 9.958/2000 (Co-

---

63. *Apud* Luís Afonso Heck, ibidem, pp. 37-38.

64. Ex.: várias MPs sucederam-se no elastecimento do prazo para ajuizamento de ação rescisória pelo Poder Público, de dois para cinco anos (MPs 1.577-6/97 e 1.632-11, de 9.4.1998). Instado pelo Conselho Federal da OAB, o STF suspendeu a eficácia da norma (ADI 1.753-2-DF, *DJU-I* 12.6.1998, p. 110-E). Apesar da decisão do Supremo Tribunal, novamente o Executivo insistiu no elastecimento do prazo, agora modificando a redação do art. 188, CPC, aumentando o prazo para ajuizamento de ação rescisória pelas entidades públicas para quatro anos (MP 1.798, de 9.4.1999, reedição da MP 1.703, de 27.10.1998). E outra vez o STF suspendeu a eficácia da norma (ADIMC 1.910-DF, Rel. Min. Sepúlveda Pertence, *Informativo-STF* 146, de 28.4.1999). O mesmo sucedeu quanto à MP 1.984, de idêntico teor e igual suspensão pelo STF.

FUNDAMENTOS PARA UMA CORTE CONSTITUCIONAL. O EXEMPLO ALEMÃO   159

missões de Conciliação Prévia), que disciplinam o Direito Processual do Trabalho.[65]

Num País como o Brasil, de hoje, em que os parlamentares desconhecem o Direito, o que seja sistema jurídico e a cadeia de hierarquia normativa;[66] onde o nível de conhecimento jurídico dos membros do Congresso Nacional é cada vez menor,[67] apesar de ser de lá que nascem as leis a serem aplicadas, torna-se, mais do que nunca, essencial a firme atuação do Judiciário, sobretudo do STF, órgão encarregado de manter o controle da constitucionalidade em tese, abstratamente, *erga omnes*. Afinal, o desconhecimento do funcionamento sistemático da realidade normativa por parte dos feitores da lei tem a natural conseqüência de produzir e engendrar normas antinômicas e incompatíveis entre si, rompendo a idéia de *sistema*. Além desta questão formal-normativa, verifica-se, ainda, um descompasso com a realidade prática, um divórcio en-

65. Demonstrando a inoperância da novel legislação e a falta de técnica legislativa empregada, sobretudo quanto ao rito sumaríssimo, duras críticas são feitas por: Ricardo Carvalho Fraga e Luiz Alberto de Vargas, "Falácia da Simplicidade Objetiva Determinável", *Suplemento Trabalhista* 36(37)/197-200; Jorge Luiz Souto Maior, "I – O Procedimento Sumaríssimo Trabalhista; II – Comissões de Conciliação Prévia", *Suplemento Trabalhista* 36(33)/159-171; Thereza Christina Nahas, "Do Rito Sumaríssimo no Processo do Trabalho", *Suplemento Trabalhista* 36(32)/155-158; Amauri Mascaro Nascimento, "Breves Observações sobre o Procedimento Sumaríssimo", *Suplemento Trabalhista* 36(26)/131-134; E. Gabriel Saad, "Temas Trabalhistas (4) – Das Comissões de Conciliação Prévia", *Suplemento Trabalhista* 36(43)/235-240; E. Gabriel Saad, "Temas Trabalhistas (3) – Do Procedimento Sumaríssimo", *Suplemento Trabalhista* 36(23)/111-118; José Antônio R. de Oliveira Silva, "Algumas Considerações sobre o Procedimento Sumaríssimo no Processo do Trabalho", *Suplemento Trabalhista* 36(40)/215-221.

As CCPs constituem exemplo mal sucedido no âmbito trabalhista, enquanto o rito sumaríssimo é cheio de deficiências, inclusive de ordem constitucional (ex.: proibição de citação por edital, incumbindo ao autor a correta indicação do nome e endereço do reclamado – art. 852-B, II, CLT. E se o reclamado se encontrar em lugar incerto e não sabido? Ficará o autor impossibilitado de ajuizar a reclamação trabalhista, deixando fluir o prazo prescricional?).

66. Esta deficiência dos parlamentares é reconhecida em quase todo o mundo ocidental. Sustentando esta afirmação, Mauro Cappelletti atribui a causa à finalidade demagógica dos legisladores, eleitos que foram por grupos locais e específicos; logo, desinteressados por medidas mais genéricas, voltadas para toda a nação ("Nécessité et légitimité de la Justice Constitutionnelle", cit., p. 466).

67. O Min. Marco Aurélio, em voto brilhante (apesar de vencido), registra a importância dos Parlamentares-juristas, citando o exemplo do professor Josaphat Marinho (STF, Pleno, MS 22.494-1-DF, *JSTF* 228/173).

160 O SUPREMO TRIBUNAL FEDERAL NA CRISE INSTITUCIONAL BRASILEIRA

tre o plano normativo e o sociológico, no qual a lei produzida relega os fatos e busca, forçadamente, criar um outro ambiente, sem a oitiva ou a aquiescência da população, desprezando-lhe os anseios, a cultura e a vivência. Daí vem a ineficácia da norma.[68]

Neste ambiente, portanto, o STF, como guardião da CF e do esquema hierárquico de validez das normas, tem papel fundamental a desenvolver, na defesa e manutenção do Estado de Direito. O órgão tem função mais relevante do que aquela que vem timidamente desempenhando.

É, mesmo, de se repensar sobre a criação de um controle prévio de constitucionalidade. A propósito, Luís Afonso Heck, fazendo menção à Constituição alemã de Weimar, registra a competência do Tribunal do Império, nestes termos:

"Segundo o § 7º, frase 1, do projeto de 1926, e o § 7º, frase 1, do projeto de 1928, era possível ao Presidente e ao Governo do Império solicitarem, antes da publicação de uma lei ou de um decreto, um parecer ao Tribunal Estatal do Império sobre se uma determinada prescrição de direito imperial neles contida seria compatível com a Constituição Imperial ou com ela incompatível, e, por isso, inválida."[69]

Este prévio controle é altamente benéfico, eis que mata a lei viciada logo no seu nascedouro, antes mesmo de afetar situações individuais. O parecer provém do Tribunal encarregado de julgar judicialmente a constitucionalidade da norma. Um tribunal sereno e imparcial. Um pronunciamento prévio que não se assemelhe aos pareceres de encomenda, pagos, comprados, em que o solicitante procura mais uma *justificativa* ou uma *sustentação* para o ato do que uma *apreciação* imparcial de seu conteúdo e sua validade.

De todo modo, esclarece Gilmar Ferreira Mendes que "a influência do *Bundesverfassungsgericht* não se manifesta apenas nas questões a

---

68. O legislador há de estar afinado com os fatos sociais, conhecendo a realidade social *singular* de seu povo "em um determinado momento histórico" (Recásens Siches, *Tratado de Sociologia*, p. 21), sob pena de normatizar *no vazio*, no plano da *ineficácia* e da *ilegitimidade* do direito elaborado.

69. Luís Afonso Heck, *O Tribunal Constitucional...*, cit., p. 81, nota 372. No Brasil, atualmente, o controle prévio tem cunho político, feito no Legislativo, nas Comissões de Constituição e Justiça, de natureza não judicial, que emitem uma primeira opinião sobre o Projeto de Lei.

FUNDAMENTOS PARA UMA CORTE CONSTITUCIONAL. O EXEMPLO ALEMÃO   161

ele submetidas. Já no curso do processo de elaboração das leis, procuram os parlamentares orientar-se de acordo com entendimento esposado pelo Tribunal em outras decisões".[70]

E, mais adiante, menciona o *apelo ao legislador*, para, em seguida, demonstrar a prática do *Bundesverfassungsgericht*. Não raro – afirma Gilmar Ferreira Mendes – a Corte reconhece que "a lei ou a situação jurídica não se tornou 'ainda' inconstitucional, conclamando o legislador a que proceda – às vezes dentro de determinado prazo – à correção ou à adequação dessa 'situação ainda constitucional' (*Appellentscheidung*)". "Designa-se *Appellentscheidung* a decisão na qual o Tribunal reconhece a situação como 'ainda constitucional', anunciando a eventual conversão desse estado de *constitucionalidade imperfeita* numa situação de completa inconstitucionalidade".[71]

O *apelo ao legislador* pode ocorrer:

a) em virtude de mudança nas relações fáticas ou jurídicas (ex.: *BVerfGE* 16, 130 e s.: a alteração na estrutura democrática das diferentes unidades federativas, a divisão dos distritos eleitorais, realizada em 1949 e preservada nas sucessivas leis eleitorais, não mais atendia às exigências demandadas do princípio da igualdade eleitoral; urgia, pois, a adaptação *constitucionalizadora*);

b) de inadimplemento de dever constitucional do legislador, no caso de omissão ou de demora no legisferamento (ex.: *BVerfGE* 25, 1 [12]; 56, 54 [71 e s.]; 65, 1 [85]): dever geral de adequação, que impõe ao legislador a obrigação de atuar de forma protetora e construtiva no âmbito dos direitos fundamentais); ou

c) por *falta de evidência* da ofensa constitucional, em que a caracterização objetiva de uma inconstitucionalidade somente pode acarretar a invalidade se ela se afigurar evidente (do contrário, a conduta do legislador não é censurável). Foi o que ocorreu na divisão dos distritos eleitorais, quando o *Bundesverfassungsgericht* esforçou-se por evitar as conseqüências da declaração de inconstitucionalidade, procedendo a uma sutil diferenciação entre os conceitos de *inconstitucionalidade* e *invalidade* (*BVerfGE* 16, 130 (142-143)).[72]

---

70. Gilmar Ferreira Mendes, *Jurisdição Constitucional...*, cit., p. 13.
71. Idem, ibidem, pp. 229-230.
72. V. maiores explicações e detalhes dessas decisões na obra de Gilmar Ferreira Mendes, ibidem, pp. 231-238.

162 O SUPREMO TRIBUNAL FEDERAL NA CRISE INSTITUCIONAL BRASILEIRA

No Brasil, estas fórmulas não são nem cogitadas. E o STF se dilui entre Tribunal recursal e caricatura de Corte Constitucional, afogado em pilhas de processos e litígios individuais particularizados (privados) que poderiam muito bem ser solucionados pelos demais tribunais.

5. Proposta de composição de uma Corte Constitucional no Brasil

Por todas as razões expendidas nas páginas anteriores, é tempo de se criar uma Corte Constitucional no Brasil, à semelhança, *mutatis mutandis*, do Tribunal Constitucional Federal alemão, na qual se modifique o modo atual de ingresso dos membros que comporão a Corte, fixando-lhe mandato, com atribuições restritas à *jurisdição constitucional*. Passando a ter atribuições idênticas às da Corte alemã, a composição deveria se adaptar à realidade brasileira. Seria, mesmo, o caso de aproveitar a estrutura física do STF, transformando-lhe a natureza, ficando o STJ, com parte da competência expurgada do Supremo Tribunal (uma espécie de suprema corte da justiça ordinária), que seria diluída entre os demais Tribunais Superiores, cada qual na sua área de atuação. No conflito entre decisões proferidas pelos Tribunais Superiores, em casos idênticos, caberia ao STF a sua dirimência, conferindo homogeneidade nacional ao Direito.

À guisa de sugestão, fica aqui a proposta de que, no Brasil, uma vez havendo Corte Constitucional, seja ela composta de 12 membros, para mandato de 10 anos, exceto se a idade para aposentadoria compulsória sobrevier a este lapso, sendo proibida a recondução. O número 12, por ser um número inteiro múltiplo de dois, de três, de quatro e de seis, facilita a sua divisão quando da proporção com que cada categoria deva participar da Corte, além de simplificar a sua divisão em Turmas e outras unidades que se façam necessárias, internamente. Conforma, outrossim, um número de integrantes razoável para julgar as ações e as questões que sejam submetidas ao órgão. O mandato de 10 anos alcança dois e meio mandatos presidenciais (que é de quatro anos cada um, *ex vi* do art. 82, CF), o mesmo ocorrendo com os mandatos dos governadores (art. 28, CF), dos deputados (federais, estaduais e distritais – arts. 27, § 1º, e 32, § 2º, CF) e dos vereadores (art. 29, inc. I, CF). Este tempo ultrapassa, também, os mandatos dos senadores (de oito anos, com renova-

FUNDAMENTOS PARA UMA CORTE CONSTITUCIONAL. O EXEMPLO ALEMÃO 163

ção de quatro em quatro anos) e dos chefes dos executivos (federal, estadual e municipal) no caso de reeleição. Portanto, os mandatos dos integrantes da Corte Constitucional tenderiam a lhes conferir maior imparcialidade e descompromisso com os políticos da vez. Findo o mandato, ficaria assegurado o retorno do Ministro à Instituição de origem, se ainda possível.

Fica sugerida, também, que a composição da Corte seja a mais eclética possível, exigindo-se, em qualquer modalidade, o notório saber jurídico, com exercício profissional na respectiva categoria há pelo menos 10 anos, idade mínima de 40 anos, ilibada idoneidade moral e profissional. Daí, que: *a)* um quarto (= três membros) provenha da magistratura (dois dos Tribunais Superiores e um de outro Tribunal – TRF, TRT ou TJ), eleitos mediante voto direto e secreto de todos os juízes do País; *b)* um sexto (= dois membros) provenha do Ministério Público e da Advocacia, paritariamente, também eleitos direta e secretamente pelas próprias categorias; *c)* um seja nomeado pelo Presidente da República, após a aquiescência do Senado Federal; *d)* um seja indicado pelo Congresso Nacional, pelo voto de dois terços, presente a maioria absoluta, dentre juízes, advogados, membros do Ministério Público, servidores públicos, professores universitários ou estudiosos do Direito; *e)* um provenha dos Tribunais de Contas, sendo nomeado pelo Presidente da República, após a aquiescência do Senado Federal; *f)* dois sejam cidadãos eleitos pela população, nacionalmente, dentre experientes bacharéis em Direito, mediante voto direto e secreto, não podendo ter filiação partidária há pelo menos dois anos; *g)* um seja proveniente da categoria dos juristas (professor universitário, doutor ou estudioso do Direito), escolhido pela própria Corte Constitucional, dentre os nomes constantes de lista tríplice encaminhada pelos Tribunais Superiores por intermédio do STJ (corte da justiça ordinária), formada a partir de nomes indicados em lista sêxtupla pelas Centrais de Trabalhadores ou Confederação Nacional em funcionamento há pelo menos um ano; e *h)* um mediante indicação, por convenção, dos cinco partidos minoritários com representação no Congresso Nacional. Que haja, para cada titular, um suplente, sendo de logo escolhido desvinculadamente pela mesma categoria. E, a exemplo da Colômbia (art. 240, Constituição colombiana) e do México (art. 95, Constituição mexicana), que não possa ser designado magistrado da Corte Constitucional quem durante o ano an-

164 O SUPREMO TRIBUNAL FEDERAL NA CRISE INSTITUCIONAL BRASILEIRA

terior à eleição houver desempenhado a função de Ministro de Estado ou Advogado-Geral da União.

No momento de transição, para a transformação do STF na Corte que ora se sugere, convém que os atuais membros do STF só possam concorrer se fizerem a desincompatibilização nos quatro meses anteriores à inscrição para concorrer à vaga na Corte. O procedimento de eleição, nomeação e início do exercício perdure por até dois meses. Enquanto isso, o STF manteria a competência e estrutura atuais, com uma ou outra adequação.

Todas as nomeações seriam da alçada do Presidente da República. Contudo, estas teriam caráter apenas homologacional nos casos das alíneas "a", "b", "d", "f", "g" e "h".

Justifica-se a indicação de membro da Corte pelos partidos minoritários para contrabalancear com os membros indicados (e nomeados) pelo Presidente da República e pelo Congresso Nacional. É que estes, por certo, não proviriam das minorias. E a Corte precisa da representação pluralista,[73] para evitar que seja apenas mais um órgão chancelador da vontade da maioria política, sendo esta, normalmente, quem representa o poder econômico e deixa a descoberto a parcela da sociedade mais necessitada. Igualmente, se os partidos minoritários praticamente não possuem força ou expressividade política nas respectivas casas, é razoável que, num sistema democrático, seja-lhes assegurada uma forma de participação mais efetiva, a fim de evitar que se tornem inúteis, mera presença figurativa no cenário político da nação, conquanto tenham sido eleitos pela mesma população que elegera os representantes dos demais partidos (majoritários). A não ser desta forma, a sua representatividade restaria comprometida, porquanto não teriam meios de defender o povo, eis que sempre seriam vencidos no Congresso e nas grandes decisões políticas, como ocorre atualmente. Enfim, oportunidades de participação efetiva também devem ser abertas ao baixo clero.

Importa, ainda, assegurar uma forma de *impeachment* dos membros da Corte no caso, *v.g.*, de comportamento incompatível com a sua função, uso político do cargo, falta de decoro,[74] prática de crime, rece-

---

73. O princípio pluralista encontra-se na própria CF, art. 1º, V.
74. A Constituição Argentina estabelece que "Los jueces de la Corte Suprema y de los tribunales inferiores de la Nación conservaran sus empleos mientras dure su buena conducta" (art. 110º).

FUNDAMENTOS PARA UMA CORTE CONSTITUCIONAL. O EXEMPLO ALEMÃO   165

bimento de propinas ou de outros benefícios, utilização do cargo no interesse pessoal, atraso processual etc. A legitimidade dos órgãos para propor o *impeachment* também deveria ser eclética e ampla: Presidente da República, Congresso Nacional, Procurador-Geral da República, Conselho Federal da OAB, integrantes da própria Corte, partidos minoritários com representação no Congresso Nacional, abaixo-assinado de cidadãos, Governadores de Estado, representantes da magistratura nacional e do Ministério Público, Conselhos Universitários, entidades de classe de representação nacional etc.

Atualmente, a Lei 1.079/1950 cuida dos *crimes de responsabilidade*, trazendo no seu art. 39 a tipificação destes crimes comissíveis pelos Ministros do STF. O seu art. 41 estabelece: "É permitido a todo cidadão denunciar, perante o Senado Federal, os Ministros do Supremo Tribunal Federal e o Procurador-Geral da República, pelos crimes de responsabilidade que cometerem (arts. 39 e 40)".

A possibilidade de *impeachment* dos membros da Corte é fundamental, para evitar, por exemplo, algumas experiências vivenciadas na recente história do Brasil, com Ministros apresentando notória atividade político-partidária sem que as Instituições Públicas adotassem qualquer providência.

Os anos 2003-2005 foram pródigos nestas práticas, vedadas pela Lei 1.079/1950, art. 39:

"Art. 39. São crimes de responsabilidade dos Ministros do Supremo Tribunal Federal: "I – alterar, por qualquer forma, exceto por via de recurso, a decisão ou voto já proferido em sessão do Tribunal; "II – proferir julgamento quando, por lei, seja suspeito na causa; "III – exercer atividade político-partidária; "IV – ser patentemente desidioso no cumprimento dos deveres do cargo; "V – proceder de modo incompatível com a honra, dignidade e decoro de suas funções."

O *impeachment* de Ministro do STF está autorizado por referida lei, a qual não se encontra revogada. Seu art. 70 é claro, não deixando qualquer margem de dúvida:

"Art. 70. No caso de condenação, fica o acusado desde logo destituído do seu cargo. Se a sentença for absolutória, produzirá a imediata reabilitação do acusado, que voltará ao exercício do cargo, com direito à parte dos vencimentos de que tenha sido privado".

166 O SUPREMO TRIBUNAL FEDERAL NA CRISE INSTITUCIONAL BRASILEIRA

Conforme já esclarecido no final do capítulo anterior, estas sugestões não são "mágicas" nem suficientes para resolver toda a crise do órgão encarregado de aplicar a Constituição em último grau. Deveras, muitos fatores embaraçadores adicionam-se à forma de organização, composição e acesso a uma Corte Constitucional, valendo ressaltar o secular problema ético, no caso do Brasil, estimulada e fertilizada por uma cultura de apadrinhamentos, comprometimentos políticos, exercício de funções em interesse particular e troca de favores nos vários órgãos da estrutura do Estado. Mas, estas sugestões apresentam maneiras de minimizar a grave crise do órgão que pontifica o judiciário brasileiro e aplica definitivamente a Constituição em última instância. Elas procuram aproximar o órgão da base social, numa feição mais democrática, envolvendo os vários setores da sociedade, e almejam inserir na Corte membros oriundos de diversos setores da comunidade. Outrossim, o modelo será compatível com a realidade brasileira, não sendo inteiramente o adotado pelos países Europeus.[75]

Por proposta do Deputado Almir Moura e outros, a PEC 252/2004 se propunha a criar a Suprema Corte Constitucional, no Brasil. Porém, ela não logrou êxito na Comissão de Constituição e Justiça e de Cidadania, na qual funcionou como Relator o Deputado Roberto Magalhães, que assim justificou:

"De outro lado, a mudança é extremamente radical. Deslocadas as referidas atribuições para o novo tribunal, ficará o Supremo Tribunal Federal praticamente ocioso. Veja-se que, em 2005, a Corte julgou 103.700 processos. Destes, 97.363 são processos que, segundo o projeto, seriam repassados à nova corte (recursos extraordinários, ações diretas e os respectivos agravos). Ou seja, a corte proposta já nasceria com acúmulo de trabalho, e o Supremo Tribunal Federal restaria com pouco mais de cinco mil processos para julgar no ano. Não há, portanto, equilíbrio na medida sugerida no que se refere à carga de trabalho. (...).

"Isso posto, votamos pela inadmissibilidade desta PEC n. 252, de 2004."[76]

---

75. Observe-se que a estrutura ora sugerida para uma Corte Constitucional brasileira se aproxima da estrutura chilena (v. neste mesmo capítulo, o tópico "3. Cortes Constitucionais nas Constituições estrangeiras"), com inspiração no Tribunal Constitucional Federal alemão.

76. Parecer emitido em 8.6.2005. Disponível em: www.camara.gov.br/sileg/integras/402585.pdf (acessado em 15.9.2007).

FUNDAMENTOS PARA UMA CORTE CONSTITUCIONAL. O EXEMPLO ALEMÃO 167

De autoria do Senador Jefferson Peres, a PEC 68/2005 também se preocupou com a liberdade de nomeação dos Ministros do STF pelo Presidente da República. A PEC 68/2005 sugeria que se conferisse aos órgãos de representação da magistratura, do Ministério Público e da Advocacia o direito de escolher, dentre os integrantes respectivos, dois candidatos para cada vaga no STF. Destes seis nomes, o STF escolheria um, cabendo ao Presidente da República limitar-se a nomeá-lo.

A EC 45/2004, fruto da PEC 29/2000, traduziu a primeira parte da Reforma do Judiciário, nos pontos em que havia consenso entre os parlamentares. Na PEC 358/2005, almeja-se dar continuidade à dita Reforma, recebendo contribuição de várias instituições, associações e organismos. Destaca-se a proposição encaminhada pela ANAMATRA, em maio de 2005, ao Congresso Nacional, sugerindo mudanças na estrutura e composição do STF (passando a 15 membros), com mandato de nove anos (assegurado o retorno dos Ministros da Corte às Instituições de origem),[77] aproximando-se da proposta que a presente obra defende, desde sua primeira edição (2001). Do documento da ANAMATRA, retira-se:

"A par disso, com vistas à implementação do princípio republicano e do princípio democrático, é importante que se divida igualitariamente a prerrogativa de indicar os Ministros, por terços, entre o Poder Executivo (na pessoa do Presidente da República), o Poder Legislativo (pelo Congresso Nacional, em sessão unicameral) e o Poder Judiciário (na forma que disciplinar o Estatuto da Magistratura, a ser disposto em lei complementar de iniciativa do Supremo Tribunal Federal, nos termos do artigo 93, *caput*, da CRFB). Acompanha-se, também aqui, o modelo italiano, pelo qual os juízes do Tribunal Constitucional são 'nomeados, uma terça parte, pelo Presidente da República, outra terça parte pelo Parlamento em sessão conjunta e a terça parte restante pelas supremas magistraturas ordinária e administrativa' (artigo 135 da Constituição italiana). Da mesma forma, no modelo francês, o Conselho Constitucional, constituído por nove magistrados, tem membros nomeados, em partes iguais, pelo Presidente da República, pela Assembléia Nacional e pelo Presidente do Senado (sem reserva de lugares à escolha da Magistratura por não ter ela, na ordem constitucional francesa, *status* de Poder, cfr. títulos II, III e IV da Constituição francesa). Na Espanha, enfim, o Tribunal Constitucional é composto por 12

---

77. Disponível em: www.anamatra.org.br/downloads/rj_documento_pec358.pdf (acessado em 15.9.2007).

168 O SUPREMO TRIBUNAL FEDERAL NA CRISE INSTITUCIONAL BRASILEIRA

membros nomeados pelo Rei, sendo quatro propostos pelo Congresso (equivalente à Câmara dos Deputados), quatro propostos pelo Senado, dois propostos pelo Governo (Poder Executivo) e dois propostos pelo Conselho Geral do Poder Judiciário (artigo 159 da Constituição espanhola). Nessa esteira, é curial que o modelo constitucional brasileiro atenda, também, ao princípio de tripartição de Poderes, que está consagrado no País como cláusula pétrea (artigo 60, § 4º, III, da CRFB)."

Apesar das PECs sobre Corte Constitucional no Brasil, parece que a idéia ainda demorará para se transformar em realidade e, provavelmente, a evolução será paulatina: primeiramente, o STF passará por mudanças; e, depois, talvez venha a se converter em genuína Corte Constitucional.

No próximo capítulo, apresentar-se-á o corriqueiro descumprimento da Constituição Federal brasileira, as conseqüências pela sua inobservância e o tíbio posicionamento do STF a este respeito, em alguns casos, permitindo a dilaceração à Lei Maior da nação.

Capítulo 4
O DESCUMPRIMENTO DA CONSTITUIÇÃO

Qual a importância de se fazer cumprir
a Constituição Federal?
A Constituição brasileira está sendo descumprida
e desfigurada?
Quais as conseqüências disso?
É conveniente a vinculação obrigatória das decisões
na estrutura judiciária, internamente?
E a centralização da cúpula do Judiciário?
Como o STF tem atuado perante o descumprimento
da Constituição?

1. Epítome. 2. O letal descumprimento da Constituição de 1988 e o inte-resse na hierarquização do Judiciário. 3. A tíbia atuação do STF ante o descumprimento da CF/1988.

1. Epítome

No capítulo antecedente, enfocou-se a importância de uma Corte Constitucional, com específica atribuição para as causas pertinentes à *jurisdição constitucional.* Lançaram-se fundamentos para a instituição, no Brasil, de órgão com tal natureza, haja vista o STF ser dela destituí-do, não tendo condições de apreciar a contento as questões que lhe são submetidas, num prisma aprofundado de interpretação constitucional, com olhos voltados para os valores sociais e fundamentais do Estado Democrático de Direito. O excesso de competência e o volume de pro-cessos o impedem, aliados a uma certa *miopia social.* Recorrendo a Constituições estrangeiras, apontou-se o relevante papel desempenhado pelas Cortes Constitucionais em vários países, fazendo destacado estu-do sobre o Tribunal Constitucional Federal alemão.

O SUPREMO TRIBUNAL FEDERAL NA CRISE INSTITUCIONAL BRASILEIRA

A importância de se instituir na estrutura do Estado um órgão com atribuição especificamente constitucional será melhor compreendida com a demonstração da necessidade de cumprir e fazer cumprir a Constituição, de aplicar a Norma Básica. Afinal, assim como há órgãos judiciais criminais, civis, trabalhistas etc., com mais razão se compreende que haja, também, um com atribuição especificamente constitucional, para dirimir as questões referentes à *jurisdição constitucional*.

2. O letal descumprimento da Constituição de 1988 e o interesse na hierarquização do Judiciário

A compreensão da necessidade de bem aplicar a Constituição e a sua práxis constituem pontos cruciais da sobrevivência do Estado de Direito e da democracia, encontrando inúmeros obstáculos à sua observância. São estorvos de ordem jurídica, metajurídica, de renitência fática de segmentos da sociedade e de desatenção do Judiciário.

Para Luís Roberto Barroso, um dispositivo da Constituição não será aplicado quando: *a)* apresentar-se, desde sua criação, irrealizável, por deficiência do texto, falta de condições materiais ou impossibilidade de juridicização do bem ou interesse que pretendeu tutelar; *b)* os regimes autoritários, para ocultar a real violência, prevêem na Constituição princípios e direitos já incorporados à humanidade, mas, por detrás, cuidam para nunca se efetivarem; e *c)* as disposições constitucionais deixam de ser cumpridas por resistência dos influentes setores econômicos e políticos.[1]

Ao tratar da Constituição (*politéia*) como a "alma da *polis*", em alusão ao pensamento da Grécia antiga, Fábio Konder Comparato afirma estar ela sendo letalmente executada, por vários "assassinos espirituais", concentrando-se eles no conjunto dos Poderes da República, sem exceção alguma: o Executivo como autor principal, eficazmente acolitado pelo Congresso Nacional; os Tribunais Superiores, liderados pelo Supremo, com o acumpliciamento solícito do Procurador-Geral da República. E conclui: "Belo corpo de réus para o juízo final de um regime!".[2]

---

1. Luís Roberto Barroso, *O Direito Constitucional e a Efetividade de suas Normas – Limites e Possibilidades da Constituição Brasileira*, p. 219.
2. Fábio Konder Comparato, "Réquiem para uma Constituição", *RTDP* 20/5-6.

O DESCUMPRIMENTO DA CONSTITUIÇÃO

Quando a Constituição deixa de ser respeitada e perde sua autoridade, afirma Dalmo de Abreu Dallari, os limites constitucionais para a ação dos governantes se fragilizam e o Governo passa a agir arbitrariamente. A corrupção logo se instala, com grande risco de chegar-se à ditadura.[3]

Enfocando os primeiros dez anos da Constituição de 1988, Sérvulo da Cunha analisa os caminhos trilhados pelo sistema e os da consolidação das práticas neoliberais, com reflexos no descumprimento à CF, na sua alteração formal e material, e no situamento do Judiciário.[4] É de se acostar à profunda análise, *infra*.

Enquanto a CF/1946 nascera no momento certo – uma feliz coincidência entre os processos interno e internacional de libertação –, a CF/1988 nasceu no momento errado, conforme Sérvulo da Cunha, pois às forças conspiratórias da oligarquia "associavam-se contra ela as fúrias do capital financeiro e especulativo, apoiadas, pela primeira vez após Hitler e Mussolini, por uma sólida doutrina de direita, e uma retórica invasiva tanto da academia quanto dos meios de comunicação social".

Inicialmente, o Presidente Sarney acusara a Constituição de *fator de ingovernabilidade*, ao que rebateu Ulysses Guimarães, em discurso batismal da *Constituição Cidadã*. Aliás, Sérvulo da Cunha lembra que, às vésperas da promulgação da nova CF, o Ministro da Justiça aprestara-se a amputar-lhe o art. 192, § 3º,[5] como o STF faria, depois, com o mandado de injunção, e, de forma passiva, em grande parte com a ação direta de inconstitucionalidade.[6] No mesmo dia 5.10.1988, o Governa-

3. Dalmo de Abreu Dallari, *Constituição e Constituinte*, p. 61.
4. Sérgio Sérvulo da Cunha, "Dez Anos de Constituição", *RTDP* 23/32-39.
5. Em setembro de 1987, esse Ministro, então Consultor-Geral da República, emitira volumoso parecer, visando a demonstrar que a Constituinte só possuía poderes derivados. Em 26.7.1988, em cadeia nacional, o presidente José Sarney criticou o projeto de Constituição, apontando-lhe inúmeros defeitos, e concluiu pelo "receio" de a Constituição tornar o País ingovernável (Sérvulo da Cunha, "Dez Anos de Constituição", *RTDP* 23/34, nota 7).
6. Criticando a satisfatividade das cautelares em ADIs, deixando as questões numa espécie de "limbo constitucional, aguardando a decisão definitiva do STF", Sérvulo da Cunha invoca Gilmar F. Mendes para indicar que "até agosto de 1996 haviam sido ajuizadas 1.507 ações diretas de inconstitucionalidade, sendo 975 com pedidos de liminar; destes, 594 foram deferidos; dentre estes, 63 liminares foram confirmadas e 20 não confirmadas, restando os demais pedidos pendentes de julgamento ('O Poder Executivo e o Poder Legislativo no controle de constitucionalidade', *RIL* 134/11). O que parecia um eficiente instrumento de controle a serviço da cidadania

172 O SUPREMO TRIBUNAL FEDERAL NA CRISE INSTITUCIONAL BRASILEIRA

dor da Bahia aludiu à falta de um *querer* aplicar a Constituição por parte daqueles que reagiam contra a transição para a democracia e lhe previam vida curta.

A mobilização popular, continua Sérvulo da Cunha, refluiu após a Constituinte, dissolvendo-se a frente de resistência à ditadura e redefinindo-se o espectro político-partidário, ante outros interesses. Nessa fase, os setores populares organizados concentraram-se em reclamar ao Congresso a edição das leis complementares, previstas pela CF/1988. Havia, então, uma resistência por inércia, um propósito deliberado de não aplicar a nova Carta.

Os primeiros marcos formais de neoliberalização do Brasil, anui-se com Sérvulo da Cunha, iniciaram-se logo após a posse do Presidente Collor (pacote de 15.3.1990): a MP 155, criando o Programa Nacional de Desestatização; a MP 157, originando os Certificados de Privatização e o Dec. 99.179, instituindo o Programa Federal de Desregulamentação.

Ao empossar o Conselho da República, em 6.8.1990, Collor reclamou "das dificuldades para governar impostas pela atual Carta", e anunciou a sua reforma, para servir "de instrumento à modernização do país". Em 5.10.1990, comemorando os dois anos da Constituição, Collor atacou-a pela TV: "As palavras 'direitos' e 'garantias', por exemplo, aparecem 192 vezes na nossa Constituição, enquanto a palavra 'deveres' é mencionada em apenas 32 passagens. O desequilíbrio é claro". Collor atribuiu à CF as dificuldades nas contas públicas e o desestímulo aos investimentos internos e externos. Poucos dias antes, enviara ao Congresso um pacote de propostas de emendas constitucionais, visando a alterar a CF/1988 ("Emendão"), relativamente: à exploração do petróleo e dos serviços de telecomunicações, à pesquisa e lavra de recursos minerais, a operações de crédito interno e externo, à aposentadoria dos servidores públicos e sua estabilidade, à aposentadoria previdenciária.

Em 28 de agosto daquele ano, a diretoria do Conselho Federal da OAB divulgou nota condenando asperamente o pacote e acusando o Executivo de pretender condições excepcionais "para extinguir o monopólio estatal das comunicações, para liberar as taxas de juros, para desnacionalizar o patrimônio público". No dia 19 de outubro, na sede da OAB, em

tende a ser por esta abandonado, dada sua confiança maior no controle incidental" (nota 9, original do Autor referido, ibidem, pp. 34-35).

O DESCUMPRIMENTO DA CONSTITUIÇÃO 173

Brasília, 30 entidades decidiram iniciar uma campanha nacional contra o Emendão.[7] Desperta interesse notar que as matérias do Emendão acabaram sendo implementadas, poucos anos após, pelo Governo do Presidente Fernando Henrique Cardoso e, depois, continuadas pelo do Presidente Luís Inácio Lula da Silva (ex.: reforma da previdência, EC 41/2003), sem que as Instituições Públicas a elas se opusessem ou a imprensa as atacasse.

Mas, ao ataque explícito provocado pelo Emendão, sucederam outros: a EC 3/1993, que restaurou em parte o tripé Judiciário do "pacote de abril", e o efetuado a pretexto de processar a revisão constitucional (art. 3º, ADCT-CF). Mal encaminhadas as reformas, sobreveio o *impeachment* de Collor.

Após o mandato-tampão de Itamar Franco, a ofensiva à CF seguiu, no Governo de Fernando Henrique (obediente às determinações neoliberais), uma estratégia amadurecida e extremamente "competente", revelada "pela sua atuação nos campos social, jurídico e econômico".[8] O momento inicial desta estratégia foi a desarticulação planejada das oposições. O programa trazia, ainda, a cooptação de setores da intelectualidade e da esquerda, o desemprego estrutural, a destruição do movimento. Tudo à *pinça* jurídica: "a alteração da disciplina constitucional da ordem econômica (já efetuada)[9] a flexibilização do Direito do Trabalho (em fase final),[10] a 're-

---

7. Sérgio Sérvulo da Cunha, "Dez Anos de Constituição", cit., p. 35, nota 12. É curioso observar como a pauta do Emendão, de Collor era idêntica ao pacote de Emendas Constitucionais encaminhadas, com êxito, por FHC, apesar de serem pacotes conduzidos por Presidentes *adversários*; e como o Presidente Lula deu prosseguimento a isto, mesmo sendo ideologicamente opositor a ambos.

8. Idem, ibidem, pp. 35-36.

9. ECs 6, 7, 8 e 9, de 1995.

10. Em meio a tantos ataques à legislação trabalhista, respingando na própria Justiça do Trabalho, o jornal *Folha de S. Paulo*, edição de 22.1.1998, divulgou: "O presidente Fernando Henrique Cardoso atacou ontem a atual legislação trabalhista brasileira e, sem citar nomes, os sindicalistas e políticos que a defendem: 'É preciso, agora, que os deputados que representem as forças trabalhistas não fiquem agarrados no passado, pendurados, sem o saber, no autoritarismo do pior momento do Getúlio e no autoritarismo do pior momento militar, que não queria mexer em nada sindical'. O período Vargas foi atacado pelo Ministro Paulo Paiva (Trabalho). Paiva disse que a meta do governo FHC era superar Vargas, cujo período de ação foi marcado por 'populismo, totalitarismo, corporativismo'".

No ataque efetivo à legislação obreira, Sérgio Sérvulo da Cunha afirma: "A supressão prática do direito de greve no governo Fernando Henrique, em manobra desenvolvida durante a greve dos petroleiros, em que se associaram o Ministério do

174 O SUPREMO TRIBUNAL FEDERAL NA CRISE INSTITUCIONAL BRASILEIRA

forma' administrativa (em curso)[11] e a 'reforma' política (no prelo)".[12]

Enfraquecidos os setores democráticos, diz Sérvulo da Cunha, porta-vozes do Governo "podem anunciar a alteração da cláusula pétrea do art. 60" (necessidade de três quintos de votos para aprovação de emenda à Constituição) que permita uma nova "revisão constitucional"; os "eternos conspiradores podem reivindicar, sem receio de sanção judicial[13] e com o apoio dos juristas de direita, a restauração da ditadura explícita". Ao concluir, afirma a desnecessidade de revisão ampla para os objetivos do Governo, bastando que ele tranque a porta pela qual

Trabalho, a Procuradoria do Ministério Público do Trabalho, a Procuradoria da Fazenda Nacional e o Tribunal Superior do Trabalho, foi condenada pela Organização Internacional do Trabalho (v. *Folha de S. Paulo* de 5.11.1996...)" ("Dez Anos de Constituição", cit., p. 36, nota 17).

11. Após o texto de Sérvulo da Cunha, sobrevieram as ECs 19/1998 (reforma administrativa), 20/1998 e 41/2003 (reforma da Previdência).

12. A EC 16, de 4.7.1997, tratou da reeleição do Presidente da República, Governadores e Prefeitos (Sérvulo da Cunha, ibidem, p. 36).

13. A dilatação do Poder judicial, leciona Sérvulo da Cunha, provoca perplexidades à tradicional harmonia dos Poderes, o que se percebe dos seguintes episódios: os 147,06% da Previdência; as liminares sobre a MP 90 (que suspendia aumentos salariais em dissídios coletivos), sobre o Decreto 99.300/1990 (que reduzia vencimentos de funcionários em disponibilidade) e sobre a suspensão do recesso de parlamentares; as decisões do Min. Ilmar Galvão autorizando a quebra do sigilo telefônico de alguns deputados (CPI dos Bingos, fev./1990), e suspendendo a cassação do deputado Sérgio Naya (mar./1998). E explica outros episódios como: a) o surpreendente apoio da mídia, em certo momento, à proposta democrática de controle externo do Judiciário; b) as tentativas de retorno à configuração do Judiciário de antes de 1988, tal como fixada no "pacote de abril"; c) o objetivo de difamar a magistratura, nas propostas oficiais de reforma do Judiciário; d) o realce incomum que a mídia deu às despesas do Judiciário. O desentendimento entre os Poderes alçou ao ponto mais crítico na reforma administrativa (principalmente quando se tratou da aposentadoria especial dos magistrados), mas parece estar sendo contornado com o refluxo do STF, e a perspectiva de implantação do efeito vinculante (Sérgio Sérvulo da Cunha, ibidem, pp. 36-37, nota 19).

Patenteando o *Pacote de Abril* (1977), o Gen. Hugo Abreu aduz que o seu pretexto fora a Reforma do Judiciário. "Por si só, as 'reformas' do Pacote seriam justificadas pelo medo natural de todo governo autoritário de enfrentar o *veredictum* do povo: é coisa comum entre os ditadores". O Pacote começou fechando o Congresso Nacional, reduziu o *quorum* para aprovação de emendas constitucionais, aumentou a duração do mandato do futuro Presidente, criou o *senador biônico* etc. (*O Outro Lado do Poder*, pp. 68-71). Cotejando-se essas reformas com as dos anos 2000-2007, só falta o Governo atual instituir o Senador biônico, vez que não é necessário fechar o Congresso.

O DESCUMPRIMENTO DA CONSTITUIÇÃO 175

ainda se podem manifestar as pretensões democráticas: o sistema eleitoral-partidário e a independência do Judiciário:

"Para consecução desses objetivos, as receitas acham-se à mão: quanto ao primeiro, o voto majoritário (distrital); quanto ao segundo, o efeito vinculante das decisões do STF, ou dos Tribunais Superiores. Mexer nos direitos sociais, para quê? O desemprego estrutural se encarrega de fazê-los inexeqüíveis. Extinguir a norma que criou o Conselho de Comunicação Social, para quê? De qualquer forma ele não foi instalado até hoje, e se o for irá funcionar tanto quanto, por exemplo, o Conselho de Defesa dos Direitos da Pessoa Humana (CDDPH). Ao governo interessa manter nominalmente uma Constituição que foi batizada como 'cidadã', mesmo que ela tenha sido esvaziada de toda eficácia."[14]

Quanto ao voto distrital e ao efeito vinculante das súmulas, Sérvulo da Cunha não mede palavras. Para ele, o sistema da liberdade eleitoral-partidária é funcionalmente incompatível com a estrutura de dominação vigente no Brasil. Por tal motivo, a liberdade eleitoral-partidária não é durável, pois sua persistência abalaria, com o tempo, a estrutura de dominação. Destarte, esta é *constrangida*, de tempos em tempos, a intervir no sistema eleitoral e na liberdade de organização partidária.[15]

O voto distrital, segundo o Autor, colima reduzir o número de partidos a dois ou, no máximo, a três. O exemplo histórico foi quando, em 1964, o então Presidente Castelo Branco encomendou projeto para sua criação. No entanto, o advento do Ato Institucional n. 2, tornou-o desnecessário, ante a redução do quadro partidário a duas legendas: a ARENA e o MDB. Quando os arautos da oligarquia falam em ingovernabilidade, o que têm em vista é a domesticação do Congresso e a institucionalização do rolo compressor palaciano.

No pertinente ao efeito vinculante das decisões do STF e dos Tribunais Superiores, entende que isto implicará na concentração do con-

14. Sérgio Sérvulo da Cunha, "Dez Anos de Constituição", cit., pp. 36-37.
15. Do mesmo Autor se transcreve: "O sistema de propriedade e concentração de renda, vigente no Brasil, é incompatível com o exercício durável da democracia formal. Assim, ou a prática democrática – expressa através da liberdade eleitoral-partidária – desestrutura o sistema de dominação, ou o sistema de dominação interrompe violentamente a prática democrática, como aconteceu em 1964. Essa alternativa deixará de existir caso o sistema de dominação consiga o que vem tentando: implantar seu análogo eleitoral-partidário, um modelo que, sob a aparência de democracia, esconda eleições não-competitivas" (idem, ibidem, p. 36, nota 20).

176 O SUPREMO TRIBUNAL FEDERAL NA CRISE INSTITUCIONAL BRASILEIRA

trole de constitucionalidade por tais Cortes. Assim, almeja-se a contenção das minorias e das manifestações divergentes, concentrando o poder em estruturas rígidas.[16] Neste contexto, afigura-se-nos que a forma atual de acesso aos Tribunais, especialmente ao STF, é mais adequada à estrutura de dominação: quanto menos houver interferência do povo, melhor será para os reais detentores do poder, os quais terão o monopólio da escolha, da indicação e da nomeação, segundo as suas conveniências. Tanto assim, que, na *reforma do Judiciário* (EC 45/2004) não saiu nenhuma modificação dessa acessibilidade, conquanto tenha havido um sem número de propostas colimando o enfraquecimento do Judiciário, valendo evocar a *lei da mordaça* e a fragilização das *garantias da magistratura*.

Em nome de uma *governabilidade*, as Instituições descumprem o pacto da nação. E a *governabilidade* cede às ingerências internacionais. Tem sido historicamente repetitivo: o argumento da ingovernabilidade sempre vem para sustentar o *status quo* e evitar mudanças. Assim ocorreu nas eleições de 2002, quando Luís Inácio Lula da Silva concorreu à Presidência da República: criou-se um tom de desconfiança econômica e administrativa, alegando-se que se Lula fosse eleito, o País se tornaria ingovernável, devido problemas econômicos, interna e externamente. Vivia-se um terrorismo financeiro. O mesmo discurso surgiu, ironicamente, em 2006, nas eleições presidenciais. Porém, o autor do prenúncio, agora, era o próprio Lula, candidato à reeleição, falando do risco que o País corria se outro fosse eleito, pois derrubaria o trabalho por ele feito ao longo do primeiro mandato. E sempre que as grandes medidas governamentais ou os pacotes econômicos são questionados no Judiciário, vem a mesma cantilena da ingovernabilidade que as decisões judiciais podem causar. Ou seja, para que o País seja *governável*, não pode haver mudanças nem se discutirem direitos. As Instituições devem calar-se, enquanto o Executivo administra a seu bel prazer. Que discurso

---

16. Idem, ibidem, pp. 37-38. Embora o Autor refira-se à "contenção das minorias", parece mais acertado dizer-se "contenção das maiorias", pois, na verdade, a minoria é que se encontra na dominação, lançando justificativas de todas as formas para manter o *status quo*. E, em se tratando de Judiciário, a *maioria* é composta pelos órgãos judicantes inferiores: Tribunais Regionais (Federais e do Trabalho), de Justiça, Varas Federais, do Trabalho e estaduais etc. O STF e os Tribunais Superiores é que são a *minoria* nesta estrutura.

O DESCUMPRIMENTO DA CONSTITUIÇÃO 177

infeliz! Mas quando o Executivo acha que as mudanças devem ocorrer, para garantir a governabilidade, as coisas se invertem.

Nos países latino-americanos, consigna Zaffaroni, há uma acentuada tendência centralizadora das cúpulas do Judiciário, ou seja, a verticalizar mais a estrutura judiciária para controlá-la melhor. Para ele, a lógica dos executivos é trilhar o caminho mais simples, ao invés de reformar todo o Judiciário: é mais fácil controlar um pequeno corpo de amigos, que mandam no resto, do que controlar diretamente a todo um poder judiciário, a todos os juízes das diversas instâncias. O resultado são as cúpulas hierarquicamente fortes e politicamente débeis.[17] A súmula vinculante (art. 103-A, CF; red. EC 45/2004) encaixa-se perfeitamente neste raciocínio, impondo comandos obrigatórios emanados da cúpula do Judiciário, atingindo os demais tribunais e juízes.

A bem da verdade, há uma pretensão internacional em tornar o juiz brasileiro mero aplicador de lei, ao sistema napoleônico, quando este imperador proibia os juízes de interpretar o seu Código. Neste esquema, prima-se pela celeridade do Judiciário e pelo tecnicismo, em detrimento da aplicação crítica da norma, da independência do magistrado e do valor justiça.

Enfim, é clarividente o quão a CF está sendo alterada profundamente, por meio de esquemas legais, engendrados por uma "ditadura constitucional" ou "institucionalizada". E esta alteração, além de ilegítima, compromete a alma constitucional da nação, porquanto modifica a estrutura formulada pelo poder constituinte originário, através de um poder reformador que não tem mandato do povo para tanto, sobretudo por atuar no fito de propiciar o terreno normativo à legalização da ingerência internacional.

3. A tíbia atuação do STF ante o descumprimento da CF/1988

A CF/1988 procurou acentuar o papel do STF como Corte Constitucional – embora não tenha logrado conferir-lhe esta natureza –, criando o STJ e transferindo a este competências outrora pertencentes àquele Tribunal, valendo citar a uniformização da jurisprudência do direito

---

17. Eugenio Raúl Zaffaroni, *Estructuras Judiciales*, p. 148.

178   O SUPREMO TRIBUNAL FEDERAL NA CRISE INSTITUCIONAL BRASILEIRA

infraconstitucional federal – por meio do recurso especial. A intenção foi a de conferir ao Supremo Tribunal competência precípua para a guarda da Constituição (art. 102, *caput*, CF).

Como a nova Constituição Federal, acertadamente denominada de *Constituição Cidadã*, foi assinalada pela abertura política, aumentando o rol de direitos e garantias individuais e sociais, o corolário racional é que se atribuiu ao STF um papel importantíssimo na salvaguarda da nova ordem jurídica, considerando que o espírito da CF/1988, promulgada em 5.10.1988, era (e ainda é) bem diferente da CF/1967-1969. Alerta Sebastião de Oliveira Lima que "nunca na história constitucional brasileira o constituinte confiou tanto em seus juízes quanto o constituinte de 1988".[18]

Mas o constituinte cometeu uma falha terrível. Sem maior embate político, manteve na composição do STF todos os Ministros que haviam sido investidos no Tribunal pelos governos anteriores. Embora reconhecendo as virtudes pessoal e intelectual daqueles integrantes, a Corte brasileira, encarregada de interpretar uma Constituição completamente diferente da anterior, permaneceu composta de juristas nomeados no crédito do regime militar, com a mentalidade dos quartéis. Na mesma linha do regime de então, o STF continuou julgando sob os auspícios das ideologias autoritárias, centralizadoras, opressoras de direitos e garantias fundamentais. A conseqüência foi desastrosa, conforme aduz Luís Roberto Barroso:

"Sem dever o seu título de investidura à nova ordem, e sem compromisso político com a transformação institucional que se operara no país, a Corte reeditou burocraticamente parte da jurisprudência anterior, bem como alimentou inequívoca má-vontade para com algumas inovações. Não se escapou, aqui, de uma das patologias crônicas da hermenêutica constitucional brasileira, que é a interpretação retrospectiva, pela qual se procura interpretar o texto novo de maneira a que ele não inove nada, mas, ao revés, fique tão parecido quanto possível com o antigo. Com argúcia e espírito, Barbosa Moreira estigmatiza a equivocidade desta postura: 'Põe-se ênfase nas semelhanças, corre-se um véu sobre as diferenças e conclui-se que, à luz daquelas, e a despeito destas, a disciplina da matéria, afinal de contas, mudou pouco, se é que na verdade mudou.

---

18. Sebastião de Oliveira Lima, "Mandado de Segurança Coletivo e seus Principais Problemas", *RTDP* 3/135.

O DESCUMPRIMENTO DA CONSTITUIÇÃO 179

É um tipo de interpretação em que o olhar do intérprete dirige-se antes ao passado que ao presente, e a imagem que ele capta é menos a representação da realidade que uma sombra fantasmagórica'."[19]

Luís Roberto Barroso reconhece que, do ponto de vista estritamente técnico e da discussão doutrinária, os acórdãos do STF não ficam a dever às melhores manifestações das Cortes estrangeiras, por sua erudição, pesquisa e conhecimento. Entretanto, a questão, aqui, não é de *técnica*, mas, sim, de *valorização* da atividade de jurisdição constitucional, por seu cunho seletivo e excepcional. A recorrente incidência de temas menores leva à banalização dos pronunciamentos da Corte, comprometendo-lhe a visibilidade e relevância de suas decisões constitucionais.[20]

Sob a ótica de efetividade na atuação do STF, como guardião da Constituição Federal, Luís Roberto Barroso lamenta que a Corte tenha, eventualmente, descurado de seu papel, em casos da maior importância.

Para o Autor, a Corte andou mal, em matéria de *federação*, quando reproduziu o entendimento cristalizado no regime anterior no sentido de impor ao constituinte dos Estados-membros a observância estrita ao modelo federal, sobretudo quanto ao processo legislativo, inclusive no pertinente à iniciativa reservada e aos limites do poder de emenda parlamentar.[21] Também, quando admitiu, no âmbito estadual, a edição de medida provisória, prática que não se disseminou.[22] Igualmente, ao considerar ofensiva ao princípio federativo a equiparação ou vinculação entre servidores estaduais e federais para fins de remuneração.[23]

No âmbito das *relações entre os Poderes*, o Autor sobreleva a incumbência recebida pelo Supremo de declarar a inconstitucionalidade de emenda constitucional aprovada pelo Congresso, ao fundamento de

19. Luís Roberto Barroso, "Dez Anos da Constituição de 1988...", cit., *RTDP* 20/39.
20. Idem, ibidem, pp. 39-40.
21. Luís Roberto Barroso cita decisão publicada em *RDA* 199/173 e 191/194 (nota original do Autor mencionado, n. 19, ob. cit., p. 42).
22. Luís Roberto Barroso cita decisão publicada em *RDA* 183/151 (nota original do Autor aludido, n. 20, ob. cit., p. 42).
23. Luís Roberto Barroso cita decisão publicada em *RDA* 197/100; *RTJ* 146/348 (nota original do Autor referido, n. 21).

180 O SUPREMO TRIBUNAL FEDERAL NA CRISE INSTITUCIONAL BRASILEIRA

o poder constituinte derivado subordinar-se ao originário, não podendo violar cláusulas pétreas da Constituição.[24] Porém, no campo das medidas provisórias, a Corte repetiu antiga jurisprudência, firmada na época dos decretos-leis, no sentido de descaber ao Judiciário apreciar os requisitos de relevância e urgência (art. 62, CF). O Autor faz referência, em seguida, ao papel do STF quando do *impeachment* do Presidente Collor de Mello, destacando o acórdão no qual o Tribunal consolidou que: *a)* em matéria de crime de responsabilidade do presidente da República, o Direito brasileiro prevê duas penas autônomas: a perda do cargo e a inabilitação para o exercício de função pública; e *b)* a renúncia ao cargo, apresentada na sessão de julgamento, quando já iniciado, não paralisava o processo de *impeachment*.[25]

Quanto aos *direitos fundamentais*, aponta o infeliz fim dado pela Corte ao mandado de injunção, remetendo-o à desimportância,[26] assunto que será tratado em tópico separado, no *Estudo de Casos*, desta obra investigativa.

Através das sucessivas Emendas, a CF/1988 vem mudando seu espírito, num processo paulatino, porém inexorável. Se, de início, vigorava uma Constituição social, agora ela é muito mais liberal, preocupada com a economia, com a repercussão financeira das relações jurídicas. As mudanças que lhe chegam, a cada Governo, remexem-na nas entranhas. Por enquanto, só as matérias tipificadas como cláusulas pétreas vão escapando, mas não de forma ilesa, pois os arranhões rasgam a carne constitucional. Além da mudança textual, a Constituição vem sofrendo modificações mais sutis, pela jurisprudência, que promove a *mutação constitucional*, ora alterando conceitos (como o de direito adquirido, tema a ser visto no estudo de casos, mais adiante), ora deixando de explorá-los (como o de *relevância* e *urgência*, nas Medidas Provisórias), conforme a conveniência política do Poder.

---

24. Luís Roberto Barroso cita decisão publicada em *RDA* 198/123 (nota original do Autor *supra* nominado, n. 23, ob. cit., p. 42).

25. MS 21.689-DF, in *Impeachment*, publicação do STF, 1996. "No processo por crime comum, no entanto, o STF, contra os votos dos Ministros Carlos Velloso, Sepúlveda Pertence e Néri da Silveira, absolveu o ex-presidente da denúncia por crime de corrupção passiva (*RTJ* 162/3, Ap 307-DF, rel. Min. Ilmar Galvão)" (nota original de Luís Roberto Barroso, n. 25).

26. *RDA* 184/226, 1991, MI 107-3-DF, Rel. Min. Moreira Alves, nota original do Autor *supra*, n. 26 ("Dez Anos da Constituição de 1988...", cit., pp. 41-42).

O DESCUMPRIMENTO DA CONSTITUIÇÃO 181

À proporção que o País afunda na instabilidade, mais o pronunciamento firme do Judiciário e, principalmente, do órgão encarregado de aplicar a Constituição na instância máxima, torna-se indispensável. É justamente nesses momentos de comoção nacional que surgem as ações judiciais de natureza política, até mesmo como necessidade de justificar o poder, os atos do Executivo, conferindo uma aparência de realidade às decisões políticas, pois nos tempos de paz social os poderes (= órgãos estatais) não obstaculizam a aplicação da lei.[27] O papel e a responsabilidade social do Judiciário nesses instantes são elevadíssimos. A Constituição, em processo constante de fragilização, carece que as Instituições lhe protejam, em especial o Judiciário e o Ministério Público.

O Deputado Federal Miro Teixeira, em entrevista concedida à revista *Veja*,[28] apresentou sua preocupação com o comprometimento ético da Câmara dos Deputados, afirmando que basta se ter 100 Deputados Federais corruptos para que toda a Casa fique comprometida. E apresenta, em seguida, o risco do uso de plebiscito pelo Presidente da República, ou que este venha a travar um entendimento direto com centrais sindicais sobre alguns temas. E o povo iria aplaudir, porque o Congresso estaria desqualificado. Ao arrematar, expôs: "não pode haver substituição do Parlamento por mecanismos plebiscitários. Você imagina o que acontecerá se o Presidente da República, com 55 milhões de votos, convocar um plebiscito dois ou três meses depois da sua posse?". Com efeito, este canal direto de comunicação entre o Presidente da República e o povo, à margem do entendimento com o Legislativo, só é democrático na aparência, porque o plebiscito é instrumento muito mais fácil de ser manobrado[29] e porque, por si só, fere a Democracia, a qual é erguida no respeito às Instituições Públicas, sem usurpação de funções de uma por outra.

Mais adiante, Miro Teixeira complementa:

"O plebiscito não é instrumento para resolver questões essenciais como a reforma política. O Poder Legislativo tem de ter atitudes que impeçam que uma medida como essa se torne justificável aos olhos da opinião pública. E

27. Mario G. Losano, *Los Grandes Sistemas Jurídicos*, p. 139.
28. *Veja*, edição de 30.8.2006, pp. 62-63 (entrevista de Miro Teixeira).
29. Exemplifica-se com o "plebiscito" sobre o porte de arma, no primeiro mandato do Presidente Lula, cujas propagandas lançadas pelo Governo Federal eram, de início, visivelmente tendenciosas à sua vedação.

182   O SUPREMO TRIBUNAL FEDERAL NA CRISE INSTITUCIONAL BRASILEIRA

isso acontecerá se o Congresso estiver enfraquecido. O Presidente não vai deixar de atingir os objetivos de governo e de Estado, mesmo que tenha de atropelar prerrogativas do Congresso. Tivemos agora um exemplo concreto desse modo de agir. Ninguém, em tese, é contra aumento para os aposentados. O governo fez isso por medida provisória e depois a reeditou para mudar o porcentual. A reedição de MPs é proibida pela Constituição Federal. Como o tema é delicadíssimo, ele bancou e todo mundo noticiou com naturalidade, porque o mérito parece justo. Mas fere o princípio constitucional. Depois, quando se fizer isso novamente por algum motivo menos nobre, não poderemos reclamar, pois o princípio já foi violado."[30]

Dado o risco iminente de ruptura do Estado de Direito, o Judiciário há de ficar atento aos fatos que o cercam e zelar pelo compromisso constitucional, assimilando o sentimento do povo e assegurando a integridade das Instituições.

Este apanhado geral mostra a atuação tíbia do STF em importantes questões constitucionais que lhe foram submetidas logo após a CF/1988, paulatinamente descumprida, transformada em mera *folha de papel*.[31] O guardião da Constituição penalizou a sociedade brasileira. Isto, obviamente, não torna a Corte a única culpada pelas dificuldades atuais; mas demonstra que ela contribuiu sobremaneira para o seu agravamento.

Esta crise do STF expressa uma certa dificuldade, que beira o plano deôntico, sob vários aspectos, o que, em verdade, alcança os setores público e privado do Brasil. O Judiciário, o Legislativo, o Executivo e outras Instituições (Ministério Público, Advocacia, administradores públicos em geral) são afetados, direta e indiretamente, por problemas éticos (ou compromissos políticos, às vezes corporativistas), de modo a comprometer o regular exercício das funções do Estado, em detrimento dos direitos do cidadão. Conquanto sem o intuito de esgotar tão ampla matéria, o próximo capítulo está fadado a apreciar tal questão, inclusive abordando a crise da separação entre os Poderes, surgida das acusações do ex-Presidente do Senado Federal (Antônio Carlos Magalhães) assacadas contra o Judiciário, especialmente a Justiça do Trabalho.

---

30. *Veja*, edição de 30.8.2006, p. 63.
31. Veja-se a idéia de Constituição como mera folha de papel em Ferdinand Lassalle, *A Essência da Constituição*, p. 10.

Capítulo 5
CRISE ÉTICA E INSTITUCIONAL

O Judiciário está se enfraquecendo?
Qual a contribuição do STF para o descumprimento,
pelo Poder Público, das decisões do Judiciário?
Há conexão entre a crise das Instituições brasileiras,
o descrédito nos juízes e a crise ética?
O quê a História registra sobre o declínio moral das nações
e a necessidade de se aplicar a Justiça?
O Brasil vive uma crise moral?
A fragilização do Judiciário compromete
o regime Democrático e o Estado de Direito?
E o que dizer dos magistrados que ingressam na política,
sendo candidatos a cargos desta natureza?
A imparcialidade fica atingida?

1. Sinopse. 2. Crise das Instituições e sua corrupção, fragilização e des-crédito do Judiciário. 3. A necessidade da "Justiça" na crise sócio-eco-nômica e ética. 4. O Senado Federal, o Judiciário e o posicionamento do STF. Crise entre Poderes? 5. Posições político-partidárias e outras condutas reprováveis no STF. Um similar no STJ. 6. Desvios éticos nos Tribunais: um mapa dos anos 2000.

1. Sinopse

Explanou-se, no Capítulo precedente, o reiterado descumprimento da CF/1988, os processos de sua alteração, o engendramento das políti-cas de adulteração constitucional e a modificação paulatina e inexorá-vel do espírito da *Constituição Cidadã*. No último tópico, expôs-se o papel que o STF desempenhou em algumas questões constitucionais, citadas por Luís Roberto Barroso. Um papel supedaneado na interpre-tação retrospectiva, consistente na aplicação da norma constitucional com os olhos voltados para o discrepante regime anterior a ela.

184 O SUPREMO TRIBUNAL FEDERAL NA CRISE INSTITUCIONAL BRASILEIRA

Esta interpretação retrospectiva, senão perniciosa, teve suas causas e conseqüências, até mesmo porque ela foi seguida por outros setores do Judiciário, por razões várias. Igualmente desastrosos foram seus reflexos, a ponto de atingir a sociedade, a economia, o pacto da nação e as Instituições de modo geral, ensaiando, inclusive, uma provável crise entre Poderes.

Incumbe, agora, analisar estes assuntos, uma vez que se afirmou, em capítulo anterior, haver uma *miopia jurídica*, crise ética, grassando nos órgãos encarregados de aplicar a Constituição, além do excesso de processos nos tribunais.

2. Crise das Instituições e sua corrupção, fragilização e descrédito do Judiciário

Falar em *Crise das Instituições* (ou *Crise Institucional*) é relembrar o mau funcionamento da máquina estatal, o desvio de suas funções básicas, o descompromisso social, a necessidade de auto-afirmação, a relação – que se pretende independente e ao mesmo tempo harmônica – entre os Poderes, e a ideologia desastrada que campeia nos vários segmentos da organização do Estado. É que, antes de tudo, a crise é do próprio poder (formal).[1] Constata-se tanto uma crise constitucional quanto uma crise constituinte; tanto uma crise funcional, orgânica, quanto uma crise ética, moral.

Convém esclarecer a relação entre as idéias de *poder político, funções* e *separação de funções*. O *poder político* estatal é organicamente uno, indivisível e indelegável, e se desdobra e se compõe de várias *funções*, o que permite falar-se em *distinção das funções* (legislativa, executiva e jurisdicional), desempenhadas por órgãos constitucionalmente definidos. A *distinção de funções* é especialização de tarefas governamentais, tendo em vista a sua natureza, quer haja órgãos especializados para cumprir cada uma delas, quer estejam concentradas num órgão apenas. A *divisão de funções* (que se tem chamado, impropriamente, de

---

1. A crise do poder é apontada por José Alfredo de Oliveira Baracho como uma das preocupações mobilizadoras da reelaboração da teoria democrática, passando pelo aprofundamento do estudo da cidadania ("Teoria dos Procedimentos de Exercício da Cidadania perante a Administração Pública", *Revista Brasileira de Estudos Políticos* 85/54-55).

CRISE ÉTICA E INSTITUCIONAL

divisão de Poderes) é a atribuição das funções governamentais a órgãos diferentes (Executivo, Legislativo e Judiciário).[2] Internamente, em cada um desses órgãos existe a *organização administrativa* a eles peculiar, para otimizar o desempenho das tarefas constitucionalmente conferidas. *Concentração de funções* é o exercício das funções por um órgão apenas, prática comum nos regimes ditatoriais (inadvertidamente, tem-se falado em *concentração de Poderes*).

Compreende-se, deste modo, porque a crise no exercício das funções do Estado, qualquer que seja ela, é, antes de tudo, crise do próprio poder.

A denominada *Crise das Instituições* é de natureza, sobretudo, ética, moral[3] e alcança todos os campos, público e privado, no Brasil. No setor privado, menciona-se: é o mecânico que engana o leigo, substituindo indevidamente peças do carro, apontando defeito inexistente e preparando o veículo para um novo problema – e um novo retorno; é o médico desleixado no tratamento dos doentes, que diferencia entre ricos e pobres, ou que se aproveita sexualmente das pacientes; é o técnico de computador que, além de nunca cumprir horários – aliás, mal dos técnicos em geral (torneiros, hidráulicos, eletricistas etc.) –, ludibria o usuário no *up-grade*, passando gato por lebre; é o técnico de eletrodoméstico que troca peças boas por ruins; é a funerária que agoura o moribundo, fazendo plantão nos hospitais e negociando com os enfermei-

---

2. Vide, semelhantemente, José Afonso da Silva, *Curso de Direito Constitucional Positivo*, pp. 108-109.

3. Em sentido amplo (filosófico), a ética corresponde "ao conjunto de todas as formas de normatividade vigentes nas agrupações humanas"; refere-se a valores humanos (Nelson Saldanha, *Ética e História*, p. 7). A Ética é dimensão geral normativa, sendo suas espécies a Moral e o Direito. As normas de Direito têm por notas caracterizadoras a bilateralidade, a disjunção e a sanção. Ou seja, a norma moral comporta um juízo hipotético simples, ao estilo: dada uma situação, o comportamento deve ser "X". As normas de Direito envolvem juízo hipotético mais complexo, assim: dada uma situação fática, o comportamento do sujeito perante um pretensor deve ser "X"; ou dado o não-comportamento (não-prestação), deve recair-lhe a sanção (Arnaldo Vasconcelos, *Teoria da Norma Jurídica*, pp. 23-24). A violação de regras morais não acarreta sanção estatal; já a das normas jurídicas, sim.

Comumente, no entanto, tem-se chamado de *crise ética* a crise ou decadência *moral* e, mais eventualmente, também a crise na aplicação do *espírito ou finalidade social* da lei, dentro de uma perspectiva jurídica humanista, que não se contenta com a dimensão literal da expressão normativa.

ros o óbito do doente; é o pastor que explora os fiéis, em seus templos suntuosos, arrecadando quantias imensas, aproveitando-se da fé de inocentes (ou de alienados); é o vendedor da loja que *empurra* para o comprador produto de péssima qualidade, jurando sua excelência; são as propagandas enganosas; é o leiteiro que acresce água (da lagoa ou oxigenada) ou soda cáustica ao leite, para aumentar-lhe a quantidade ou a validade, refletindo, portanto, no lucro;[4] é o açougueiro que rouba no peso ou vende pelanca por carne de primeira; é o laboratório farmacêutico que vende pílulas de farinha;[5] é o abuso do poder econômico; é a imprensa que só publica o que interessa a um determinado segmento da sociedade, conferindo a sua versão à notícia, de forma muitas vezes distorcida; é o aluno que faz trabalhos baixados da internet, no desavergonhamento ilícito do plágio; é o professor que atribui nota ao aluno sem corrigir seus trabalhos; é a escola que não ensina e, portanto, acaba comercializando diplomas.[6]

O setor público também tem suas falhas.[7] Quanto a estas fraudes no Estado brasileiro, Pedro Demo sustenta os péssimos serviços, qualitativa e quantitativamente, exemplificando: a perda e deterioração da merenda escolar, que locupleta estranhos, motiva negociatas e veicula dependências desnecessárias dos centros; a deficiência da escola pública, que, de qualidade inferior, não existe para todos, oprime e expulsa os meninos das camadas mais baixas da população; a previdência, que trata mal o segurado, gasta astronomicamente sem resultado, motiva cadeia infinita de fraudes no atendimento médico e na concessão dos

---

4. Informação da *Revista da Semana*, ano 1, n. 11, de 12.11.2007.

5. As estatísticas indicam crescimento na comercialização de remédios falsificados no Brasil, neste início de século (http://www.emtemporeal.com.br/index.asp?area=2&dia=25&mes=02&ano=2008 &idnoticia=46568, acessado em 01/08/2008).

6. V. http://noticias.uol.com.br/ultnot/2008/03/14/ult23u1474.jhtm, acessado em 01/08/2008. Na opinião de Pedro Demo, é sistemático "o abuso do poder econômico em muitas esferas do consumo: a venda de produtos com prazo de validade vencido ou sem especificação de tal prazo; o tratamento artificial de produtos alimentares para conservarem forma externa atraente; uso de tabelas de crédito com vícios pouco perceptíveis ao comprador; a venda de remédios lesivos à saúde, sem receita médica e muitas vezes sem corresponder à bula, como as vitaminas ou antibióticos que não são; a não-observância de prazos de entrega de mercadorias, quando não fora das especificações do contrato. A maioria da população sequer chega a conceber o direito de reclamação, mesmo porque não saberia como fazê-la" (*Pobreza Política*, p. 28).

7. V. Bruno Wilhelm Speck, *Caminhos da Transparência: Análise dos Componentes de um Sistema Nacional de Integridade, passim.*

CRISE ÉTICA E INSTITUCIONAL 187

benefícios, e reduz a qualidade dos serviços, ignorando que eles foram comprados, pelo que não são favores; a CEF, que cultiva uma burocracia exemplar, encarece desmesuradamente e dificulta o acesso à casa própria a quem dela precisa, centralizando tudo, enredando-se em financiamento, prestações, créditos que ninguém entende, produzindo casas contra todos os vezos culturais da população; o programa especial para o pequeno produtor rural, que deixa 70% dos recursos nos intermediários, redundando antes na sustentação de agentes administrativos e técnicos do que na geração de soluções concretas, respondendo, preferencialmente, a pressões externas, cultivando formas sibilinas de paternalismo sem compromisso com a auto-sustentação e contribuindo para o processo de concentração de renda.[8]

O exercício do Ministério Público tem mostrado ao Autor da presente obra que as fraudes e o descumprimento da lei, com a enorme falta de ética, encontram-se principalmente no setor público municipal. São as contratações ilegais, sem concurso público, de parentes do Prefeito e partidários políticos da situação, com a sucessão de admissões, demissões, dispensas e exonerações, tudo de modo pessoal, político-partidário; é o desvio de verbas da Educação; é a contratação de prestadores de serviço sem licitação pública regular; é o uso das fraudocooperativas de trabalho; são as notas frias, por serviços nunca realizados, por obras nunca construídas e por produtos nunca adquiridos; é o emprego irregular e imoral de verbas públicas nas eleições locais; é o desrespeito ao servidor público municipal, cujos salários ficam muito aquém do mínimo constitucionalmente exigido, em meio a constantes atrasos (3 ou 4 meses);[9] são as contribuições previdenciárias nunca recolhidas,

---

8. *Pobreza Política*, cit., pp. 30-31. No âmbito do Judiciário, sobreleva o nepotismo, a contratação de parentes sem prévia seleção pública (que vem sendo combatida pelo legislador e pelo Conselho Nacional de Justiça); os concursos forjados para a titularidade de serventias, especialmente nos cartórios de notas (para ingresso de membros da família ou apadrinhados de juízes, desembargadores e políticos); a troca de favores; a suntuosidade de alguns tribunais, em detrimento da má qualidade dos serviços judiciais; o sistema de *respondência* de juízes (e promotores) por várias Comarcas, com o fito unicamente de *engordar* os vencimentos do magistrado, num esquema de rodízio que não contribui em nada para a real melhoria da tutela jurisdicional etc.

9. Os TRTs e o próprio TST têm coonestado o pagamento de salários miseráveis a servidores pelos Municípios (meio salário mínimo, um terço, às vezes um quarto dele), apesar das ações civis públicas ajuizadas pelas Procuradorias Regionais do Trabalho, em detrimento do Direito Constitucional de o trabalhador perceber, pelo menos

188   O SUPREMO TRIBUNAL FEDERAL NA CRISE INSTITUCIONAL BRASILEIRA

embora descontados os valores respectivos dos contracheques dos servidores; é a improbidade administrativa robustecida pela ineficiência, levada a cabo pelo Prefeito e chancelada pela Câmara Municipal; são as fraudes eleitorais... Essa dolorosa realidade leva o descrédito nas Instituições aos mais distantes rincões do Brasil, através do comportamento dos administradores públicos municipais. E já se providencia uma interpretação destrutiva da Lei de Responsabilidade Fiscal (LC 101/2000), além de robusto *lobby* para modificá-la.

É a infestação nacional por vírus dispersos em todo o corpo da Nação, inatacados por um Ministério Público Estadual ainda dependente das Prefeituras, por Promotores que priorizam o aspecto criminal (e, ainda, de pequeno porte, as brigas entre miseráveis) – quedando-se na incompetência por força do foro privilegiado dos Prefeitos perante o Tribunal de Justiça (onde atuam os Procuradores de Justiça, distanciados da realidade local) – deixando incólumes as demais ilicitudes e infrações à lei, o que estimula as diversas formas de irregularidade e de ofensa ao Direito. Ilustrativamente, lembra-se que só a partir do final do séc. XX o Ministério Público atentou para a violação ao meio ambiente e às relações de consumo.

No alto escalão do Governo, não são raras as notícias de troca de favores, de propina na Casa Civil, de corrupção de parlamentares e ministros, de venda de informações sobre pacotes econômicos preparados na surdina, de imoral e ilegal amparo financeiro a bancos privados etc. Escândalos envolvendo o esquema do *valerioduto*, do mensalão, a máfia dos sanguessugas e outras ilicitudes.

Na primeira quinzena de junho de 2000, um "Boeing" cheio de magistrados aterrissou no Ministério Público Federal, ensejando a apuração, pelo MP do Distrito Federal, de denúncia segundo a qual três Ministros do STF e doze do STJ teriam feito uma viagem internacional (Nova York, nos EUA, e Toronto, no Canadá), com tudo pago por duas multinacionais (Ericsson e Nortel). A Ericsson, segundo a revista *IstoÉ*,

---

um salário mínimo integral, o qual também é base de cálculo para as contribuições e os benefícios da Previdência Social (TST, SBDI-1, E-RR-460.252/98.9, Rel. Min. José Luciano de Castilho Pereira, Decisão: 10.9.2001; TST, 1ª T., RR 706.001/2000.5, Rel. Juiz Convocado Altino Pedrozo dos Santos, j. 16.11.2005; TST, 1ª T. RR-49.523/2002-900-07-00.0, Rel. Min. Emmanoel Pereira, j. 28.6.2006; TRT-7ª Região, RO 03.412/2001, Rel. Maria Irisman Alves Cidade).

CRISE ÉTICA E INSTITUCIONAL 189

de 12.6.2000, "tem dois processos no STF, e os relatores, Néri da Silveira e Sydney Sanches, estavam entre os integrantes da comitiva".[10] O caso seria, em tese, de improbidade administrativa (art. 9º, I, Lei 8.429/1992), ao menos se o STF não tivesse afastado a aplicação desta Lei aos agentes políticos (Rcl 2.138).

Continuou a *IstoÉ:* "Mas o jabá não é uma novidade na magistratura. Em 1997 e 1998, ministros do STF viajaram para Mônaco e Buenos Aires com despesas pagas por uma entidade presidida por Mário Garnero, dono do Brasilinvest, que na ocasião teve um processo em que fora condenado por estelionato anulado pelo Supremo".[11]

Mas o silêncio calou a voz do caso, o qual merecia, pelo menos, esclarecimento.

Em maio de 1999, os Procuradores da República no Distrito Federal haviam instaurado inquérito contra doze Ministros de Estado, por usarem aviões da FAB para passear na paradisíaca ilha de Fernando de Noronha. O próprio Procurador Geral da República, à época, estivera envolvido na utilização de aviões da FAB.[12]

Há determinadas condutas que a ética profissional e o peso do cargo não recomendam a certas autoridades públicas. O magistrado, por exemplo, deve se esquivar de quem se propõe a lhe pagar despesas "graciosamente", pois o gratuito sai muito mais caro do que o pago. Mesmo que não se diga expressamente, ninguém paga quantia à toa, no simplesmente "pagar por pagar". No mínimo, um terceiro tende a ser lesionado; e alguém, beneficiado. Principalmente a classe dos banqueiros: esta não move um músculo se não tiver uma lucratividade, pelo menos, em potencial, direta ou indiretamente, imediata ou mediatamente.

Por tais razões, são recrimináveis eventos como os ora noticiados, envolvendo membros de altas Cortes do País. Lamentavelmente, o fato tem se repetido com certa naturalidade das autoridades públicas. Que o diga o ocorrido em Comandatuba, na Bahia, em 2006, em evento promovido pela FEBRABAN-Federação Brasileira dos Bancos. Vejam-se as seguintes notícias a este respeito:

10. *IstoÉ,* "Togados Voadores", www.terra.com.br/istoe/, acessado em 12.6.2000.
11. Idem, ibidem.
12. Idem, ibidem.

190 O SUPREMO TRIBUNAL FEDERAL NA CRISE INSTITUCIONAL BRASILEIRA

"*Folha de S. Paulo:*
"*Bancos pagam feriado na praia de 47 juízes*[13]
"Reportagem de Fernando Rodrigues
"*Febraban gasta R$ 182 mil e leva magistrados e suas famílias a Coman-datuba, na Bahia, para discutir 'spread' e crédito*
"*Encontro contou ainda com outros 60 participantes; banqueiros dizem que evento visa um diálogo aberto com os juízes*

"O feriado de Sete de Setembro [2006] foi especial para 16 ministros (dois aposentados) do STJ (Superior Tribunal de Justiça) e 31 desembargadores de sete Estados: eles receberam passagem e estada grátis no *resort* de luxo Transamérica da Ilha de Comandatuba, no litoral baiano, para assistirem a algumas palestras sobre como funciona a arquitetura do crédito do sistema bancário brasileiro.

"O patrocínio do evento foi da Febraban (Federação Brasileira de Bancos), que arcou com uma fatura de ao menos R$ 182 mil com hospedagem e transporte dos 47 juízes. Esse valor é estimado com base no número de magistrados presentes e de seus acompanhantes multiplicado pelo preço básico promocional cobrado pelo pacote.

"Os magistrados podiam trazer familiares para o hotel. A lista completa de participantes não foi divulgada.

"A agenda em Comandatuba foi leve. As palestras começavam às 16h. Terminavam por volta de 20h30, com jantar e algum show. O restante do tempo era livre. O domingo também foi aberto para passeios.

"O seminário 'A importância do crédito como fator de desenvolvimento econômico e social' teve como ponto alto, logo na sessão de abertura – às 18h30 do dia 7 de setembro – uma palestra de Pedro Moreira Salles, presidente e acionista do Unibanco. Com gráficos e tabelas projetadas num telão, o banqueiro tentou explicar aos juízes que o *spread* cobrado nas operações de crédito no Brasil não é tão alto como se pensa.

"O *spread* é a diferença entre o que o banco paga para captar o dinheiro e a taxa que cobra de quem pede recursos emprestados. Para Moreira Salles, esse *spread*, após descontados custos do banco e impostos, seria próximo de 1%. O

---

13. Matéria publicada no jornal *Folha de S. Paulo* (11.9.2006), vista também em site acessado pelo www.google.com.br, em 25.2.2007, com o critério "Febraban ministros comandatuba". A mesma matéria foi publicada, ainda, pelo Consultor Jurídico (22.11.2006), com acesso virtual também pelo www.google.com.br, com o critério "Ministros comandatuba" (acessado em 25.2.2007).

CRISE ÉTICA E INSTITUCIONAL 191

banqueiro disse que o lucro médio sobre o patrimônio líquido médio das dez maiores instituições financeiras do país seria menor do que o apurado em mineração, siderurgia, transportes e concessões e petróleo.

"Os juízes só chegaram a Comandatuba na tarde de 7 de setembro num Air Bus fretado da TAM que atrasou a saída de São Paulo. O avião fez escala em Brasília para pegar magistrados de tribunais superiores. Aterrissou na pista do hotel Transamérica por volta das 16h.

"Além dos magistrados, o evento contou com outras 60 autoridades. Além de Pedro Moreira Salles, compareceram o presidente do Bradesco e da Febraban, Marcio Cypriano, o presidente do Itaú, Roberto Setúbal, o presidente do Banco Real, Fábio Barbosa, e até Ivan Moreira e Rodrigo Pacheco, do Banco Rural, instituição que teve o nome ligado ao mensalão.

"Quando indagados, os banqueiros explicam o evento como um diálogo com os juízes. Uma maneira de 'um conhecer melhor o outro', na explicação de Marcio Cypriano. Esse é o terceiro encontro realizado nesse formato nos últimos três anos, sempre num *resort* de luxo e com o patrocínio da Febraban. Nada é feito de maneira escondida e a imprensa tem acesso a todos os debates.

"No segundo dia, os juízes assistiram à apresentação '*Spread* bancário: trabalho científico sobre sua composição', feita pelo professor Alexandre Assaf, da FEA-USP, contratado pela Febraban e pesquisador da Fundação Instituto de Pesquisas Contábeis, Atuariais e Financeiras.

"Com transparências projetadas na tela do auditório, Assaf concluiu que o *spread* anual médio dos bancos ficaria em até 2%. No meio da apresentação, um quadro mostrava que o lucro líquido dos bancos subiu de 2002 a 2005 de 10,6% para 15,6% em relação ao chamado 'valor adicionado' (todas as riquezas produzidas pelo setor). Um juiz, que pediu anonimato, saiu da sala e ironizou: 'Bom, o tal do *spread* eles estão dizendo que é baixo, mas o lucro deles cresceu 50% em quatro anos'.

"*Presidente do STJ parabeniza organizadores*

"O presidente do STJ (Superior Tribunal de Justiça), Raphael de Barros Monteiro, foi o juiz com cargo mais elevado presente ao encontro da Bahia. Foi acompanhado da mulher e de uma filha.

"'Este evento representa um canal de comunicação. Estão de parabéns os organizadores', disse Monteiro na sessão de encerramento, sábado à noite. Abordado pela Folha, declarou que o patrocínio da Febraban 'não deixa de ser um risco', pois pode 'melindrar o Poder Judiciário'. Ele disse, porém, que 'o objetivo foi a troca de idéias e informações'. Portanto, 'não influi na imparcialidade dos juízes'.

"Além de Monteiro, esteve no local e fez uma palestra o ministro Antonio de Pádua Ribeiro, do STJ e também corregedor nacional do CNJ (Conselho Nacional de Justiça), órgão cuja função é fiscalizar os atos do Judiciário.

"Na sua fala, Ribeiro destacou a preponderância das ações relacionadas ao setor bancário na Justiça brasileira. Segundo ele, de 2001 a 2006, o número de casos recebidos pelo STJ ligados questões dos bancos foi de 322.588, ou 29,85% do total de ações analisadas.

"*Custos do evento*

"Para cada hóspede no *resort*, a Febraban negociou um preço promocional. A diária baixou de R$ 684 para R$ 540. Como o hotel cobrou três dias, a hospedagem individual de cada juiz custou aos bancos R$ 1.620. Quem veio com o cônjuge custou R$ 580 por dia; com uma criança no quarto, R$ 720.

"Além de R$ 70 por um translado, o custo individual médio de cada passageiro no Air Bus fretado da TAM foi de R$ 1.004. Total individual gasto pela Febraban com um magistrado, sem acompanhantes: R$ 2.694,00.

"A Folha foi convidada, mas pagou os gastos do repórter.

"Não há ilegalidade no encontro da Febraban. Em 2005, os banqueiros promoveram evento similar, com a presença do então presidente do Supremo Tribunal Federal, Nelson Jobim."

No interior dos Estados, quando o juiz permite que a Prefeitura lhe pague a gasolina do carro, a água ou a luz de sua casa, está abrindo mão de uma parcela imprescindível da sua altivez. Um milhão em moeda ou uma rapadura podem minar a imparcialidade, só depende do tempo, de quem os "doa" e da forma como eles chegam. Quanto ao valor, depende da venalidade de cada um...

"Em todas as profissões, existem os bons e os maus integrantes", sustenta o ditado popular. E o Judiciário, a que se aliam as Instituições auxiliares da Justiça, faz parte desta realidade, conquanto o dito popular não justifique a prática.

Fomentando a *crise do Judiciário*, logicamente, existem problemas de infra e superestrutura, como a grande demanda judiciária (inclusive no STF) contrastando com o reduzido corpo de magistrados e de servidores;[14] o embaraçoso e complicado Direito Processual, de intrincadas

---

14. Ante a dimensão estrutural dos Poderes Executivo e Legislativo (federal, estadual e municipal), o Judiciário é, indiscutivelmente, o menor deles. A relação entre este e o Legislativo, p. ex., é de três por um em favor do último, chegando a mais

CRISE ÉTICA E INSTITUCIONAL 193

normas; as dificuldades de o cidadão acessar os órgãos e entidades públicas; a deficiência na estrutura, localização, competência e sobreposição desses órgãos; o atravancamento no serviço público; e outras dificuldades materiais. Há, também, uma falha intelectual, na formação dos magistrados, os quais ainda se fixam nas antigas regras jurídico-dogmáticas do Direito Romano e das Ordenações, deixando passar à margem o conhecimento interdisciplinar que a sociedade, cada vez mais complexa, requisita (econômico, sociológico, político).[15] Mas, é evidente que o problema principal é de cunho moral, ético.

Com efeito, o País foi invadido por uma onda de menosprezo (senão de *caça*) à Ética e à Justiça. O sistema se corrompeu de maneira tal que o ingresso nele depende de renúncia a certos valores e princípios morais, mediante a assunção de *compromissos* (e comprometimentos), além de mentiras políticas, respeitadas as heróicas exceções.[16] E o exercício dissoluto das funções públicas encontra campo fértil nas doutrinas que pregam um legalismo exacerbado, remetendo a segundo ou último plano o humanismo, a sensibilidade de saber que, por trás de cada solicitação ao Estado, está pelo menos uma pessoa de carne e osso em dificuldade, cujo interesse foi lesado (ou se encontra ameaçado de lesão) e procura no órgão estatal a providência para restabelecê-lo (ou preveni-lo). Imperam doutrinas justificadoras de uma *ética* própria e específica para cada campo de atuação, distanciada de uma ética geral fundada em princípios de virtude, moral, bondade, dignidade, probidade, justiça e democracia.

Assim, Ministérios são formados por contingências políticas, com indicação de nomes de pessoas apenas por pertencerem a tal ou qual

---

em alguns Estados. Vidigal de Oliveira, fazendo o paralelo no Estado de São Paulo, conclui por esta proporção (3/1), eis que ali são 8.155 parlamentares em contrapartida a 2.676 juízes, computadas todas as áreas e instâncias ("A Constituição-Cidadã e a Crise do Judiciário...", cit., p. 200).

15. Por isto, Boaventura de Sousa Santos doutrina que, para melhorar a tutela jurisdicional, não bastam as reformas no processo ou no direito substantivo. Carece a democratização da justiça e o equipamento de conhecimentos vastos e diversificados às novas gerações de juízes e magistrados ("Introdução à Sociologia da Administração da Justiça", in José Eduardo Faria (Org.), *Direito e Justiça – a Função Social do Judiciário*, p. 59).

16. Veja-se, no tópico próprio deste apanhado, o que o então Senador Fernando Henrique Cardoso dizia antes de ser Presidente da República a respeito da *reedição de Medidas Provisórias*, o mesmo tendo acontecido com o Presidente Lula, que lhe sucedeu.

194 O SUPREMO TRIBUNAL FEDERAL NA CRISE INSTITUCIONAL BRASILEIRA

partido político; sob o mesmo critério forma-se o alto escalão do Governo; o nepotismo orienta o empreguismo familiar,[17-18] numa cadeia cada vez mais complexa e mais perfeita de fraude à lei, mediante troca de cargos e divisão, em gabinete ou fora dele, da remuneração; decisões proferidas inspiradas pelo carreirismo ou sob o império da contraprestação pessoal (não necessariamente pecuniária); e defesas feitas sob o

17. A Lei 9.421, de 24.12.1996, ao tratar do nepotismo no Judiciário, vedou "a nomeação ou designação, para os Cargos em Comissão e para as Funções Comissionadas de que trata o artigo 9º, de cônjuge, companheiro ou parente até o terceiro grau, inclusive, dos respectivos membros ou juízes vinculados, salvo a de servidor ocupante de cargo de provimento efetivo das Carreiras Judiciárias, caso em que a vedação é restrita à nomeação ou designação para servir junto ao Magistrado determinante da incompatibilidade" (art. 10).

Contudo, a Resolução Administrativa 388/1997, do Tribunal Superior do Trabalho (*DJU-1* 18.4.1997, p. 14.052), criou, paradoxalmente, o direito adquirido à situação de ilegalidade (ou, no mínimo, de imoralidade), chancelando o nepotismo existente no âmbito da Justiça do Trabalho, quanto às situações já consolidadas.

A par da ilegalidade desta RAdm 388/97-TST, no entanto, o Ministério Público da União e os legitimados para combater o vício quedaram-se inertes. Tampouco se questionaram os Tribunais e juízes que inobservavam o art. 10 da Lei 9.421/1996.

Foi preciso, então, que o Conselho Nacional de Justiça normatizasse a matéria, proibindo o nepotismo no âmbito do Judiciário, inclusive pela via cruzada (Resolução 7, de 18.10.2005). Ainda assim, a regulamentação do CNJ tem sofrido resistência por parte de parcela considerável dos magistrados. Na ADC 12, julgada em agosto de 2008, o STF corroborou a Resolução do CNJ, declarando-a constitucional.

18. A propósito do *nepotismo* na Administração Pública, o STF chancelou integralmente norma proibitiva do *apadrinhamento*, ao indeferir cautelar requerida pelo então Procurador-Geral da República em ação direta ajuizada contra a Emenda 12/1995 à Constituição do Estado do Rio Grande do Sul (STF, Pleno, ADI 1.521-RS, Rel. Min. Marco Aurélio, 12.3.1997, *Informativo-STF* 63, de 10-14.3.1997, *DJU* 17.3.2000).

A norma impugnada proibia "a ocupação de cargos em comissão '*por cônjuges ou companheiros e parentes, consangüíneos, afins ou por adoção, até o segundo grau*' (§ 5º, acrescentado pela EC ao art. 20 da CE): *a)* do Governador, Vice-Governador, Procurador-Geral do Estado, Defensor Público-Geral do Estado, Secretários de Estado, ou titulares de cargos que lhes sejam equiparados, no âmbito da administração direta do Poder Executivo; *b)* dos Desembargadores e Juízes de 2º Grau, no âmbito do Poder Judiciário; *c)* dos Deputados Estaduais, no âmbito da Assembléia Legislativa; *d)* dos Procuradores de Justiça, no âmbito da Procuradoria-Geral de Justiça; *e)* dos Conselheiros e Auditores Substitutos de Conselheiros, no âmbito do Tribunal de Contas do Estado; e *f)* dos Presidentes, Diretores-Gerais, ou titulares de cargos equivalentes, e dos Vice-Presidentes ou equivalentes, no âmbito da respectiva autarquia, fundação instituída ou mantida pelo Poder Público, empresa pública ou sociedade de economia mista". Somente em agosto/2008 o STF consolidou o combate ao nepotismo, através da Súmula Vinculante n. 13.

CRISE ÉTICA E INSTITUCIONAL   195

pálio do *defender por defender, custe o que custar, seja o réu inocente ou não*. E, especificamente no Judiciário, prima-se pelo exagero da forma, pela verdade formal dos autos, pelo apego alucinado ao processo, em detrimento da justiça e da verdade material, real etc.[19] Circunstâncias estas ora extraídas do retiro do seu continente, conhecidas de há muito e denunciadas na imprensa.

Segundo Renato Nalini, a comunidade brasileira atual, na qual só o insólito é objeto de aplauso e divulgação, estaria ultrapassando a barreira do *mínimo ético*, abaixo da qual sobrevêm a decadência e a desagregação. "O bem não atrai, nem sensibiliza. Por sinal, as pessoas não se comovem mais nem com a tragédia das ruas. Transita-se impassível pela miséria crescente, sem remorsos por se fechar os vidros aos pedintes, ou por alargar o passo para não tropeçar nos excluídos".[20]

Na Crise das Instituições há, também, um fator que se sobrepõe à discussão do moral, do ético: a insensibilidade e desconhecimento de como interpretar e aplicar o Direito, e conceder a cada um a merecida parcela de justiça. Igualmente reside aqui a inversão dos valores, deixando predominar os inferiores em detrimento dos superiores, no caso concreto.[21]

---

19. Alguns *erros* cometidos na aplicação do Direito não decorrem de *falhas* intelectuais dos seus aplicadores nem são involuntários. Por vezes são propositais, decorrem de um processo *consciente* do homem, imbuído de interesses egoísticos, pessoais, no afã de atender a *certos compromissos*. Infelizmente, a riqueza das teorias, com suas doutrinas e fundamentos de todas as formas, serve para o mau aplicador optar pela tese que, certa ou errada, no momento propício, agrade-lhe aos interesses particulares. Neste caso, o exegeta não colima obter a justa aplicação da lei; ele recorre a determinada teoria no fito, apenas, de justificar seu ponto de vista. Na verdade, o convencimento de há muito se formara.

À guisa de exemplo, vejam-se as liberações irregulares de valores faraônicos de algumas indenizações e benefícios previdenciários por juízes envolvidos na *máfia da previdência*, nos anos de 1990.

20. José Renato Nalini, "A Ética nas Profissões Jurídicas", *LEX-Jurisprudência do STF* 19(225)/6.

21. A Constituição da Espanha (1978) insere a instância dos valores no campo jurídico, estabelecendo em seu Título Preliminar, art. 1º.1, a dicotomia entre valores superiores e, *a contrario sensu*, inferiores:

"*1*.1. España se constituye en un Estado social y democrático de Derecho, que propugna como *valores superiores* de su ordenamiento jurídico la libertad, la justicia, la igualdad y el pluralismo político" (itálicos nossos)."

Debruçando-se sobre este artigo, Francisco Fernández Segado leciona que fica, assim, condensada a axiologia última a que responde por inteiro a ordem dogmática constitucional. Pode falar-se, pois, de um substrato filosófico *juspersonalista* que, a

196 O SUPREMO TRIBUNAL FEDERAL NA CRISE INSTITUCIONAL BRASILEIRA

Em tempos de crise, não existe uma arte de pensar, pois a práxis é o critério da verdade.[22]

Neste contexto, no que interessa à presente pesquisa, insere-se o estudo do STF, quando da aplicação da norma. Há anos, o órgão vem enfrentando uma crise institucional (não necessariamente ética), pois em várias oportunidades em que o povo mais precisou dele, para o asseguramento dos seus direitos castrados sobretudo pelas políticas econômicas (os pacotes, de vez em quando quase diários[23]), o STF foi-lhe contrário ou socialmente impassível, alheio aos reclamos populares, indiferente ao brado do povo.[24] Faltou-lhe a sensibilidade social bastante

seu entender, se alimenta ideologicamente das abordagens do liberalismo, do socialismo democrático e do humanismo social-cristão. Este *juspersonalismo* se manifesta socialmente no que Lucas Verdú denominou o *personalismo comunitário*, isto é, em uma comunidade social plural (*Los Sistemas Constitucionales Iberoamericanos*, p. 375, traduzimos).

Sobre valores, na Constituição Espanhola, vide Javier Díaz Revorio, *Valores Superiores e Interpretación Constitucional*, 1997.

A CF/1988 do Brasil ressalta, em seu Preâmbulo, os valores *supremos*: "um Estado Democrático, destinado a assegurar o exercício dos direitos sociais e individuais, a liberdade, a segurança, o bem-estar, o desenvolvimento, a igualdade e a justiça". Para um estudo dos valores na Constituição brasileira, vide: Francisco Meton Marques de Lima, *O Resgate dos Valores na Interpretação Constitucional: por uma Hermenêutica reabilitadora do Homem como "Ser-Moralmente-Melhor"*.

22. Sérgio Alberto de Souza, "A insustentável Leveza do Príncipe Neoliberal", *Gênesis* 15(89)/725.

23. Apesar da *estabilidade* do Plano Real, desde o seu início, diuturnamente inúmeras regras do jogo econômico foram modificadas, inclusive sob o prisma incandescente da globalização. Uma *estabilidade* que só existe na preservação da miséria.

24. É desnecessário, aqui, relembrar velhos posicionamentos do STF, como foi o caso antecedente à Constituinte de 1987, quando essa Corte proferiu decisão contrária ao movimento pelas "Diretas Já!". Isto é: quando o povo, inúmeros órgãos e Instituições iniciavam a definitiva ruptura com o regime militar, agitando a bandeira da democratização do País, o STF brandiu a arma de um sistema moribundo, contrariamente aos interesses democráticos.

Quem muito bem explica este episódio é José Paulo Cavalcanti, assim:

"Na sessão realizada em 25 e 26 de abril de 1984, o Presidente do Congresso Nacional declarou rejeitada a proposta de Emenda Constitucional chamada 'Dante de Oliveira', que tinha por objetivo restaurar as eleições diretas para Presidente da República.

"Haviam votado 363 deputados, e a proposta obtivera 298 votos favoráveis e 65 contrários; ou seja, obtivera mais de dois terços dos 363 votos.

"Sua rejeição foi declarada por não haver obtido o voto de dois terços do número total de 479 deputados federais, ou seja, por não haver obtido 320 votos" (Cavalcanti, *1984: o Supremo, contra as Diretas, Emenda à Constituição*, p. 5).

CRISE ÉTICA E INSTITUCIONAL 197

e necessária para tutelar o interesse popular, o qual, até por razões democráticas, deveria prevalecer sobre o de grupos minoritários.

Sobreleva anotar, nesta oportunidade, a progressiva perda de autoridade dos órgãos do Judiciário, cujas decisões – hoje assinaladas por uma perigosa ineficácia – são constantemente desrespeitadas,[25] principalmente pelo Poder Público, o qual caminha para uma "imunização judiciária", com a aquiescência legitimadora do STF (*v.g.*, imunidade do seqüestro precatorial, apesar do contido no art. 100, CF, e reiterada rejeição de pedidos de intervenção em Estados descumpridores de decisões judiciais). De fato, o Supremo tem dado por constitucionais as Medidas Provisórias e alterações de leis que vedem os juízes de antecipar

O Autor comenta que, na verdade, a proposta fora aprovada, devendo passar à deliberação do Senado, uma vez que o art. 48, CF/1967, exigia para a aprovação da proposta de emenda constitucional "dois terços dos votos dos membros de cada uma das Casas"; e não "voto de dois terços" daqueles membros. Ou seja, os dois terços seriam dos votantes, ao invés de serem calculados sobre o número de membros das Casas do Congresso. E demonstra isso em lata pesquisa, reportando-se a alentado parecer de sua autoria. Quanto ao STF, noticia:

"Em 7 de novembro de 1984, julgando Mandado de Segurança impetrado por terceiros, com fundamento naquele parecer, contra a suposta rejeição da aludida proposta de emenda constitucional pela Câmara dos Deputados, o Supremo Tribunal Federal, em sessão plenária, decidiu, unanimemente, que a rejeição efetivamente se dera, porque o art. 48 da Constituição Federal de 1967 exigiria para a aprovação das emendas constitucionais o voto de dois terços do total dos membros de cada Casa do Congresso, e não apenas dois terços dos respectivos votos" (ibidem, p. 7).

Naquela época, toda a sociedade se agitava, clamando pelo retorno à democracia. A interpretação normativa pelo STF havia de possibilitar a mudança política, acompanhando a súplica popular, de olhos para o futuro e se aliando aos segmentos expressivos da população, nos novos tempos que se avizinhavam. A interpretação literal, restritiva era o mais inapropriado para sustentar um regime marcado pelo desrespeito à democracia e que sucumbia à abertura política. No entanto, a decisão do STF ficou grafada na história com tintas de infelicidade.

Outros pronunciamentos poderiam, ainda, ilustrar a senda encampada pelo STF, mas eles refogem ao objetivo deste estudo, de natureza mais atual, contemporânea.

25. É de se invocar histórica frase do Presidente Eisenhower, em 1957, ao determinar o envio de força para tornar efetivo aresto da Suprema Corte que pôs fim à segregação racial nas escolas do Arkansas: "Negar execução às decisões dos Tribunais é transigir com a anarquia e a dissolução da União".

No Direito Comparado, René David divulga que as Cortes superiores, na Inglaterra, "sabem fazer-se respeitar pelo instituto do *contempt of Court*. Aquele que, de má-fé ou por má vontade, não executa uma decisão da Corte torna-se culpado por contumácia e, como sanção, corre o risco de ser preso" (*O Direito Inglês*, p. 19).

198   O SUPREMO TRIBUNAL FEDERAL NA CRISE INSTITUCIONAL BRASILEIRA

tutela e praticar certos atos processuais contra o Poder Público, conforme se demonstrará no correr deste apanhado (*Estudo de Casos*). São normas que interferem no Judiciário para reduzir-lhe o poder de prestar tutela jurisdicional efetiva ao cidadão. O Executivo vai, aos poucos, se sobrepondo ao Judiciário, o qual, por sua vez, encontra a eficácia de suas decisões reduzida por coonestação de um dos seus próprios órgãos, por sinal o maior deles: o Supremo Tribunal Federal.

O STF vem contribuindo para esta fragilização por várias formas, inclusive quando se esquiva de arrostar questões de alta relevância nacional que lhe vêm sendo submetidas e quando funciona como eco dos desejos do Planalto Central. Não é outra a conclusão de Plauto Faraco de Azevedo:

"Diminuiu-se o Poder Judiciário ao postergar, até o último momento, a decisão sobre o iníquo bloqueio da poupança popular, aceitando compactuar com o arbítrio de medidas provisórias agressivas aos direitos individuais e à mesma essência do Estado Liberal. Não pode o Poder Judiciário converter-se em caixa de ressonância do Poder Executivo, quando este, a pretexto de debelar a inflação, o concita a colaborar na obra de 'salvação nacional', sugerindo-lhe decisões ou abstenções incompatíveis com o poder-dever de dizer o direito. Não se salva o país sonegando direitos, sobretudo quando o sacrifício recai, repetidamente, sobre os mesmos segmentos populacionais, os quais se reputam sempre aptos a pagar a conta. Para que se atravesse o pântano da necessidade, em benefício de todos, o sacrifício tem que ser conjunto, dividido, se não conforme às capacidades de cada setor social, ao menos sem afronta à justiça distributiva."[26]

Ainda conforme o Autor, a nação não sai do atoleiro enquanto houver insuficiência de recursos para saneamento básico, saúde e educação, pois, contrariamente, "sobejam para sanar inconfessáveis escândalos financeiros. Diante de tal quadro, deve o jurista indignar-se e agir, buscando evitar a privatização dos ganhos ilícitos enquanto socializam-se as perdas e empobrece-se o povo".[27]

Se o Judiciário não serve para amparar o direito do jurisdicionado, se ele se mostra frágil ou queda-se no receio de decidir contra os demais Poderes ou contra o domínio econômico, a conseqüência é o seu descrédito social e, mais do que isto, o fomento a uma crise da Instituição,

---

26. Plauto Faraco de Azevedo, *Direito, Justiça Social...*, cit., pp. 31-32.
27. Idem, ibidem, p. 32.

CRISE ÉTICA E INSTITUCIONAL 199

com a tendência a tornar-se dispensável.[28] E, efetivamente, tal quadro não pode ser pintado para uma nação que se diz democrática e fundada no Estado de Direito, para um povo que almeja a paz. O contrário seria a barbárie. É preciso resgatar o Judiciário para que Themis, arrancando a venda dos olhos, tenha coragem de fitar-se no espelho sem ficar ruborizada; que ela não tenha receio em brandir a espada em nome da Justiça.

Quando o Judiciário não pune ou, mais genericamente, não faz cumprir a ordem jurídica, ou mesmo quando demora em fazê-lo, deixando de julgar os processos, as pessoas passam a procurar quem o faça, demandam outras instâncias. É a busca pela Justiça, esteja ela onde estiver, faça-a cumprir quem quer que seja. A chamada *litigiosidade contida* vai aumentando conforme a deficiência do Judiciário.

Em reportagem intitulada "A Toga e o Ratinho", o jornal *Folha de S. Paulo*,[29] noticiou que o publicitário Luís Grottera fora convidado a proferir palestra sobre o Judiciário. Por não ser assunto de sua área de atividade, o palestrante decidiu fazer o que sabia: uma pesquisa referente à visão da sociedade brasileira sobre o Judiciário. O resultado foi aterrador, ao que se transcrevem alguns números:

"1) Ante a pergunta se o pesquisado conhecia algum exemplo de quando a Justiça foi feita no Brasil, 42% não conseguiram citar um só caso.

"2) Quando a pergunta era '*para que serve a Justiça no Brasil?*', 26% responderam 'para nada' e mais 28% divagaram ou erraram a resposta.

"3) É natural, ante dados como esses, que 86% tenham afirmado que '*o Brasil é o país da impunidade*', uma frase já batida, mas nem por isso menos inquietante ou menos verdadeira.

"Aí, chega-se ao ponto que consegue ser mais alarmante: ante a pergunta '*quem ajuda mais a fazer justiça para maioria dos brasileiros?*', só 10% cravaram a própria Justiça. A esmagadora maioria (84%) respondeu 'a mídia' (o que inclui jornais e, suspeito, principalmente a TV).

"Suspeita referendada por outro quesito, no qual os pesquisados concederam aos juízes brasileiros um índice de prestígio de 53%, cinco pontos a menos do que o que outorgam ao apresentador de TV *Ratinho*."

---

28. Na Alemanha, durante o Governo de Hitler, ao Judiciário faltara credibilidade, ante o constante desrespeito dos direitos individuais. Era a *crise de confiança da justiça*, referida por Gustav Radbruch (*Introdução à Ciência do Direito*, p. 129).
29. *Folha de S. Paulo*, de 23.9.1998 (p. 1-2, "Opinião").

200 O SUPREMO TRIBUNAL FEDERAL NA CRISE INSTITUCIONAL BRASILEIRA

Concluindo a pesquisa, Grottera teria desabafado que o povo desinformado e com baixo nível educacional está perdendo a noção do significado das Instituições clássicas componentes da estrutura pela qual se mantém o sistema democrático. "Desamparado, procura substitutos que cumpram a função de instituições que falham e não o convencem da sua eficiência".[30]

A pesquisa revela o descrédito no Judiciário, a principal Instituição encarregada de assegurar a justiça.[31] O povo acredita mais no apresentador sensacionalista *Ratinho*, com todas as suas *apelações*, do que no aparelho estatal. É preocupante este descarrilhamento à barbárie por meio de uma crescente legitimação dos recursos paraestatais por substancial fatia da população.

Traçando paralelo com a Europa, Sálvio de Figueiredo Teixeira noticia a diferente credibilidade do Judiciário nos países do velho continente, quando comparada com a realidade brasileira. E anota:

"Estatística recente realizada na França (*Le Point*, n. 1.356, 12.9.1998, Paris) a espelhar essa realidade européia, mostra que, contra apenas 25% (vinte e cinco por cento) dos que têm imagem negativa, 60% (sessenta por cento) dos franceses têm imagem favorável aos juízes, percentual que se eleva a 75% (setenta e cinco por cento) entre os mais jovens, o que é digno de registro quando se recorda o sensacionalismo emocional e distorcido da mídia e a veiculação inadequada da palavra 'Justiça', que, no noticiário, via de regra, agrupa fatos negativos vinculados a crimes os mais variados, a deficiências carcerárias, a subornos, à violência urbana e a toda espécie de violação de direitos humanos."[32]

A crise do Judiciário brasileiro, para além da infra-estrutura, é também ética. A eficácia de suas decisões, a tutela efetiva da prestação jurisdicional e a celeridade do processo não dependem apenas do número de juízes. O agigantamento humano nos órgãos judiciários constitui apenas um fator predestinado a superar os problemas emergenciais e superficiais da Instituição, mas não é suficiente. A propósito, Sálvio de Fi-

---

30. Idem, ibidem.

31. Na opinião de Vidigal de Oliveira, a população brasileira ultrapassou os limites da "mera insatisfação social, alcançando, ultimamente, sentimentos de *irrelevância e descartabilidade*" dos serviços judiciários ("A Constituição-Cidadã e a Crise do Judiciário...", cit., p. 197), o que assombra ainda mais.

32. Sálvio de Figueiredo Teixeira, "O Judiciário Brasileiro...", *LEX-Jurisprudência do STF* 250/5-10, p. 7.

CRISE ÉTICA E INSTITUCIONAL 201

gueiredo Teixeira alerta para o gigantismo dos tribunais em alguns grandes centros urbanos, citando o caso do Estado de São Paulo, com seus 132 desembargadores, acrescentando:

"Mas um Estado com 35 (trinta e cinco) milhões de habitantes, entretanto, convenhamos, precisa de um colegiado judicial até com mais de 132 desembargadores, pelos juízes dos 3 (três) Tribunais de Alçada e pelo quadro de 60 (sessenta) substitutos de segundo grau criado por lei. Já se avizinha dos 400 (quatrocentos) o rol dos julgadores de segundo grau em solo bandeirante. E esse número, não se pode negar, a exemplo do que já ocorre em outros Países (na Itália, a Corte de Cassação conta com mais de 320 Conselheiros), tende a crescer, inevitavelmente, como qualquer outro serviço público, em face do crescente aumento da população e da multiplicação dos conflitos na sociedade contemporânea."[33]

Enfim, avulta-se inconteste a necessidade de se aprimorar a formação dos magistrados, conscientizando-os do importante papel ao qual está institucionalmente fadado o Judiciário e, ao mesmo tempo, estimulando a aplicação ética da norma, dentro de uma perspectiva de Justiça. Sua função em momentos de crise sócio-econômica é redobrada e imprescindível, exigindo um senso crítico afinado com a democracia e os direitos e garantias fundamentais.

3. A necessidade da "Justiça" na crise sócio-econômica e ética

A crise ética, que aponta para a decadência moral,[34] é responsável pelo retrocesso de qualquer nação. E quando vem aliada à elevação da carga tributária – coincidentemente ou não, são realidades que surgem conjugadas – o efeito é o do estopim aceso num barril de pólvora.

A história registra que as grandes revoltas populares floresceram da cobrança de pesados impostos, e que a derrocada de impérios gigan-

33. Sálvio de Figueiredo Teixeira, "A Unificação da Segunda Instância", *LEX-Jurisprudência do STF* 21(246)/5-11, p. 7.
34. O estudo filosófico dos temas éticos e morais alcançou seu apogeu com o período *helenístico*, também chamado de *ético*, logrando especial abordagem das escolas estoicista, epicurista, cética e eclética (de 315 a 270 a.C., aproximadamente). Os motivos desta filosofia pragmatista devem ser procurados "na decadência espiritual e moral da época, faltando ao homem o interesse e a força para a especulação pura, bem como na profunda tristeza dos tempos e na profunda sensibilidade diante do mal" (Padovani e Castagnola, *História da Filosofia*, pp. 145-168).

202   O SUPREMO TRIBUNAL FEDERAL NA CRISE INSTITUCIONAL BRASILEIRA

tescos iniciou-se no declínio da moral,[35] na efervescência da corrupção, na degeneração dos valores morais e religiosos, no menoscabo à ética, na sonegação de Justiça.

No início da história do mundo, conta a mitologia grega terem sido os atos autoritários, desumanos e perversos de Saturno (*Cronos*, o Tempo) que levaram seus próprios filhos a enfrentarem-no em sangrento combate, ao cabo do qual, vencedores estes, surgiram os novos deuses, liderados por Júpiter (*Zeus*), passando a morarem no Olimpo.[36] A poderosa Roma antiga deixou-se invadir por povos bárbaros após corrupções e depravações várias, como as dos governos de Calígula,[37] Cláudio[38] e

35. O imperador romano Vespasiano (9-79 d.C.) chegou a criar imposto sobre a urina e, quanto à moralidade, dizia: "Os escrúpulos morais são um luxo a que nunca poderá se permitir um príncipe" (Ramón Irigoyen, *La Locura de los Césares*, pp. 164 e 172).

36. Saturno, comandante dos Titãs, devorava os próprios filhos para que eles não o sucedessem no trono. Sua esposa Terra (Réa, mais tarde identificada por alguns como Cíbele, *Kybele*) conseguiu salvar o filho Júpiter, o qual teve por ama de leite a cabra Amaltéia, crescendo junto às ninfas e alimentado pelo mel das abelhas. Foi Júpiter quem, anos depois, comandou a revolta contra Saturno, destronando-o. Sobre o assunto: Junito Brandão, *Dicionário Mítico-Etimológico*, pp. 268-271 (verbete "Saturno"); René Ménard, *Mitologia Greco-Romana*, vol. 1, pp. 35-42; Mário da Gama Kury, *Dicionário de Mitologia Grega e Romana*, p. 353 (verbete "Saturno"); David Bellingham, *Introdução à Mitologia Grega*, pp. 22-25.

37. Diz a história que Calígula, cujo Governo se deu nos anos 37-41 d.C., gostava de jogos eróticos com seu cavalo *Incitatus*, ao qual nomeou cônsul romano. Foi o mesmo Imperador quem mandou cortar a cabeça das estátuas dos deuses em Roma, fazendo substituí-las por seu próprio rosto.

Conta Ramón Irigoyen que Calígula praticava incesto com suas irmãs, tendo alimentado forte paixão por Drusila, desde quando esta era ainda uma menina. Falecendo Drusila, o Imperador decretou rigoroso luto em toda Roma, passando a jurar *Por Drusila*, nos assuntos mais importantes do reino. No sadismo, Calígula obrigava os pais a presenciar o suplício, até a morte, de seus próprios filhos, reservando um almoço ao final, sendo imprescindível a presença do pai da vítima. E dizia o Imperador, por lema: "que me odeiem, conquanto que me temam!" (*La Locura de los Césares*, cit., pp. 72-76).

38. Suetônio, citado por Ramón Irigoyen, conta que "había oído contar a personas mayores que los abogados le faltaban al respeto a Claudio hasta el punto de que lo llamaban a gritos cuando abandonaba el tribunal e incluso le tiraban de la toga y, a veces, incluso le agarraban del pie. En este contexto se explicaba que un litigante griego, en una ocasión, llegara a esta brutal falta de respeto: – 'Tu también, Claudio, eres un viejo cretino e chalado'. Claudio, al impartir justicia, incluso llegó a sufrir una agresión" (*La Locura de los Césares*, cit., p. 87).

Cláudio tinha uma impressionante má memória, segundo Ramón Irigoyen. Assim, após a execução de sua ex-esposa Messalina, ordenada por ele próprio, o Impe-

CRISE ÉTICA E INSTITUCIONAL 203

Nero.[39] Na Idade Média, a Igreja Católica, então monopolizadora da religião ocidental e com ingerência nos reinos, viu-se a tal ponto envolvida num esquema de corrupção (venda de indulgências) e de comportamentos imorais,[40] que teve de ser reestruturada e rever muitos de seus dogmas, após enfrentar diversas revoltas; e ao fim de tudo ainda teve de conviver com várias outras religiões e Igrejas (calvinismo, protestantismo etc.). Na Inglaterra, os desatinos de João Sem Terra levaram os nobres à sublevação e a lhe impor limites no poder, através da Magna Carta (1215). Na França, o povo abatido precisou despertar o nacionalismo, criando ânimo na virtude personificada da corajosa Joana D'Arc para resistir à Guerra dos Cem Anos (1337-1453). Neste mesmo país, foram os altos impostos, criados para sustentar a "gastança" da realeza, o fósforo que incendiou a ira explosiva da população, impelindo-a contra o rei e sua família, os quais, ao final, tiveram a cabeça decepada (Revolução Francesa).[41] Na Rússia, foi o esquema de desmoralização e corrupção do monge Rasputin, um tipo de mago, dentro da Corte, uma das razões que motivaram o povo a marchar contra a família real impiedosamente, implantando o Socialismo (1917).

Na Alta Idade Média, a idade das trevas, a sociedade regredira ao período das invasões romanas pelos bárbaros, e foi excluído o princípio

---

rador perguntara a seus serviçais numa festividade: "Por que não chega a Senhora?" (ibidem, p. 92).

39. Além dos desmandos e da desorganização administrativa, Nero tinha um caso incestuoso com a própria mãe, Agripina, a quem logo cuidou de assassinar. Perseguidor dos cristãos, mandou incendiar Roma para incriminá-los. No ano 68 de nossa era, Nero pediu a um escravo que o apunhalasse. E, assim, perdeu a vida. O escravo, segundo alguns relatos, era seu amante, fato comum naqueles tempos.

40. A degeneração da Igreja Católica teve como um dos seus picos o papado de Inocêncio III, na época feudal (séc. IX a XI), ao tempo de João Sem Terra.

A causa principal da *Reforma Religiosa* foi a autorização da venda de indulgências pelo Papa Leão X, nas igrejas da Alemanha, cujo objetivo era o de concluir obras no palácio do Vaticano e na basílica de São Pedro. Havia até *tabelas* dos preços dos pecados afixadas nas portas dos templos. O movimento reformista começou com Lutero, por volta de 1520.

41. O Rei Luís XVI nomeara Necker para equilibrar as finanças do país. A solução apontada foi a de cobrar mais impostos. Quando de um segundo momento, em que estavam reunidos os Estados Gerais (representantes do povo, do clero e da nobreza), o tema voltou à baila em grande discussão, o que levou o Rei a fechar a sala de sessões: foi o estopim de uma série de eventos, que culminou com a Tomada da Bastilha, em 1789.

204 O SUPREMO TRIBUNAL FEDERAL NA CRISE INSTITUCIONAL BRASILEIRA

primitivo da personalidade da lei. Mas o grau de insegurança e de injustiça foi tão grande que filósofos e juristas exigiram fossem as relações sociais baseadas no Direito e se pusessem termo à anarquia e ao arbítrio. A pauta de reivindicação social passou a ser a de um Direito novo fundado sobre a Justiça, que a razão permite conhecer; repudiando-se o apelo ao sobrenatural,[42] responsável por tantas injustiças. Opondo-se às trevas, veio o Iluminismo, com o racionalismo substituindo a crendice no acaso e nas forças ocultas do além.

Já no século XX, nos EUA, a elevação de tributos, as crises econômicas e o envolvimento em escândalos políticos ou financeiros levaram a processos de a *impeachments* de Presidentes reeleitos;[43] e, no final desse período, um caso sexual dentro da Casa Branca, envolvendo uma estagiária, quase leva à cassação de outro (Bill Clinton submetido a processo de *impeachment* perante a Câmara dos Representantes (deputados), em dezembro de 1998).

No Brasil, os desmandos de D. Pedro I uniram o povo através de inúmeras revoltas localizadas, ao cabo das quais o imperador foi forçado a abdicar da coroa, em meio a um ambiente de desmoralização (1831). Meio século depois, o sofrimento imposto ao povo humilde do sertão fez estourar a Revolta de Canudos, liderada por Antônio Conselheiro, movimento este só controlado quando destruído por completo o arraial de Canudos-BA, lugar onde os seguidores do religioso resistiram ao Governo Federal, até o último homem, em 1897. Mais recentemente, o esquema de corrupção do Presidente Fernando Collor de Mello levou ao seu *impeachment* e à suspensão dos direitos políticos, período caracterizado pelo movimento em que o povo, principalmente os jovens, foi às ruas de cara pintada (1992).[44] O momento e as

---

42. René David, *Os Grandes Sistemas do Direito Contemporâneo*, p. 31.

43. Em 1974, Richard Nixon renunciou à Presidência, após descoberto seu envolvimento no escândalo do caso "Watergate". George W. Bush foi alvo de forte movimento de *impeachment* (2005), safando-se pela renúncia de funcionários do alto escalão do Governo.

44. Ao contrário do afirmado por alguns doutrinadores, a Sérvulo da Cunha parece "que o *impeachment* de Collor resultou de um cochilo, e não do interesse da direita; ela permitiu que a freqüência e natureza das notícias sobre a corrupção governamental incendiassem a indignação popular; a mídia, a maioria governamental no Congresso, o Supremo Tribunal Federal, acabaram submersos nessa onda de indignação. A lição serviu. No Governo Fernando Henrique Cardoso, a mídia estabeleceu um cerco de de-

CRISE ÉTICA E INSTITUCIONAL 205

circunstâncias, na verdade, estavam propícios para esta medida extrema e merecida.

A corrupção que infecta o Estado é vigoroso contributo à decadência pública. Em sistemas viciados, as forças produtivas são desviadas para o logro das vantagens obteníveis com a corrupção; e, ao invés da produtividade e do verdadeiro aumento de riqueza da nação, o objetivo passa a ser de mera circulação do que já existe e de obtenção de vantagens que em nada contribuem para a produção nacional, num processo tendente à concentração. A riqueza que circula é fictícia, tornando-se estática ou regredindo na decadência moral; é o "viver a juros" ou "de juros", como vivem os agiotas; o mundo das bolsas de valores, a vida da especulação. E aparece a venda das informações prévias das mudanças na economia, a venda dos planos do Governo, as informações privilegiadas... Num sistema desta forma corrompido, o esforço dos bons cidadãos tende a diminuir, ante o não reconhecimento do mérito de quem labora honestamente. Na inversão de valores, o domínio passa a ser dos *espertalhões*, os quais não têm lealdade senão apenas consigo próprios, no estímulo do ganho pessoal. O compromisso é com o próprio umbigo.

Robert Klitgaard percebeu isto ao elaborar estudo sobre a corrupção em diversos países e os modos de combatê-la. Em seu prisma, a corrupção gera externalidades negativas (*males públicos*), acabando com a confiança, a segurança e o domínio da lei. Os custos sociais de determinados atos de corrupção podem ser especialmente elevados por criarem riscos à segurança e ao meio ambiente, solaparem os sistemas de mérito ou colocarem em risco, de outras maneiras, um interesse público abrangente. E mais:

"5. A corrupção é particularmente nociva quando distorce incentivos. A combinação de poder e discricionariedade monopolista – tão freqüentemente

---

sinformação sobre as notícias que o comprometem" ("Dez Anos de Constituição", *RTDP* 23/35-36). Esta passagem explica muito bem a importância do direito fundamental à informação por parte do povo, o verdadeiro dono do País, titular da soberania.

Já no Governo Lula, a estratégia foi outra: embora a mídia tenha apresentado inúmeros casos de corrupção, comprovando-os ao público, o povo foi conduzido a não acreditar nos próprios olhos ou a abstrair a corrupção da pessoa de Lula. A responsabilidade recaiu em outros sujeitos, enquanto o Presidente da República cinicamente dizia não saber de nada. O *cortar na própria carne* significou sacrificar membros da equipe para a proteção do líder.

206 O SUPREMO TRIBUNAL FEDERAL NA CRISE INSTITUCIONAL BRASILEIRA

em questão no setor público – atiça várias formas de 'atividades voltadas para o aumento da renda' ou 'atividades improdutivas que visam diretamente o lucro'. Quando a corrupção se difunde, autoridades e cidadãos desperdiçam suas energias potencialmente produtivas na busca de rendimentos corruptos. O caso limite ocorre quando a corrupção fica tão sistematizada que os cidadãos comuns têm de se corromper para poder viver.

"6. A corrupção às vezes é um meio de alcançar objetivos políticos. Mas também pode gerar custos políticos elevados. Pode ser um mecanismo para comprar a lealdade política, o que ocasionalmente pode conduzir a uma espécie de integração e participação. Por outro lado, quando esse artifício é largamente usado, conduz à alienação do povo e à instabilidade política."[45]

Outra razão de comoção intestina é a dissidência religiosa, em que os embates são constantes e a luta pelo controle político é relegado a segundo plano, além de ter natureza não-econômica e diferente daquela que estamos a trazer nesta investigação. Este tipo de problema inexiste no Brasil, País reconhecidamente misto.

Mas, quanto às demais dificuldades, o Brasil delas padece, o que constitui um perigo imenso para a nação,[46] só podendo ser combatido

---

45. Klitgaard, *A Corrupção sob Controle*, p. 63. A corrupção na América Latina levou o Equador a prever, no art. 220 da sua Constituição, um órgão específico para combatê-la: a Comissão de Controle Cívico da Corrupção.

46. Na verdade, o Brasil não é um País pacato. As estatísticas demonstram que ele tem um dos mais altos índices de violência do mundo. O que lhe falta é a *politização* de seu povo. Não são comuns, aqui, revoltas populares, insurgência aos maus governos ou às práticas políticas reprováveis, comparativamente ao que a História registra em outros países, sobretudo do velho mundo. A violência aqui detectada é a de natureza pessoal, passional – e, quando em nível político, dissimulada –, exprimindo-se de todas as formas: homicídios, assassinatos, seqüestro, estupros, latrocínios, morticínio de crianças até dentro das escolas etc. Praticamente não há movimento irascível de caráter político, nem assassinatos desta natureza (como exceção, lembrase o período do golpe militar de 1964). Tirante os casos isolados, as autoridades brasileiras podem andar em paz pelas ruas, apesar de suas posturas e ardis à frente do serviço público, salvo um ou outro ovo perdido, tomate ou laranja estragados, eventualmente atirados em lixos morais. A violência política promana muito mais do Estado do que do povo.

Pedro Demo compara a sociedade brasileira, em termos políticos, a uma senzala. "A própria alegação constante de que somos um povo pacífico, que não deseja violência, esconde uma forma soturna e não menos gritante de violência, pois vende-se como traço interessante o que no fundo não passa de marca da subserviência" (*Pobreza Política*, cit., p. 43).

CRISE ÉTICA E INSTITUCIONAL 207

com educação, conscientização do papel de cada indivíduo, assegura-mento dos bens e direitos individuais e metaindividuais. O Judiciário tem relevante papel neste contexto, na medida em que pode (e deve) demonstrar ao jurisdicionado a existência e o respeito do bem mais valioso na convivência mútua: a Justiça.[47] Isto se torna ainda mais

A crueldade a que os bandeirantes submeteram índios e jesuítas rebeldes, dizi-mando aldeias e destruindo qualquer resistência de escravos mostra a violência do início da colonização brasileira (séc. XVI e XVII). Em reportagem sobre a Guerra de Canudos (1897), a revista *Superinteressante* concluiu, após narrar a forma de o exér-cito e os fanáticos conselheiristas matarem-se uns aos outros (com requintes de cruel-dade), que a "'índole pacífica' do povo brasileiro é um mito" ("História: nem Fanático nem Revolucionário", n. 149, ano 14, n. 2, fev./2000, p. 42).

Veja-se o exemplo histórico da morte de *Tiradentes*, relatado por Sílvia Hunold Lara: depois da fome na prisão, foi enforcado; sua cabeça, decepada e levada a Vila Rica, a fim de ser cravada num poste alto, no lugar mais público dela, até que o tempo a consumisse; "o corpo, dividido em quatro quartos, também seria pregado em postes pelo caminho de Minas, onde o réu estivera, 'até que o tempo também os consuma'. A sentença também declarava o réu infame, assim como seus filhos e netos; seus bens foram confiscados e a casa em que vivia em Vila Rica arrasada e salgada, para 'que nunca mais no chão se edifique', levantando-se no lugar um 'padrão pelo qual se conserve em memória a infâmia deste abominável réu'. A sentença foi integralmente cumprida. (...) Mais do que a morte física, a sentença buscava apagar a memória do réu: dele não devia restar nada a ser lembrado. Seus restos mortais seriam devorados pelos bichos, sua casa demolida, a terra salgada e seus descendentes aviltados e amal-diçoados" (*Ordenações Filipinas, Livro V*, pp. 27-29).

Com o Golpe de 1964, o aprimoramento nas tormentas humanas pelos militares alcançou tal estágio que o Brasil chegou a exportar técnicas de tortura (cf. Paulo Eva-risto Arns, *Brasil: nunca mais, passim*; e Zuenir Ventura, *1968: o Ano que não termi-nou – a Aventura de uma Geração, passim*).

47. Em diálogo com Sócrates, Protágoras invoca a mitologia grega para afir-mar que a *justiça* é uma das principais responsáveis (ao lado da *vergonha*) pela conservação das cidades e da vida em grupo. Mesmo tendo Prometeu roubado dos deuses o fogo para o homem, este vivia em constantes guerras e desentendimentos, dispersando-se e se destruindo, até que Zeus mandou Hermes levar-lhe aquelas duas virtudes essenciais à sobrevivência do gênero humano, muito embora não lhes tives-se concedido a arte da *política*, exatamente para preservar o Olimpo (Platão, *Protá-goras*, p. 106).

Platão põe a *justiça* no centro de gravidade das outras virtudes (autodomínio, coragem e sabedoria), coroando-as (cfr. João Maurício Adeodato, *Filosofia do Direito – uma Crítica à Verdade, na Ética e na Ciência*, pp. 131-132). E Aristóteles, que con-cebia a *justiça* fundamentada na *lei da pólis*, via nela a virtude em sua integridade, a virtude perfeita, um bem pertencente a outrem (*Obra Jurídica*, p. 16). Os pitagóricos, por supervalorizar os números, atribuíam à justiça o 4 ou o 9, ou seja, 2 x 2 ou 3 x 3, o quadrado do primeiro número par ou o quadrado do primeiro número ímpar (Giova-ni Reale, Dario Antiseri, *História da Filosofia: Antiguidade e Idade Média*, vol. I, p.

208 O SUPREMO TRIBUNAL FEDERAL NA CRISE INSTITUCIONAL BRASILEIRA

relevante por ter o Estado atraído para si o monopólio de *aplicar a justiça*, substituindo os titulares do interesse em conflito;[48] pois se ele retirou este múnus do cidadão, deve prestá-lo muito bem, sob pena de romper com o pacto social, o que justificaria o igual descumprimento dos deveres atribuídos originalmente ao cidadão, numa perspectiva de bilateralidade das obrigações contratuais. A reiterada negação de justiça ao cidadão fomenta revolta e desafia o cumprimento das ordens judiciais.[49]

As sentenças injustas não sobrevivem por muito tempo. Quanto mais injustas forem, maior será a violência contra o cidadão; quanto mais justas, mais respeitadas. Para aplicar a justiça, outrossim, além do conhecimento técnico-jurídico, urge o alento espiritual dessa virtude, a sensibi-

---

41). Angel Latorre coloca a justiça acima do próprio Direito, defendendo ser preferível violar este àquela (*Introdução ao Direito*, p. 65). Bidart Campos, compreendendo o *"direito* como conduta" uma realidade valorável, atribuiu à valoração de saldo positivo o nome de *justo*, e à de saldo negativo o de *injusto*; muito embora a justiça e a injustiça estejam englobadas no mundo jurídico (*Valor Justicia y Derecho Natural*, p. 214). Luño chama a justiça de "valor básico e omnicompreensivo", por ser fundamental a excelência das projeções sociais (Antonio-Enrique Pérez Luño, *La Seguridad Jurídica*, p. 141).

48. O monopólio da jurisdição se destaca no âmbito penal. Nos demais setores a doutrina sustenta que o Judiciário só deve ser demandado em último caso (José Raimundo Gomes da Cruz, *Estudos sobre o Processo e a Constituição de 1988*, p. 20). Aliás, a deficiência do Judiciário é responsável pelo florescimento de meios alternativos, excludentes e extrajudiciais de resolução dos conflitos (públicos e privados), valendo citar o exemplo trabalhista das Comissões de Conciliação Prévia, e a arbitragem, nos campos civil e trabalhista. Aliás, a indústria da conciliação (trabalhista) e o fomento agora generalizado à conciliação (marcado pelo dia 8.12.2006 – dia nacional da conciliação) são mecanismos que buscam muito mais resolver o problema do Judiciário, incapaz de dar conta da demanda, do que do jurisdicionado. Sobre o monopólio da jurisdição, com ênfase no setor penal, vejam-se: Athos Gusmão Carneiro, *Jurisdição e Competência*, pp. 3-11; Antonio Carlos de Araújo Cintra, Ada Pellegrini Grinover e Cândido Rangel Dinamarco, *Teoria Geral do Processo*, pp. 26-30; Maria Lúcia Karam, *Competência no Processo Penal*, p. 11; Julio Fabbrini Mirabete, *Processo Penal*, pp. 23-24; Djanira Maria Radamés de Sá Ribeiro, *Teoria Geral do Direito Processual Civil – a Lide e sua Resolução*, pp. 22-23; Rogério Lauria Tucci, *Direitos e Garantias Individuais no Processo Penal Brasileiro*, pp. 7-10.

49. A pretensão contra o Estado é a pretensão à chamada prestação da garantia da Justiça (Rubens Costa, *Manual de Processo Civil. Teoria Geral e Ajuizamento da Ação*, p. 3).

CRISE ÉTICA E INSTITUCIONAL   209

lidade social e o domínio interdisciplinar.[50] Carece, ainda, uma vontade, um querer aplicá-la, efetivamente.

Roberto León, Piquet Carneiro e Miguel Cruz apontam ser um dos traços mais nítidos da sociedade moderna o monopólio da violência por parte do Estado. Toda associação política tem uma forma de coação física; todo poder tem-se associado à violência como um modo de impor sua vontade. "O que é singular no Estado contemporâneo é que 'reclama para si, e com êxito, o monopólio da coação física legítima'. A violência física não é a única forma de ação do Estado, mas, sim, um dos meios específicos de sua atuação".[51]

Tendo o Estado atraído para si o monopólio da justiça (jurisdição), a condução dos rumos do País e, em última instância, da própria sociedade, tornou-se acirrada a luta pelo poder e pelo controle das atribuições conferidas a ele. Por meio do Estado, um homem manda no outro de forma institucionalizada, justificada e imperativamente. Na dicotomia entre ricos e pobres, os primeiros preservam suas riquezas por intermédio do Estado, enquanto os últimos permanecem inibidos de se revoltarem contra o sistema e tomar o patrimônio ou ter acesso aos meios de sobrevivência digna pela força. É que os miseráveis, não alcançando lugar de destaque na composição do Poder Público, ficam impedidos de modificar esta realidade e os objetivos do Estado. Quem comanda o Poder Público também controla os homens da cidade. Daí, a luta social, política e econômica por ele.

Fustel de Coulanges aponta, na sua *Cidade*, que o pobre não podia adquirir riqueza senão despojando o rico. O rico não podia defender o seu patrimônio a não ser com extrema habilidade, ou pela força. Olhavam-se rancorosamente. "Havia em cada urbe dupla conspiração: os pobres conspiravam por cupidez, e os ricos por medo".[52] Em seguida,

50. Conforme Hesse, há homens dotados de um alto intelecto, mas, que são cegos para certos e determinados valores. O Autor se refere "a um certo tipo de espírito muito moderno e generalizado que parece, muitas vezes, associado a um fino intelecto, rápido e cheio de mobilidade, geralmente possuidor de uma alta cultura, e que todavia não possui o sentido dos valores éticos e religiosos" (Johannes Hesse, *Filosofia dos Valores*, p. 145).

51. Roberto Briceño León, Leandro Piquet Carneiro e José Miguel Cruz, "O Apoio dos Cidadãos à Ação Extrajudicial da Polícia no Brasil, em El Salvador e na Venezuela", *Cidadania, Justiça e Violência*, p. 118.

52. Coulanges, *A Cidade Antiga*, p. 348.

210 O SUPREMO TRIBUNAL FEDERAL NA CRISE INSTITUCIONAL BRASILEIRA

Coulanges mostra como se tornou insustentável a situação, a ponto de desencadear violenta revolta pelos pobres. Aquele raciocínio formulado pelo Autor reflete muito de verdadeiro, fazendo compreender melhor a periclitância atual, em que a explosão da violência encurrala os detentores de qualquer riqueza e patrimônio, ameaça as Instituições, enfraquece o Estado (tornando-o inoperante, senão descartável) e compromete o pacto social.

Visto de cima para baixo, o poder tende à perpetuação, porque esta é sua lógica. Quer institucionalizar-se e persistir. Segundo Pedro Demo, fabrica ideologias complacentes, para motivar a crença na legitimidade, na necessidade, no mérito dos que mandam, convocando intelectuais espertos e muito orgânicos para tanto. São os intelectuais de plantão, dir-se-ia. Por outro lado, visto agora de baixo para cima, lida-se com a ótica da mudança, porque é o modo de ver do oprimido, do excluído, "a quem não interessa manter, mas superar. Na mobilização do oprimido a presença de intelectuais é essencial, no sentido orgânico da contra-ideologia".[53]

A Justiça (sentido axiológico, virtude)[54] é essencial à convivência em sociedade.[55] Sem ela, os homens perdem a fé no Estado e recorrem à vingança privada, o que implica no retorno à pré-história, à barbárie.

Anota Del Vecchio a etimologia da palavra Justiça, *verbis*:

"Etimologicamente, segundo uma opinião ainda muito espalhada, as palavras *jus, justum, justitia*, derivariam da raiz sanscrítica *ju (yu)*, que significa ligar (cf. *jugum, jungere etc.*). Mais recentemente, obteve maior favor entre os filólogos outra opinião (pela primeira vez enunciada por Kuhn, em *Zeitschr. f. vergleichende Sprachforschung*, IV, 1855, p. 374), segundo o qual *jus* (antiga-

---

53. Pedro Demo, *Participação é Conquista*, pp. 83-84.

54. Esta é a visão subjetiva (de sentimento), apontada por Miguel Reale, *Teoria Tridimensional do Direito*, p. 87.

55. Otfried Höffe aponta a tese-guia tripartite da filosofia política na seguinte seqüência, colocando a justiça no centro: *a)* o estado está obrigado à justiça; *b)* a justiça política forma a medida normativo-crítica do direito; e *c)* o direito justo é a forma legítima da convivência humana (*Justiça Política – Fundamentação de uma Filosofia Crítica do Direito e do Estado*, p. 26).

E Habermas corrobora, ao escrever que "o próprio conceito do procedimento democrático apóia-se num princípio de justiça, no sentido do igual respeito por todos" (*Direito e Democracia...*, cit., vol. I, p. 328).

Miguel Reale vê no *justo* o "valor fundamentante do Direito" (*Filosofia do Direito*, p. 272).

CRISE ÉTICA E INSTITUCIONAL 211

mente *jous*) estaria antes relacionado com o védico *yòs* e com o avéstico *yaos*: palavras de significado não bem definido, mas certamente de caráter religioso (salvação, defesa contra o mal, propiciação, ou, segundo outros, purificação, sempre com referência ao querer divino). O nexo entre *jus* e *Zeus, Jovis, Jupiter* (*Jovis pater*), afirmado por Grócio (*De Jure belli ac pacis*, Proleg., § 12) e por Vico (*Principi di scienza nuova d'intorno alla comune natura delle nazioni*; na ed. de Nicolini, Bari, 1911-1916, pp. 25, 234; cf. pp. 276, 337, 388), foi negado por autores modernos (cf. Beseler e Fraenkel, em *Zeitschr. d. Savigny Stift. f. Rechtsgesch.*, Roman. Abt., XLIX, 1929, p. 434); contudo, não deve talvez excluir-se, mesmo por causa de um indício que se pode inferir da estela arcaica, recentemente descoberta no Foro romano (cf. sobre o assunto De Francisci, *Storia del diritto romano*, vol. I, 2ª ed., Milão, 1939, p. 377). Note-se que entre as duas explicações mencionadas poderia muito bem existir uma relação, embora isso esteja longe de ser demonstrado."[56]

Conforme Alasdair MacIntyre, desde a primitiva tradução dos poemas homéricos, a palavra grega *Díke* é traduzida por *justiça*. Mas as mudanças que ocorreram nas sociedades modernas, relativamente ao modo como a justiça deva ser compreendida, tornaram esta tradução cada vez mais enganosa. Este é um dos aspectos mais importantes pelos quais os poemas homéricos se tornaram gradualmente menos traduzíveis. Pois o uso da palavra *díke*, tanto por Homero como por quem retratava, pressupunha no universo uma única ordem fundamental, "que estruturava a natureza e a sociedade, de modo que a distinção que *nós* fazemos ao contrastar o natural e o social não podia ainda ser expressa. Ser *díkaios* significa conduzir as próprias ações e negócios de acordo com essa ordem".[57]

A justiça é buscada eternamente, em todos os lugares e momentos históricos. Neste sentido é que se pode humanamente falar em Justiça

---

56. Del Vecchio, *A Justiça*, pp. 3-4.
O tema "justiça" tornou-se objeto de estudo restrito aos filósofos, numa perspectiva complexa, complicada, senão "chata" de sobre ele se debruçar. Os juristas, com uma ou outra exceção, esqueceram o assunto. Isto levou o Autor deste livro a publicar a obra *A Justiça – nas Lendas, nas Fábulas e na História Universal*. Nela, optou-se por utilizar contos introdutórios, numa linguagem descontraída, sem o juridiquês, a fim de empolgar o leitor, seguidos de uma análise crítica e prospectiva, entre a filosofia, a sociologia e o Direito.
57. MacIntyre, *Justiça de Quem? Qual Racionalidade?*, p. 25.

212   O SUPREMO TRIBUNAL FEDERAL NA CRISE INSTITUCIONAL BRASILEIRA

absoluta, ideal.[58] No mais, ela é tópica,[59] concreta, particular, relativa. Racionalmente, no atual estágio da humanidade, não se pode invocar Justiça absoluta, no seu aspecto pragmático, eis que ela pertence a Deus. Contudo, isto não impede a busca de regras de ouro que, uma vez aplicadas, tendam a acarretar tratamento justo. Mas, frise-se, a racionalidade e a deficiência humanas ainda não permitiram ao homem descobrir nem inventar regras absolutas capazes de levar, sempre, ao justo. Por ora, é bastante contentar-se com a complexidade e as dificuldades dos casos concretos. E, ante eles, aplicar as regras (relativas) até aqui fornecidas pela Filosofia, na tentativa de se obter a solução mais justa possível.[60] A rigor, passar-se-á, neste século, a uma nova etapa, para além da razão fornecida pela Filosofia: a Humanidade chegará à etapa do sentimento, um salto de qualidade inspirado em intuições, discernimento reservado ao gênero feminino, este divino ser, que mantém um contato excepcional com o Cosmos além da compreensão racionalista.

Quando a justiça é sonegada, quando ela não vem pelos meios normais, quando as Instituições encarregadas de aplicá-la não a entregam nem socorrem o cidadão – o miserável que bate, desesperadamente, em suas portas como último reduto –, instalam-se no povo o alimento da

58. Del Vecchio vislumbra alguns aspectos de *universalidade* (o que não significa ser *absoluto*) da Justiça, como o dever de prestar alimentos entre os parentes, a obrigação de fidelidade à pátria e o direito de resistência (*A Justiça*, pp. 132-133). Quanto ao direito de propriedade, Herbert Spencer observa que mesmo os povos mais grosseiros, aqueles nos quais a concepção do direito de propriedade menos se tem desenvolvido, admitem a propriedade das armas, dos utensílios e dos ornamentos (*La Justicia*, p. 82).

59. Para maior estudo da *tópica*, v. Theodor Viehweg, *Tópica e Jurisprudência*, *passim*. Recaséns Siches dedica um pequeno capítulo ao raciocínio jurídico *por problemas* e *tópico* (*Nueva Filosofía de la Interpretación del Derecho*, p. 289).

60. Sobre as normas (genéricas) de Justiça e suas críticas, por todos, v. Hans Kelsen, *O Problema da Justiça*, pp. 3-65. São exemplos destas normas: I – a fórmula do *suum cuique* (a cada um o que é seu); II – a regra de ouro (não fazer a outrem o que não quiser para si mesmo); III – o imperativo categórico de Kant ("age sempre de tal modo que a máxima do teu agir possa por ti ser querida como lei universal"); IV – o costumeiro é o justo; V – a justiça é o meio-termo entre dois opostos (Aristóteles); VI – o princípio retributivo é o justo (sanção para os infratores, prêmio para os merecedores); VII – o princípio da equivalência entre prestação e contraprestação como norma de justiça (a cada um segundo a sua prestação); VIII – a cada um segundo as suas capacidades, e a cada um segundo as suas necessidades (Karl Marx); IX – o preceito do amor ao próximo; X – a justiça deve primar pela liberdade; XI – a justiça há de se pautar na igualdade de tratamento; e XII – a justiça é a prática do bem (Platão).

CRISE ÉTICA E INSTITUCIONAL 213

revolta, o descrédito no Poder Público. E os cidadãos passam a procurá-la por si mesmos, abalados na confiança no Estado,[61] haja vista o sentimento de Justiça falar mais alto do que a frustração provocada pelos *Homens de Estado*. Ele vara épocas, vence intempéries e se aloja no seio das pessoas, mediante um encorajamento recíproco que desperta para a busca incessante da Justiça, começando por destruir quem tanto a sonegou. Estes *novos guerreiros* se tornam impiedosos em sua causa e, porque já perderam tudo, não temem mais nada,[62] pois a única maneira de resgatar a dignidade é tomando-a de volta, à força, se necessário.[63] Neste ponto, rompe-se a dormência social, quebra-se a paz, instalam-se as comoções intestinas... Com as multidões nas ruas, armas em punho, não há destino certo nem segurança para ninguém. Pode sobrevir a Noite de São Bartolomeu.[64]

61. Eduardo Faria aponta duas alternativas a serem observadas pelo sistema político, no caso de ineficiência do Estado para assegurar a disciplina e o respeito à legislação: *a)* a possibilidade de se substituir o reconhecimento da inoperância por vantagens privadas, isto é, pela prestação de serviços estatais de natureza social; ou *b)* o uso da violência (*A Crise Constitucional e a Restauração da Legitimidade*, p. 50). O fundamento basilar dos grupos de extermínio tem sido a impunidade do Judiciário e a complacência dos juízes, com o excesso de seu formalismo.

62. Sófocles, atento a isto, já dramatizou: "não pisa demais teu inimigo porque é terrível quem chega ao fim do desespero. É invencível o que não tem nada a perder. Cuidado para que a infinita desgraça que vês hoje não te pareça, amanhã, ventura gloriosa comparada ao que te acontecer" (*Antígona*, pp. 29-30).

63. Geneton Moraes Neto descreve como alguns grupos brasileiros vêm se armando na surdina, há certo tempo. E cita o Movimento dos Sem-Terras, cujos líderes, no movimento de 64, encomendaram mil metralhadoras à URSS para iniciarem uma revolta interna (*Dossiê Brasil – as Histórias por trás da História recente do País*, p. 220).

Sem acreditar mais nas Instituições brasileiras, alguns setores, defensores de reivindicações legítimas, pregam o processo da violência. Além do MST, o episódio da greve dos professores, ocorrido em vários Estados (maio-junho/2000), especialmente em São Paulo, demonstra a pregação incendiária dos líderes recém-surgidos. A revista *Veja*, ed. 1.653, de 14.6.2000, transcreveu vários trechos dos discursos desses Professores-Líderes (pp. 44-45), defendendo a desobediência civil.

64. A *Noite de São Bartolomeu* (24.8.1572): assim ficou conhecida a noite na qual foram massacrados milhares de protestantes (huguenotes), dentre eles o almirante Coligny, que foi decapitado e seu corpo arrastado pelas ruas de Paris, após sangrento combate com os católicos. Conta-se que cerca de 3 mil huguenotes foram mortos nesta noite, por hordas de católicos. "A matança assumiu feições de uma guerra civil" (Cláudio Vincentino, *História Geral*, p. 208). Há quem diga terem sido 50.000 os huguenotes massacrados nessa noite (*Lisa-Biblioteca Integrada*, vol. 4, p. 109).

214 O SUPREMO TRIBUNAL FEDERAL NA CRISE INSTITUCIONAL BRASILEIRA

Por isto, a justiça deve ser aplicada atentamente pelas Instituições, sem a predominância das paixões humanas. De modo sereno, ela há de ser conduzida e entregue ao cidadão. O seu aplicador, no entanto, não pode fechar os olhos à realidade nem deixar prevalecer interesses de grupos sobre aquilo que se apresenta indiscutivelmente justo. Ocorrendo dissonância entre o interesse geral e a justiça indissolúvel do caso concreto sempre há uma forma de compatibilizá-los, pois, neste esquema, algo se mostra errado, mal elaborado e, portanto, digno e passível de ser resolvido, mesmo que em outra instância do Estado. Não se pode é plantar a semente da injustiça, o germe da revolta, que, uma vez iniciado aqui, se estende ali, corre mais acolá e, um dia, pode se tornar genérico, ameaçador, insurreto.

Urge tecerem-se duas considerações, conquanto breves, sobre a *paixão* na aplicação da justiça. Em *primeiro lugar*, de certa forma, a paixão sempre está presente na ação humana, digerida por instigações ideológicas, por crenças preconcebidas, por sentimentos naturais à condição de ser humano. E, neste sentido, ela é intrínseca ao homem, mesmo quando investido de funções de Estado, porquanto ele não se despe de sua qualidade humana. Afinal, a sensibilidade social e a maturidade de justiça passam indiscutivelmente pelo espírito, assumem a forma de razão e se transformam em resolução de querelas. Contudo, não pode haver *predominância* da paixão, como único modo ou causa principal para solucionar a questão concreta, ou como direcionamento para a satisfação de interesses pessoais. Em pequena dose, ela – a paixão – humaniza a decisão. E só neste sentido ela é permitida, na busca da justiça humana, orientada pela razão. Em *segundo lugar*, agir com paixão não significa apenas estar movido por sentimentos básicos como ódio, vingança, interesse pessoal em proteger, prejudicar ou beneficiar uma parte ou terceiro, intuito de autobeneficiamento. Significa, também, comprometimento com o sistema, a ponto de chancelar tudo quanto dele provenha, sem perquirir-lhe a justiça. Esta, a nosso ver, é a mais daninha de todas as paixões, porque supera as demais questões e não aceita nenhum argumento contrário, por mais jurídico ou justo que seja, exatamente porque seu fundamento é o sistema em si.

Para a aplicação real da justiça, da justiça verdadeira, não pode haver pré-concepções dogmáticas do julgador. Mingúem-se as paixões, deixando-as ao ponto humanístico imprescindível à arte de restabelecer o bom convívio justo e pacato.

CRISE ÉTICA E INSTITUCIONAL 215

O tempo compromete o justo juízo. A justiça quando tarda, normalmente se transforma em injustiça; mas a injustiça mesmo quando tardia, continua em regra uma injustiça. Na famosa peça de Sófocles, um dos guardas, ao ser recriminado incisivamente por Creonte, rei de Tebas, reclama por ser tão lenta a justiça e tão veloz a injustiça.[65]

Em época de crise sócio-financeira; quando todos os discursos se voltam para a palavra *mercado*, para o lucro; quando as vozes só falam de *economia* e a riqueza é fictícia, porque o capital é invisível, é chegado o momento de o aplicador da norma ficar atento às exigências sociais e saber compatibilizar o mercado, o capital, com o respeito à dignidade humana. A justiça tem berço aí.[66] Os valores sociais estão positivados na Constituição Federal,[67] incumbindo ao Judiciário sua defesa e o ajuste harmônico da Carta Magna aos anseios da sociedade, quando porventura contrários.

O descrédito nas Instituições encarregadas de entregar justiça leva à violência e à formação de instâncias paraestatais. É o exemplo de alguns morros do Rio de Janeiro, que contam com sistemas próprios de resolução de conflitos, baseados na violência dos traficantes. Patrícia Tuma Bertolin, citando doutrinadores de escol, veicula que os moradores de algumas das grandes favelas brasileiras não demandam o Judiciário, na solução de seus conflitos internos, por considerarem juízes e

65. Sófocles, *Antígona*, p. 17.

66. Para Jacques Généreux, o chamado "horror econômico" se tem sua pilastra na má condução política da gestão econômica. O "horror político" leva à "recusa em partilhar", provocando uma concentração de renda calamitosa. Assim, para o Autor, os problemas sócio-econômicos têm causas mais *políticas* do que propriamente *econômicas* (*O Horror Político – o Horror não é Econômico*, p. 49). E com razão, considerando que o Estado é utilizado pelos reais donos do poder. No dizer de Luiz Fernando Coelho, a classe dominante "procura acumular o capital por meio da atuação do Estado, o que se contrapõe à necessidade de manter a harmonia social" (*Teoria Crítica do Direito*, p. 388). Mas essa dominação do Estado e do Direito (Positivo) pelas classes dominantes é antiga, na perpetuação das posições de privilégio e de mando (Arnaldo Vasconcelos, *Direito, Humanismo e Democracia*, pp. 54-55). Ralph Miliband (1969) contribuiu com uma explícita teoria marxista do Estado e de classe sob o capitalismo, segundo a qual classe dominante capitalista exerce poder econômico e usa o Estado como seu instrumento de dominação sobre a sociedade (*apud* Ronald H. Chilcote, "Teoria de Classe", *BIB* 39/39-92).

67. Ivo Dantas, *Princípios Constitucionais e Interpretação Constitucional*, p. 52.

216 O SUPREMO TRIBUNAL FEDERAL NA CRISE INSTITUCIONAL BRASILEIRA

advogados muito distanciados das classes baixas para poder entende-rem suas necessidades, e serem os serviços profissionais muito caros. Ademais, recorrer aos Tribunais para resolver conflitos sobre terras e habitações, além de inútil, seria perigoso, por voltar a atenção do Esta-do à situação ilegal da comunidade.[68]

O descaso do Estado brasileiro aos favelados e aos miseráveis é altamente pernicioso, porque os marginaliza e os transforma em crimi-nosos em potencial. Praticamente, os únicos elos de ligação entre esses excluídos e o Estado são o título de eleitor e a temerosa polícia. A idéia de *sociedade justa*[69] ausenta-se sobremaneira quando as forças produti-vas aceitam restrições inaceitáveis, posto incompatíveis com a idéia de bem-estar, igualdade, justiça e dignidade. É justamente sobre o compro-misso cívico e pessoal dos membros da sociedade que se vem procuran-do resgatar a teoria dos deveres, visando a tirar o homem do ostracismo político e da acomodação.[70]

De todo modo, não se pode discutir nem aplicar *justiça social* sem, antes, tomar pé da situação do povo.

Em artigo publicado em 1997, Francisco Meton Marques de Lima, dizendo-se supedaneado em publicação do Banco Mundial, afirmou que o Brasil aparecia em segundo lugar em concentração de renda, per-dendo apenas para um pequeno país africano que ainda se organizava sob regime tribal. O Autor, sustentando o retrocesso social, apontavva os seguintes casos: a hemodiálise de Caruaru-PE, com 50 vítimas (1996); as crianças vitimadas pela falta de energia em Boa Vista, com outro número de vítimas no final de novembro de 1996; a mortandade de re-cém-nascidos na Maternidade Modelo de Fortaleza (Revista *Veja*, de 25.11.1996); o holocausto dos 80 idosos da Clínica Santa Genoveva, no Rio de Janeiro; o retorno da hanseníase e da tuberculose, acentuada-

---

68. Patrícia Tuma Martins Bertolin, *Reformulação do Processo do Trabalho*, p. 103.

69. John Kenneth Galbraith, *A Sociedade Justa: uma Perspectiva Humana*, *passim*.

70. Francisco Gérson Marques de Lima, "Os Deveres Constitucionais: o Cida-dão Responsável", in Paulo Bonavides, Francisco Gérson Marques de Lima e Fayga Silveira Bede (Coords.), *Constituição e Democracia. Estudos em Homenagem ao Prof. J. J. Gomes Canotilho*, pp. 140-187.

CRISE ÉTICA E INSTITUCIONAL 217

mente nos estados do Nordeste e do Norte; o analfabetismo; a deficiência do ensino público; a mortalidade infantil; a prostituição juvenil; a prostituição famélica; a fome; e a violência oriunda do estado de necessidade. Daí, os reclamos diários dos "*sem*": "*sem* terra, *sem* teto, *sem* saúde, *sem* alimentação, *sem* educação, sem emprego, *sem* nada, ou *sem* tudo". E continuou:

"No Nordeste, a média de mortalidade infantil oficial é de 60 por mil, o que já coloca o Brasil nas primeiras posições mundiais do atraso, pois na Europa essa média não passa de 6. Contudo, na realidade, é sabido que esse número é o dobro ou mais, dado que a grande maioria dos *anjos* nos interiores do Norte e Nordeste passam pela vida sem deixar registro da existência, sepultada em cemitérios comunitários extra-oficiais (que indignamente chamam de clandestinos), sem os registros de nascimento nem de morte (*Veja*, de 30.10.1996, p. 59). As notícias do Fantástico (do dia 3.11.1996) transmitem muita surpresa nesse fato e deixam transparecer que se trata de pequenas exceções. Ora, aquilo é a regra do interior do Brasil.

"O salário/hora do trabalhador brasileiro é de U$ 2,4/hora, contra uma média de U$ 16,00 no Japão, U$ 18,00 nos EUA e U$ 24,00 na Alemanha. Se avaliarmos o Norte e o Nordeste, essa média cai para U$ 0,80, chegando a 0,45 no Piauí. Isso para os que têm trabalho. Por essa razão, Caetano Veloso disse que o Haiti é aqui. Vou além: a Somália está aqui dentro."[71]

Consoante o Autor, o Brasil ainda ostentava as primeiras posições mundiais em fome, salário mínimo, mortalidade infantil, acidente de trabalho e outros males. Enquanto isso, arrematou, ao lado dos desprovidos de bens, há os outros "*sem*": "os *sem* consciência, *sem* compromisso social, *sem*-vergonha", que "ainda têm o despudor de propor-lhes o despojamento do emprego, do direito, por que não dizer, da própria vida. Comparam-nos, como argumento da reforma, com a Europa, os EUA e o Japão. Ora, para chegar lá, precisamos ir aos poucos, pois a natureza não dá salto. Neste aspecto, ainda temos de chegar ao Peru, sonhar com um Chile...".[72]

71. Francisco Meton Marques de Lima, "Os Princípios de Direito do Trabalho diante da Reforma Neoliberal", *Revista LTR* 61(05)/621-622.
72. Idem, ibidem, p. 622.

218   O SUPREMO TRIBUNAL FEDERAL NA CRISE INSTITUCIONAL BRASILEIRA

Este trecho demonstra muito bem a situação social do País, de modo realista. Mas o texto é do início de 1997, quando, p. ex., o dólar era equiparado ao real. O final do séc. XX e o começo do séc. XXI evidenciaram o retorno das sobrejornadas de trabalho e o aumento do desemprego, com os salários caindo e as condições laborais piorando. Despontaram o trabalho informal, o prestado em condições análogas à de escravo e em condições subumanas, o assédio moral, o terror psicológico nas relações de emprego, as doenças do trabalho, o enfraquecimento dos sindicatos, as fraudocooperativas etc.

Segundo matéria da revista *Veja*, intitulada "Tempos Modernos", de Aida Veiga, o rendimento médio do trabalhador brasileiro, de acordo com dados do IBGE, era de 5,13 salários mínimos em 1991, tendo baixado para 4,67 em 1999. A média semanal de horas trabalhadas passou de 39, no início dos anos de 1990, para 41, ao final da década. A reportagem prossegue, mostrando que 71% da população brasileira economicamente ativa trabalham mais de 40 horas por semana, e 39% laboram jornada de pelo menos 45 horas. Já o setor informal, além de ganhar pouco (e exatamente por isso), apresenta longas jornadas, pois o taxista, o encanador e, enfim, quem trabalha por conta própria, dedica o dobro do tempo à labuta, até mesmo na necessidade de esperar clientes, eis que, se fossem estes certos, aqueles poderiam ter um horário fixo. E, enfocando a luta sindical, indaga: "Como é que um século chega à metade celebrando como conquista a luta de sindicatos no mundo inteiro para reduzir jornadas fatigantes e termina com boa parte da população trabalhando cada vez mais?" Conforme se extrai da multicitada matéria, a tecnologia, especialmente no campo da informática, não serviu para reduzir a jornada. Pelo contrário, ela provocou um aumento da labuta diária, a par do desemprego que ocasionou.[73]

O jornal *Folha de S. Paulo*, em matéria intitulada "O Mapa da Exclusão" (26.9.1998),[74] publicou as seguintes tabelas sobre a situação da população brasileira:

---

73. *Veja*, 5.4.2000, pp. 122-127.
74. *Folha de S. Paulo*, 26.9.1998, "Especial" A1, pp. 1-8.

CRISE ÉTICA E INSTITUCIONAL · 219

Tabela 7: O Mapa da Exclusão

	Sexo e idade			Escolaridade (%)				Renda (R$)		Região (%)			
	Masculino (%)	Feminino (%)	Idade Média (anos)	Até 1º grau	2º grau	Superior	Pós-Graduação	Familiar Média	Individual Média	Sudeste	Sul	Nordeste	Norte/Centro-Oeste
ELITE	53	47	36,5	0	25	67	8	3.724	1.601	63	16	11	9
BATALHADORES	59	41	40,2	65	35	0	0	3.943	1.539	61	15	13	11
REMEDIADOS	53	47	37,9	54	46	0	0	1.692	624	55	16	18	11
DESLOCADOS	49	51	32,3	0	83	16	1	756	394	49	18	22	11
EXCLUÍDOS	49	51	40,1	87	13	0	0	403	207	37	15	34	15
- Pobres	55	45	39,2	91	9	0	0	752	377	56	20	13	11
- Despossuídos	48	52	34,9	72	28	0	0	350	183	35	14	36	16
- Miseráveis	48	52	45,7	100	0	0	0	234	131	27	13	45	16
TOTAL	50	50	38,4	64	28	7	1	907	413	43	15	28	13

Fonte: PNUD – Programa Nacional das Nações Unidas para o Desenvolvimento (*Folha de S. Paulo*, 26.9.98, Especial A1, pp. 1-8, matéria intitulada "O Mapa da Exclusão"). Base: 100 milhões de pessoas.

Tabela 8: Perfil da População Brasileira

ELITE	7 milhões	7,3%
BATALHADORES	2 milhões	2%
REMEDIADOS	13 milhões	13%
DESLOCADOS	15 milhões	15%
EXCLUÍDOS	63,6 milhões	63%
- pobres	15 milhões	15%
- despossuídos	24 milhões	23%
- miseráveis	25 milhões	24%

Fonte: PNUD, idem. Base: 100 milhões de pessoas.

Por este estudo, fazem parte da *elite* 7,3% (7 milhões) da população brasileira, considerando-se como tal os que têm renda igual ou superior a R$ 3.724,00 (renda familiar média) ou R$ 1.601,00 (renda individual média). Na verdade, sabe-se que essas rendas em hipótese alguma propiciam a quem as percebe a vida da elite. Uma família na qual o casal tenha três filhos em idade escolar, com aluguel a pagar (ou financiamento pela Caixa Econômica), plano de saúde para todos (porque o sistema previdenciário oficial é uma lástima), acrescido de luz, água, telefone, condomínio etc., não desfruta dos benefícios da elite. Continua classe média, sob a modéstia de uma *vidinha refreada* e, quando muito, sem dívidas. Mas nada de luxo nem de suntuosidade. O lazer, então, é comedido; e as férias, rigorosamente planejadas; com uma economia doméstica regrada, longe dos luxuosos banquetes[75] sicilianos[76] e da necessidade dos *vomitórios* romanos.[77]

75. N'*A Cidade Antiga*, Fustel de Coulanges narra a espetacular dimensão de banquetes da Antiguidade, alguns com cerca de cinco mil comensais (pp. 162 e ss.).

76. O ambiente de esbanjamento de um palácio real siciliano do séc. IV era enriquecido pelos lautos banquetes. Conta-se que, certa vez, foi preparado um almoço que durou noventa dias seguidos. Platão não se adequou àquele modo de vida, desentendendo-se com Dionísio. Anos depois, ao narrar sua experiência, o filósofo confessou que não lhe agradava nada "aquela vida supostamente feliz, cheia de banquetes italiotas, nem o encher o estômago duas vezes por dia ou o dormir todas as noites acompanhado" (Luciano de Crescenzo, *História da Filosofia Grega*, p. 66).

77. Na Roma antiga, havia verdadeiros duelos gastronômicos. Os bacanais e as comilanças eram freqüentes, sobretudo na época orgíaca de Nero. "A moda entre la

CRISE ÉTICA E INSTITUCIONAL   221

O quadro descrito demonstra índices alarmantes e uma situação social estarrecedora. Divulgado em setembro de 1998, dito estudo, no entanto, por certo teria outras conclusões na atualidade, considerando que a crise brasileira se acentuou entre o final daquele ano e os primeiros meses de 1999, quando a economia se retraiu e o dólar disparou, acarretando aumento de preços (principalmente dos produtos importados[78]) e perda do poder aquisitivo. O séc. XXI trouxe agravamentos, em razão das más condições de trabalho. O empobrecimento aumentou, milhares de empresas quebraram, houve desemprego em massa, e o dinheiro sumiu do mercado interno (ou o levaram para fora do País).[79]

Divulgaram alguns economistas renomados, no início de maio de 1999, na imprensa, que "o turbilhão da crise brasileira já passou", que

---

nobleza son las comilonas. Dos o tres comidas, aliviadas de tanto en tanto en los vomitorios", afirma Ernesto Parra, em "Estudio Preliminar" à obra de Plutarco (*Vidas Paralelas*, p. 6).

78. Lembre-se o leitor que os produtos importados, no Brasil, alcançaram praticamente todos os setores e *viciaram* o consumidor, afastando o produto nacional. É a globalização.

79. Foi divulgado na imprensa televisiva (Rede Globo, *Jornal Nacional*), em março de 1999, que, até aquela data, os lucros auferidos pelos bancos privados, em especial os estrangeiros, nos primeiros meses desse ano, foram maiores do que os verificados ao longo de todo o ano anterior (1998). Em alguns casos, chegou-se à dobra dos lucros, apesar do curto lapso de tempo de início do ano. Isto explica para onde estão indo as economias que o cidadão brasileiro tanto tem feito, contribuindo coercitivamente com o Governo Federal e com o capital internacional. A par da notícia da Rede Globo, a imprensa divulgou reiteradamente, nos anos seguintes, que os lucros dos bancos continuaram se multiplicando, no suceder das políticas econômicas e dos Governos, inclusive petista.

A mesma fonte "global" divulgou (mar./2000) que os EUA vinham sofrendo um *problema* de superaquecimento da economia: sua economia cresceu tanto que precisa ser controlada.

E, de fato, conforme haviam anunciado alguns economistas, tratava-se de um aquecimento artificial, sujeito à bancarrota, a qualquer momento, como já se presencia. Os próprios norte-americanos falavam de uma *exuberância irracional* nas bolsas de valores. Na época (fins de março/começo de abril de 2000), o Presidente Bill Clinton convocara uma reunião de cúpula em Washington para saber da firmeza da economia americana; mas a resposta foi pelo desconhecimento: ninguém soube ao certo se a economia americana era ou não virtual, mero reflexo da *nova economia*, resultante das empresas do ramo da informática, considerando que o volume de importações era muito alto (v. *Veja*, ed. 1.646, de 26.4.2000, pp. 44 e ss.), e do setor imobiliário. As manchetes posteriores dos jornais deixaram claro que a recessão americana, não debelada, teria consequências mundiais.

"agora as coisas estão melhores, estabilizadas". A *propaganda* foi repetida pela revista Exame, de 19.4.2000.[80] Os dados econômicos, no entanto, não demonstram verdadeiramente a dimensão da crise social. Demais disso, os reflexos sociais são mais lentos do que os verificados nos dados econômicos. E a sociedade, como um todo, demora a sentir os efeitos positivos de uma economia *recém-sanada* – se é que a brasileira de fato o foi, porque, na prática, ainda não se viram resultados sociais efetivos, de perspectiva duradoura; os setores produtivos continuam retraídos e o desemprego campeia, em meio a uma violência exemplar.

Na verdade, a *elite* brasileira forma um grupo muito menor do que os anunciados 7 milhões (7,3%) da população nacional, tanto porque as rendas médias (familiar e individual) indicadoras desta classe estão aquém do necessário à vida de rico, como também por ter o País mergulhado mais fundo no lamaçal de miséria após aquele estudo, embora fosse previsível o exacerbamento dessas dificuldades. E surgiu o paternalismo improdutivo, que vicia, acomoda e desestimula o trabalho. Vieram as bolsas, calcadas em práticas assistencialistas, que estimulam o ócio e têm, no fundo, a mendicância ao Estado. Não há uma política pública de trabalho e emprego que liberte o homem, conferindo-lhe autonomia, propiciando-lhe cidadania. O assistencialismo potencializa a subordinação, agrava a dependência, alimenta a desocupação e atiça a desonra. Enquanto o trabalho cria riqueza e estimula a produção, as políticas assistencialistas geram mais pobreza, miséria e acomodação. Aquele traz soluções definitivas, apesar de exigir mais tempo para ser implementado e surtir reais efeitos, ao passo que estas só envolvem soluções paliativas, efêmeras, provisórias e emergenciais; mas os resultados são imediatos, mais ruins do que bons, normalmente dando aparência de satisfação. Sem dúvida, em termos eleitorais, o assistencialismo é muito mais conveniente e gratificante; o retorno é certo e rápido.

Alguns dados estatísticos são maquiados ainda na definição das classes. Quando se classifica a sociedade nas categorias de "ocupados" e "desocupados", por exemplo, encobre-se o número de desempregados, porque qualquer um que tenha qualquer atividade remunerada, por insignificante que seja o retorno financeiro, é tido como "ocupado",

---

80. *Exame*, ed. 712, n. 8, de 19.4.2000, pp. 28-30 e 39-40.

CRISE ÉTICA E INSTITUCIONAL

integrando a População Economicamente Ativa (PEA)[81] Assim, os "desocupados" são reduzidos a um número estatisticamente satisfatório a alguém. E a população é levada a erro, pensando que "ocupado" significa ser empregado ou titular do próprio e rentável negócio. Em tal categoria estão os biscateiros, os vendedores ambulantes mais humildes, os que oferecem produtos nos sinais de trânsito, as assistentes de manicures, os que sobrevivem com muito esforço e renda incerta... Pessoas que, na realidade, não fazem parte da economia formal nem têm acesso à previdência social.

Com base em pesquisa feita pela Fundação Getúlio Vargas (FGV), em mês de agosto/2008 a imprensa brasileira assinalava que a classe média estaria crescendo desde 2004, em contraposição à redução da pobreza. Segundo tais notícias, a classe média já representaria 51,89% do País. Na Classe Média (a nova Classe C) se encontra a fatia da população com renda domiciliar total entre R$ 1.064,00 e R$ 4.591,00. Veja-se:[82] renda *familiar*. Nessa pesquisa, a FGV classificou assim, considerando a renda domiciliar:

Classe E: renda entre R$ 0,0 e R$ 768,00;

Classe D (remediados): renda entre R$ 768,00 e R$ 1.064,00;

Classe C (média): renda entre R$ 1.064,00 e R$ 4.591,00;

Classes A e B (elite): renda acima de R$ 4.591,00.

81. Mas o índice de emprego formal, com Carteira de Trabalho assinada, ainda é elemento de suma importância nos índices da PEA. Embora os anos seguintes a 2004 registrem aumento de CTPS assinadas, o que muito se deve ao trabalho exaustivo dos Auditores Fiscais do Trabalho, o número destes funcionários continua sendo dos mais baixos da história do país, comparativamente, *v.g.*, aos anos da década de 1970.

82. Cita-se, para ilustração, a Revista *Época*, n, 534, edição de 11.8.2008, em reportagem de David Friedlander, Ivan Martins e Peter Moon ("A Nova Classe Média do Brasil", pp. 92-101). Os exemplos que a reportagem aponta deixam bem claro a que classe média as estatísticas se referem: a) de uma manicure, moradora da favela da Rocinha (RJ), que possui dois celulares, para poder dar conta da clientela. Tendo dois filhos para criar, endivida-se em crediários, reside numa casinha de 35m² com pouquíssimos utensílios e trabalha exaustivamente; b) de um rapaz comissionado, de ensino médio, paulista, que adquiriu um carro financiado em 60 parcelas, o primeiro automóvel da família. Após trabalhar um tempo sem carteira assinada, teve o vínculo formalizado, sendo o principal responsável pela maior parte das despesas da família, cuja renda domiciliar passou a ser de cerca de R$ 3.500,00, graças ao trabalho de outros membros; c) de um taxista do Recife, cuja renda familiar passou, nos últimos anos de R$ 2.000,00 para R$ 3.500,00. Segundo a reportagem, ele mora com o irmão desempregado, a cunhada e um filho, sargento do Exército, que teria recebido abono salarial.

224 O SUPREMO TRIBUNAL FEDERAL NA CRISE INSTITUCIONAL BRASILEIRA

Particularmente, é de se invocar o que já foi dito acima: estes patamares, definidores das classes sociais, sobretudo quanto à elite e à classe média, não são bastantes para propiciar a qualidade de vida que se espera que cada uma delas usufrua. Logo, a própria noção de elite e de classe média tem sido achatada, o que acarreta deturpação nos números, de forma ideologicamente mui conveniente, apresentando um crescimento que, de fato, é pífio e sem qualidade de vida, porque as pessoas estão com jornada de trabalho muito maior, lazer reduzindo-se, criminalidade aumentando e condições sociais quase estagnadas.

Na verdade, sopraram ventos de crescimento no mundo todo, após 2004. As melhoras no Brasil, neste período, devem-se muito mais a estas brisas. Era para o Governo brasileiro ter aproveitado melhor a onda positiva da economia mundial. No entanto, o Brasil foi um dos países que menos cresceram, dentre os emergentes. A lentidão no retorno às políticas nacionais e a instabilidade da economia mundial não parecem justificar tanto sacrifício da população brasileira, roubada diuturnamente pelos esquemas de corrupção, que desviam dinheiro público, e por uma carga tributária que beira a imoralidade, açoitando os cidadãos e inviabilizando as empresas

Sob o álibi de salvar o País da crise, altera-se a Constituição, freqüentemente, já sem o menor respeito às situações consolidadas e ao que ainda vinha dando certo no sistema. A máquina administrativa passa por várias reformas (embora, a rigor, apenas sob o âmbito do funcionalismo), modifica-se o sistema previdenciário (dizendo-se falido) e emperra-se a reforma fiscal. Criam-se fundos diversos, com os quais deva a população contribuir, mas sem se verem resultados concretos. Tudo isso além de inúmeros confiscos: empréstimos compulsórios jamais devolvidos, privatizações sem resultado, impostos provisórios que se eternizam, poupanças capturadas, fundos de perene emergência, planos econômicos que congelam salários, dispensas maciças, em meio aos PDVs da vida (Planos de Desligamento Voluntário).[83] E, por fim, para encobrirem-se escândalos – e.g., as altas quantias destinadas aos bancos privados pelo Programa de Estímulo à Reestruturação e ao Sistema Financeiro Nacional-PROER, criado pela Medida Provisória 1.179, de 4.11.1995 –, tra-

---

83. E ninguém mais dá inteiramente "ouvidos à palavra oficial" (W. Guilherme dos Santos, *Décadas de Espanto e uma Apologia Democrática*, pp. 133-134).

CRISE ÉTICA E INSTITUCIONAL 225

zem-se à baila discussões nacionais de grandes proporções (conquanto sem pertinência direta com a real questão social), instalando-se CPIs simultâneas e desviando a atenção do povo de seus efetivos problemas.[84]

Num País marcado pela violência, entregue ao banditismo, à corrupção e à impunidade,[85] as pessoas mais ricas fogem dele e estabelecem residência no exterior, fixando sua família em outro país, embora continuem a ter aqui seus negócios, sobrevivendo no medo dos assaltos e dos seqüestros. O *êxodo familiar* afeta artistas, industriais e empresários; e os que cá permanecem possuem residências mais parecidas a

---

84. CPIs que, no passado, seriam desnecessárias se a Procuradoria-Geral da República, à época, tivesse atuado mais efetivamente e chamado para si as apurações, ao invés de funcionar como mero órgão auxiliar dessas Comissões. Talvez a confiabilidade e a lisura (sem o clamor político) dessas investigações fossem maiores e mais eficazes.

No livro *A República dos Padrinhos*, Gilberto Dimenstein demonstra o jogo de pressões e de interesses políticos correntes nos bastidores das CPIs, enfocando especialmente a *CPI da corrupção* e das *empreiteiras*, no mandato do Presidente José Sarney (1987-1988).

85. Nilson Borges Filho alerta que o Brasil, mais cedo do que se imagina, poderá ingressar no pesadelo da convulsão social. "Os mais céticos acreditam que o país já esteja convivendo há muito com uma guerra civil" ("Estado de Violência", *Teoria do Direito e do Estado*, p. 97).

O jornal de meio-dia da Globo, de 29.12.2000 noticiou os atentados cometidos contra o Ministério Público do Estado do Paraná: marginais invadiram a sede da Promotoria e atearam fogo em vários documentos e gabinetes dos Promotores de Justiça, prejudicando as provas contra o tráfico e o crime organizado. Havia pouco tempo, aquele MP fora objeto de atentado à bomba.

O mesmo noticiário televisivo noticiou, em 4.1.2001, que uma quadrilha havia invadido, no dia anterior, determinada unidade do exército brasileiro, à busca de equipamento e armas militares.

No Estado do Ceará, nem mesmo o Judiciário tem escapado das ações das gangues. Só nos cinco primeiros meses do ano de 2000, dois fóruns interioranos foram atacados (Comarcas de Pacajus e Horizonte), mediante arrombamento de portas, armários e depredação de móveis, utensílios forenses, computadores, documentos e processos. Na última vez (15.5.2000, Pacajus), os invasores da madrugada agiram por mera zombaria: depredaram bens e documentos, sem roubar praticamente nada. E, até à conclusão da 2ª edição deste estudo, o Poder Público local nada conseguiu fazer para identificar os criminosos e puni-los devidamente. O tépido esforço do Judiciário e das Polícias demonstra um descaso à gravidade da situação, o que acaba se tornando incentivo a novas ocorrências. A miopia não deixa ver o risco das autoridades judiciárias locais, cada vez mais sujeitas às ações das gangues e dos marginais.

A questão passou ao largo do Tribunal, que não deu atenção ao caso.

Em fevereiro de 2002, o PCC assumiu a autoria da explosão de uma bomba no fórum de São Vicente, no litoral paulista, que resultou na morte de um advogado.

226   O SUPREMO TRIBUNAL FEDERAL NA CRISE INSTITUCIONAL BRASILEIRA

verdadeiras fortalezas particulares. Enquanto isso, estimula-se um pacto de antipatriotismo na cúpula política.

Debruçando-se sobre um destes muitos pontos, referentes ao problema ético, Adroaldo Furtado Fabrício faz ver, p. ex., que o problema da deficiência financeira da Previdência Social não decorre do modelo do sistema em si; mas, sim, da sua má gestão, dos desvios de verbas, dos rombos dos cofres previdenciários.[86]

Marcelo Pimentel, ex-Ministro Presidente do TST e ex-Ministro do Trabalho, empós analisar o rombo da previdência e a tentativa de saná-lo, atacou a Lei 9.783, de 28.1.1999 (contribuição dos inativos). Segundo ele, o objetivo da lei, de natureza confiscatória, foi o de cobrir o rombo da previdência, causado pela inépcia administrativa. Apesar de chamar a lei de inconstitucional, o ex-Ministro achava inconveniente submeter a questão logo ao controle abstrato pelo STF, até mesmo porque constatara, durante a sua votação, no Congresso, o temor de alguns deputados na repercussão negativa que a rejeição poderia causar às negociações com o FMI. Assim, "o clima não é propício à provocação de pronunciamento de última instância sobre a constitucionalidade ou não da norma". O mais conveniente "é buscar decisão favorável em instância mais baixa". No seu sentir, "é imprudente submeter ao Supremo, desde logo, a questão". E lembrava os Lordes ingleses, no caso *Pinochet:* "A pressão da opinião pública, lá como cá, dificulta a solução legal. Aqui, seria a pressão dita institucional, leia-se FMI".[87]

Em face das modificações implementadas na Constituição Federal, com certeza o Judiciário seria buscado pela população, em suas milhares de ações, as quais iriam parar no STF. A referência acima a Marcelo Pimentel refletia um receio, senão desconfiança, do STF em resolver tais questões: não se sabia o que poderia vir desse órgão, ante as pressões que viria a sofrer, especialmente do FMI e do Planalto. E o que dele viesse teria caráter amplo, genérico. Eis a razão de o amargurado Autor sugerir que o cidadão e suas entidades respectivas procurassem,

---

86. Adroaldo F. Fabrício, *Poder Judiciário – Flagrantes Institucionais*, p. 49.

87. Marcelo Pimentel, "Afinal, para onde vamos? Como foram arrombados os Cofres da Previdência", *Suplemento Trabalhista* 046/239. A sabedoria do ex-Ministro era fundada. Com efeito, o STF confirmou suas suspeitas anos depois, quando o tema voltou à tona, com a EC 41/2003: chancelou as alterações e pôs abaixo qualquer noção de direito adquirido.

CRISE ÉTICA E INSTITUCIONAL   227

primeiro, as instâncias inferiores do Judiciário, a fim de não sujeitarem logo à Corte Máxima uma decisão definitiva, desafiando a sorte. O receio manifestado por ex-Ministro de Tribunal Superior e ex-Ministro do Trabalho frente ao STF é deveras sintomático: não se tem certeza até que ponto a justiça é a tônica das decisões desse órgão, que se pauta também pela política e pela economia.

Mais do que nunca, a *justiça social* deve ser encarada de modo a assegurar os direitos do cidadão contra a exploração do capital estrangeiro. O Brasil não pode ingressar numa *Cruzada das Crianças*.[88]

A justiça social é indissociável da democracia, devendo o Governo ser direcionado para o bem-estar do povo, em obediência ao critério, pelo menos, da maioria.[89] É um argumento cruel e viciadamente ideológico aquele segundo o qual *só o governante sabe o melhor para seu povo, pois este nada entende das necessidades gerais, da economia nem da política do País, nem muito menos tem visão futurista da nação.* O lema ampara teses despóticas e tirânicas, às quais o governante está muito acima dos interesses populares e fica livre para dirigir a nação ao seu bel prazer, sem ouvir ninguém nem prestar contas ao povo: o seu talante vale por si mesmo.

Definitivamente, todo o poder há de ser exercido também pelo povo, beneficiário dos atos de Governo. A condução do País deve se dar em seu favor. Por isso, sempre que este esquema é quebrado, deve o governante ser deposto e responsabilizado severamente pela má gestão dos rumos da nação. Punição institucionalizada, mas impiedosa.

---

88. A *Cruzada das Crianças* (1212) foi um movimento imprudente extra-oficial, baseado na crença de que apenas as almas puras poderiam libertar Jerusalém dos turcos. Apesar da oposição do papa Inocêncio III, a Cruzada efetivou-se, mas, como já era esperado por qualquer mente racionalmente sã, foi vencida, e as crianças sobreviventes acabaram vendidas como escravas no Norte da África.

89. Sobre "estado de bem-estar" (*Welfare State*) como meio de promover a justiça social: David Harris, *La Justificación del Estado de Bienestar, passim*. A crise do Estado de bem-estar social, evidenciando a progressiva eliminação das garantias sociais e dos controles mínimos a que o capital fora obrigado no arranjo sócio-político anteriormente, é analisada por José Paulo Netto, *Crise do Sociologismo e Ofensiva Neoliberal, passim*; e por Artur de Brito Gueiros Souza, "Justiça Comutativa *vs.* Justiça Distributiva – Uma Análise do Pensamento de Friedrich von Hayek e o Papel do Juiz na Sociedade Contemporânea", *CDCCP* 5(19)/184-186.

228 O SUPREMO TRIBUNAL FEDERAL NA CRISE INSTITUCIONAL BRASILEIRA

Pedro Demo sustenta, com acerto, que "um povo politicamente pobre, por exemplo, é aquele que não conquistou ainda seu espaço próprio de autodeterminação, e que, por isso, sobrevive na dependência, como periferia de um grande centro".[90]

4. O Senado Federal, o Judiciário e o posicionamento do STF. Crise entre Poderes?

No início de 1999, o então Presidente do Senado Federal, Senador Antônio Carlos Magalhães (ACM, falecido em julho de 2007) lançou vários impropérios contra o Judiciário, como um todo, excluído o STF (cujo apoio era essencial aos trabalhos das CPIs). ACM, cuja memória não se vilipendia nem se mancha por estas notícias históricas, dizia-se fundado em dados concretos e atribuía aos juízes prática de atos imorais, de nepotismo, de corrupção, vendas de decisões, demora em julgar ações, erros judiciários e, dando especial atenção à Justiça do Trabalho, acrescentou a onerosidade da representação classista etc. Seu propósito era, na realidade, a extinção da Justiça do Trabalho, que pregava abertamente.

No duelo de farpas,[91] a Associação dos Magistrados Brasileiros (AMB) ingressou com *interpelação judicial*,[92] perante o STF, colimando que o referido Senador explicasse a entrevista concedida à revista *Épo-*

---

90. Pedro Demo, *Pobreza Política*, cit., p. 22.

91. Em *Carta Aberta a ACM*, de março de 1999, o Juiz do Trabalho fortalezense Antônio Marques Cavalcante Filho sustentou, por exemplo, a extinção do Senado Federal "por se saber Instituição inerente ao Federalismo, que, no Brasil, além de uma ficta proclamação constitucional", tradicionalmente inserta nas Constituições Federais, "jamais merecera, efetivamente, à luz da conceituação que lhe empresta a Ciência Política, tal tipificação". A missiva pública ancorava-se na freqüente ausência dos parlamentares às suas respectivas Casas.

Sem emitir juízo de valor sobre a referida Carta, é de se recordar a opinião de Miguel Reale a propósito das conquistas da informática, no campo da comunicação. Revela o jusfilósofo o encaminhamento tecnológico para a dispensa da presença pessoal dos parlamentares no plenário, inclusive na votação. E isto, continua, acabaria por substituir a democracia representativa pela direta (*O Estado Democrático de Direito e o Conflito das Ideologias*, p. 94). Com certeza, os custos financeiros seriam infinitamente reduzidos, mediante o uso de *intranets* e programas similares ao utilizado pela Justiça Eleitoral, ou algo *on-line*. Passagens de avião, hospedagens etc., seriam economizadas.

92. A petição fora subscrita pelo advogado Sérgio Bermudes, um dos processualistas mais respeitados no Brasil (STF, PET 1.673-DF).

CRISE ÉTICA E INSTITUCIONAL 229

ca, intitulada "Menos Juízes, mais Justiça",[93] e prestasse explicações a respeito de sua autoria, bem como das expressões e dos elementos concretos em que ela teria se baseado. Em face da generalidade daqueles fatos, a AMB assumiu o papel de defensora da classe, que se sentia ofendida. No entanto, em despacho datado de 16.3.1999 (*DJU* 23.3.1999, pp. 15-16), o Relator, Min. Moreira Alves, indeferiu *de plano* a interpelação, entendendo falecer à AMB legitimidade para defender a categoria, porquanto "o pedido de explicações é providência cautelar para o ajuizamento de ação penal principal somente processável no juízo criminal e não no juízo civil", concluindo que associação civil, "não obstante a regra inscrita no art. 5º, XXI, da Constituição, não dispõe de legitimidade ativa *ad causam* para, agindo em sede penal, promover, em favor de seus associados, interpelação judicial para pedir explicações em nome deles, supostos destinatários das imputações alegadamente ofensivas, e isso porque o bem jurídico penalmente tutelado – no caso, o patrimônio das pessoas físicas que seriam atingidas – tem caráter personalíssimo".[94]

A crise do Judiciário chegou ao ponto máximo com os impropérios lançados pelo representante do Poder Legislativo Federal (Senador ACM), às vésperas da criação de uma Comissão Parlamentar de Inquérito (CPI). E, intocado pelos impropérios, o STF posicionou-se contrário aos interesses da Magistratura brasileira. A decisão do Ministro Relator certamente teve por móvel a tentativa de apaziguar os ânimos, o que não deixa de refletir uma escolha política (ou ideológica).[95] Mas significou, também, o abandono à magistratura e à Instituição (Judiciário), expostas e acusadas que haviam sido. Na realidade, não foi juridicamente imparcial, dando guarida política, mesmo não intencional, a um ataque insolente, insustentável e movido por interesse pessoal.[96] O STF tem a

93. Ano I, n. 41, de 1º.3.1999, p. 31.
94. STF, Pet 1.673-DF. Sob o mesmo fundamento e em circunstância similar, o STF negou provimento a Agravo Regimental oposto pela ANAJUCLA (Associação Nacional dos Juízes Classistas da Justiça do Trabalho), quando a entidade almejava interpelar judicialmente o então Ministro da Justiça Nelson Jobim – posteriormente, Ministro do STF (AgRg em PET 1.249-6-DF, Rel. Min. Celso de Mello, j. 20.3.1997; *LEX-JSTF* 251/381, *DJU* 9.4.1999).
95. Sobre a importância da ideologia na interpretação, cf. Luiz Sérgio Fernandes de Souza, *O Papel da Ideologia no Preenchimento das Lacunas no Direito, passim.*
96. O TST havia contra-indicado, formalmente, ao Executivo, em março de 1999, a recondução a Ministro classista do médico baiano Ângelo Mário de Carvalho e Sil-

230 O SUPREMO TRIBUNAL FEDERAL NA CRISE INSTITUCIONAL BRASILEIRA

função, também, de defender as Instituições e assegurar a harmonia entre os Poderes, que estava sendo quebrada indevidamente.

Devem ser expostos ao público, de modo transparente, os escândalos praticados pelo Judiciário, apurando-se os fatos e sancionando-se quem o mereça. Mais do que interesse dos membros da própria magistratura, a sociedade tinha (e tem) o direito de conhecer as razões e os embasamentos do Senador ACM, na querela acima. Por outro lado, a magistratura, *data venia* do entendimento do STF, utilizou medida adequada, por meio de entidade encarregada de defender a categoria (haja vista que a ameaça velada fora genérica).[97] O STF, na verdade, contornou o problema, mas não o enfrentou nem muito menos o resolveu. Pelo contrário, demonstrou a fragilidade do Judiciário frente aos demais Poderes, e o expôs, deixando-o desnudo.

A defesa dos interesses governamentais *não-populares* assumiu tamanha dimensão que ACM ventilou na imprensa e nos quatro cantos do País, em março de 1999, a necessidade de extinguir a *onerosa* Justiça do Trabalho.[98] Uma das verdadeiras causas do pronunciamento do Se-

va, apadrinhado de ACM, contrariando os interesses do Senador. O TST alertara ao Presidente da República que, no primeiro mandato, Ângelo Mário de Carvalho e Silva fora o que mais faltara ao Tribunal em 1998, com um índice de 34% de ausência às sessões de dissídios individuais da Corte (www.senado.gov.br/secs_inter/noticias/senamidia/historico/1999/3/zn031626.htm, acessado em 9.9.2007).

97. No âmbito penal, a interpelação está prevista no art. 144, CP (v., também, art. 25 da Lei de Imprensa – Lei 5.250/1967). Embora o pedido judicial de explicações seja de interesse pessoal do ofendido, é hora de conferir dimensão coletiva à tutela penal quando a ofensa é a toda categoria ou a uma classe, genericamente.

O tratamento coletivo do processo deve transbordar o Direito Processual Civil e Trabalhista e alcançar também o Direito Processual Penal.

98. Sustentou ACM, neste ponto com parcial razão, a necessidade de reduzir os gastos públicos, extinguindo os onerosos juízes classistas da Justiça do Trabalho. Sobre esta onerosidade, v. Francisco Gérson Marques de Lima, *Direito Processual do Trabalho*, 2ª ed., pp. 27-28 e 39, onde se criticava a forma de ingresso na magistratura trabalhista pelos juízes classistas, seu despreparo jurídico para definir questões de alta indagação e o *quanto* percebiam. A isto tudo se acresça o desvirtuamento da representação classista, eis que, nos últimos anos de sua existência, a classe trabalhadora não tinha legítimos representantes na Justiça do Trabalho: os classistas eram representantes da classe empresarial, mesmo quando assumiam o cargo em nome da categoria profissional. A política filtrava os candidatos a juiz classista, excluindo quem ameaçasse os interesses econômicos.

Esta contenção de despesas, outrossim, deve ser seguida pelo próprio Senado, cujo orçamento é, proporcionalmente, dos mais altos do País. A propósito, aduziu a jornalista Márcia Gurgel:

CRISE ÉTICA E INSTITUCIONAL   231

nador foi, além da razão pessoal,exatamente porque os juízes trabalhistas – *sensíveis à dificuldade econômica dos trabalhadores*, detalhe este
que não foi salientado pelo Senador nem divulgado pela imprensa –,
pronunciaram-se, na primeira metade do ano de 1999, no sentido de
concederem reajustes salariais (ou indexações) capazes de manter o poder de compra dos salários e de sobrevivência da classe trabalhadora.
No entender do Senador e do Governo, isto comprometeria a estabilidade financeira do País – como se a economia nacional fosse estável.
Conforme a *Folha de S. Paulo* (edição de 19.3.1999, p. 1/12), o
então Presidente do STF, Ministro Celso de Mello, pronunciou-se favorável à manutenção da Justiça do Trabalho, "mas entende que ela seja
reestruturada para perder o poder de decidir sobre questões econômi-

"No ano passado, o Senado gastou R$ 7,4 milhões em reformas que incluíram
um lago, cujo objetivo foi afastar o povo do prédio, colocação de granito e portas de
vidro até nos corredores e na chapelaria (pois é, o Senado tem uma chapelaria). Tudo
isso enquanto o nobre senador comandava a votação do ajuste fiscal. Para este ano,
deve gastar mais R$ 8 milhões para, dentre outras desnecessárias, ampliar o tal lago,
o que obrigará a construção de um novo estacionamento, desta feita subterrâneo. A
dinheirama rasgada no ano passado daria para comprar cestas básicas para 15 mil famílias durante um ano ou para construir 1.800 casas populares. Como falar em austeridade econômica nestes termos?" ("O Senado é Ele", jornal *O Povo*, 19.3.1999).
    Em 2007, a ONG *Transparência Brasil* revelou, após fazer levantamento inédi-
to, que o Congresso Nacional tem o custo mais alto para a população, em comparação
aos parlamentos de 11 países que analisou. Segundo a pesquisa, o Congresso brasileiro gasta R$ 11.545,04 por minuto, com os 513 deputados e 81 senadores.
    Divulgando a matéria, a *FolhaOnline* (27.6.2007) anunciou: "O custo do manda-
to de cada um dos 513 deputados federais é de R$ 6,6 milhões por ano. Já o custo anual
de cada um dos 81 senadores é de R$ 33,1 milhões. Com base nesses números, o estu-
do mostrou que o custo médio com os 594 parlamentares é de R$ 10 milhões por ano".
No Canadá e países europeus, nações democráticas, este gasto é, em média, de R$ 2,4
milhões por ano. "O estudo revelou que o custo por habitante do Legislativo brasileiro
é de R$ 32,49 por ano, e ocupa o terceiro lugar na lista dos países pesquisados. Os
dois primeiros são Itália, que gasta R$ 64,46 e da França, com R$ 34 por habitante"
(www1.folha.uol.com.br/folha/brasil/ult96u307738.shtml, acessado em 9.9.2007).
Mas, obviamente, isto se deve em razão da população brasileira, que é maior.
    O mesmo estudo aponta que o valor gasto pelos brasileiros que moram nas capi-
tais do País é, em média, de R$ 117,42, por ano para manter em funcionamento o
Legislativo nas esferas municipal, estadual e federal. A Câmara dos Deputados, por
exemplo, custa R$ 18,14 por ano para os brasileiros, enquanto o custo de funciona-
mento do Senado é de R$ 14,48 para cada brasileiro morador das capitais (notícia da
FolhaOnline de 11.6.2007, www1.folha.uol.com.br/folha/brasil/ult96u303485.shtml,
acessado em 9.9.2007).

232 O SUPREMO TRIBUNAL FEDERAL NA CRISE INSTITUCIONAL BRASILEIRA

cas, como a indexação salarial". Vale dizer, o então Presidente do STF, representante da Corte que dirigia, mostrou-se concorde com um dos móveis do Senador, esquecendo que a Justiça do Trabalho é justamente o órgão do Poder Judiciário encarregado de dirimir lides envolvendo *capital* e *trabalho*, e que, por isso, não pode deixar de analisar a conjuntura social e os baixos índices de salário dos trabalhadores. Aliás, em nenhuma idéia mínima de *justiça* se justifica a redução do poder aquisitivo dos salários, quando a inflação dispara e o dólar torna-se moeda corrente ou parâmetro de preços na nação, funcionando, ele próprio, como indexador, salvo para efeitos de reajuste salarial.

Revive-se um fortalecimento exacerbado do Executivo,[99] um menoscabo às demais Instituições, uma regressão nos direitos e garantias fundamentais e sociais, uma entrega incondicionada do País ao mercado estrangeiro, uma subordinação ao Fundo Monetário Internacional (FMI) – que interfere, até, na elaboração do orçamento anual da União Federal e dita os termos da reforma do Judiciário –;[100] ao lado, há uma crise ética e de auto-afirmação nacional. Aos poucos, o centralismo vai se alojando, reduzindo as competências dos órgãos periféricos, e enfraquecendo a atuação das entidades de classe e dos órgãos não governamentais. O acesso ao Judiciário é dificultado, em especial para discutir atos de Governo: o Poder Público e a política sócio-econômica. O direi-

99. No final de abril de 1999, o Presidente FHC sentiu-se abalado politicamente, entrando em queda vertiginosa em sua popularidade, enquanto o Congresso Nacional mostrou indícios de uma tendência a tomar novas posturas políticas. No entanto, o enfraquecimento progressivo de FHC ainda era pequeno e de cunho pessoal (quanto à sua pessoa), sem afetar consideravelmente o Executivo em si, até mesmo porque os Executivos estaduais e municipais continuaram inabalados. Os Ministérios permaneceram firmes, embora alguns deles tenham mudado de Ministro – os quais mantiveram a mesma linha básica de atuação de seus antecessores (foi, enfim, o continuísmo).

A caminhada para a reviravolta do Congresso, com possível ruptura na base governamental, só demonstrou a instabilidade política e a importância da opinião pública para fins eleitorais, sobretudo quando se iniciavam os preparativos para a sucessão presidencial.

No Governo Lula, nada mudou neste ponto. O Executivo continuou dando as cartas; e o Congresso, recebendo...

100. Documento divulgado pela Conferência Nacional dos Bispos do Brasil (CNBB) afirmou: "As medidas econômicas, apesar de serem anunciadas pelo presidente Fernando Henrique, estão sendo de fato ditadas, cada vez mais, em consonância com o Fundo Monetário Internacional" (abril de 1999). O Governo Lula deu prosseguimento a ditos acordos, curvando-se às exigências do FMI.

CRISE ÉTICA E INSTITUCIONAL   233

to à tutela justa, então, é quase uma quimera. Na inversão dos valores, dá-se prevalência à forma sobre a verdade real. O Judiciário parece tem esquecido seu papel social, o compromisso com a sociedade, antes de escravizar-se à forma e às ficções jurídicas e processuais. As sentenças e decisões judiciais já não obrigam o seu cumprimento... São problemas estruturais, conjunturais e éticos. Presencia-se a maior crise do Judiciário, com certeza, que se vem arrastando há alguns anos.[101]

O então Procurador da República no Ceará, José Adônis Calou, em debate ocorrido na Justiça Federal cearense, por ocasião do movimento dos juízes federais na defesa do Estado de Direito, em 17.3.1999,[102] demonstrou sua preocupação com a articulação político-ideológica nacional especialmente dirigida ao Poder Judiciário, corroborada pela imprensa, na ênfase da incisiva posição de ACM, cujo discurso, aparentemente simpático e moralizador, confundia a cabeça do cidadão comum.

O Procurador começou anunciando a existência de duas justiças contrastantes no Brasil: uma, a Justiça de primeira instância, "onde se encontram magistrados mais jovens nas idades e nas mentes"; outra, "a Justiça dos Tribunais, notoriamente mais permeáveis à influência do poder político e econômico e que têm dado inestimável, incalculável contribuição para o descrédito das instituições jurídicas". Desde a promulgação da CF/1988, as instâncias intermediárias e superiores do Judiciário vêm negando efetividade a muitos instrumentos de acesso à jurisdição. E marejou:

"Não se pode negar que o Supremo Tribunal Federal adotou postura que significou trânsito livre ao abusivo uso das medidas provisórias. Não podemos esquecer que muitos tribunais agiram na intenção clara de estreitar os caminhos da ação civil pública manejada pelo Ministério Público para a proteção de

---

101. Eduardo Faria afirma que a intensa e profunda transformação de infra-estrutura geo-ocupacional da sociedade acarretou profundas modificações nos valores sócio-políticos, sendo que uma das conseqüências mais significativas destas mudanças, "potencializada pela consolidação dos padrões aviltados de salários e responsável pelo aprofundamento de uma iníqua concentração de renda, foi a inefetividade das instituições jurídicas e judiciais" (*Direitos Humanos, Direitos Sociais e Justiça*, p. 16).
102. Movimento injustamente anunciado pela Rede Globo de Televisão (*Jornal Nacional*, edição de 17.3.1999) como sendo o de greve "movida unicamente pela busca do teto salarial".

234 O SUPREMO TRIBUNAL FEDERAL NA CRISE INSTITUCIONAL BRASILEIRA

interesses coletivos (sentido amplo). Lembre também a inutilização do mandado de injunção. E é curioso esse comportamento dos tribunais, porque ao contrário do que possa parecer, a boa utilização desses instrumentos significaria muito maior valorização da atividade jurisdicional no cumprimento de sua tarefa de dar efetividade à Constituição. É como se o Judiciário tivesse renunciado a assumir um papel de maior dimensão na vida nacional.

"Seria possível mencionar dezenas de casos concretos em que os Tribunais adotaram posições burocráticas e conservadoras, em detrimento da satisfação de relevantes interesses coletivos. Os obstáculos políticos traduziram-se em obstáculos técnico-processuais, a partir de uma interpretação viciada da Constituição à luz de institutos da legislação inferior e que a ela deviam amoldar-se. O que vimos, infelizmente, foi a redução deliberada, pelos tribunais, dos avanços trazidos com a Constituição que ora está-se a desbastar."

Na querela entre ACM e Magistratura, especialmente a Trabalhista, é óbvio que não se poderia deixar de reconhecer que o Senador partia de alguns dados justificadores da criação de uma CPI contra o Judiciário. Afinal, ele já vinha coletando esses dados havia anos, formando uma espécie de "dossiê do Judiciário". Do jornal *O Povo*, edição de 26.3.1999, extrai-se trechos do discurso de ACM, no Senado Federal, *litteris*:

• "Em Minas Gerais, temos um inventário de quase 25 anos, enterrado nas gavetas e porões dos tribunais, que se encontra pousado há 21 anos nas mãos imóveis, petrificadas por uma estranha artrite de omissão de um desembargador."

• "O Tribunal Regional do Trabalho da Paraíba, de tão notórias irregularidades, sofreu intervenção do Tribunal Superior do Trabalho. Pensam que as coisas melhoraram? Pois continuam na mesma."

• "Uma empresa, que devia ao Banco do Brasil 1 bilhão de reais, conseguiu de uma juíza uma sentença, por alegados danos morais e psicológicos, condenando o credor a se responsabilizar pelo pagamento ao devedor de 3 bilhões e 900 milhões de reais."

• "Em Vitória da Conquista, o Banco do Brasil viu-se condenado a pagar uma indenização trabalhista milionária de mais de 15 milhões de reais, quando cálculos criteriosos apontavam para um montante de 272 mil."

• "Em Salvador, indenização calculada em 10.800 salários mínimos (1 milhão 404 mil reais) ressarciria, segundo sentença do juiz do trabalho, danos mo-

CRISE ÉTICA E INSTITUCIONAL 235

rais causados pela devolução de um cheque de 2 mil 130 reais sob alegação de falta de fundos."

- "Pode-se admitir que o presidente de um tribunal tenha suas contas julgadas irregulares, seja multado pelo TCU, e continue a exercer seu cargo?"

- "Quem não se lembra do caso da praia de Camboriú quando um magistrado substituiu a placa oficial do seu carro para gozar as delícias da praia como se fosse um simples mortal e não um fraudador de bem público?"

- "No Amazonas, uma empresa madeireira e o Banco da Amazônia começaram em 1968 uma querela que envolvia valores iniciais da ordem de 14 milhões 145 mil cruzeiros. Hoje, o valor da condenação chega à casa dos 81 bilhões de reais."

- "Em Rondônia, uma certidão do TRT dá fé de que a diferença de honorários advocatícios de uma causa na área da Educação ultrapassaria a casa dos 138 milhões de reais."

- "O braço da lei chega mais rápido aos que podem contratar advogados famosos, enquanto os do outro lado lutam por conseguir mesmo um defensor público."

- "Estou trazendo a debate um tema que sempre foi um tabu. Falo em nome de pessoas que não aceitam mais o nepotismo, essa praga que contamina juizados e tribunais em todo o país."

- "O sigilo de justiça não é prerrogativa institucional criada em favor do magistrado, e sim do jurisdicionado, para que alcance uma decisão imparcial, rápida e justa."

- "A Justiça do Trabalho constitui uma excrescência do estado fascista. Um anacronismo que sobrevive por força da inércia do aparelho estatal, e da resistência de quem não quer a modernização da estrutura institucional das organizações públicas."

- "As Juntas de Conciliação e os juízes classistas devem ser extintos. O cargo deve ser suprimido, por sua absoluta inutilidade. E duvido que alguém, em sã consciência, não pense assim."

- "Muitos escritórios de advocacia no país estão associados com, ou contam em seus quadros com os serviços de filhos e/ou parentes de juízes, desembargadores e ministros, quando não são os próprios juízes e ministros aposentados."

- "Por que tanta resistência e receio a uma CPI para examinar denúncias graves, para apurar fatos determinados e aprofundar estudos e providências que possam fazer reverter expectativas pessimistas da população brasileira?"

236 O SUPREMO TRIBUNAL FEDERAL NA CRISE INSTITUCIONAL BRASILEIRA

Ora, se o mencionado Senador dispunha de dados incriminadores da magistratura, por que o STF preocupou-se em eliminar logo no nascedouro a pretensão da AMB em obter explicações concretas daquele pela via de interpelação judicial? A razão foi menos jurídica do que política. Deveras, não se pode concordar com o rigorismo formal que respaldou a conclusão supostamente técnico-processual (ilegitimidade da Associação). Pois esta, de fato, tinha legitimidade para defender a categoria dos magistrados. Quem mais a defenderia de forma coletiva?

A solução dada pelo STF foi triplamente prejudicial: *a)* ao desatender o pedido de explicações, formulado pela magistratura, chancelou as acusações feitas por ACM, amplamente divulgadas na imprensa, consolidando-as na impressão do público e, conseqüentemente, passando por verdadeiras todas as acusações; *b)* negou à magistratura o direito de defesa, remetendo-a à execração pela população; e *c)* negou à população o direito de conhecer com mais profundidade o problema, os fatos e a verdade. Em face da generalidade e do interesse público, este foi o maior dos danos: negou-se o direito à informação popular, ao esclarecimento das acusações.

A discussão provocada pelo Presidente do Senado Federal serviu mais para fragilizar as Instituições brasileiras (sobretudo o Judiciário) do que para demonstrar as falhas da magistratura, no que encontrou eco no STF, *data venia*. De cunho pessoal e intuito retaliativo,[103] o conjunto de impropérios emitidos pelo Senador recebeu má condução no TST[104] e chancela do STF, sendo necessário a mobilização de toda a magistra-

---

103. Os jornais noticiaram, no início dessas fustigações, que o principal móvel do Senador, ao voltar-se contra a Justiça do Trabalho, devera-se ao fato de o TST haver contra-indicado, formalmente, em lista tríplice encaminhada ao Presidente da República, em março de 1999, o nome do médico baiano Ângelo Mário de Carvalho e Silva, amigo pessoal e político do Senador, à recondução de Ministro classista da Corte, por sua ausência contumaz às sessões do Tribunal no ano de 1998. Com o interesse ferido, o Senador voltou-se contra a Justiça do Trabalho www.senado.gov.br/secs_inter/noticias/senamidia/historico/1999/3/zn031626.htm, acessado em 9.9.2007).

104. No TST, houve pronunciamentos explícitos de Ministros em Sessão do Tribunal, rebatendo o Senador ACM, fomentando a troca de insultos, ocasião em que o ex-Presidente daquele órgão, Min. Ermes Pedro Pedrassani, jogou a toga fora e, indignado, pediu aposentadoria (mar./1999). A Assessoria de Comunicação Social do órgão divulgou referidos pronunciamentos em 3.3.1999 (vide na *internet*: www.tst. gov.br/ASCS/NOTICIAS).

CRISE ÉTICA E INSTITUCIONAL   237

tura.[105] Mas, "lá por cima" as contendas são ao que parece, também, predominantemente. Aliás, é mais correto dizer que, na Capital do País, *contornam-se* os problemas politicamente, ao invés de se os *resolverem* ou de se os *combaterem* de frente.

Pois bem! Na troca de críticas mordazes entre o Presidente do Senado Federal (ACM) e o Judiciário (excluído o STF), o problema foi *contornado* politicamente: instaurada a CPI do Judiciário, criou-se, paralelamente, a CPI dos bancos, onde se verificou tendência de uma ofuscar a outra, apesar do sobrebrilho da última. Com isso, agradou-se a gregos e troianos, pois a instauração de ambas as CPIs satisfez aos partidos interessados em cada uma, havendo o prévio acordo interpartidário; e, por outro lado, atendeu em parte ao Judiciário, haja vista que a rentável CPI dos bancos prejudicaria a sua. E, por fim, a CPI das empreiteiras (sempre elas!), que contrariaria interesses de muita gente importante, não foi instaurada...

A insistência em abrir uma CPI contra o Judiciário, na realidade, tinha por real fito *justificar* a criação do controle externo desse Poder, por via de Emenda Constitucional, e *modificar* a estrutura das Justiças do Trabalho e Militar, também reformando-se a Constituição. No mais, já se duvidava que a CPI acarretasse outra conseqüência séria e efetiva, até mesmo em vista das suas limitações constitucionais. E foi o que se confirmou.

Apesar de tudo, os embates entre ACM e Magistratura não podem ser classificados como uma crise, propriamente dita, entre o Judiciário e o Senado, embora assim se tenha qualificado. Não foi o Judiciário como um todo que restou criticado, haja vista a exclusão do STF; nem as críticas vieram do Senado, em si, mas, sim, de um único de seus membros, ao qual se aliavam alguns correligionários de plantão. No mais, portanto, as relações entre Judiciário e Senado encontravam-se boas, embora vez por outra tivessem um efêmero e diminuto desgaste, satisfatoriamente superado.

De toda sorte, os ataques ao Judiciário serviram, também, para demonstrar algo de suma importância social: a magistratura, talvez pela

---

105. Ouviram-se vozes provenientes da própria magistratura, sugerindo a renúncia do então Presidente do STF, Min. Celso de Mello. Uma delas proveio de Celmilo Gusmão, para quem o Ministro Celso de Mello deveria renunciar à Presidência do STF e abandonar a magistratura, imediatamente ("Um Erro danoso", *Jornal do Commercio*, Recife, 16.10.1997, "Opiniões").

238   O SUPREMO TRIBUNAL FEDERAL NA CRISE INSTITUCIONAL BRASILEIRA

primeira vez na história do País, sentiu-se acuada e, pois, na iminência de recorrer ao povo, procurando neste o apoio necessário à resistência contra os demais Poderes, especialmente no embate entre juízes e influente Senador (então possível candidato a Presidente da República). Houve um retorno aos elementos de *legitimação*. Esperava-se que isto contribuísse para o desenclausuramento da magistratura e sua aproximação do povo, com a conscientização de ser aquela formada por seres mortais, atores sociais, sujeitos também às intempéries da crise sócio-político-econômica. Esta aproximação seria espetacular para o jurisdicionado, porque encontraria na magistratura, oportunamente, uma aliada contra o abuso do Poder Público central; e, no reverso da moeda, a magistratura encontraria no povo a legitimidade que tanto lhe tem sido doutrinária, histórica e politicamente discutida.

Enfim, do turbilhão instaurado, apesar do perigo de desastre, podia surgir algo de muito bom. Pois é no perigo mútuo que até os inimigos se unem e se tornam grandes aliados. O mal às vezes é a causa do bem.[106]

Mas os anos seguintes demonstraram que a vaidade venceu mais uma vez. O pecado capital tomaziano voltou a bailar de toga, por entre os martelos.

Abstraindo o móvel da CPI do Judiciário, divulgado por setor da imprensa como tendo natureza pessoal, e com as cautelas para que os membros da comissão não ultrapassassem dos poderes constitucionalmente assegurados – pelo absurdo, já se cogitava de anular decisões de juízes, assinaladas pela eficácia da coisa julgada (indiscutibilidade e imutabilidade da sentença) – ela vinha num momento em que o povo tanto reclamava da tutela jurisdicional. O Judiciário de há anos vinha justificando uma investigação no seu atuar: tutela morosa, má prestação nos serviços judiciários, inacessibilidade, sonegação às classes desfavorecidas, falta de sensibilidade social, prevalência de interesses pessoais sobre os da Justiça, acusações de venda de decisões e de envolvimento

---

106. Segundo a lenda, certo dia o Diabo encontrou São Bernardo e gabou-se de saber sete versículos dos salmos que, recitados diariamente, levariam sem dúvida ao paraíso. O santo teve curiosidade de saber quais eram os versículos, mas o Diabo não os quis revelar. "Zombarei de ti", disse-lhe o santo, "pois vou recitar diariamente o *Saltério*, de forma que assim recitarei também os sete versículos". E o Diabo, com receio de se tornar causa de tão grande devoção, acabou revelando o segredo. E a chantagem que ele pretendia fazer com o santo teve efeito reverso.

com o crime organizado. Ao lado dos casos citados por ACM, uma série de outros poderiam ser mencionados para apuração, a exemplo das denúncias constantemente feitas à CPI do Judiciário, inclusive por meio de *cartas anônimas*. Eram sentenças injustas, suspeitas de venda de decisões, descompasso com a legislação e o Direito, denúncias de esquemas (principalmente nos tribunais), impunidade dos "peixes graúdos"...

Neste sentido, o Judiciário vinha, de fato, merecendo uma investigação externa. *Externa*, porque as de ordem *interna* revelaram-se um desserviço, pois geralmente não chegavam aos verdadeiros culpados das denúncias nem os punia, dentro do conhecido "espírito de corpo" (corporativismo), na defesa da categoria; ou, fora daí, o desserviço era direcionado a perseguir quantos "não rezavam na cartilha" da administração do tribunal. Enfim, o sistema de controle interno mostrara-se falho: não funcionava (e continua não funcionando, na prática). Servia, prioritariamente, para legitimar o ato do juiz faltoso e para punir o opositor. O que não implica, necessariamente e sempre, dolo dos membros apuradores das denúncias; o próprio sistema legal contribuía para isto.

Mas, à vista de todo o exposto, é forçoso salientar que os trabalhos da CPI do Judiciário deveriam correr num clima de respeito aos Poderes, sem romper com os princípios básicos da harmonia e da independência entre eles, além de observar os ditames da ampla defesa e do devido processo legal. Afinal, para se investigar alguém não é necessário – nem possível – rasgar a Constituição nem faltar com o respeito aos direitos do acusado, da pessoa investigada, da autoridade *indiciada*. Era, aí, então, que sobrelevava o papel do STF, na função de assegurar o poder de a CPI proceder às suas investigações e, ao mesmo tempo, de observar e fazer observar a dignidade da magistratura, as suas prerrogativas e as do Judiciário, além dos direitos e garantias individuais do *indiciado*.

Muitos atos das várias CPIs foram e, por certo, ainda serão questionados judicialmente. E, ante os privilégios e prerrogativas desse órgão e de seus membros, o foro competente é a instância máxima do Judiciário: o STF. É, pois, nestes momentos, que se espera do STF atitude altiva, institucionalmente segura, pautada nos seus ofícios constitucionais, sem se deixar levar pelo rolo compressor do Congresso Nacional ou do Planalto Central, nem se impressionar com o sensacionalismo da imprensa, vez por outra desvirtuadora da verdade, nas divulgações de fatos de forma exagerada ou minguada. Aliás, seja-se fiel à verdade e à justiça: o STF tem zelado pelas prerrogativas constitucionais neste ponto.

240 O SUPREMO TRIBUNAL FEDERAL NA CRISE INSTITUCIONAL BRASILEIRA

Com a instauração da CPI do Judiciário, surgiu um enxame de denúncias, entre verdadeiras e falsas, contra a magistratura e os órgãos judiciários.[107] O alvo principal era a Justiça do Trabalho: qualquer fato que pudesse denegri-la era logo divulgado ampla e sensacionalisticamente pela imprensa, a qual não se dava ao cuidado de proceder à menor averiguação antes de publicar o dado e informar a população do seu *despautério*.

Tudo de forma engendrada para, num primeiro momento, modificar a Justiça Obreira profundamente e, depois, para extingui-la, na caça aos direitos sociais dos trabalhadores. Era oportuno extinguir os órgãos encarregados de defendê-los e julgá-los. O passo seguinte, por certo, seria a extinção do Ministério Público do Trabalho, que já começava a incomodar, e, provavelmente, uma reestruturação das Delegacias Regionais do Trabalho que passaram a se chamar Superintendências Regionais do Trabalho e Emprego, em 2008. Assim, qualquer reforma trabalhista se mostraria mais fácil, mais aceitável. É claro que a Justiça do Trabalho não tinha (nem tem) a auréola da santidade; mas que setores sensacionalistas da imprensa vinham exagerando na dosagem, vinham sim. Pintaram-na de vermelho e puseram-lhe rabo e chifres, de frente ao caldeirão social.

Ao final, a tão buscada CPI do Judiciário não deu em nada. Pegaram-se algumas falhas (Juízes Nicolau dos Santos e Mello Porto), fez-se um estardalhaço, não se apuraram os fatos em sua totalidade e... pronto. Rogou-se por satisfeita. Veio a EC 45/2004, promovendo a primeira parte da reforma do Judiciário, na qual a Justiça do Trabalho foi a maior beneficiada, tendo sua competência ampliada e resgatando o número de Ministros do TST (27 membros), que fora reduzido de 27 para 17 pela EC 24.

---

107. O Judiciário contribuiu para tais denúncias, quando deixou de tutelar com presteza o cidadão que o tem procurado, ao longo do tempo. As falhas de toda ordem o levaram ao descrédito: falhas humanas, falhas institucionais; erros despropositados, equívocos *engendrados* etc. O móvel da CPI do Judiciário podia ter outro pano de fundo, outras razões, mas que este Poder a tinha provocado, isto tinha.

No âmbito federal, o Tribunal de Contas da União vinha aproveitando o momento para apenar quase todos os administradores dos Tribunais do Trabalho, sob os mais diversos argumentos de ilegalidades detectadas: contratações irregulares, licitações viciadas, superfaturamento na construção e reformas de prédios, vantagens concedidas ilegalmente aos juízes e servidores etc.

CRISE ÉTICA E INSTITUCIONAL 241

Enfim, a montanha se revolveu em suas entranhas, estremeceu toda a terra... e pariu um rato!

5. Posições político-partidárias e outras condutas reprováveis no STF. Um similar no STJ

Conforme já enfrentado neste estudo, o STF é órgão exponencial do Judiciário, que se relaciona com a cúpula dos demais integrantes do Poder. Logo, também aprecia questões políticas.

Porém, não pode adotar posições político-partidárias, cujo conceito é muito diverso da idéia de *questão política*, já exposta neste apanhado, para onde se remete o leitor (Capítulo 2, tópico 2). O STF não pode perder sua imparcialidade nem seus membros devem adotar posturas partidárias, sem prejuízo do justo e adequado atuar. Um órgão judiciário que não atua com imparcialidade perde a confiança dos jurisdicionados e, portanto, sua legitimidade.

Também já foi tratada nesta obra a forma de ingresso na Corte, oportunidade em que ficou patente haver um vício cultural a ser superado e a necessidade de se adotar um novo critério de nomeação dos Ministros do Supremo Tribunal.

Parece, no entanto, que, vez por outra, o STF tem sido minado em sua imparcialidade, na suposta *neutralidade* política, assumindo posições favoráveis a determinadas tendências partidárias, transbordando do Direito para enfileirar-se com alas pouco sociais. Quando isto acontece, a democracia é ferida, pois as forças se desequilibram, em detrimento da igualdade de oportunidades e da serenidade do poder. O exercício da jurisdição constitucional não pode se afastar do ideário democrático, sob pena de perder sua legitimidade. É o que, em outras palavras, leciona Sérgio Fernando Moro: "a legitimidade da jurisdição constitucional dependerá de sua capacidade de agir em sintonia com o ideal democrático".[108]

Segundo Rogério Bastos Arantes,

"As últimas nomeações realizadas para o STF foram cercadas de polêmica. Em 1990, Collor de Mello foi criticado por nomear seu primo Marco Aurélio de Mello, então ministro do Tribunal Superior do Trabalho. Em 1994, Ita-

---

108. Sérgio Fernando Moro, *Jurisdição Constitucional como Democracia*, p. 149.

242 O SUPREMO TRIBUNAL FEDERAL NA CRISE INSTITUCIONAL BRASILEIRA

mar Franco foi criticado por nomear o então Ministro da Justiça Maurício Corrêa. Em 1997, Fernando Henrique Cardoso foi criticado por nomear o então Ministro da Justiça Nelson Jobim. A respeito desse último caso, afirmou o jurista Dalmo Dallari, em combatente artigo sobre a proposta de criação de súmulas vinculantes: por último, é importante não esquecer que o Presidente da República acaba de pôr no STF seu ex-Ministro da Justiça, Nelson Jobim, que, afrontando a ética, vem decidindo sobre seus próprios atos e sobre aqueles que preparou para o Presidente, além de adotar o inusitado comportamento de líder do governo no Tribunal."[109]

Na verdade, quanto mais os deputados e senadores se afastam dos anseios sociais e mergulham na corrupção, mais esta categoria política (a dos membros do Legislativo) perde sua legitimidade, pois os poderes que recebeu do povo não foram estes, com certeza. Aí, faz-se importante a interveniência do Judiciário, na preservação de valores morais, éticos, punindo os corruptos e corruptores. E se também o Judiciário cai na lama ou chancela a impunidade, então o Executivo se torna Poder livre, sem peias para governar sozinho, para corromper a democracia e baixar atos de força. É que a democracia só funciona se houver Instituições fortes equilibradas, cientes e cumpridoras do seu papel. Afinal, o Poder, num regime democrático, contrabalanceia-se internamente, entre os seus órgãos (sistema de freios e contrapesos).

Dalmo de Abreu Dallari não é muito otimista sobre o real papel que o STF vem desempenhando na estrutura do Poder no Brasil. É dele a seguinte passagem, numa clara referência ao ex-Ministro Nelson Jobim, então integrante da Corte:

"O verdadeiro Poder Legislativo, aquele que realmente se exercita, está nas mãos do Presidente. E o Supremo Tribunal Federal, que tem hoje entre seus membros um 'líder do governo', mais serviçal do chefe do Executivo do que juiz, além de outros membros tradicionalmente submissos ao Executivo, não cumpre sua função primordial de guarda da Constituição. Logo, também uma boa parcela do Poder Judiciário está sendo exercida, na realidade, pelo Presidente da República."[110]

---

109. Rogério Bastos Arantes, "Jurisdição Política Constitucional", in Maria Tereza Sadek (Org.), *Reforma do Judiciário*, pp. 83-84.

110. Dalmo de Abreu Dallari, jornal *Folha de S. Paulo*, 16.1.1998, *apud* José Elaeres Marques. Teixeira, *A Doutrina das Questões Políticas no Supremo Tribunal Federal*, p. 217.

CRISE ÉTICA E INSTITUCIONAL 243

Em anos mais próximos, a Associação dos Juízes do Rio Grande do Sul (AJURIS) encaminhou ao relator especial da ONU sobre Independência de Juízes e de Advogados, Leandro Despouy, documento denunciando a sujeição do STF ao Governo Federal, apresentando crítica à atuação da Corte, porque "o critério meramente político de escolha dos ministros que compõem o órgão máximo do Judiciário", bem ainda decisões judiciais do Tribunal são tomadas "levando em conta interesse econômico do Executivo".[111] O expediente demonstra a impotência da população diante da postura da mais alta Corte do País e, ao mesmo tempo, a posição crítica emanada de setor da própria magistratura.

Todavia, o STF não tem sido o único órgão do Judiciário a receber sobre os ombros suspeitas de assumir interesses partidários. Setores da magistratura nacional têm se portado de forma politicamente incorreta.

Os anos de 2005 e 2006 foram pródigos na pretensão de magistrados a cargos políticos, por exemplo. Citem-se dois casos emblemáticos, por serem expoentes na estrutura do Judiciário: Ministro Nelson Jobim, brilhante político por profissão e natureza, Presidente do STF, que pretendia ser candidato a Vice-Presidente na chapa do petista Lula, em 2006; e o Ministro Edson Vidigal, Presidente do STJ, que pretendeu se candidatar à Presidente da República e, na realidade, acabou concorrendo a Governador do Maranhão.[112] Este último, bastante empolgado com sua campanha, embora ainda na Presidência do STJ, disse à revista *Veja* que se sentia "mais preparado para comandar o país do que o Ministro Nelson Jobim, presidente do Supremo Tribunal Federal".[113] E a revista finalizou a matéria assim: "Empenho, definitivamente, não lhe falta. Seus comandados circulam pelo Maranhão difundindo as pretensões políticas do Ministro e já constrangeram duas dúzias de prefeitos a assinar um documento pedindo a candidatura de Vidigal ao governo estadual".

É imenso o poder de um Presidente de Tribunal, especialmente sendo um Tribunal de alta envergadura no País, como são o STF e o STJ. No geral, os regimentos internos das Cortes judiciárias atribuem ao seu

111. Disponível em: www.ajuris.org.br/sharerwords/?org=AJURIS&depto=D ep.%20Comunicação%20Sociao&setor=Boletim%20Eletrônico&public=12008, acessado em 20.11.2004.
112. Em 2002, Paulo Costa Leite, ex-Ministro do STJ, aposentou-se e quase saiu candidato a Vice-Presidente da República pelo PSB.
113. Revista *Veja*, ed. de 8.2.2006, p. 44, matéria assinada por Leandra Pires.

Presidente o poder de suspender liminares em mandado de segurança e outras ações similares, apreciar pedidos emergenciais, conceder medidas acautelatórias e liminares nos recessos forenses, receber representações contra autoridades públicas, processar precatórios, expedir ordens de pagamento, realizar licitações, determinar providências administrativas em geral etc. Estas medidas, em se tratando do STF e do STJ, podem alcançar toda a nação, afetar inúmeros prefeitos, deputados e governadores, para o bem ou para o mal, e atingir interesses dos empresários. Ou seja, podem atingir diretamente a classe política, o eleitorado. Este poder de bloquear e liberar contas dos municípios, dos Estados e de outras entidades públicas, de modo a comprometer ou possibilitar o funcionamento e a administração das autoridades executivas, minando a realização dos projetos no serviço público, constitui uma arma muito perigosa nas mãos de quem pretenda fazer uso político dela. A moeda de troca é muito alta: justamente os recursos que movimentam a máquina administrativa, além de outros elementos...

Por isso, mesmo que determinado Presidente de Tribunal não faça uso político do seu poder regimental, não pega bem que ele se apresente como candidato a cargo político, pois sua atuação estará sempre sob suspeita. A eticidade recomenda que ele se afaste imediatamente do cargo de magistrado, em face do comprometimento de sua imparcialidade, tão essencial e tão cara à jurisdição. Isto tudo sem precisar falar da vedação constitucional à atividade político-partidária aos magistrados em geral (art. 95, parágrafo único da CF).

É sintomático e, ao mesmo, preocupante que dois Presidentes das duas maiores Cortes do País tenham assumido notório interesse partidário e, no entanto, tenham permanecido no cargo de magistrado, quebrando o voto judicial de não se envolverem na política nacional, deixando recair sobre o cenho a dúvida da parcialidade. E, especificamente, no caso do Presidente do STF, o Min. Nelson Jobim saiu direto da Corte para concorrer a cargo político. Não a um cargo qualquer, mas ao mais alto do partidarismo: Presidente de partido político (o PMDB, então considerado o maior Partido do país). (V. capítulo seguinte).

A quarentena seria necessária, imprescindível para um magistrado que se pretende imparcial, altivo, independente, envolver-se em campanhas partidárias e projetos eletivos. Isto é tão importante quanto a quarentena para o exercício da advocacia.

CRISE ÉTICA E INSTITUCIONAL   245

6. Desvios éticos nos Tribunais: um mapa dos anos 2000

"Vamos dar a oportunidade ao Judiciário de mostrar que é capaz de separar as maçãs podres". Foi assim que o Min. Costa Leite, do STJ, desafiou o ano de 2001, referindo-se a várias irregularidades que, à época, dizia-se instaladas no Judiciário brasileiro.

A sombra da ilicitude vem pairando sobre importantes tribunais brasileiros, valendo citar as suspeitas lançadas sobre o Superior Tribunal de Justiça e alguns Tribunais Regionais federais (TRFs e TRTs).[114] Assim aconteceu com o Min. Vicente Leal, Des. Eustáquio Silveira, Juiz Federal Rocha Mattos e, posteriormente, Min. Paulo Medina e Des. Eduardo Carreira Alvim, sobre os quais atiraram-se dardos de acusações decorrentes da investigação feita pela Polícia Federal na Operação Furacão (Operação Hurricane, 2006-2007). Mesmo que ditas autoridades não estivessem ou não estejam envolvidas com atividades delituosas, a simples ligação de seus nomes a pessoas que participam de organização criminosa, com indícios apresentados pela Polícia Federal, já é bastante para despertar suspeitas incompatíveis com a integridade da toga. São manchas que dilaceram profundamente a imagem e a credibilidade do Judiciário, cujo manto há de ser negro apenas na vestimenta.

O fato de a conduta ser tipificada como crime é um *plus* na imagem que a dúvida, por si só, já cria na impecável figura do juiz. Apesar do princípio da presunção de inocência, que acompanha também os magistrados suspeitos, tais casos deveriam ter sido muito bem esclarecidos pelo Judiciário, ao invés de admitir aposentadorias emergenciais e suspender investigações. Esta medida é indispensável ao próprio magistrado acusado, porque lhe dará a oportunidade de mostrar sua inocência à sociedade, limpando o seu nome e o do Judiciário. Feito isto, que se vá atrás dos responsáveis, se for o caso, pela divulgação açodada das possíveis falsas denúncias.

Quando o Judiciário não apura os fatos denunciados em sua plenitude nem sua conclusão é levada ao conhecimento da população (até

---

114. Indica-se a seguinte obra, sobre o tema ora estudado: Roberto Wanderley Nogueira, *Justiça Acidental: nos Bastidores do Poder Judiciário, passim.* O livro tem cunho muito mais descritivo-especulativo do que incisivo e se põe nos argumentos teórico-argumentativos, deixando os estudos de casos para segundo plano, em face da perspectiva eleita pelo Autor.

246   O SUPREMO TRIBUNAL FEDERAL NA CRISE INSTITUCIONAL BRASILEIRA

mesmo porque a investigação tem sido conduzida em segredo de justiça), a opinião pública acaba ficando com a imagem construída pela imprensa, seja ela verdadeira ou não, total ou parcialmente. À míngua de outras informações, fica o teor das matérias jornalísticas, sem que ninguém as refute perante a sociedade. É nestas horas que se sente a dificuldade de se desenvolver um estudo como o deste tópico. Os dados oficiais são inacessíveis, reservados ou de difícil acesso; e os públicos derivam, em sua maioria, da mídia, com sua tendência sensacionalista, que, porém e por sua publicidade, acaba atraindo a presunção de veracidade.

No ambiente clamoroso, a mídia interpreta dados, julga, condena ou absolve, perante a opinião pública, pessoas e autoridades que, por vezes, nem conhecem os elementos em que a imprensa se escudou e só são ouvidas tardiamente, quando a imagem a seu respeito já foi construída. E a reconstrução (ou desconstrução) dessa imagem nem sempre é possível... Estes exageros e as reportagens sensacionalistas é que devem ser vistos com muita cautela. De qualquer modo, incumbe às autoridades indigitadas de suspeitas esclarecer os fatos à opinião pública.

No combate à corrupção, tem sido meritório o trabalho da Polícia Federal, em suas mega-operações sigilosas, elaboradas pelo setor de inteligência do órgão, não raramente sob o sigilo até interno. Frederico Vasconcelos aborda as divergências existentes na própria PF, inclusive na escolha do delegado Paulo Lacerda, pelo então Ministro da Justiça Márcio Thomaz Bastos, para a direção geral do órgão, no início de 2003. Algumas operações, entre as quais a Anaconda, desenvolviam-se no desconhecimento até do Ministro da Justiça e do Diretor-Geral da PF.[115]

115. Veja-se Frederico Vasconcelos, *Juízes no Banco dos Réus*, pp. 303-310. Em termos de jornalismo investigativo, é espetacular esta obra acerca do desvio ético no Judiciário e de algumas operações feitas pela PF, no combate à corrupção e ao crime organizado (2001-2004). Em pesquisa-investigação desenvolvida com muita seriedade, o Jornalista apresenta diálogos, entrevistas, apurações, votos e opiniões de Ministros, declarações de acusados e remição a documentos incriminatórios, públicos. O objeto principal é a corrupção e a depuração do Judiciário. Sem dúvida alguma é livro de leitura altamente recomendável, por sua destacada qualidade. Uma das dificuldades apresentadas pelo Autor, na sua investigação, foi a conciliação entre a morosidade processual do Judiciário, na formalidade das apurações, e os prazos das publicações, cada vez mais curtos (ibidem, p. 14). O trabalho é investigativo-participativo, na medida em que o Autor foi, ao mesmo tempo, participante de todo o processo, ao entrevistar as autoridades envolvidas durante o desenrolar das apurações, elaborar reportagens diuturnas, e cobrir cada detalhe dos acontecimentos.

CRISE ÉTICA E INSTITUCIONAL   247

Em matéria intitulada "Já são mais de 100 os Juízes no 'Banco dos Réus'",[116] o *Espaço Vital* fez um apanhado dos magistrados que, até janeiro de 2004, respondiam a processos. Em parte, é de lá que se apontam os seguintes casos mais emblemáticos, ao que ora se acrescentam outras operações da Polícia Federal:

- *"Juiz Nicolau dos Santos Neto (TRT de São Paulo):* envolvido em escândalo financeiro durante a construção do prédio do TRT que presidia. Nomes de grandes empresários e da alta cúpula administrativa estavam ao lado do seu, valendo citar: o ex-senador Luiz Estêvão e o ex-secretário-geral da Presidência da República (gestão de Fernando Henrique Cardoso) Eduardo Jorge Caldas Pereira.[117] Conta-se que, além de haver adquirido um luxuoso apartamento em Miami, Nicolau dava gorjetas por lá de até 500 dólares e gostava de desfilar em carros esportivos de alto luxo. Em 1998, o Ministério Público Federal descobriu a liberação de quantias vultosas diárias à sombra da lenta construção do edifício, demonstrando o desvio de dinheiro público. A fraude veio a público em 1999, com a CPI do Judiciário. Desde 2000, a vida de Nicolau dos Santos Neto passou a ser a de idas e voltas à carceragem, apesar das doenças que o têm acometido e do peso dos anos chegando a galope.

- *"Operação Diamante:* por volta de 2000, a Polícia Federal engendrou esta operação para desvendar o crime organizado no Brasil. Através de grampos no telefone de Luiz Fernando da Costa (Fernandinho Beira-Mar, traficante), acabou chegando a magistrados de tribunais, tendo este fato explodido em 2002. No TRF-1ª Região, destacou-se o Des. Eustáquio Silveira, que foi acusado, ainda, de coagir testemunhas. Eustáquio e sua esposa, a juíza Vera Carla, foram afastados de suas funções pelo TRF-1ª Região (DF). Constou da investigação da Polícia Federal o ex-Presidente deste mesmo Tribunal, o Des. Fernando Tourinho Neto. No STJ, o Min. Vicente Leal foi apontado como integrante da quadrilha, envolvido no esquema de venda de sentenças e *habeas corpus* a *gangsters*. Vicente Leal, cujo nome foi vinculado ao do ex-deputado federal Pinheiro Landim (do PMDB-CE, envolvido na máfia dos *habeas cor-*

116. Para maiores dados, inclusive no âmbito dos Tribunais de Justiça, vide: www.espacovital.com.br/asmaisnovas19012004g.htm (acessado em 23.4.2007).
117. Em edição de 30.5.2007, a revista *Veja* (p. 63) publicou matéria dando conta de punição disciplinar aplicada ao Procurador da República Luiz Francisco de Souza pelo Conselho Nacional do Ministério Público, por conduta indevida no exercício de suas atividades, inclusive perseguição política a pessoas ligadas a FHC, entre os quais o Secretário Eduardo Jorge.

248 O SUPREMO TRIBUNAL FEDERAL NA CRISE INSTITUCIONAL BRASILEIRA

pus junto a Tribunais Superiores), foi afastado de suas funções pelo STJ. Em 9.3.2004, o Ministro pediu aposentadoria, que foi concedida pelo STJ, com proventos integrais, antes mesmo de encerrar o processo administrativo disciplinar (PAD) instaurado contra o magistrado. No dia 11 seguinte, o Min. Edson Vidigal levou ao Ministro da Justiça, Márcio Thomaz Bastos, o pedido de aposentadoria de Vicente Leal. Em 31.3.2004, o *site* do *STJ-Notícias* anunciou o encerramento do PAD 2.110/2003-STJ (Rel. Min. Jorge Scartezzini), posto prejudicado, em razão da referida aposentadoria.[118]

- "Agosto de 2003: O Min. Paulo Medina (STJ) foi acusado de assédio sexual, por Glória Maria Pádua Ribeiro Portella, filha do ministro Antônio de Pádua Ribeiro. Glória Maria ingressou com queixa-crime contra Medina no Supremo Tribunal Federal. Por decisão do ministro Nelson Jobim, do STF, o processo seguiu em segredo de Justiça.

- *"Operação Anaconda (São Paulo, outubro de 2003):* A força-tarefa era composta de 100 policiais federais. Após encontrar valor estimado em US$ 500 mil no poder da ex-mulher do juiz federal João Carlos da Rocha Mattos, prendeu dois advogados, dois delegados da própria Polícia Federal, dois empresários, um agente federal e a ex-esposa do juiz Rocha Mattos, Norma Regina Emílio Cunha. Em novembro de 2003, o juiz federal Rocha Mattos teve sua prisão decretada. O Ministério Público Federal, nesse mesmo mês, denunciou judicialmente, ainda, os juízes e irmãos Casem e Ali Mazloum, além da magistrada Adriane Pileggi de Soveral, por improbidade administrativa. No interrogatório perante o TRF-3ª Região (São Paulo), Rocha Mattos ameaçou 'abrir a boca' e 'denunciar' uma série de irregularidades na magistratura federal paulista, envolvendo, inclusive, desembargadores do próprio TRF. A operação Anaconda apresentou evidências de envolvimento, também, de delegados da Polícia Federal, com respeitável histórico na instituição, um dos quais era comparado a Eliot Ness, agente norte-americano que prendera Al-Capone.

- *"São Paulo, dezembro de 2003:* Paulo Theotônio da Costa (TRF-3ª Região) foi afastado do cargo pela segunda vez por decisão da Corte Especial do STJ. Por último, fora acusado de manipular distribuição de processos, ensejando instauração de ação penal perante o STJ.

---

118. Nessa mesma época, foi proposto arquivamento de Inquérito Policial pelo Procurador-Geral da República, com a confirmação do Supremo Tribunal, por entenderem que não havia elementos que possibilitassem o reconhecimento da existência de infração penal pelo Min. Vicente Leal (STF, Pleno, Pet-AgR 2.820-RN, Rel. Min. Celso de Mello, j. 25.3.2004, *DJU* 7.5.2004, p. 7, *Ement.* 2.150-01, p. 177).

CRISE ÉTICA E INSTITUCIONAL 249

• *"Operação Hurricane (furacão, em inglês), no Rio de Janeiro (abril de 2007):* a Polícia Federal teve acesso a um escritório de advocacia em novembro de 2006, de lá extraindo evidências que conduziram a vários nomes de autoridades que integrariam a máfia dos bingos, incluindo magistrados federais, que estariam envolvidos num esquema de vendas de sentenças e liminares, autorizadoras do funcionamento destas casas de jogos de azar.[119]

• *"Operação Têmis (São Paulo, abril de 2007):* dando continuidade à Operação Furacão, a Polícia Federal vasculhou, com autorização judicial, os gabinetes de três desembargadores do TRF-SP (Roberto Haddad, Nery da Costa Júnior e Alda Basto), e dois Juízes Federais de São Paulo (Djalma Moreira Gomes e Maria Cristina Cukierkorn). Entre os suspeitos de participarem da organização criminosa estavam o Min. Paulo Medina (STJ), o Des. José Eduardo Carreira Alvim (TRF-RJ), o Des. Ricardo Regueira (TRF-RJ), o Des. Ernesto da Luz Dória (TRT-Campinas), além de Procurador da República, policiais federais, advogados etc. A imprensa brasileira mostrou, reiteradamente, imagens e fotos, entre os dias 21 a 27 de abril de 2007, dos agentes da Polícia Federal quebrando paredes recheadas de dinheiro (R$ 4 milhões!), ralos de banheiro funcionando como cofre e encontrando uma série de documentos comprometedores. No mesmo mês, o Min. Paulo Medina, que também fora acusado de interferir em concurso público para juiz do Paraná, em favor de um genro seu, pediu afastamento do cargo, enquanto o STJ apurava o seu envolvimento administrativamente. Os magistrados presos foram soltos na semana seguinte, sem prejuízo, porém das ações e denúncias formuladas pela Procuradoria-Geral da República. Uma coisa salutar foi que o próprio Judiciário autorizara a Polícia Federal a desenvolver e prosseguir nas investigações contra os magistrados,[120] valendo elogioso registro a postura do STF neste episódio, que se dispôs a passar a limpo a história da corrupção na magistratura brasileira. Perante esta Corte, sob a batuta das Operações Furacão e Têmis, instaurou-se o Inquérito n. 2.424/2007." Em 26.11.2008, o STF recebeu denúncia penal contra as autoridades indiciadas (INQ 2.424, Min. Cezar Peluso).

---

119. A Operação Hurricane foi, segundo a revista *Veja*, uma das maiores da história policial. "Mobilizou 400 agentes e apreendeu 2 toneladas de documentos, em papel e meio magnético, além de capturar 19 armas, 51 veículos de luxo, 523 jóias, 160 relógios de marcas famosas e muito dinheiro em cheque e moeda sonante, no valor de 10 milhões de reais" (Revista *Veja*, ano 40, n. 16, de 25.4.2007, p. 75).

120. As megaoperações da Polícia Federal só se desenvolveram adequada e legalmente com a participação do Judiciário, eis que as escutas telefônicas, os grampos contra juízes, dependem de autorização do tribunal competente.

250 O SUPREMO TRIBUNAL FEDERAL NA CRISE INSTITUCIONAL BRASILEIRA

• *Operação Satiagraha (julho de 2008)*: após 4 anos de investigação silenciosa e tendo mobilizado cerca de 300 policiais, a Polícia Federal prendeu Daniel Dantas (dono do banco Opportunity), o ex-Prefeito de São Paulo Celso Pitta e o empresário Naji Nahas, acusados de desvios de dinheiro público e crimes financeiros.[121] O esquema teria ligação com o escândalo do *Mensalão*, que levara 40 autoridades do alto escalão federal ao banco dos réus no STF, e abrangia empresários e doleiros, que atuavam no mercado financeiro para "lavar" dinheiro obtido em negócios escusos. O fato que desencadeou a publicidade da Operação foi a prisão de duas pessoas, supostas emissárias de Daniel Dantas, na tentativa de suborno de um Delegado da Polícia Federal por um milhão de dólares. Personagem central e polêmica neste episódio foi o Delegado da PF Protógenes Queiroz, que esteve à frente da investigação em São Paulo, Rio de Janeiro, Brasília e Salvador.

Por outro lado, para o *Espaço Vital* soou estranha a aposentadoria compulsória do Juiz Paulo César Barros Vasconcelos (Pará, dezembro de 2003), de 29 anos, pelo Tribunal Regional do Trabalho da 8ª Região. Paulo Vasconcelos havia denunciado ao MPF os colegas de magistratura por terem corrigido os próprios vencimentos.[122]

As apurações pelos próprios Tribunais, no geral, padecem de algumas falhas. Uma delas é que os processos correm em segredo de Justiça. Não se justifica mais, nos dias de hoje, esta conduta do Judiciário, especialmente em face do art. 93, inc. IX ("todos os julgamentos dos órgãos do Poder Judiciário serão públicos, e fundamentadas todas as decisões, sob pena de nulidade, podendo a lei limitar a presença, em determinados atos, às próprias partes e a seus advogados, ou somente a estes, em casos nos quais a preservação do direito à intimidade do inte-

---

121. Daniel Dantas logrou imediata liberdade por duas decisões seguidas do Presidente do STF, Min. Gilmar Ferreira Mendes (HC 95009-SP/MC, dias 9 e 11 de julho de 2008), que, assim, causou grande agitação na Justiça Federal de primeiro grau de São Paulo, com repercussão na Procuradoria da República e notas de apoio da AMB e de outras Instituições, bem como pronunciamentos de vários interlocutores do mundo jurídico. Na primeira sessão do STF, em agosto de 2008, o Plenário da Corte veio em socorro de seu Presidente, por iniciativa do Min. Celso de Mello, conferindo-lhe o apoio e o reconhecimento pelas decisões tomadas durante o recesso do Tribunal, que teriam sido firmes, restauradoras da autoridade do STF, e de acordo com a sua jurisprudência.

122. www.espacovital.com.br/asmaisnovas19012004g.htm (acessado em 23.4.2007).

CRISE ÉTICA E INSTITUCIONAL 251

ressado no sigilo não prejudique o interesse público à informação") e inc. X ("as decisões administrativas dos tribunais serão motivadas e em sessão pública, sendo as disciplinares tomadas pelo voto da maioria absoluta de seus membros"), ambos da Constituição Federal. A sociedade precisa saber o que está acontecendo com o órgão que a processa e a julga, bem ainda acompanhar como os Tribunais encaram as irregularidades de seus membros. Não é preciso alarde, mas também não se pode ter conduções sigilosas, subtraídas dos olhos da sociedade.

A outra crítica que se faz é que os magistrados suspeitos de envolvimento em atos ilícitos estão logrando proveito da aposentadoria. De fato, quando se sentem acuados e sem saída, pedem aposentadoria com proventos integrais, pondo fim ao processo disciplinar. Trata-se, *data vênia*, de um equívoco interpretativo, pois a aposentadoria pode ser cassada, caso constatada a irregularidade cometida anteriormente a ela pelo homem de Estado. Contudo, os Tribunais não vêm procedendo desta forma, preferindo encerrar o processo administrativo, na situação em que se encontre. Isto é um campo propício para a impunidade, um estímulo à corrupção, uma sova no dinheiro público.

Em 7.3.2007, o CNJ editou a Resolução n. 30, uniformizando as normas sobre o procedimento administrativo disciplinar contra magistrados. Seu art. 1º estabelece, no § 5º: "O magistrado que estiver respondendo a processo administrativo disciplinar só será exonerado a pedido ou aposentado voluntariamente após a conclusão do processo ou do cumprimento da pena". Pode ser que o hábito da aposentadoria como válvula de escape da punição seja reconsiderado pelos tribunais.

No meio da Operação Hurricane (Furacão), mencionada há pouco, a Revista *Veja* teceu o seguinte comentário:

"A ofensiva contra os mercadores de sentenças, que revelou a venda de decisões judiciais em altas esferas jurídicas do país, pode acabar iluminando um tema espinhoso: a ação de familiares de juízes nas cortes em que seus parentes têm a caneta à mão. Isso é muito mais comum do que se imagina. Dos 33 ministros do STJ, por exemplo, quinze têm filhos, mulheres, irmãos ou genros advogando junto ao próprio STJ. Eles respondem por 320 ações, que envolvem desde a soltura de acusados de homicídios até disputas comerciais milionárias. A advogada Ívis Glória de Pádua Ribeiro, mulher do ministro Antônio de Pádua Ribeiro, defende os interesses de uma empresa de celulose contra um banco. O advogado Octávio Fischer, filho do ministro Felix Fischer, é o recor-

252 O SUPREMO TRIBUNAL FEDERAL NA CRISE INSTITUCIONAL BRASILEIRA

dista de ações: 48. Ele representa os interesses de municípios, empreiteiras e empresas. O simples fato de um advogado atuar num tribunal onde um parente atua como juiz, naturalmente, não constitui crime algum. Além disso, existe uma norma legal determinando que, quando um magistrado recebe o processo de um parente, ele deve se declarar impedido. Mas o tema é tão controvertido que, desde 2000, tramita no Congresso um projeto de lei para acabar com a advocacia de parentes de juízes em seus tribunais de atuação. Não é um tema fácil. Mas é bom começar a discuti-lo. Até porque nesse ambiente vaporoso pode surgir um novo escândalo envolvendo o Judiciário do país."[123]

Neste trecho, a revista *Veja* inicia um desafio que há muito se deveria ter feito, apesar de ser bastante polêmico e complexo: a da existência de grandes escritórios de advocacia envolvendo parentes de magistrados de várias instâncias. Desconfia-se de um jogo desigual de influências, que envolve vários profissionais do Direito, a par dos *lobbies* das grandes causas e dos grupos econômicos. A desconfiança paira tanto nos escritórios e nomes explícitos quanto naqueles em que não aparecem for- malmente os nomes de parentes dos magistrados. E as suspeitas, exis- tentes em Brasília, onde se situam os Tribunais Superiores, estendem-se em várias localidades. Por exemplo, nos Estados de origem dos Minis- tros há advogados seus parentes, em grandes escritórios, atuando junto às Varas e aos Tribunais locais. Nesses Estados, cada Ministro deles oriundo é praticamente venerado. Os magistrados dos Tribunais Regio- nais e locais (Tribunais de Justiça), além daqueles de primeira instância, rendem-lhe as maiores homenagens. Até aí tudo bem: é um reconheci- mento pelo prestígio do conterrâneo, conquistado com muito esforço e competência (política, inclusive). A desconfiança complica quando sur- gem dúvidas acerca da imparcialidade destes magistrados perante uma causa em que se saiba haver interesse de um Ministro, direta ou indire- tamente, explícita ou veladamente.

Postas estas questões, depara-se com o fantasma da ilicitude corroen- do as entranhas do País, em vários setores (público e privado, do mais simples ao mais organizado), conforme já mencionado neste estudo.

No País da corrupção, será que nenhuma Instituição escapa infensa à ilicitude? É preciso uma onda de moralidade, um banho de virtude a

---

123. Revista *Veja*, ano 40, n. 17, de 2.5.2007, p. 62.

CRISE ÉTICA E INSTITUCIONAL 253

rebatizar o homem público, assim como se fazia no rio Jordão, há mais de dois mil anos, lavando as impurezas dos iníquos. Apesar de todos estes fatos, ainda é o Judiciário, o Ministério Público e a Polícia (especialmente a Federal) que devem conduzir o fio da moralização. Pois a classe política há muito invadiu o Hades da desmoralização.

Uma das saídas é a realização de concursos públicos sérios, bem elaborados, sem apadrinhamentos; no qual sejam aprovados os melhores candidatos: mais competentes, mais éticos e destemidos, menos devedores da política e menos carreiristas ou mercantilistas. Esta averiguação deve se dar mediante provas e entrevistas bem feitas, pontuando as aptidões de cada candidato. E, após a aprovação, que sejam, de fato, preparados para o sacerdócio do homem público, antes do efetivo exercício. As provas orais devem ir além da avaliação técnica do candidato; elas devem incursionar, também, na aptidão do candidato para o cargo, simulando situações e perscrutando a veracidade de cada resposta – uma entrevista conduzida pela banca examinadora.

No próximo capítulo, analisar-se-á a possível afinação do STF com a conjuntura política da ordem do dia, muitas vezes chancelando as medidas governamentais impopulares e que ferem a Constituição Federal, causando torpor aos direitos e garantias fundamentais. Serão trazidas à baila as vicissitudes das decisões do STF, de modo a prestar ao leitor maiores subsídios para a compreensão do capítulo subseqüente.

Capítulo 6
AFINAÇÃO DO STF COM A CONJUNTURA POLÍTICA

Por que nas revoluções os juízes continuam intocados?
Qual o papel desempenhado pelo Judiciário
no fosso existente entre o Poder e a sociedade?
Como o STF tem se postado, historicamente,
nos movimentos revolucionários no Brasil?
Há uma afinação entre o STF e a política governamental?
Existe um "pacto de gratidão" entre os membros do STF
e o Presidente da República que os nomeou?
Como foi a gestão do Min. Nelson Jobim no STF?

1. Contextualização. 2. O Supremo Tribunal Federal e suas decisões antigovernistas. Vicissitudes. 3. O compromisso da toga. 4. A suposta gestão política do Min. Nelson Jobim. 5. O Supremo Tribunal Federal na atualidade.

1. Contextualização

No Capítulo 5, cuidou-se da crise ética, enfrentando suas causas e reflexos no Poder Judiciário brasileiro, como fator da crise das Instituições em geral. Enfocou-se, naquele sítio, a importância da Justiça Social, citando exemplos históricos, sobretudo revoluções decorrentes do seu descaso. E se sustentou a sua necessidade, sobremodo nestes fatídicos dias de dificuldades econômicas da nação, passando pelo comprometimento do Estado Democrático de Direito.

Ao final do capítulo, relembrou-se a polêmica surgida entre o Senador Antônio Carlos Magalhães e o Judiciário, agravada no âmbito da Justiça do Trabalho, por ocasião da Reforma do Judiciário, que então se iniciava. Na discussão, foi sintomático o papel do Supremo Tribunal, cujos pronunciamentos desampararam o próprio Poder que pontifi-

AFINAÇÃO DO STF COM A CONJUNTURA POLÍTICA

ca, fomentando um desequilíbrio dentro do Estado, deixando-se levar pelo rolo compressor do momento. Mais uma vez, a CF viu-se ameaçada de rompimento pela Corte brasileira. Afinal, o STF mostrou-se intimamente envolvido com as Casas de Brasília, tendo uma afinidade muito grande com elas, a ponto de ser órgão de chancela dos atos dos demais Poderes, em questões muito complexas. Ao menos, esta é a leitura sociológica que se tira da atuação do STF, aliada a um argumento jurídico capaz de ser utilizado para várias situações.

É justo que se renove o registro, por outro lado, do importante papel desempenhado pelo STF nas *operações fulminantes* da Polícia Federal, inclusive quando se tratava do envolvimento de membros da magistratura nacional. Obviamente, as coisas poderiam ter sido conduzidas de forma mais eficaz e pública, mas isto não retira o mérito do Supremo Tribunal Federal.

2. *O Supremo Tribunal Federal e suas decisões antigovernistas. Vicissitudes*

"De um lado o Presidente, com o Exército; de outro, a Magistratura, com a Constituição". Era assim que Rui Barbosa idealizava o Judiciário: hirto, altivo, atento à Constituição, independente, pronto para enfrentar até mesmo as armas na defesa do Estado de Direito.[1]

Outrora o STF já foi mais arrojado frente às comoções nacionais e políticas, apesar de todas as dificuldades por que passou, entre ameaças veladas e retaliações, demonstrando maior afinação com o povo. Tinha um *engajamento* socialmente mais compromissado. Mesmo assim, o órgão foi atravessado por vicissitudes inúmeras, ora assumindo papel ativo no cenário sócio-político, ora caindo no anacronismo, senão na pretendida *neutralidade*, termo este que, por vezes, encobre a qualidade da *apatia social*. O argumento da *neutralidade* pode ser "perverso quando estão em jogo os interesses de partes política, social e economicamente desiguais",[2] e, o mais correto e esperado, seria dizer-se *imparcialidade*.

Principalmente nas três primeiras décadas da República, confiou-se ao Tribunal papel importantíssimo, sendo invocado pelo povo para

1. Ruy Barbosa, *Escritos e Discursos Seletos*, p. 1.015.
2. Luís Roberto Barroso, *Interpretação e Aplicação da Constituição*, p. 253.

256 O SUPREMO TRIBUNAL FEDERAL NA CRISE INSTITUCIONAL BRASILEIRA

resolver querelas intestinas da mais alta relevância. O Tribunal precisava se firmar como Supremo, a República estava se instalando e carecia ser consolidada, a política mudava radicalmente, trazendo consigo novos desafios, num novo regime, num novo sistema.

Isto foi muito bem demonstrado no discurso proferido pelo Min. Moreira Alves, por ocasião da Sessão Comemorativa ao Centenário da Instalação do Supremo Tribunal Federal, na qual restou sobejamente relatada a importante história do Tribunal na conjuntura da política brasileira.[3]

Conforme o discurso, de 1910 a 1930, quando se multiplicavam as intervenções nos Estados e quando, a partir de 1922, ocorreram levantes militares sucessivos, a Corte foi invocada para dirimir questões de ímpar repercussão política, tendo sido amplamente utilizado o *habeas corpus* para conter a repressão do Governo. Nasceu, aí, a *doutrina brasileira do "habeas corpus"*, por inexistir ação capaz de tutelar prontamente direitos e garantias que não se enquadravam nos limites tradicionais do direito de ir e vir. A atuação da Corte, nestes termos, ensejou a que algumas decisões não fossem cumpridas (ex.: a da concessão de *habeas corpus*, em 1911, por dualidade de Assembléias Legislativas no Estado do Rio de Janeiro) e que João Luís Alves, durante a Presidência de Hermes da Fonseca, elaborasse infrutífero projeto de crime de responsabilidade de seus Ministros por interpretação contrária à letra da lei. Finalmente, a reforma de 1926, de iniciativa de Artur Bernardes, pôs termo a essa construção jurisprudencial do *habeas corpus* com a redação dada ao § 22 do art. 72 da CF de 1891.

Posteriormente, deposto o Presidente Washington Luiz, o Chefe do Governo provisório reduziu o número dos Ministros da Corte, de 15 para 11 (Decreto de 3.2.1931). Dias depois, seis deles foram aposentados compulsoriamente, por decreto: um, por haver, como Procurador-Geral da República, denunciado participantes de revoluções e conspirações ocorridas entre 1922 e 1926, e os demais por tê-los condenado.

Em 1932, implantada a Justiça Eleitoral, deixou de existir o problema da dualidade de Assembléias Legislativas, Câmaras de Vereadores, Governadores e Prefeitos, que ensejara a impetração de inúmeros *habeas*

---

3. Moreira Alves, "Centenário do Supremo Tribunal Federal (discurso)", *Revista LTR*, 55(08)/901.

AFINAÇÃO DO STF COM A CONJUNTURA POLÍTICA 257

corpus. A CF/1934 mudou a denominação do *Supremo Tribunal Federal* para *Corte Suprema*; admitiu nela a representação de inconstitucionalidade interventiva, para assegurar a observância, pelos Estados, das normas constitucionais federais sensíveis; "outorgou ao Senado, por não acolhermos o *stare decisis*, competência para atribuir eficácia *erga omnes* às decisões de inconstitucionalidade, suspendendo a vigência dos preceitos declarados inconstitucionais; e criou o mandado de segurança, para preencher a lacuna que a *doutrina brasileira do habeas corpus* pretendera suprir".[4]

A chamada *doutrina brasileira do "habeas corpus"* encontrara em Rui Barbosa um dos seus maiores defensores,[5] o qual chegou ao ponto de impetrar essa medida no STF, em 1912, para libertar o Estado da Bahia, cuja capital acabava de ser bombardeada por tropas do Governo Federal.[6] Na ocasião, Nelson Hungria, então Ministro do Supremo Tribunal, objetou que de nada adiantaria conceder uma ordem a qual o Governo não acataria.[7]

---

4. Idem, ibidem.
5. Ao lado do advogado Rui Barbosa, estava o Juiz Pedro Lessa.
6. O Presidente da República Hermes da Fonseca (1910-1914) determinara o bombardeio de Salvador, como represália pelo apoio do Governo baiano à oligarquia paulista. As intervenções federais deste período ocorreram nos Estados da Bahia, Pernambuco, Alagoas e Ceará. Rui Barbosa disputara a eleição presidencial, mas perdera para Hermes da Fonseca.
O Governo de Hermes foi sustentado politicamente pelo prestígio do gaúcho Pinheiro Machado, líder no Senado, considerado como o "supremo coronel" de todos os "coronéis" políticos do País (A. Souto Maior, *História do Brasil*, p. 329).
7. A História registra, vez por outra, o descumprimento de ordens do STF. Em abril de 1903, um juiz federal descumpriu decisão desta Corte, no caso do Mosteiro de São Bento do Rio de Janeiro. A ordem daquele foi contrária à do STF e acabou prevalecendo sobre a deste, a contragosto. Na verdade, o episódio foi tão conturbado e cheio de entreveros que o STF decidiu, a partir dali, não se meter nos assuntos da Igreja (Lêda Boechat Rodrigues, *História do Supremo...*, t. II, cit., pp. 53-68).
Em outra oportunidade, o Presidente Artur Bernardes descumpriu decisão do STF, proferida em *habeas corpus* em favor de Raul Fernandes para que este tomasse posse no Governo do Estado do Rio de Janeiro (1922). O Presidente burlou a execução do julgado ao determinar intervenção federal naquela unidade federativa (Seabra Fagundes, "As Funções Políticas...", cit., p. 34).
Cf., mais adiante, o caso do Senador Humberto Lucena, no qual o Congresso Nacional editou a Lei 8.985/1995, anistiando-o em face da decisão do STF, que condenara o referido Senador, declarando-o inelegível.
Por não serem privilégios do Brasil tais eventos, menciona-se que, em Portugal, também decisões do Tribunal Constitucional, prolatadas em sede de controle abstrato de

258 O SUPREMO TRIBUNAL FEDERAL NA CRISE INSTITUCIONAL BRASILEIRA

Rebatendo-o, Rui Barbosa afirmou não poder o Tribunal fundar suas decisões na plausibilidade de serem elas rejeitadas ou não, de poderem trazer ou não efeitos materiais. Tal consideração seria estranha à autoridade da justiça, "cuja missão jurídica é aplicar a lei, sejam quais forem as conseqüências, seja qual for o resultado das suas decisões". No plenário, salientou não poderem os Ministros discutir se o *habeas corpus* que houvessem de conceder mereceria, amanhã, "acatamento ou não pelas forças militares, pelo seu comandante ou pelo governo ilegal que exerce neste momento a administração do Estado da Bahia". Aos Ministros incumbia apenas "abrir o livro da lei e indagar se está ou não dentro desta fórmula o caso do *habeas corpus* que neste momento vos impetro, a ordem, expedida pelo Supremo Tribunal, ao coator, para que faça cessar a coação".[8]

O rebate do grande advogado republicano, porém, não pareceu ter inspirado historicamente o Supremo Tribunal Federal, pois nos anos que se seguiram essa Corte claudicou no caminho vindicado por Rui Barbosa, preferindo aquiescer ao poder do Executivo, sem discutir a comoção nacional nem a real justiça de suas decisões. É o que se percebe das entrelinhas do discurso do Min. Moreira Alves, cujo trecho ora se traz à colação, literalmente transcrito, por fidelidade ao original:

"De outra parte, a promulgação das Constituições estaduais após a da Constituição Federal de 1946 deu margem à propositura de várias representações de inconstitucionalidade por violação dos princípios constitucionais federais sensíveis, sendo elevado o número de julgamentos de procedência. Causas que agitaram a opinião pública em virtude das turbulências políticas que se sucediam intermitentemente lhe chegam para apreciação. Assim, entre várias outras, o mandado de segurança e o *habeas corpus* impetrados em favor do Presidente Café Filho contra seu impedimento decretado pelo Congresso em decorrência dos acontecimentos políticos e militares de novembro de 1955. No julgamento do

atos normativos, foram desrespeitadas, em "situações de melindre político" (Guilherme da Fonseca, "O Papel da Jurisprudência Constitucional", in Jorge Miranda (Org.), *Perspectivas Constitucionais – Nos 20 Anos da Constituição de 1976*, vol. II, p. 1.049).

8. Rui Barbosa, *apud* Gilberto Caldas, *A Técnica do Direito – Defesa Criminal*, vol. 3, p. 126. Atualmente, o *habeas corpus* é assegurado pela Constituição Federal, no art. 5º, LXVIII: "conceder-se-á *habeas corpus* sempre que alguém sofrer ou se achar ameaçado de sofrer violência ou coação em sua liberdade de locomoção, por ilegalidade ou abuso de poder".

AFINAÇÃO DO STF COM A CONJUNTURA POLÍTICA

mandado de segurança, Nelson Hungria e Mário Guimarães enfrentam frontalmente o delicado problema da posição da Justiça em face de rebelião armada vitoriosa. A certa altura de seu voto, acentua o primeiro deles: 'Contra uma insurreição pelas armas, coroada de êxito, somente valerá uma contra-insurreição com maior força. E esta, positivamente, não pode ser feita pelo Supremo Tribunal Federal, posto que este não iria cometer a ingenuidade de, numa inócua declaração de princípios, expedir mandado para cessar a insurreição'. E o segundo, à indagação retórica sobre qual seria a atitude da Magistratura diante dos governos de fato, responde: 'De absoluto respeito. De acatamento às deliberações. A Magistratura, no Brasil ou alhures, não entra na apreciação da origem do Governo. Do contrário, teríamos o Poder Judiciário a ordenar a contra-revolução, o que jamais se viu em qualquer país do mundo'."[9]

Semelhantemente a Nelson Hungria, cuja opinião consta no discurso *supra*, defendeu Osvaldo Trigueiro do Vale a impossibilidade de o Judiciário rebelar-se contra as Instituições, por maiores que sejam as anomalias:

"Ele não pode suprimir o estado de sítio, nem o estado de guerra, nem os atos institucionais. Dizer-se que o Supremo Tribunal sempre esteve a favor das forças dominantes é menos um juízo crítico do que a constatação de uma contingência inelutável. Toda ordem jurídica reflete, necessariamente, as condições dominantes em determinado momento político e social. A missão dos Tribunais não é outra senão a de defender a ordem estabelecida, aplicando leis que não são feitas por eles. O Brasil é um país de direito escrito, somente alterável pelo legislador instituído ou pelo legislador revolucionário, e não pelos tribunais regulares. E isso não ocorre somente no Brasil. Antes da Emenda XIII, a Suprema Corte americana, evidentemente, não podia extinguir a escravidão. Do mesmo modo, a partir de 1917, nenhum tribunal russo pôde reconhecer o direito à propriedade imobiliária. Nunca é demais repetir que os Tribunais não julgam a lei, julgam segundo a lei."[10]

Osvaldo Trigueiro, ao justificar a afinação do STF com a ordem jurídica do dia, acabou esvaziando o sentido social da Corte, porque esta se prestaria a defender qualquer regime, acriticamente. Seu conteú-

---

9. Moreira Alves, "Centenário do Supremo...", cit., p. 902.
10. Osvaldo Trigueiro do Vale, "O Supremo Tribunal Federal no Império e na República", *Arquivos do Ministério da Justiça* 157/54-55.

260   O SUPREMO TRIBUNAL FEDERAL NA CRISE INSTITUCIONAL BRASILEIRA

do restaria esvaziado, desprovido do menor senso de justiça; e o valor contido em suas decisões não seria outro senão aquele afirmado pela literalidade da lei. Seus Ministros não passariam de autômatos, meros executores de leis, por mais absurdas que fossem, ou, pior, dariam à norma o sentido atualizador da vontade do regime do dia. E o Estado de Justiça sucumbiria ao Estado circunstancial, sem olhar para o valor escolhido e defendido pelo novo sistema. Assim, os órgãos judicantes seriam meros executores de uma política imposta por detentores do poder; simples chanceladores de regimes e governos; avalizadores de atos político-econômicos os mais diversos; órgãos descompromissados com a sociedade, seus valores e a dignidade humana. A noção do justo e do errado passaria à margem das discussões judiciais... Melhor seria não ter juízes.

Pelo visto, a posição tomada pelo STF nas turbulências políticas tem sido, predominantemente, de "aquiescência" às deliberações governamentais. E arrasta consigo a magistratura, que lhe tem seguido as orientações *políticas*, até em respeito à hierarquia decisória. Agora, com o instituto da Súmula Vinculante, o quadro se agrava, em tolhimento à independência da magistratura.

É por esta adaptabilidade, ou *mimetismo institucional*, que se explica o fato de, nas *revoluções*, os tribunais continuarem de pé, com seus integrantes e juízes em geral intocados, enclausurados nos gabinetes, alheios à comoção popular que agita as ruas ao lado dos fóruns. Fecham-se casas legislativas; perseguem-se líderes políticos e estudantis; invadem-se as sedes dos Executivos federal, estaduais e municipais; desterram-se intelectuais; aprisionam-se autoridades; matam-se inocentes; destroem-se prédios... Mas o Judiciário, porque não compactua com nada (dizendo-se *neutro*), sobrevive a tudo, autodenominando-se de *pilastra da democracia*.

Bem poucas vezes na história do Brasil o Judiciário mostrou-se altaneiro nos movimentos revolucionários e perante a corrente vencedora. Ressalvadas as heróicas atitudes de alguns magistrados, em regra isolados e relegados em suas idéias pelos próprios colegas, o Judiciário é lerdo no pensamento; só acorda quando o mundo já está em outra etapa; vive atrasado e chegando tarde às conquistas e às necessidades sociais. Reinaldo Lopes, após afirmar que se avalia a independência do Judiciário nas crises políticas, enuncia que, nas rupturas da ordem constitucional, o Judiciário se coloca fora da questão e legitima, omissiva ou ativamente, o novo sistema e julga segundo o *ordenamento* ditado pelo ato de força.[11]

Em termos de estudo geral e teórico das Revoluções, isto constitui flagrante erro das camadas que pretendem romper de fato com o sistema anterior, por deixarem aplicando a legislação as mesmas mentes que consagravam a ideologia de antes.[12] O resultado é o continuísmo da ideologia passada.

No Brasil, no entanto, como as "Revoluções"[13] praticamente não rompem, de fato, com o sistema de produção, com os mecanismos ideológicos, nem com os regimes e formas de governo,[14] a intocabilidade do Judiciário se justifica, quando não se torna imperiosa. Até mesmo porque o Judiciário brasileiro, por tradição,[15] não é dado a enfrentar regimes

---

11. José Reinaldo de Lima Lopes, "A Função Política do Poder Judiciário", in José Eduardo Faria (Org.), *Direito e Justiça – A Função Social do Judiciário*, p. 136.

12. Sobre conceito e comportamento dos movimentos revolucionários, inclusive golpes de Estado, vide Paulo Bonavides, *Ciência Política*, pp. 433-460.

A propósito de *revolução, rebelião, golpe de estado e violência*, vide: Norberto Bobbio e outros, *Dicionário de Política*, p. 1.121, sobretudo o verbete "Revolução". Sociologicamente, revolução é processo de mudanças rápidas e profundas da estrutura de uma sociedade e de seu sistema de poder, geralmente acompanhadas de muita violência; juridicamente, implica em "ruptura do sistema jurídico", "corte de vínculos entre o passado e o futuro". Golpe é quando, "por meios inconstitucionais, uma elite governante derruba e substitui outra no poder, sem reflexos profundos na estrutura da sociedade" (Ruy Ruschel, "O Poder Constituinte e a Revolução", *CDCCP*, 2/110-111).

13. Fernando Henrique Cardoso qualifica o movimento de 64 de "golpe com conseqüências revolucionárias no plano econômico" (*O Modelo Político Brasileiro e outros Ensaios*, p. 53). O que se chama de revolução, no Brasil, a rigor não é revolução.

14. As *Revoluções* do Brasil nos lembram a fábula de George Orwell, *A Revolução dos Bichos*, na qual se conta a revolta dos bichos da Granja do Solar para se libertarem de seu debochado dono e, empós, o sucessivo processo de dominação pelos novéis líderes (os porcos). Em nome da liberdade conquistada, os porcos oprimiram os demais animais, aumentando a sua exploração. Ao final, os dominadores adotaram as mesmas atitudes dos antecessores, a ponto de praticamente se transformarem neles até na aparência física. E a relação de dominação continuou a mesma d'antes, senão pior, tamanho era o sofrimento impingido aos dominados. Desta forma, a Revolução de nada adiantou, eis que nada mudou na Granja onde se desenvolveram os fatos narrados na fábula (*A Revolução dos Bichos, passim*. A obra foi transformada em filme, em 1999, sob a direção de John Stephenson, com o mesmo título português e, no inglês, *Animal Farm*). O livro é uma magnífica análise das Revoluções em geral e das relações de dominação, sobretudo no pertinente ao papel da ideologia e da manipulação de dados para o sistema.

15. Entenda-se por *tradição*, no contexto, a transmissão de valores e hábitos às gerações. Do latim *traditio* (= ação de entregar), o vocábulo *tradição* tem a mesma

262 O SUPREMO TRIBUNAL FEDERAL NA CRISE INSTITUCIONAL BRASILEIRA

de força, acomodando-se à nova situação de domínio. Mais do que se *acomodar*, o Judiciário, como instrumento a serviço do poder, passa a defendê-lo, sem discutir o acerto da opção política nem fazer juízo crítico sobre a legitimidade da nova ordem ou da legislação que aplica.

Em análise percuciente, Boaventura de Sousa Santos, em obra conjunta com outros autores renomados, sustenta servir a independência dos tribunais aos desígnios políticos da ditadura, desde que seja assegurada a sua neutralização política. E, citando Thoria, menciona o exemplo espanhol, em que o *franquismo* não teve nenhum problema com o Judiciário. A fim de assegurar a completa neutralização política, retirou dos tribunais comuns a jurisdição sobre os crimes políticos, criando para o efeito um tribunal especial com juízes politicamente leais ao regime. Outro exemplo, na mesma linha, é o de Portugal, durante o regime *salazarista*. Com similar objetivo, foram retiradas dos tribunais comuns duas áreas de litigação que podiam ser fonte de controvérsias: as questões laborais, as quais foram atribuídas aos tribunais de trabalho tutelados pelo Ministério das Corporações, e os crimes políticos, para os quais se criou o Tribunal Plenário, cujos juízes eram nomeados por sua lealdade ao regime.[16] Referindo-se às lições de Neal Tate, outros casos são trazidos à ilustração, comprovando que, neles, os líderes políticos mantiveram intocada a independência dos tribunais, depois de se assegurarem do controle das áreas *sensíveis*: a declaração do estado de sítio por Marcos, nas Filipinas (1972); o acionamento de poderes de emergência por Indira Gandhi, na Índia (1975); e o golpe militar do General Zia Ul Haq, no Paquistão (1977).[17]

Esta pretensa *independência*, no entanto, sabe-se, é fictícia, porquanto os tribunais permanecem ligados ao regime, compromissados com a nova ordem, acriticamente, incumbidos de discutir questões que não o afetem nem possam comprometê-lo. A competência é minimizada, à vista da criação de novos órgãos, cujos integrantes são escolhidos pela sua lealdade ao regime recém-implantado ou em implantação.

---

origem etimológica de *traição*, mas o uso corrente os diferencia claramente. Vide, a propósito da origem de ambos os termos, a *Pequena Enciclopédia de Moral e Civismo*, de Fernando Bastos de Ávila (verbetes "tradição" e "traição").

16. Boaventura de Sousa Santos *et alii, Os Tribunais nas Sociedades Contemporâneas – O Caso Português*, p. 36.

17. Idem, ibidem.

AFINAÇÃO DO STF COM A CONJUNTURA POLÍTICA   263

Boaventura de Sousa Santos explica que a independência dos tribunais na matriz liberal é compatível com regimes não democráticos. O controle político tende a ser exercido pela exclusão dos tribunais das áreas litigiosas que possam ameaçar a sobrevivência do sistema e por formas de intimidação difusa motivadoras de sistemas de autocensura. O objetivo é reduzir a independência e a imparcialidade do juiz "perante as partes em litígio e garantir a lealdade passiva dos magistrados ao regime". Esta estratégia garante ao judiciário uma sobrevivência relativamente bacenta, mas, ao mesmo tempo, sem precisar se salientar em manifestações de lealdade, "sendo esta uma das razões pelas quais, quando os regimes autoritários caem, a esmagadora maioria dos magistrados é confirmada pelo novo regime e continua em suas funções".

No sustento de sua opinião, informa que, desde a década de 70, assiste-se ao declínio dos regimes autoritários e aos conseqüentes processos de transição democrática, alguns em fase de consolidação: "Em meados da década de setenta, foram os países da periferia européia; na década de oitenta, os países latino-americanos; em finais da década de oitenta, os países do Leste Europeu; e, em princípios da década de noventa, alguns países africanos".[18]

Reinaldo Lopes, tratando do Judiciário brasileiro, comenta que o sistema de carreira subordinada a uma cúpula escolhida pelo Executivo isolou das lutas políticas o Judiciário, "mas serviu também, com o tempo, para isolá-lo da sociedade como um todo, da sociedade cada vez mais conflitiva e complexa e ativa em que estamos, e é em parte a causa de uma certa crise de legitimidade que o atinge hoje em dia".[19] Após afirmar ser nas crises políticas que se avalia a independência do Judiciário, o Autor leciona ser procedimento do Judiciário, nas rupturas da ordem constitucional, o de colocar-se fora da questão, legitimando, por sua omissão ou às vezes de maneira ativa, a ruptura, passando a julgar de acordo com o novo *ordenamento* ditado pelo ato de força; e, assim,

18. Idem, ibidem, p. 37.
19. Reinaldo Lopes, "A Função Política do Poder Judiciário", cit., p. 131. A tibiez da magistratura brasileira de hoje – exceções à parte – e a conseqüente crise de legitimidade lembra, por antagonismo, a história bíblica narrada no *Livro dos Juízes*, do profeta Samuel, segundo a qual, para defender Israel da perdição, Deus chamou alguns heróis (os *juízes*) para libertarem todo o seu povo ou parte dele da opressão inimiga e para o levarem à observância da lei.

264 O SUPREMO TRIBUNAL FEDERAL NA CRISE INSTITUCIONAL BRASILEIRA

confere-lhe a legitimidade. Em seguida, o Autor constata terem sido bastante freqüentes, na América Latina, o fechamento dos parlamentos, conquanto muito infreqüente o fechamento dos tribunais, por ser desnecessário, na maioria dos casos. "A autonomia, a sujeição à lei, são transformadas em alheamento das disputas políticas que desejam uma expressão jurídica".[20]

As decisões do Judiciário, mesmo nos abalos políticos, não são tão ineficazes como agouraram Nelson Hungria e Mário Guimarães. Elas têm força moral e permanecerão válidas juridicamente para que, um dia, possam ser cumpridas, quando restabelecido o Estado de Direito. Este retornará depois da tirania, como o sol renasce após a escuridão da noite – pois sociedade nenhuma sobrevive por muito tempo sob o pálio da lâmina; o mundo só sobrevive pelo revezamento e sucessão das estações.[21] As discussões sobre a eficácia dessas decisões saltam do âmbito técnico-jurídico e se alojam no campo fático de um momento histórico que, cedo ou tarde, comporá mais um pretérito. A justiça do caso concreto não pode ceder às mazelas e percalços do excepcional. E os juízes não têm o poder nem o direito de sonegar a justiça ao cidadão em nome de uma circunstância anômala, irascível, inóspita, cruel e, antipodamente, injusta. Miguel Seabra já disse que as decisões do STF têm enorme peso moral, sim.[22]

É nos momentos difíceis que o jurisdicionado mais carece de seus juízes, os quais precisam estar vigilantes para acorrerem prontamente a todos quantos toquem o *sino da justiça*, em qualquer época.[23] A covardia não pode, nunca, alojar-se no coração do magistrado.[24]

---

20. Idem, ibidem, p. 136.

21. Veja-se que somente nos anos de 1990 foram indenizadas famílias de líderes estudantis e revolucionários mortos pelos militares nas décadas de 1960-70. Vide Lei 9.140/1995 (indenização pelo Estado às famílias dos desaparecidos políticos).

22. Miguel Seabra Fagundes, "As Funções Políticas do Supremo...", *ArqMJ* 157/30.

23. Conta uma fábula de James Baldwin que o Rei de Atri, cidadela da Itália, comprara um sino grande e bonito e o mandou pendurar na torre do mercado: era o *sino da justiça*. Apesar da sua altura, a corda que dele pendia ia até ao chão, de modo que até uma criança poderia puxá-la. Na inauguração, o Rei entregou o sino ao povo, esclarecendo-lhe que somente deveria tocá-lo nos casos de real necessidade, quando alguma injustiça fosse praticada. Então, os juízes se reuniriam imediatamente, ouviriam o caso e fariam a justiça. Rico ou pobre, velho ou novo, todos tinham igual direito de usá-lo. Depois disso, tocou-se o sino muitas vezes e realizou-se justiça, até

AFINAÇÃO DO STF COM A CONJUNTURA POLÍTICA 265

Calada pelas ruas ou reclusa em suas casas, a população está atenta às grandes decisões do Judiciário, sobretudo quando discute atos políticos, envolvendo um governo impopular e sua (i)legitimidade. A posição justamente tomada por um Supremo Tribunal revigora no povo a confiança nas Instituições e patenteia, em maior ou menor escala, o julgamento do regime vigente. E isto é importante para a formação da opinião pública.[25]

mesmo para os animais, como foi o caso de um velho cavalo abandonado pelo dono após ter-lhe servido a vida inteira: os juízes obrigaram o dono a dar-lhe guarida e ração pelo resto de seus dias.

Lamentavelmente, no entanto, com o tempo a corda foi se desgastando, prejudicando as pontas apodrecidas e ficando acessível apenas aos mais altos. As crianças já não a alcançavam, e só bem poucos podiam acionar o sino da justiça...

Vide estas e outras fábulas, com inserção sociológica, filosófica e jurídica, em Francisco Gérson Marques de Lima, *A Justiça – Nas Lendas, nas Fábulas e na História Universal, passim.*

24. Notável foi o corajoso trabalho dos juízes italianos na "Operação Mãos Limpas", nos anos 1980-90, desafiando o famigerado poder da Máfia, cujos tentáculos infestavam o Estado e arregimentavam as mais diversas autoridades. Magistrados foram sacrificados, mas o sucesso restou obtido. Hoje, a magistratura italiana é considerada *modelar*, sendo respeitada no mundo inteiro.

Contrariamente, lamentável foi, em abril de 2000, a recusa de grande número de juízes paraenses em julgar os policiais envolvidos no chamado "Massacre dos Carajás".

25. No diálogo entre Antígona e Creonte, aquela brada ao tirânico rei de Tebas: "O povo fala. Por mais que os tiranos apreciem um povo mudo, o povo fala. Aos sussurros, a medo, na semi-escuridão, mas fala" (Sófocles, *Antígona*, p. 25).

O Judiciário e, enfim, as Instituições ligadas à Justiça não estão infensas a críticas. Mesmo quando os órgãos fiscalizadores falham no cumprimento de seu dever, e o medo de represálias roube a voz das pessoas, impedindo-as de falar em público, o povo murmura pelas esquinas, cochicham denúncias, comentam atos e fatos ilegítimos, ilegais.

No Ceará, p. ex., no início de 1999, circularam *cartas anônimas* denunciando infrações as mais variadas praticadas por Ministro do STJ, desembargadores, juízes (inclusive Federais) e membros do Ministério Público estadual (prováveis esquemas no setor de distribuição de feitos, concursos forjados, cartórios negociados, corrupção, venda de decisões, nepotismo etc.). Uma delas *flutuou* na *internet*, enquanto outra tomou a forma de Representação Criminal perante o STF (Pet 1.688-2, distribuída para o Min. Nelson Jobim em 6.4.1999, arquivada posteriormente).

Sem discutir a veracidade ou não dos fatos ali narrados, as cartas se tornaram mais públicas após lançadas duas notas na imprensa de Fortaleza: a primeira, uma Nota de Repúdio do Tribunal de Justiça do Ceará; e, a segunda, uma Nota Oficial da Associação Cearense de Magistrados do Estado do Ceará, na qual constou: "Tão logo seja comprovada a autoria desses gestos anônimos criminosos, bem como dos que os

266 O SUPREMO TRIBUNAL FEDERAL NA CRISE INSTITUCIONAL BRASILEIRA

O magistrado não pode contar, sempre, com o cumprimento, rápido e espontâneo, de suas decisões. Incumbe a ele o zelo pela efetividade, devendo recorrer às Instituições encarregadas de fazê-la valer pela força. Na recusa, e esgotadas todas as instâncias (Ministério Público, Polícia, pedidos de intervenção etc.), cabe-lhe denunciar o fato perante a população, usando a imprensa, fazendo ecoar o verbo do descaso estatal, recorrendo ao apoio das massas, às bases de sua legitimação. Estes não são momentos para comodismos, para clausuras em gabinetes, para omissões. São momentos de luta, porque o direito do cidadão foi violentado, mesmo quando reconhecido pelo Estado-Juiz, o que torna múltipla violência: ao cidadão, ao Estado e à sociedade. No compromisso social, o juiz é responsável por suas sentenças e o seu ministério implica responsabilidade pela garantia do cidadão, o qual não quer apenas a *sentença*, mas, sobretudo, a *tutela efetiva*, a *entrega da prestação jurisdicional*.

Rui Barbosa defendia essa conscientização do Judiciário, Instituição essencial à Democracia e à defesa dos direitos dos cidadãos.[26]

Em certo discurso, Rui Barbosa expressou sua preocupação com a justiça, e fundamentou todas as instituições e poderes do mundo na inteligência, no direito e na religião, alicerces da civilização:

"A justiça coroa a ordem jurídica, a ordem jurídica assegura a responsabilidade, a responsabilidade constitui a base das instituições livres; e sem insti-

---

propagam, que são tão criminosos quanto aqueles, esta Associação adotará as medidas cabíveis, para inibir futuras investidas deste jaez contra os que integram a classe" (jornal *Diário do Nordeste*, 13.3.1999).

É possível terem as denúncias exagerado ao incluir no rol dos desonestos várias autoridades sabidamente probas, por sua histórica integridade. Mas, em um estudo sociológico, como o presente, cabe-nos ver nelas as primeiras manifestações modernas da população assacadas contra membros do Judiciário e Instituições afins, mesmo que, porventura, provenham de razões pessoais. De toda forma, isto sugere tais órgãos a refletirem sobre seu papel e buscarem uma postura mais consentânea no seu atuar.

À guisa de ilustração, noticia-se que um dos cidadãos que foram a público exigir uma postura do Tribunal de Justiça do Ceará para apurar as denúncias, respondeu a processo judicial, promovido por membros da Corte, exatamente por não ter silenciado: o Prof. Dr. José de Albuquerque Rocha, Autor de várias obras e trabalhos jurídicos, valendo citar, dentre seus livros, a *Teoria Geral do Processo* e o *Estudos sobre o Poder Judiciário*.

26. Rui Barbosa, "O Supremo Tribunal Federal na Constituição Brasileira", *Escritos e Discursos Seletos*, p. 555.

AFINAÇÃO DO STF COM A CONJUNTURA POLÍTICA   267

tuições livres não há paz, não há educação popular, não há honestidade administrativa, não há organização defensiva da Pátria contra o estrangeiro. De sorte que um regímen, onde a violência do poder ergueu a cerviz até a altura do Tribunal Supremo, para lhe açoitar o rosto com a negação da sua autoridade, é uma construção que, sem cumeeira, nem teto, vacila até aos alicerces, invadida pelos temporais e pelas enxurradas. Mas, ainda assim, a moral é tão superior à força e o direito ao crime, que essa justiça, desacatada, humilhada, ferida, oscilante no seu pedestal, continua a projetar a sua sobra sobre a situação, e dominá-la, como a cruz de uma divindade sepultada anunciando aos deicidas o castigo e a ressurreição."[27]

Longe está do intento desta obra, todavia, denegrir órgão que, em outras oportunidades, acolheu os reclamos populares contra atos que mortificavam os direitos do cidadão. Dentre elas citam-se a questão do IPMF, tendo o STF proibido sua cobrança em 1993;[28] e o pagamento integral dos vencimentos dos servidores postos em disponibilidade pelo Governo Collor.[29]

Importante decisão tomou o STF, também, em 1992, quanto ao reajuste dos aposentados, contestado mormente ante o art. 58, ADCT-CF, e o art. 7º, IV, CF, referente à proibição de vinculação do salário mínimo para qualquer fim. Inicialmente, chegou a claudicar,[30] mas,

---

27. Idem, "Discurso pela Posse do Lugar de Sócio do Instituto dos Advogados", *Escritos e Discursos Seletos*, pp. 546-547.
28. STF, Pleno, ADIMC 949-DF, Rel. Min. Sydney Sanches, *DJU* 12.11.1993, p. 24.023; STF, Pleno, ADIMC 939-DF, Rel. Min. Sydney Sanches, *DJU* 18.3.1994, p. 5.165.
29. Cf.: *a)* STF, Pleno, ADIMC 326-DF, Rel. Min. Sydney Sanches, v.u., *DJU* 14.9.1990, p. 9.423, *Ement.* 1.594/36; *b)* STF, Pleno, ADIMC 325-DF, Rel. Min. Sydney Sanches, j. 17.8.1990, v.u., *DJU* 14.9.1990, p. 9.423, *Ement.* 1.594/56; *c)* STF, Pleno, ADI 316-DF, Rel. Min. Ilmar Galvão, j. 31.10.1991, v.u., *DJU* 22.11.1990, p. 16.845, *Ement.* 1.643/13; *d)* STF, Pleno, ADIMC 309-DF, Rel. Min. Sydney Sanches, m.v., *DJU* 14.1.1992, p. 1.164, *Ement.* 1.649/5, *RTJ* 136/981; *e)* STF, Pleno, v. u., MS 21.126-DF, Rel. Min. Carlos Velloso, j. 8.11.1990, *DJU* 14.12.1990, p. 15.109, *Ement.* 1.606/48; *f)* STF, Pleno, MS 21.125-DF, Rel. Min. Carlos Velloso, j. 8.11.1990, *DJU* 14.12.1990, p. 15.109, *Ement.* 1606-01/40; *g)* STF, Pleno, ADI 313-DF, Rel. Min. Paulo Brossard, j. 21.8.1991, *DJU* 30.4.1992, p. 5.722, Ement. 1.659-03/514; *RTJ* 137-03/984.
30. Ex.: STF, Pleno, AgrSS-471-DF, m.v., 13.4.1992, Min. Sydney Sanches, *DJU* 4.6.1993, p. 11.011, *Ement.* 1706-01/1 (suspendeu pagamento aos aposentados).

268 O SUPREMO TRIBUNAL FEDERAL NA CRISE INSTITUCIONAL BRASILEIRA

depois, assegurou aos inativos o direito ao reajuste de 147,06%, pertinente a agosto de 1991.[31]

Louvável, depois, foi a postura do STF perante as Comissões Parlamentares de Inquérito (CPI) do Legislativo Federal, quando este, sob o pálio da investigação, submetia os acusados a tratamento desrespeitoso e degradante, expondo-os à execração pública e ofendendo primados basilares do devido processo legal, consagrados constitucionalmente. Assim foi que a Corte Judiciária: *a)* vedou a possibilidade de a CPI investigar e anular decisões judiciais, por ofender o primado da separação e independência dos Poderes;[32] *b)* definiu que a CPI, ao exercer a competência investigatória prevista no art. 58, § 3º da CF, está sujeita às mesmas limitações constitucionais que incidem sobre as autoridades judiciárias, devendo, dessa forma, fundamentar as suas decisões (CF, art. 93, IX);[33] *c)* garantiu a presença ativa do advogado do indiciado perante as CPIs, na defesa do seu constituinte;[34] e *d)* assegurou que, por traduzir direito público subjetivo afiançado a qualquer pessoa que deva prestar depoimento perante órgãos dos Poderes Legislativo, Executivo ou Judiciário, o privilégio contra a auto-incriminação é invocável perante as CPIs, de sorte a ser respeitado o direito ao silêncio, não podendo ser dispensado qualquer tratamento que implique restrição à esfera jurídica daquele que regularmente utilizou esta prerrogativa fundamental.[35]

Depois disso, é de se mencionar o papel destacado do STF nas *operações* da Polícia Federal, especialmente a Furacão e a Têmis (em

---

31. STF, Pleno, RE 147.684-DF, m.v., j. 26.6.1992, Min. Sepúlveda Pertence, *DJU* 2.4.1993, p. 05.623, *Ement.* 1.698-08/1.388. Vejam-se, também: ADIs 264, 311, 365, 450, 570, RP 754, *RTJ* 50/218, RPs 1.419, 1.425, *RTJ* 125/975, RPs 1.426, 1.429, *RTJ* 125/982, AgRAg-70.709, *RTJ* 84/119, RE 72.959, *RTJ* 60/294, RE 79.197, *RTJ* 74/813, RE 80.601, *RTJ* 75/909, RE 92.264, *RTJ* 94/462, RE 101.757, *RTJ* 122/648, RE 121.125, *RTJ* 132/1.332, AgRAg-125.934, *RTJ* 132/455, RE 129.392.

32. STF, Pleno, HC 79.411-DF, Rel. Min. Octávio Gallotti, 15.9.1999, *Informativo-STF* 172, de 22-26.11.1999.

33. STF, Pleno, MS 23.452-RJ, Rel. Min. Celso de Mello, 16.9.1999, *Informativo*-STF 162, de 13-17.9.1999. O aresto mencionou Precedente da Corte: MS 23.454-DF, j. 19.8.1999, *Informativo-STF* 158.

34. STF, MS 23.576-DF (Medida Liminar), Rel. Min. Celso de Mello, *Informativo-STF* 174, de 6-10.12.1999.

35. STF, Pleno, HC 79.812-8-SP (Medida Liminar), Rel. Min. Celso de Mello, *Informativo-STF* 174, de 6-10.12.1999.

AFINAÇÃO DO STF COM A CONJUNTURA POLÍTICA

abril de 2007), não contemporizando as investigações sobre magistrados acusados de envolvimento com o crime organizado.

Ficam registrados, assim, alguns momentos grandiosos, senão históricos, em que o STF pôs fim aos abusos do Poder Público. Outros poderiam ser citados,[36] mas, em face do objetivo deste trabalho e da sua natureza sucinta, ficam para pesquisas futuras e de terceiros, até mesmo porque tais casos encontram maiores divulgadores, inclusive virtuais.[37] Fica-se com a lacuna remanescente, por dever científico e compromisso social.

3. O compromisso da toga

Um indicador preocupante, já mencionado neste estudo, é o que se tem chamado de *compromisso da toga*, através do que o Ministro no-

---

36. Por exemplo: no MS 21.239-0-DF, impetrado pelo Procurador-Geral da República contra o Presidente da República, o STF anulou, em 5.6.1991 (*DJU* 23.4.1993), a nomeação do Procurador-Geral do Trabalho (Antônio Carlos Roboredo) pelo Chefe do Executivo, por entender que o ato feria a autonomia do Ministério Público, pois a nomeação do PGT competia ao PGR (*RTDP* 3/241-288, 1993).

Cf., ainda, no tópico próprio, o caso da reedição de medidas provisórias, ao tempo em que Fernando Collor de Mello ocupava a Presidência da República.

Também digno de menção foi o amparo do STF ao reajuste dos 28% dos servidores públicos civis federais. Este percentual houvera sido concedido somente aos servidores militares no Governo do ex-Presidente Itamar Franco (em jan./93), o que levou os servidores civis a ingressarem com várias ações, inclusive no STF, postulando a extensão do reajuste, em nome da igualdade de tratamento.

37. O *site* do STF, na *internet*, contém uma página sobre "Julgamentos Históricos da Corte", constando, em sua abertura, o seguinte trecho do Min. Luiz Gallotti: "(...) a Corte Suprema soube sempre cumprir a sua alta missão constitucional, impávida e serenamente, mesmo nas horas mais difíceis e de maior perigo, usando, na falta de outra, de sua imensa força moral, e jamais desertando ao seu nobre dever de guarda impertérrito da Constituição e das leis". A primeira decisão coletada ali é intitulada "Estado de Sítio. Presos Políticos de 1892 – HC 300"; tratava-se de um *habeas corpus* impetrado por Rui Barbosa em favor do Senador Almirante Eduardo Wandenkolk e outros cidadãos, indiciados por crimes de sedição e conspiração, presos ou desterrados em virtude de decretos expedidos pelo Vice-Presidente da República, Marechal Floriano Peixoto, na função de Presidente. Estava-se no estado de sítio. Mas o STF denegou a ordem, em 27.4.1892.

Enaltecendo o trabalho desenvolvido pelo STF nos anos 1964-1975: Osvaldo Trigueiro do Vale, *O Supremo Tribunal Federal e a Instabilidade Político-Institucional, passim.*

270 O SUPREMO TRIBUNAL FEDERAL NA CRISE INSTITUCIONAL BRASILEIRA

meado assumiria compromissos com o Presidente da República, que o nomeara para o cargo, e com outros responsáveis pela sua nomeação. A figura do fiel escudeiro do Governo na Corte é humanamente de se esperar, considerando a forma de escolha (indicação e nomeação) dos Ministros do STF. Em primeiro lugar, a indicação se dá mediante uma afinidade ideológica, senão de amizade entre pessoas que integram o Poder; em segundo, é natural que a autoridade nomeada ostente uma certa gratidão por quantos contribuíram para a sua nomeação. Este vínculo sentimental, afetivo, ínsito ao ser humano, é, já, esperado, pois a gratidão é uma virtude dos homens de bem. O homem ingrato é pernicioso, traiçoeiro, deve ser afastado das pessoas que contribuem para as suas conquistas; não é confiável.

Porém, se estas posturas de gratidão são explicadas sob o ponto de vista do ser humano, do homem comum, das virtudes, não parece que possam ser invocadas para justificar a quebra de qualquer forma de parcialidade do homem público, do homem de Estado, máxime do integrante de uma Corte judiciária, cujo requisito basilar é justamente o da autonomia e independência funcionais. Sob o ponto de vista institucional, estatal, é preciso compreender a finalidade do cargo, a função que se vai exercer. Não se pode negociar nem transigir com as prerrogativas e atribuições públicas. Muitas coisas que se toleram no plano pessoal não podem ser admitidas no campo público.

Dentro destas duas premissas, de certa forma antagônicas, sobrevém toda uma discussão e apreensão a propósito do comportamento dos integrantes das Cortes de Justiça do Brasil. Menciona-se, aqui, o STF, por ser este o objeto de estudo da presente investigação; mas, *mutatis mutandis*, o fenômeno ocorre com outros Tribunais, em especial os Superiores, onde a discricionariedade na escolha de nomes grassa perante os Poderes Executivo e Legislativo, sem observância de critérios técnicos objetivos, deixando prevalecer a *conveniência* da opção. Mas, nos tribunais locais, Regionais e Superiores, pelo menos é escolhida pelas categorias lista composta de representantes da magistratura de carreira, do Ministério Público e da Advocacia.

Todavia, a pergunta que não quer calar é: haverá, efetivamente, um *compromisso da toga?*

Ninguém melhor do que o próprio STF para abalizar a resposta.

O periódico *Valor Econômico*, de 27.5.2005, publicou uma polêmica matéria, envolvendo os Ministros veteranos do STF e os novatos (recém-nomeados pelo Presidente Lula). Os Ministros veteranos se queixavam, à época, de que os novatos estavam "trancando" a pauta de julgamento, pedindo vistas desnecessárias de processos de interesse do Governo Federal, capitaneado pelo Presidente Lula.[38] Indignados, os Ministros veteranos anteciparam seus votos em matérias polêmicas, procurando agilizar julgamentos, e apelaram para os novatos não obstruírem a celeridade processual. A matéria, por sua importância, apesar da sua extensão, encontra-se reproduzida a seguir, para que o leitor melhor se inteire sobre este fenômeno e tire suas próprias conclusões:

"Notícia: Ministros STF.

"Novatos e Decanos acirram cizânia no STF

"Por Juliano Basile e Thiago Vitale Jayme

"Valor Econômico (27.5.2005)

"Judiciário: Ministros antecipam seus Votos para não se submeterem aos Pedidos de Vista dos indicados de Lula

"O Supremo Tribunal Federal (STF) vive uma situação de desconforto com a forma de atuação de ministros indicados pelo presidente Luiz Inácio Lula da Silva em processos envolvendo interesses políticos e econômicos do governo. Os quatro nomes definidos pelo presidente Lula para o tribunal – Cezar Peluso, Carlos Britto, Joaquim Barbosa e Eros Grau – têm chamado a atenção por sucessivos pedidos de vista em julgamentos cruciais para o governo.

"Nas últimas semanas, os ministros mais experientes, os chamados decanos da Corte, têm demonstrado publicamente a sua insatisfação pedindo para antecipar os seus votos quando há vistas dos 'mais novos' em questões de interesse do Palácio do Planalto.

"Esse desconforto ficou claro na semana passada quando o governo sofreu uma reviravolta na votação do STF sobre a elevação da Cofins – em uma ação que representa, no mínimo, R$ 18 bilhões para os cofres públicos. Cinco ministros votaram contra o aumento na contribuição e o governo ficou por

---

38. Matéria: "Novatos e Decanos acirram Cizânia no STF – Judiciário: Ministros antecipam seus Votos para não se submeterem aos Pedidos de Vista dos indicados de Lula", de autoria de Juliano Basile e Thiago Vitale Jayme (*Valor Econômico*, de 27.5.2005).

272 O SUPREMO TRIBUNAL FEDERAL NA CRISE INSTITUCIONAL BRASILEIRA

apenas um voto de ser derrotado, o que só não ocorreu porque houve pedido de vista de um indicado por Lula, o ministro Eros Grau.

"Após tomarem conhecimento do pedido de vista de Grau, os ministros Sepúlveda Pertence, Marco Aurélio Mello, Celso de Mello e Carlos Velloso quiseram antecipar seus votos, pois já se consideravam preparados para votar. Essa prática contraria a liturgia do tribunal. Normalmente, os ministros do Supremo costumam aguardar o processo voltar do colega que pediu vista para se manifestarem somente depois disso. Trata-se de um procedimento de respeito ao colega e de reconhecimento de que ele poderá trazer argumentos novos ao plenário e influenciar a todos na formulação da decisão final. Mas, nas últimas semanas, tem ocorrido justamente o contrário.

"No julgamento da Cofins, Marco Aurélio deu uma indireta aos colegas após o pedido de vista de Grau. 'Vamos concluir esse julgamento hoje. Chega de angústia!', reiterou o ministro. Ele e os outros três decanos do STF (Pertence, Mello e Velloso) adiantaram o voto a despeito do pedido de vista de Grau. Todos foram contrários à elevação da Cofins, em prejuízo ao governo.

"No julgamento sobre a abertura da CPI dos Bingos, em 4 de maio passado, o 'atropelo' ao pedido de vista de ministros 'mais novos' ficou evidente. Celso de Mello fez um amplo voto (de mais de três horas de leitura) a favor do direito da minoria no Congresso Nacional de propor investigações. Mello defendeu a instalação da CPI. Eros Grau pediu vista imediatamente depois. Marco Aurélio resolveu, então, antecipar o seu voto. Pertence e Carlos Britto fizeram o mesmo. Os três acompanharam Celso de Mello: foram a favor da abertura da CPI dos Bingos – um tema delicado para o governo pois a investigação foi proposta após as denúncias de ligações suspeitas entre Waldomiro Diniz, então assessor do ministro-chefe da Casa Civil, José Dirceu, e empresários do jogo do bicho.

"Um quarto ministro, Gilmar Mendes, também pediu a antecipação de seu voto no caso da CPI dos Bingos. Foi impedido pelo presidente da Corte, Nelson Jobim: 'Ministro! Ministro! Vamos aguardar!', disse Jobim, em voz baixa, como num apelo à moderação e paciência. O processo ainda não voltou e, portanto, o governo ainda tem chances de evitar a derrota.

"'Não havia necessidade de pedido de vista. O caso já havia sido muito debatido e todos conheciam o inteiro teor do processo', ressaltou um ministro da Corte ao *Valor*.

"Esse episódio inusitado ocorreu duas semanas depois de uma flagrante derrota do governo no STF. Em 20 de abril passado, os ministros julgaram a

AFINAÇÃO DO STF COM A CONJUNTURA POLÍTICA   273

intervenção federal nos hospitais administrados pela Prefeitura do Rio de Janeiro. A ação tinha forte cunho político.

"A intervenção nos hospitais do Rio foi decretada logo após o PFL anunciar a candidatura do prefeito carioca, Cesar Maia, à Presidência, no início desse ano. Na época, o ministro da Saúde, o petista Humberto Costa, estava fragilizado, com a cabeça a prêmio no processo de reforma ministerial.

"Depois do lance espetacular da intervenção, o ministro ficou no cargo. O relator da ação, movida pela prefeitura do Rio, ministro Joaquim Barbosa, propôs uma solução de consenso. Ele sustentou que o decreto do presidente Lula não configurava intervenção no Rio, mas sim, um ato de natureza administrativa. A solução seria no sentido de o STF indicar modificações para o governo fazer no decreto. Se fosse aceita, a proposta de Barbosa evitaria a derrota total do governo no processo. Mas não foi.

"O decano da Corte, Sepúlveda Pertence, fez uma advertência sobre a inconveniência da proposta de Joaquim Barbosa e ressaltou que a Constituição não permite intervenção federal nos municípios. Os demais ministros também fizeram duras críticas ao decreto. Após ver a consistência da posição dos colegas, Joaquim recuou e resolveu acompanhá-los. O governo acabou sendo derrotado por unanimidade no STF.

"A influência desta estratégia dos ministros indicados por Lula foi visível na votação das regras do modelo do setor elétrico. O caso ainda está em tramitação e o governo conta com cinco votos favoráveis e apenas dois contrários. Os votos favoráveis foram proferidos pelos quatro ministros indicados por Lula, além de Jobim. Os votos contrários são dos ministros Gilmar Mendes e Sepúlveda Pertence. Eles concluíram que o governo não poderia ter fixado as normas do setor elétrico por medida provisória.

"O julgamento do modelo do setor elétrico foi paralisado duas vezes. O primeiro pedido de vista foi de Joaquim Barbosa, em fevereiro de 2004. Quando Joaquim levou o seu voto, foi a vez de Eros Grau pedir vista, em agosto daquele ano. Com essas duas vistas, o governo ganhou um fôlego de mais de um ano na implementação do modelo, criando o fato consumado, inclusive com a transformação da MP em lei, no Congresso. Apenas em março passado o processo foi retomado. Mas, logo, interrompido novamente, dessa vez pela ministra Ellen Gracie, indicada para o STF por Fernando Henrique Cardoso.

"Outra ação importante na área tributária, suspensa por pedido de vista, é a que trata de créditos de IPI na compra de matérias-primas tributadas sob alíquota zero ou não tributadas. Cezar Peluso interrompeu o julgamento em de-

274 O SUPREMO TRIBUNAL FEDERAL NA CRISE INSTITUCIONAL BRASILEIRA

zembro do ano passado. Ele chegou a se manifestar a favor do reconhecimento do crédito às empresas, mas recuou e pediu para rever a questão. O governo conta com seis votos favoráveis – o mínimo necessário para ganhar a causa – mas existe a possibilidade de mudança no resultado pois os ministros que já votaram podem a rigor alterar os seus votos até a conclusão do julgamento.

"A impressão de que todos os ministros indicados por um governo costumam sempre apoiá-lo nos julgamentos é falsa. Isto não acontece sempre. Nelson Jobim costuma questionar a politização das discussões no STF que levam, segundo ele, a mídia a resumir as decisões da Corte como 'contrárias' ou 'favoráveis' ao governo. Para o presidente da Corte, este tipo de análise leva à 'politização do Judiciário' e acaba, por tabela, a tirar muitas discussões jurídicas de seu campo técnico.

"Indicado por Lula, o ministro Carlos Britto, por exemplo, tem se notabilizado por contrariar o governo em alguns processos importantes. No ano passado, Britto concedeu uma liminar ao governo do Paraná para suspender leilão da Agência Nacional do Petróleo (ANP). A decisão contrariou o governo federal, pois ameaçou investimentos da Petrobras.

"O problema só foi resolvido com a intervenção de Jobim, que cassou a liminar de Britto. Depois, no julgamento do mérito da ação, Britto votou contra a Lei do Petróleo. Se o seu voto tivesse sido seguido pela maioria, os futuros leilões de gás e petróleo seriam amplamente prejudicados, pois as empresas que fossem disputá-los não teriam mais a certeza de que seriam proprietárias desses produtos.

"No julgamento da reforma da Previdência, Britto também votou contra o governo. Ele defendeu o direito adquirido dos servidores a receberem seus vencimentos pelos critérios anteriores à Emenda Constitucional n. 41, aprovada após duras negociações do governo no Congresso. Mas, acabou vencido. Prevaleceu tese contrária, favorável ao governo, defendida por Cezar Peluso, também nomeado por Lula, de que o direito adquirido não é intocável e todos os servidores devem colaborar solidariamente para a sobrevivência do sistema. O governo, porém, acabou vitorioso por sete votos a quatro. Entre os três votos que o governo teve de diferença no resultado final, estavam os de três ministros indicados por Lula. Foram os 'fiéis da balança'.

"A exceção, entretanto, não anula a constatação de que o tribunal vive, neste momento, uma nova realidade no seu sistema de votação e debate.

"Para especialista, Executivo manteve Influência na Corte

AFINAÇÃO DO STF COM A CONJUNTURA POLÍTICA 275

"As alterações de comportamento dentro do Supremo Tribunal Federal (STF) acompanham mudanças nas tradições ocorridas em todas as esferas do poder na Esplanada dos Ministérios, segundo a opinião do historiador e cientista político da Universidade de Brasília (UnB), Octaciano Nogueira. O professor afirma ser impossível analisar as modificações da mais alta corte do país sem vinculá-las às quebras de protocolo do Executivo e do Legislativo.

"'Precisamos observar a mudança das tradições nos três Poderes. O presidente Lula comemorou o aniversário de casamento vestido de caipira e se deixou fotografar. O Congresso também está mais conturbado. Se mudou no Legislativo e no Executivo, porque o Supremo ficaria de fora?', diz Nogueira. O historiador lembra também do tratamento dispensado agora aos ministros acusados de corrupção e faz comparação com governantes anteriores. 'A cultura cívica do país está diferente em relação a infrações de ordem ética. O poder está muito leniente'.

"A irritação dos ministros mais antigos da corte em relação aos novatos é diferente de outros momentos. 'Mudou muito a relação entre os ministros. Marco Aurélio Mello chegou a chamar o Joaquim Barbosa para resolver o assunto lá fora', analisa, ao lembrar discussão entre os dois no julgamento do aborto de crianças anencéfalas.

"Não só nas relações entre os novatos e os antigos o professor observa alterações. Ele lembrou da audiência entre os magistrados e o ex-ministro da Previdência, Amir Lando, quando do julgamento da taxação dos inativos. 'Há algum tempo, se um ministro de Estado tinha pendências judiciais a serem julgadas pelo STF, a corte nunca o teria recebido. Os paradigmas mudaram muito', diz. E completa: 'O MST pede audiência, o Jobim aceita. A bancada ruralista pede, e ele também aceita. Um ditado dizia que o juiz fala nos autos. Graças a isso, o STF conseguiu manter-se independente até durante o regime militar'.

"Em relação ao governo de Fernando Henrique Cardoso, quando a liturgia não estava ainda alterada, como agora, Nogueira vê semelhanças na influência exercida pelo Executivo. 'O Planalto exerce hoje, sobre os ministros que indicou, a mesma influência exercida por Fernando Henrique sobre Jobim, Gilmar Mendes e Ellen Gracie. Ele os cortejava muito', diz. A atuação do presidente do STF, ex-parlamentar, contribuiu para a alteração das liturgias. 'Jobim é um ministro fora dos padrões. Ele preside a eleição no TSE e depois dá um jantar para Lula'. *(TVJ)*

"*Ministros rejeitam partidarização de seus votos*

276 O SUPREMO TRIBUNAL FEDERAL NA CRISE INSTITUCIONAL BRASILEIRA

"Os ministros indicados pelo presidente Luiz Inácio Lula da Silva para o Supremo Tribunal Federal (STF) repudiam qualquer ligação entre os seus votos e o governo federal.

"'Estou cansado de votar contra o governo e isso não me incomoda', afirmou o ministro Joaquim Barbosa. 'Evidentemente, eu repudio isso', enfatizou Eros Grau.

"Já Carlos Britto não descarta um sentimento de agradecimento ao presidente Lula por tê-lo nomeado para o STF, mas descarta o favorecimento. 'Evidente que há uma vinculação. A gratidão pessoal existe, mas não posso permitir uma gratidão profissional', explicou Britto.

"Os ministros 'mais novos' negam qualquer favorecimento ao governo quando pedem vista de processos de interesse político e econômico, adiando a decisão final. Eles disseram que seguem critérios para pedir vista e só o fazem quando têm dúvidas sobre a melhor decisão para o caso ou para trazer pontos novos aos demais colegas da Corte. Mas admitem que a antecipação dos votos dos 'mais antigos', antes que voltem com o processo ao qual pediram vistas, tem provocado situações de desconforto no tribunal.

"Eros Grau e Carlos Britto reconhecem que esse procedimento é inusitado. 'De fato, esses adiantamentos de votos estão fora da liturgia do tribunal', disse Britto. 'Havia uma liturgia no tribunal e, agora, há um certo desconforto', afirmou Grau.

"O ministro disse ter achado estranho quando os colegas mais antigos do plenário resolveram antecipar os seus votos em cima de seu pedido de vista no processo envolvendo o aumento da Cofins. 'Confesso que achei estranhíssimo', disse Grau. 'Parece que estão achando que eu vou engavetar', completou.

"Grau explicou que foi surpreendido no caso da Cofins e, por isso, pediu vista. Ele não iria votar no caso pois havia voto do ministro Maurício Corrêa. Como Grau sucedeu Corrêa no STF, após a aposentadoria deste em maio de 2004, ele não poderia votar. Mas os ministros do Supremo resolveram analisar outras ações sobre a Cofins em que Corrêa não votou. Nessas, Grau podia votar, mas foi pego desprevenido.

"Joaquim Barbosa minimizou o desconforto dos integrantes 'mais novos' com os 'mais antigos'. Segundo ele, em alguns processos, no ano passado, houve antecipação de votos devido à proximidade da data de aposentadoria de alguns ministros. Por outro lado, Barbosa admitiu que a posição dos 'mais novos' de votar primeiro é incômoda. 'É natural que os mais novos peçam mais vista', completou Britto. 'Os ministros não conhecem tão bem a jurisprudência, não participaram dos *leading cases*', justificou ele.

AFINAÇÃO DO STF COM A CONJUNTURA POLÍTICA 277

"Barbosa elogiou a atitude de Sepúlveda Pertence, que resolveu antecipar o voto no julgamento da intervenção do governo federal no Rio, relatado por ele. 'Como decano, ele cumpre esse papel de clarificação do julgamento', disse Barbosa.

"Britto considerou natural a pouca paciência dos 'mais antigos' com os 'mais novos' em algumas discussões. 'É possível que isso esteja ocorrendo. Pode sim haver uma condescendência menor', afirmou. *(JB e TVJ)*."[39]

A cizânia entre os membros do próprio STF leva a uma reflexão a respeito da sua forma de ingresso no cargo e o compromisso da toga, que o sistema acaba gerando. Nesta mesma linha de raciocínio, o Ministro Nelson Jobim chegou a ser chamado de *líder do Governo no STF*, em alusão à defesa que fazia da política implantada pelo então Presidente da República, Fernando Henrique Cardoso, que o nomeara para o cargo.[40]

Confrontos ideológicos podem se manifestar nas Cortes, o que naturalmente se espera, considerando o modo pessoal de conceber os fenômenos jurídicos. Destarte, é perfeitamente de se esperar que os integrantes mais recentes, alentados por uma perspectiva diferente do Direito, encontrem dissonância entre os veteranos, ainda vinculados, de certa forma, aos paradigmas anteriores. Isto se evidencia claramente quando se tem um Governo de direita sucedido por um Governo de esquerda, um ortodoxo por outro vanguardista, cada um tendo nomeado Ministros a seu tempo.

Entretanto, há um fio, apesar de tênue, a demarcar *(a)* o simples *entendimento ideológico (b)* do compromisso de defesa de uma linha política, de um governante, de um partidarismo ou mesmo de um projeto governamental. O primeiro é compreensível e admissível, ao passo que o segundo é repudiado, incompatível com o regime democrático e o constitucionalismo moderno. O primeiro não fere a eticidade, ao passo que este aflige o princípio reitor do moralismo público, da função estatal.

Na matéria transcrita há pouco, não se compreende bem, na verdade, a cizânia interna, no STF, porque o Governo Lula não se distinguiu essencialmente do Governo de Fernando Henrique Cardoso. Tanto assim que, p. ex., os Ministros nomeados por Lula para o STF, até o

39. *Valor Econômico*, de 27.5.2005 (já citado).
40. *Veja*, ed. de 8.2.2006, pp. 43-44.

278 O SUPREMO TRIBUNAL FEDERAL NA CRISE INSTITUCIONAL BRASILEIRA

momento da conclusão desta obra, não têm tradição trabalhista, ao contrário do que se esperava, em face da história de vida do reportado Presidente da República, proveniente do movimento dos trabalhadores, do ABC paulista, das reivindicações sindicais, e que se professava de esquerda. De fato, de todos os integrantes atuais do STF, somente um deles (Min. Marco Aurélio de Mello) tem formação trabalhista, havendo sido nomeado por um Governo de indubitável ideologia capitalista. Que ironia.

4. A suposta gestão política do Ministro Nelson Jobim

O que justifica a nominação de um membro do STF, especificamente, neste tópico, foi o destaque que ele logrou na imprensa e no meio judiciário, causando um certo incômodo na magistratura brasileira, a ponto de ensejar o ajuizamento de interpelação judicial para obter esclarecimentos sobre sua suposta atuação política. Este dado, tão público, é objetivo e, por sua dimensão, justificou um tópico específico nesta obra.

Embora os Ministros do STF, ao longo da história, hajam procurado não se envolver em partidarismos políticos, a regra tem sido quebrada ocasionalmente.

Neste sentido, registra-se que houve um período politicamente embaraçoso no STF, já na vigência da Constituição de 1988. Foi a era do Min. Nelson Jobim, na Presidência do Tribunal, cercada de suspeitas de envolvimento político na máxima Corte brasileira. Uma frase sintetiza sua passagem pela Corte: *Jobim foi um político que passou pelo STF e voltou à política, cuja arte domina como poucos.* De fato, trata-se de um político hábil, com passado destacado neste campo, dotado de imensa força de trabalho, cheio de sucesso e merecidas conquistas.

Casado com Adrienne Senna, Nelson Azevedo Jobim dividira apartamento em Brasília com José Serra (candidato a Presidente da República, em 2002), tendo este sido padrinho de casamento do colega. Ao lado de José Serra e Fernando Henrique Cardoso, Nelson Jobim fora um dos fundadores do PSDB (Partido da Social Democracia Brasileira).

Nelson Jobim fora Deputado Federal (PMDB – Partido do Movimento Democrático Brasileiro) pelo Rio Grande do Sul em dois mandatos:

AFINAÇÃO DO STF COM A CONJUNTURA POLÍTICA

1987-1991 e 1991-1995. Foi Ministro da Justiça no Governo Fernando Henrique Cardoso, de janeiro de 1995 a abril de 1997. Do Ministério da Justiça foi direto para o STF, onde tomou posse no mesmo mês de abril de 1997, por nomeação de FHC.[41]

Jobim foi Vice-Líder e, depois, Líder do PMDB, chegando a presidir a Comissão de Constituição e Justiça e de Redação da Câmara dos Deputados em 1989.

No STF, foi Vice-Presidente a partir de junho de 2003 e Presidente a partir de junho de 2004, deixando este cargo em março de 2006, pois tinha de se filiar a um partido político até 3.4.2006, donde a necessidade de se desincompatibilizar. Avistavam-se os arranjos conjunturais políticos para as eleições presidenciais de outubro de 2006.

Naquele momento, no entanto, não houve espaço para que o hábil político saísse em alguma chapa e concorresse às eleições de 2006.

Deixando o cargo de Ministro do STF, Nelson Jobim iniciou a disputa pela Presidência do PMDB, concorrendo com o Deputado Michel Temer. A disputa iniciou-se acirradamente, com Jobim amparando-se no apoio de Governadores, em meio a um frisson político. Em março de 2007, achou melhor renunciar à pretensão, ocasião na qual recebeu o apoio dos políticos ligados à sua ala peemedebista.

A imprensa inteira noticiou, p. ex., prática de atos apontados como de teor político-partidário atribuída ao ex-Ministro Nelson Jobim, no STF e à frente do TSE. Sob o plano meramente jurídico, fica aqui ressaltado, as decisões tinham sustentação técnica. É claro que as questões de grande dimensão política, complexas, admitem múltiplas respostas juridicamente possíveis, pois o Direito dá margem a isto, lidando com conceitos abertos, indeterminados, frouxos. Nestes casos, então, as soluções mais apropriadas são fornecidas fora do Direito, provindo da Economia, da Sociologia, da Economia etc. E é justamente para isto que se prepara o aplicador da norma: para ter a sensibilidade de encontrar as respostas mais adequadas aos problemas que se lhe apresentam. De todas as matérias, ressaltam-se, então, algumas, o que não implica, necessariamente, concordância ou discordância a elas.

---

41. Dados retirados de site do próprio STF: www.stf.gov.br/institucional/ministros/republica.asp?cod_min=151, acessado em 7.3.2007.

280 O SUPREMO TRIBUNAL FEDERAL NA CRISE INSTITUCIONAL BRASILEIRA

O jornalista Themístocles de Castro e Silva publicou reportagem no jornal cearense *O Povo* (1º.5.2005, editorial *People*, p. 5) intitulada *Supremo na Política*. Criticando os prejuízos que a política traz à prestação da tutela jurisdicional, o jornalista analisou o descrédito que isto causava ao Judiciário. E deu ênfase a comportamentos gerais do STF, destacando a atuação – a seu ver político-partidária – do então Ministro Nelson Jobim, Presidente dessa Corte. Reportando-se à matéria "Na Arena do STF, o governo agora joga como favorito", publicada n'*O Estado de São Paulo*, de 17.4.2005 (reportagem de Mariângela Callucci), Themístocles de Castro e Silva narrou as vitórias e o favoritismo do Governo Lula nas causas submetidas ao Supremo Tribunal. E relacionou os seguintes:

"1) Aval para que entre em funcionamento no País um órgão de controle externo do Judiciário, integrado por pessoas fora do Poder e com prerrogativas de punir juízes que, eventualmente, tenham cometido deslizes.

"2) Suspensão temporária da tramitação de um pedido do Procurador-Geral da República para que seja aberto inquérito criminal contra o Presidente do Banco Central, Henrique Meireles.

"3) Considerando constitucional a taxação dos inativos, antes derrubada pelo próprio STF como inconstitucional.

"4) Idem a Lei do Petróleo, rejeitando a tentativa do governador do Paraná e de sindicalistas de reestatizar a produção e comercialização do petróleo no País.

"5) Arquivamento, pelo ministro Sepúlveda Pertence, de um pedido do PSDB para que Lula esclarecesse discurso dizendo que escondera corrupção no governo FHC.

"Nos julgamentos plenários, geralmente há uma participação ativa do Presidente do STF, Nelson Jobim, que é apontado como provável candidato a vice de Lula na eleição do próximo ano e circula com desenvoltura nos meios políticos."

Relembrou o jornalista de *O Povo* que, na eleição de 1998, o Ministro Sepúlveda Pertence foi cogitado para ser candidato a Vice-Presidente, na chapa capitaneada por Lula. E, quanto à participação política de Nelson Jobim na política, arrematou:

"O ministro Nelson Jobim, como presidente do Supremo, não pode deixar transparecer que está usando o cargo em favor de suas pretensões políticas, co-

AFINAÇÃO DO STF COM A CONJUNTURA POLÍTICA 281

mo fica evidente nas notas da imprensa. Seu nome constantemente nos jornais como candidato, ora a vice-presidente, ora a governador do Rio Grande do Sul, compromete a imagem e o prestígio do Supremo, pois não faltará quem diga que suas decisões estão sofrendo influência política."

A *Folha de São Paulo* (caderno "Brasil", de 15.9.2005) editou matéria em que acusava Nelson Jobim, Ministro do STF e Presidente do TSE (Tribunal Superior Eleitoral), de favorecer José Serra, candidato a Presidente da República pelo PSDB, com a verticalização dos partidos políticos em 2002. Segundo a reportagem,

"Jobim é o ministro do STF com a trajetória política mais evidente. Passou pelos três Poderes da República e apoiou diferentes presidentes. Como deputado constituinte (PMDB-RS), integrou a base do governo Sarney (1985-1990). Em 1992, foi relator da comissão que encaminhou parecer favorável à abertura de processo de *impeachment* contra o Presidente Fernando Collor de Mello (1990-1992)."

Dando entrevista ao jornal *O Povo* quando visitou Fortaleza, em julho 2002, ao ser indagado sobre as suspeitas de parcialidade do TSE, máxime de seu Presidente (Min. Nelson Jobim), o Min. Marco Aurélio de Mello tentou ser diplomático, advertindo que as facções partidárias "partem para o campo esdrúxulo". "Prefiro não acreditar nisso. Agora, claro que, aos 55 anos de idade, não posso ser ingênuo. Os eleitores percebem o que realmente ocorre".[42]

Desta mesma entrevista, colhe-se a astuciosa pergunta, a respeito dos rumores de que o Min. Nelson Jobim, então à frente do TSE, teria se reunido pela madrugada com colegas partidários do PMDB para lhes prestar assessoria de como proceder perante a decisão do TSE, que impedia a convenção do Partido (PMDB):

"*O Povo* – Somando-se a isto tudo, a atitude recente do ministro Nelson Jobim de garantir, na madrugada, a realização da convenção nacional do PMDB serviu para levantar suspeita quanto à isenção dele, ex-deputado pelo partido, à frente da eleição. Como o senhor vê isso?

"*Marco Aurélio de Mello* – O princípio da razoabilidade conduz a você presumir sempre não o que há de extraordinário ou excepcional, mas o que se

---

42. *O Povo*, caderno "No Olhar", reportagem de Valdélio Muniz (www2.noolhar.com/servlet, acessado em 9.7.2002).

282 O SUPREMO TRIBUNAL FEDERAL NA CRISE INSTITUCIONAL BRASILEIRA

tem no dia-a-dia. E no dia-a-dia, o que se tem da parte do magistrado é uma postura digna. Não posso presumir que ele tenha atuado de forma tendenciosa. Precisamos parar um pouco com a maledicência e acreditar em nossas instituições até que se demonstre de forma segura o desvio de conduta. Naquele contexto, tínhamos uma situação emergencial. O encontro estava marcado para as 9 da manhã e uma liminar do próprio TSE proibia esta convenção. Logicamente aqueles que se sentiram prejudicados procuraram reverter o quadro e, evidentemente, tinham de dar continuidade na noite e adentrar a madrugada para obter sucesso. Eu, por exemplo, atendo advogados a qualquer hora do dia ou da noite, desde que a situação seja emergencial."[43]

A desconfiança que grassava era a de que Nelson Jobim, Presidente do TSE, teria orientado os advogados do PMDB sobre como proceder e, em seguida, atendera ao pedido protocolado nesse Tribunal, em favor de seus correligionários. Mas nada se provou, pelo que ficou no disse-me-disse.

O clima pré-eleitoral (2005-2006), de definição de chapas, passava pela mão do Min. Nelson Jobim, fato que a imprensa debatia reiterada e imperdoavelmente. Até pesquisa de intenção de voto do eleitorado já se fazia e o apontava com 1%, caso concorresse à Presidência da República. Em incisiva matéria, publicada em *No Mínimo*, demonstrando a péssima imagem do STF, sobretudo em razão das atitudes do seu Ministro Presidente, Ricardo A. Setti escreveu:

"*No Mínimo* (8.12.2005 10:24)

"*Jobim e o Conflito de Interesse*

"*Ricardo A. Setti*

"O presidente do Supremo Tribunal Federal (STF), Nelson Jobim, é candidatíssimo a uma candidatura a presidente da República, embora diga que não é. Ex-deputado durante dois mandatos pelo PMDB gaúcho e ex-ministro da Justiça durante dois anos e três meses, entre 1995 e 1997, no primeiro governo do presidente Fernando Henrique, o ministro Jobim certamente tem credenciais para querer entrar na disputa interna do estridente saco de gatos que é o PMDB. Mas será correto, a um ministro da suprema corte brasileira, ter pretensões políticas no exercício do cargo?

43. Idem, ibidem.

AFINAÇÃO DO STF COM A CONJUNTURA POLÍTICA 283

"Claro que não é. Ministro do Supremo picado pela mosca azul, por digno pessoalmente que possa ser, corporifica um estado claro e indesejável de conflito de interesses. Mais ainda se ele é o presidente do tribunal: o chefe de um Poder do Estado, o Judiciário, não pode dirigir um olho gordo à chefia de outro Poder, o Executivo. A situação atinge não apenas a sua respeitabilidade pessoal, mas o próprio tribunal. Põe em risco, portanto, um valioso, valiosíssimo bem público – a credibilidade da mais alta corte do Judiciário.

"Sendo assim, o ministro deveria tomar dois caminhos: ou anunciar suas pretensões e, concomitantemente, renunciar à presidência do Supremo e ao cargo, ou dizer claramente que não é nem será candidato a nada. É irrepreensível, nesse sentido, o artigo publicado na 'Folha de S. Paulo' da última segunda-feira, dia 5, pelo diretor-executivo da Transparência Brasil – ONG dedicada ao combate à corrupção –, Claudio Weber Abramo.

"O problema é que o ministro não faz nenhuma das duas coisas. Na entrevista que concedeu, por coincidência, à mesma 'Folha', no mesmo dia, ele respondeu de modo pouco convincente a perguntas a respeito do assunto, como tem ocorrido em outras circunstâncias.

"A cada pergunta, a resposta desidratada vinha sempre no finalzinho, depois de o ministro deitar falação sobre temas variegados. Quando indagado especificamente pela repórter Silvana Freitas, perdeu uma grande oportunidade de tornar clara sua posição. 'É possível ser juiz e ter o nome cogitado para uma candidatura?', perguntou Silvana. Indo mais diretamente ao ponto, ela completou: 'Isso não compromete a isenção, especialmente levando em conta que o STF julga causas muito políticas, como a [do pedido de] liminar [em mandado de segurança] de [José] Dirceu?'

"Jobim deu uma resposta pífia e ambígua: 'Não há impedimento constitucional nenhum. Também não há nenhuma mistura entre decisões e eventuais pretensões políticas, que eu não tenho. Vamos deixar bem claro isso'.

"Não se sabe se o 'isso' se refere a suas pretensões políticas, ou a não haver mistura entre decisões e pretensões políticas. Sintam a ambigüidade sobre o que o ministro quis deixar claro. E a repórter não perguntou nada sobre impedimento constitucional. Perguntou, isto sim, sobre o risco de comprometimento da isenção. Jobim garantiu que 'não há nenhuma mistura' entre seus votos no Supremo e 'eventuais pretensões políticas' que diz não ter. Muito bem, pode até não haver. Mas e o risco de ele próprio e, pior, o tribunal que preside parecer comprometido politicamente? Um dos fundamentos filosóficos do conflito de interesses, como se sabe, é que não basta que ele não exista – no jornalismo, na advocacia, na medicina. Precisa também parecer.

284   O SUPREMO TRIBUNAL FEDERAL NA CRISE INSTITUCIONAL BRASILEIRA

"O fato é que o ministro, apesar do bom papel que vem desempenhando em ações como a implementação do Conselho Nacional de Justiça – órgão de controle administrativo do Judiciário, que já começa a produzir resultados em poucos meses de funcionamento –, comporta-se volta e meia de forma pouco adequada a seu cargo.

"Ainda ecoam em Brasília, por exemplo, as críticas a sua presença num jantar de políticos oferecido pelo líder do governo no Senado, senador Fernando Bezerra (PTB-RN), horas após ter, no plenário do tribunal, votado pela suspensão do processo de cassação do então deputado José Dirceu (PT-SP).

"Jobim aparece demais, fala demais, dá entrevistas demais – a da 'Folha' citada neste artigo era de página inteira. (Se um justice da Suprema Corte dos Estados Unidos ou um integrante do Tribunal Constitucional da Espanha concedesse uma entrevista de página inteira o mundo viria abaixo.) E há gente acompanhando sua movimentação política – caso do recado que enviou a seu velho amigo José Serra (PSDB) de que não se candidatará à Presidência se o escolhido dos tucanos para a disputa for o prefeito de São Paulo. Quer dizer que, se Serra não for...

"Jobim deveria levar em conta a imagem ruim que o Supremo ostenta entre quem efetivamente entende do assunto: os juízes de Direito. O grande levantamento divulgado dias atrás pela Associação Brasileira de Magistrados (AMB), com base em extenso questionário respondido por 3.258 das 11 mil togas pretas do país, conferiu ao tribunal nota péssima – 3,7 numa escala de 0 a 10 – no quesito 'independência em relação ao Poder Executivo', para ficar num só item."[44]

Setores da sociedade civil e da magistratura se opunham à postura do Presidente do STF, surgindo a proposta, inclusive, de quarentena para os magistrados que desejassem se candidatar a algum cargo político. A idéia é, de fato, bastante acertada. Assim como existe a quarentena para o magistrado advogar (art. 95, parágrafo único, V, CF, red. EC 45/2004), com maior razão ela deve existir para o exercício de cargo político, que é muito mais comprometedor. Eis uma destas matérias:

"Ouvido pelo jornal *O Globo*, o presidente da AMB, Rodrigo Collaço, afirmou que as recentes decisões do ministro levantam suspeição de favorecimento político ao governo, enquanto circulam rumores de que Jobim está

---

44. setti@nominimo.ibest.com.br (acessado em 4.3.2007).

AFINAÇÃO DO STF COM A CONJUNTURA POLÍTICA 285

sendo assediado pelo presidente Luiz Inácio Lula da Silva para compor chapa como vice pelo PMDB em outubro. Nesta quinta, ambos se reuniram em Brasília, oficialmente para discutir critérios para a escolha de um novo ministro para o STF.

"'Há um problema enquanto ele fica no Supremo. Todas as suas decisões ficam sob suspeita de serem políticas, criam um viés político', afirmou o presidente da AMB, antes de se reunir com o próprio Jobim na sede do STF, em Brasília.

"Jobim nega a intenção de se candidatar, mas alimentou especulações ao anunciar que anteciparáá para março sua aposentadoria no Supremo. Com isso, ficaria livre para registrar uma eventual candidatura.

"Collaço se disse contra a participação de magistrados em disputas eleitorais e luta para a aprovação de emenda, na reforma do Judiciário, que preveja uma 'quarentena' para juízes que desejarem concorrer a cargos eletivos.

"A proposta de quarentena encampada por Rodrigo Collaço foi apresentada no Congresso, por meio do deputado João Campos (PSDB-GO), como adendo à proposta de emenda constitucional (PEC) que prevê reformas no Judiciário. A idéia é proibir que juízes se candidatem de seu afastamento e no ano seguinte. Caso estivesse em vigor, o mecanismo impediria a candidatura de Jobim em 2006. Pela legislação atual, o magistrado que desejar concorrer tem de pedir demissão ou se aposentar antes."[45]

Em 8.2.2006, a Revista *Veja* (p. 43) noticiou que o Min. Nelson Jobim, Presidente do STF, prestara, na semana anterior, um inestimável serviço jurídico ao Palácio do Planalto, ao suspender, em dois polêmicos despachos, a quebra dos sigilos bancário, telefônico e fiscal de dois suspeitos de corrupção investigados pela CPI dos Bingos. A reportagem se referia a Paulo Okamotto, ex-tesoureiro de campanhas do PT e amigo muito próximo do Presidente Lula, e ao empresário Roberto Kurzweil, que teria emprestado um carro blindado para o transporte dos dólares cubanos supostamente destinados à campanha presidencial de Lula em 2002. Os despachos do Min. Nelson Jobim impediram a produção desse importante meio de prova, que poderia minar o Governo lulense. A reportagem tachou de "favor jurídico" o comportamento do Presidente do STF, que teria evidentes intenções políticas, inclusive à Vice-Presidên-

---

45. http://noticias.terra.com.br/brasil/interna/0,,OI862083-EI306,00.html (acessado em 4.3.2007).

286 O SUPREMO TRIBUNAL FEDERAL NA CRISE INSTITUCIONAL BRASILEIRA

cia da República, pelo PMDB, na chapa coligada a ser encabeçada por Lula (PT). Uma passagem dela merece transcrição:

"A atuação desabrida de Jobim em favor de um governo, independentemente da coloração partidária, não é um dado novo em sua biografia. Quando chegou ao STF por indicação do ex-presidente Fernando Henrique, em 1997, Jobim ganhou o apelido de 'líder do governo no STF', tal era o seu desembaraço governista. Com a mudança de governo, Jobim se aproximou dos petistas. No auge da crise do mensalão, quando se cogitou a hipótese do *impeachment* de Lula por crime de responsabilidade, o magistrado apressou-se em defender o presidente. 'O país ficará ingovernável nos próximos dez anos se a oposição tentar derrubar Lula', disse. Em setembro passado, na véspera da abertura do processo de cassação contra seis petistas, Jobim mandou suspender as ações. Na quarta-feira, durante a solenidade de abertura do ano judiciário, Jobim encontrou-se publicamente com Lula e respondeu aos seus críticos. Disse que o STF 'nunca se curvou e não vai se curvar a patrulhamentos de nenhum tipo, públicos ou privados'. Com uma soberba parecida, há três anos Jobim admitiu candidamente ter incluído na Constituição de 1988, quando era deputado e atuou como relator, alguns itens sem a apreciação de seus pares.

"Com seu mais recente serviço ao Planalto, que suspendeu a quebra dos sigilos de dois governistas estrelados, Jobim impediu o país de conhecer, pelo menos momentaneamente, os meandros da corrupção petista."[46]

Uma das maiores gravidades institucionais, que ruborizou o País e estremeceu os constitucionalistas deu-se em manifestação inesperada (outubro de 2003): a confissão de Nelson Jobim de que, quando atuara como constituinte (na Comissão de Sistematização e como líder do PMDB na Constituinte, nos anos 1987-1988), fez inserir no texto da Constituição Federal de 1988 dispositivos sem a apreciação dos seus pares de Legislativo gerou celeuma e mal-estar jurídicos. Afinal, haveria um vício no processo de elaboração da Constituição, de modo, rigorosamente, a invalidar a norma neste ponto. Alguns juristas, entre os quais Dalmo Dallari e Fábio Konder Comparato, pediram providências à OAB. Mas parece ter havido um pacto de silêncio ou consenso informal geral das Instituições brasileiras em não agirem. E prevaleceu a teoria do fato consumado, preferindo-se não discutir o assunto, deixan-

---

46. *Veja*, ed. de 8.2.2006, pp. 43-44. Matéria assinada por Alexandre Oltramari.

AFINAÇÃO DO STF COM A CONJUNTURA POLÍTICA 287

do a validade constitucional em seus termos, tal como hoje se encontram, em nome da paz social e da segurança das relações.

Mas a sociedade não pode, nunca, esquecer do comprometimento político, de legitimidade, ínsito ao texto constitucional. Nos meandros do processo constitucional, alguém se aproveitou da sua condição para inserir partes na Constituição, à sua conveniência. Não se pode confiar em um texto elaborado desta maneira, muito menos na atitude pontual de um constituinte que se utilizou deste expediente. Sabe-se lá que trechos foram alterados, acrescentados, retirados... E isto teria ocorrido em que parte da Constituição? Algo em sua essência, nos direitos fundamentais, na organização do Estado, nos partidos políticos, no sistema tributário, no direito econômico...?

Por outro lado, ocorreu um fato proeminente neste cenário. Os magistrados brasileiros, afirmando-se na defesa do Judiciário e de sua credibilidade, pronunciaram-se publicamente, exigindo definições do STF e esclarecimentos do Min. Nelson Jobim. Primeiramente, juristas nacionais postaram-se contra a permanência de Jobim na Presidência do STF, ante a sua pretensão política, que para eles era notória e nociva. Depois, houve interpelação judicial promovida por magistrados, advogados e outros integrantes da sociedade civil. Neste pedido, tinha-se uma das mais legítimas atuações da sociedade civil, na defesa do Poder Judiciário brasileiro, almejando o resgate da credibilidade da mais alta Corte do País (Petição 3.814-DF, protocolada no STF, Rel. Min. Joaquim Barbosa).

Tratava-se de uma medida exemplar, preocupada com a postura, a imagem e o futuro do Judiciário. Não se tinha mero interesse de classe nem a demanda se destinava a postular direitos categoriais unicamente dos magistrados. A interpelação veiculava os mais sinceros interesses da nação e do Estado de Direito, que estava sob risco de ruptura, ante a aludida possível parcialidade do STF, espelhada nos atos de seu dirigente. Em resposta à imprensa, Jobim disse que não se curvava a patrulhamentos, como se a imprensa, magistrados, advogados e outros organismos estivessem fiscalizando seus atos sem razão alguma. E pelo menos um dos pares do Ministro deu-lhe guarida, arquivando monocraticamente a interpelação, em 8.2.2006 (*DJU* 15.2.2006, p. 87).[47]

47. www.stf.gov.br/jurisprudencia/nova/pesquisa.asp, acessado em 8.4.2007.

288 O SUPREMO TRIBUNAL FEDERAL NA CRISE INSTITUCIONAL BRASILEIRA

Apesar do poder regimental do Ministro de arquivar a petição, a dimensão dos fatos ali narrados e os pedidos ali formulados sugeriam, *data vênia*, que houvesse uma análise mais meticulosa das suspeitas, especialmente pelo colegiado da Corte, e não por um único dos seus integrantes. Acusações dirigidas contra o Presidente da própria Casa não deveriam ser processadas (impulsionadas ou arquivadas) por um único de seus integrantes. É de todo recomendável que a decisão, seja ela qual for, seja submetida ao colegiado do Tribunal, especialmente considerando a envergadura do STF e a seriedade das suspeitas que pesavam sobre o seu Presidente, com pedido formulado por setores representativos da sociedade brasileira (magistrados, advogados, juristas etc.).

Vejam-se algumas destas importantes notícias, para que fiquem na história, infelizmente sob a mancha indelével de posturas da Corte brasileira contrárias ao Estado Democrático de Direito, maculado por uma infeliz incompreensão social:

"*Magistrados condenam Decisões 'Políticas' de Jobim*

"Depois de ser interpelado judicialmente por juristas para dizer se irá se candidatar nas próximas eleições, o presidente do Supremo Tribunal Federal (STF), ministro Nelson Jobim, agora é alvo de críticas da Associação dos Magistrados do Brasil (AMB). Nesta quinta-feira, a entidade questionou as supostas aspirações eleitorais de Jobim, como também a concessão de duas liminares que, nos últimos dias, impediram a quebra de sigilos de duas pessoas ligadas ao governo Lula e sob investigação na CPI dos Bingos."[48]

Especificamente sobre a interpelação judicial (STF, Petição 3.814-DF, Rel. Min. Joaquim Barbosa), veja-se esta matéria:

"*Magistrados pedem interpelação de Jobim no STF*

"Um grupo de 35 magistrados, advogados e representantes da sociedade civil exige saber se o presidente do STF (Supremo Tribunal Federal), ministro Nelson Jobim, é pré-candidato.

"De acordo com o STF, os autores ajuizaram, nesta quinta-feira (2.2), um pedido de interpelação contra o ministro no STF. Nele, pedem que Jobim se manifeste, no prazo de cinco dias, para esclarecer se é pré-candidato a cargo político nas próximas eleições, para que se afastem as notícias sobre sua pré-candidatura.

---

48. ww.amb.com.br/index.asp?secao=mostranoticia&mat_id=3375.

AFINAÇÃO DO STF COM A CONJUNTURA POLÍTICA 289

"O grupo requer, caso o ministro Jobim se declare pré-candidato, que se proponha a renunciar à função de magistrado, sob pena de ser acusado por crime de responsabilidade.

"Quinta-feira, 2 de fevereiro de 2006."[49]

A petição inicial da interpelação, promovida no STF e subscrita pelo advogado Ivan Nunes Ferreira, em 1.2.2006, por conter elementos fáticos, apontados como indícios de prova do que nela se afirmava, segue transcrita, na íntegra. Ela diz mais do que qualquer paráfrase. Entre os autores da ação, citam-se, em meio a juízes, advogados, desembargadores etc.: Alexandre Antônio Franco Freitas Câmara, Benedito Calheiros Bonfim, Eduardo Seabra Fagundes, Goffredo da Silva Telles Júnior e Gustavo José Mendes Tepedino. Eis o texto integral:

"*Íntegra do pedido de interpelação judicial contra Nelson Jobim*:

"Exmo. Sr. Dr. Ministro do Supremo Tribunal Federal

"Alberto Craveiro de Almeida, brasileiro, casado, magistrado aposentado do TJ-RJ [*e outros, nominados na ação*], vêm, por seu advogado abaixo assinado, com fulcro nos artigos 867 e seguintes do CPC, apresentar *INTERPELAÇÃO* contra o Exmo. Sr. Ministro Nelson Jobim – Presidente desse Supremo Tribunal Federal, pelas razões que passam a expor:

"*A Toga e o Candidato:*

"Nelson Jobim pretende retomar à carreira política em 2006. A campanha começou faz tempo (Jornalista Augusto Nunes, em crônica intitulada 'Pastoral Parlamentar', originalmente publicada no 'Jornal do Brasil' e incluída em seu livro 'A Esperança Estilhaçada', ed. Planeta do Brasil, 2005, p. 79).

"1) A Constituição da República, em seu art. 95, parágrafo único, III, bem como a Lei Orgânica da Magistratura Nacional, em seu art. 26, inciso II, alínea 'c', vedam ao magistrado o exercício de atividade político-partidária. Entendeu o legislador que esse tipo de atividade é absolutamente incompatível com a natureza da função jurisdicional.

"2) Afora o preceito legal, qualquer pessoa com o mínimo de bom-senso percebe essa incompatibilidade, na medida em que, no exercício da magistratura, o juiz deve pairar acima de toda e qualquer disputa pública de natureza político-partidária, suscetível de comprometer a sua aura de imparcialidade no julgamento das causas que lhe sejam submetidas, mormente quando se trata de

---

49. http://ultimainstancia.uol.com.br/noticia/24691.shtml, acessado em 6.3.2007.

290 O SUPREMO TRIBUNAL FEDERAL NA CRISE INSTITUCIONAL BRASILEIRA

um membro da Suprema Corte, na qual desembocam as questões de maior repercussão política.

"3) Ocorre que, há alguns meses, os órgãos de comunicação de massa veiculam reiteradas notícias a respeito de uma suposta pré-candidatura do Requerido à Presidência ou à Vice-Presidência da República, as quais, ao sentir dos Requerentes, jamais foram peremptoriamente desmentidas.

"4) Publicações a respeito dessa pré-candidatura podem ser encontradas nos mais variados órgãos de imprensa; em matérias de articulistas políticos; em sites especializados e até em charges de jornais de grande circulação. Como era de se esperar, a existência do suposto 'candidato de toga' deu ensejo às mais cáusticas críticas, como retratam alguns dos artigos a esse respeito, acostados a esta peça. Mais recentemente, chegou a ser veiculado no Jornal Nacional (Rede Globo de Televisão) de 19.1.2006, para perplexidade dos meios jurídicos e da parcela da população mais informada a respeito das regras e vedações eleitorais, que o Min. Nelson Jobim contaria, em pesquisa de opinião realizada junto ao eleitorado nacional, com 1% (um por cento) de intenções de voto para sua eventual candidatura à Presidência da República, sendo evidente na hipótese a irrelevância do aludido percentual, ao lado da gravidade da simples menção da possibilidade consignada na referida pesquisa.

"5) Em data recente, diversos órgãos de imprensa noticiaram que o atual presidente do Supremo Tribunal Federal teria avisado extra-oficialmente à cúpula do PMDB (Partido do Movimento Democrático Brasileiro) que admitiria deixar o STF para disputar a Presidência da República por aquele partido. Os títulos dessas matérias vão desde 'PMDB articula Jobim para Presidência' até 'Jobim já admite candidatura à Presidência', como se vê de algumas publicações do dia 25.11.2005 (documentos em anexo).

"6) Diante dos termos da Constituição Federal e da Lei Orgânica da Magistratura e dos mais elementares princípios éticos, não podem coexistir a permanência do Requerido no cargo de Ministro da Suprema Corte e a anunciada pré-candidatura, sem que estejam atingidas a imagem e a credibilidade da Suprema Corte deste país, principalmente quando o Requerido a preside. Ao Supremo Tribunal Federal são submetidas as questões de maior relevância política, social e econômica, o que poderia gerar na sociedade a suspeita de que, ao proferir seus votos, o candidato visaria mais a obtenção de dividendos políticos eleitorais do que a distribuição de justiça.

"7) Mais recentemente ainda, os jornais e sites especializados noticiaram que o Requerido pretende deixar a Suprema Corte em março deste ano, pois

AFINAÇÃO DO STF COM A CONJUNTURA POLÍTICA

sua saída, nesse período, lhe daria maiores chances de vir a ser escolhido pelo PMDB para a disputa presidencial ou viabilizaria sua candidatura como Vice na chapa do atual Presidente da República.

"8) A postura dúbia do Requerido em relação às aludidas ambições políticas acaba por propiciar críticas muito graves à sua atuação como Ministro da Suprema Corte. Alguns relacionam essas suas aspirações com a acusação de subserviência ao Executivo, principalmente por meio de pedidos de vista em ações diretas de inconstitucionalidade, que seriam do interesse do Governo Federal, como se extrai do site do Instituto Polis, em anexo.

"9) A imputação de que o Requerido posterga o julgamento de diversas ADIs, extrapolando os prazos de vista do art. 134 do Regimento Interno do Supremo Tribunal Federal e da Resolução 278/2003, para atender interesses do Governo Federal, só poderia vir a ser comprovada com pesquisa nessa Suprema Corte, a partir dos elementos adiante explicitados, extraídos do site próprio:

ADI – MINISTRO – DIA DA VISTA – RETORNO

ADI 255 – Nelson Jobim – 3.7.02 – Até hoje – Renovado o pedido de vista em 28.4.04

ADI 423 – Nelson Jobim – 9.2.99 – Até hoje – Renovado o pedido de vista em 28.4.04

ADI 494 – Nelson Jobim – 30.12.97 – Até hoje – Vista renovada em 28.4.04

ADI 682 – Nelson Jobim – 26.3.98 – Até hoje – Vista renovada em 28.4.04

ADI 1.764 – Nelson Jobim – 7.5.98 – Até hoje – Vista renovada em 28.4.04

ADI 1.491 – Nelson Jobim – 1.7.98 – Até hoje – Vista renovada em 28.4.04

ADI 1.625 – Nelson Jobim – 9.10.03 – Até hoje – Vista renovada em 28.4.04

ADI 1.648 – Nelson Jobim – 27.9.02 – Até hoje – Vista renovada em 28.4.04

ADI 1.894 – Nelson Jobim – 2.12.98 – Até hoje – Vista renovada em 28.4.04

ADI 1.945 – Nelson Jobim – 8.6.99 – Até hoje – Vista renovada em 28.4.04

ADI 1.924 – Nelson Jobim – 10.11.03 – Até hoje – Vista renovada em 28.4.04

ADI 1.923 – Nelson Jobim – 10.8.99 – Até hoje – Vista renovada em 28.4.04

ADI 2.077 – Nelson Jobim – 10.11.03 – Até hoje – Vista renovada em 28.4.04

ADI 2.135 – Nelson Jobim – 8.7.02 – Até hoje – Vista renovada em 28.4.04

ADI 2.591 – Nelson Jobim – 4.11.02 – Novamente, autos conclusos desde 30.7.04

ADI 1.940 – Nelson Jobim – O Ministro é o relator do processo e os autos estão conclusos desde 19.3.03, com parecer da PGR, pela improcedência.

292 O SUPREMO TRIBUNAL FEDERAL NA CRISE INSTITUCIONAL BRASILEIRA

"10) Como facilmente se observa, a conduta de perenização de certas causas, decorrente dos aludidos pedidos de vista e conseqüente interrupção por inexplicável lapso de tempo – datando o mais antigo de 3.12.1997, portanto há mais de 8 (oito) anos em poder do Ministro – no andamento dos referidos processos poderia ser enquadrada no art. 39, 4 e 5, da Lei 1.079/1950, o que tipificaria, s.m.j., patente desídia no cumprimento dos deveres do cargo e procedimento incompatível com a honra, dignidade e decoro de suas funções. Ademais, no entendimento dos Requerentes, uma autoridade que pose de arauto do choque de gestão e da celeridade dos processos judiciais deveria dar o primeiro exemplo.

"11) Entretanto, o importante, neste momento, é que as alegações, mencionadas a partir do item 8, associadas à suposta pré-candidatura, alimentam, por óbvio, comentários desairosos na imprensa sobre a postura do Presidente da Suprema Corte e, lamentavelmente, debilitam a imagem e a credibilidade daquele Tribunal perante a opinião pública, o que afeta toda a magistratura do país.

"12) Dentre os Requerentes encontram-se magistrados que, por essa condição, têm todo o interesse em preservar a credibilidade e a honorabilidade do Poder Judiciário e da função jurisdicional no país. Por isso, com fulcro no art. 102, inciso I, alínea 'n', da Constituição Federal, dirigem-se a essa Suprema Corte para interpelar o Requerido, visando obter de S. Exa. uma posição definitiva sobre a tão falada pré-candidatura para o próximo pleito eleitoral.

"13) Por outro lado, a suposta pré-candidatura, se confirmada, além de desrespeitar a Carta da República e a Lei Orgânica da Magistratura, poderia constituir crime de responsabilidade, nos termos do art. 39, item 3, da Lei 1.079, de 10 de abril de 1950, e implicaria em crispar de suspeição atos recentemente praticados pelo Interpelado na condição de Presidente e/ou de Ministro da mais alta Corte de Justiça do país. Tal circunstância, mesmo se desmentida, não suprime a premente necessidade de afastar – de forma categórica – qualquer dúvida que paire a propósito da questão, especialmente delicada, repise-se, pela natureza das matérias submetidas ao elevado exame do STF, veneranda instituição republicana cuja elevação do conceito e na estima dos concidadãos se revela umbilicalmente ligada ao da ausência de qualquer suspeição ou dubiedade na conduta pública de seus componentes.

"14) Como bem acentuou o saudoso e eminente Ministro do STF, Oscar Dias Corrêa, 'um ministro do Supremo não deve depender de ninguém, porque tem de ser absolutamente livre e não pode estar sujeito a nenhuma outra peia, a não ser a peia da Constituição. O Supremo não pode se meter em brigas, nem pode tomar partido' (trecho extraído do artigo 'Réquiem para Oscar Dias Corrêa', de Murilo Mello Filho – 'Jornal do Brasil', 7.12.2005 – 'Caderno B').

AFINAÇÃO DO STF COM A CONJUNTURA POLÍTICA   293

"15) Por outro lado, não pode restar dúvida quanto à competência do Supremo Tribunal Federal para processar esta interpelação, conforme o disposto no art. 102, inciso I, alínea 'n', da Constituição Federal e no art. 41 c/c o art. 61 da Lei 1.079/1950.

"16) O julgamento de crime de responsabilidade contra Ministro dessa Corte ocorre sob a presidência do seu Ministro-Chefe, o que atrai a competência dessa Suprema Corte para processar medida preparatória de eventual ação por crime de responsabilidade contra seus Ministros, inclusive, pela ausência de previsão legal de outro órgão competente, não possuindo o Senado Federal essa competência específica, senão para o próprio processo e julgamento dos Ministros do STF nos crimes de responsabilidade (art. 52, II, CF).

"17) No que tange ao cabimento desta interpelação, a doutrina, uníssona, aponta para o caráter não contencioso da medida, e para a sua natureza administrativa, não se lhe aplicando os dois pressupostos das medidas cautelares (*fumus boni iuris* e *periculum in mora*):

"'Os protestos, notificações e interpelações em geral não chegam a ser verdadeiras medidas cautelares, correspondendo a simples medidas conservativas de direito, que prescindem da existência de *periculum in mora*. Pode ocasionalmente introduzir-se em qualquer deles algum conteúdo cautelar, mas este não chega a ser relevante a ponto de qualificar a medida como tal' (Pontes de Miranda, 'Tratado das Ações', v. III, p. 259).

"'Os protestos, as notificações e interpelações não têm caráter contencioso no sentido de constituir uma lide. Exaurem-se em suas peculiaridades e exteriorizações de vontade receptíceas. Basta que o requerente demonstre seu interesse em judicializar essas manifestações de vontade e convença o Juiz de sua hipotética legitimidade' (Ovídio Baptista da Silva, 'Comentários ao Código de Processo Civil', Ed. Lejur, v. XI, Do Processo Cautelar, Porto Alegre, 1985, p. 560).

"'São atos da própria pessoa interessada, com a participação efetiva da autoridade judiciária, em síntese integração administrativa, para lhes emprestar de forma mais rígida e confiável. Procedimento, pois, de jurisdição voluntária' (Ernane Fidelis dos Santos, Manual de Direito Processual Civil, Ed. Saraiva, 1989, v. V, p. 254).

"'O protesto, a notificação e a interpelação são procedimentos não contenciosos, meramente conservativos de direitos, que não podem ser incluídos, tecnicamente, entre as medidas cautelares' (Humberto Theodoro Jr., 'Processo Cautelar', Ed. Leud, 13ª ed, p. 343).

"'Os protestos, notificações e interpelações, constituem atos da chamada jurisdição voluntária, nas quais exerce o Juiz, de regra, função de mero agente transmissor de comunicação de vontade' (C. A. Alvaro de Oliveira e Galeno Lacerda, 'Comentários ao Código de Processo Civil', Ed. Forense, 2ª ed., v. 8, t. II, p. 379).

"18) Ressalte-se, ainda, que, na hipótese de confirmação do desejo de concorrer nas próximas eleições presidenciais, não caberia ao Requerido escolher a data de sua conveniência para renunciar ao cargo de Ministro e/ou se aposentar, pois esta função e a pré-candidatura não podem coexistir nem por um minuto. Aliás, se verdadeiras as notícias espalhadas pela imprensa de todo o país, S. Exa. já deveria ter deixado o cargo.

"19) Em conclusão, esta demanda decorre do sentimento de insubmissão republicana e inspira-se no pensamento, sempre atual, de Norberto Bobbio:

"'Quando no século passado se manifestou o contraste entre liberais e democratas, a corrente democrática levou a melhor, obtendo gradual mas inexoravelmente a eliminação das discriminações políticas, a concessão do sufrágio universal. Hoje, a reação democrática diante dos neoliberais consiste em exigir a extensão do direito de participar na tomada de decisões coletivas para lugares diversos daqueles em que se tomam as decisões políticas, consiste em procurar conquistar novos espaços para a participação popular e, portanto, em prover a passagem – para usar a descrição das várias etapas do processo de democratização feita por Macpherson – da fase da democracia de equilíbrio para a fase da democracia de participação' (extraído da introdução da obra 'Direito da Participação Política – Legislativa – Administrativa – Judicial (Fundamentos e Técnicas Constitucionais da Democracia)', Diogo de Figueiredo Moreira Neto, Ed. Renovar, 1992).

"*Pedido*:

"20) Por todas essas razões, nos termos dos artigos 867 e seguintes do Código de Processo Civil, os Requerentes pedem a essa Suprema Corte que determine a intimação do Requerido para que, no prazo de 5 (cinco) dias:

"(a) declare não ser pré-candidato a cargo político nas próximas eleições e, com isso, afaste, de uma vez por todas, as notícias sobre sua pré-candidatura; ou

"(b) declare ser pré-candidato nas próximas eleições e se proponha a renunciar, *incontinenti*, à função de magistrado, sob pena de vir a ser denunciado pelos Requerentes por crime de responsabilidade.

AFINAÇÃO DO STF COM A CONJUNTURA POLÍTICA   295

"21) Intimado o Requerido, pedem a entrega dos autos, independentemente de traslado.

"22) Dá-se à causa o valor de R$ 1.000,00 (hum mil reais).

"Nestes termos,

"Pede deferimento.

"Brasília, DF, 1º de fevereiro de 2006.

"Ivan Nunes Ferreira

"OAB-RJ 46.608."[50]

Como se percebe, a ação foi proposta com uma preocupação cívica e institucional, a participação de membros do Judiciário na política brasileira. É dispensável dizer, aqui, as conseqüências da falta de imparcialidade de magistrados nas questões judiciais e dos compromissos que se assume na vida política. O envolvimento na atividade política, por juízes, seja de qual instância for, compromete a prestação da tutela jurisdicional e põe uma formidável dúvida em tudo quanto faça. Por isto é vedado aos magistrados "dedicar-se à atividade político-partidária" (CF, art. 95, parágrafo único, III).

De todo modo, esperava-se que o STF percebesse a periclitância a que seu Presidente poderia estar submetendo-o e se prestasse ao esclarecimento dos fatos. A interpelação judicial é uma ação que visa apenas ao esclarecimento de fatos, afirmações e circunstâncias, a fim de serem promovidas as medidas apropriadas, se necessárias. Daí o seu caráter preparatório, precário. Na Interpelação cuja petição acaba-se de transcrever foi mencionado, expressamente, que sua finalidade era a de uma possível ação por crime de responsabilidade (Lei 1.079/1950), sendo aquela da alçada do STF, por se encontrar envolvido Ministro integrante da própria Casa.

Todavia, não tardou a que a imprensa e os canais públicos de informação alardeassem a conclusão a que chegara o STF, através do Min.

---

50. A íntegra da petição encontra-se no relatório adotado pelo Min. Joaquim Barbosa, no Despacho que a indeferiu, conforme se pode constatar no *site* do STF: www.stf.gov.br/jurisprudencia/nova/pesquisa.asp, acessado em 8.4.2007 (Pet 3.607-DF, j. 8.2.2006, *DJU* 15.2.2006, p. 87). Registre-se, por sinal, que, sob o ponto de vista meramente técnico, o Despacho de Arquivamento adota tese viável, o que não significa tenha esposado a melhor solução jurídica ou que esteja correta perante outros enfoques, como o sociológico, o democrático e o de política institucional, perspectivas que o STF não pode simplesmente desprezar.

296 O SUPREMO TRIBUNAL FEDERAL NA CRISE INSTITUCIONAL BRASILEIRA

Joaquim Barbosa (nomeado já no Governo Lula), que arquivou a demanda, conforme se vê a seguir:

"*Supremo arquiva Pedido de Interpelação contra o Ministro Nelson Jobim*

"O ministro Joaquim Barbosa, do STF (Supremo Tribunal Federal) negou seguimento ao pedido de interpelação contra o presidente do tribunal, ministro Nelson Jobim, na petição ajuizada por um grupo de magistrados, advogados e representantes da sociedade civil. O grupo pedia ao Supremo a manifestação do ministro Jobim para esclarecer se é ou não candidato a cargo eletivo nas eleições deste ano.

"Segundo a assessoria de imprensa do STF, ao determinar o arquivamento da ação, o ministro Joaquim Barbosa analisou o fundamento alegado pelos autores sobre a competência do Supremo, de acordo com o artigo 102, inciso I, alínea 'n', da Constituição Federal.

"O ministro afirmou que 'a Constituição Federal, ao definir o interesse direto ou indireto dos membros da magistratura, para efeitos do seu art. 102, I, n, atribuiu-lhe uma noção precisa, de modo a delimitar excepcionalmente a competência do Supremo Tribunal Federal em contraposição à das demais Cortes'. Neste ponto o ministro entendeu que o Supremo não é competente para examinar o caso.

"Quanto às alegações sobre a competência do Supremo por prerrogativa de foro, Joaquim Barbosa observou que o pedido de interpelação tem como finalidade instruir possível acusação de crime de responsabilidade por parte do ministro Nelson Jobim. O relator ressaltou a existência de previsão constitucional para o Supremo julgar seus próprios ministros em caso de infração penal comum, mas pelos crimes de responsabilidade a competência constitucional para processar e julgar os ministros do Supremo Tribunal Federal é do Senado Federal.

"'Trata-se, sem maiores dúvidas, de uma separação constitucional rigorosa entre jurisdições distintas', afirmou o ministro."[51]

Naquela oportunidade, ante a decisão adotada pelo Min. Joaquim Barbosa, o Des. Luiz Fernando de Carvalho informou à imprensa que iria recorrer da decisão.[52] Daquela época para cá, no entanto, não houve

51. http://amb.locaweb.com.br/portal/index.asp?secao=mostranoticia&mat_id= 3042 (acessado em 4.3.2007).

52. http://ultimainstancia.uol.com.br/noticia/24691.shtml, acessado em 6.3.2007. A notícia foi de 10.2.2006 e fazia menção, também, aos periódicos *Valor Econômico* e *Estado de S. Paulo.*

nada mais de relevante sobre o assunto, até mesmo porque em março de 2006 os esclarecimentos postulados na interpelação ficaram muito evidentes, tendo o Min. Nelson Jobim deixado o STF para concorrer a cargo político, como já se antevia e a imprensa inteira apregoava.

Desde o seu nascedouro, a citada interpelação judicial veio fadada ao insucesso, devido a agravante de ser inusitadamente proposta no STF contra atos do seu próprio Presidente. Dificilmente um integrante de um grupo adota medidas enérgicas contra seu dirigente. E o STF não constituiu exceção.

O argumento da incompetência soa tecnicamente plausível, mas somente se não analisadas as demais peculiaridades do caso. É certo que, pelo art. 52, II, CF, os crimes de responsabilidade cometidos por Ministros do STF são processados e julgados pelo Senado Federal. Contudo, nestas ocasiões "funcionará como Presidente o do Supremo Tribunal Federal, limitando-se a condenação, que somente será proferida por dois terços dos votos do Senado Federal, à perda do cargo, com inabilitação, por oito anos, para o exercício de função pública, sem prejuízo das demais sanções judiciais cabíveis". Vale dizer, a ação proposta no Senado teria como Presidente o próprio Min. Nelson Jobim (Presidente do STF), que era justamente o sujeito passivo da ação. Ou seja: a demanda não teria como vingar.

Quando a politicidade de fundo é grande, os argumentos jurídicos são multifuncionais: prestam-se a sustentar qualquer intenção do operador. O Direito apresenta mecanismos que justificam várias conclusões, o que prova que Dworkin se equivocara ao sustentar a tese da única decisão correta.

Adotando-se este raciocínio no caso em epígrafe, há um contra-argumento à tese do arquivamento da interpelação: para se propor uma ação de responsabilidade ou qualquer outra contra uma autoridade pública, principalmente do alto escalão do Poder, como o é um Ministro do STF: é preciso que haja reais elementos a embasar o pedido. Não se pode promover uma ação aventureira, temerária, porque, além de ofender a eticidade judicial, a reação será pronta, certeira e segura. Logo, os esclarecimentos a ser prestados na Interpelação seriam de grande valia para eventual futura ação de responsabilidade.

Porém, o STF tem sido simpático a interpelações judiciais contra autoridades do alto escalão. Verifiquem-se os casos mais emblemáticos:

298 O SUPREMO TRIBUNAL FEDERAL NA CRISE INSTITUCIONAL BRASILEIRA

a) a interpelação do Min. Nelson Jobim, Presidente do STF (PET 3.607-DF, j. 8.2.2006, *DJU* 15.2.2006, p. 87), já dissecada nestas páginas;

b) em março de 1999, a Associação dos Magistrados Brasileiros (AMB) ingressou com *interpelação judicial*, perante o STF, colimando que o Senador Antônio Carlos Magalhães explicasse a entrevista concedida à revista *Época*, ano I, n. 41, de 1º.3.1999, p. 31, intitulada "Menos Juízes, mais Justiça", e prestasse explicações a respeito de sua autoria, bem como das expressões e dos elementos concretos em que ela teria se baseado. No entanto, em despacho datado de 16.3.1999 (*DJU* 23.3.1999, pp. 15-16), o Relator, Min. Moreira Alves, indeferiu *de plano* a interpelação (STF, PET 1.673- DF);

c) a PET 4.005, na qual o Min. Gilmar Mendes arquivou, em junho de 2007, pedido de interpelação de Renan Calheiros, então Presidente do Senado Federal, formulado pela jornalista Mônica Veloso. Alegava a interpelante a potencial ocorrência de crimes contra a honra, calúnia, difamação e injúria, nos termos do artigo 144 do Código Penal e artigo 25 da Lei 5.250/1967. Para o Min. Gilmar Mendes, "o pedido de explicações em juízo não se justifica quando o interpelante não tem dúvida alguma sobre o caráter moralmente ofensivo das imputações que lhe foram dirigidas pelo suposto ofensor";

d) na interpelação promovida pela ANAJUCLA (Associação Nacional dos Juízes Classistas da Justiça do Trabalho) contra Nelson Jobim, posteriormente nomeado Ministro do STF, sobre afirmações alegadamente ambíguas e contumeliosas em Exposições de Motivos (AgRg em PET 1.249-6-DF, Rel. Min. Celso de Mello, j. 20.3.1997; *LEX-JSTF* 251/381, *DJU* 9.4.1999);

e) em 8.3.2005, o *Correio Braziliense* noticiou o arquivamento, pelo Min. Sepúlveda Pertence (STF), da interpelação feita pelo PSDB contra o Presidente Lula, por ter este afirmado, em discurso, que houvera corrupção no Governo FHC;

f) em dezembro de 2005, desembargadores baianos ajuizaram interpelações contra o Senador Antônio Carlos Magalhães (PFL-BA), no STF, por declarações supostamente ofensivas ao Poder Judiciário baiano. A PET 3.587 foi promovida pelo Presidente do TJ-BA, enquanto 23 desembargadores dessa mesma Corte formularam a PET 3.588. Alegavam que, em pronunciamento transmitido pela TV Senado, ACM teria feito "afirmações dúbias e ambíguas, caracterizadas, em tese, de crimes contra a honra, em especial os crimes de calúnia e difamação", contra os integrantes do Tribunal de Justiça estadual. Em janeiro de 2006, o Min. Nelson Jobim (STF) arquivou ambas as interpelações, porque o Senador teria se pronunciado na tribuna do Senado, donde sua imunidade.

AFINAÇÃO DO STF COM A CONJUNTURA POLÍTICA 299

Nenhum dispositivo da Constituição atribui ao Senado Federal competência para processar interpelação judicial. A competência por ela conferida a este órgão é para as ações de responsabilidade. E, como muito bem exposto pelos autores mencionados na petição de interpelação, esta ação não é acessória da ação de responsabilidade. Ela é, isto sim, preparatória de providências em geral, que pode ser até a de ação de responsabilidade. Mas, na petição inicial não é necessário indicar-se, de logo, qual a ação que se pretende promover, pois isto dependerá das informações prestadas na interpelação. Às vezes, e eventualmente, a providência poderá ser administrativa, como a representação ao órgão a que se vincula a autoridade pública, a fim de instaurar processo disciplinar e aplicar-lhe as sanções administrativas adequadas. A ação judicial a ser promovida após as informações pode muito bem ser penal ou civil, como a de reparação de danos.

Então, não havia razão para se atrair a competência do Senado Federal para processar a interpelação.

Um outro dado que causa perplexidade é que não se tomou conhecimento de nenhuma providência proveniente da Procuradoria-Geral da República, a quem competia fiscalizar a eticidade na atuação do STF e a postura de seus Ministros, representando-os sempre que ofenderem o decoro inerente à magistratura e se portarem frontalmente contra as vedações constitucionais.

Após a decisão do Ministro do próprio STF, a quem mais se podia recorrer? Ao colegiado?[53] O Supremo dita a última palavra no País.

Obviamente, com a saída do Min. Nelson Jobim do cargo, o sentido da interpelação se esvaziou. Logo mais sobreveio sua inutilidade. Tornou-se notória a pretensão política da referida autoridade, que saiu do STF para, imediatamente, (re)integrar-se ou retornar, *formalmente*, ao grupo de políticos brasileiros, concorrendo ao mais elevado cargo de um partido político (o de Presidente do PMDB, cuja eleição se deu nos primeiros meses de 2007).[54] Caberia promover a tão falada ação de respon-

---

53. Em sua decisão de arquivamento, o Min. Joaquim Barbosa citou, em socorro de suas razões, precedentes da Corte, da lavra de outros Ministros que a integram (Pet 3.607-DF, *DJU* 15.2.2006, p. 87). Ora, até que ponto, então, teria utilidade interpor-se recurso para o colegiado, se já se sabia que havia outros Ministros com o mesmo entendimento, manifestado em ocasiões pretéritas?

54. Os fatos que se pretendiam esclarecer no STF tornaram-se evidentes, públicos e assumidos. Mais uma vez o tecnicismo venceu a realidade e a Corte deixou es-

300   O SUPREMO TRIBUNAL FEDERAL NA CRISE INSTITUCIONAL BRASILEIRA

sabilidade, por atos pretéritos, a ser processada no Senado Federal, um órgão político, integrado por colegas do ex-Ministro Nelson Jobim...! Este fato desvanece qualquer ímpeto de ajuizamento de ações por grupos informais. Porém, por seu papel constitucional, incumbe às Instituições Públicas, máxime o Ministério Público (por sua Procuradoria-Geral da República), adotar as providências pelos fatos passados, que não prescreveram nem podiam passar impunes.

E qual seria o papel do Conselho Nacional de Justiça neste episódio? Por que ele não foi demandado? Ou por que ele não atuou de ofício, na condição de órgão fiscalizador do Judiciário como um todo?

Carece, inicialmente, esclarecer que o Conselho Nacional de Justiça é composto de 15 membros, dos quais nove são magistrados (um do STF, um do STJ, um do TST, dois de Tribunais Regionais, um desembargador de TJ e três juízes de primeiro grau) e seis distribuídos entre o Ministério Público, a OAB e a sociedade civil. O membro do STF é o Presidente do CNJ. Os demais membros da magistratura pertencem a órgãos judiciais submetidos ao STF,[55] estruturalmente inferiores, o que lhes retira a força para enfrentar problemas surgidos na mais alta Corte do País ou para adotar providências contra um Ministro do Supremo. Ademais, incumbe ao STF processar e julgar "as ações contra o Conselho Nacional de Justiça" (art. 102, I, "r", CF). Desta forma, as decisões do CNJ, cuja natureza não é judicial, podem ser modificadas pelo STF, em ação própria.

Vejam-se algumas disposições da CF sobre o CNJ:

"Art. 103-B. O Conselho Nacional de Justiça compõe-se de quinze membros com mais de trinta e cinco e menos de sessenta e seis anos de idade, com mandato de dois anos, admitida uma recondução, sendo: (...). "§ 1º. O Conselho será presidido pelo Ministro do Supremo Tribunal Federal, que votará em caso de empate, ficando excluído da distribuição de processos naquele tribuna. "§ 2º. Os membros do Conselho serão nomeados pelo Presidente da República, depois de aprovada a escolha pela maioria absoluta do Senado Federal. "§ 3º. Não efetuadas, no prazo legal, as indicações previstas neste artigo, caberá a escolha ao Supremo Tribunal

capar pelos dedos a oportunidade de servir como instrumento de democracia e defesa das vedações da magistratura nacional. A realidade mostrou o acerto da interpelação, que o STF se recusou a processar.

55. E alguns são indicados pelo próprio STF (art. 103-B, incs. I, IV e V, CF).

AFINAÇÃO DO STF COM A CONJUNTURA POLÍTICA 301

Federal. "§ 4º. Compete ao Conselho o controle da atuação administrativa e financeira do Poder Judiciário e do cumprimento dos deveres funcionais dos juízes, cabendo-lhe, além de outras atribuições que lhe forem conferidas pelo Estatuto da Magistratura: (...)." (de acordo com a EC n. 45/2004):

Com esta estrutura, o CNJ não consegue desempenhar, plenamente, suas atribuições constitucionais perante o STF. Voltando à época da interpelação tão repetidamente mencionada: o Min. Nelson Jobim era o Presidente de ambos os órgãos, com poderes excepcionais de escolher os integrantes do CNJ (art. 103-B, § 3º, CF) e ascensão direta sobre a maioria dos seus membros.

Vê-se, assim, o quanto o STF não recebe nenhum controle social da população, passando ao largo de Instituições tipicamente fiscalizatórias. A estrutura em que se insere o torna praticamente imune ao controle social.

Anota-se uma perplexidade que, por certo, gravita na inquietação do leitor: se o povo é destituído de poder efetivo de fiscalizar o STF, o Estado deveria ter um mecanismo ou órgão apropriado para estas intempéries, pois o Estado Democrático de Direito requer Instituições que se vigiem mutuamente, na proteção à sociedade, aos interesses legítimos que a alentam, aos fins públicos que deve perseguir, aos valores que deve preservar.

E há, este órgão existe. A Constituição prevê esta atribuição tão sublime a um órgão histórico, que compõe a cúpula do poder e provém de uma carreira cujos membros têm as mesmas prerrogativas da magistratura, sendo a ela equiparada, grau a grau, tribunal a tribunal: a Procuradoria-Geral da República. Mas ela não tem sido tão atuante, na prática, quando o assunto são possíveis irregularidades no STF.

Onde estaria a falha neste sistema, se o Procurador-Geral da República recebe o mesmo tratamento de Ministro do STF?[56] A reposta, mais uma vez, está na forma de nomeação destas autoridades: tanto os Ministros do STF quanto o Procurador-Geral da República são nomeados pelo Presidente da República, depois de aprovada a escolha por maioria abso-

---

56. LC 75/1993: "Art. 19. O Procurador-Geral da República terá as mesmas honras e tratamento dos Ministros do Supremo Tribunal Federal; e os demais membros da instituição, as que forem reservadas aos magistrados perante os quais oficiem".

302 O SUPREMO TRIBUNAL FEDERAL NA CRISE INSTITUCIONAL BRASILEIRA

luta do Senado Federal (art. 101, parágrafo único, e art. 128, § 1º, CF). Obviamente, conforme já explicitado várias vezes neste estudo, o Presidente da República indicará aquele cujas idéias se afinem com as suas e/ou que tenha maior proximidade ou simpatia, à semelhança do que faz ao escolher nomes para o STF. Ou seja: a cúpula do poder passa pelo mesmo critério de nomeação e comunga dos mesmos ideais... O desgaste interno é pouco provável e a proteção entre similares se sobressai.

Quando um Presidente da República é eleito, ele acaba nomeando a maioria ou parcela considerável dos integrantes do STF, o que lhe dá uma garantia judicial-ideológica aos seus planos de condução do País, sejam certos ou não. E o Procurador-Geral da República, cujo mandato é de dois anos, pode vir a ser nomeado e reconduzido, se for da conveniência do Presidente da República. Ou simplesmente não reconduzido, se é que fora nomeado... Daí, para haver um pacto de cúpula, dista um passo diminuto, mesmo que não exista uma conspiração adredemente planejada, minuciosamente discutida, entre os integrantes destas estruturas. Há pactos silenciosos, que surgem normalmente entre os similares, sem prévias reuniões conspiratórias a portas fechadas.

5. O Supremo Tribunal Federal na atualidade

Oportunidades houve em que o STF mostrou-se *afinado* com a conjuntura política governamental (melhor dizer *governista*), chancelando planos econômicos nitidamente contrários aos interesses da sociedade de massa, mudando consagrados e tradicionais conceitos jurídicos (ex.: direito adquirido, propriedade), legitimando manobras políticas, afirmando a reforma ampla e indiscriminada da Constituição, e selando o destino do País, segundo a visão político-contingencial dos governos.

Viram-se, com certa estupefação, por exemplo, as reformas de toda ordem implementadas no ordenamento jurídico brasileiro, sobretudo de índole constitucional, passando por cima de tudo e de todos. De fato, os Presidentes da República pós-1988 puderam contar com um Congresso que aprova tudo quanto o Executivo quer e dele arrancou (e extrai), em tempo hábil (aos seus interesses), os mais inusitados posicionamentos: o Planalto modifica a Constituição, altera a legislação ordinária, legisla por Medidas Provisórias, muda todo o sistema previdenciário, penaliza o servidor público, edita medidas que empobrecem ainda mais o País e

AFINAÇÃO DO STF COM A CONJUNTURA POLÍTICA   303

o povo, institui a sua reeleição e vende reservas. A tudo o Congresso aquiesce. É a afinação político-institucional dos dois Poderes: Executivo e Legislativo.[57]

Entra, aí, a função do STF, como guardião máximo da Constituição e encarregado de definir, em última instância, essas grandes questões. Na verdade, a demanda ao Supremo Tribunal, neste peculiar, foi tímida, ao se considerar o número de medidas arbitrárias – e, no mínimo, de legalidade ou constitucionalidade discutíveis – tomadas pelo Governo (entenda-se: Executivo e Legislativo), em contraposição aos órgãos legitimados a ingressarem com ações no STF (ações diretas de inconstitucionalidade, mandados de injunção, mandados de segurança, ações cautelares, representações criminais etc.), bem ainda o contingente de pessoas e entidades afetadas. Mas, apesar disso, bateu-se às portas desse Tribunal, tocou-se-lhe o sino da justiça.

Encarregado (e com o poder e a oportunidade) de restaurar o regime de constitucionalidade e de segurança no País, o STF preferiu, em certas ocasiões, afastar-se do seu real papel, ora se apegando a um rigor jurídico pernicioso, ora se baseando apenas em aspectos político-econômicos e pouco sociais para decidir grandes causas.

Portanto, se, de um lado, estavam unidos Executivo e Legislativo, de outro veio aliar-se a eles o STF, robustecidos pela Procuradoria Geral da República, que padeceu de certo marasmo no Governo de Fernando Henrique Cardoso, deixando de impugnar muitas decisões governamentais e olvidando vários escândalos (ex.: máfia do orçamento, a venda de empresas brasileiras, destinações financeiras a bancos privados etc.).

A jurisprudência política do STF evidencia, ainda, uma variação do entendimento pretoriano conforme a sua composição, isto é, dos membros que o integram, se são (ou foram) nomeados por este ou aquele Presidente da República. Eufemicamente, isto revela uma afinação política entre este órgão de Poder e o Executivo, quando não com o Congresso Nacional. Foi o que ocorreu com a aplicação da CF/1988, logo no início de sua publicação, eis que a nova Lei Fundamental foi interpreta-

---

57. A princípio, a união de Poderes é boa para qualquer nação, pois acarreta harmonia e fortaleza. Mas existem as exceções à regra, considerando os propósitos dessas Instituições. No Brasil dos últimos anos, isto só tem levado o País à bancarrota, lamentavelmente, inclusive por haver uma linha pouco nítida entre *união* e *subserviência*.

304   O SUPREMO TRIBUNAL FEDERAL NA CRISE INSTITUCIONAL BRASILEIRA

da por membros do STF nomeados pelo regime militar, disto tendo resultado a interpretação retrospectiva, em detrimento do verdadeiro espírito constitucional, que traduzia os novos ares da abertura política, dos valores da democracia e das liberdades públicas.

Tecendo comentários sobre a vinculação ideológica e de posicionamento nas decisões pelos membros da Suprema Corte dos Estados Unidos ao Presidente da República, em analogia com Tribunais de outros países, Adauto Suannes assevera:

> "É óbvio que esse avanço e recuo, esse movimento pendular, está intimamente ligado à composição da Corte. Registra McCloskey, com fino humor, que, para muita gente, quando um juiz enverga a toga, ele deixa de ter idéias próprias e preconceitos, pautando-se exclusivamente pelo que se contém na Constituição. Ou, dito de outro modo: a Constituição seria um risco fonográfico e os juízes meros fonógrafos que reproduziriam fielmente o que havia sido gravado. Nada mais absurdo, como reconhece o mesmo autor. Por menos que o desejasse, o juiz, qualquer juiz, tem sua história pessoal (sua 'circunstância', como queria Ortega y Gasset), cujo peso influirá sobre suas decisões."[58]

Mas, diferentemente do que ocorre no Brasil, os membros da Corte dos EUA são tradicionalmente divididos em duas facções: a dos liberais e a dos conservadores. A divergência ideológica dentro da Corte beneficia a população, porquanto reflete encontro de forças opostas, que se sucedem entre vitórias e insucessos.

As decisões do STF, quando provocado por representante do povo, judicialmente, são de suma importância para a condução do País, pois aí se diz o Direito em última instância, e, normalmente, *in genere*. Por vezes, os reflexos de uma decisão da maior Corte Judiciária (ou Constitucional) só são sentidos meses ou anos depois. E isto tem acontecido aqui, nem sempre de modo saudável.

Não é de se contrapor a sociedade ao papel político do STF. De fato, mesmo como simulacro de *Corte Constitucional*, encarregado de interpretar o mais político dos Diplomas Legais e definir judicialmente grandes questões da nação, é razoável, compreensível e perfeitamente

---

58. Adauto Suannes, *Os Fundamentos Éticos do Devido Processo Penal*, p. 116. O mesmo Autor traz vários exemplos da Corte dos EUA para ilustrar seu ponto de vista.

AFINAÇÃO DO STF COM A CONJUNTURA POLÍTICA 305

admissível que ele adote posturas políticas no seu atuar. Todas as *Cortes* constitucionais do mundo inteiro emitem pronunciamentos dessa natureza, inclusive fazendo incursões econômicas e sociais. Neste contexto, portanto, o STF também cumpre sua função institucional ao se postar politicamente.

Todavia, *postar-se politicamente* não significa aquiescer, necessariamente, com as orientações, os projetos e os planos do Executivo e/ou do Legislativo. O "agir politicamente" não pode ir ao extremo de romper os balizamentos constitucionais e legais, remetendo às favas o Estado Democrático de Direito, porquanto, na verdade, este deve ser preservado antes de tudo, o que, não obstante, já denota por si só uma opção política, quiçá a mais séria delas.

Postar-se politicamente é adotar postura segundo o melhor para a condução da nação, para a direção do País, para o progresso social, para a melhoria da sociedade, para a erradicação da miséria. Não se tem por legítima postura política aquela que chancela interesses de grupos ou que ampare, unicamente, os de determinado Governo e de sua equipe, sem olhar para o lado sócio-econômico, para o povo afligido nos quatro cantos do País, esmolando um teto para morar ou assaltando à faca por um pedaço de pão, tornando-se cada dia mais violento e disposto a ceifar vidas por coisas corriqueiras (por um tênis, *v.g.*).

Contra o desvio do poder e o abuso dos governantes, só o Judiciário, sobretudo o STF, se mostra o reduto juridicamente apto a defender o povo. É lá onde repousa a Justiça; daí porque deve estar sempre de prontidão para responder ao chamado de quantos sofram por sua falta.

O judiciário como um todo, e especialmente o Supremo Tribunal, deve ser sensível ao clamor público, mas imparcialmente inabalável ao arrebatamento popular, ao sensacionalismo da imprensa e aos arroubos dos amotinados. A serenidade e a sensibilidade devem ser sua tônica. Não precisa do ímpeto suicida do heroísmo, mas o alento incansável de fazer respeitar os reais interesses da sociedade tão sofrida e pisoteada. Urge a vontade inabalável de fazer justiça, de conferir eficácia às normas de direitos e garantias fundamentais, no resgate da dignidade do cidadão.

Enfocando a crise brasileira e os reclamos da sociedade, que tem procurado o STF em momentos de extrema gravidade e periclitância, Paulo Bonavides anuncia que a Corte – instância derradeira de fiscalização da autoridade constitucional que o povo conferiu aos governantes

306   O SUPREMO TRIBUNAL FEDERAL NA CRISE INSTITUCIONAL BRASILEIRA

– "ou ilumina com seus arestos, nos estertores desta crise, os caminhos da salvação democrática, protegendo a substância dos direitos fundamentais de todas as dimensões, ou se recolhe, em seu papel de guarda da Constituição, à mesquinha condição de órgão jurisdicional de fachada".[59]

Mesmo após o Governo FHC, a composição do STF continuou sendo predominantemente conservadora. Supunha-se que o governo seguinte (Lula) nomeasse, p. ex., Ministros com feição trabalhista, social, de vanguarda; mas, no entanto, não foi isto que se consolidou. O único Ministro proveniente do meio jurídico trabalhista foi nomeado por Collor de Mello e se destaca no STF, o Min. Marco Aurélio de Mello. Os posicionamentos deste brilhante ministro constituem prova viva da diferença entre o que seja decisão legítima (posto socialmente desejável) e decisão meramente técnica ou de pouca inspiração social. Vencido freqüentemente em seus votos, o Min. Marco Aurélio é, destacadamente, o que tem maior visão social e sensibilidade nacional, com todas as vênias aos demais. Seus pontos de vista são geralmente aplaudidos pelos acadêmicos e pela sociedade, donde sua afinação com os reais interesses democráticos. Sua aceitabilidade mostra-se tranqüila, aí encontrando sua legitimidade. Mas o tecnicismo e outros valores têm prevalecido, na maioria dos votos de seus pares. Cumpre, aqui, destacar a expressão judicial encontrada na sensibilidade do Min. Carlos Ayres Britto, cuja poesia e humanismo são lastreados em cada voto que profere.

Esperava-se que este quadro fosse mudar sensivelmente, na gestão presidencial de Lula, com a nomeação de Ministros com um histórico de atuação social e acadêmica destacado. Aguardava-se que o ingresso dos Ministros Eros Grau e Carmen Lúcia Antunes Rocha, p. ex., aliando-se à perspectiva acadêmica do Min. Gilmar Ferreira Mendes (nomeado por FHC), três dos ministros mais respeitados na área acadêmica, contribuísse decisivamente para que o STF modificasse muitos de seus posicionamentos, como o alcance da sentença proferida no mandado de injunção, jurisprudencialmente mal compreendido pelos anteriores integrantes da Corte, tornasse efetivos os precatórios judiciais, combatesse a impunidade de autoridades públicas e assegurassem os valores mais profundos do Estado Democrático de Direito, consagrados pela

59. Paulo Bonavides, *Do País Constitucional ao País Neocolonial*, p. 123.

AFINAÇÃO DO STF COM A CONJUNTURA POLÍTICA 307

CF/88. Mas, apesar de todos os ministros nomeados no governo Lula, a jurisprudência do STF mudou apenas pontual e lentamente.[60]

As mudanças começaram a vir, embora gradualmente, a passos curtos. Percebe-se, assim, que, com a nomeação de sete dos ministros da Corte pelo Governo Lula, o Tribunal recebeu novo alento, alterando parte de sua jurisprudência; preocupando-se em debelar a crise dos números (causada pelo excesso de processos) e em atender ao primado da duração razoável do processo; bem ainda, cuidando de aprimorar a jurisdição constitucional e de restabelecer sua autoridade. Digno de registro foi o indicativo da quebra do seu histórico de impunidade às autoridades públicas, ao receber a denúncia contra 40 integrantes do alto escalão do Governo e da política brasileira (escândalo do "mensalão"). A sinalização foi contrabalanceada com o afastamento da aplicação da Lei de Improbidade (Lei 8.429/1992) aos agentes políticos, ficando assegurado, também, o privilégio de foro.

Grande marco nesses novos tempos do STF foi a administração empreendida pela Min. Ellen Gracie, como Presidente da Corte e do Conselho Nacional de Justiça. Sua gestão foi marcada pela preocupação com o funcionamento exemplar do CNJ, dando continuidade a um trabalho primoroso iniciado pelo Min. Nelson Jobim, que vai desde o asseguramento de verbas apropriadas no Orçamento da União à formatação de seu perfil institucional. De fato, o CNJ adquiriu a feição de órgão muito mais preocupado em resolver os inúmeros problemas do Judiciário, pondo-se ao seu lado, do que mero organismo de correição da magistratura, nisto diferenciando-se frontalmente do Conselho Nacional do Ministério Público, que ainda patina em sua identidade, praticamente restringindo-se a punir Promotores e Procuradores e a cassar liberdades no âmbito da Instituição. O CNJ não se descurou do seu papel de órgão sensor, mas também encampou a perspectiva de instituição encarregada de "pensar" o Judiciário. A gestão da Ministra no STF foi

---

60. Sobre o mandado de injunção, a questão foi reacendida no MI 712-8/PA, Rel. Min. Eros Grau, e nos MIs 708 e 670, Rel. Min. Gilmar Mendes, com expectativa de que a Corte revisse o antigo posicionamento. De fato, concluído o julgamento em out./2007, o Tribunal decidiu normatizar o direito de greve no serviço público, até que o Congresso Nacional legislasse sobre a matéria. No mérito, porém, a regulamentação comprometeu o exercício deste relevante direito social, conforme se verá no momento oportuno, neste mesmo trabalho.

308 O SUPREMO TRIBUNAL FEDERAL NA CRISE INSTITUCIONAL BRASILEIRA

tida como exemplar pela magistratura, por seus pares e pela sociedade, ante a seriedade administrativa, longe dos arroubos da imprensa, das liminares açodadas ou polêmicas (deixando-as para o Relator ou para o colegiado), e pela projeção internacional que imprimiu à Corte, além do avanço tecnológico, na política de informatização de seu funcionamento. Tudo conduzido com a elegância, a altivez e o charme feminino.

No início do milênio, o STF tem concentrado mais poder, valendo citar os arts. 275-L, e 741, parágrafo único, do CPC, e o art. 884, § 5º, da CLT, que declaram a inexigibilidade de título judicial fundado em lei ou ato normativo declarados inconstitucionais pelo STF, ou fundado em aplicação ou interpretação da lei ou ato normativo tidos pela Corte como incompatíveis com a Constituição Federal (redações conferidas pela MP 2180-35/2001 e pela Lei 11.232/2005).

A previsão constitucional das Súmulas Vinculantes (art. 103-A, red. EC 45/2004; Lei 11.417/2006) conferiu ao STF grande fatia da função legislativa, com possibilidade de fazer cumprir seu comando direta e imediatamente.

Na mesma senda, pode-se afirmar que as Reclamações constitucionais vieram desempenhar importante função para assegurar a autoridade das decisões do STF, permitindo que o interessado demande diretamente no Tribunal e obtenha a tutela almejada, quando presentes os requisitos apropriados (art. 102, I, alínea "l", da CF).

Apesar dos grandes feitos do STF neste novo período, registrando-se o enquadramento da Polícia Federal no uso desbragado de algemas e das escutas telefônicas, percebeu-se que, no âmbito dos direitos sociais/trabalhistas, a Corte não avançou, mostrando-se firmemente avessa às competências conferidas pela EC 45/2005 à Justiça do Trabalho.

Constatou-se, ainda, certa divisão jurídico-ideológica no Tribunal, mas muito bem conduzida perante a opinião pública.

É hora de ingressar no estudo dos casos concretos. Obviamente, eles são apenas exemplificativos, selecionados dentre os que se mostram mais importantes para esta investigação. Alguns apontam falhas sociais do Supremo Tribunal Federal, quando deixou de emitir certos pronunciamentos em determinados momentos históricos; outros mostram o pecado social por comissão, no *afinamento* político com os demais Poderes constituídos. Tais casos são trazidos, conforme explicitado na Introdução desta investigação, visando a suprir uma lacuna doutrinária e no intuito de contribuir positivamente para um repensar das Instituições brasileiras, em especial do STF. É com esta responsabilidade de estudioso do Judiciário que se apresentam as seguintes ponderações, sem destinar considerações pejorativas a ninguém.

PARTE II
JURISPRUDÊNCIA PONTUAL DO STF. ESTUDO DE CASOS

Capítulo 7
INTRODUÇÃO AOS CASOS ESTUDADOS

*Qual foi a postura adotada pelo STF
perante os casos a seguir estudados?
A sociedade foi penalizada com isto?
O STF poderia, p. ex., ter barrado
o processo de privatização das paraestatais brasileiras?
Houve alguma contribuição do STF
para o agravamento da dívida externa brasileira?
Qual a repercussão destas decisões
para a condução da política e da economia do Brasil?
Qual o grau de confiabilidade do povo brasileiro no STF,
em decorrência de tais posturas?
Ainda é possível falar-se em segurança nas relações jurídicas,
quando a noção de direito adquirido foi reformulada pelo STF?*

Na Introdução desta obra, esclareceu-se que a perspectiva a ser trilhada na investigação seria de cunho sociológico-jurídico, mais propriamente de Sociologia Constitucional, vendo as implicações da jurisdição constitucional na prática social, seus reflexos políticos e econômicos.

Agora, visto em capítulos anteriores o ambiente social, político e ético em que se encontra o País, no que foi dada ênfase sobremaneira no capítulo antecedente, com um mapa do Judiciário (as dificuldades, os números estratosféricos, as ações heróicas, a corrupção...), incumbe demonstrar a prática jurisprudencial no presente apanhado explicativo. Conforme já dito no início desta Tese, ela cuida muito mais da práxis do que da discussão teórica, da Ciência do Direito, apesar de não menosprezar de todo estes aspectos. E, de fato, esta tônica da presente investigação será melhor percebida com o *Estudo de Casos* a seguir apresentado.

314 O SUPREMO TRIBUNAL FEDERAL NA CRISE INSTITUCIONAL BRASILEIRA

Este livro anunciou, inicialmente, que sua *Primeira Parte* apresentaria visão mais propedêutica, funcionando como um arcabouço preparatório do ponto principal, o *Estudo de Casos*. A tarefa foi concluída, dentro do que o espaço e a conveniência permitiam.

Foi esclarecido, também, que os casos escolhidos tiveram por critério a sua repercussão para o País. Como o leitor perceberá, os casos eleitos apresentam conseqüências profundas para a Nação, ora relacionadas ao Estado de Direito, ora às reservas do País, ora à economia, ora à estabilidade social etc. Não são simples interesses individuais resolvidos em processos judiciais. São casos complexos, muitos dos quais admitiam outras soluções alternativas e que o Direito não apresentava apenas uma "única resposta juridicamente defensável", mas várias plausíveis (umas mais, outras menos).

Discutir se o STF fez a opção correta é o que se faz neste estudo. E isto só pode ser analisado fora do Direito. Daí porque esta obra incursionou na possibilidade de o STF apreciar questões meramente políticas, na compreensão da situação social, na importância de se adotar o critério de justiça como baliza hermenêutica, o papel e o compromisso social do Judiciário, o grau de envolvimento dos membros do STF com o Governo que os nomeou etc.

E, por fim, reitera-se o fato de que as decisões positivas do STF são reconhecidas nesta obra e por seu Autor, tendo sido, já, mencionadas em capítulo anterior. Contudo, por opção investigativa e no fito de suprir uma lacuna na doutrina, elegeram-se casos nos quais, ao ver deste Autor, o STF poderia ter adotado posicionamento muito mais social, melhor para o País.

Da mesma forma, a abordagem aqui encetada é a crítica. É grande o número de obras e autores que divulgam o trabalho do Supremo Tribunal, enaltecendo-o; são muitos os discursos elogiosos dirigidos ao STF e a cada um de seus integrantes; são incontáveis as solenidades, de norte a sul do País, em que autoridades engrandecem o árduo trabalho do Supremo Tribunal Federal. Porém, exatamente por reconhecer que o STF possui falhas, a exemplo de qualquer Instituição, e que são escassos trabalhos que investigam estas deficiências, elaborou-se o presente estudo. Aqui, mostra-se uma face inexplorada da Corte. Não com o objetivo de denegri-la, mas de discutir o que comumente não se tem discutido. Seu mérito, na ambiência judicial do país, é reconhecido nesta obra, conquanto não seja o seu objeto.

INTRODUÇÃO AOS CASOS ESTUDADOS 315

Por dever de honestidade científica, cumpre salientar que o STF, no início de sua criação, mostrou muito mais altivez e desenvoltura, apesar de todas as dificuldades que enfrentava. Osvaldo Trigueiro narra essas dificuldades, tão comuns nos órgãos que estão em via de se instalar ou que engatinham no seu funcionamento. São suas palavras:

"O primeiro decênio do Supremo Tribunal Federal foi o mais difícil, por ter sido o da implantação, o da afirmação, o da superação dos obstáculos mais perigosos, o do mais profundo dissídio com o Poder Executivo. De início ele nem sequer tinha sede condigna: funcionava, em dias alternados, na mesma sala da Corte de Apelação. O Visconde de Sabará protestou contra a *indecência* do edifício e os seus colegas não dispunham sequer de gavetas onde pudessem guardar alguns papéis. Somente em 1895 os dois Tribunais passaram a ter salas separadas. A primeira instalação em prédio próprio e exclusivo, o da Rua Primeiro de Março, data de 1902. Aí permaneceu o Supremo Tribunal até 1909, quando se instalou no edifício da Avenida Rio Branco, que fora construído para o Arcebispado. Neste permaneceu até 1960, data da mudança para o palácio que lhe foi destinado na nova Capital."[1]

Comparando o STF *pós-1988* e aquele dos primeiros anos da República, conclui-se que o órgão já foi mais aguerrido e de visão mais ampla, apesar de todas as dificuldades da época. Basta relembrar a doutrina do *habeas corpus*, daqueles fatídicos anos, em que a Corte brasileira o estendeu à defesa das liberdades públicas, como predecessor do mandado de segurança. Ou seja, mesmo sem um remédio jurídico apropriado, a Corte deu-lhe eficácia tamanha a ponto de interferir em questões políticas e lançar importantes luzes sobre o comportamento e as diretrizes governamentais, em defesa das liberdades públicas, tentando consolidar valores democráticos onde o Estado os negava ao cidadão.[2] Reversamente, hoje, o STF tem à sua disposição vários instrumentos

---

1. Osvaldo Trigueiro Vale, "O Supremo Tribunal Federal no Império e na República", *Arquivos do Ministério da Justiça* 157/48-49.
2. Entre tantos casos historiados por Edgard Costa, cita-se aquele no qual Nilo Peçanha, eleito Presidente do Estado do Rio de Janeiro (julho de 1914), ingressou com *habeas corpus* para que o Presidente Francisco Chaves de Oliveira Botelho lhe passasse o cargo, ficando assegurado o exercício das funções regulares até o final do mandato. A ordem foi concedida em 16.12.1914 pelo STF, por maioria, após ter se vislumbrado que o ordenamento jurídico não previa nenhum outro remédio para o caso (*Os Grandes Julgamentos do Supremo Tribunal Federal*, vol. 1, pp. 228-242).

316 O SUPREMO TRIBUNAL FEDERAL NA CRISE INSTITUCIONAL BRASILEIRA

constitucionais e processuais aptos à defesa das liberdades públicas, sendo mister invocar o mandado de injunção e as ações de controle de constitucionalidade. Mas, todavia, a Corte não tem conferido a eficácia necessária a estas medidas tipicamente políticas. E, no final, mesmo que não tenha sido seu propósito, não aprecia as grandes discussões, segundo o desejado pela sociedade, caindo no chancelamento da política governamental (*rectius*, governista), com os honrosos e vários julgamentos em contrário.

E, em várias oportunidades em que convocado pela população para dirimir questões complexas e de suma relevância para a nação, quedou-se inerte ou optou por fórmula socialmente inadequada, navegando, mesmo, contrariamente ao *princípio constitucional da vedação ao retrocesso social*,[3] em sua interpretação. É referente a estas decisões que segue o estudo de casos, de natureza, é certo, não exaustiva e que não anula o mérito da Corte por posicionamentos felizes adotados em outras ocasiões.

Ver-se-á que, na maioria das vezes, nestas complexas questões,[4] o STF tinha fundamentos jurídicos suficientes para, no caso concreto,[5] optar por uma ou outra solução, na interpretação constitucional,[6] tanto que os votos (vencedores e vencidos) foram alentados e racionalmente aceitáveis. Contudo, sob o aspecto metajurídico (e não extrajurídico) é que houve falha, especialmente nas áreas social e econômica.

O Direito não se mostra apto a resolver todos os problemas. Foi neste ponto que a Teoria Pura do Direito, de Kelsen, mostrou-se falha, insanavelmente defeituosa. As grandes questões envolvidas de juridicidade encontram sua verdadeira causa e resolução em outros campos, como a Sociologia, a Economia, a Religião, a Psicologia etc. Daí porque a visão meramente tecnicista é insuficiente para apreender toda a dimensão dos grandes problemas, que apenas se revestem de invólucro jurídico.

---

3. Este princípio significa que as conquistas sociais se tornam irreversíveis (J. J. Gomes Canotilho, *Direito Constitucional*, pp. 474-475).

4. Aliás, as questões submetidas aos tribunais mantenedores do controle judicial da constitucionalidade têm este caráter de complexidade (Moreso, *La Indeterminación del Derecho y la Interpretación de la Constitución*, p. 235).

5. E. Böckenförde defende a aplicação da norma constitucional em cada caso específico, no modelo tópico, num método a que denomina de "tópico-orientado ao problema" (*Escritos sobre Derechos Fundamentales*, pp. 19-27).

6. A opção feita na interpretação constitucional revela, por si só, em vários casos, a pendência pela corrente ideológica neoliberal, a prevalecer naquela Corte.

Capítulo 8
BLOQUEIO DE ATIVOS FINANCEIROS

Que conseqüências podem ser apontadas ao bloqueio
dos cruzados determinado pelo Presidente Collor de Mello?
Em que esta medida mudou a vida das pessoas?
O STF era favorável ao bloqueio dos ativos financeiros?
Qual a postura do Judiciário ante as ações ajuizadas
pelos jurisdicionados para a liberação do dinheiro
que tinham nos bancos?
O STF postou-se contra ou a favor das decisões
que determinavam a liberação destes valores?
É possível falar-se em uma crise no Judiciário,
decorrente disso?
De que modo a postura adotada pelo STF
refletiu no convívio das pessoas?

A EC 32/2001 tratou de quase todas as matérias que vinham
sendo submetidas ao STF, em termos de Medidas Provisórias,
impondo limites ao poder do Presidente da República
em editá-las, tanto sob a ótica dos assuntos
quanto no pertinente a aspectos formais e temporais.

O primeiro caso ora colacionado é o do bloqueio dos cruzados pelo Governo Collor. Integrante do Plano Collor I, a MP 168, de 15.3.1990 (depois convertida na Lei 8.024/1990), criou uma nova moeda, congelou ativos financeiros, acima de NCz$ 50.000,00, e deu outras providências. Era o chamado *bloqueio dos cruzados.*

Tais medidas, tomadas pelo primeiro Presidente da República eleito pelo povo depois de quase trinta anos de ditadura, ensejou uma enxurrada de ações judiciais, o que levou à edição da MP 173, de 18.3.1990, segundo a qual "não será concedida medida liminar em mandado de segurança e em ações ordinárias ou cautelares decorrentes das Medidas

318   O SUPREMO TRIBUNAL FEDERAL NA CRISE INSTITUCIONAL BRASILEIRA

Provisórias 151, 154, 158, 160, 161, 164, 167 e 168, de 15.3.1990, aplicando-se o disposto no parágrafo único do art. 5º da Lei 4.384, de 26.6.64".[1]

Segundo o jornal *O Estado de S. Paulo*, edição de 20.4.1991, foram propostas na Justiça Federal mais de 60.000 (sessenta mil) ações com o objetivo de desbloquear os cruzados, entre os meses de março de 1990 e abril de 1991, por decorrência do Plano Collor I. Conforme estudo feito pelo mesmo jornal (edição de 28.6.1991, p. 3-1), a soma de todas estas ações implicariam no desbloqueio de apenas Cz$ 62.000.000,00 (sessenta e dois milhões de cruzados). Comparando-se este valor aos Cz$ 7 (sete) trilhões liberados pelas chamadas *torneiras*, sob o controle da equipe econômica, ou os Cz$ 8,1 trilhões que permaneceram congelados, de acordo com informações prestadas pelo Banco Central ao Supremo Tribunal Federal, conclui-se tratar-se de quantia ínfima. Ocorreu uma sobrecarga de ações no Judiciário, com milhares de cidadãos interessados, mas, o valor pecuniário, em si, no geral, não era muito grande, comparativamente aos parâmetros mencionados acima.

No entanto, acima do valor pecuniário, em si, estava o receio de que houvesse uma propagação considerável do número de ações e mais liberações judiciais do dinheiro bloqueado, o que, em cascata, poderia vir a comprometer o dito Plano. Por isso, a proibição de liminares pelo Judiciário era tão importante para o Governo.

O STF, noticia Oscar Vilhena Vieira, rapidamente afastou a questão da inconstitucionalidade do bloqueio dos cruzados, negando liminar ao pedido de suspensão da eficácia da MP 168, requerida pelo PDT (Partido Democrático Trabalhista). Embora a decisão não fosse de mérito, para o momento, no entanto, foi de suma relevância, pois chancelou, indiretamente, o bloqueio determinado pelo Governo Federal. Segundo Oscar Vilhena, esta questão só veio a ser reapreciada pelo STF, apesar de liminarmente, em 27.6.1991, portanto quase um ano depois do referido bloqueio, em ação proposta pelo Partido Socialista Brasileiro (PSB), na figura do Deputado Jamil Haddad. "A Medida Provisória 173 (relativa à suspensão de medidas liminares contra o plano econômi-

---

1. Ironia do destino, a Lei 4.384/1964 fora editada no auge do regime militar. O recurso a ela foi inusitado para quem fora eleito pela primeira vez após o retorno da democracia.

BLOQUEIO DE ATIVOS FINANCEIROS 319

co do governo), no entanto, foi logo julgada pelo Supremo, em ação direta de inconstitucionalidade (ADI 223-6-DF), proposta pelo Partido Democrático Trabalhista (PDT)".[2]

Oscar Vilhena Vieira informa que, pela decisão do STF, ficou a responsabilidade do julgamento do desbloqueio dos cruzados atribuída aos demais órgãos do Judiciário, caso a caso, o que provocou duas profundas crises na Justiça Federal brasileira, além de justificar "rebeldia dessa em relação ao próprio Supremo Tribunal Federal".[3] A primeira crise foi de caráter *técnico*, tendo em vista o desaparelhamento do judiciário para processar volume tão grande de ações em tempo tão curto; a segunda crise foi de caráter *político*, pertinente à relação entre os juízes e tribunais de primeira e segunda instâncias e o próprio Supremo.

Um grande número de pessoas, objetivando a liberação dos seus ativos financeiros bloqueados em março de 1990, buscou a Justiça Federal, a qual passou a conceder maciçamente liminares e seguranças, desbloqueando os cruzados, minando parcialmente o plano sob uma perspectiva econômica, devido ao pequeno montante de cruzados desbloqueados, e afetando-o politicamente. Esta atitude dos juízes de primeira instância provocou uma pressão nas instâncias superiores. Mesmo assim, o Supremo se esquivava de apreciar a materialidade do plano. Em abril de 1991, o TRF de São Paulo, além de conceder liminares, posteriormente cassadas pelo STF, julgou, num breve espaço de tempo, inconstitucionais tanto as disposições que bloqueavam os cruzados, como aquelas que impediam a concessão de liminares.

Enquanto a primeira e a segunda instâncias da Justiça Federal questionavam a constitucionalidade do plano, o Supremo se omitia a apreciá-lo no mérito, atitude que só foi parcialmente alterada (pois ainda aqui não decidiu a questão meritória) quando o Tribunal, por 8 votos a 3, decidiu, em junho de 1991, em liminar, não suspender a eficácia de dispositivos da Lei 8.024/1990 (conversão da MPT 168 pelo Congresso, que tratava do bloqueio dos cruzados).

À exceção dos Ministros Celso de Mello (Relator), Néri da Silveira e Paulo Brossard, os demais membros acompanharam o voto do Min.

---

2. Oscar Vilhena Vieira, *Supremo Tribunal Federal – Jurisprudência Política*, p. 151.

3. Idem, ibidem, p. 195.

320 O SUPREMO TRIBUNAL FEDERAL NA CRISE INSTITUCIONAL BRASILEIRA

Ilmar Galvão (indicado pelo Presidente Collor), que atentava para o risco do desbloqueio imediato dos cruzados, concluindo ser a medida constitucional. Mais do que isto, informa Oscar Vilhena, sustentou-se descaber a concessão de liminar após 15 meses da edição da MP 168. Para o Min. Paulo Brossard este argumento não era plausível, sendo a concessão da liminar ainda necessária, pois milhares de pessoas que sofreram os efeitos da medida continuavam ao desabrigo de qualquer proteção do Judiciário. Em suas palavras: "Apenas um mentecapto recorreria ao Tribunal depois de ter (esse) recusado o pedido de liminar na primeira ação impetrada ainda quando a lei estava sob a forma de Medida Provisória", referindo-se ao pedido de liminar realizado pelo PDT e negado pelo Supremo. Para o então Presidente do STF, Ministro Sydney Sanches, a concessão da liminar 'resultaria em enorme transtorno para a economia, com a injeção de trilhões, o que pode trazer o retorno de uma ameaçadora hiperinflação'".[4]

Em resumo, o STF demorou a apreciar o cerne da matéria (liberação dos cruzados, suspensão da MP 168/1990), negando, em 27.6.1991, a liminar pela mora do autor da ação, fundamentando-se na perda do *periculum in mora*. Veja-se:

"*Lei 8.024/90. Plano Collor. Bloqueio dos Cruzados. Ausência do 'periculum in mora'. Liminar indeferida.* – O tardio ajuizamento da ação direta de inconstitucionalidade, quando já decorrido lapso temporal considerável desde a edição do ato normativo impugnado, desautoriza – não obstante o relevo jurídico da tese deduzida – o reconhecimento da situação configuradora do *periculum in mora*, o que inviabiliza a concessão da medida cautelar postulada. – Votos vencidos dos Ministros Celso de Mello (Relator), Paulo Brossard e Neri da Silveira, que ordenavam a liberação imediata dos cruzados bloqueados, por entenderem que a salvaguarda do padrão monetário não justifica o desrespeito, pelo Estado, de princípios inscritos na Constituição da República: 'O poder normativo reconhecido a União Federal para atuar, legislativamente, sobre a disciplina da moeda, quer para adaptar o volume dos meios de pagamento às reais necessidades da economia nacional, quer para regular o seu valor intrínseco, prevenindo ou corrigindo os surtos inflacionários ou deflacionários (...), quer para impedir situações de anormalidade e outros desequilíbrios oriundos

---

4. Idem, ibidem, pp. 195-196. O Autor faz referências ao jornal *O Estado de São Paulo*, edição de 28.6.1991, de onde colheu parte desses dados.

BLOQUEIO DE ATIVOS FINANCEIROS   321

de fenômenos conjunturais, não dispensa e nem exonera o Estado, na formulação e na execução de sua política econômico-financeira, inclusive monetária, de observar e de respeitar os limites impostos pela Constituição' (Ministro Celso de Mello, Relator). (STF, Pleno, ADIMC 534-DF, m.v., j. 27.6.1991, Rel. Celso de Mello, *DJU* 8.4.1994, p. 07.239)."

Mais de um ano depois desta decisão, em Questão de Ordem no mesmo julgado, foi que o STF voltou a analisar a matéria, numa época em que sua decisão já não se fazia necessária. A conseqüência da mora tribunalícia foi a prejudicialidade da ADI, tendo o feito sido extinto:

"*Ação Direta de Inconstitucionalidade. Lei 8.024/1990. Bloqueio dos cruzados novos. Devolução integral dos ativos financeiros retidos. Inexistência de efeitos residuais concretos. Normas legais de vigência temporária. Pleno exaurimento do seu conteúdo eficacial. Prejudicialidade reconhecida. Questão de ordem acolhida.* – A cessação superveniente da eficácia da lei argüida de inconstitucionalidade inibe o prosseguimento da ação direta de inconstitucionalidade, desde que inexistam efeitos residuais concretos, derivados da aplicação do ato estatal impugnado. Precedentes do STF. – A extinção anômala do processo de controle normativo abstrato, motivada pela perda superveniente de seu objeto, tanto pode decorrer da revogação pura e simples do ato estatal impugnado como do exaurimento de sua eficácia, tal como sucede nas hipóteses de normas legais destinadas a vigência temporária. – Com a devolução integral dos ativos financeiros retidos, e a conseqüente conversão dos cruzados novos em cruzeiros, exauriu-se, de modo definitivo e irreversível, o conteúdo eficacial das normas impugnadas inscritas na Lei n. 8.024/1990 (STF, Pleno, ADIQO 534-DF, Rel. Min. Celso de Mello, j. 26.8.1992, v.u., *DJU* 8.4.1994, p. 7.240)."

Enfim, o STF primeiro negou a liminar de inconstitucionalidade da norma combatida; depois, demorou a apreciar a matéria e, quando o fez (cerca de quase dois anos depois), extinguiu o feito, por se encontrar prejudicada a ação, ante o deslinde *natural* da querela por força do desbloqueio dos cruzados, administrativa e espontaneamente, pelo Governo. Agindo deste modo, deixou a população desamparada por, no mínimo, dois longos e penosos anos.

O ato do Presidente da República significara uma violência fenomenal, ímpar, inadmissível em qualquer regime democrático, ofensivo ao direito fundamental de propriedade, incompatível com o Estado de Direito.

322 O SUPREMO TRIBUNAL FEDERAL NA CRISE INSTITUCIONAL BRASILEIRA

O povo, aflito, com dinheiro bloqueado, sem dele poder fazer uso algum, via na Justiça o último reduto apto a tutelar seu direito constitucional à propriedade. Mas o STF frustrou suas expectativas: primeiro, reformou todas as decisões liminares de desbloqueio dos cruzados que lhe foram submetidas; depois, no controle abstrato de constitucionalidade da MP 168/1990, silenciou o tanto quanto pode para, dois anos depois das medidas (em agosto de 1992), concluir que a ADI estava prejudicada. Pudera: ele próprio fora o responsável pela demora. E a tão almejada decisão do Supremo caiu no vazio, penalizando a sociedade inteira.

As conseqüências sociais do bloqueio dos cruzados pelo Governo Collor e o seu não-desbloqueio pelo STF alentaram no povo um clima de insegurança e de desconfiança das principais Instituições brasileiras. O Supremo institucionalizou um quadro de instabilidade no País, coonestando os atos violentadores de direitos fundamentais centenários, em nome de uma política econômica duvidosa e recessiva, senão fadada ao insucesso. Do outro lado dessa "junção institucionalista", ficou a população ao desabrigo do direito, vendo muitos dos seus sonhos esvaírem-se, ante a indisponibilidade dos depósitos bancários economizados por anos a fio, em meio às intempéries e sacrifícios: os planos feitos para empregarem essas economias (ex.: compra de bens, de casa própria, viagens, investimentos pessoais etc.) desfizeram-se nessa época. Dívidas, antes inexistentes, surgiram por força do bloqueio dos cruzados, haja vista alguns compromissos já terem sido assumidos, na confiança de utilizarem os depósitos, os quais, no ínterim, restaram aprisionados, usurpados. E, às dívidas, sobrevieram juros (acima dos 12% a.a., chancelados pelo mesmo STF – v. tópico adiante) e multas. As pessoas possuíam dinheiro para pagá-las, mas não dispunham dele, por força do bloqueio governamental.

Não é preciso ter uma visão capitalista para se reconhecer a importância que o dinheiro tem na aquisição de bens necessários ao bem-estar e à sobrevivência. Também não é preciso ser dotado de nenhuma compreensão extraordinária para se imaginar como as pessoas vinham economizando para poderem desfrutar, oportunamente, dos benefícios de suas finanças. Por fim, não carece ser adivinho para se imaginar a desagradável surpresa a que um pai de família ou um empresário são acometidos perante medida tão extrema e as conseqüências dela decorrentes. Investimentos foram suspensos, dívidas anteriormente contraídas não puderam ser pagas, aquisição de imóveis e contratos imobiliários se viram prejudicados. Planos pessoais jogados à esperança de um novo tempo. Até quem se visse emergencialmente em dificuldade, desesperado em adquirir bens essenciais à satisfação de necessidades básicas (moradia, educação, saúde...), tinha de se render àquela circunstância.

Nunca dantes o Estado brasileiro violentara tão profundamente o direito à propriedade. Não uma propriedade qualquer, como um imóvel, um eletrodoméstico, um carro ou algo deste gênero, mas exatamente aquilo que serve de instrumento para se adquirir todos estes bens e muitos outros, inclusive certos prazeres da vida, como lazer e viagens. Boa parte dos direitos fundamentais depende de recursos financeiros. Então, o bloqueio dos cruzados inviabilizou, também, o gozo de uma série de outros direitos e criou problemas até então inexistentes. Dívidas surgiram, p. ex., sem poderem ser pagas, em detrimento do conceito moral das pessoas; planos talhados por anos tiveram de ser descartados; os idosos, alguns em final de vida, viram-se impedidos de realizar sonhos tão cuidadosamente acalentados. O crediário, então, fez a grande festa. E os agiotas se deram muito bem, emprestando dinheiro a juros estratosféricos. A rolagem de dívida campeou, mediante renegociações sucessivas, como uma bola de neve feita de juros capitalizados.

Estes fatos provocam um problema social de alto risco, comprometendo até a família, conforme a afetação no seu padrão de vida. Houve, por certo, reflexos nas separações judiciais: na divisão de bens, na manutenção dos alimentandos e alimentantes. Como o casal faria para comprar mais um imóvel, a fim de viverem em tetos distintos? E os carros? E outros bens necessários à vida de cada um? E as prestações já assumidas, os negócios já fechados, pendentes de pagamento?

Também, no plano educacional: os projetos de ir morar em outro país ou enviar algum filho para lá, para estudar, para fazer um curso de mestrado ou doutorado, ficaram prejudicados.

As reformas da casa própria, a troca do automóvel por um novo, a aquisição de utensílios domésticos (geladeira, televisão, microcomputador etc.)... Tudo foi por água abaixo. De repente todo mundo se viu sem dinheiro, embora precisando comprar objetos. Uma saída foram os empréstimos pessoais, a bancos ou a agiotas.

Quando se recorre a um agiota, embora se saiba da ilicitude do anatocismo, normalmente se está em situação de extrema necessidade e de

324 O SUPREMO TRIBUNAL FEDERAL NA CRISE INSTITUCIONAL BRASILEIRA

profunda fragilidade. A tendência é submeter-se a qualquer condição que seja imposta pelo usurário. E o agiota se aproveita disto. Sucede que a forma de cobrança na agiotagem não é nada "delicada", sendo que pode chegar ao extremo de vir acompanhada de violência física, senão de morte. O Estado, por sua vez, é inoperante para combater esta prática. E os casos de recurso à agiotagem têm demonstrado que não é fácil se desvencilhar de dívida contraída desta maneira.

Pois foram conseqüências como estas que o bloqueio dos cruzados causou.

Ao final desta "novela", mesmo com o desbloqueio, estas questões decorrenciais ou "contingenciais" ficaram sem solução. O Poder Público silenciou a respeito, omitindo-se e repassando aos particulares a atribuição de resolver entre si referidas perplexidades. Anômala situação criada pelo Poder Público, que gerou problemas; e, no entanto, na hora de resolvê-los deixou-os a cargo dos cidadãos prejudicados. Inóspita situação com que o STF comungou. E, ao fim, o povo, despolitizado, resignou-se em, pelo menos, receber de volta os cruzados anteriormente bloqueados.

Em 2001, foi promulgada a EC 32, que mudou a redação do art. 62, CF, cujo § 1º, inc. II, passou a vedar a edição de medidas provisórias sobre matéria "que vise à detenção ou seqüestro de bens, de poupança popular ou qualquer outro ativo financeiro". Notoriamente, o Congresso Nacional se preocupou com o acontecido na década anterior ao estabelecer a vedação constitucional, evitando a malfadada surpresa do bloqueio nos ativos financeiros.

Capítulo 9
MEDIDAS LIMINARES, CAUTELARES E TUTELAS ANTECIPADAS CONTRA O PODER PÚBLICO

Que relações podem ser apontadas entre
as providências judiciais de emergência
e o interesse social à tutela jurisdicional?
Entre o tempo e a justiça:
a sociedade entre o rochedo e o mar...

Mencionou-se, há pouco, que a MP 173, de 18.3.1990, estabeleceu: "não será concedida medida liminar em mandado de segurança e em ações ordinárias ou cautelares decorrentes das Medidas Provisórias 151, 154, 158, 160, 161, 164, 167 e 168, de 15.3.1990, aplicando-se o disposto no parágrafo único do art. 5º da Lei 4.384, de 26.6.64". O objetivo do preceito era evitar que os juízes (federais) concedessem liminares (como de fato milhares delas foram concedidas) desbloqueando os cruzados em benefício dos demandantes, o que poderia *comprometer o Plano Collor I.*

Submetida a matéria ao crivo do STF, apenas os Ministros Paulo Brossard (Relator) e Celso de Mello foram favoráveis à suspensão da norma que impedia as liminares contra o plano econômico. O Min. Sepúlveda Pertence liderou a decisão do colegiado, a qual, em resumo, recebeu o seguinte fundamento: considerando a função da cautelar de garantir a eficácia da futura decisão, ao invés do direito individual, a eventual restrição ao poder de cautela implica lesão ao judiciário, e não à parte.[1] Contudo, somente no caso concreto, poderá o juiz verificar se

---

1. *JSTF-Lex* 143/52.

326 O SUPREMO TRIBUNAL FEDERAL NA CRISE INSTITUCIONAL BRASILEIRA

a norma combatida fere o seu poder de cautela ou não, e, somente então, inspirado na razoabilidade, pronunciar-se-á no controle difuso da constitucionalidade das leis, deixando de dar aplicação à Medida Provisória, na medida em que, em relação àquele caso, a julgue inconstitucional, porque abusiva.[2]

O posicionamento do STF, desta forma, implicou em não suspender a eficácia da Medida Provisória, esquivando-se da responsabilidade da suspensão e transmitindo-a aos juízes, em cada caso concreto. Consoante Oscar Vilhena, o Supremo fragmentou o conflito, que poderia ter sido resolvido *erga omnes*, em milhares de conflitos entre o Estado e cada indivíduo que recorresse ao Judiciário. Essa decisão não fora a melhor para o Governo, a quem interessava a impossibilidade de se contestarem as medidas governamentais, mas atendia aos seus interesses também. De fato, o número de cidadãos indignados, que buscaria o Judiciário combatendo as medidas arbitrárias do governo, sempre seria menor do que a totalidade dos cidadãos atingidos por uma decisão genérica do Supremo Tribunal Federal. Destarte, se esta decisão fosse tomada *erga omnes*, simplesmente retiraria do mundo jurídico a norma declarada inconstitucional; e toda a população seria beneficiada.[3]

Como se vê, a decisão do STF foi socialmente falha. Preferiu não tomar uma atitude firme e conclusiva sobre o assunto, remetendo-a aos juízes das instâncias inferiores, *in concreto*, pulverizando o conflito.

Interessante observar que, algum tempo depois, em caso idêntico, em 9.12.1993, o mesmo STF suspendeu liminarmente diversos artigos da MP 375, editada pelo Presidente Itamar Franco, que limitava a concessão, pelo Poder Judiciário, de liminares contra o plano econômico do Governo. Nesta ADI, ajuizada pela OAB, o STF entendeu que a MP 375 ofendia a CF/1988.

É de se acompanhar as acertadas considerações de Oscar Vilhena, no sentido de que não se trata de julgar qual das duas decisões do STF está correta, porém apontar a sua ambigüidade ao decidir questões idênticas em momentos históricos tão próximos. A atenuante desta ambigüidade é o fato de haver ocorrido uma mudança na composição do Supre-

---

2. Idem, p. 54.
3. Oscar Vilhena Vieira, *Supremo Tribunal Federal – Jurisprudência Política*, pp. 153-154.

MEDIDAS LIMINARES, CAUTELARES E TUTELAS ANTECIPADAS 327

mo neste intervalo de tempo. A agravante é que no caso da Medida Provisória 375, diferentemente da de número 173, que trazia uma *proibição* à concessão de liminares, buscou-se apenas *dificultar* a concessão de liminares.[4] Na incoerência do STF, *dificultar* soou mais grave do que *proibir*.

Já na Presidência de Fernando Henrique Cardoso, novamente a questão voltou à tona, através da Lei 9.494, de 10.9.1997, cujo art. 1º reza:

"Art. 1º. Aplica-se à tutela antecipada prevista nos arts. 273 e 461 do Código de Processo Civil o disposto nos artigos 5º e seu parágrafo único e 7º da Lei n. 4.348, de 26 de junho de 1964, no artigo 1º e seu § 4º da Lei n. 5.021, de 9 de junho de 1966, e nos artigos 1º, 3º e 4º da Lei n. 8.437, de 30 de junho de 1992."

Passando em miúdos: com a nova lei, ficava proibida, além da concessão de liminares, a antecipação de tutelas e adoção de outras providências emergenciais pelos juízes contra o Poder Público. Ou seja, o texto desta Lei assemelha-se ao da MP 173/1990, editada pelo Presidente Collor de Mello. A referência, agora, era (e ainda é) à tutela antecipada.

Tutela antecipada é uma providência que os juízes podem conceder quando o direito da parte se encontra comprovado de plano e apresenta alto índice de plausibilidade. Desta forma, o direito mostra-se tão evidente que, em nome da celeridade processual, o juiz antecipa efeitos, total ou parcialmente, do que viria a ser a sentença.

Vejam-se os principais dispositivos do Código de Processo Civil a respeito da tutela antecipada:

"Art. 273. O juiz poderá, a requerimento da parte, antecipar, total ou parcialmente, os efeitos da tutela pretendida no pedido inicial, desde que, existindo prova inequívoca, se convença da verossimilhança da alegação e: "I – haja fundado receio de dano irreparável ou de difícil reparação; ou "II – fique caracterizado o abuso de direito de defesa ou o manifesto propósito protelatório do réu. (...)."

"Art. 461. Na ação que tenha por objeto o cumprimento de obrigação de fazer ou não fazer, o juiz concederá a tutela específica da obrigação ou, se procedente o pedido, determinará providências que assegurem o resultado prático equivalente ao do adimplemento. "§ 1º. A obrigação somente se converterá em

---

4. Idem, ibidem, p. 153.

328   O SUPREMO TRIBUNAL FEDERAL NA CRISE INSTITUCIONAL BRASILEIRA

perdas e danos se o autor o requerer ou se impossível a tutela específica ou a obtenção do resultado prático correspondente. "§ 2º. A indenização por perdas e danos dar-se-á sem prejuízo da multa (art. 287). "§ 3º. Sendo relevante o fundamento da demanda e havendo justificado receio de ineficácia do provimento final, é lícito ao juiz conceder a tutela liminarmente ou mediante justificação prévia, citado o réu. A medida liminar poderá ser revogada ou modificada, a qualquer tempo, em decisão fundamentada. "§ 4º. O juiz poderá, na hipótese do parágrafo anterior ou na sentença, impor multa diária ao réu, independentemente de pedido do autor, se for suficiente ou compatível com a obrigação, fixando-lhe prazo razoável para o cumprimento do preceito. "§ 5º. Para a efetivação da tutela específica ou a obtenção do resultado prático equivalente, poderá o juiz, de ofício ou a requerimento, determinar as medidas necessárias, tais como a imposição de multa por tempo de atraso, busca e apreensão, remoção de pessoas e coisas, desfazimento de obras e impedimento de atividade nociva, se necessário com requisição de força policial. "§ 6º. O juiz poderá, de ofício, modificar o valor ou a periodicidade da multa, caso verifique que se tornou insuficiente ou excessiva."

"Art. 461-A. Na ação que tenha por objeto a entrega de coisa, o juiz, ao conceder a tutela específica, fixará o prazo para o cumprimento da obrigação."

Criar dificuldade ao povo de obter tutela emergencial do Judiciário mesmo quando o direito se apresentar com alto grau de plausibilidade: este era o objetivo do Governo ao lançar a Lei 9.494/1997.

Logicamente, os magistrados não sairiam (como, de fato, não saem) por aí deferindo liminares nem antecipando tutelas em qualquer hipótese. Só concedem alguma providência desta natureza quando o direito da parte se apresenta com alto grau de plausibilidade. Aliás, esta é uma crítica que a sociedade tem feito aos juízes: falta-lhes mais ousadia para adotarem mais providências como esta, o que compromete a celeridade e a efetividade do processo.

Do que temia o Governo, então? Exatamente isto: o direito dos cidadãos apresentava elementos de veracidade e plausibilidade tamanhas, sendo o fato notório, que justificava a concessão de tutelas de emergência. A magistratura federal já tinha se apercebido disto, para contrariedade do Governo.

Proibindo a concessão de liminares, qualquer condenação do Estado só poderia ocorrer mediante amplo contraditório (a Fazenda Pública

MEDIDAS LIMINARES, CAUTELARES E TUTELAS ANTECIPADAS   329

federal, estadual, municipal e o Distrito Federal possuem prazo em quádruplo para se defenderem) ou na sentença final. Sucede que as sentenças proferidas contra a Fazenda Pública só surtem efeitos quando (e se) confirmadas pelo Tribunal competente (art. 475, CPC). E isto sem falar na demora *natural* do processo, desde a petição inicial até a sentença, passando pelos incidentes corriqueiramente criados pela Administração Pública e por uma infinidade de recursos. Os processos contra a Fazenda Pública acabam chegando aos Tribunais, de uma forma ou de outra. E quem nomeia os integrantes dos Tribunais Regionais (TRFs, TRTs), Superiores e Supremo? Adivinhou: o Presidente da República.

Foi nesta época que a Advocacia-Geral da União (AGU) começou, de fato, a interessar ao Governo Federal. Era necessário ter um quadro de advogados públicos qualificados, espalhados por todos os Estados do País, aptos a defender as medidas ilegais do Governo. Difícil tarefa, que foi cumprida competentemente pelos advogados da União. E o chefe da instituição, o Advogado-Geral da União, passou a assessorar a Presidência da República, antecipando-se às conseqüências de seus atos. Daí, p. ex., a grande importância da Ação Declaratória de Constitucionalidade, proponível perante o STF. Sendo esta ação ajuizada por algum dos legitimados – entre eles figura o Presidente da República (art. 103, CF), que o faz orientado pela AGU – o STF pode declarar uma norma constitucional, em caráter vinculativo e contra todos (art. 102, § 2º, CF), o que impede qualquer outro órgão, mesmo do judiciário, de declarar sua inconstitucionalidade.

Postas estas premissas, retoma-se a discussão concreta da Lei 9.494/1997:

Os olhos da população e dos juristas voltaram-se para a possibilidade de se demandar, novamente, o STF, o qual fora ambíguo anteriormente, nos Governos Collor e Itamar. Desta feita, seria o desempate da ambigüidade.

No entanto, o Poder Público foi mais precavido e ágil, ajuizando ação cautelar de Ação Declaratória de Constitucionalidade.[5] O STF, a

---

5. A Ação Declaratória de Constitucionalidade ingressou no Direito brasileiro através da EC 3/1993, que alterou o art. 102, I, "a", e seus §§ 1º e 2º, CF/1988. Sem sentido jurídico, mas com largo efeito prático para a política governamental, a EC 3/1993 teve sua constitucionalidade discutida no STF, o qual, porém, declarou-a constitucional, conforme se pode ver da decisão abaixo:

330   O SUPREMO TRIBUNAL FEDERAL NA CRISE INSTITUCIONAL BRASILEIRA

seu turno, agora teve postura ativa e, no pecado social por comissão, após reconhecer o cabimento da cautelar, deferiu-a, em parte, conforme Certidão de Julgamento e Ementa, *litteris:*

"Decisão: O Tribunal, por votação majoritária, deferiu, em parte, o pedido de medida cautelar, para suspender, com eficácia *ex nunc* e com efeito vinculante, até final julgamento da ação, a prolação de qualquer decisão sobre pedido de tutela antecipada, contra a inconstitucionalidade do art. 1º da Lei n. 9.494, de 10.9.1997, sustando, ainda, com a mesma eficácia, os efeitos futuros dessas decisões antecipatórias de tutela já proferidas contra a Fazenda Pública, vencidos, em parte, o Ministro Néri da Silveira, que deferia a medida cautelar em menor extensão, e, integralmente, os Ministros Ilmar Galvão e Marco Aurélio, que o indeferiam. Votou o Presidente. Plenário, 11.2.1998" (STF, Pleno, ADC 04-6, Rel. Min. Sydney Sanches; *DJU-e-1* 13.2.1998, p. 01; *IOBJur* 1/12.009, mar./1998).

"Ação Direta de Constitucionalidade do art. 1º da Lei n. 9.494, de 10.9.1997, que disciplina a aplicação da tutela antecipada contra a Fazenda Pública. Medida Cautelar: cabimento e espécie, na ADC. Requisitos para sua concessão. 1) Dispõe o art. 1º da Lei n. 9.494, de 10.9.1997: 'Art. 1º. Aplica-se à tutela antecipada prevista nos arts. 273 e 461 do Código de Processo Civil, o disposto nos arts. 5º e seu parágrafo único e art. 7º da Lei n. 4.348, de 26 de junho de 1964, no art. 1º e seu § 4º da Lei n. 5.021, de 9 de junho de 1966, e nos arts. 1º, 3º e 4º da Lei n. 8.437, de 30 de junho de 1992'. 2) Algumas instâncias ordinárias da Justiça Federal têm deferido tutela antecipada contra a Fazenda Pública, argumentando com a inconstitucionalidade de tal norma. Outras instâncias igualmente ordinárias e até uma Superior (o STJ) a têm indeferido, reputando constitucional o dispositivo em questão. 3) Diante desse quadro, é admissível Ação Direta de Constitucionalidade, de que trata a 2ª parte do inciso I do art. 102 da CF, para que o Supremo Tribunal Federal dirima a controvérsia sobre a questão da prejudicial constitucional. Precedente: ADC n. 1. 4) As decisões definitivas de mérito, proferidas pelo Supremo Tribunal Federal, nas Ações Declaratórias de Constitucionalidade de lei ou ato normativo

"Ação Declaratória de Constitucionalidade. Incidente de inconstitucionalidade da Emenda Constitucional n. 3/93, no tocante à instituição dessa ação. Questão de Ordem. Tramitação da Ação Declaratória de Constitucionalidade. Incidente que se julga no sentido da constitucionalidade da Emenda Constitucional n. 3, de 1993, no tocante à Ação Declaratória de Constitucionalidade" (STF, Pleno, ADCQO 01-DV, j. 27.10.1993, Rel. Min. Moreira Alves, v.m., *DJU* 16.6.1995, p. 18.212).

MEDIDAS LIMINARES, CAUTELARES E TUTELAS ANTECIPADAS   331

federal, produzem eficácia contra todos e até efeito vinculante, relativamente aos demais órgãos do Poder Judiciário e ao Poder Executivo, nos termos do art. 102, § 2º da CF. 5) Em ação dessa natureza, pode a Corte conceder medida cautelar que assegure, temporariamente, tal força e eficácia à futura decisão de mérito. E assim é, mesmo sem expressa previsão constitucional de medida cautelar na ADC, pois o poder de acautelar é imanente ao de julgar. Precedente do STF: *RTJ* 76/342. 6) Há plausibilidade jurídica na argüição de constitucionalidade, constante da inicial (*fumus boni juris*). Precedente: ADIMC 1.576-1. 7) Está igualmente atendido o requisito do *periculum in mora*, em face da alta conveniência da Administração Pública, pressionada por liminares que, apesar do disposto na norma impugnada, determinam a incorporação imediata de acréscimos de vencimentos, na folha de pagamento de grande número de servidores e até o pagamento imediato de diferenças atrasadas. E tudo sem o precatório exigido pelo art. 100 da Constituição Federal, e, ainda, sob as ameaças noticiadas na inicial e demonstradas com os documentos que a instruíram. 8) Medida cautelar deferida, em parte, por maioria de votos, para se suspender, *ex nunc*, e com efeito vinculante, até o julgamento final da ação, a concessão de tutela antecipada contra a Fazenda Pública, que tenha por pressuposto a constitucionalidade ou inconstitucionalidade do art. 1º da Lei n. 9.494, de 10.9.1997, sustando-se, igualmente, *ex nunc*, os efeitos futuros das decisões já proferidas, neste sentido" (STF, Pleno, ADC 4-DF-Lim., Rel. Min. Sydney Sanches, *DJU* 21.5.1999, *Informativo-STF* 150/2, 26.5.1999; *RTJ* 169/384).

Veja-se: o STF suspendeu, com efeito vinculante a todos os demais órgãos do Judiciário, qualquer antecipação de tutela contra o Poder Público e proibiu a magistratura de apreciar a constitucionalidade ou inconstitucionalidade do art. 1º da Lei 9.494/1997.

Vale dizer, o STF outra vez modificou seu entendimento, agora numa perspectiva socialmente perniciosa, *data maxima venia*. Exatamente na época em que o Poder Público voltava revigorado, dirigindo sua ira mortal contra o servidor público, e cometendo ilegalidades as mais absurdas contra tudo e contra todos, editando Medidas Provisórias notoriamente inconstitucionais, vendendo o patrimônio nacional e adotando posturas contrárias aos mais comezinhos direitos fundamentais (como o de propriedade), o STF achou por bem excluir do Judiciário o poder de prestar a tutela efetiva e rápida em face dos abusos do Estado. Com isto quem se robusteceu não foi a máquina estatal como um todo; foi, sim, o Poder Executivo, pois as medidas seguidamente baixadas con-

332   O SUPREMO TRIBUNAL FEDERAL NA CRISE INSTITUCIONAL BRASILEIRA

trárias aos direitos subjetivos e às liberdades públicas provieram (e provêm, até hoje) essencialmente dele. Com a decisão, ficou o Executivo isento da apreciação do Judiciário, salvo no caso de sentença ou decisão definitiva, cuja *via crucis* é por demais conhecida, muitas vezes terminando no âmbito do próprio STF.

De toda forma, antes da edição da Lei 9.494/1997, na vigência da MP 1.570/1997 (art. 1º), o STF já se pronunciara favorável à vedação de antecipação de tutela contra a Fazenda Pública, ao apreciar pedido de liminar na ADI 1.576/1997. Observe-se:

"Tutela antecipada contra a fazenda pública (1). Julgando medida cautelar em ação direta ajuizada pelo Partido Liberal contra a Medida Provisória 1.570, de 26.3.1997, que disciplina a aplicação da tutela antecipada contra a Fazenda Pública, o Tribunal deferiu, em parte, a liminar para suspender a vigência do art. 2º da MP (O art. 1º da Lei 8.437, de 30 de junho de 1992, passa a vigorar acrescido do seguinte parágrafo: '§ 4º. Sempre que houver possibilidade de a pessoa jurídica de direito público requerida vir a sofrer dano, em virtude da concessão da liminar, ou de qualquer medida de caráter antecipatório, o juiz ou o relator determinará a prestação de garantia real ou fidejussória'). Os Ministros Maurício Corrêa, Ilmar Galvão, Carlos Velloso e Néri da Silveira deferiram a liminar por considerarem que o dispositivo, tal como redigido, poderia restringir o acesso ao Poder Judiciário, com ofensa, à primeira vista, ao art. 5º, XXXV da CF/88 ('a lei não excluirá da apreciação do Poder Judiciário lesão ou ameaça a direito'), e os Ministros Celso de Mello e Sepúlveda Pertence a concediam por entenderem que não haveria urgência a justificar a edição da Medida Provisória. Vencidos os Ministros Marco Aurélio (relator), Nelson Jobim, Octavio Gallotti, Sydney Sanches e Moreira Alves, ao argumento de que o sistema processual brasileiro já contempla normas que facultam ao magistrado a exigência de caução (p. ex.: art. 804 do CPC), e cuja inconstitucionalidade jamais foi declarada.*

"Tutela antecipada contra a fazenda pública (2). Indeferida a liminar quanto aos artigos 1º, que veda o instituto da tutela antecipada nas hipóteses em que a lei proíbe o deferimento de cautelar em mandado de segurança, e 3º, que – dando nova redação ao art. 16 da Lei 7.347/1985 (ação civil pública) – dispõe que a sentença civil fará coisa julgada *erga omnes*, nos limites da competência territorial do órgão prolator da respectiva decisão. Vencidos os Ministros Celso de Mello e Sepúlveda Pertence com o mesmo fundamento do art. 2º (ausência de um dos pressupostos da medida provisória), e o Ministro Néri da Silveira, quanto ao art. 1º, ao argumento de que o dispositivo é, à primeira vista, incompatível*

MEDIDAS LIMINARES, CAUTELARES E TUTELAS ANTECIPADAS   333

com o instituto da tutela antecipada" (STF, Pleno, ADI 1.576-UF, Rel. Min. Marco Aurélio, 16.4.97, *Informativo-STF* 67, de 14-18.4.1997).

Precavidamente, apesar do precedente, o Poder Público ajuizou ação declaratória de constitucionalidade (n. 04-6-DF, decisão transcrita *supra*) quando em vigor a Lei 9.494/1997, conversora da MP 1.570/1997.

Ao conceder a medida cautelar, o Min. Sydney Sanches fulcrou-se exatamente na *insegurança jurídica dos Poderes Públicos*, pois a concessão da tutela antecipada, por ter-se como inconstitucional o art. 1º, MP 1.570 (Lei 9.494), "tem levado a que pessoas jurídicas de direito público sejam constrangidas a incorporar, de imediato e em curtíssimos prazos, nas folhas de pagamento de servidores públicos, valores contestados judicialmente, não raro, sob pena de multa diária coercitiva (que um Magistrado Federal denominou '*chicote jurídico*') ou de cominação de responsabilidade criminal, '*por prevaricação*'." Em seguida, o Ministro citou alguns casos concretos.[6]

O último posicionamento do Supremo Tribunal contribuiu para o imperialismo da máquina administrativa, reduzindo o poder dos juízes e tornando praticamente imunes os atos das autoridades públicas. A partir dali, a tutela de urgência restou bastante comprometida quando requerida em face da Administração Pública. Os prejuízos sofridos ou ameaçados de lesão pelo cidadão terão de ser suportados, com perigo, até, de se tornarem irreversíveis, em nome de uma superproteção ao Poder Público, inobstante todas as prerrogativas e privilégios processuais.

Assim, outra vez, *data maxima vênia*, o STF contribuiu para separar o Estado da sociedade, o Poder Público do cidadão, a possibilidade de tutela de emergência em favor do Estado e sua impossibilidade quando em benefício do cidadão. Desequilibrou o princípio constitucional da igualdade de tratamento, restringiu a acessibilidade ao Judiciário pelo jurisdicionado e corroborou para o distanciamento entre os interesses governamentais e os do povo.

6. *RTJ* 169/389-390.

Capítulo 10
O "IMPEACHMENT"
DO PRESIDENTE DA REPÚBLICA (1992)

**Como o STF se portou no impeachment
do Presidente Collor de Mello?**

O primeiro Presidente eleito, no Brasil, no novo regime constitucional após a revolução militar – que marcara os anos 1960-1980 –, foi Fernando Collor de Mello. O povo depositava nele as esperanças de legitimador de um País democrático, eis que o novo Presidente encarnava, desde as promessas de campanha, o vigor da juventude, o destemor de um desportista e o empreendedorismo típico dos empresários. Sua elegância impecável e o tom de voz cuidadosamente trabalhados convenciam as multidões. Em plena abertura política, as primeiras leis de sua gestão (Estatuto da OAB, Lei Orgânica do MP, Estatuto da Criança e do Adolescente, Código de Defesa do Consumidor, Lei da Improbidade Administrativa etc.) sinalizavam para um novo tempo. Aguardava-se, então, a austeridade das contas públicas, o controle da inflação, a inserção do Brasil no mercado internacional e a eticidade na Administração. Tudo isto com o que mais se esperava: a consolidação da democracia.

Porém, os grandes feitos foram poucos, dentre eles se destacando a notória melhoria da frota automobilística brasileira, chamada de *carroças* pelo novo Presidente. A postura de Collor de Mello para que as empresas do setor melhorassem a qualidade dos carros brasileiros foi formidável. Ao lado desta ventura, no entanto, erros crassos foram cometidos, aumentando o fosso entre as classes (elite *x* pobreza), criando um ambiente governamental hostil em que se conseguiu a epopéia de desagradar, a uma só vez, gregos e troianos.

Com a abertura da democracia veio um monstro faminto, que, nos anos seguintes, crescia: o demônio da corrupção. Foi o preço da abertura política, da liberdade descontrolada. Vinha-se de um regime castrador,

O IMPEACHMENT DO PRESIDENTE DA REPÚBLICA (1992)   335

fechado, autoritário. A sede de liberdade ardia no peito dos brasileiros. E quando ela veio, correu frouxa de norte a sul, intrépida, maravilhada com a nova aquisição... Enquanto isso, derrubada a censura, arriados os controles a classe política manifestou toda a sua voracidade pelo dinheiro público.

No campo político, indissociável do plano econômico, talvez por força do excesso de auto-confiança, Fernando Collor de Mello cometeu erro similar ao do grego Empédocles; quem sabe, pela mesma razão.[1] Foram os Planos Econômicos fracassados, concentração de "benefícios" em poucos grupos que transitavam pelo Planalto, escândalos financeiros (e a casa da Dinda?), medidas socialmente antipáticas (como o bloqueio dos cruzados), isolamento político, rompimento com antigos hábitos, escândalos na vida particular (as brigas com o irmão Pedro Collor, as relações amorosas familiares, as infidelidades públicas), condutas não condizentes com o cargo, exposições desnecessárias de sua pessoa, corrupção em seu Governo (o esquema do PC Farias), desvio de dinheiro público... A mídia começou a criticar, o interesse econômico aflorou, os grupos recém-excluídos da cúpula se revoltaram, o Congresso insatisfeito se revolveu, o povo foi às ruas (de cara pintada), a Procuradoria-Geral da República se agitou, a OAB partiu para o ataque... Estava *descollorido* o quadro.

O Presidente estava mergulhado num mar de lama; e se apresentavam todos os elementos para uma conspiração. A fragilidade do seu Governo alimentava a ânsia de derrubá-lo. E havia condições para tanto. O ambiente era propício. À frente das razões *verdadeiras*, sobrepunham-se as *justas*.

Em 1º.9.1992, mediante representação no Congresso Nacional de Barbosa Lima Sobrinho (da Associação Brasileira de Imprensa) e Marcelo Lavénere (da OAB), teve início a *via crucis* do *impeachment* (impedimento) do Presidente Fernando Collor de Mello. Iniciado o processo no Congresso Nacional, o STF teve participação na verificação de preceitos constitucionais pertinentes ao direito de defesa do Presidente

---

1. Empédocles era filósofo-poeta do séc. V, a.C. Fora dotado com poderes intelectuais tão prodigiosos que ele próprio finalmente se convencera ser um deus, e mergulhara na lava fervente do Etna para prová-lo. O falso poder o traiu, e o Etna adorou o petisco. "Segundo a tradição, o vulcão teria expedido suas sandálias de bronze" (Denis Huisman, *Dicionário dos Filósofos*, p. 324).

336 O SUPREMO TRIBUNAL FEDERAL NA CRISE INSTITUCIONAL BRASILEIRA

acusado e ao procedimento adotado na condução do *impeachment*. Ao final, em sede de Mandado de Segurança impetrado pelo Presidente da República, o prazo para defesa foi ampliado de cinco para dez sessões. Neste julgamento, transmitido por toda a imprensa nacional, os Ministros do STF viram-se na contingência de justificarem seu voto a toda a Nação. Em 30.12.1992, Fernando Collor foi condenado pelo Senado Federal por crime de responsabilidade.

O fundamental, todavia, ainda estava por vir. Restava o problema da suspensão dos direitos políticos do ex-Presidente da República, então condenado. Fernando Collor impetrou Mandado de Segurança no STF, para assegurar seus direitos políticos. Cometer-se-ia um equívoco intelectual, senão um furto, se não fosse transcrito novamente Oscar Vilhena Vieira:

"Em sessão do dia 6.12.1993, que teve a duração de quase dez horas e a participação de apenas oito Ministros, votaram a favor de Fernando Collor os Mins. Ilmar Galvão, Celso de Mello, Moreira Alves e Octávio Gallotti e contra as pretensões do ex-Presidente, os Mins. Carlos Velloso, relator do processo, Sepúlveda Pertence, Paulo Brossard e Néri da Silveira. A perplexidade com o empate em quatro votos a favor e quatro contra foi geral. O fato de quatro Ministros terem votado de uma forma e quatro de outra, provocando um empate, embora tenha sido muito criticado, não parece ser um grande problema, mesmo porque a questão da autonomia ou não da pena de inabilitação era bastante controvertida. As conseqüências deste empate, no entanto, sofreram várias críticas.

"Politicamente foi muito constrangedor o fato de um Tribunal Supremo, a quem cabe tomar decisões em última instância, ter provocado um impasse e, pior, ter transferido a responsabilidade de decidir a juízes de uma instância inferior. Delegou-se um poder indelegável. A outra questão, alvo de críticas, refere-se ao fato de que o empate consistia em si uma decisão. Como sustentou Geraldo Ataliba, com o empate em quatro votos 'o veredicto do Senado foi mantido. O STF não o anulou; não conheceu a segurança. Para que isso acontecesse era necessário que a votação majoritária assim o decidisse. E isso não ocorreu'."[2]

Vê-se, aí, o excesso de "prudência" (senão o chamiço do receio – e não propriamente "omissão") do STF em definir incisivamente questão fundamental para todo o País. No dilema, foi necessário convocarem-se

---

2. Oscar Vilhena Vieira, *Supremo Tribunal Federal...*, cit., pp. 177-178.

O IMPEACHMENT DO PRESIDENTE DA REPÚBLICA (1992)   337

três Ministros do Superior Tribunal de Justiça para findarem o impasse (Ministros Willian Andrade Peterson, José Fernandes Dantas e Antonio Torreão Braz). Ao fim, estes Ministros, completando o julgamento iniciado pelo Supremo Tribunal Federal, votaram contrariamente à concessão do Mandado de Segurança impetrado por Fernando Collor de Mello, ficando decidido por sete votos contra quatro a cassação dos direitos políticos do ex-Presidente, até o ano 2000. Os Ministros integrantes do STJ não vacilaram: foram e fizeram o que tinha de ser feito no STF. Aliás, o STJ, desde a sua criação constitucional (1988), vinha se mostrando, dentre os Tribunais Superiores brasileiros, o mais inspirado no espírito altivo e independente da magistratura, no desempenho de suas atribuições, mostrando-se altaneiro e até vanguardista – sem críticas pejorativas aos demais Tribunais.[3] E assim tem sido: um Tribunal que defende suas competências e se posta altivamente na estrutura do Judiciário brasileiro.

É, no mínimo, curioso que a Corte Suprema de um País, em questão da mais alta relevância (a cassação de direitos políticos, em co-relação com o *impeachment* do Presidente da República) – quando todos os olhos da nação se voltam para o Tribunal, atentos ao julgamento e ansiosos por uma definição –, crie um impasse inesperado e recorra a membros de um Tribunal inferior (o STJ), os quais, comparecendo a julgamento, resolvam a questão com a maior rapidez e simplicidade. Tal posicionamento do STF acrescentou na população a desconfiança de sua altivez e desenvoltura em grandes questões nacionais. E plantou uma suspeita de que esse Tribunal age muito *politicamente*.

O *impeachment* de um Presidente da República é um dos fenômenos culminantes e excepcionais do processo democrático de qualquer nação evoluída. A seriedade que o tema envolve, especialmente quando posto em prática, requer a mais rigorosa cautela e, ao mesmo tempo, o máximo compromisso social com o povo, sem perder a firmeza no desempenho do papel institucional. A gravidade de que o tema se reveste impõe que as Instituições sejam firmes, seguras. Cassar um Presidente da República, mediante processo democrático, não se compatibiliza

---

3. Só para fazer um contraponto, cabe salientar que, por outro lado, o STJ foi o único Tribunal Superior a apresentar, anos depois, no início do século XXI, indícios de envolvimento de alguns integrantes seus com o crime organizado, fato explorado pela imprensa, nos anos de 2003 a 2007.

com fragilidades de Instituições. E o Judiciário, por sua Suprema Corte, não pode deixar de assumir seu relevante papel democrático em situações tão extremas quanto à do *impeachment*.

É bem verdade, por outro lado, que, como fenômeno político, o *impeachment* não é imposto apenas pelos Poderes constituídos.[4] A massa social, o povo, tem importância essencial na permissão do impedimento. Sem esta participação democrática do povo, o *impeachment* não transcorre em clima de tranqüilidade institucional, eis que tende à revolução. Os Poderes constituídos necessitam do amparo popular para que possam agir, tudo dentro de um ambiente democrático e segundo as regras do devido processo legal. E o Judiciário, além de não poder se omitir do fenômeno democrático, precisa ter a serenidade e a altivez para assegurar as cláusulas do *due process of law*.

Se há, na doutrina nacional e estrangeira, discussão sobre a natureza do *impedimento*, não existe, todavia, discussão sobre a importância de nele serem preservados os princípios decorrentes do devido processo legal. Conforme já dito neste estudo, no esquema de freios e contrapesos, o Supremo tem a função essencial de preservar e assegurar o respeito às Instituições e as competências dos organismos. Incumbe-lhe, portanto, escoimar os excessos cometidos por outros poderes, assegurando o regime democrático e, ao mesmo tempo, preservando o Estado de Direito.

O STF não pode ficar alheio ao processo democrático, sobretudo quando ele próprio almeja ser uma Corte Constitucional. O que ele não pode é perder a sua imparcialidade, porque perderia, então, a condição básica constitucional de julgador. Mas, daí, ele ser infenso aos movimentos políticos, democráticos e sociais, dista um fosso próximo do infinito. Como órgão previsto democraticamente, como Poder constituído, fruto do regime que o povo escolheu, não pode, nunca, se esquivar de cumprir seu papel constitucional, que se espera seja afinado com os ideais de um País livre e de um povo amadurecido.

---

4. Para um estudo mais técnico-jurídico, vide: Humberto Ribeiro Soares, *Impeachment: Crimes de Responsabilidade do Presidente da República, passim.*

Capítulo 11
PROCESSO DE PRIVATIZAÇÃO

E a economia passou a reger muito mais do que o mercado...
A privatização era necessária?
Qual sua repercussão para a dívida externa brasileira?
Qual a sua importância para a modernização da máquina administrativa?
Os meios utilizados pelo Governo brasileiro
para a privatização foram os adequados?

Desde 1990, por meio da MP 155, de 15.3.1990 (convertida na Lei 8.031, de 12.4.1990), o Brasil vem laborando no processo de desestatização. No Governo de Luís Inácio Lula da Silva, houve uma suspensão de parte deste processo, talvez até porque pouco restou a ser privatizado (Banco do Brasil, Caixa Econômica Federal e mais meia dúzia de estatais). Primeiramente, pela MP 155/1990 criou-se o Programa Nacional de Desestatização, o qual chegou a ser dirigido por órgãos técnicos como o *Conselho Fiscal de Desestatização* e a *Comissão Diretora do Programa Nacional de Desestatização*, sucessivamente, para não delongar o rol de citação. Segundo Marcos Juruena Villela Souto,

"(...) a 'desestatização' consiste em objetivo mais amplo que é reduzir a participação do Estado na Economia, diminuindo o excessivo intervencionismo normativo (através de mecanismos de mais liberdade ao mercado, na fixação de preços e salários, simplificação de exigências burocráticas e limitação do protecionismo) e do fomento indiscriminado (selecionando os incentivos fiscais, subsídios e empréstimos, com vistas a um melhor direcionamento de gastos) – é o que vem sendo denominado em outras medidas do Programa Nacional de *Desregulamentação* (que, como o nome já diz, atinge as regras, não verbas); a *Privatização* é apenas uma parcela da *Desestatização*, caracterizando-se pela transferência para a iniciativa privada de empresas controladas pelo poder público.

340   O SUPREMO TRIBUNAL FEDERAL NA CRISE INSTITUCIONAL BRASILEIRA

"Não sendo o programa tão abrangente (como se esperava) deveria ser denominado Programa Nacional de *Privatização* (*sic*)."[1]

A desestatização assumiu, na realidade, a forma da *privatização*, mediante alienação do patrimônio nacional a grupos estrangeiros, em contrapartida a investimentos meramente especulativos.

A história da privatização, no Brasil, é argutamente analisada por Aloysio Biondi. Segundo ele, o processo foi sendo preparado por uma política de aumento das tarifas públicas (para que os compradores das empresas as recebessem com uma margem de lucratividade elevada),[2] acompanhada de investimentos financeiros e tecnológicos (para que os compradores recebessem as empresas com patrimônio considerável, sem dívidas e com alta tecnologia);[3] depois, o Governo brasileiro recebeu apenas 40% (quarenta por cento) do valor da venda de cada empresa (pago em *moedas podres*: títulos como os da Dívida Agrária, comprados pelos grupos econômicos pela metade do preço para *pagar* ao Governo), ficando fracionado em parcelas o restante da dívida do grupo comprador. "Ao mesmo tempo, as empresas multinacionais ou brasileiras que 'compraram' as estatais não usaram capital próprio, dinheiro delas mesmas, mas, em vez disso, tomaram empréstimos lá fora para fechar os negócios. Assim, aumentaram a dívida externa do Brasil".[4] É que os juros brasileiros eram muito altos e, portanto, onerariam demasiadamente os empréstimos. Não bastasse isso, posteriormente o Governo brasileiro financiou outras compras através de recursos do BNDES (Banco Na-

---

1. Marcos Juruena Villela Souto, "O Programa Brasileiro de Privatização de Empresas Estatais", *Revista de Informação Legislativa* 28(110)/269-270.

2. Para as telefônicas, ocorreram reajustes, a partir de novembro de 1995, à margem de 500%; para as fornecedoras de energia elétrica, aumentos de 150% (Aloysio Biondi, *O Brasil Privatizado*, p. 7).

3. Antes de privatizar, o governo gastou: R$ 4,7 bilhões na Açominas; R$ 1,9 bilhão na CSN. "Em 1996 e 1997, já decidida a privatização, o governo investiu 16 bilhões de reais no sistema Telebrás e, somente no primeiro semestre de 1998, às portas do leilão realizado em julho, mais 5 bilhões de reais. No total, 21 bilhões de reais, praticamente mais de duas vezes e meia (250%) os 8,8 bilhões de reais recebidos de entrada pela sua privatização" (idem, ibidem, p. 25).

Segundo a CUT (Central Única dos Trabalhadores), o governo gastou R$ 45,5 bilhões para sanear o BANESPA, antes de privatizá-lo. Vender o banco para a iniciativa privada significaria repassar dinheiro público aos banqueiros (www1.folha.uol.com.br/folha/dinheiro/banespa2000-sindicato.shtml, acessado em 12.9.2007).

4. Aloysio Biondi, *O Brasil Privatizado*, p. 6.

PROCESSO DE PRIVATIZAÇÃO 341

cional de Desenvolvimento Econômico e Social), autorização esta insculpida em decreto presidencial[5] – contrariamente, o BNDES ficou proibido de financiar as estatais brasileiras, incumbidas dos setores de infra-estrutura e básicos.

Desta forma, a compra pelos grupos vencedores acabou ocorrendo assim: do valor definido pelo martelo (menos do que esperava o Governo brasileiro), somente 40% era pago à vista, sendo que deste percentual a metade era financiado pelo próprio Governo, e, o mais (total ou parcialmente), pago em *moeda podre*. Para os grupos "compradores" *tocarem o barco à frente*, novos empréstimos foram contraídos ao Governo para investimento no setor, acompanhado de nova redução do quadro de pessoal, o que equivale dizer que a lucratividade aumentará, considerando as elevadas tarifas que o Governo brasileiro prometeu manter.

Biondi explica que as compradoras das empresas telefônicas, apesar dos mega-aumentos ocorridos antes da privatização, ficaram obrigadas a reduzir as tarifas dos serviços locais – os mais usados pela população, sobretudo pelo *povão* – somente a partir de 2001. Vale dizer: o Governo brasileiro assegurou, para os anos de 1998, 1999 e 2000, a manutenção das tarifas que elevara. Mas, não acaba aí: para esses mesmos serviços locais, a queda máxima *combinada* era de 4,9%, no total, até 2005. Isto é, sete anos depois da privatização, o consumidor só teria 4,9% de redução acumulada.[6]

De tudo quanto Biondi explica, urge transcrever o resumo de suas afirmações, expostas logo no início do livro:

"Antes de vender as empresas telefônicas, o governo investiu 21 bilhões de reais no setor, em dois anos e meio: vendeu tudo por uma 'entrada' de 8,8 bilhões de reais ou menos – porque financiou metade da 'entrada' para grupos brasileiros.

"Na venda do Banco do Estado do Rio de Janeiro (Banerj), o 'comprador', pagou apenas 330 milhões de reais e o governo do Rio tomou, antes, um empréstimo dez vezes maior, de 3,3 bilhões de reais, para pagar direitos trabalhistas.

---

5. Biondi menciona "decreto presidencial de 24 de maio de 1997" (*litteris*, ibidem, p. 36). Contudo, examinando as fontes oficiais de publicação normativa, não se encontrou nenhum decreto presidencial dessa data, sobre o tema. Existem, sim, os Decretos 2.201, de 8.4.1997 (específico para a compra da Vale do Rio Doce) e 2.253, de 13.6.1997 (referente à alteração do Estatuto Social do BNDES).

6. Biondi, *O Brasil Privatizado*, cit., p. 7.

342 O SUPREMO TRIBUNAL FEDERAL NA CRISE INSTITUCIONAL BRASILEIRA

"Na privatização da rodovia dos Bandeirantes, em São Paulo, a empreiteira que ganhou o leilão está recebendo 220 milhões de reais de pedágio por ano desde que assinou o contrato – e até abril de 1999 não começara a construção da nova pista.

"A Companhia Siderúrgica Nacional (CSN) foi comprada por 1,05 bilhão de reais, dos quais 1,01 bilhão em 'moedas podres' – vendidas aos 'compradores' pelo próprio BNDES (Banco Nacional de Desenvolvimento Econômico e Social), financiadas em 12 anos.

"Assim é a privatização brasileira: o governo financia a compra no leilão, vende 'moedas podres' a longo prazo e ainda financia os investimentos que os 'compradores' precisam fazer – até a *Light* recebeu um empréstimo de 730 milhões de reais no ano passado."[7]

E os próprios atos executórios das privatizações foram cheios de *histórias e incidentes não esclarecidos plenamente à população*. Houve notícias de corrupção, de escândalos, de leilões encomendados... fatos que nunca se apuraram devidamente. Convém, aqui, relembrar uma notícia jornalística. O jornal *Folha de S. Paulo*, em edição de 25.5.1999, estampou (reportagem de capa):

"Conversas gravadas em 46 fitas obtidas pela *Folha* mostram que o Presidente Fernando Henrique Cardoso participou de operação para favorecer empresas no leilão da Telebrás, em julho de 1998. O governo argumenta que interveio, a seu ver, de modo legítimo, para aumentar o valor do leilão. As fitas completam série de diálogos captados por grampo no BNDES, episódio que causou a demissão de quatro altos funcionários por sugerir que houve favorecimento indevido.

"FHC autorizou o uso de seu nome para pressionar a Previ, fundo de pensão do Banco do Brasil, a entrar no consórcio do Banco *Opportunity* e da italiana Stet, para fazê-lo vencer a disputa pela Tele Norte Leste contra o consórcio Telemar.

"O aval foi dado ao então presidente do BNDES, André Lara Resende. Após explicar que a Previ era importante para o consórcio do *Opportunity*,

---

7. Idem, ibidem, p. 5. O Autor informa que a privatização das paraestatais na França e na Itália, p. ex., foi precedida de uma política séria de aquisição de ações pela própria população, democratizando o acesso a elas através de medidas próprias. Na França, na privatização parcial das empresas de telecomunicações, em 1998, nada menos de 4 milhões de franceses compraram ações, "graças aos atrativos oferecidos pelo governo" (idem, ibidem, pp. 13-14).

PROCESSO DE PRIVATIZAÇÃO 343

Lara Resende sugere fazer 'certa pressão' e diz: 'A idéia é que podemos usá-lo aí para isso'. FHC responde: 'Não tenha dúvida'. O diálogo mostra que a expressão 'bomba atômica', que surge em fitas já publicadas, significava usar o nome de FHC para pressionar a Previ.

"Até aquele momento, o fundo estava negociando sua entrada ao Telemar. Acabou associando-se ao grupo do *Opportunity*, mas a Tele Norte Leste foi arrematada pelo Telemar – cuja participação é chamada de 'aventurismo' por FHC em uma das conversas. A vitória do Telemar foi usada pelo governo como prova de que não houve favorecimento. Mas o consórcio só venceu porque disputou sozinho – seu concorrente, o grupo do *Opportunity*, já havia arrematado a Tele Centro Sul e não poderia disputar outra área."

Nas páginas seguintes, o jornal aprofundou a matéria, chegando, inclusive, a indicar os envolvidos na conversa telefônica e interessados no megaleilão.

Durante o processo de venda dessas reservas, do patrimônio nacional pelo Governo Federal, os órgãos judiciários foram chamados a intervir na questão. A Justiça Federal de 1ª instância emitiu alguns pronunciamentos, especialmente nas Regiões Sul e Sudeste do País, proibindo, liminarmente, a privatização, o que ocasionou a alteração do art. 16 da Lei 7.347/1985 (Lei da Ação Civil Pública) pela Lei 9.494/1997, para limitar os efeitos das decisões dos juízes ao território de sua jurisdição.[8] Isto sem falar que houve, até, a criação de tribunais de exceção, em duas cidades brasileiras, objetivando concentrar todas as ações desta natureza nas respectivas Varas Federais, sem nenhuma previsão legal e contra a vedação constitucional dos tribunais de exceção. A limitação territorial, no caso da Lei 7.347/1985, esvaziou o sentido da proibição de venda por Vara do Judiciário Federal, eis que a decisão não mais abrangeria todos os Estados, restringindo-se a área territorial específica à da sua competência local.

---

8. Pela nova redação, assim ficou o art. 16 da Lei 7.347/85: "Art. 16. A sentença civil fará coisa julgada *erga omnes*, nos limites da competência territorial do órgão prolator, exceto se o pedido for julgado improcedente por insuficiência de provas, hipóteses em que qualquer legitimado poderá intentar outra ação com idêntico fundamento, valendo-se de nova prova".
A redação anterior era a seguinte: "Art. 16. A sentença civil fará coisa julgada *erga omnes*, exceto se ação for julgada improcedente por deficiência de provas, hipótese em que qualquer legitimado poderá intentar outra ação com idêntico fundamento, valendo-se de nova prova".

344 O SUPREMO TRIBUNAL FEDERAL NA CRISE INSTITUCIONAL BRASILEIRA

Na Alta Corte Judiciária, a venda foi chancelada integralmente, como pretendia o Governo Federal, contrariamente aos anseios da população e aos interesses desta, frustrando vários movimentos populares e manifestações diversas, com alguns conflitos com a polícia.[9] Vejam-se os seguintes julgados, noticiados no *Informativo-STF*:

"*Companhia Vale do Rio Doce –1:* O Tribunal, julgando preliminar suscitada pelo Min. Moreira Alves, não conheceu do pedido cautelar na ação direta proposta pela Ordem dos Advogados do Brasil (OAB) contra dispositivos da Lei 8.031, de 12.4.90, que criou o Programa Nacional de Desestatização. Invocou-se, para tanto, o fato de já tramitar no STF ação direta que tem por objeto a referida lei, e cuja liminar fora indeferida pela Corte (ADI 562, Rel. Min. Ilmar Galvão, *RTJ* 146/448). A maioria entendeu que o Tribunal não poderia apreciar novamente o pedido, mesmo que com base em outra fundamentação constitucional, já que no controle concentrado de constitucionalidade a causa de pedir é aberta. A Corte, assim, não está vinculada aos fundamentos jurídicos expostos pelo autor. Destacou-se, ainda, que em ação direta o controle da lei se dá de forma abstrata. Não se considera o caso concreto. Vencidos os Ministros Ilmar Galvão (relator), Maurício Corrêa e Sepúlveda Pertence, que lembrou precedentes em que a Corte acolhera pedido de reiteração de liminar com base em fatos novos (ADIs 504 e 1.182)" (STF, Pleno, ADI 1.584-UF, Rel. Min. Ilmar Galvão, 23.4.1997, *Informativo-STF* 68, de 21-25.4.1997).

"*Companhia Vale do Rio Doce – 2:* O Tribunal não conheceu do agravo regimental interposto pelo Banco Nacional de Desenvolvimento Econômico e Social (BNDES) contra decisão do Min. Marco Aurélio que concedera liminar, em mandado de segurança impetrado por parlamentares, para suspender o Decreto Presidencial, de 7.3.97, que concedeu à Companhia Vale do Rio Doce o direito de uso real resolúvel de gleba de terras, localizada no Município de Paraopebas – PA, adjacente à província mineral de Carajás. Manteve-se, assim, a jurisprudência da Casa que não admite agravo contra decisão concessiva ou denegatória de liminar no *writ*. Não se aplica ao caso a decisão da Corte no MS 21.754 (*DJU* 21.2.97), já que ali o agravo regimental ficou prejudicado visto que o Tribunal não conheceu da própria segurança, considerando tratar-se de

---

9. Os programas de desestatização tiveram o aval do STF em, *v.g.*: STF, Pleno, ADI 1.549-RJ, Rel. subst. Min. Francisco Rezek, ref. RISTF, art. 38, I; Rel. Min. Marco Aurélio, 16.12.1996, referente à Lei 2.470/1995, do Estado do Rio de Janeiro; cf. *Informativo-STF* 58, de 16-19.12.1996.

PROCESSO DE PRIVATIZAÇÃO 345

assunto *interna corporis* do Congresso Nacional. Tema alheio à apreciação do Poder Judiciário" (STF, Pleno, MS 22.800 (AgRg), Rel. Min. Marco Aurélio, 23.4.97, *Informativo-STF* 68, de 21-25.4.1997)._

"*Programa Nacional de Desestatização*: A edição de medida provisória que afete ou paralise a eficácia de norma impugnada em ação direta de inconstitucionalidade, não prejudica, desde logo, o julgamento da ação, uma vez que a norma atacada retomará sua vigência se o ato normativo provisório não for convertido em lei. Com esse entendimento, o Tribunal resolveu suspender, *si et in quantum*, o julgamento da ação direta ajuizada pelo Partido Socialista Brasileiro contra a Lei 8.031/1990, cujos dispositivos, à exceção do art. 25, foram alterados por medidas provisórias. Entendimento semelhante foi expresso na ADIMC 221-UF (*RTJ* 151/331)" (STF, Pleno, ADI 562-UF, Rel. Min. Ilmar Galvão, 8.5.1997, *Informativo-STF* 71, de 12-16.5.1997).

"*Ilegitimidade Ativa de Partido Político*: Por falta de legitimidade *ad causam*, o Tribunal por maioria não conheceu de mandado de segurança impetrado pelo Partido Popular Socialista – PPS no qual se pretendia ver declarada a ilegalidade, por alegada invasão da competência legislativa do Congresso Nacional, do edital de venda das ações de controle da Companhia Vale do Rio Doce. Tratando-se, na espécie, de mandado de segurança individual (CF, art. 5º, LXIX), o Tribunal entendeu não demonstrado o direito subjetivo líquido e certo do partido político impetrante que estaria sendo violado ou ameaçado de lesão em face da realização do ato impugnado, afastando-se, na espécie, a atuação do partido impetrante como substituto processual de parlamentares. Vencido o Ministro Sepúlveda Pertence, que rejeitava a preliminar sob o entendimento de que, sendo o partido político sujeito do processo legislativo, seria este parte legítima para impetrar mandado de segurança para pleitear a preservação da prerrogativa parlamentar de participar de deliberação de lei" (STF, Pleno, MS 22764-DF (QO), Rel. Min. Néri da Silveira, 28.4.1997, *Informativo-STF* 69, de 28.4-2.5.1997).

"*Privatização: Procedimento Licitatório*: Julgando medida liminar em ação direta de inconstitucionalidade requerida pelo Conselho Federal da Ordem dos Advogados do Brasil contra o art. 27, I e II, da Lei 9.074/1995 ('Nos casos em que os serviços públicos, prestados por pessoas jurídicas sob controle direto ou indireto da União, para promover simultaneamente com a outorga de nova concessão ou com a prorrogação das concessões existentes, a União, exceto quanto aos serviços públicos de telecomunicações, poderá: I – utilizar, no procedimento licitatório, a modalidade de leilão, observada a necessidade da venda de quantidades mínimas de quotas ou ações que garantam a transferência do

346 O SUPREMO TRIBUNAL FEDERAL NA CRISE INSTITUCIONAL BRASILEIRA

controle societário; II – fixar, previamente, o valor da quota ou ações de sua propriedade a serem alienadas, e proceder a licitação na modalidade de concorrência'), o Tribunal indeferiu a cautelar por falta de relevância jurídica da argüição de inconstitucionalidade posto que a norma impugnada não viola, à primeira vista, o art. 175, da CF que, dispondo sobre a exigência de licitação para a outorga de concessão ou permissão de serviços públicos, não define quais as modalidades do procedimento licitatório devam ser utilizadas para este fim (STF, Pleno, ADI 1.582-UF, Rel. Min. Marco Aurélio, 28.4.1997, *Informativo-STF* 69, de 28.4-2.5.1997)."

Destaque-se que o mercado internacional estava interessado nas privatizações e pressionava o Brasil para tanto. Os grandes empresários eram favoráveis à medida, desejando um Estado mais enxuto, com pouca interferência no mercado. Não estavam em jogo direitos fundamentais nem liberdades públicas; mas razões mercantilistas, financeiras.

Se hoje o País está mais pobre, sem patrimônio, eis que se vendeu quase tudo, a culpa não é só do Executivo nem do Legislativo. O Supremo Tribunal Federal tem uma alta dose de responsabilidade neste empobrecimento. Ele teve oportunidade de "barrar" o processo, a "venda" indiscriminada, mas não o fez. Concorreu para o atual estado de dificuldade em que vive o Brasil.[10]

Houve provocação do Supremo por partidos políticos, governadores e entidades associativas. Todavia, o Supremo primou pela redução da legitimidade de quantos o procuraram (vide exemplos coletados nesta obra), sob argumentos jurídicos os mais variados. Sem discutir tais argumentos – porque, como dito na parte Introdutória, eles são fortes, mas encontram contra-argumentos igualmente robustos, todos já explorados por estudiosos de escol –, vê-se que o STF perdeu excelente oportunidade de julgar *pro societatis* e proteger a nação, contra a parte perniciosa das privatizações, especialmente da maneira como elas estavam sendo operacionalizadas.

As conseqüências dessa postura estão aí: um País pobre, Instituições fragilizadas, crise etc. O Brasil está entregue ao estrangeiro, sob o

---

10. Há um antigo ditado segundo o qual "tudo é culpa do governo". Agora, ante as novas perspectivas econômicas, tem-se dito que "tudo é culpa da globalização". E a mesma falácia de antes continua sendo a de hoje, apenas atualizada. E ninguém quer assumir a responsabilidade pelo fracasso sócio-econômico do País.

PROCESSO DE PRIVATIZAÇÃO 347

império do FMI, prestes a perder a soberania na Amazônia. Não dispõe mais de força de barganha porque, além de descapitalizado, perdeu o patrimônio, os bens garantísticos de suas dívidas. À sua vez, considerando que só foram privatizadas as paraestatais lucrativas e financeiramente enxutas, o País deixou de contar com as rendas anuais dessas empresas, fato confessado pelo Governo brasileiro quando, na carta de intenções entregue pelo então Ministro da Fazenda, Pedro Malan, ao FMI, ficou expresso que o equilíbrio das contas do Tesouro ficou mais difícil porque deixou de contar com os lucros "que as estatais ofereciam como contribuição para cobrir o rombo até serem vendidas".[11]

Os brasileiros estão sendo governados por uma máfia de mercado que substitui a Constituição pelas leis mercadológicas.

Nos anos 2005-2007, o Brasil contou com a sorte dos bons ventos da economia mundial, assinalados sobretudo pela queda contínua do dólar. Todos os países emergentes tiraram algum proveito da situação. O Brasil foi um deles, embora tenha registrado, no período, um dos menores índices de crescimento, comparativamente aos demais. Houve um lance de sorte, benéfico ao País. Mas pouco se deveu aos sucessivos planos econômicos nacionais.

De todo modo, tenham ou não os planos econômicos dado certo, não cabia ao STF relegar direitos e garantias fundamentais, olvidar seu papel constitucional, para agir como se os fins justificassem os meios. Não se pode ferir direitos fundamentais, sacrificar conquistas e relegar garantias clássicas no afã de contar com o provável sucesso de um plano econômico duvidoso. A política econômica precisa se dar dentro das normas jurídicas, respeitando o Estado de Direito. Nenhum programa político pode ser forjado à custa de inconstitucionalidades, de máculas ao Estado de Direito nem de sangue e suor humanos, quando especialmente pautadas em duvidoso sucesso. Qualquer solução política ou econômica, que vise a superar as dificuldades do País, não pode agitar a insanidade do vendaval, levando o Direito como os furacões carregam o lixo, sem respeito algum. Nas intempéries do forte vento, ergue-se o Judiciário, baluarte do ordenamento jurídico, reduto do cidadão, esperança da ordem e da justiça. É ciente desta missão que os juízes de toda

11. V. Aluysio Biondi, *O Brasil Privatizado*, pp. 15-16.

348 O SUPREMO TRIBUNAL FEDERAL NA CRISE INSTITUCIONAL BRASILEIRA

a nação devem empunhar o martelo, em meio ao trovão e à tempestade, brandindo-o feito Thor e seu Mjollnir.[12]

Conforme anota Paulo Bonavides, o discurso de posse do Presidente do Instituto dos Advogados Brasileiros (associação jurídica criada em 1843), João Luiz Duboc Pinaud, proferido no Rio de Janeiro, em 8.4.1998, exprimiu, em termos enérgicos, a preocupação e o conceito de uma crise de soberania do Brasil, patenteada em fatos que estariam conduzindo à negociação de "uma política de *submissão nacional contratada*". Dentre tais fatos, aquele Presidente teria apontado, como exemplo, a contratação de consultorias estrangeiras "para definir", com lesão da soberania nacional, o "planejamento estratégico brasileiro". Queixara-se da linguagem em voga que exprime conceitos jurídicos desnacionalizadores, como "desconstitucionalização da República, desmontagem do Estado e supressão da soberania brasileira"; e, no mesmo passo, deplorava que "somente os Estados não hegemônicos se dissolvem num número cada vez maior de organizações transnacionais do tipo ONU, CEE e FMI", que retiram dos Estados Nacionais "a formulação de suas políticas internas, quando deixam de regular de modo total e soberano a sociedade civil". E concluía que esses Estados atravessam, portanto, uma crise de soberania, com a Constituição "reduzida a uma *Lex Mercatoria* num Estado fagocitado". Ainda: que nas mesas de negociação perante o FMI são definidas as políticas econômica, agrícola, agrária, de meio-ambiente, educacional e de saúde de cada país não hegemônico, comprometendo-lhe a soberania.

No discurso referido, Duboc Pinaud esclareceu de onde vêm estas pressões e rupturas da soberania: da ideologia do Consenso de Washington, do Banco Mundial, do FMI, de representantes dos Ministros das Finanças, do [*então*] Grupo dos Sete (formado pelas 7 nações mais ricas do mundo).[13]

---

12. Na mitologia viking, Thor era o deus do trovão e dos raios, filho de Odin, o deus supremo, e tinha como arma seu martelo Mjollnir, que o tornava invencível.

13. Pinaud, *apud* Paulo Bonavides, *Do País Constitucional ao País Neocolonial*, pp. 47-49. Sobre a fragilidade do poder do Estado, v. João Féder, *Estado sem Poder, passim*. Eros Roberto Grau, enfocando a abertura de mercado, critica o alarde interno da necessidade de se abrir as portas brasileiras ao influxo da importação, sem os comedimentos devidos. Afirma que esta *abertura* não é o traço de uma economia moderna, haja vista que a economia japonesa e os regimes de protecionismo econômico interno norte-americano e europeu, que não fazem nenhum exemplo de mercado

PROCESSO DE PRIVATIZAÇÃO 349

Depois de privatizadas, as empresas agravaram o quadro de desrespeito ao usuário e aos seus trabalhadores.

As companhias elétricas, p. ex., apresentaram declínio vertiginoso na prestação dos serviços, chegando ao cúmulo de, em meados de março de 1999, provocar *black-out* generalizado nas Regiões Sul e Sudeste, comprometendo a vida dos cidadãos, acarretando pânico e prejuízo nos grandes centros.[14] E enquanto a qualidade dos serviços caiu, as tarifas aumentaram – o que, no entanto, pareceu não ser o suficiente para a sobrevivência (ou lucratividade) dos grupos compradores das paraestatais, haja vista que alguns Governos estaduais viram-se na iminência de lhes conceder empréstimos a fundo perdido para superarem as dificuldades em que se encontravam, como se não bastasse o fato de as empresas vendidas terem passado, antes, por um processo de quitação de seus débitos pelo Poder Publico.[15] Tudo conforme previsto, aliás, pela própria população ao protestar em público no início das privatizações.

---

livre, é que são modernos ("O Discurso Neoliberal e a Teoria da Regulação", *Desenvolvimento Econômico e Intervenção do Estado na Ordem Constitucional*, p. 69).

14. O número de acidentes de trabalho multiplicou assustadoramente, nessas atividades, valendo citar o caso do Ceará em que, só nos nove primeiros meses de 1999, nove eletricitários morreram eletrocutados no exercício da função (acidente de trabalho), dos quais seis pertenciam às empreiteiras (terceirizadas).

O jornal *Diário do Nordeste*, 1.10.1999, Cad. "Cidade", p. 16, divulgou, ainda, a média de mortes de eletricitários no Ceará: uma por mês. A principal causa, apontada pelo vice-presidente do Sindicato dos Eletricitários do Ceará (Sindeletro), Fernando Avelino, foi a redução drástica no número de funcionários. Daquela matéria, retira-se: "Dados do Sindeletro dão conta de que antes da privatização existiam cerca de 3.800 eletricistas e, hoje, o número baixou para 1.800. Avelino ainda aponta como causas importantes a falta de material ou equipamentos imprestáveis; de qualificação profissional; de manutenção prévia e a sobrecarga de trabalho.

"'Há 20 anos, quando entrei na Coelce, o índice variava de três a cinco acidentes/ano. Com o trabalho permanente de conscientização, já na década de 90, ocorreu de passar três anos seguidos sem haver um acidente com vítima fatal', informou. Ele acusa a empresa de não fazer a manutenção preventiva da rede elétrica."

15. As paraestatais, portanto, foram vendidas após suas dificuldades financeiras terem sido saneadas. Depois, nos anos subseqüentes, os grupos que as compraram, alegaram se encontrar em nova dificuldade, em tão pouco tempo, apesar da redução dos custos com pessoal e estrutura de serviço! E lá foi o Poder Público socorrê-las, para que saíssem do "prejuízo" com o dinheiro do povo e voltassem a lucrar mais (ainda com o dinheiro do povo). Percebe-se que a privatização aleatória só fez piorar a situação, ou o Estado não quer fazer cumprir o contrato de compra e venda com tais grupos econômicos, ao autorizar a exploração da atividade sob determinadas condições.

350   O SUPREMO TRIBUNAL FEDERAL NA CRISE INSTITUCIONAL BRASILEIRA

É de se indagar, hoje, para onde foram os recursos financeiros oriundos das privatizações. Inicialmente, justificou-se que o dinheiro arrecadado com a venda das empresas seria aplicado na Saúde e na Educação. Como isto não ocorreu, argumentou-se, depois, que o destino era o do pagamento das dívidas externa e interna, além de aliviar a carga do Estado, com o enxugamento de suas finanças, considerando que tais empresas causavam prejuízos ao erário e tornavam a máquina estatal "pesada",[16] com mau funcionamento do serviço prestado por tais entidades. Considerando as grandes empresas que *pesavam* na administração do Estado e a intenção governamental no processo de privatização, tem-se que, em maio de 2000, cerca de 76% dessas empresas foram vendidas. Contudo, a deficiência nas áreas de saúde e educação se agravou; as dívidas interna e externa se acentuaram. A qualidade no atendimento aos consumidores não recebeu a melhora que se anunciara. E os trabalhadores passaram por uma pressão psicológica humilhante, quando não tiveram de aderir a Planos de Desligamento "Voluntário" (PDVs) e a desligamentos maciços.

A sangria de dólares para o exterior prosseguiu. Os grupos estrangeiros que compraram as paraestatais permaneceram, obviamente, remetendo às matrizes, no exterior, seus lucros. Ademais, as peças e componentes do material empregado nas empresas compradoras eram (e ainda são) adquiridas de fornecedores estrangeiros, mediante financiamento do BNDES.[17] Em outras palavras, o País financiava grupos estrangeiros a comprarem produtos importados, em detrimento das empresas nacionais e dos produtos locais.

Paulo Bonavides transcreve conclusões de Joaquim Francisco de Carvalho, ex-coordenador do setor industrial do Ministério do Planejamento, publicado na *Folha de S. Paulo* (de 22.12.1998, intitulado "Privatizações altamente suspeitas"). No texto, o Autor dissera que nas gestões dos presidentes privatistas Collor e FHC, o que de fato aconteceu foi o seguinte: em 1990, a balança comercial apresentava saldo positivo de US$ 15,2 bilhões. "Agora, o saldo é negativo, de US$ 8,4 bilhões". Dilapidou-se 78% do patrimônio público nacional. Nossas fábricas des-

---

16. Havia uma propaganda na televisão que mostrava um enorme e pesado elefante, representando o funcionamento da máquina estatal, nos anos de 1996-1997, para convencer o telespectador da necessidade de torná-la mais leve.

17. Aluysio Biondi, *O Brasil Privatizado*, pp. 16-17.

PROCESSO DE PRIVATIZAÇÃO   351

nacionalizaram-se ou fecharam. O Estado (BNDES) financiou as privatizações. O sistema elétrico não se expandiu (é o mesmo que existia). A agricultura debilitou-se a ponto de termos que importar até arroz e feijão. "A dívida interna saltou de US$ 42 bilhões para US$ 340 bilhões. O déficit externo em conta corrente subiu de 2,5% do PIB, em 1994, para 4,2% no ano passado" (1997). O endividamento externo quase triplicou. Os salários aviltam-se progressivamente. E os juros, fixados pelo próprio Governo, são de ruborizar um agiota de pedra. Para pagá-los, os recursos destinados à educação, saúde pública, pesquisa científica e outros foram drasticamente cortados.[18]

À guisa de ilustração, a imprensa informou que a dívida externa brasileira era de, aproximadamente, 146 bilhões de dólares quando Fernando Henrique Cardoso assumiu a Presidência do País (1995). Apesar de deslanchado o programa de privatização, a dívida externa brasileira agravou-se e girava, em abril de 1999, em torno de 212 bilhões de dólares.[19] Em nota para a imprensa, o Banco Central (BACEN) divulgou a estimativa da dívida externa brasileira ao final de 1999 em 241,2 bilhões de dólares.[20]

Ou seja: o reinado daqueles oito anos foi mais desastroso do que os 494 anteriores (o Brasil foi oficialmente *descoberto* em 1500), apesar dos salários congelados, da venda de reservas, da paralisação dos setores produtivos, da redução dos gastos públicos, do enxugamento da máquina administrativa etc. Em abril de 2000, o Brasil completou 500 anos de seu descobrimento. De 1500 até início de 1994, vivenciando revoltas, descaminho de ouro para Portugal, construção de obras faraônicas (Itaipu, Rodovia Rio-Sul, construção de Brasília, Transamazônica, en-

---

18. Joaquim Francisco de Carvalho, *apud* Paulo Bonavides, *Do País Constitucional ao País Neocolonial*, p. 48.

19. Informação divulgada pelo Partido Liberal, em pronunciamento transmitido pela rede nacional de televisão, em 15.4.1999.

20. *Boletim do Banco Central*, "Informações Econômicas", 16.3.2000, setor externo (www.bcb.gov.br/htms/notecon1-p.shtm, p. 2-21).

Para julho de 2007, o Banco Central do Brasil anunciou a dívida externa brasileira em US$ 195,4 bilhões, "redução de US$ 985 milhões em relação à posição estimada para o mês anterior. A dívida externa de médio e longo prazos totalizou US$ 148,8 bilhões, aumento de US$ 2,3 bilhões, e a de curto prazo, US$ 46,7 bilhões, contração de US$ 3,3 bilhões" (disponível em www.bcb.gov.br/?ECOIMPEXT, acessado em 15.9.2007).

352 O SUPREMO TRIBUNAL FEDERAL NA CRISE INSTITUCIONAL BRASILEIRA

tre outras), enfrentamento da crise provocada pela queda da bolsa de Nova Iorque na primeira metade do século XX, superação de duas guerras mundiais, convivência com as crises da Revolução Industrial etc., o País devia quase a metade da dívida que apresentou em 2000. A dívida externa, neste modelo, tornou-se impagável.

Então, a venda das empresas não contribuiu para a finalidade a que se destinaria, além de que o Estado não se tornou mais ágil nem mais "leve". Não se sabe para onde foi ou estará indo o fruto dessas vendas, que, aliás, se deram em valores aquém do merecido e esperado. Só uma minoria (talvez estrangeira) sabe o destino do *escoamento*...[21] Celso Furtado alerta o retorno ao processo de endividamento externo, ao sabor da nova vaga de liquidez do mercado financeiro internacional. Segundo ele,

"(...) voltamos a correr o risco de uma moratória catastrófica, que parece ser o objetivo dos que se empenham em liquidar o que resta do patrimônio público (leia-se Petrobrás) e em ceder a instituições supranacionais o comando do sistema monetário brasileiro (leia-se dolarização). Se privatizarmos o atual sistema bancário controlado pelo governo (Banco do Brasil e Caixa Econômica Federal), estaremos em realidade transferindo para o controle privado os instrumentos da política econômica, o que significa tornar sem função o Banco Central. De toda forma, isso ocorrerá se mergulharmos numa progressiva dolarização, na conformidade dos compromissos assumidos com os credores externos, sob a orientação do FMI. Não se pode ignorar que, neste caso, privatização significa internacionalização."[22]

Muitas indagações poderiam ser feitas em torno do assunto, mas, por certo, nenhuma resposta seria verdadeiramente dada ao cidadão, o qual não dispõe de remédio jurídico hábil a tanto.[23]

---

21. Conforme noticiado pelo *O Estado de São Paulo*, de 14.4.1999, "a dívida líquida no setor público em fevereiro chegou a R$ 500,78 bilhões, saltando de 42,6% do PIB, em dezembro, para 51,9%, segundo o Banco Central (BACEN). No início do primeiro mandato do presidente Fernando Henrique, a dívida representava 29,2% do PIB, ou R$ 153,16 bilhões. O crescimento de R$ 112,12 bilhões de dezembro para fevereiro ocorreu por causa da variação de 71% no câmbio. O déficit nominal do setor público em 12 meses saltou de 8,03% do PIB em dezembro para 13,25% em janeiro, conforme *O Estado* há um mês, e para 14,01% em fevereiro".

22. Celso Furtado, *O Longo Amanhecer – Reflexões sobre a Formação do Brasil*, p. 32.

23. Em janeiro de 2006, o Presidente Lula resolver antecipar o pagamento da dívida do Brasil com o FMI, que seria operacionalizada até final de 2007. Realizado

PROCESSO DE PRIVATIZAÇÃO 353

A venda maciça e indiscriminada das empresas trazia várias outras conseqüências. Uma delas era a dispensa de trabalhadores, da maneira mais desumana e desrespeitosa possível, sem uma prévia política de emprego ou de seu aproveitamento em outros setores deficitários da Administração Pública.[24]

Ao lado e correlatamente à privatização, houve a política de *enxugamento* das paraestatais remanescentes, com os Planos de Desligamento "Voluntário" (PDVs), em prejuízo da qualidade dos serviços dessas entidades. E, com o natural mau funcionamento, daí por diante, nasceu a justificativa para privatizar essas empresas.

Deveras, sem eufemismos nem subterfúgios, é de se reconhecer uma situação fática nacional: a sucessiva e devastadora política dos governos que se seguiram no final do séc. XX e início do séc. XXI, recheada de traços aprimorados do que se tem impiedosamente chamado de *neoliberalismo*. O interesse (mais do que isto, o *propósito* firme e consciente) de privatizar tudo quanto possa sair das mãos do Estado, independentemente do risco *ad futurum* destas medidas para os administrados, tem levado a constantes dispensas. Vêm, sempre, os chamados *planos de desligamento voluntário*, adornados de falsas vantagens e delineados por coações as mais diversas, acarretando o desemprego de milhares de servidores da Administração Direta e Indireta, alguns com

o pagamento, providência que Argentina também adotara, a imprensa divulgou o feito, transmitindo discurso de Lula (janeiro de 2008), mas sem muito estardalhaço.
Ora, um feito tão grande não merecia uma festa nacional, um estrondo de alegria? Então, por que não foi assim? Bem, sucede que, segundo Maria Lúcia Fattorelli Carneiro, a quitação da dívida externa fora uma manobra: cancelou-se uma dívida "barata" com o FMI e se "reformou" a dívida brasileira com a emissão de títulos que pagam juros muito mais altos. Em miúdos: trocou-se a dívida externa, que tinha taxas de juros menores, pelo aumento da dívida interna, com taxas maiores. Veja-se in http://www.cecac.org.br/materias/FMI_farsa_do_pagamento.htm, acessado em 26.8.2008. Veja-se, também, http://www.pco.org.br/conoticias/ ler_materia.php?mat=3651, acessado em 26.8.2008.
24. Ciro Gomes e Roberto Mangabeira Unger, após sustentarem a necessidade de privatização de empresas estatais (com critério), defendem ser indispensável haver um projeto, cujo roteiro o Governo possa seguir, com metas de ação estruturadas, a fim de lograr êxito no combate às crises econômica, social e financeira (*O Próximo Passo – Uma Alternativa Prática ao Neoliberalismo*, pp. 72-74).
O custo das demissões no Brasil, seus impactos financeiros e sociais, é focalizado por Marcelo Prado Ferrari Manzano, "Custo de Demissão e Proteção do Emprego no Brasil", *Crise e Trabalho no Brasil – Modernidade ou Volta ao Passado*, pp. 253-268.

354 O SUPREMO TRIBUNAL FEDERAL NA CRISE INSTITUCIONAL BRASILEIRA

dezenas de anos de serviço, já à beira da aposentadoria. Dentre as formas de coação, a Administração Pública, aliás a maior agressora da legislação e dos direitos sociais, vale-se, ainda, das *transferências* forçadas, para lugares os mais inóspitos e inconvenientes para os trabalhadores.

Apesar de todos os argumentos que o Estado utilizou e utiliza para justificar as *transferências*, na verdade o móvel tem sido um só: obrigar o trabalhador a pedir demissão. Cria-se, por trás dessas atitudes, uma série de razões e justificativas, às vezes as mais absurdas.

Enfim, no abrigo aos grandes grupos *compradores*, o Poder Público forçava os trabalhadores a pedirem demissão, causando o *enxugamento* da empresa. Em seguida, arcava com todas as indenizações trabalhistas (pagando-as ou assumindo-as) e, sanadas as dívidas, a empresa era *vendida*. Tinha-se, assim, a venda das reservas brasileiras, a entrega do País ao capital internacional; doava-se a nação ao estrangeiro. Haverá maior crime de lesa-pátria?

Os bancos públicos foram, induvidosamente, os mais atingidos. Foram, aliás, as primeiras vítimas de um conjunto de medidas adotadas pelo Governo Federal (seguidas pelos Governos dos Estados, por serem convenientes para interesses diversos). Outras ações seguiram-se-lhes. E muitas outras virão, com certeza.

Assistiu-se, impotente, entre atônitos e incrédulos, o horrendo espetáculo dos trabalhadores do Banco do Brasil, que foram obrigados a pedir demissão, ante a ameaça de serem despedidos ou de serem transferidos para outras localidades, distantes do lugar de origem, para longe das respectivas famílias. Havia pressão psicológica, ameaças veladas (senão concretas)... Havia notórios casos de assédio moral dos trabalhadores.

Em seguida, outros bancos estatais foram vitimados. Até o setor jurídico da Caixa Econômica Federal foi atingido, tendo a CEF transferido vários de seus advogados.

De repente, os bancos públicos *descobriram* que existia superlotação nas agências de algumas cidades, como se nunca tivessem feito nenhum levantamento ou controle de pessoal, carecendo de urgente *reestruturação*. Em contrapartida, os clientes, o público que procurava atendimento bancário, só tinham queixa a fazer do serviço prestado, sempre precário, por falta de funcionário. E, após lançar seus PDVs, por excesso de contingente, o Banco do Brasil abriu concurso público

PROCESSO DE PRIVATIZAÇÃO   355

para novas admissões (anos 2002-2003), sob o pálio de "cadastro de reserva"(!?). Em 2007, o mesmo Banco voltou a realizar novos concursos, principalmente nas Regiões Sul e Sudeste do País. São os fatos contestando as teses de encomenda.

Noticiam-se 15.003 trabalhadores das paraestatais federais que, entre 1990-2000, tiveram de aderir a PDVs, com a promessa de melhoria na iniciativa privada (por conta própria ou mediante emprego nas empresas) e sob ameaça de dispensa, que se daria com rescisão pecuniariamente irrisória. A decepção da iniciativa privada, seletiva e discriminatória (principalmente em razão da idade), causou desespero, arrependimento e indignação.[25]

Nesse quadro de dificuldades, de descontrole *neoliberal*, de perseguições aos servidores públicos (*lato sensu*) e de menosprezo pela *res publica*, o hermeneuta há de estar atento para escoimar as práticas que denigrem a dignidade do trabalhador e que lhe conferem o tratamento do século passado, renegando as conquistas sociais. Parece indiscutível que o intérprete não pode comungar com esse quadro.

E o Poder Judiciário, embora pisoteado por essa política, ainda se afigura como o único setor do Estado capaz de assegurar ao cidadão os mínimos direitos garantidores da sua dignidade humana. O momento histórico exige que o Judiciário levante a espada contra o arbítrio, o abuso e o desrespeito às Instituições e aos direitos humanos constitucionalmente outorgados ao povo brasileiro. As instâncias inferiores da Justiça Federal, feitas as ressalvas necessárias, têm procurado desempenhar este importante papel, mas o STF, no ápice da estrutura, não colabora.

O Brasil vem sofrendo, há décadas, recessão mascarada, miséria dissimulada, violência que beira a guerra civil. Inúmeros direitos são desrespeitados, sob o escudo de Governos que a imprensa brasileira aponta como legítimos, baseada unicamente num título formal conferido pela maioria da população inculta, desprovida de informação correta e verdadeira, num processo eleitoral comandado pelo poder econômico.[26]

---

25. Vide estes dados in: http://clipping.planejamento.gov.br/ Noticias.asp?NOT Cod=338990 (acessado em 15.9.2007).

26. Confira no Capítulo 18, sobre a *Reeleição do Presidente da República* que, considerando todo o eleitorado brasileiro, FHC foi reeleito apenas com um terço dos votos válidos.

356   O SUPREMO TRIBUNAL FEDERAL NA CRISE INSTITUCIONAL BRASILEIRA

A venda da Vale do Rio Doce, por exemplo, ocorreu de uma maneira insensata, num verdadeiro entreguismo de uma das empresas mais rentáveis do mundo, erguida sobre um solo rico de jazidas. E, instado a se pronunciar sobre a matéria, o STF foi insensível com a sociedade e o nacionalismo. Era o único e derradeiro órgão com que a população esperava contar para assegurar o patrimônio nacional e evitar o entreguismo. Era a maior das oportunidades, naqueles dias, que o STF tinha para mostrar à nação o seu papel e a sua afinidade com a pátria. Era um momento de extrema delicadeza, a exigir do órgão um posicionamento altivo. Contudo, o seu ato legitimou todas as privatizações, sob fundamentos econômicos, ilustrada por lições jurídicas pouco convincentes.

Depois de privatizadas, as empresas iniciaram processo de dispensa maciça dos trabalhadores.[27] Só a TELEPAR (no Paraná) despediu, num mesmo ato, 680 empregados, de um total de 4.000, que tinha em seu quadro, mesmo estando em vigência norma coletiva assegurando garantia de emprego para o caso de serem adotadas novas tecnologias. E mais: a TELEPAR assumira a meta de não reduzir o pessoal no processo de privatização.[28] A Procuradoria Regional do Trabalho da 9ª Região ajuizou Ação Civil Pública, logrando a suspensão da dispensa em massa.[29]

A dispensa maciça, inclusive pelos PDVs, levou trabalhadores de idade ao desemprego, pois o mercado de trabalho não mais os absorveu. A imprensa noticiou casos de pessoas com mais de 20 anos de serviço, mais de 45 anos de idade, que foram despedidas. Obviamente, isto gerou

---

27. As demissões maciças, além de enxugar o quadro de pessoal, objetivavam a recontratação dos mesmos ou de outros trabalhadores por salários muito inferiores aos dos despedidos. Com isto, obtinha-se uma redução salarial simulada, logrando-se a redução de custos. Em razão do tempo de serviço (15, 20 ou mais anos), os trabalhadores tinham salários superiores aos pagos normalmente pelo mercado, em decorrência dos adicionais que foram incorporando ao longo dos anos, seguindo-se a política de valorização empreendida pela empresa. Despedindo-os, os novos trabalhadores ingressavam com salário inferior e, mais, em uma nova política empresarial mais moderna (eufemismo de *degradante*).

O expediente era (e é) admissível jurídica e economicamente, apesar de socialmente reprovável e, em certos casos, desumano.

28. Disponível em: http://conjur.estadao.com.br/static/text/15343,1 (acessado em 12.9.2007).

29. TRT-9ª Região, 1ª T., RO 13.115/2000, Rel. Rosemarie Diedrichs Pimpão, *DJU-PR* 23.11.2001, p. 414.

PROCESSO DE PRIVATIZAÇÃO

conseqüências sociais e psicológicas indesejáveis.[30] Pessoas sofreram assédio moral, que teriam, se fosse nos dias de hoje, direito a indenização por danos morais, ante as pressões que sofreram e o abalo emocional a que foram submetidas.

O problema das privatizações, na verdade, derivava de exigências mercantilistas, de imposições internacionais, de interesses sustentados pelo processo de globalização. A obediência incondicional a esta política era (e foi, efetivamente) altamente perniciosa aos Estados, pois implicava no desmantelamento de modelos que permitiram o País inserir-se no processo de industrialização. Este modelo, é verdade, precisava ser modernizado; mas não destruído. Celso Furtado explica, ainda, que

"(...) a adoção acrítica de uma política econômica que privilegia as empresas transnacionais, cuja racionalidade somente pode ser captada no quadro de um sistema de forças que transcende os interesses específicos dos países que o integram. Trata-se de prescindir de políticas nacionais de desenvolvimento, porquanto a estratégia das grandes empresas transnacionais se sobrepõe ao âmbito de visão dos atores nacionais."[31]

Pensar que o mercado vai substituir o Estado é sublime ilusão. "São as grandes empresas que têm planejamento próprio que vão comandar o processo social, em função de objetivos que nos escapam", explica Celso Furtado.[32] É que as empresas multinacionais agem em diferentes sistemas jurídicos, maximizando vantagens, atravessando fronteiras e ignorando a racionalidade peculiar a cada País.

Sob o fundamento da globalização, os países periféricos vão perdendo, aos poucos, sua identidade. As necessárias adaptações de mercado vão alcançando outros setores. Flexibilizam-se conquistas sociais historicamente consagradas; modificam-se as relações de trabalho, o funcionamento da máquina administrativa pública, a forma de intervenção e interferência do Estado na economia; as unidades federativas perdem autonomia em favor de um Governo central (e centralizador), que atrai para si o gerenciamento para a globalização; na conjuntura, enfraquecem-se as Instituições internas e os órgãos do poder, bem como se elimina qualquer foco de resistência à incursão internacional; instala-se

---

30. Nunca o País registrou maior índice de suicídio, incluindo trabalhadores que tiveram de aderir aos PDVs, como ex-funcionários do Banco do Brasil e de outros bancos.
31. Celso Furtado, *O Longo Amanhecer...*, p. 18.
32. Idem, ibidem, p. 80.

O SUPREMO TRIBUNAL FEDERAL NA CRISE INSTITUCIONAL BRASILEIRA

o fisiologismo, privilegiando os políticos do grupo e caçando-se os opositores; tenta-se interferir na organização da Polícia Federal, dividindo-a em facções políticas. E os países periféricos, os mais atingidos, vão perdendo a identidade, em meio a crises econômicas sucessivas, num crescente processo de empobrecimento e agravamento da situação social, ante o desplanajamento interno e a hipertrofia do patriotismo. As pressões externas, globalizadas e globalizantes, organizadas, forçam tais Estados a curvarem-se às determinações internacionais. Os Governos que se opõem à hegemonia dos EUA, p. ex., Sadam Hussein (executado em dezembro de 2006, após finda a Guerra EUA *x* Iraque), são mortos sob falsas justificativas internacionais; invadem-se países e tomam-se Governos. Os pequenos países se vêem constantemente ameaçados, especialmente quando agem insensatamente, sob o comando de chefes de Estado avessos à democracia, como Hugo Chávez e seus seguidores da América do Sul. O Irã não tem força para enfrentar o mercado; e a Al Qaeda opta pelo caminho do terror, atraindo antipatia mundial, estimulando violência e ódio. . A China aponta grande crescimento mundial, mas à custa de má qualidade de vida e exploração do trabalho humano, em condições degradantes. E o adormecido urso, volta da hibernação na Sibéria: é a Rússia despertando...

Neste jogo econômico, Celso Furtado afirma que, atualmente, as estruturas de poder são *nacionais, transnacionais, plurinacionais.* "Sua evolução vem se dando no sentido de atrofia das estruturas nacionais, de um forte crescimento das transnacionais e no avanço irregular das plurinacionais".[33] É a decorrência da suplantação da ideologia do bem-estar coletivo pela racionalidade mercantil. O poder interno, sustenta dito Autor, caminha para se tornar um poder virtual, dominado pelas leis de mercado.[34]

Toda a magistratura, principal e especificamente o STF, deve estar atenta para estas possibilidades e estes riscos. Urge tomar consciência dos perigos (e vantagens) da globalização para julgar as questões pertinentes que os cidadãos lhe venham a submeter. É preciso lutar pela manutenção do poder interno, evitando que ele seja apenas *poder virtual*, fictício. Desta forma, o Judiciário pode e deve ingressar na análise da política privatizadora, da alienação responsável das empresas estatais, na preservação do patrimônio nacional.

33. Idem, ibidem, p. 13.
34. Idem, ibidem, p. 26.

Capítulo 12
PLANOS ECONÔMICOS: A MUDANÇA DO CONCEITO DE "DIREITO ADQUIRIDO" E A SUSPENSÃO DA EXECUÇÃO

*E as regras de mercado flexibilizaram
as pilastras da segurança jurídica...
O que se entende por "direito adquirido"?
Sendo o "direito adquirido" cláusula pétrea,
como deixar de assegurá-lo sem modificar a Constituição?
O que se entende por "mutação constitucional"?*

No regime capitalista, aposta-se nas regras do mercado, a quem se confere grande autonomia e liberdade. Contudo, o Estado não pode deixar o mercado senhor de si, do tempo e de todos. A intervenção e a interferência estatais tornam-se necessárias para direcionar a política de preços, salários, produção e desenvolvimento. Surgiu a exigência de se administrarem preços, por exemplo. É o que constata Fábio Nusdeo:

"A grande maioria dos preços administrados inclui-se nessa categoria. Institucionalmente fixados pelas autoridades econômicas, eles não apenas se destinam a suprir eventuais falhas de estrutura do mercado – monopólios, monopsônios ou formas semelhantes de concentração – como ainda passam a se voltar à realização de determinados objetivos, como o estímulo ou desestímulo a certos setores, redução de pressões inflacionárias e outros que tais. Note-se, aliás, que a taxa cambial não passa, na realidade, de um preço como qualquer outro: o preço da moeda estrangeira."[1]

A partir de 1986, o Brasil passou por diversos planos de estabilização econômica, todos assinalados pelo mesmo objetivo de eliminar a

---

1. Fábio Nusdeo, *Curso de Economia – Introdução ao Direito Econômico*, p. 190.

360   O SUPREMO TRIBUNAL FEDERAL NA CRISE INSTITUCIONAL BRASILEIRA

inflação e criar condições favoráveis para um desenvolvimento auto-sustentável. O dragão daqueles anos, que corroía a riqueza e gerava grande instabilidade nas relações jurídicas, comerciais e econômicas em geral, tinha um nome: inflação. A ela se atribuía a responsabilidade pela recessão, desemprego, descontrole de preços e de salários etc. Um bem, comprado no início do mês, no supermercado era um preço; no final do mês, poderia custar até três vezes mais. O mesmo ocorria com as mercadorias, criando dificuldades para fornecedores e empresários. A economia girava descontrolada. Como combater esse mal?

No Governo Sarney, com Dílson Funaro à frente do Ministério da Fazenda, foi implantado o Plano Cruzado, em fevereiro de 1986, combinando austeridade fiscal e monetária com a preocupação em elevar a renda dos assalariados. Destacam-se as seguintes características deste Plano: a mudança da moeda de *cruzeiro* para *cruzado*; o congelamento de preços e salários; a extinção da correção monetária; a criação do seguro-desemprego; e a adoção do gatilho salarial (espécie de reajuste automático dos salários toda vez que a inflação atingisse determinado índice, apurado por órgão governamental). No plano externo, o Governo brasileiro decretou moratória e suspendeu o pagamento das dívidas do País. Ultrapassado um ano, a inflação voltou à casa dos 20% ao mês, demonstrando o fracasso do Plano. O insucesso foi atribuído à incapacidade do Governo de reduzir seus gastos (públicos) e ao aumento da procura interna por bens de consumo, provocado pelo crescimento real dos salários, acarretando o inflacionamento de importantes itens e material de consumo. Na realidade, o Governo não conseguia ter domínio sobre os preços de todos os produtos, que continuaram sendo majorados. O tabelamento conseguia ser eficaz em relação a alguns itens; mas não a todos. Remédios, alimentos e produtos comumente adquiridos em supermercados acabavam vencendo a tentativa, desorganizada (diga-se) do Governo. A classe mais atingida era a do consumidor simples, a dona de casa que ia ao supermercado, os enfermos e aposentados que procuravam as farmácias. As associações de donas de casa, típicas dessa época e estimuladas pelo Governo, não lograram o êxito desejado. Faltavam fiscais, funcionários públicos e sanções que, realmente, impedissem a majoração condenável.

Sucedendo-o, veio o Plano Bresser (1987), nome dado ao Ministro da Fazenda Bresser Pereira. O novo Plano voltou-se, basicamente, para

PLANOS ECONÔMICOS 361

o equilíbrio das contas públicas. Além do congelamento de preços e salários (outra vez), aumentou as tarifas públicas, extinguiu o gatilho salarial e passou a vigiar mais de perto os preços dos setores econômicos de menor concorrência. No campo externo, manteve a moratória. Porém, o Plano também não obteve sucesso no controle da inflação, provocando perdas salariais e retaliações de Governos estrangeiros, por causa do não-pagamento da dívida externa. A imagem externa do Brasil ficou manchada, o que comprometeu suas relações internacionais e de comércio exterior. O fim do gatilho salarial trouxe um achatamento no poder aquisitivo, principalmente, do trabalhador de média e baixa rendas, aí incluída a classe dos servidores públicos.

Veio, então, em 1989, o Plano Verão, implantado pelo Ministro Maílson da Nóbrega. Este Plano buscou controlar a inflação pelo controle do *déficit* público, privatização de empresas estatais, demissão e exoneração de funcionários, e contração da demanda interna. Além de não evitar a elevação da inflação, o plano foi responsável por forte recessão incrementada no País. Não é preciso ser nenhum *expert* em economia para se vaticinar que a recessão sobreviria. Ora, política de demissões, de contração de demanda, de desestímulo às compras, de restrição ao consumo... A conseqüência só poderia ser a recessão, cujos efeitos são danosos econômica e socialmente, com retraimento do mercado. Para se ter uma idéia de recessão, cabe transcrever seu significado, apontado por Paulo Sandroni:

"*Recessão*. Conjuntura de declínio da atividade econômica, caracterizada por queda da produção, aumento do desemprego, diminuição da taxa de lucros e crescimento dos índices de falências e concordatas. Essa situação pode ser superada num período breve ou pode estender-se de forma prolongada, configurando então uma depressão ou crise econômica. O fenômeno da recessão está ligado ao processo de desenvolvimento dos ciclos econômicos próprios da economia de mercado ou capitalista."[2]

No verbete "Depressão Econômica", Paulo Sandroni aponta que, para minorar os efeitos da depressão, "os governos procuram tomar medidas que possibilitem aumentar o consumo e o nível de emprego. Entre essas medidas estão a redução do Imposto de Renda, o aumento dos

---

2. Paulo Sandroni, *Dicionário de Economia do Século XXI*, verbete "Recessão", p. 711.

362 O SUPREMO TRIBUNAL FEDERAL NA CRISE INSTITUCIONAL BRASILEIRA

investimentos em obras públicas, a diminuição das taxas de redesconto e a emissão de papel-moeda".[3] Ora, os planos há pouco citados preferiram adotar medidas contrárias a estas, já consagradas por Keynes durante o Governo de Franklin Delano Roosevelt.

Outro ponto comum nesses planos é que eles não conferiram a devida relevância aos direitos fundamentais, como o direito adquirido e o ato jurídico perfeito. O objetivo das medidas econômicas não é apenas o de encontrar uma solução para o problema econômico, sem observar a conseqüência social. Os custos sociais e jurídicos não podem ser desprezados na elaboração e implantação dos planos econômicos. É o que já observou Letácio Jansen: "o Estado Democrático de Direito pelo qual todos almejamos não pode prescindir de uma ordem monetária estável, que só conseguirá vicejar subordinada a uma ordem jurídica segura".[4]

Na condução de sua política econômica, o Estado lança mão do que Fábio Nusdeo denomina de *adaptação institucional*, a qual

"(...) constitui, num certo sentido, um tipo de ação propedêutica às demais, pois será mediante uma adequada legislação e oportuna criação de órgãos e de instituições que surgirá a base legal, destinada a legitimar a utilização dos demais instrumentos pelos responsáveis pela política econômica. Além do mais, as modificações institucionais têm o importante papel de definir os direitos associados ao exercício de qualquer atividade, o que constitui uma forma de lhe balizar o funcionamento. É o caso típico das leis sobre as sociedades anônimas ou limitadas, sobre desapropriação, quebras, locação, bolsas e tantas outras. Elas não almejam a objetivos específicos, mas se destinam a criar um *clima* legal propício à obtenção daqueles."[5]

E, elaboradas as leis de suporte da política econômica, seu cumprimento é de fundamental importância. Então, a participação do Judiciário se torna imprescindível. Por um lado, o Judiciário não pode deixar que, em nome da economia, firam-se direitos fundamentais e ofendam-se princípios jurídicos; por outro, há de dar respaldo à boa política econômico-financeira, tão salutar à saúde econômica do País. O meio-termo, portanto, encaixa-se na atitude do Judiciário que encontre a justa

3. Idem, ibidem, p. 237.
4. Letácio Jansen, *Introdução à Economia Jurídica*, p. 101.
5. Fábio Nusdeo, *Curso de Economia...*, cit., pp. 193-194.

PLANOS ECONÔMICOS

interpretação das normas da economia, procurando deixá-las respaldar a política respectiva, aliando, todavia, a isto sua função institucional de baluarte da cidadania e do Estado Democrático de Direito, humanizando as medidas e garantindo uma segurança mínima às relações jurídicas. A justiça deve ser o grande critério fomentador da hermenêutica na atividade dos juízes.

A idéia de *justiça social*, como *promoção humana*, não pode passar *a lattere* da economia, cuja aplicação deve voltar-se a serviço de todos e de cada um dos homens. Ela assume os seguintes aspectos: a) produção e distribuição; b) desenvolvimento e renda; c) política das rendas; e d) promoção humana.[6]

Feita esta indispensável digressão, retorne-se à história dos planos econômicos.

Eleito Presidente em 1989, Collor de Mello baixou pacote econômico em março de 1990 (Plano Collor), num ambicioso programa de estabilização. Além de eliminar a inflação, o Plano pretendia modernizar a economia e abri-la à competição internacional, começando por retirar parte do dinheiro circulante no mercado interno. Dentre as principais medidas citam-se: confisco temporário dos depósitos bancários e aplicações financeiras, volta do cruzeiro como moeda nacional, congelamento de preços, reformulação do cálculo da correção monetária, "demissão" de funcionários, fechamento de órgãos públicos e privatização de estatais. Analistas apontam o início da modernização econômica do País como resultado positivo do Plano. Foi nesta época que a indústria automobilística do Brasil teve de melhorar a qualidade dos veículos nacionais (antes tachados pelo Presidente da República de *carroças*), elevando-os ao padrão internacional. A instabilidade política do País, a forma de administração presidencial, além dos velhos problemas de sempre (algozes dos Planos anteriores) foram os principais responsáveis pelo insucesso dessas medidas econômicas. O velho fantasma da recessão sobrevoava o Plano, deleitando-se com a impossibilidade governamental de controlar preços. Quando se retirou dinheiro de circulação e se congelou os salários, esperava-se que os preços das mercadorias não subissem. Porém, as dívidas foram destaque neste Plano, com recursos à agiotagem e supressão de investimentos.

6. Carlos Galves, *Manual de Economia Política Atual*, pp. 415-416.

364 O SUPREMO TRIBUNAL FEDERAL NA CRISE INSTITUCIONAL BRASILEIRA

No Governo Itamar Franco, o então Ministro da Fazenda Fernando Henrique Cardoso lançou, em 1994, o Plano Real (de paternidade discutida e reivindicada[7]), que se destacou por buscar a estabilização sem as medidas tradicionais, como o congelamento de preços e salários. A proposta básica era a de conter os gastos públicos, acelerar o processo de privatização das estatais, controlar a demanda interna-externa e o fluxo financeiro por meio da elevação dos juros e pressionar diretamente os preços pela facilitação das importações, a fim de trazer para a concorrência do mercado interno os produtos estrangeiros. O Plano tinha programa a ser implementado ao longo de vários anos, com previsão de adaptações futuras, de acordo com as fases que fossem sendo vencidas. A médio e longo prazos, o programa previa (e prevê, ao menos *parte* dele e em tese) a continuação da abertura econômica do País e a adoção de medidas de apoio à modernização das empresas.

O Plano Real apresentou, num primeiro momento, excelentes resultados quanto ao combate à inflação, estagnando-a e fortalecendo a moeda nacional; mas, enquanto a inflação caía (e se chegou a ter deflação), o desemprego foi aumentando. Esses efeitos agravaram-se pela política de modernização industrial. Sabe-se que a introdução de novas tecnologias para tornar as indústrias mais produtivas, sem proteção à automação, elimina postos de trabalho em escala crescente, o que se reflete no índice de desemprego.[8] Foi exatamente isto o que ocorreu. A seu turno, a importação de produtos comprometeu a saúde financeira das empresas nacionais, reduzindo postos de serviços.

Atualmente, o Brasil registra um dos maiores índices de desemprego da sua história, com a miséria social crescente e a violência incontida.[9] A dívida externa aumentava, até ser substituída pela interna;

---

7. As reivindicações de paternidade partem, principalmente, de Itamar Franco (Presidente da República à época), de Ciro Gomes (ex-Ministro da Fazenda, dizendo-se *idealizador* do Plano) e do ex-Presidente da República Fernando Henrique Cardoso (à época Ministro da Fazenda, afirmando-se *concretizador* do Plano).

8. *Almanaque Abril CD-ROM*, verbete "Planos Econômicos".

9. Nos indicadores sociais, mudou-se a denominação de "empregados" para "ocupados". Nesta categoria entra toda espécie de profissionais com qualquer ocupação (emprego, trabalho informal, subemprego, biscateiros, eventuais etc.). Como resultado, aponta-se um número maior de pessoas trabalhando, quando, na realidade, a situação atual não é nada mais animadora do que dantes. A simples mudança no nome de um dado estatístico obteve um efeito capaz de sugerir melhoria nos índices do

PLANOS ECONÔMICOS   365

os pagamentos aos credores internacionais arrancaram dos cofres internos as finanças brasileiras; das veias do brasileiro fluiu sangue para o FMI; e o Brasil ainda não conseguiu a independência econômica, agora mais subalterno do que nunca, submetendo-se às exigências do mercado internacional.

Enfim, a política econômica brasileira das décadas de 1980 e 1990 foi marcada por sucessivos Planos Econômicos, numa cadeia de fracassos e insucessos, incapaz de conter as crises financeira e social, caracterizadas pela predominância da proteção aos preços sobre os salários. Foram comuns os pacotes de *meia noite* e de *finais de semana*, pegando de sobressalto pela manhã a população desprevenida, surpreendida com os preços dos produtos majorados e os salários congelados. Foi típico desses pacotes a falta de transparência e o menosprezo pelas regras da política salarial anterior, estabelecidas pelo pacote precedente, e o não reconhecimento dos expurgos inflacionários sofridos até então, baixados na iminência do estouro do *gatilho salarial* e sem respeitar a data-base do trabalhador. As medidas impactantes caíam na mesa do café-da-manhã do brasileiro.

Como já era de se esperar, o assalariado (privado e público) recorreu à Justiça, discutindo a legitimidade desses pacotes e o direito de ver restituída ao salário a inflação que o corroera no período. A discussão fundamental girava em torno do direito adquirido aos expurgos inflacionários, na conformidade da política anterior, modificada pela seguinte, nas vésperas da divulgação do índice de inflação pelos órgãos oficiais.

Na lide, a discussão jurídica girou em torno do conceito de *direito adquirido* e *expectativa de direito*, passando pela idéia de *direito condicional, aplicação imediata* e *retroativa da norma*. Aqui, para melhor compreender a matéria, pontua-se a doutrina sobre o cerne destes temas.

Na conceituação legal, estabelece o art. 6º, da Lei de Introdução ao Código Civil Brasileiro (LICC):

"§ 1º. Reputa-se ato jurídico perfeito o já consumado segundo a lei vigente ao tempo em que se efetuou.

"§ 2º. Consideram-se adquiridos assim os direitos que o seu titular, ou alguém por ele, possa exercer, como aqueles cujo começo do exercício tenha termo pré-fixo, ou condição preestabelecida inalterável, a arbítrio de outrem."

---

mundo do trabalho e da economia. Isto é manipulação de dados, politicamente utilizado pelo Governo para maquiar suas pífias conquistas sociais.

366 O SUPREMO TRIBUNAL FEDERAL NA CRISE INSTITUCIONAL BRASILEIRA

José Afonso da Silva, ao diferenciar *direito adquirido* de *ato jurídico perfeito*, divisa no primeiro um direito exercitável conforme a vontade do titular e exigível na via jurisdicional quando seu exercício é obstado pelo sujeito obrigado à prestação correspondente. Uma vez exercido tal direito, a obrigação foi devidamente prestada, tornou-se situação jurídica consumada (direito consumado, direito satisfeito, extinguiu-se a relação jurídica fundamentante). Destarte, quem tinha o direito de casar conforme as regras de uma lei, e casou-se, seu direito foi exercido, consumou-se. A lei nova não pode descasar o casado, porque estabeleceu regras diferentes para o casamento. Mas, se o direito subjetivo não foi exercido, vindo a lei nova, transforma-se em *direito adquirido*, porque era direito exercitável e exigível à vontade de seu titular. Incorporou-se ao seu patrimônio, para ser exercido quando lhe conviesse. A lei nova não pode prejudicá-lo, só pelo fato de o titular não o ter exercido antes.[10]

Destarte, não há se confundir a *aquisição* do direito com o seu *exercício*. O direito está adquirido quando alguém o *possa exercer*, mesmo que não o tenha exercido, quer por conveniência própria ou por outro motivo fático (não jurídico). Será *exercido* quando consumados todos os atos.

Direito adquirido, na opinião de Pedro Nunes,

"(...) é toda vantagem jurídica, líquida, lícita e concreta que alguém adquire, de acordo com a lei então vigente, e incorpora, definitivamente, sem contestação, ao seu patrimônio, desde quando começa a produzir efeito útil ao seu titular, de quem não pode ser subtraída por mera vontade alheia; direito cujo início de exercício tenha termo prefixo ou condições preestabelecidas e inalteráveis. É todo direito impassível de retroatividade, em virtude do que não se subordina à lei nova (CF, art. 5º, XXXVI; DL n. 4.657/1942, art. 6º). Constitui-se por um contrato ou por disposição legal. O mesmo que *direito efetivo*."[11]

O Código Civil de 1916 mencionava que os direitos completamente adquiridos, que já estivessem em condições de ser exercidos, pois incorporados imediatamente ao patrimônio do adquirente, seriam os *atuais* (art. 74, III, CC).[12]

---

10. José Afonso da Silva, *Curso de Direito Constitucional Positivo*, pp. 434-436.
11. Pedro Nunes, *Dicionário de Tecnologia Jurídica*, p. 331.
12. Justifica-se o fato de este apanhado legal se iniciar por dispositivos do Código Civil de 1916 porque era ele quem vigia à época dos sucessivos planos econômicos aqui

PLANOS ECONÔMICOS 367

Para o mesmo Código Civil, sem correspondente no atual (Lei 10.406/2002), diziam-se *futuros* aqueles direitos cuja aquisição não tivesse acabado de se operar, fosse em virtude de uma condição ou de um termo, fosse em virtude de um prazo, por decorrência da realização de um ato ou de um negócio jurídico. *Direito condicional* seria aquele que se subordinasse ao implemento de uma condição, a qual era definida como a cláusula "que subordina o efeito do ato jurídico a evento futuro e incerto" (art. 114, CC/1916).[13] Subordinando-se a eficácia do ato à condição suspensiva, enquanto esta se não verificasse, não se teria adquirido o direito a que ele visasse (art. 118, CC/1916). O direito condicional, apesar disso, apresentava valor econômico e social, constituindo elemento do patrimônio jurídico de seu titular, pois advindo o adimplemento da condição, tornava-se definitivamente indiscutível. Logo, era um bem jurídico.

O Código Civil vigente não reproduziu o art. 74 do CC anterior por entendê-lo desnecessário, repetitivo.[14] Mas manteve a sua idéia, o mesmo padrão.

Algumas vezes, conforme anota Carlos Roberto Gonçalves, o direito se forma gradativamente. "Na fase preliminar, quando há apenas esperança ou possibilidade de que venha a ser adquirido, a situação é de *expectativa de direito*. Consiste esta, pois, na mera possibilidade de se adquirir um direito, como a que têm os filhos de suceder a seus pais quando estes morrerem. Enquanto os ascendentes viverem não têm aqueles nenhum direito sobre o patrimônio que lhes será deixado".[15]

Na *expectativa de direito*, a qual também supõe a existência de uma lei em que se funde,[16] os direitos e os efeitos jurídicos do fato jurídico (*lato sensu*) dependem do perfazimento de todos os suportes fáticos sobre os quais incidirá a norma, isto é, a incidência normativa encontra-se

reportados. Por outro lado, no contexto geral não houve muita mudança ou de fundo no espírito da lei de que ora se trata, na sucessão dos Códigos Civis (1916 e 2002).

13. O Código Civil atual reza: "Art. 121. Considera-se condição a cláusula que, derivando exclusivamente da vontade das partes, subordina o efeito do negócio jurídico a evento futuro e incerto".

14. Carlos Roberto Gonçalves, *Direito Civil Brasileiro – Parte Geral*, p. 279.

15. Idem, ibidem.

16. R. Limongi França, *A Irretroatividade das Leis e o Direito Adquirido*, p. 226. A previsão normativa confere a juridicidade à expectativa de direito; fora daí, o que há é simples desejo, aspiração, fato psicológico.

368 O SUPREMO TRIBUNAL FEDERAL NA CRISE INSTITUCIONAL BRASILEIRA

na iminência de se concretizar. O pretenso titular do direito, vale dizer o mero aspirante, encontra-se na *hipótese* prevista pelo instrumental normativo, mas depende da *incidência* da norma sobre todos os suportes fáticos, os quais ainda não ocorreram. Se estes *suportes fáticos* ocorrerem, automaticamente a lei incidirá sobre eles, nos termos por ela previstos, alcançando o agora titular do direito; e aquilo que era simples *expectativa de direito* transforma-se em *direito adquirido*, integrando, assim, o patrimônio jurídico do indivíduo, que pode ou não fazer uso dele. Se fizer uso, praticando o ato necessário ao seu exercício, tem-se o *ato jurídico perfeito*.

Maria Helena Diniz leciona que, "justamente no fato de ter o direito adquirido condicional um valor econômico e constituir um bem jurídico, é que ele se diferencia da expectativa de direito, que, não tendo significação patrimonial, poderá, sem lesão, ser abolida em qualquer tempo pela lei (*Revista de Crítica Judiciária*, 11/152)".[17]

Diz-se *retroativa* a lei que se propõe a regular não só os atos e fatos presentes e futuros, mas também os efeitos inteiramente exauridos no passado, em tempo anterior à data de vigência da norma. E, por *efeito imediato* da lei, deve-se entender a aplicação da lei nova aos atos ou fatos ocorridos a partir da sua entrada em vigor, bem assim aos "efeitos futuros de atos ou fatos passados, que ocorrerão a partir da sua entrada em vigor, desde que, nesta última hipótese, essa aplicação não acarrete retroatividade por parte da lei nova".[18] Retroagir (*retro agere*) é incidir sobre o passado, alcançando efeitos de atos ou fatos anteriores à vigência da lei nova. Enquanto o efeito imediato da lei é a regra, aquele é a exceção, não podendo ocorrer para ferir o direito adquirido, a coisa julgada nem o ato jurídico perfeito, constituindo-se, de toda forma, de péssima técnica sob o ponto de vista da política legislativa.[19]

Esta proibição de a lei alcançar o direito adquirido, a coisa julgada e o ato jurídico perfeito, encontra-se tanto da Lei de Introdução ao Código Civil (LICC), art. 6º, quanto na CF/1988, art. 5º, XXXVI.

---

17. Maria Helena Diniz, *Lei de Introdução ao Código Civil Brasileiro Interpretada*, pp. 185-186.
18. Maria Luíza Vianna Pessoa de Mendonça, *O Princípio Constitucional da Irretroatividade da Lei – A Irretroatividade da Lei Tributária*, pp. 94-95.
19. Wilson de Souza Campos Batalha, *Direito Intertemporal*, pp. 54-55.

PLANOS ECONÔMICOS 369

Enfim, além de a LICC acolher o princípio da irretroatividade da lei, quaisquer efeitos de um novo diploma legislativo, sejam imediatos ou mesmo futuros, não podem vir a prejudicar o direito adquirido, o ato jurídico perfeito ou a coisa julgada, muito menos pode ter efeitos retroativos.[20]

A propósito do direito adquirido quanto aos Planos Econômicos, torna-se mister citar fundamentos de acórdão proveniente do TRT-22ª Região, o qual, no particular, não era voz isolada no País. No referente ao IPC de junho de 1987 (Plano Bresser), o acórdão assim esclareceu:

"O Plano Bresser foi instituído pelo DL n. 2.335, de junho de 1987, que congelou preços e salários, sem levar em consideração a inflação computada nos primeiros 15 dias de junho de 1987, e que, por força da legislação vigente (DL 2.302/1986) já estavam incorporados ao patrimônio remuneratório dos reclamantes, pois tal dispositivo mandava pagar o *gatilho salarial* quando a inflação superasse os 20%. (...)

"Assim, na forma do art. 153, § 3º da CF/1967 e art. 6º, § 2º da LICC, o DL 2.335/1987 feriu o direito adquirido pelos reclamantes à reposição salarial correspondente à inflação do período de 15 de maio a 15 de junho de 1987, equivalente a 26,06%, época da qual passou a viger o referido Decreto-Lei."[21]

Respeitante à URP de fevereiro de 1989, o mesmo acórdão justificou:

"O DL n. 2.335, de 12.6.1987, instituiu a Unidade de Referência de Preços (URP), que passou a reajustar preços e salários, dispondo no § 1º, do art. 1º, que:

"'§ 1º. A URP de que trata este artigo, determinada pela média mensal da variação do IPC ocorrido no trimestre imediatamente anterior, será aplicada a cada mês do trimestre subseqüente'.

"Seguindo o comando legal, o Ministério da Fazenda baixa Portaria especificando o índice (URP) de cada trimestre. Assim é que, em 30.11.1988, edi-

---

20. José Eduardo Martins Cardozo, *Da Retroatividade da Lei*, p. 325.
21. TRT-22ª Reg., RO 2.552/93, AC 1.129/94, Rel. Juiz Francisco Meton Marques de Lima, 17.5.1994; no mesmo sentido, ainda desse Tribunal e Rel.: RO 1.010/93, AC 1.004, 14.10.1993. No voto, o Relator fez expressa referência a julgado do TST, de igual teor: TST/2ª T., AC 013/92, RR 18.467/90.1, Rel. Min. Francisco Leocádio, *DJU* 24.4.1992, p. 5.435.

370   O SUPREMO TRIBUNAL FEDERAL NA CRISE INSTITUCIONAL BRASILEIRA

tou a Portaria MF/GM n. 354, publicada no *DOU* de 1º.12.1988, fixando a URP do trimestre dezembro/1988 a fevereiro/1989 no valor de 26,05%, como se constata, *ipsis litteris:*

> "'Art. 1º. A taxa mensal de variação da Unidade de Referência de Preços (URP) para os meses de dezembro/1988, janeiro e fevereiro/1989, é fixada em 26,05% (vinte e seis inteiros e cinco centésimos por cento)'.

> "Assim, na forma do disposto no art. 6º, § 2º da LICC, a aquisição do direito à percepção da URP de fevereiro/1989 já se havia consumado, porque presentes a hipótese legal e o fato inflacionário."[22]

Concernente ao IPC de março de 1990 (Plano Collor), o aresto fundamentou:

> "A Lei n. 7.788/1989 assegurava direito à reposição salarial mensal, em percentual equivalente à inflação do mês anterior. E esta era medida no intervalo de 30 dias, tendo como termo final o dia 15 do mês cujo índice serviria de base para o reajuste do mês seguinte. Isto significa que, entre o 1º dia de contagem da inflação e a data de pagamento do salário reajustado, mediavam 75 dias, ou seja, já estava bastante defasado o poder de compra do trabalhador.

> "Seguindo esta regra, a inflação de março (medida de 16 de fevereiro a 15 de março) atingiu o patamar de 84,32%. Até o dia 15 de março, o regramento (Lei n. 7.788/1989) estava em pleno vigor e o fato inflacionário consumado, donde adquirido o direito do trabalhador à percepção do referido percentual, a teor do disposto no art. 5º, inc. XXXIV da CF/1988 e o art. 6º, § 2º da LICC.

> "Assim, a edição da MP n. 154, de 15.3.1990 (publicada no *DOU* de 16.3.1990), posteriormente convertida na Lei n. 8.030/1990, expurgou o percentual que corrigia o valor nominal dos salários, após terem os reclamantes adquirido o direito à sua percepção, ferindo de morte o princípio constitucional do direito *adquirido*."[23]

Em resumo: a lei nova apanhou uma situação inflacionária já consumada, cujo regramento de medição para efeitos de reajuste salarial era feito pela norma anterior. O que faltava era, apenas, a divulgação do

---

22. TRT-22ª Reg., RO 2.552/93, idem. No voto, aludiu-se a acórdão do TST/1ª T., no mesmo sentido: AC 552/92, RR 26.378/91, Rel. Min. Giacomi, *DJU* 10.4.1992, p. 481.840.
23. TRT-22ª Reg., RO 2.552/93, idem. O Relator citou jurisprudência a ampará-lo: TRT-12ª Reg., 2ª T., AC 2.931/91, Rel. Juiz C. A. Godoy Ilha, *DJU-SC* 3.9.1991, p. 27.

PLANOS ECONÔMICOS   371

percentual inflacionário, quando vieram novas leis modificando a sistemática da anterior, encontrando, por outro lado, os preços elevados. Conclua-se: os preços estavam elevados porque já reajustados pelo mercado; mas os salários se encontravam no mesmo patamar de antes porque dependia da divulgação oficial do *quantum* da inflação, tão galopante quanto inexorável. A definição do *quantum* inflacionário tinha caráter unicamente declaratório, na medida em que se limitava a esclarecer e fixar com exatidão o índice, pois o estrago inflacionário já estava feito.

Outros Tribunais vinham adotando a mesma linha do TRT-22ª Região, além de juízes de primeiro grau, tanto da órbita trabalhista quanto da Justiça Federal. Naturalmente, a questão dos expurgos inflacionários foi parar no Supremo Tribunal Federal.

Conferindo total eficácia aos Planos Econômicos (Bresser, Verão e Collor, nos anos de 1987, 1989 e 1990), em especial no referente à *política salarial*, o STF chegou ao ponto de mudar o histórico conceito de *direito adquirido*. Este, por constituir cláusula pétrea, não podia sequer ser objeto de proposta de Emenda Constitucional (art. 60, § 4º, IV, CF), razão pela qual estava material, formal e topologicamente intocado na Constituição Federal, infenso a uma adulteração direta e literal. A CF não podia ser alterada; o direito adquirido sequer podia ser alvo de proposta de Emenda Constitucional. Sucede que, a rigor, as leis implementadoras de novos Planos, *data venia* dos entendimentos contrários, eram notoriamente ofensivas ao direito adquirido, o qual não podia ser desrespeitado, por constituir direito fundamental insculpido no art. 5º, XXXVI, CF, e, como tal, tipificado como cláusula pétrea. Todavia, "era necessário" chancelar os planos e suas medidas, a fim de não comprometer a política econômica.

Novamente chamado a se pronunciar sobre o assunto, o STF encontrou a "saída jurídica", apresentando aos órgãos judicantes e à população um novo conceito de *direito adquirido* em política econômica, o que não deixa de ser uma mudança *judicial* da CF.[24] Deveras, a concep-

---

24. Karl Loewenstein afirma que as Constituições não mudam somente por meio de emendas (processos formais), mas, sim, em maior volume, por outros meios sem haver mudança no texto constitucional, o qual permanece intacto em sua literalidade (processos informais – mutação constitucional) (*Teoría de la Constitución*, p. 165).
Ao aplicar a norma, o intérprete atualiza o seu conteúdo, delimita o seu alcance, adapta seus preceitos ao momento, ao linguajar cotidiano. Implica dizer, destarte, que,

372 O SUPREMO TRIBUNAL FEDERAL NA CRISE INSTITUCIONAL BRASILEIRA

ção historicamente consolidada e legalmente assentada (LICC, art. 6º, § 2º) de direito adquirido foi modificada, circunstancial e convenientemente, pelo STF. Ver-se-á na demonstração desta afirmação, consistente em jurisprudência do STF, que a Corte renegou os elementos que integram o conceito de direito adquirido para inseri-los na definição de mera *expectativa de direito*. Assim fazendo, os trabalhadores da iniciativa privada e os servidores públicos não seriam alcançados pela correção inflacionária, pois a mera expectativa de direito não assegura os efeitos do direito, ainda pendente de confirmação, como era o caso (na visão do reportado Tribunal). Para o STF, a apuração burocrática do índice de inflação tinha conteúdo constitutivo, essencial para que o direito dos trabalhadores fosse alçado à categoria sublime de direito adquirido. Enquanto não houvesse a apuração oficial do percentual da inflação, nem fosse devidamente divulgado, existiria simples expectativa de direito. Então, a lei superveniente alcançara as situações exatamente neste ponto, quando o índice da inflação ainda não tinha sido divulgado pelo Governo. Embora todos soubessem em quanto giraria este percentual, sendo que alguns organismos privados já o apontavam com precisão (supedaneados, mesmo, no percentual de reajuste de preços), o STF entendia que isto, juridicamente, era mera especulação, sem nenhum valor jurídico formal.

Outro argumento do STF era de que,

"(...) quando da revogação da norma, havia, apenas, *mera expectativa de direito* ao reajuste pleiteado, vez que a implementação do direito dependeria da contraprestação de serviços durante o período, pressuposto fático do direito a vencimentos. Sem o trabalho correspondente, não há direito adquirido. E o contrário não se evidencia."[25]

Contrapõe-se a esta perspectiva, porém, o trecho de acórdão do TRT-22ª Região, que ora se repete, em sua literalidade:

"A Lei 7.788/1989 assegurava direito à reposição salarial mensal, em percentual equivalente à inflação do mês anterior. E esta era medida no intervalo de 30 dias, tendo como termo final o dia 15 do mês cujo índice serviria de base

---

até certo ponto, o juiz participa do trabalho legislativo no campo jurídicc-social, "na medida em que modifica o significado da norma" (Henri Lévy-Bruhl, *Sociologia do Direito*, p. 74).

25. STF, 2ª T., RE 190.411-9-AP, Rel. Min. Maurício Corrêa, *DJU* 22.9.1995.

PLANOS ECONÔMICOS

para o reajuste do mês seguinte. Isto significa que, entre o 1º dia de contagem da inflação e a data de pagamento do salário reajustado, mediavam 75 dias, ou seja, já estava bastante defasado o poder de compra do trabalhador."[26]

A bem da verdade, a definição do *quantum* inflacionário tinha sentido só declaratório, esclarecendo e fixando com exatidão o índice. Esta definição não tinha natureza constitutiva. A projeção do apurado para o final do mês devia-se tão-somente a uma situação fática, material e óbvia: é que os salários são pagos, naturalmente, no final de cada mês (art. 459, CLT). Sem a definição deste índice pelo Governo, não havia como pagar o acréscimo oriundo da inflação. As empresas precisavam fechar a folha de pagamento com antecedência para possibilitar o cumprimento da norma. Esta questão fática já fora percebida pelo legislador, por meio das Leis 6.708/1979 (art. 9º) e 7.238/1984 (art. 9º) e pelo TST (Súmula 242), referentes à indenização adicional.[27]

O indiscutível é que o STF, confundindo o conceito de direito adquirido, modificou-o, mandando a nova versão, em cascata torrencial, aos demais órgãos do Judiciário.

Aqui, lembra-se de Jellinek, que escreveu um dos melhores trabalhos sobre *mutação constitucional*, fenômeno através do qual a Constituição é alterada por vias informais, pela *praxis*, sem o processo legislativo disciplinado pela norma. A obra do doutrinador alerta para estes processos informais de modificação da Constituição, que podem se dar pela prática parlamentar, administrativa e judiciária. E acrescenta a *necessidade política* como critério transformador da Constituição. Em tradução livre, da versão em espanhol, extrai-se a seguinte passagem:

"Assim como no geral a aplicação jurisprudencial dos textos legais vigentes está sujeita às necessidades e opiniões variáveis dos homens, o mesmo ocor-

---

26. TRT-22ª Reg., RO 2.552/93, Rel. Juiz Francisco Meton Marques de Lima, 17.5.1994.

27. A indenização adicional consiste no pagamento de um mês de salário ao empregado pelo empregador em caso de despedida sem justa causa no período de 30 dias que antecede o aumento salarial. Deste modo, se o aumento ocorreria em outubro e o obreiro foi dispensado em agosto sem aviso prévio, ou se o prazo deste findou em setembro, é cabível a indenização em tela. Isto porque o aviso conta tempo de serviço (TST, Súm. 182). Impedem-se, assim, despedidas que visem à resilição contratual pelo fato de haver aumento salarial, punindo a má-fé. Esta indenização veio bem a calhar em épocas de gatilhos salariais e de reajustes pré-programados.

374 O SUPREMO TRIBUNAL FEDERAL NA CRISE INSTITUCIONAL BRASILEIRA

re com o legislador, quando interpreta mediante leis ordinárias a Constituição. O que parece em um tempo inconstitucional emerge mais tarde conforme à Constituição e, assim, a Constituição sofre, mediante a mudança de sua interpretação, uma mutação. Não apenas o legislador pode provocar semelhantes mutações, também podem produzir-se de modo efetivo mediante a prática parlamentária, a administrativa ou governamental e a dos tribunais. Há de se interpretar as leis e também as normas constitucionais, porém de modo subreptício uma lei constitucional pode adquirir, pouco a pouco, um significado totalmente diferente do que tinha no sistema jurídico originário."[28]

Paulo José Farias, partindo de Loewenstein e Jellinek, esclarece a diferença entre *mutação* (*Verfassunguswandlungen*) e *reforma* constitucional (*Verfassungsänderung*). A *reforma* da Constituição consiste na modificação dos textos constitucionais mediante *ações voluntárias*, pelos processos e forma estabelecidos na Constituição. Diferentemente, a *mutação* constitucional é modificação de sentido e do teor das disposições constitucionais, sem mudança do dispositivo, por *fatos não acompanhados da consciência de tais modificações*, através ora da interpretação, ora dos costumes, ora da legislação infraconstitucional. "Tais mudanças, normalmente, processam-se mais lentamente e só se tornam claramente perceptíveis quando comparado o entendimento atribuído às cláusulas constitucionais em momentos diferentes, ou em épocas distintas e diante de circunstâncias diversas".[29] Assim, existe uma característica subjetiva (voluntariedade ou não da modificação da norma) a diferenciar a *reforma* da *mutação*.

Pelas considerações doutrinárias acima, não é plenamente classificável de *mutação constitucional* a postura do STF frente ao direito adquirido, por não se amoldar perfeitamente à hipótese de mudança involuntária da Constituição, considerando o propósito, a vontade consciente, de modificar o conceito de direito adquirido (se não o intuito firme e deliberado de sustentar a política econômica). E, obviamente, não resultou em alteração formal do texto constitucional. Mas, a prevalecer a dicotomia, a hipótese se aproxima muito mais de *mutação* do que de *reforma*.

28. G. Jellinek, *Reforma e Mutación de la Constitución*, p. 16.
29. Paulo José L. Farias, "Mutação Constitucional Judicial como Mecanismo de Adequação da Constituição Econômica à Realidade Econômica", *Revista de Informação Legislativa* 34, p. 133.

PLANOS ECONÔMICOS 375

Tampouco, a idéia de direito adquirido se amolda à de *conceitos indeterminados*, por estar legalmente definido (LICC, art. 6º, § 2º). São tipicamente pertencentes a esta categoria as noções de *interesse geral* e de *interesse público*, que aceitam estimativas conceituais do Judiciário.[30]

Feita este breve esclarecimento, retoma-se o tema principal.

Em tema de planos econômicos, o STF, tantas vezes chamado pela população, consolidou seu entendimento na seguinte suma:

"(...) não há direito adquirido a vencimentos de funcionários públicos, nem direito adquirido a regime jurídico instituído por lei. Conseqüentemente, diploma legal novo, que reduza vencimentos (inclusive vantagens), se aplica de imediato, ainda que no mês em curso, pois alcança o período de tempo posterior à sua vigência, dado que não há direito adquirido a vencimentos, nem direito adquirido a regime jurídico de constituição de vencimentos. E, em se tratando de aplicação imediata da norma legal, não alcança ela, evidentemente, os vencimentos já pagos, ou os devidos *pro labore facto*" (STF, 2ª T., RE 190.411-9-AP, Rel. Min. Maurício Corrêa, *DJU* 22.9.1995).

Ressalte-se a essência desta passagem jurisprudencial: não há direito adquirido perante norma de constituição de vencimentos. Este tipo de norma tem aplicação imediata, ainda que no mês em curso.

A mudança paradigmática do STF não foi de cunho apenas jurídico. Seus reflexos sociais e econômicos foram exemplares. Modificou um conceito histórico e, de quebra, burlou a imodificabilidade desta cláusula pétrea. E o fez sem legitimidade, sem poderes do povo para proceder desta maneira, *data máxima vênia*. Crente do acerto de suas decisões, o STF chancelou o achatamento salarial, contribuindo para uma política econômica recessiva. O empresariado não foi prejudicado como o foi o assalariado, pois os preços já haviam sido reajustados, enquanto os salários mantiveram o mesmo valor nominal, comprometendo seu poder de compra. Independentemente do aspecto jurídico, formalista,

---

30. Eduardo García de Enterría, *Democracia, Jueces e Control de la Administración*, pp. 217-254. Sobre esta indeterminabilidade conceitual, após largo apanhado do direito comparado, no Brasil: Dinorá Adelaide Musetti Grotti, "Conceitos jurídicos indeterminados e Discricionariedade administrativa", *CDCCP* 12/84-115. E, tb., Regina Helena Costa, "Conceitos Jurídicos Indeterminados e Discricionariedade Administrativa", *Revista da PGE-SP*, pp. 79-108; e Germana de Oliveira Moraes, *Controle Jurisdicional da Administração Pública*, pp. 55-70.

376 O SUPREMO TRIBUNAL FEDERAL NA CRISE INSTITUCIONAL BRASILEIRA

não se afigura justa esta disparidade, em que os preços são majorados, mas os salários não. Desta maneira, a balança deixa o prato pender em favor do capital, enquanto o trabalho é mais uma vez sacrificado pela economia, abalizada pela jurisprudência. Era para ter havido, pelo menos, uma igualdade de sacrifícios e de resgate do expurgo inflacionário, para ambos os interlocutores do processo de produção: trabalhador e empresariado. O Estado, porém, interveio para sacrificar a um muito mais do que ao outro, estilhaçando critérios de solidariedade social.

Várias foram as decisões do STF negando ao trabalhador da iniciativa privada e ao servidor público o direito aos expurgos inflacionários, adquiridos durante a política salarial anterior. Na realidade, o argumento definitivo utilizado pelo STF foi de índole político-econômica, ao entender que, se o Judiciário julgasse procedentes todas essas ações, o sucesso dos Planos econômicos estaria comprometido, em prejuízo das metas traçadas pelo Governo. Aí, vê-se o quão predominou o argumento econômico (e político) sobre o jurídico. Aliás, sob o âmbito *meramente jurídico*, a tese do Supremo era (e é) insustentável. Contudo foi forte e "convincente" o bastante para inspirar os demais órgãos judiciários a seguirem referida orientação jurisprudencial.[31]

Apesar da enormidade do número de decisões do Supremo, no mesmo sentido, por racionalidade (e a título de amostragem) são bastantes as seguintes:

"Funcionalismo público. Reajuste de vencimentos e correção salarial. Plano Collor. O reajuste de vencimentos e de salários decorrente da incidência do IPC de março/1990 (84,32%), e da URP de fevereiro/1989 (26,05%) tornou-se insubsistente em face dos Planos *Collor* (Lei 8.030/1990) e *Verão* (Lei 7.730/1989), os quais porque editados em momento oportuno (antes, portanto, que se caracterizasse qualquer hipótese de direito adquirido) geraram, sem qualquer ofensa à cláusula de tutela inscrita no art. 5º, XXXVI, da Constituição, a válida extinção da base normativa que dava suporte à correção dos valores remuneratórios devidos aos servidores públicos e aos trabalhadores em ge-

---

31. O TST, por meio da Resolução n. 37/94, teve de cancelar seus Enunciados 316 e 317. O primeiro reconhecia o direito adquirido ao IPC de junho de 1987 (26,06%); o segundo acolhia a mesma tese quanto à URP de fevereiro de 1989 (26,05%). A política judiciária recomendava a adequação das Súmulas do TST à orientação jurisprudencial definida pelo STF. Foi o que aconteceu.

PLANOS ECONÔMICOS 377

ral. Precedente do STF (Pleno). URP de abril e maio de 1988 suspensão de seu pagamento determinada pelo DL 2.425/1988 reconhecimento do direito ao reajuste em valor correspondente a 7/30 de 16,19% sobre a remuneração de abril e maio de 1988" (STF, 1ª T., RE 193.542-1-DF, unân., publ. em 24.11.1995, Rel. Min. Celso de Mello – União Federal x Raul Charbel, *COAD/ADV* verbete 75.479, set./1996).

"Reajuste com base na sistemática do Decreto-Lei n. 2.302/1986. Sua revogação pelo Decreto-Lei n. 2.335/1987, que instituiu a Unidade de Referência de Preços (URP) para reajuste de preços e salários. Inexistência de direito adquirido. No caso, não há sequer que se falar em direito adquirido pela circunstância de que, antes do final do mês de junho de 1987, entrou em vigor o Dec.-Lei n. 2.335 que alterou o sistema de reajuste ao instituir a URP (Unidade de Referência de Preços), e isso porque, antes do final de junho (ocasião em que, pelo sistema anterior, se apuraria a taxa da inflação), o que havia era simplesmente uma expectativa de direito, uma vez que o gatilho do reajuste só se verificava, se fosse o caso, nessa ocasião, e não antes. Ademais, não há direito adquirido a vencimentos de funcionários públicos, nem a regime jurídico instituído por lei. Recurso Extraordinário não conhecido" (STF, RE 144.756-7-DF, Rel. Min. Marco Aurélio, *DJU* 18.3.1994, p. 5.169).

No RE 190.411-9-AP (*DJU* 22.9.1995), em fundamentação idêntica às demais hipóteses de pedido de expurgos inflacionários, o Relator, Min. Maurício Corrêa, assim se pronunciou:

"As questões postas nos autos passaram pelo crivo do Plenário desta Corte, por ocasião do julgamento dos RREE ns. 146.749-5/210 e 133.756-7/210, 159.130, ADI 726-2-SP e do MS n. 21.216-1-DF.

"Naquela oportunidade, reiterou-se, mais uma vez, o entendimento de que 'não há direito adquirido a vencimentos de funcionários públicos, nem direito adquirido a regime jurídico instituído por lei. Conseqüentemente, diploma legal novo, que reduza vencimentos (inclusive vantagens), se aplica de imediato, ainda que no mês em curso, pois alcança o período de tempo posterior à sua vigência, dado que não há direito adquirido a vencimentos, nem direito adquirido a regime jurídico de constituição de vencimentos. E, em se tratando de aplicação imediata da norma legal, não alcança ela, evidentemente, os vencimentos já pagos, ou os devidos *pro labore facto'*.

"Assim, quanto ao direito de perceberem o reajuste de 26,05% (Plano Verão), cumpre observar que, quando da revogação da norma, havia, apenas, *mera expectativa de direito* ao reajuste pleiteado, vez que a implementação do

378   O SUPREMO TRIBUNAL FEDERAL NA CRISE INSTITUCIONAL BRASILEIRA

direito dependeria da contraprestação de serviços durante o período, pressuposto fático do direito a vencimentos. Sem o trabalho correspondente, não há direito adquirido. E o contrário não se evidencia.

"E, no que concerne ao reajuste de 84,32% (Plano Collor), o Plenário desta Corte firmou o entendimento de que a Medida Provisória n. 154, de 16.3.1990 (convertida na Lei n. 8.030/1990), ao revogar a Lei n. 7.830/1989, que disciplinava os reajustes trimestrais de vencimentos, não vulnerou o princípio constitucional que assegura a intangibilidade do direito adquirido, eis que a revogação precedeu a própria aquisição e não somente o exercício do direito, não se consumando os fatos idôneos à aquisição do direito ao reajuste previsto para 1º de abril de 1990" (STF, 2ª Turma, RE 190.411-9-AP, Rel. Min. Maurício Corrêa, *DJU* 22.9.95).[32]

O pronunciamento transcrito lembra certa passagem da autoria do autor deste livro, em que discutiu o conceito e a importância do direito adquirido, bem como a irretroatividade da norma que possa atingi-lo, combatendo os argumentos meramente políticos e as teses de aluguel. O substrato de tal pensamento é aplicável, também, às teses de cunho meramente econômico. Veja-se, literalmente:

"(...) não é pelo simples fato de terem natureza *pública* e/ou *política* que as normas podem predominar sobre os interesses particulares do indivíduo a ponto de lhe afastar o direito adquirido segundo a ordenança anterior. Tanto assim que nenhuma norma infraconstitucional, por mais político que seja o conteúdo, tem a autoridade de se opor ao direito adquirido. E isto por uma razão muito simples: a proteção ao direito adquirido ultrapassa do círculo político e alcança o jurídico, pois positivada na Lei Maior (art. 5º, XXXVI), contra a qual não podem dispor as normas inferiores, sob pena de trazer em seu bojo a invalidade e seu conseqüente inaplicamento ante o vício da inconstitucionalidade, através do controle indireto ou direto da constitucionalidade das leis. De outro lado, não olvidamos o teor político da proteção em tela. Com razão, pois a necessidade de segurança das relações jurídicas o impõe. E este fundamento é, também, de caráter político na medida em que o Estado assegura aos jurisdicionados a certeza das relações estabelecidas e o efetivo ingresso dos bens em

---

32. Vide texto de Carlos Alberto Barata e Silva, ex-Ministro do TST, demonstrando a ofensa ao direito adquirido no caso do Plano Bresser (26,06%, junho de 1987), intitulado "Política Salarial – Plano Bresser", publicado na *Revista LTR* 55(08)/907-908, agosto de 1991.

PLANOS ECONÔMICOS 379

seu patrimônio. Estes instrumentais, garantidos pela CF (norma de cunho eminentemente político), por sua vez, surgiram de conveniências políticas em benefício da paz social e, portanto, da sobrevivência do próprio Estado."[33]

O STF acabou transformando o *direito adquirido* em mera *expectativa de direito*.

No afã de assegurar a eficácia dos planos e sustentar as sucessivas políticas econômicas, os Tribunais Superiores passaram, ainda por cima, a seguir a orientação jurisprudencial do Supremo Tribunal e comprometeram a segurança das relações jurídicas individuais, reduzindo a eficácia da coisa julgada e tornando lânguidas as decisões judiciais que, prolatadas anteriormente ao pronunciamento do STF, haviam reconhecido o direito adquirido aos *gatilhos salariais*.

Deveras, admitiu-se a obtenção da suspensão dos processos executivos das sentenças concessivas dos reajustes dos *gatilhos salariais*, por meio de cautelares incidentais a ações rescisórias, apesar da regra então expressa no art. 489, CPC ("A ação rescisória não suspende a execução da sentença rescindenda").[34] Em especial a União Federal e os Estados-membros, por suas Procuradorias (AGU e Procuradorias do Estado), procuraram, por todos os meios, criar mecanismos que impossibilitassem a execução das sentenças, mesmo transitadas em julgado e fora do prazo para ajuizamento de ações rescisórias. Foi desta época e por esta razão que emergiu, no Brasil, a doutrina da *relativização da coisa julgada*, que adquiriu, erroneamente, o nome de doutrina da coisa julgada inconstitucional.[35]

33. Francisco Gérson Marques de Lima, *Lei de Introdução ao Código Civil e Aplicação do Direito do Trabalho*, p. 192. Aí, frisa-se a prevalência do direito adquirido inclusive sobre as Emendas Constitucionais, tese defendida, também, por Ivo Dantas, *Direito Adquirido, Emendas Constitucionais e Controle da Constitucionalidade, passim*.
34. A Lei 11.280/2006 modificou a redação deste artigo do CPC para a seguinte: "Art. 489. O ajuizamento da ação rescisória não impede o cumprimento da sentença ou acórdão rescindendo, ressalvada a concessão, caso imprescindíveis e sob os pressupostos previstos em lei, de medidas de natureza cautelar ou antecipatória de tutela".
35. Ultimamente, numa perspectiva pós-modernista, o valor *segurança* tem cedido e dado espaço à discussão de institutos historicamente consagrados, como o da *coisa julgada*. De fato, hoje em dia já se fala em sua relativização, ora sob o argumento da prevalência da Constituição sobre o ato judicial inconstitucional (e, daí, erroneamente, tem-se falado em "coisa julgada inconstitucional", como se ela não fosse uma

380 O SUPREMO TRIBUNAL FEDERAL NA CRISE INSTITUCIONAL BRASILEIRA

Outrora, o STF já decidira pela possibilidade de suspender a execução, em cautelar incidental a rescisória, *verbis*:

"(...) Sr. Presidente, poucas vezes, no passado, aconteceu-me de ser tomado de tamanho interesse por uma questão de direito processual civil. Havia refletido à base dos memoriais apresentados pelas partes e entendera, em princípio, não caracterizada afronta aos arts. 489 e 796 do CPC. Segundo estas normas, a execução da sentença rescindenda não se vê suspender pelo fato da propositura da ação rescisória. Isto não significa que, no curso desta, não possa a cautelar produzir os efeitos especiais que lhe são próprios. Também o Recurso Extraordinário carece de efeito suspensivo, sem que essa regra geral frustre nosso poder de conferir-lhe, excepcionalmente, em procedimento cautelar, semelhante efeito. O argumento de que, em se tratando de rescisória, há coisa julgada, não vinga pela própria e singela circunstância de que a desconstituição da coisa julgada é o objeto mesmo da ação" (STF, RE 102.638-PR, Rel. Min. Francisco Rezek, *DJU* 14.9.1984, p. 14.923).

Posto este entendimento, o novo nos Planos Econômicos foi que o STF (seguido pelos demais Tribunais) generalizou a suspensividade do processo executório. Enfim, o que era para ser *excepcional* tornou-se corriqueiro, useiro e vezeiro, admitido de forma descomedida.

garantia estabelecida pela CF) ora sob o pálio da prevalência da justiça, eis que esta se sobreporia à sentença injusta. Então, surgem várias discussões a propósito dos remédios jurídicos aptos a desfazer a sentença inconstitucional ou injusta, de que já não caibam recurso nem ação rescisória.

A tese da relativização da coisa julgada, nos países da Europa, visou a amparar direitos fundamentais, fortalecendo-os, ou porque o ordenamento não tinha instrumentos com a dimensão da ação rescisória brasileira. No Brasil, sua finalidade tem sido a de reduzir ou negar estes direitos. Aqui, a doutrina surgiu e ganhou corpo com a discussão dos planos econômicos malsucedidos (URPs, gatilhos salariais, expurgos inflacionários), como forma de modificar as sentenças condenatórias transitadas em julgado e já em fase de execução. Esta doutrina tem defendido o cabimento de remédios anômalos mesmo após ultrapassado o prazo para ajuizamento de ação rescisória. Os prosélitos desta corrente defendem desde a duvidosa exceção de pré-executividade até a ação anulatória, passando pelo mandado de segurança e pelo simples descumprimento da decisão judicial.

Por todos, recomenda-se a leitura da Dissertação de Mestrado em Direito da Universidade Federal do Ceará, da lavra da Profa. Juliana Sombra Peixoto, intitulada *Análise Constitucional da Relativização da Coisa Julgada*, defendida em junho de 2007. Neste trabalho, a Autora apresenta as idéias que sustentam a relativização da coisa julgada, apreciando minuciosamente teses e antíteses, bem como a origem no Brasil e no Direito comparado da mencionada doutrina.

PLANOS ECONÔMICOS

E a enxurrada de ações rescisórias nos tribunais tiveram por conseqüência a rescisão indiscriminada de milhares de sentenças já transitadas em julgado, com execução em curso. A Súmula 343-STF e a Súmula 83-TST passaram a reger somente outras matérias reguladas "em lei", e não "pela Constituição".[36] São exemplos disso:

"Ação rescisória. Reajustes. Plano Econômico. Prescrição. É pacífica a jurisprudência do excelso STF no sentido de ser inaplicável a Súmula n. 343 e o Enunciado n. 83, do TST para obstaculizar o cabimento da Ação Rescisória fundada em violência à disposição constitucional. Preceito da Carta Magna, ou é bem aplicado ou tem sua literalidade vulnerada, jamais pode ser razoavelmente interpretado. A decisão que imprime efeito retroativo ao inciso XXIX, 'a', do art. 7º da Lei Fundamental, para elastecer o período prescricional ressuscita parcelas já consumadas sob a égide da legislação anterior, ferindo de morte o próprio dispositivo constitucional. Recurso provido para julgar procedente a Ação Rescisória com supedâneo no Enunciado n. 308 do TST" (TST/SDI, RO-AR-68.380/93.0, AC 267/94, 7.3.1994, Red. Desig. Min. Guimarães Falcão, *Revista LTR,* 59-02/206, fev./1995).

"Ação rescisória. Recurso Ordinário. Violação de lei. IPC de março de 1990. 1) Se o Tribunal deixa lei nova para aplicar lei revogada em face de apelo à salvaguarda constitucional do direito adquirido, sobre cujo tema depois se posicionou contrariamente o Supremo Tribunal Federal, deixo de aplicar a regra geral do Enunciado n. 83, que diz respeito à controvérsia do tema nos Regionais ou TST: não há interpretação razoável do texto constitucional ainda que acoplada à interpretação da lei ordinária. 2) Recurso ordinário em ação rescisória desprovido" (TST/SBDI2, RO-AR-178.108.95.1, AC 540/96, orig. do TRT-4ª Reg., Rel. Min. Francisco Fausto, *DJU-1* 11.10.1996, p. 38.731).

No propósito de evitar o pagamento dos expurgos decorrentes dos planos econômicos e visando a possibilitar a rescisão dos julgados que os haviam conferido, o Presidente Fernando Henrique Cardoso editou medidas provisórias aumentando o prazo para ajuizamento de ações

---

36. Segundo estas súmulas, "não cabe ação rescisória por violação literal de lei quando a decisão rescindenda estiver baseada em texto legal de interpretação controvertida nos Tribunais". Ada Pellegrini Grinover critica a distinção indiscriminada entre lei e Constituição para o ajuizamento de ação rescisória por interpretação controvertida dos tribunais ("Ação Rescisória e Divergência de Interpretação em Matéria Constitucional", *CDCCP* 17/50-60).

382   O SUPREMO TRIBUNAL FEDERAL NA CRISE INSTITUCIONAL BRASILEIRA

rescisórias pelas entidades públicas. Mas, felizmente, o STF julgou inconstitucionais tais medidas, conforme se pode ver do exemplo abaixo:

"*Medida Provisória. Reedição. Alteração do prazo para propor ação rescisória pelo Poder Público.* Por unanimidade, o Tribunal deferiu medida cautelar em ação direta ajuizada pelo Conselho Federal da Ordem dos Advogados do Brasil – OAB, para suspender a eficácia do art. 4º e seu parágrafo único, da MP n. 1.632-11/98 ('O direito de propor ação rescisória por parte da União, dos Estados, do Distrito Federal, dos Municípios, bem como das autarquias e das fundações instituídas pelo Poder Público extingue-se em cinco anos, contados do trânsito em julgado da decisão. Parágrafo único – Além das hipóteses referidas no art. 485 do Código de Processo Civil, será cabível ação rescisória quando a indenização fixada em ação de desapropriação, em ação ordinária de indenização por apossamento administrativo ou desapropriação indireta, e também em ação que vise a indenização por restrições decorrentes de atos do Poder Público, em especial aqueles destinados à proteção ambiental, for flagrantemente superior ao preço de mercado do bem objeto da ação judicial.'). O Tribunal reconheceu, excepcionalmente, a ofensa aparente ao art. 62, *caput*, da CF, ('Em caso de relevância e urgência, o Presidente da República poderá adotar medidas provisórias, (...)'), pela falta de urgência necessária à edição da Medida Provisória impugnada. Considerou-se também relevante a tese de ofensa aos princípios da isonomia e do devido processo legal, pela disparidade entre o prazo de 5 anos de que dispõe o Estado para o ajuizamento de ação rescisória em face do prazo decadencial de 2 anos previsto para o particular (CPC, art. 495). Precedente citado: ADIMC 162-DF (*DJU* de 19.9.97)" (STF, Pleno, ADI (MC) 1.753-DF, Rel. Min. Sepúlveda Pertence, 16.4.1998, *Informativo-STF* 106, de 13-17.4.1998).

Na proteção judicial aos Planos Econômicos, à política de preços e salários, e à *estabilidade financeira*, até a data-base do servidor público foi sonegada pela mais alta Corte, novamente afinada com o Executivo:

"*Data-Base. Servidor público.* O art. 37, X, da CF ('a revisão geral da remuneração dos servidores públicos, sem distinção de índices entre servidores públicos civis e militares, far-se-á sempre na mesma data;') não confere aos servidores públicos o direito a uma data-base. Sem estabelecer um princípio de periodicidade, esse dispositivo apenas garante a simultaneidade, generalidade e igualdade da revisão da remuneração dos servidores públicos civis e militares. Em conseqüência, o Presidente da República – a quem compete com exclusividade a iniciativa de leis que disponham sobre aumento da remuneração de ser-

PLANOS ECONÔMICOS 383

vidores públicos (CF, art. 61, § 1º, II, 'a') – não está obrigado a encaminhar ao Congresso Nacional projeto de lei com esse conteúdo. Baseado nesse entendimento, o Tribunal indeferiu mandado de segurança impetrado por partidos políticos, contra a alegada omissão do Presidente da República em propor ao Congresso o reajuste da remuneração dos servidores federais. Vencidos os Ministros Marco Aurélio, Ilmar Galvão e Carlos Velloso" (STF, MS 22.439-DF, Rel. Min. Maurício Corrêa, 15.5.96, *Informativo-STF* 31, de 13-17.5.1996).[37]

Odilon Sandim se manifesta, também, sobre a data-base do reajuste do funcionalismo público federal. O Autor inicia com um paralelo entre a Suprema Corte dos EUA, cuja interpretação se volta também para o futuro, e o STF, que, além de dogmatização da norma constitucional, tem funcionado como terceiro ou quarto grau de jurisdição. Assim, o Supremo Tribunal – continua – "vem olvidando seu mister superior: dar eficácia e sentido à Constituição da República Federativa do Brasil". E cita, como exemplo, o fim dado à data-base para o reajuste do funcionalismo público federal. Em sua ótica, referida decisão não se compatibiliza com o art. 37, X, da CF, porque, no evolver dos tempos, o limite temporal para as reposições aos agentes públicos era o *mês de janeiro de cada ano*, o que significa "a mesma data", da expressão constitucional. E indaga: "A prefalada decisão, a nível de prospectividade, trouxe que contribuição, a não ser cristalizar, ainda mais, as injunções políticas-partidárias para com o funcionalismo público? em que momento o decisório em tela levou em conta a teleologia da norma constitucional, que fora o de evitar o depauperamento dos vencimentos?".[38]

Por fim, o Governo utilizou-se de outro expediente, muito mais radical, com seus advogados e defensores sustentando a doutrina, invertida, posta de ponta-cabeça no Brasil, da relativização da coisa julgada (ou da coisa julgada inconstitucional). Deste modo, a sentença inconstitucional é, pura e simplesmente, descumprida.

Desta feita, o mesmo STF deixou de declarar a inconstitucionalidade de alterações empreendidas ao texto do CPC e da CLT, concernente à

37. Em 24.4.2001, na ADIO 2.061, o STF concluiu ser inconstitucional a omissão do Presidente da República em não reajustar os vencimentos dos servidores públicos, congelados havia mais de cinco anos.

38. Emerson Odilon Sandim, *O Devido Processo Legal na Administração Pública – Com Enfoques Previdenciários*, p. 90.

384 O SUPREMO TRIBUNAL FEDERAL NA CRISE INSTITUCIONAL BRASILEIRA

inexigibilidade de sentença inconstitucional, mesmo após seu trânsito em julgado e fora do prazo da ação rescisória. Ora, isto é muito mais grave do que o aumento do prazo (para 4 anos) para ajuizamento da ação rescisória, que a Corte rechaçara anteriormente.

Nesse sentido, a Medida Provisória 2.180/2001, mantida em vigor pelo art. 2º da Emenda Constitucional 32/2001, instituiu situações específicas de inexigibilidade executória de títulos judiciais, imprimindo maior celeridade ao processo de execução, alterando noções clássicas sobre a autoridade da coisa julgada e sua proteção.

Trata-se, portanto, de regra explícita, sendo que o art. 9ª da MP 2.180 acrescentou ao artigo 884 da CLT o seguinte parágrafo:

"Art. 884. (...). § 5º. Considera-se inexigível o título judicial fundado em lei ou ato normativo declarados inconstitucionais pelo Supremo Tribunal Federal, ou em aplicação ou interpretação tidas por incompatíveis com a Constituição Federal."

Introduziu-se, ainda, pelo seu art. 10, o parágrafo único ao art. 741 do CPC – que trata dos embargos à execução fundada em sentença contra a Fazenda Pública[39] – sendo estendida a mesma redação também ao atual art. 475-L, do CPC (*Cumprimento de Sentença*), conforme a Lei 11.232/2005.[40]

O Conselho Federal da OAB promoveu a ADI 2.418-DF (Rel. Min. Sepúlveda Pertence, depois substituído pelo Min. Cezar Peluso), protocolada em 22.2.2001, pleiteando a inconstitucionalidade da redação

---

39. CPC: "Art. 741. Na execução contra a Fazenda Pública, os embargos só poderão versar sobre: (...) II – inexigibilidade do título; (...). Parágrafo único. Para efeito do disposto no inciso II do *caput* deste artigo, considera-se também inexigível o título judicial fundado em lei ou ato normativo declarados inconstitucionais pelo Supremo Tribunal Federal, ou fundado em aplicação ou interpretação da lei ou ato normativo tidas pelo Supremo Tribunal Federal como incompatíveis com a Constituição Federal" (red. da Lei 11.232/2005).

40. CPC: "Art. 475-L. A impugnação somente poderá versar sobre: (...) II – inexigibilidade do título; (...). § 1º. Para efeito do disposto no inciso II do *caput* deste artigo, considera-se também inexigível o título judicial fundado em lei ou ato normativo declarados inconstitucionais pelo Supremo Tribunal Federal, ou fundado em aplicação ou interpretação da lei ou ato normativo tidas pelo Supremo Tribunal Federal como incompatíveis com a Constituição Federal" (red. da Lei 11.232/2005).

PLANOS ECONÔMICOS 385

conferida ao parágrafo único do art. 741 do CPC. Contudo, o STF não emitiu nenhum pronunciamento até fevereiro de 2009.

Tais alterações puseram em xeque a garantia constitucional fundamental da coisa julgada, tornando-a insegura, ante o risco de eventual declaração de inconstitucionalidade da norma na qual se escudara a condenação.

Qual a conseqüência social desses comportamentos? Mais descrédito no Judiciário, mais insegurança nas suas decisões e mais certeza de que o Poder Público é superprotegido; agravamento da desconfiança na garantia dos direitos mais fundamentais e tradicionais da história do Estado de Direito: no caso, o direito adquirido. Em duas palavras: instabilidade e desconfiança. Nódoas profundas que comprometem todo o convívio social, manchas altamente perniciosas para o respeito às instituições.

Secundariamente, acarretou, também, desconfiança nos próprios Planos, porquanto qualquer um deles que venha a prever reajustes periódicos ou prefixe data para outro reajuste, será desacreditado pelo povo, pelo trabalhador e pelo funcionalismo. Prova disto foi quando, nas discussões sobre o valor do salário mínimo (abril e maio de 2000), surgiu no Congresso Nacional proposta para estabelecer-se um valor no ano 2000 e outro mais elevado a vigorar a partir de janeiro de 2001. As Centrais não concordaram, os partidos de oposição reagiram e findou-se negociando um único valor, definitivo e irrisório, de R$ 151,00 (cento e cinqüenta e um reais), vigente a partir de abril de 2000.[41] De fato, não adiantava prefixar um valor para o futuro, estabelecendo-o em lei naquele momento, pois esta lei poderia muito bem ser modificada depois e, nas proximidades do reajuste previsto, deixar de concedê-lo. E isto não ofenderia o direito adquirido, por pacificação jurisprudencial do STF.

---

41. Na fixação do salário mínimo, o Presidente FHC demonstrou sua tendência ao fisiologismo e à regra do "é dando que se recebe", ao ameaçar abertamente os parlamentares que não votassem como ele queria: negociou cargos e verbas (notícia do *Jornal Nacional*, Rede Globo, 8.5.2000). A MP 2.019/2000 estabelecera o valor do salário mínimo em R$ 151,00, a partir de 3.4.2000. A Lei 9.971/2000 ratificou a MP.

Capítulo 13

A ANTECIPAÇÃO DO PLEBISCITO, EM 1993

*O plebiscito poderia ser antecipado,
sem ofender a vontade do poder constituinte originário?*

Promulgada a CF/1988, seu art. 2º, do Ato das Disposições Constitucionais Transitórias, estabeleceu data para realização de plebiscito no qual o povo definiria a forma e o sistema de governo:

"Art. 2º. No dia 7 de setembro de 1993 o eleitorado definirá, através de plebiscito, a forma (república ou monarquia constitucional) e o sistema de governo (parlamentarismo ou presidencialismo) que devem vigorar no País. "§ 1º. Será assegurada gratuidade na livre divulgação dessas formas e sistemas, através dos meios de comunicação de massa cessionários de serviço público." "§ 2º. O Tribunal Superior Eleitoral, promulgada a Constituição, expedirá as normas regulamentadoras deste artigo. (...)."

Em 25.8.1992 foi promulgada a Emenda Constitucional 2/1992, resultante da PEC 51/1990, de autoria do Dep. José Serra (PSDB-SP), cujo artigo único dispôs: "O plebiscito de que trata o artigo 2º do Ato das Disposições Constitucionais Transitórias realizar-se-á no dia 21 de abril de 1993". Ou seja, a EC 2/1992 antecipou em quase cinco meses a data para a realização do plebiscito no qual o povo definiria a forma e o sistema de governo, e que estava previsto pelo constituinte de 1988 para 7.9.1993 (art. 2º, ADCT-CF/1988).

ADIs foram ajuizadas contra a reportada Emenda 2/1992, sob o argumento basilar de que a previsão plebiscitária do art. 2º, ADCT-CF/1988, constituía cláusula pétrea imposta pelo constituinte originário e imodificável pelo constituinte derivado. Do voto vencido do Min. Marco Aurélio, socorrendo-se da petição inicial da ADI 833-1 (movida pelo Governador do Paraná, Roberto Requião), extrai-se o seguinte trecho, denotador da importância da querela:

"Admitir-se a possibilidade de emenda não à Constituição, mas ao Ato das Disposições Constitucionais Transitórias equivale a reconhecer aos Congressistas o Poder Constituinte Originário que os legisladores de 1988 tiveram, retornando-se à fase legislativa-constitucional de há muito suplantada. Implica substituição indevida, quer sob o ângulo temporal, quer sob o do credenciamento, quer sob o factual.

"A leitura dos artigos do Ato das Disposições Constitucionais Transitórias sugere grande perplexidade, uma vez admitido o poder de emenda. Atente-se para as datas correspondentes aos términos de mandatos e às eleições pertinentes, passando pelo requerimento de registro de novos partidos, a criação de Estados e extinção de territórios e as regras referentes a impostos. Tais definições passarão, no que não exauridos os efeitos normativos próprios, a estar ao sabor de conveniências diversas daquelas notadas pelos que enfeixaram o Poder Constituinte de 1988, decorrendo daí a própria descaracterização das normas.

"Uma vez admitido o poder de emenda, despido que é de contorno constituinte originário, aos Congressistas teria sido lícito, por exemplo, alterar o limite do mandato do Presidente da República em exercício em 1988, dos Governadores, Vice-Governadores, Prefeitos e Vice-Prefeitos de então, e o será quanto à data da própria revisão constitucional prevista no artigo 3º do Ato das Disposições Constitucionais Transitórias. Sim, legítima a alteração da época do plebiscito que motivou a previsão, antecipando-a, nada impede que se proceda da mesma forma quanto à da revisão. O mesmo ocorre com a projeção no tempo dos atos previstos para ocorrerem em época certa e determinada (fls. 4-5, voto vencido, ADI 833-1, *sic*)."

Na defesa desse entendimento, o Ministro Marco Aurélio, ainda socorrendo-se da peça vestibular da ADI 833-1, invitou lições de Paulo Bonavides, Valmir Pontes Filho, Cármen Lúcia Antunes Rocha e Paulo Lopo Saraiva. E findou o voto com famoso poema atribuído a Maiakowski.[1]

---

1. "Na primeira noite, / eles se aproximam / e colhem uma flor de nosso jardim / e não dizemos nada. / Na segunda noite, / já não se escondem: / pisam as flores, / matam nosso cão, / e não dizemos nada. / Até que um dia, / o mais frágil deles, / entra sozinho em nossa casa, / rouba-nos a lua e, / conhecendo o nosso medo, / arranca-nos a voz da garganta. / E porque não dissemos nada, / já não podemos dizer nada."

388 O SUPREMO TRIBUNAL FEDERAL NA CRISE INSTITUCIONAL BRASILEIRA

No entanto, tais ADIs não prosperaram no STF, o qual as julgou improcedentes. Para não se ter de transcrever todas as ementas, veja-se a seguinte, pertinente a acórdão prolatado na ADI 829-3-DF, que fora ajuizada pelo Partido de Reedificação da Ordem Nacional (PRONA). No mérito, após recebida e processada, a ação foi julgada improcedente, em decisão plenária de 14.4.1993:

> "*ADI. Antecipação do plebiscito a que alude o art. 2º do ADCT-CF/1988.*
> – Não há dúvida de que, em face do novo sistema constitucional, é o STF competente para, em controle difuso ou concentrado, examinar a constitucionalidade, ou não, de Emenda Constitucional – no caso, a n. 2, de 25 de agosto de 1992 – impugnada por violadora de cláusulas pétreas explícitas ou implícitas. – Contendo as normas constitucionais transitórias exceções à parte permanente da Constituição, não tem sentido pretender-se que o ato que as contém seja independente desta, até porque é da natureza mesma das coisas que, para haver exceção, é necessário que haja regra, de cuja existência aquela, como exceção, depende. A enumeração autônoma, obviamente não tem o condão de dar independência àquilo que, por sua natureza mesma, é dependente. Ação Direta de Inconstitucionalidade que se julga improcedente" (STF, Pleno, ADI 829-3–DF, Rel. Min. Moreira Alves, *DJU* 16.9.1994, p. 24.278. Unânime, quanto ao *cabimento*; e por maioria, quanto mérito).

No mesmo sentido foi a decisão do STF tomada na ADI 830-7-DF, ajuizada pelo PDT e PSB, a respeito da multicitada EC 2/1992, a qual foi julgada constitucional (*DJU* 16.9.1994, plenário de 14.4.1993, Rel. Min. Moreira Alves). Não teve melhor sorte a ADI 833-1-DF, proposta pelo Governador do Paraná (plenário de 4.3.1993, *DJU* 16.9.1994, Rel. Min. Moreira Alves).

Na época da questão judicial sobre o plebiscito, a imprensa criticou o STF por sua demora em julgar ação que exigia pronunciamento urgente, pois a data prevista pela EC 2, de 25.8.1992, para realização dessa consulta ao povo era 21.4.1993, portanto poucos meses após a sua promulgação. Daí, haver o Ministro relator dessas ADIs ter acostado a seguinte *Antecipação de Voto*, justificando a aludida demora:

> "Sr. Presidente, antes de proferir meu voto, gostaria de fazer ligeiras considerações, tendo em vista a campanha injuriosa que se tem feito contra esta Corte.

> "A Emenda Constitucional n. 2 foi publicada no *Diário Oficial da União* de 12 de setembro de 1992. Só quase cinco meses após sua publicação é que,

A ANTECIPAÇÃO DO PLEBISCITO, EM 1993 389

em meados de janeiro e no início de fevereiro de 1993, foram propostas estas três ações.

"Em contrapartida, este Tribunal em menos de dois meses julgou a medida liminar, julgamento em que houve, inclusive, pedido de vista que deu margem a extenso voto. Posteriormente, vieram as informações, voltaram os autos à Advocacia-Geral da União para manifestar-se em face delas, e houve vista à Procuradoria-Geral da República, que emitiu, com extrema rapidez, parecer sobre a argüição de inconstitucionalidade. No dia 30 de março próximo passado, elaborei o relatório e pedi dia para julgamento, cuja realização só está sendo possível nesta data por força do disposto em nosso Regimento Interno.

"Esta Corte, com a máxima presteza, cumpriu a tramitação legal, mas apesar disso, sem que ninguém saliente que quase cinco meses se passaram sem que houvessem sido estas ações propostas, tem ela sido criticada por julgá-las em data próxima à marcada para a realização do plebiscito, como se isso decorresse de negligência sua, e não da demora na referida propositura e na necessidade da observância da tramitação imposta pela Lei.

"Espero, Sr. Presidente, que os nossos meios de comunicação divulguem esses fatos, como o fizeram com as críticas infundadas a este Tribunal."

Na verdade, quando o constituinte originário havia definido uma data precisa para a realização do plebiscito, assim o fizera por uma razão principal: o tempo necessário para o brasileiro amadurecer as conquistas da democracia recém-alcançada, vivenciar o novo regime, sentir e comparar as mudanças causadas pela abertura política, agora institucionalizada, sentir o hálito da liberdade e do Estado Democrático de Direito. Promulgada a CF em 5.10.1988, pareceu ao poder constituinte originário razoável a data de 7.9.1993 para que o povo refletisse melhor sobre a nova época. É que não havia clima nem amadurecimento político para, na constituinte de 1987-1988, definir logo estes temas, tão caros a uma nação: a forma (república ou monarquia constitucional) e o sistema de governo (parlamentarismo ou presidencialismo). A data de 7.9.1993, um mês antes do aniversário de cinco anos da promulgação da Carta Cidadã, deveu-se a razões de patriotismo e civismo, considerando que o aniversário de independência do Brasil é 7 de setembro. Além da perspectiva do amadurecimento, cinco anos seria tempo suficiente para consolidação da democracia, pelo que o ambiente político, então mais tranqüilo, possibilitaria o exercício mais livre do direito dos cidadãos em participar dessa importante decisão, com maior grau de discussão e de

390 O SUPREMO TRIBUNAL FEDERAL NA CRISE INSTITUCIONAL BRASILEIRA

participação popular. Prudente raciocínio e admirável responsabilidade a do constituinte de 1988. De fato, a constituinte de 1987 ainda funcionara em um ambiente de abertura duvidosa, conquistada duramente, e que precisava se precaver de todos os riscos de uma transição política, que haveria de correr em clima de paz e o mais estável possível. O medo ainda não saíra de todo da garganta e, no entanto, grandes decisões eram necessárias. Ulisses Guimarães despontou como o paladino desta saga institucional.

Mas por que antecipar o plebiscito para 21.4.1993?

Uma justificativa é dada pelos monarquistas: Com o *impeachment* de Fernando Collor de Mello, em dezembro de 1992, mostrando a lama moral infestada na Presidência da República, crescia o movimento monarquista, que, então, já contava com cerca de 23% das intenções de voto. Portanto, a antecipação em cinco meses era fundamental, prejudicando o trabalho de divulgação dos monarquistas. O *Informativo Mundo Monárquico* (n. 2, agosto de 1995), conta que o movimento já atingia 27% da opinião pública votante, quando a pesquisa teve sua veiculação impedida.[2]

Encabeçavam o movimento republicano os congressistas Orestes Quércia, Humberto Lucena, Ibsen Pinheiro, Genebaldo Correia, João Alves e Roberto Magalhães (Relator da Emenda da antecipação do plebiscito). O PFL elaborou a *Cartilha Presidencialista*, por iniciativa do Senador Marco Maciel, que foi distribuída a todos os integrantes e simpatizantes do partido.

Realizado o plebiscito, as urnas registraram 13% dos votos em favor da monarquia, um número considerável, levando em conta o tempo que os monarquistas tiveram para fazer sua campanha, sem dinheiro,

---

2. www.geocities.com/CapitolHill/7394/bastplebis.html (acessado em 17.8.2007). E o mesmo *Informativo Mundo Monárquico* afirma:

"A propósito, já se lembrou que o PT, único partido com quadros de militância no País, precisou de 15 anos para conseguir 18/20% do eleitorado".

"Os republicanos puseram então o ator Milton Gonçalves para dizer que, se voltasse a monarquia voltaria a escravidão! A cantora Beth Carvalho para dizer que voltariam as capitanias hereditárias! E a atriz Joana Fomm para verter lágrimas de crocodilo, como se estivesse penalizada com a história de Tiradentes, a qual provavelmente, desconhece! Todos pagos a peso de ouro, ou pelo menos com a promessa de, porque consta que Milton Gonçalves até hoje não conseguiu receber o seu cachê."

desorganizadamente e com vários revezes na propaganda eleitoral pública, no rádio e na televisão.

Independentemente das ideologias particulares de cada um, o processo plebiscitário poderia ter ocorrido de uma forma mais democrática, mais limpa e igualitária. Mesmo acreditando que a República Presidencialista fosse a mais adequada ao Brasil moderno e que ela superaria a corrente monarquista e/ou parlamentarista, isto não justificava a ruptura democrática. Espera-se que, em uma democracia, o embate de forças ocorra mediante igualdade de armas, num jogo limpo e ético.

O certo é que novamente o STF respaldou o Executivo e o Legislativo, autorizando a mudança do art. 2º, ADCT-CF/1988, pela EC 2/1992. Sinalizou, assim, mais uma vez, sua predisposição em chancelar toda e qualquer alteração do Texto Magno empreendida pela base governista, rompendo a diferença entre poder constituinte *originário* e poder constituinte *derivado*. Ao fim, como alertara o Min. Marco Aurélio (ADI 833-1, v. acima), o Congresso Nacional ficou livre de peias, assumindo, praticamente, os poderes de poder constituinte originário, com a liberdade de alterar a CF/1988 a seu bel prazer.

Capítulo 14
ALCANCE DA REVISÃO CONSTITUCIONAL (1993)

Quais os limites da revisão constitucional de 1993,
traçados pelo constituinte originário?
O STF emitiu pronunciamento a respeito?

Em 1993, novamente a nação dependeu do STF para dirimir querela sobre o real alcance do art. 3º, ADCT-CF/1988, referente ao poder de revisão da Carta Magna.[1] A discrepância aludia ao *quorum* (maioria absoluta dos membros do Congresso Nacional) e a forma de funcionamento da sessão (unicameral) exigidos para a *revisão*, em contraposição ao processo para aprovação de Emenda Constitucional (três quintos e votação em dois turnos).[2]

Por trás da discussão jurídica estava o receio de a CF/1988 ser alterada radical e indiscriminadamente, mediante processo simplificado no Congresso Nacional, quando, na realidade, qualquer alteração por meio de Emenda Constitucional carecia de processo mais complexo e, logo, tornava mais difícil alterar-se a Carta de 1988. Sustentava-se que, na verdade, a *revisão* prevista no art. 3º, ADCT-CF/1988, objetivava, apenas, adaptar a CF/1988 à nova forma (presidencialismo ou monarquia constitucional) e ao sistema de governo (parlamentarismo ou presidencialis-

---

1. ADCT-CF/1988: "Art. 3º. A revisão constitucional será realizada após cinco anos, contados da promulgação da Constituição, pelo voto da maioria absoluta dos membros do Congresso Nacional, em sessão unicameral".

2. A CF/1988, ao dispor sobre as emendas constitucionais, prevê (e previa na época do julgamento pelo STF, em 1993), no § 2º do seu art. 60: "§ 2º. A proposta será discutida e votada em cada Casa do Congresso Nacional, em dois turnos, considerando-se aprovada se obtiver, em ambos, três quintos dos votos dos respectivos membros".

ALCANCE DA REVISÃO CONSTITUCIONAL (1993)   393

mo), caso o povo brasileiro, no plebiscito que seria realizado em 7.9.1993 (antecipado para 21.4.1993), mudasse o modelo em vigor. O receio lembra Sieyès: a nação tem interesse em que o poder público *delegado* não possa jamais se tornar nocivo, prejudicial àqueles que o delegaram.[3] Em outras palavras, temia-se que o Congresso fosse além da simples *revisão* e imprimisse outras alterações, aproveitando o *quorum* simplificado. Era preciso delimitar os contornos do que poderia ser modificado pela *revisão*, o *quorum* e a forma de votação.

O pronunciamento do STF na ADIMC 981-8/600-PR, em 17.12.1993, acarretou a possibilidade de a CF/1988 ser revista amplamente, em quaisquer de seus preceitos, em processo legislativo mais simples do que o exigido para a aprovação das emendas constitucionais. Ou seja, permitiu que a *revisão* fosse ampla e conforme o processo legislativo simplificado. Além dessa conseqüência (direta), a decisão suprema teve o efeito secundário de sinalizar ao Executivo e ao Legislativo sua aquiescência e aptidão para coonestar as reformas pretendidas por aqueles poderes, decorrentes da revisão. E, de fato, nos meses seguintes, isto ficou patente e corriqueiro.

A posição firmada pelo STF adversou as lições de grandes constitucionalistas contemporâneos do Brasil (Geraldo Ataliba, Celso Antonio Bandeira de Mello, Adilson Abreu Dallari, Goffredo Telles Jr. e Sérgio Sérvulo), o que, aliás, demonstrara o Autor da referida ADIMC, mediante a juntada dos estudos respectivos. Confira-se a *ementa* da decisão:

> *"Ação Direta de Inconstitucionalidade. Resolução n. 01-RCF, do Congresso Nacional, de 18.11.1993, que dispõe sobre o funcionamento dos trabalhos de Revisão Constitucional e estabelece normas complementares específicas. Ação de Inconstitucionalidade ajuizada pelo Governador do Estado do Paraná. Alegações de ofensa ao § 4º do art. 60 da Constituição Federal, eis que o Congresso Nacional, pelo ato impugnado 'manifesta o solene desígnio de modificar o texto constitucional', mediante 'quorum' de mera 'maioria absoluta', em 'turno único' e 'votação unicameral'. Sustenta-se na inicial, além disso, que a revisão do art. 3º do ADCT da Carta Política de 1988 não mais tem cabimento, por que estaria intimamente vinculada aos resultados do plebiscito*

---

3. Sieyès, *apud* André Ramos Tavares, "Reflexões sobre a Legitimidade e as Limitações do Poder Constituinte, da Assembléia Constituinte e a Competência Constitucional Reformadora", *CDCCP* 5(21)/229.

394 O SUPREMO TRIBUNAL FEDERAL NA CRISE INSTITUCIONAL BRASILEIRA

previsto no art. 2º do mesmo instrumento constitucional transitório. 'Emenda' e 'revisão', na história constitucional brasileira. Emenda ou revisão, como processos de mudança na Constituição, são manifestações do poder constituinte instituído e, por sua natureza, limitado. Está a 'revisão' prevista no art. 3º do ADCT de 1988 sujeita aos limites estabelecidos no § 4º e seus incisos, do art. 60, da Constituição. O resultado do plebiscito de 21 de abril de 1993 não tornou sem objeto a revisão a que se refere o art. 3º do ADCT. Após 5 de outubro de 1993, cabia ao Congresso Nacional deliberar no sentido da oportunidade ou necessidade de proceder à aludida revisão constitucional, a ser feita 'uma só vez'. As mudanças na Constituição, decorrentes da 'revisão' do art. 3º do ADCT, estão sujeitas ao controle judicial, diante das 'cláusulas pétreas' consignadas no art. 60, § 4º e seus incisos, da Lei Magna de 1988. Não se fazem, assim, configurados os pressupostos para a concessão de medida liminar, suspendendo a eficácia da resolução n. 1, de 1993-RCF, do Congresso Nacional, até o julgamento final da ação. Medida Cautelar indeferida" (STF, Pleno, ADIMC 981-8/600-PR, Rel. Min. Néri da Silveira, maioria, j. 17.12.1993, *DJU* 5.8.1994, p. 19.299).

Com acerto, a petição inicial da referida Medida Cautelar em ADI demonstrara a gravidade social e política da matéria, esclarecendo:

"6. A matéria é de extrema delicadeza, porque põe em suspensão e estado de incerteza todas as instituições.

"Deveras, iniciado esse processo, todos os Poderes, competências, direitos e garantias ficam instáveis, posto que sujeitos a extinção ou alteração.

"Evidentemente tal situação compromete o regular funcionamento das instituições e o desenvolvimento normal das atividades públicas (políticas e administrativas), em todas as esferas, bem como das atividades privadas coletivas e individuais.

"7. Na medida em que avance esse processo, mais se acentuarão esses males, pondo em risco até mesmo a continuidade do processo democrático e a consolidação do estado de direito."

No julgamento, salientou o Min. Marco Aurélio (voto vencido, mais uma vez):

"Por mais que tente, não consigo admitir que uma Lei Básica, uma Constituição Federal, pelo menos ao primeiro exame, seja um diploma provisório, lançado ao mundo jurídico para viger por período determinado, para ser revis-

ALCANCE DA REVISÃO CONSTITUCIONAL (1993)   395

to tão logo passado um espaço de tempo. É certo que temos a previsão do Ato das Disposições Constitucionais Transitórias assentada de uma forma que estaria, a princípio, a direcionar à autonomia. Todavia, a natureza em si da Carta conduz-nos a admitir que houve uma impropriedade na localização do preceito, isto ao abandonar-se a melhor técnica legislativa, que seria a feitura de mais um parágrafo no artigo 2º do Ato das Disposições Constitucionais Transitórias (fls. 1-2).

"Ligo este termo inicial [5.10.1993] ao plebiscito de que cuida o artigo 2º do Ato das Disposições Constitucionais Transitórias. Para mim, pelo menos neste exame inicial do teor do artigo 3º em comento, a razão de ser da revisão constitucional não veio à balha, já que, mediante o plebiscito, houve a manutenção do *statu quo* (fls. 2)."

Na hipótese, talharam-se as limitações de alteração da CF: *a)* De ordem temporal (no caso, só permitida por revisão após 5.10.1993). *b)* De ordem formal (pertinente à esfera procedimental: 1. *quorum* de maioria absoluta; e 2. votação unicameral). *c)* De ordem circunstancial (impossibilidade de revisão na vigência de intervenção federal, estado de defesa ou estado de sítio). E *d)* de ordem material (intangibilidade das matérias a que se acham pré-excluídas do poder geral de reforma: as chamadas *cláusulas pétreas*).[4]

Contudo, o STF *escancarou* as portas da revisão constitucional. E toda a nação estremeceu, por medo do que poderia vir do Executivo e do Congresso Nacional dali por diante, até em razão dos rumores de que muita coisa seria mudada na Constituição, sobretudo no pertinente ao servidor público e às reformas administrativa, fiscal e previdenciária. Ainda: certamente, Instituições como Judiciário, Ministério Público e Defensoria Pública iriam de roldão.

O receio era consistente, pois a profundidade da transformação a que a CF/1988 se submeteu em seguida explicitou o desembaraço re-

---

4. Ivo Dantas defende que a *mudança formal* da Constituição, por envolver aspectos de *ordem procedimental* e de *ordem material*, a serem observados pelo Poder Legislativo, em seu exercício de *Poder Reformador*, são passíveis de controle, "tanto pelo Supremo Tribunal Federal, na via da *Ação Direta de Inconstitucionalidade* e pela *Ação Declaratória de Constitucionalidade*, como pela *via de Defesa ou incidental*, inclusive através do *Mandado de Segurança*" (*Direito Adquirido, Emendas Constitucionais e Controle da Constitucionalidade*, p. 33).

396 O SUPREMO TRIBUNAL FEDERAL NA CRISE INSTITUCIONAL BRASILEIRA

formador do Congresso e as iniciativas do Presidente da República em alterar o Texto Magno. Por um triz, no meio de tantas discussões sobre as cláusulas pétreas, não se modifica o art. 60, § 4º, CF/1988, e os direitos e garantias fundamentais. De toda maneira, os *direitos sociais* do trabalhador vão, paulatinamente, sofrendo modificações várias, em nome de uma *necessária* flexibilização e de uma *indesviável* globalização, a par de estarem insculpidos nos arts. 7º a 11 da Constituição Federal.

Capítulo 15
REEDIÇÃO DE MEDIDA PROVISÓRIA

A constante reedição de medidas provisórias pelo Presidente
da República representava invasão na função do Legislativo?
Que riscos ao Estado de Direito esta prática oferecia?

Uma das maiores tacadas contra o Estado de Direito brasileiro foi o uso desbragado das medidas provisórias. Os Presidentes da República assestaram contra a nação o bacamarte que ensurdeceu os tímpanos do Judiciário. Enquanto o Estado de Direito agonizava ante o desrespeito constitucional, ferido mortalmente, o STF assentava-se tranqüilo, sem ouvir o estouro nacional.

Rezava o art. 62, CF/1988: "Em caso de relevância e urgência, o Presidente da República poderá adotar medidas provisórias, com força de lei, devendo submetê-las de imediato ao Congresso Nacional, que, estando em recesso, será convocado extraordinariamente para se reunir no prazo de cinco dias";[1] se não convertidas em lei pelo Congresso em 30 dias a partir de sua publicação, as MPs perderiam sua eficácia (parágrafo único do art. 62, CF).

Esta redação foi alterada, posteriormente, pela EC 32/2001, a ser vista no final deste capítulo. Entrementes, para efeitos deste trabalho, importa que se fique na redação originária, porquanto foi durante ela que se descortinou todo o quadro de que ora se cuida.

---

1. Lúcia Valle Figueiredo comenta o conceito de *relevância* e *urgência*, indicando algumas matérias que, salvo circunstância excepcional, não podem ser alvo de medida provisória. No mesmo texto, a Autora defende que o simples fato de uma lei utilizar o vocábulo "poderá" nem sempre significa seja a atividade discricionária, em especial quando se trata de exercício do Poder Público ("Medida Provisória – Novas Reflexões", *BDA*, dez./1999, pp. 772-776).

398 O SUPREMO TRIBUNAL FEDERAL NA CRISE INSTITUCIONAL BRASILEIRA

A reedição descomedida de medidas provisórias pelo Presidente da República constitui grave e notória deturpação do instituto, uma vez que apresenta o condão de substituir *lei*, regulando situações sem a aquiescência explícita do Legislativo, intensificando a inflação normativa. A inflação legislativa é responsável pela proliferação de uma rede intrincada de textos normativos, cuja malha depõe contra a *certeza* e a *segurança* jurídica. O *cipoal legislativo* ocasiona a inutilidade das leis.[2]

Veja-se formidável discurso de um Senador brasileiro, noticiado no jornal *Folha de S. Paulo*, edição de 7.6.1990, quando Fernando Collor de Mello, à época Presidente da República, esbaldava-se na utilização de MPs:

"O Executivo abusa da paciência e da inteligência do país, quando insiste em editar medidas provisórias... (...). Ontem, a Comissão de Constituição e Justiça da Câmara aprovou um projeto de autoria do Deputado Jobim, que torna claro o âmbito de matérias legislativas dentro do qual o presidente pode emitir medidas provisórias (...). É certo. Porém, que seja qual for o mecanismo, ou o Congresso põe ponto final no reiterado desrespeito a si próprio e à Constituição, ou então é melhor reconhecer que no país só existe um 'poder de verdade', o do presidente. E daí por diante esqueçamos também de falar em 'democracia'."

Na verdade, o discurso fora proferido pelo intelectual sociólogo Fernando Henrique Cardoso (Presidente em 1995-1998 e 1999-2002), antigo exilado político e então árduo defensor das liberdades públicas, depois eleito e reeleito Presidente da República, paradoxalmente o governante que mais editou medida provisória na história do País, promoveu reiteradas Emendas à CF/1988, contribuindo enormemente para a ruptura do Estado de Direito em vigor.[3]

2. Aponta-se que, no início dos tempos, os legisladores eram inúteis, porque, reinando os bons costumes, não havia necessidade de leis. Dizia Tácito ser a quantidade de leis a prova de um mau governo e da decadência de uma nação, pois os maus costumes colocam os homens na contingência de fazer leis. Sob esta ótica, considerando a enxurrada de leis, medidas provisórias, decretos, resoluções, portarias etc., o Brasil anda mal.
3. Para melhor compreender a ruptura do Estado de Direito em face da constante reedição de medida provisória, vide texto de Paulo Quezado, publicado no jornal *Diário do Nordeste*, de 25.2.1999, intitulado "O Estado do Estado (ou a Miséria da Democracia)". Ali, o Autor escreveu que, "na véspera do Carnaval (haveria alguma coincidência?), o Sr. Presidente da República baixou a Medida Provisória n. 1.798-1,

A contradição acima lembra a apologia da alegre, feliz e descontraída *Loucura* ao se mostrar contrária à assunção de certos intelectuais ao Poder, dizendo:

"Se consultardes os historiadores, verificareis, sem dúvida, que os príncipes mais nocivos à república foram os que amaram as letras e a filosofia. Parece-me que os dois Catões[4] bastam como prova do que afirmo: um perturbou a tranqüilidade de Roma com numerosas delegações estúpidas, e o outro, por ter querido defender com excessiva sabedoria os interesses da república, destruindo pela base a liberdade do povo romano. Acrescentai os Brutos,[5] os Cássios,

de cujo teor não se consegue encontrar paralelo na História Nacional em termos de aviltamento do cidadão brasileiro como usuário da Justiça".

Em palavras simples, Paulo Quezado resumiu a medida provisória: "a) as decisões judiciais contrárias ao Poder Público podem ser anuladas em até quatro anos depois da vitória definitiva do cidadão; b) os órgãos e entidades oficiais terão até 60 dias para se defender em juízo – o cidadão, em regra, dispõe de apenas 15 dias; c) caso alguém haja vencido a União em algum processo, esta poderá impedir que o cidadão venha a gozar imediatamente o direito adquirido. Outra pérola: a sentença que tenha liberado recursos, incluído alguém em folha de pagamento ou estendido vantagens financeiras a servidores públicos somente será eficaz quando se esgotarem todos os recursos disponíveis" (idem).

O *Informativo-STF* (n. 146, de 28.4.1999, p. 2) noticiou ter o STF deferido, em 22.4.1999, medida cautelar em ADI proposta pelo Conselho Federal da OAB contra a MP 1.798, de 9.4.1999 (reedição da MP 1.703, de 27.10.1998). Nela, o STF concluiu por "suspender a eficácia do art. 188 do CPC (na redação dada pelo art. 5º da MP 1.703/1998, em sua reedição no art. 1º da MP 1.798-03, de 8.4.1999), por entender relevante a tese de ofensa ao princípio da isonomia pela duplicação do prazo da rescisória apenas quando proposta pelo Ministério Público e pessoas de direito público e ao art. 62, *caput*, da CF, pela falta de urgência necessária à edição da medida provisória. Quanto ao inciso X do art. 485, do CPC (art. 5º da MP 1.703, reedita na MP 1.798-03/1999, em seu art. 1º), o Tribunal, por maioria, deferiu a liminar para suspender sua eficácia, pela falta de razoabilidade de se propor, através de MP com prazo de vigência de 30 dias, novos casos de ação, nos termos do voto do Min. Sepúlveda Pertence. Vencidos os Min. Nelson Jobim, Maurício Corrêa, Octávio Gallotti e Moreira Alves, que indeferiam a cautelar neste ponto" (ADIMC 1.910-DF, Rel. Min. Sepúlveda Pertence).

4. Na história romana, destaca-se Catão, o Censor, que, acusado 40 vezes, foi sempre absolvido. Apesar disso, foi o Autor de mais de 70 condenações. Catão de Útica foi obstinado opositor de César.

5. Bruto e Cássio foram chamados "os últimos romanos". Empós assassinarem César, foram vencidos e se suicidaram. Tibério e Caio Graco, ambos eloqüentes e sediciosos, acabaram falecendo num conflito. Cícero combateu Marco Antônio e Demóstenes adversou Filipe, da Macedônia.

400   O SUPREMO TRIBUNAL FEDERAL NA CRISE INSTITUCIONAL BRASILEIRA

os Gracos e o próprio Cícero, que não causou menor dano à república de Roma do que Demóstenes à de Atenas."[6-7]

Platão imaginou uma República ideal de homens sem a menor condição de se tornar real (utopia), com crianças pré-destinadas e educadas em clausuras para determinados fins, numa feição totalitária e impopular. O iluminado Confúcio, quando finalmente conseguiu ocupar o cargo de Ministro do Crime,[8] instalou uma política de terror contra os criminosos locais, que acabou se estendendo aos cidadãos pelas infrações mais simples: chegou a aplicar a pena de morte por *invenção de roupas fora do comum*, enquanto os homens tinham de ser cautelosos para só andarem no lado direito da rua, e, as mulheres, no esquerdo; ao fim, o ministro-chefe, cuja formação não era confuciana, empós aceitar o irrecusável suborno de oitenta lindas jovens, destituiu Confúcio do cargo.[9]

O discurso acima (do antigo Senador) mostra o seu divórcio para com a sua prática de Presidente da República, decepcionando mais ainda no que se possa acreditar dos discursos políticos.

A prática de FHC fazia jus à apologia da *Loucura*, de Erasmo de Rotterdam, mencionada acima. Gilberto Felisberto Vasconcellos conclui que "depois da aprontação feagaceana, nenhum outro intelectual conse-

---

6. Cícero levou Antônio a destruir a República romana, e Demóstenes, os atenienses a fazer a guerra contra Filipe, com funestos resultados.

7. Cf. Erasmo de Rotterdam, *Elogio da Loucura*, pp. 39-40 (notas originais do tradutor).

8. O Ministério do Crime aproxima-se, hoje, no Brasil, à Secretaria de Segurança Pública. Diz a história que Confúcio desejava ardentemente, desde cedo, um cargo público, o qual demorou-lhe a chegar, só vindo para ele já na meia-idade.

9. Paul Strathern, *Confúcio – em 90 Minutos*, pp. 23-24. Mas, obviamente, existem as exceções, valendo citar, por todos, o caso de Alexandre Magno, o qual desde cedo teve educação primorosa, estudando com os melhores mestres da época, o que muito contribuiu para se tornar um dos maiores conquistadores da História. Sobre este assunto, veja-se, especificamente: Valerio Massimo Manfredi, *Aléxandros – o Sonho de Olympias*, vol. 1, *passim*. Conta-se que o descomunal investimento na educação de Alexandre teria sido o equivalente a um quarto do tesouro da cidade de Atenas na época do seu maior esplendor, pois fora talhado a herdeiro do trono macedônico, "educado nos ideais dos heróis de Homero e na racionalidade do pensamento filosófico" (idem, ibidem, pp. 214 e 232).

No mais, não há dúvida de que os intelectuais têm responsabilidade pública. "Onde eles se calam, as sociedades perdem seu futuro" (Ralf Dahrendorf, *Após 1989 – Moral, Revolução e Sociedade Civil*, p. 179).

guirá chegar ao Palácio do Planalto".[10] No entanto, sabe-se que o povo brasileiro, inculto e sem memória, pouco observa o nível intelectual do candidato na hora do voto.

Comentando a constante reedição de medidas provisórias, Douglas Yamashita, após ingressar no aspecto do Estado de Direito e no princípio da proporcionalidade, conclui:

"Talvez o Exmo. Sr. Presidente da República possa explicar a necessidade de edição das centenas de medidas provisórias, além das hoje cerca de 35 sistematicamente reeditadas ao seu bel-prazer. O Direito não as recrimina em princípio, porém condena seu excesso! Talvez, para o Presidente, os fins justifiquem os meios. Para o Direito, não! Que catástrofe e motivo de chacota internacional seria a rejeição, pelo Congresso, do Plano Real realizado sob a forma de sucessivas reedições de medidas provisórias. O Presidente ficaria falando sozinho, tentando explicar a necessidade do plano e culpando o Congresso pelo transtorno. Como disciplinaria o Congresso a irreversível nulidade jurídica da moeda corrente por mais de 360 dias?!? Ora, talvez a douta assessoria jurídica do Presidente devesse informá-lo de que há outros meios menos danosos à segurança jurídica..."[11]

---

10. Gilberto Felisberto Vasconcellos, *As Ruínas do Pós-Real*, p. 199. Sobre a trajetória política dos intelectuais que se vinculam à Sociologia, vide: Daniel Pécaut, *Os Intelectuais e a Política no Brasil– Entre o Povo e a Nação, passim*. Segundo este Autor, "todos os intelectuais brasileiros mantêm laços com as 'ciências sociais': a 'sociologia' na década de 30, e uma mistura de sociologia e economia nos anos 60 e 70. Pois as 'ciências sociais' nada mais são do que o discurso que o Brasil faz sobre si mesmo e o indicador da posição que o intelectual ocupa no processo de constituição da nação brasileira" (ob. cit., p. 7). Analisando os últimos 20 anos, nota-se que a *bola da vez* é dos economistas, de tal forma a suplantar os intelectuais de outras áreas, até mesmo por serem necessárias explicações econômicas justificadoras da ingerência do capital externo e engendramento de políticas econômicas para o País, por mais desastrosas que sejam.

11. Douglas Yamashita, "Controle de Constitucionalidade de Medidas Provisórias à luz do Princípio da Proporcionalidade – Considerações sobre o Estado Democrático de Direito no Brasil", *Repertório IOB de Jurisprudência* 5/160. Especificamente sobre o princípio da proporcionalidade, no Brasil, enfocando a importância da adequação entre meios e fins, no combate ao excesso do Poder Público, e a premência em fazer com que o legislador e o administrador não vão além do que a CF pretendeu. Vide, por todos: Raquel Denize Stumm, *Princípio da Proporcionalidade no Direito Constitucional Brasileiro, passim*; Suzana de Toledo Barros, *O Princípio da Proporcionalidade e o Controle de Constitucionalidade das Leis Restritivas de Direitos Fundamentais, passim*; Paulo Bonavides, *Curso de Direito Constitucional*, pp. 392 e s.; Willis Santia-

402 O SUPREMO TRIBUNAL FEDERAL NA CRISE INSTITUCIONAL BRASILEIRA

No mesmo raciocínio, excelente estudo apresenta Portinho, segundo o qual a reedição descontrolada de MPs rompe a tripartição dos Poderes (art. 1º, CF). A apropriação institucional das funções do Congresso Nacional pelo Executivo vem provocando graves e preocupantes distorções político-jurídicas. Isto é prova de que vivemos uma *ditadura mascarada*, em que o Governo Federal, insatisfeito com as funções executivas, apodera-se das legislativas, e, agravantemente, minimiza a atuação do Judiciário. Legislativo e Judiciário nada têm feito contra esta quebra da divisão dos poderes.[12]

À época, Portinho opinava ser quase unanimidade dos juristas pátrios – tirante é claro alguns que trabalham para o Governo – que a reedição de medidas provisórias era um *disparate*, uma afronta ao Legislativo e ao princípio da separação dos Poderes, bem como se configurava num manifesto extravasamento da competência constitucional do Presidente da República. Daí, não haver no Brasil *poderes independentes e harmônicos* (art. 2º, CF).

Em seguida, o mesmo Autor citava trecho de decisão do Min. Celso de Mello, no sentido de incumbir ao Judiciário "iniciar o processo de reação institucional contra o uso excessivo de medidas provisórias pelo Presidente da República" (ADI 1.687-0, julgada em 6.11.1997). Na seqüência, o citado articulista manifestava seu desejo de que esta posição corajosa do Ministro do STF se consolidasse nos julgamentos futuros da Corte, por ser a única forma de barrar a conduta do Executivo e pressionar o Legislativo a elaborar, o mais breve possível, legislação que regulamentasse a edição de medidas provisórias.

Por fim, o Autor frisava a importância da conscientização do povo sobre esta questão, pois se, de um lado, o processo de reação cabia ao

go Guerra Filho, *Ensaios de Teoria Constitucional*, pp. 84 e s.; do mesmo Willis Santiago Guerra Filho, "Notas em torno ao Princípio da Proporcionalidade", in Jorge Miranda (Org.), *Perspectivas Constitucionais – Nos 20 Anos da Constituição de 1976*, vol. II, pp. 249-262; e "Princípio da Isonomia, Princípio da Proporcionalidade e Privilégios Processuais da Fazenda Pública", *Nomos – Revista do Curso de Mestrado da UFC*, vols. XIII/XIV, ns. 1-2/17-29. De modo mais genérico: Vitalino Canas, "O Princípio da Proibição do Excesso na Constituição: Arqueologia e Aplicações", in Jorge Miranda, (Org.) *Perspectivas Constitucionais...*, cit., vol. II, pp. 323-358.

12. Texto veiculado na internet: www.jus.com.br/doutrina/mpcritic.html (maio/1999). Vide publicação, também no caderno *Direito & Justiça*, encarte do *Jornal do Comércio*, Porto Alegre, 11.6.1998.

REEDIÇÃO DE MEDIDA PROVISÓRIA 403

Judiciário – no sistema de "checks and balances" –, por outro, era do cidadão o poder de iniciativa desta reação, porquanto o Judiciário não pode atuar *ex officio*, precisando ser provocado para sentenciar. É do homem comum a disposição de demandar, de ajuizar as ações, e até mesmo de votar, possuindo a arma, os meios legais, para coibir os abusos dos maus administradores; ele tem legitimidade para provocar o Judiciário, "para pressionar os Parlamentares e para exigir do Presidente da República o cumprimento da Constituição".[13]

Analisando a inserção da medida provisória nos trabalhos da Constituinte de 1987/1988, Sérvulo da Cunha vê na CF/1988 o fruto de um compromisso dilatório entre duas forças que não conseguiam compor maiorias decisivas. Naquela abertura política, em que se abominavam os decretos-leis, criou-se a medida provisória, sob inspiração da Constituição italiana, sem prever o seu uso abusivo. O período conduzia à valorização do Congresso, da Federação e de um maior equilíbrio entre os Poderes. Mas, o abuso da medida provisória desfez esse equilíbrio, sujeitou o Legislativo, dissolveu a Federação, corroeu o princípio da legalidade e levou à instauração do que alguns juristas designam de *ditadura constitucional*.[14]

Era notório o uso indiscriminado de medidas provisórias, sem observar os requisitos da *urgência* e da *relevância*.[15] Além desse uso desregrado, agravava a situação o excesso nas constantes edições e reedições.

13. Douglas Yamashita, "Controle de Constitucionalidade de Medidas Provisórias...", cit.
14. Sérgio Sérvulo da Cunha, "Dez Anos de Constituição", *RTDP* 23/38. O mesmo Autor ressalva que, na Constituinte de 1987/1988, o Senador Josaphat Marinho denunciara: "medida, providência ou instrumento 'com força de lei' é decreto-lei mal dissimulado. O nome ou o rótulo não altera a substância do ato. Se a Constituinte quer manter o decreto-lei, tão justamente condenado até bem pouco, que o faça lisamente, sem caricatura, como convém ao texto magno" (ibidem, p. 38).
15. Sobre a idéia de "relevância" e "urgência" nas medidas provisórias, especificamente: Carlos David Santos Aarão Reis, "Medida Provisória: Relevância e Urgência como seus Pressupostos", *RTDP* 18/61-68.
A ofensa à segurança jurídica e a responsabilidade do Presidente da República pelo uso desbragado de medidas provisórias são sustentadas, dentre outros, por: Antonio Souza Prudente, "Medida Provisória e Segurança Jurídica", *RTDP* 18/69-81; e Ivo Dantas, *Aspectos Jurídicos das Medidas Provisórias*, p. 68. Este último Autor chama especial atenção para o zelo que deve ter o Presidente da República, ao lançar mão das medidas provisórias, para não criar *situações sem retorno* ou *efeitos definitivos* (idem, ibidem).

404 O SUPREMO TRIBUNAL FEDERAL NA CRISE INSTITUCIONAL BRASILEIRA

Magnífico estudo sobre edição e reedição de medidas provisórias foi desenvolvido pelo ex-Procurador-Geral do Trabalho, Guilherme Mastrichi Basso, em *e-mail* enviado às Procuradorias Regionais do Trabalho em abril de 1999. No texto, o Autor relacionou, desde o início, as edições e reedições das medidas provisórias, apontando quais foram convertidas em lei, rejeitadas, não apreciadas e as que estavam em tramitação no Congresso Nacional.

Partindo daquele estudo e atualizando-o até o 31.12.1999, elaborou-se a seguinte tabela, que revela estatística estarrecedora:

Tabela 9: Medidas Provisórias (edições e reedições, até 1999)

Período	Número de dias, no interregno	Total de MPs do período (edições e reedições)	Média por dia, no período (MP/dia)
5.10.88 a 31.12.99	4.105	4.496	1,0
1.1.99 a 31.12.99	365	1.076	2,94
5.10.88 a 31.12.99	4.105	3.928	0,95
1.1.95 a 31.12.99 (Governo de FHC)	1.826	3.685	2,01
1.1.95 a 31.12.99 (Governo de FHC)	1.826	3.479	1,9
Mês de abr./99	30	86	2,86
Maio/99	31	90	2,90
7.5.99	01	57	57
Junho/99	30	178	5,93
Setembro/99	30	81	2,7
Novembro/99	30	78	2,6

Dados atualizados até 31.12.99;
Fontes: *e-mail* enviado por Guilherme Mastrichi Basso às Procuradorias do Trabalho e acompanhamento nas fontes oficiais de publicação legislativa (*DOU*, Senado, Internet).

REEDIÇÃO DE MEDIDA PROVISÓRIA 405

Eis a análise, em prosa, destes dados:

Computando-se o número de MPs editadas e reeditadas, o total chega a 4.496, de 5.10.1988 a 31.12.1999 (4.105 dias, cerca de 11,2 anos). Isto dá uma média de pouco mais de *uma* MP por dia (incluindo sábados, domingos e feriados); quer dizer, quase todos os dias o cidadão era surpreendido com uma nova medida provisória, originária ou reeditada. O número total de reedições de MPs foi de 3.928, de outubro de 1988 até 31.12.1999.

Pelo tempo em que FHC permaneceu na Presidência da República (pelo menos até dezembro de 1999), os dados ficaram assim:

No período compreendido entre 1º.1.1995 e 31.12.1999 (1.826 dias, cinco anos), foram publicadas 3.685 MPs, numa média diária de 2,01. No mesmo interregno, ocorreram 3.479 reedições de medidas provisórias.

Antes de FHC, de 5.10.1988 até 31.12.1994 (2.279 dias, ou 6,2 anos), foram 811 MPs (4.496 – 3.685), implicando uma média de 0,35 por dia. Ou seja: a média diária de MPs (total, edições e reedições) no primeiro mandato de FHC (e parte do segundo) foi de 2,85 vezes a média dos Presidentes da República anteriores. Ou, de outro ângulo: o Presidente FHC lançou, no total, quase o triplo de MPs editadas pelos Presidentes que lhe antecederam.

Em todo o ano de 1999 (365 dias), surgiram 1.076 MPs, o que dá uma média de 2,94 MPs por dia. Em janeiro de 1999, foram 80 MPs; em fevereiro de 1999, 76; em março de 1999, 84. Só no mês de abril de 1999 foram publicadas 86 MPs, entre editadas e reeditadas, o que dá uma média de 2,86 MPs por dia. Em maio de 1999 este número ficou em 90, alcançando uma média de 2,90 por dia. O *DOU* do dia 7.5.1999 publicou, *num único dia*, 57 medidas provisórias, de uma só vez (*o leitor pode se espantar com este número e, atônito, duvidar no exagero; mas é isto mesmo: números conferidos, foram 57 MPs num só dia. Alarmante!*). Em junho, foram publicadas 178 MPs, numa média diária de quase 6.

Como exemplo de MPs reeditadas, confira-se a tabela abaixo, a qual longe está de ser exaustiva, pois houve outros casos de reedição:

O SUPREMO TRIBUNAL FEDERAL NA CRISE INSTITUCIONAL BRASILEIRA

Tabela 10: Exemplos de MPs reeditadas (sem caráter exaustivo)

MP originária	Número de Reedições da MP	Data da 1ª edição
1.463	32	30.5.96
1.469	30	7.6.96
1.471	26	7.6.96
1.472	31	7.6.96
1.473	37	7.6.96
1.474	29	7.6.96
1.475	46	7.6.96
1.477	55	7.6.96
1.478	25	7.6.96
1.479	37	7.6.96
1.480	40	7.6.96
1.481	52	7.6.96
1.482	46	7.6.96
1.484	27	7.6.96
1.485	32	10.6.96
1.537	45	19.12.96
1.538	47	19.12.96

Ao deixar de conhecer recurso extraordinário em que se discutia a questão das contribuições sociais, o Min. Celso de Mello (STF) apresentou a quantidade de MPs editadas e reeditadas, separadamente, pelos Governos Sarney, Collor, Itamar e FHC, partindo de levantamento feito pela Subsecretaria de Informações do Senado Federal, atualizado até 31.10.1999.

Com base no dito levantamento, o Min. Celso de Mello chegou a esta mesma conclusão, ao vislumbrar a ocorrência, no Brasil, de um cesarismo governamental em matéria legislativa, "provocando graves distorções no modelo político e gerando sérias disfunções compro-

REEDIÇÃO DE MEDIDA PROVISÓRIA   407

metedoras da integridade do princípio constitucional da separação de poderes".[16]

Em reportagem do jornal *O Povo*, restou demonstrado que a reedição de MPs decorria de uma falta de vontade política do Congresso Nacional, porquanto, à guisa de exemplo, a MP que beneficiou a Bahia, com a instalação da fábrica de automóveis da Ford, só foi editada uma única vez. O Senador Antônio Carlos Magalhães se empenhou pessoalmente para a sua transformação em lei:

"A MP da Ford foi aprovada sem reedição, depois do empenho do próprio ACM. O tratamento dado à MP da Ford não foi o mesmo dispensado à MP que originou a sua edição.

"A medida provisória que definiu diretrizes para o desenvolvimento regional foi reeditada 32 vezes, ou seja, vigorou por dois anos e seis meses antes de ser votada. A mais antiga medida provisória em vigor já foi reeditada 73 vezes, está valendo há seis anos e nunca foi votada. Ela trata dos títulos da dívida pública de responsabilidade do Tesouro Nacional.

"Desde 1996, o salário mínimo vem sendo fixado por medidas provisórias que não foram votadas até hoje. As três MPs juntas já somam 98 reedições. Atualmente estão em vigor 77 medidas provisórias."[17]

Estes dados são bastantes para demonstrarem o quanto o Governo Federal vinha contribuindo para a inflação legisferativa, empurrando no cidadão inúmeras normas, sem ouvir o Poder Legislativo. Os números ora apresentados falam por si mesmos e tornam clara a necessidade de barrar o legisferamento exacerbado por meio de medida provisória, cujo uso era abusivo, imoral e inconstitucional.

Os dados coletados acima levam à conclusão de que o Governo FHC, até dezembro de 1999, já legisferara muito mais do que os anteriores, superando inclusive os governos militares, que tanto combatera no passado (quando havia os decretos-leis), e o de Fernando Collor, ao qual se opusera alegando a ruptura do Estado de Direito.

Tanta medida provisória constituía um desrespeito à população e, de fato, indicava ruptura do Estado Democrático de Direito, independentemente de qual fosse o Governo responsável por sua inserção no ordenamento jurídico, trazendo insegurança à população.

16. STF, RE 239.286-PR, 9.11.1999, *Informativo-STF* 171, de 15-19.11.1999.
17. Jornal *O Povo*, Fortaleza, edição de 4.12.1999, p. 14A.

408　O SUPREMO TRIBUNAL FEDERAL NA CRISE INSTITUCIONAL BRASILEIRA

Era preciso barrar a avalanche abusiva de medidas provisórias, em nome da segurança jurídica e do Estado de Direito. E esta era uma das funções essenciais do STF.

Fábio Konder Comparato, citado por Paulo Bonavides, empós demonstrar a ruptura do Estado de Direito pelo uso excessivo e indiscriminado das medidas provisórias pelo Presidente Fernando Henrique Cardoso, concluíra: "Para a convalidação espúria desse abuso concorreu decisivamente a mais alta Corte de Justiça do País. Neste período crepuscular do Estado de Direito, o Supremo Tribunal Federal, cuja função precípua é 'a guarda da Constituição' (art. 102), tem transigido com todos os desvios, relevado todas as arbitrariedades, admitido todas as prevaricações".[18]

Saindo da imobilidade, o primeiro pronunciamento resoluto do STF a respeito da reedição de medidas provisórias ocorreu no Governo Collor. Conforme Oscar Vilhena Vieira, a primeira decisão do Supremo que se contrapôs frontalmente ao Governo Collor, causando grande impacto na esfera política e constitucional, desde a promulgação da CF/1988, foi a que suspendeu liminarmente a eficácia e a aplicabilidade da Medida Provisória 190 (reedição da MP 185, rejeitada pelo Congresso na semana anterior). A decisão, considerada *histórica*, provocou enorme impacto na esfera jurídica e, principalmente, no setor político. Pela primeira vez o Presidente Collor, cuja vontade vinha impondo energicamente e por meio de medidas bastante discutíveis, juridicamente, via-se limitado pela decisão de nove juízes encarregados de defender a ordem constitucional.[19]

A reportada MP 185, rejeitada pelo Congresso Nacional e reeditada sob o n. 190, tratava de matéria trabalhista, permitindo ao Tribunal Superior do Trabalho suspender por 180 dias decisões tomadas pelos Tribunais Regionais do Trabalho em dissídios coletivos. Desta forma, a MP 190 objetivava impedir que os trabalhadores tivessem seus salários aumentados por força dos dissídios coletivos (da sentença normativa aí prolatada). É que, na opinião da equipe econômica do Governo, isto desenfrearia a inflação, comprometendo todo o plano econômico.

---

18. Fábio K. Comparato, *apud* Paulo Bonavides, *Do País Constitucional ao País Neocolonial*, p. 65.

19. Oscar Vilhena Vieira, *Supremo Tribunal Federal...*, cit., pp. 162-163.

REEDIÇÃO DE MEDIDA PROVISÓRIA 409

No voto condutor da ADI 239-7/600, o Min. Celso de Mello enviou recado ao Poder Executivo, afirmando que não bastava apresentar o governante – qualquer governante – "para justificar o exercício autorizado do poder, títulos de legitimidade (...). Mais do que isso, é preciso respeitar, de modo incondicional, os parâmetros de atuação delineados no texto constitucional (...)".[20]

Enfim, terminantemente, o STF concluiu pela *impossibilidade* de medida provisória ser reeditada pelo Presidente da República, quando já apreciada pelo Congresso Nacional, a quem caberia examinar a urgência e a relevância dos motivos ensejadores de sua edição.

Este entendimento, no entanto, sofreu modificação parcial para permitir a reedição das medidas provisórias.[21] Deveras: compreendeu o STF, posteriormente, que os conceitos de *relevância* e *urgência* têm natureza *política*, a propósito do qual não pode o Judiciário emitir qualquer juízo, incumbindo privativamente ao Congresso Nacional tecer a análise respectiva. Com este raciocínio, o STF deixou sem peias o Executivo Federal, permitindo-lhe editar e reeditar MPs ao seu livre-arbítrio, transferindo para o Congresso Nacional uma responsabilidade que poderia muito bem ter assumido ou exercido em benefício da população e na defesa do Estado Democrático de Direito, o qual é incumbido de defender, como órgão encarregado de interpretar a Constituição em última instância.

Como demonstração do alegado, constate-se:

"*Constitucional. Administrativo. Medida Provisória: urgência e relevância: apreciação pelo Judiciário. Reedição da Medida Provisória não rejeitada expressamente. CF, art. 62. Conselho Nacional de Educação: Câmara de Educação Básica. Medida Provisória 661, de 18.10.1994. Lei 9.131, de 24.11.1995.* I – Reedição de medida provisória não rejeitada expressamente pelo Congresso Nacional: possibilidade. Precedentes do STF: ADI 295-DF e ADI 1.516-RO. II – Requisitos de urgência e relevância: caráter político: em princípio, a sua apreciação fica por conta dos Poderes Executivo e Legislativo, a menos que a relevância ou a urgência evidenciar-se improcedente. No sentido de que urgência

---

20. ADI 293-DF/MC, Rel. Celso de Mello, j. 6.6.1990.
21. STF, RE 222.719-PB, Rel. Min. Carlos Velloso, com indicação dos seguintes precedentes: ADIs 295-DF, 1.397-DF, 1.516-RO, 1.610-DF e 1.135-DF (*Informativo-STF* 143/4, de 7.4.1999).

410   O SUPREMO TRIBUNAL FEDERAL NA CRISE INSTITUCIONAL BRASILEIRA

e relevância são questões políticas, que o Judiciário não aprecia: RE 62.739-SP, Baleeiro, Plenário, *RTJ* 44/54; *RDP* 5/223. III – Pedido de suspensão cautelar da alínea 'c', do § 1º do art. 9º da Lei 4.024/1961, com a redação da Lei 9.131/1995, bem assim das alíneas 'd', 'e', 'f', e 'g' do mesmo artigo: indeferimento. IV – Medida cautelar indeferida" (STF, Pleno, m.v., ADI 1.397-1-DF – medida liminar, Rel. Min. Carlos Velloso, j. 28.4.1997, *DJU-1* 27.6.1997, p. 30.224-5 e *IOB-Jur* 1/11.347, ago./1997). *Remissão IOB: Vide* ementas ns. 1/10.682 (do Cons. Especial do TJDF), 1/10.132 (STF-2ª T.) e 1/9.464 (STF, Pleno).

"*Medida Provisória. Reedição. Eficácia.* Não perde eficácia a medida provisória, com força de lei, não apreciada pelo Congresso Nacional, mas reeditada, por meio de outro provimento da mesma espécie, dentro de seu prazo de validade de trinta dias. Cautelar deferida, para suspender-se, *ex tunc*, isto é, desde a data de sua prolação (6.5.1997), as decisões administrativas do TRT-24ª Região, que determinaram a redução, de 12% para 6%, da alíquota da contribuição de magistrados e servidores ao Plano de Seguridade Social do Servidor – PSSS" (STF, Pleno, ADI 1.617-2-MS, em 11.6.1997, Rel. Min. Octávio Gallotti).

"*ADI. Medida Provisória. Reedição. Eficácia.* 1. Ação direta de inconstitucionalidade. Medida cautelar. Medida Provisória n. 876, de 30.1.1995, que revogou a Medida Provisória n. 824, de 6.1.1995, antes do decurso do prazo de trinta dias, enquanto submetida ao Congresso Nacional, reeditando-se, entretanto, o texto da anterior. 2. Alegações de ofensa ao princípio da separação dos Poderes e de abuso na edição de Medidas Provisórias. 3. As Medidas Provisórias e o sistema da Constituição de 1988. Orientação adotada pelo STF. 4. O Presidente da República pode expedir medida provisória revogando outra medida provisória, ainda em curso no Congresso Nacional. A medida provisória revogada fica, entretanto, com sua eficácia suspensa, até que haja pronunciamento do Poder Legislativo sobre a medida provisória ab-rogante. Se for acolhida pelo Congresso Nacional a medida provisória ab-rogante, e transformada em lei, a revogação da medida anterior torna-se definitiva; se for, porém, rejeitada, retomam seu curso os efeitos da medida provisória ab-rogada, que há de ser apreciada, pelo Congresso Nacional, no prazo restante à sua vigência. 5. Hipótese em que não se justifica a medida cautelar pleiteada, visando suspender os efeitos da medida provisória ab-rogante" (STF, ADI 1.204-5 – medida cautelar; Rel. Min. Néri da Silveira, *Informativo-STF* 16, 4-7.12.1995).[22]

---

22. No mesmo sentido, admitindo a reedição de medida provisória: STF, Pleno, ADI 1.614-MG, Rel. orig. Min. Marco Aurélio, red. p/ acórdão Min. Nelson Jobim, em 18.12.1998, *Informativo-STF* 136, de 3.2.1999; e ADI 1.660-SE, Rel. orig. Min. Marco

REEDIÇÃO DE MEDIDA PROVISÓRIA   411

Caminho contrário trilhou a Corte Constitucional da Itália, com relação aos *decreti-legge*, cujo prazo para conversão em lei é de 60 dias, segundo preceitua a Constituição italiana. Claudicando no tema, inicialmente, a Corte reputou inconstitucional a insistente repetição do *decreto-legge* (*sentenza* 302/88). Posteriormente, numa certa perplexidade, admitiu a possibilidade de reedição (*Sentenza:* 263/1994, 366/1996 e 328/1995). Depois, perfilhou posição inequívoca, "afirmando que o art. 77 da Constituição põe uma alternativa límpida, estreme de dúvida, entre a conversão e a perda de eficácia retroativa do *decreto-legge*, sem que o Governo tenha a faculdade de invocar prorrogação, ou o Legislativo possa proceder a uma conversão serôdia, tornando, assim, insuperável o prazo de sessenta dias".[23] A reiteração, quer em face de rejeição expressa do *decreto-legge*, quer pela sua não conversão em lei em 60 dias, não é mais tolerada.

Observa Edilson Pereira Nobre Júnior, ter a Corte italiana concluído que: a) a reiteração importa alterar o equilíbrio posto pela Constituição nas relações entre Governo e Parlamento, assumindo aquele o papel de legislador a este conferido; b) também ofende a certeza do direito, pois não é possível prever-se a duração no tempo das normas reproduzidas, bem como o êxito final do procedimento de conversão.[24]

Entre nós, no entanto, o STF não seguiu a trilha da Corte italiana, porquanto chancelou a reedição das medidas provisórias.

Por sucessivos mandatos presidenciais, o Brasil foi regido por medidas provisórias diuturnas. O Presidente da República dispunha sobre tudo quanto se podia imaginar (economia, processo, administrativo, previdência, tributo...), comprometendo a estabilidade jurídica do País. Dormia-se com uma legislação e acordava-se com outra. Mesmo os juízes mais experientes viam-se confusos sobre qual norma deviam aplicar no dia do julgamento das ações que lhes eram submetidas.

Aurélio, red. p/ acórdão Min. Nelson Jobim, 18.12.1998, *Informativo-STF* 136, de 3.2.1999; ADI 1.647-PA, Rel. Min. Carlos Velloso, *Informativo-STF* 143, de 7.4.1999; RE 222.719-PB, Rel. Min. Carlos Velloso, *Informativo-STF* 143, de 7.4.1999.

23. Edilson Pereira Nobre Júnior, "Reedição de Medida Provisória (Visão Comparativa das Jurisprudências da Corte Constitucional Italiana e do STF)", *RIL* 143(36)/80.

24. Idem, ibidem, pp. 80-81. Texto publicado, sob o mesmo título, também na *LEX-Jurisprudência do Supremo Tribunal Federal* 21 (251)/5-12.

412 O SUPREMO TRIBUNAL FEDERAL NA CRISE INSTITUCIONAL BRASILEIRA

Sem estabilidade, sociedade alguma pode dormir tranqüila ou confiar no amanhã. O planejamento familiar torna-se inoperante, as empresas temem investir no mercado, o comércio receia estocar mercadoria, a compra e venda a prazo se impossibilita, o salário se torna uma incógnita e os preços flutuam (normalmente para mais). Como anotou Ronald Cavalcante Soares, "no vaivém dos planos econômicos, com a dose de sacrifício mais aguçada recaindo sobre os assalariados e sobre a classe média, as pessoas perdem o elã, as empresas são impedidas de planejar com segurança porque a regra de um dia já não serve para o dia seguinte".[25]

O Estado de Direito sucumbiu, arrastando no desmoronamento a segurança jurídica e os imperativos constitucionais. A exceção tornou-se regra.

Na edição anterior desta obra, foi lançada a previsão:

"A limitação ao uso indevido das medidas provisórias pelo Presidente da República virá do próprio Congresso Nacional, que aprecia projeto de Emenda Constitucional a respeito. Sim, pois até os demais órgãos do Judiciário, que, a princípio, discrepavam do STF quanto à regulamentação de matérias não urgentes por medidas provisórias, recentemente claudicaram, quando da discussão sobre os vencimentos dos magistrados federais."[26]

Explica-se: a *Folha de S. Paulo* (24.2.2000), em matéria intitulada "FHC diz a Velloso que poderá editar MP com Abono para Juiz", noticiou a greve dos juízes federais, marcada para 28.2.2000, assim: "Os organizadores da greve de magistrados também a vêem [a MP] como uma saída constrangedora. A maioria dos juízes condena o uso excessivo de MPs por FHC. 'Não seria uma solução ideal, mas a admitimos para evitar o colapso do Judiciário', disse o presidente da Ajufe (Associação dos Juízes Federais do Brasil), Tourinho Neto".

Vale dizer: os magistrados, que seriam contrários à edição de MPs para tratar de matéria sem urgência, acabaram aceitando o expediente quando poderiam por ele ser beneficiados. A válvula de escape, consubstanciada no entendimento *supra* (insustentabilidade financeira), legiti-

---

25. Ronald Cavalcante Soares, "O Caráter Tuitivo do Direito do Trabalho e a Nova Ordem Política Mundial", *Estudos de Direito do Trabalho e Direito Processual do Trabalho*, p. 65.
26. Vide a 1ª edição desta obra, publicada pela editora ABC, de Fortaleza, em 2001, p. 264.

REEDIÇÃO DE MEDIDA PROVISÓRIA 413

mava o uso indevido de MP em várias outras oportunidades, bastando saber quem seria o beneficiário.

Para agravar a situação, em 4.9.2002, o STF, acolhendo proposta do Relator, Min. Maurício Corrêa, consolidou que os Governadores dos Estados podiam editar medidas provisórias, quando a Constituição Estadual o permitisse, em casos de urgência e relevância (ADI 425, ajuizada em 1990 pelo PMDB em face do Governador e da Assembléia Legislativa de Tocantins). O fundamento expendido pelo STF foi mais além, eis que autorizou, também, os Municípios a se utilizarem desse veículo, nas mesmas circunstâncias e condições. Votou contra o Min. Carlos Velloso.

Este quadro só foi mudado com a Emenda Constitucional 32, de 11.9.2001 (*DOU* 12.9.2001), que conferiu nova redação ao art. 62, CF, o qual passou a estabelecer:

"Art. 62. Em caso de relevância e urgência, o Presidente da República poderá adotar medidas provisórias, com força de lei, devendo submetê-las de imediato ao Congresso Nacional. "§ 1º. É vedada a edição de medidas provisórias sobre matéria: "I – relativa a: "a) nacionalidade, cidadania, direitos políticos, partidos políticos e direito eleitoral; "b) direito penal, processual penal e processual civil; "c) organização do Poder Judiciário e do Ministério Público, a carreira e a garantia de seus membros; "d) planos plurianuais, diretrizes orçamentárias, orçamento e créditos adicionais e suplementares, ressalvado o previsto no art. 167, § 3º; "II – que vise a detenção ou seqüestro de bens, de poupança popular ou qualquer outro ativo financeiro; "III – reservada a lei complementar; "IV – já disciplinada em projeto de lei aprovado pelo Congresso Nacional e pendente de sanção ou veto do Presidente da República. "§ 2º. Medida provisória que implique instituição ou majoração de impostos, exceto os previstos nos arts. 153, I, II, IV, V, e 154, II, só produzirá efeitos no exercício financeiro seguinte se houver sido convertida em lei até o último dia daquele em que foi editada. "§ 3º. As medidas provisórias, ressalvado o disposto nos §§ 11 e 12 perderão eficácia, desde a edição, se não forem convertidas em lei no prazo de sessenta dias, prorrogável, nos termos do § 7º, uma vez por igual período, devendo o Congresso Nacional disciplinar, por decreto legislativo, as relações jurídicas delas decorrentes. "§ 4º. O prazo a que se refere o § 3º contar-se-á da publicação da medida provisória, suspendendo-se durante os períodos de recesso do Congresso Nacional. "§ 5º. A deliberação de cada uma das Casas do Congresso Nacional sobre o mérito das medidas provisórias dependerá de juí-

414 O SUPREMO TRIBUNAL FEDERAL NA CRISE INSTITUCIONAL BRASILEIRA

zo prévio sobre o atendimento de seus pressupostos constitucionais. "§ 6º. Se a medida provisória não for apreciada em até quarenta e cinco dias contados de sua publicação, entrará em regime de urgência, subseqüentemente, em cada uma das Casas do Congresso Nacional, ficando sobrestadas, até que se ultime a votação, todas as demais deliberações legislativas da Casa em que estiver tramitando. "§ 7º. Prorrogar-se-á uma única vez por igual período a vigência de medida provisória que, no prazo de sessenta dias, contado de sua publicação, não tiver a sua votação encerrada nas duas Casas do Congresso Nacional. "§ 8º. As medidas provisórias terão sua votação iniciada na Câmara dos Deputados. "§ 9º. Caberá à comissão mista de Deputados e Senadores examinar as medidas provisórias e sobre elas emitir parecer, antes de serem apreciadas, em sessão separada, pelo plenário de cada uma das Casas do Congresso Nacional. "§ 10. É vedada a reedição, na mesma sessão legislativa, de medida provisória que tenha sido rejeitada ou que tenha perdido sua eficácia por decurso de prazo. "§ 11. Não editado o decreto legislativo a que se refere o § 3º até sessenta dias após a rejeição ou perda de eficácia de medida provisória, as relações jurídicas constituídas e decorrentes de atos praticados durante sua vigência conservar-se-ão por ela regidas. "§ 12. Aprovado projeto de lei de conversão alterando o texto original da medida provisória, esta manter-se-á integralmente em vigor até que seja sancionado ou vetado o projeto."

Como se vê, a EC 32/2001 tratou de quase todas as matérias que vinham sendo submetidas ao STF, em termos de medidas provisórias, impondo limites ao poder do Presidente da República em editá-las, tanto sob a ótica dos assuntos quanto no pertinente a aspectos formais e temporais. Pontos sobre os quais o STF vinha resistindo restaram espancados pelo poder constituinte derivado, enquanto outros já abraçados pelo mesmo STF foram consolidados pela EC 32/2001.

Nem tudo foram flores, porém. O art. 2º da EC 32/2001 dispôs: "Art. 2º. As medidas provisórias editadas em data anterior à da publicação desta emenda continuam em vigor até que medida provisória ulterior as revogue explicitamente ou até deliberação definitiva do Congresso Nacional".

Então, na iminência da publicação da reportada EC 32/2001, uma série de MPs foram editadas e reeditadas, perdurando até hoje, sem que muitas tenham sido revogadas por outras, nem apreciadas pelo Congresso Nacional. O Presidente da República (FHC), se esbaldou em lançar MPs sobre tudo o que ainda lhe interessava, para, depois, mais uma vez

REEDIÇÃO DE MEDIDA PROVISÓRIA 415

jogando com a democracia e o Estado de Direito, conferir ultratividade às medidas provisórias que lhe convinham. Furtou-se, assim, das vedações impostas pela nova redação do art. 62, CF, antecipando-se ao conteúdo normativo de que já tinha conhecimento.

Do dia 4 ao dia 6 de setembro de 2001 foram lançadas 13 MPs (editadas e reeditadas), das quais três foram publicadas no dia 10.9.2001, às vésperas da EC 32, de 11.9.2001. Eram os últimos acertos das matérias de conveniência do Governo, a par daquelas já reguladas por MPs ainda em vigor naqueles dias e, portanto, naturalmente alcançadas pela EC 32/2001.

Capítulo 16
CONVENÇÃO 158 DA OIT

O Brasil era, de fato, signatário da Convenção 158-OIT?
Ela estava vigorando?
Suas cláusulas eram vantajosas a quem:
aos empresários ou aos trabalhadores?
Como se portou o STF ao ser chamado a decidir
sobre sua validade?
A quem a postura do STF beneficiou?

A aplicação da Convenção 158, da Organização Internacional do Trabalho – OIT (pertinente à proteção de emprego), no Brasil, suscitou profunda celeuma, tanto na doutrina quanto na jurisprudência.[1]

---

1. Cf. por todos, na *doutrina*: Amauri Mascaro Nascimento, "As Dispensas Coletivas e a Convenção n. 158 da OIT", *Rev. LTR* 60(06)/727-744; Arnaldo Süssekind, "Aspectos Controvertidos da Convenção OIT n. 158", *Rev. LTR* 60(06)/735-738 e *Suplemento Trabalhista* 87/523-526; Idem, "Aspectos Controvertidos da Convenção OIT-158", *Suplemento Trabalhista* 106/611-614; Fernando Paulo da Silva Filho, "Convenção 158 da OIT – A Discussão Doutrinária se cristaliza agora em nossos Tribunais", *Suplemento Trabalhista* 105/603-609; Irineu Strenger, "A Convenção n. 158 da OIT", *Rev. LTR* 60(06)/739-741; Antônio Álvares da Silva, "As Indenizações previstas na Convenção n. 158 da OIT", *Rev. LTR* 60(06)/742-747; Octávio Bueno Magano, "Convenção n. 158 da OIT", *Rev. LTR* 60(06)/748-750; Paulo Emílio Ribeiro de Vilhena, "A Convenção n. 158 da OIT – Vigência e Aplicabilidade", *Rev. LTR* 60(06)/751-755; Francisco Antônio de Oliveira, "Da Aplicação da Convenção n. 158 da OIT no Processo do Trabalho", *Rev. LTR* 60(06)/760-762; José Alberto Couto Maciel, "Vigência e Compatibilidade da Convenção n. 158 da OIT", *Rev. LTR* 60(06)/763-765; Marta Casadei Momezzo, "Convenção n. 158 da OIT", *Rev. LTR* 60(06)/766-769; Marcel José Ladeira Mauad, "Convenção 158", *Rev. LTR* 60(06)/770-776; Raimundo Cerqueira Ally, "A Convenção n. 158 da OIT e a Constituição no Brasil", *Rev. LTR* 60(06)/777-785; Aramis de Souza Silveira, "Os Efeitos da Convenção n. 158 da OIT nas Relações de Trabalho", *Rev. LTR* 60(06)/786-787; Márcio Yoshida, "O Direito de Reintegração

CONVENÇÃO 158 DA OIT 417

Nos termos do art. 4º desta Convenção, "não se dará término à relação de trabalho de um trabalhador a menos que exista para isso uma causa justificada relacionada com sua capacidade ou seu comportamento ou baseada nas necessidades de funcionamento da empresa, estabelecimento ou serviço". Isto é, a Convenção previa uma forma de *garantia de emprego*, limitando o direito potestativo de rescisão do empregador, o que seria de largo alcance social. Surgiram discussões, no entanto, a respeito de sua auto-aplicabilidade, apesar de, no Brasil, ela ter sido aprovada pelo Decreto Legislativo 68/1992 e ratificada em 5.1.1995, sendo depositada na OIT pelo Governo brasileiro (sob a Presidência de Itamar Franco), para entrar em vigor no País um ano depois (em 5.1.1996).

O Decreto Presidencial 1.855, de 10.4.1996, da lavra do Presidente Fernando Henrique Cardoso, foi explícito em estabelecer:

"Art. 1º. A Convenção n. 158, da Organização Internacional do Trabalho, sobre o Término da Relação de Trabalho por Iniciativa do Empregador, assinada em Genebra, em 22 de junho de 1982, apensa por cópia ao presente Decreto, deverá ser executada e cumprida tão inteiramente como nela se contém."

A discussão iniciou em face do disposto no § 2º do art. 5º, CF: "Os direitos e garantias expressos nesta Constituição não excluem outros decorrentes do regime e dos princípios por ela adotados, ou dos tratados internacionais em que a República Federativa do Brasil seja parte". Da perspectiva de Direito Constitucional do Trabalho, o gancho vinha, também, do art. 7º, I, CF, ao prever como direito dos trabalhadores urbanos e rurais "relação de emprego protegida contra despedida arbitrá-

---

em face da Convenção n. 158 da OIT", *Rev. LTR* 60(06)/788-789; Luiz Alberto David Araújo, "A Convenção n. 158 da Organização Internacional do Trabalho e o Ferimento da Constituição Federal", *Rev. LTR* 60(06)/790-792 e *Suplemento Trabalhista* 83/501-504; Irany Ferrari, "I – A Esquecida Lei n. 4.923/65 e a Convenção da OIT n. 158; II – Poder Normativo e Reposições Salariais", *Suplemento Trabalhista* 131/729-731; Eduardo Gabriel Saad, "Temas Trabalhistas (42)", *Suplemento Trabalhista* 54/305-308; Aurélio Pires, "A Convenção n. 158 da OIT e a Constituição Federal", *Suplemento Trabalhista* 121/683-685; Pedro Teixeira Coelho, "OIT – Convenção n. 158 sobre Término da Relação de Trabalho", *Suplemento Trabalhista* 103/593-595; Edésio Passos, "Garantia do Emprego e a Convenção 158 da OIT", *Suplemento Trabalhista* 39/231-233; Ellen Mara Ferraz Hazan, "A Convenção OIT 158 – Reintegração ou Readmissão", *Suplemento Trabalhista* 39/233-234; Ialba-Luza Guimarães Mello, "A Convenção n. 158", *Suplemento Trabalhista* 142/781-785.

418 O SUPREMO TRIBUNAL FEDERAL NA CRISE INSTITUCIONAL BRASILEIRA

ria ou sem justa causa, nos termos de lei complementar, que preverá indenização compensatória, dentre outros direitos".

O mencionado art. 7º, I, CF, estabeleceu uma garantia no emprego a todos os trabalhadores empregados, eis que a estabilidade decenal fora definitivamente sepultada pela Carta Cidadã. A compensação pelo aniquilamento da estabilidade, portanto, seria (a) o regime universal do FGTS e (b) uma proteção especial aos trabalhadores, mediante indenização diferenciada. Mas, com relação a este segundo direito, a Constituição confiara ao legislador ordinário a tarefa de regulamentá-lo, por meio de lei complementar. Porém, o legislador quedava-se inerte.

Então, a Convenção 158-OIT amoldava-se ao espírito do inc. I do art. 7º, CF, conferindo a aludida proteção ao trabalhador, além de suprir a omissão do legislador. Na interpretação sistemática, sobressaía-se o já transcrito § 2º do art. 5º, CF, concretizado pelo Decreto presidencial 1.855, de 10.4.1996.

Duas indagações jurídicas eram fundamentais à aplicação ou não da Convenção 158-OIT: 1) ela estaria, efetivamente, incorporada ao ordenamento brasileiro? 2) caso positivo, ela teria o *status* igual ou superior ao de lei complementar? Esta segunda indagação importava profundamente, ante a exigência de que a proteção à relação de emprego somente se daria por meio de lei complementar (inc. I do art. 7º, CF).

Todavia, estas perguntas jurídicas se perdiam no mar dos interesses empresariais, de naturezas diversas. Logicamente, a Convenção 158-OIT se integrara ao ordenamento brasileiro pelo Decreto Legislativo 68/1992 e pelo Decreto Presidencial 1.855/1996; tanto assim, que ela precisou, posteriormente, ser denunciada pelo Decreto 2.100, de 20.12.1996.

A renitência em aplicar a Convenção 158-OIT e a celeuma criada sobre a sua aplicabilidade acabaram gerando a procura pelo deslinde do STF. Não carece dizer, aqui, os benefícios que a Convenção traria para os trabalhadores. Do lado da empresa, a economia pouco seria afetada, o mesmo não se podendo afirmar do poder subjacente de coação-temor sobre os seus empregados, tementes da dispensa imotivada e abrupta. É que a falta de estabilidade e de garantia no emprego acarreta enorme submissão do trabalhador ao empregador. O terror do desemprego leva o empregado à fragilização, ao medo de reclamar, ao receio até de denunciar irregularidades às autoridades públicas. Este ambiente é propí-

CONVENÇÃO 158 DA OIT 419

cio aos males do trabalho, entre os quais os assédios (moral e sexual), com forte abalo emocional.

Decidindo pedido de liminar na ADI 1.480-3, ajuizada pela Confederação Nacional do Transporte – CTN e Outro, o Min. Celso de Mello, no exercício da Presidência do STF, entendeu ser irrecusável admitir que a Convenção n. 158 da OIT estava *formalmente* incorporada ao sistema de direito positivo interno do Brasil. Quanto à matéria propriamente dita, em face da controvérsia doutrinária, o Ministro houve por bem requisitar informações aos órgãos estatais de que emanaram o Dec.-Legislativo 68/1992 e o Dec. 1.855/1996, deixando de conceder a liminar. E finalizou: *"Prestadas tais informações,* o pedido de suspensão cautelar de eficácia dos atos ora impugnados será submetido à apreciação do Egrégio Plenário do Supremo Tribunal Federal".[2] Ou seja: o Ministro entendera que a Convenção estava formalmente incorporada ao ordenamento positivo brasileiro, mas, mesmo assim, por "prudência", preferiu indeferir a liminar e ouvir a autoridade presidencial antes de emitir o tão esperado pronunciamento. Vale dizer: o Ministro reconhecera a presença do direito, mas negou a liminar por razões político-econômicas, deixando que estas predominassem sobre aquele.

Os Tribunais Regionais do Trabalho, embora claudicantes, iniciaram por assegurar aos trabalhadores a garantia de emprego estabelecida pela Convenção 158-OIT. O TRT-2ª Região, por exemplo, proferiu, em 13.6.1996, aresto com a seguinte ementa:

"Convenção n. 158 da OIT. Vigência. A Convenção n. 158 da OIT, de 1982, aprovada pelo Congresso Nacional em 1992 e ratificada pelo Brasil em 5.1.1995, tem plena vigência no território nacional a partir de 5.1.1996, de acordo com os princípios do Direito Internacional e com a Constituição de 1988 que incorpora à nossa ordem jurídica os tratados internacionais (Constituição de 1988, art. 5º, parágrafo 2º e Decreto do Sr. Presidente da República de n. 1.855, de 10.4.96)" – TRT-SP – DC 0279/96-A, Rel. Juiz Floriano Corrêa Vaz da Silva, in *Suplemento Trabalhista,* 105/604, 1996.

O TST, no entanto, cassou todas as decisões Regionais que aplicavam a Convenção 158-OIT como se vigente e aplicável fosse. Campeava na cúpula do Estado brasileiro uma visão patronal, em ideologia para além do liberalismo.

2. STF, ADI 1.480-3, *Rev. LTR* 60-08/1.021, ago./1996.

420 O SUPREMO TRIBUNAL FEDERAL NA CRISE INSTITUCIONAL BRASILEIRA

Por fim, em 20.12.1996 (*DOU* 23.12.1996) o Governo brasileiro denunciou a citada Convenção (Dec. 2.100/1996, Presidente Fernando Henrique Cardoso), e o STF deferiu liminar suspendendo os efeitos da norma brasileira que a inserira no ordenamento nacional (ADI 1.480-3, Min. Celso de Mello; v. *IOBJur* 2/12.826, setembro de 1997, com larga referência à jurisprudência e à doutrina). Ou seja, depois da denúncia, veio o pronunciamento explícito do STF, contrário aos interesses de milhões de trabalhadores. A decisão foi tardia, mas, mesmo assim, anti-social e não tão inócua quanto pareça ter sido. É que a denúncia de tratados internacionais não surte efeitos imediatos e precisa da aquiescência do legislativo, da mesma forma que a sua celebração precisa deste Poder (art. 84, VIII, CF).[3]

Sobre essas decisões do STF, a propósito da Convenção 158-OIT, vejam-se os seguintes informes:

"*Convenção 158 da OIT. Início de julgamento (1)*. Iniciado o julgamento de medida cautelar requerida em ação direta ajuizada pela Confederação Nacional da Indústria e pela Confederação Nacional dos Transportes contra o decreto-legislativo que aprovou e o decreto-executivo que promulgou a Convenção 158 da Organização Internacional do Trabalho sobre o término da relação de trabalho por iniciativa do empregador e proteção às relações de emprego (Dec. Legislativo 68/92 e Decreto 1.855, de 10.4.1996). Após o voto do Min. Celso de Mello, Relator (indeferindo a liminar sob o fundamento de que as normas impugnadas aparentemente não introduzem no ordenamento jurídico brasileiro disciplina com ele conflitante, possuindo, em sua maioria, caráter meramente programático) o julgamento foi suspenso em virtude de pedido de vista do Min. Moreira Alves" (STF, ADI 1.480-DF, Rel. Min. Celso de Mello, 25.9.1996, *Informativo STF* 46, 23-27.9.1996).

"*Convenção 158 da OIT. Início de julgamento (2)*. O relator enfatizou em seu voto que a Convenção 158 consubstancia a adoção, pelo Estado brasileiro, de verdadeiro compromisso de legislar sobre a matéria nela versada, com observância dos preceitos constitucionais pertinentes. Salientou-se, ainda, no voto do relator, que os tratados e convenções internacionais, ainda que guardando relação de paridade normativa com o ordenamento infraconstitucional, não podem disciplinar matéria sujeita à reserva constitucional de lei complementar" (STF, ADI 1.480-UF, Rel. Min. Celso de Mello, 25.9.1996, *Informativo STF* 48, de 7-11.10.1996).

---

3. J. F. Rezek, *Direito Internacional Público – Curso Elementar*, pp. 113 e ss.

CONVENÇÃO 158 DA OIT   421

"Despedida arbitrária. Convenção n. 158 da OIT. Proteção. Inaplicabilidade. O STF deferiu, em parte, pedido cautelar para afastar qualquer exegese que, divorciando-se dos fundamentos jurídicos do voto do Relator e desconsiderando o caráter meramente programático das normas da Convenção n. 158 da OIT, venha a tê-las como auto-aplicáveis, desrespeitando, desse modo, as regras constitucionais e infraconstitucionais que especialmente disciplinam, no vigente sistema normativo brasileiro, a despedida arbitrária ou sem justa causa dos trabalhadores" (STF, Pleno, ADI 1.480-3, Rel. Min. Celso de Mello, j. 4.9.1997, *DJU-1* 15.9.1997, p. 44.220; e *IOBJur* 2/12.826, set./1997).

O Supremo Tribunal Federal não se esforçou em conferir um mínimo de eficácia ao inc. I, do art. 7º, CF/1988 (são direitos dos trabalhadores urbanos e rurais "relação de emprego protegida contra despedida arbitrária ou sem justa causa, nos termos de lei complementar, que preverá indenização compensatória, dentre outros direitos").

E milhares de trabalhadores, inclusive do setor público, continuaram sendo despedidos sem critério algum, aumentando o contingente dos desempregados.

Destarte, a postura do STF foi formidável para a dispensa maciça, para o aumento do desemprego e para a instabilidade das relações trabalhistas. Aliás, coadunou-se perfeitamente com a política de desemprego e de flexibilização empreendida pelo Governo FHC. Se o STF tivesse conferido uma eficácia mínima ao preceito constitucional, por certo o legislador seria forçado (pelo empresariado e pelos grupos econômicos) a regulamentar a matéria. Mas, ante o comportamento do Supremo Tribunal, o legislador não sofreu a menor pressão para, tão cedo, regulamentar a matéria, que espera desde 1988 pela lei complementar.

Dúvida existia à época pertinente ao *status* da norma internacional, encampada pelo Brasil: se ela teria a mesma envergadura de norma constitucional ou infraconstitucional (lei ordinária ou lei complementar). A Corte Suprema, porém, interpretou que os tratados internacionais, firmados pelo Brasil, ingressariam no ordenamento pátrio sob a forma de lei ordinária,[4] o que representou uma tacada fatal na apreciação da Convenção 158-OIT, ante o disposto no inc. I do art. 7º, CF.

---

4. STF, Ext 662/Peru, Rel. Min. Celso de Mello, *DJU* 30.5.1997; RE 253.071-GO, Rel. Min. Moreira Alves, *DJU* 29.6.2001, p. 61; ADI 1.480-DF, Rel. Min. Celso de Mello, *DJU* 18.5.2001.

422   O SUPREMO TRIBUNAL FEDERAL NA CRISE INSTITUCIONAL BRASILEIRA

Somente com a EC 45/2004 foi acrescentado o § 3º ao art. 5º, CF, do seguinte teor:

"§ 3º. Os tratados e convenções internacionais sobre direitos humanos que forem aprovados, em cada Casa do Congresso Nacional, em dois turnos, por três quintos dos votos dos respectivos membros, serão equivalentes às emendas constitucionais."

Esta disposição constitucional confere *status* de norma *constitucional* aos tratados dos quais ela cuida, obedecido o *quorum* qualificado. Logo, os tratados envolvendo direitos sociais (como os trabalhistas), sendo estes espécies de direitos humanos, também equivalerão a emendas constitucionais. As Convenções da OIT, portanto, terão este prestígio, se ratificadas nos termos do mencionado § 3º, art. 5º, CF.

Contra o Decreto 2.100/1996, que denunciara a Convenção 158 da OIT, foi ajuizada a ADI 1.625-DF, pela CONTAG-Confederação Nacional dos Trabalhadores na Agricultura e Outra, em 17.6.1997, cabendo a relatoria ao Min. Maurício Corrêa. Em março de 2006, porém, o Min. Joaquim Barbosa pediu vista dos autos, conforme se vê da Certidão de Julgamento, extraída do site do STF:

DECISÃO: Após os votos dos senhores Ministros Maurício Corrêa (Relator) e Carlos Britto, que julgavam procedente, em parte, a ação para, emprestando ao Decreto Federal n. 2.100, de 20 de dezembro de 1996, interpretação conforme o artigo 49, inciso I, da Constituição Federal, determinar que a denúncia da Convenção 158 da OIT condiciona-se ao referendo do Congresso Nacional, a partir do que produz a sua eficácia, e do voto do Presidente, Ministro Nelson Jobim, que julgava improcedente a ação, pediu vista dos autos o senhor Ministro Joaquim Barbosa. Não participada da votação o Ministro Eros Grau, por suceder ao Ministro Maurício Corrêa, Relator. Ausentes, justificadamente, o senhor Ministro Celso de Mello e, neste julgamento, a senhora Ministra Ellen Gracie. Plenário, 29.3.2006.[5]

Ainda pendente de julgamento a citada ADI 1625-DF, houve arremedo de articulação política para que o Congresso Nacional analisasse a conveniência de voltar a ratificar a Convenção 158 da OIT. No dia da votação na Comissão de Relações Exteriores da Câmara dos Deputados

5. http://www.stf.gov.br/portal/processo/verProcessoAndamento.asp (acessado em 19.8.2008).

CONVENÇÃO 158 DA OIT

(2.7.2008), porém, registrou-se significativa ausência da bancada do Governo e dos partidos a ele aliados. Era relator da Mensagem 59/2008, enviada pelo Presidente da República, o Deputado Júlio Delgado (PSB-MG). Foram 20 votos contra um, do Deputado Nilson Mourão (PT-AC), para quem "nessa hora não tem base aliada ou oposição. Tem os interesses dos empresários", disse. "Se a base aliada não tivesse votado contra, a Convenção não teria sido rejeitada".[6]

Há divergências, no entanto, sobre a interpretação do relator em relação ao arquivamento. Defensores da Convenção argumentam que somente duas Comissões (Constituição e Justiça e Finanças e Tributação) podem rejeitar projetos. Ainda afirmam que mensagens presidenciais só podem ser arquivadas pelo plenário. O presidente da Comissão, deputado Marcondes Gadelha (PSB-PB), disse que também iria fazer uma consulta à CCJ, a fim de examinar o pedido do relator.

A Federação do Comércio do Estado de São Paulo (Fecomercio) divulgou nota comemorando a decisão da Comissão. A entidade concorda como o Relator. Para ela, os trabalhadores já têm um sistema de proteção. Ele é composto por quatro elementos: aviso prévio de 30 dias, FGTS, 50% de multa e seguro-desemprego. A Fecomercio lembra ainda que dos 181 países que compõem a OIT, apenas 34 ratificaram a Convenção 158.

A aprovação da norma era defendida, por exemplo, pelos juízes do Trabalho. No Congresso da Associação Nacional dos Magistrados da Justiça do Trabalho (Anamatra) de 2008, os juízes defenderam a ratificação da convenção.

Dos fundamentos expendidos pelo deputado Relator, extrai-se:

1) O Quadro Internacional – dentre os 181 países que compõem a Organização Internacional do Trabalho, apenas 34 adotam a Convenção 158, a saber: Antígua e Barbuda, Austrália; Bósnia e Herzegovina; Camarão; Chipre; República Democrática do Congo; Eslovênia; Espanha; Etiópia; Finlândia; França; Gabão; Iêmen; Lesoto; Letônia; Luxemburgo; Macedônia; Maluí; Marrocos; República da Moldávia; Montenegro; Namíbia; Nigéria; Papua Nova Guiné; Portugal; República Centroafricana; Santa Lúcia; Sérvia; Suécia; Turquia; Ucrânia; Uganda; e República Bolivariana da Venezuela.

6. http://www.contee.org.br/noticias/msin/nmsin342.asp (acessado em 19.8.2008).

424 O SUPREMO TRIBUNAL FEDERAL NA CRISE INSTITUCIONAL BRASILEIRA

Basicamente, estes países podem ser divididos em dois grupos. Em um extremo estão os de baixo nível de desenvolvimento que, na falta de qualquer mecanismo de proteção ao trabalho, agarram-se nesta Convenção. São países que têm uma expectativa de vida muito baixa e uma taxa de desemprego muito alta, alguns, inclusive, não tem nem sequer Justiça do Trabalho, levando as demandas trabalhistas a serem tratadas, quando possível, na Justiça comum. Já o Brasil tem cerca de 8,5% da população economicamente ativa desocupada, ressaltando que temos agora o menor índice dos últimos 14 anos, enquanto o desemprego no Gabão, Santa Lúcia e Sérvia está em torno de 20%; em Camarões, 30%; no Iêmen e na Macedônia, 35%; em Lesoto, 45%.

No outro extremo, encontram-se os poucos países da Europa Ocidental, que possuem economias muito fortes, renda *per capita* elevada, contratos especiais de trabalho, benefícios previdenciários e seguro desemprego generosos. São nações de população bem menor do que a do Brasil e, em muitos casos, declinante. A França tem 64 milhões de habitantes, uma taxa de crescimento demográfico de 0,5% ao ano e uma taxa de fertilidade de 1,9 filhos por mulher; a Espanha tem 40 milhões, 0,09% e 1,3, respectivamente. Portugal, tem 11 milhões, 0,3% e 1,5; a Suécia, tem 9 milhões, 0,16% e 1,6; a Finlândia, possui 5 milhões, 0,11% e 1,7 filhos por mulher. Como se sabe, países que têm menos de 2,1 filhos por mulher perdem população em termos absolutos. O Brasil, com 191 milhões de habitantes tem uma população uma vez e meia maior do que os cinco países da Europa (somados) que ratificaram a Convenção 158, assim como uma taxa de crescimento demográfico de 1% e dois filhos por mulher.

Portanto, o Brasil encontra-se entre estes dois extremos. Não comunga com os países africanos o baixo nível de desenvolvimento e a falta de garantias trabalhistas e nem é tão rico quanto os países europeus que possuem, ademais, instituições trabalhistas e previdenciárias altamente desenvolvidas. Com uma população numerosa e que continua crescendo, o país necessita gerar um grande número de empregos todos os anos. (...)

2) Conseqüências nos países que ratificaram a Convenção – alguns dos impactos sofridos pelos países que ratificaram a Convenção 158 podem lançar luz sobre o que pode ocorrer se o Brasil vier a adotar o Tratado. Na Espanha, por exemplo, a Convenção inibiu a geração de novos empregos e o desemprego subiu para níveis perigosos. Em 1994, cerca de 24% da população estava desempregada, o que levou o país a realizar sucessivas reformas para conter a rigidez da Convenção 158. Os resultados dessas mudanças começaram a ser sentidos a partir de 1996. Entre 1996-1999, a economia cresceu quase 20%, o

CONVENÇÃO 158 DA OIT 425

emprego aumentou 13% e o desemprego despencou para 15%, tendo descido em 2003 para menos de 10%. A atual política restritiva de imigração, por exemplo, serve para garantir que os poucos empregos gerados no país sejam disputados unicamente pelos nascidos naquela terra. O caso francês foi ainda mais crítico. O país não conseguiu fazer o que foi feito na Espanha. Em 2005, a desocupação dos jovens bateu na casa dos 23%, e a proporção dos desempregados de longa duração chegou a 41,2%. Dada a sua tradição de excesso de regulação, a França resistiu às reformas propostas pelo Governo, o que comprometeu a sua competitividade e criou uma situação social de grande tensão no país. Em 2007, o crescimento do PIB francês (1,8%) ficou abaixo da média (3%) dos demais países europeus. Na verdade, o país usou as dificuldades da Convenção 158 para conscientemente dificultar o emprego aos jovens filhos de imigrantes, circunstância que continua causando distúrbios públicos naquele país. Para a França, a ratificação parece ter sido um caminho sem volta.[7]

Na Nota Técnica n. 61, de março de 2008, explicativa do fluxo de empregados no Brasil, por não serem aplicadas as regras da Convenção 158-OIT, o DIEESE (Departamento Intersindical de Estatística e Estudos Socioeconômicos) apontou "Movimentação dos Trabalhadores, por tipo de Desligamento", em 2007:

Desligamento por demissão sem justa causa: 59,42%; Desligamento por demissão com justa causa: 1,17%; Desligamento por término de contrato: 15,67%; Desligamento a pedido: 21,22%; Desligamento por aposentadoria: 0,17%; Desligamento por morte: 0,30%; Término de contrato por prazo determinado: 2,05%.

Na p. 5 da Nota, o DIEESE explica que "a facilidade para demitir trabalhadores permite que as empresas utilizem esse mecanismo de rotatividade para reduzir os custos salariais, desligando profissionais que recebem maiores salários e contratando outros por menores salários. Os salários dos trabalhadores admitidos no triênio 2005-2007 foram sempre inferiores aos dos trabalhadores desligados (nem todos por justa causa). Os percentuais de redução foram 11,42%, em 2005, 11,06%, em 2006, e 9,15%, em 2007. Ou seja, no momento da contratação, os novos

7. http://www.jusbrasil.com.br/noticias/45309/convencao-da-oit-sobre-demissao-imotivada-e-rejeitada (acessado em 19.8.2008).

trabalhadores são, na maior parte, contratados com salários menores, o que implica redução gradual do salário médio".

Em seguida, indica que a média salarial dos admitidos em 2005 era de R$ 545,77; no ano de 2006, R$ 593,47; e no ano de 2007, de R$ 642,67. Mas a média salarial dos trabalhadores despedidos nestes anos era de, respectivamente, R$ 616,14, R$ 667,31 e R$ 707,39.

Continua a Nota Técnica: "Mas não são apenas os trabalhadores que perdem com a rotatividade. Os valores previstos para serem desembolsados pelo Fundo de Amparo ao Trabalhador (FAT) para pagamento do seguro-desemprego em 2008, e que poderiam ser investidos em outros programas, são da ordem de R$ 13,2 bilhões. Mesmo com a economia crescendo em torno de 5%, o Ministério do Trabalho e Emprego e o Conselho Deliberativo do Fundo de Amparo ao Trabalhador (Codefat) estimam que 9,7 milhões de trabalhadores serão demitidos em 2008, o que representa cerca de 30% do mercado formal de trabalho". Os valores emitidos, a título de seguro-desemprego, são de R$ 10,3 bilhões (em 2006), R$ 12,2 bilhões (em 2007) e R$ 13,2 bilhões (estimativa para 2008, conforme previsão orçamentária).

Por fim, a nota conclui, sobre os custos das despedidas imotivadas no Brasil:

"A) Custo do aviso prévio: Em 2007, foram demitidos 7,56 milhões de trabalhadores sem justa causa no Brasil, segundo os dados do Cadastro Geral de Empregados e Desempregados (Caged). A média de salários desses trabalhadores foi de R$ 742,24. Admitindo-se que as empresas pagaram esse valor médio de aviso prévio para cada empregado demitido, chega-se ao montante total no ano de R$ 6,06 bilhões, incluindo os 8% do FGTS.

B) Custo da multa do FGTS: Para o cálculo do valor pago como multa do FGTS (50%), foram utilizados os dados do FGTS de 2006 como aproximação do valor para o ano de 2007. O montante do saque do FGTS foi de R$ 29,68 bilhões. Desse valor, 67,2% foram sacados devido à demissão sem justa causa, o que resulta em um total de R$ 19,95 bilhões. Como o empregador paga 50% de multa sobre o valor do saque, estima-se que o total pago pelos empregadores referente à multa do FGTS foi de R$ 9,975 bilhões.

C) Custo total da demissão: Com base nos cálculos anteriores, estimou-se um total de R$ 16,035 bilhões gastos pelas empresas com a demissão de trabalhadores sem justa causa.

CONVENÇÃO 158 DA OIT 427

D) A redução de custo salarial das empresas com a rotatividade: Os empregados admitidos ao longo de 2007 receberam salários menores que os empregados desligados no mesmo período".[8]

Apesar de todos estes custos, as empresas se beneficiam na prática com a denúncia vazia nos contratos de trabalho: a) pois ganham na ausência de fiscalização eficaz dos órgãos estatais, a propósitos das condições de trabalho e de salários dos trabalhadores; b) os patrões lucram no sistema de conciliação (que acaba implicando renúncias) perante a Justiça do Trabalho e outros organismos admitidos pelo Estado; c) mantêm o poder de coerção sobre o trabalhador, em ameaça velada ao maior bem do trabalho, o emprego; d) os direitos assegurados na constância do emprego são desrespeitados, em prática pouco enfrentada pelos trabalhadores, temerosos de perder a fonte de renda de seu sustento próprio e de sua família; e) as rescisões contratuais são, muitas vezes, negociadas/simuladas, como condição para readmissão do empregado

Daí o interesse em manter o país fora do alcance da Convenção 158-OIT.

---

8. DIEESE, Nota Técnica n. 61, de março de 2008, in http://www.dieese.org.br/notatecnica/nota.xml, acessado em 02/09/2008.

Capítulo 17

O SEQÜESTRO DE VERBA PÚBLICA, POR FALTA DE CUMPRIMENTO DE PRECATÓRIO JUDICIAL, E A REJEIÇÃO DOS PEDIDOS DE INTERVENÇÃO NAS UNIDADES POLÍTICAS

Que relação se pode apontar entre o dever de o Judiciário prestar a tutela judicial definitiva e o instituto do precatório? A Administração Pública pode deixar de inserir no orçamento dotação para saldar dívida reconhecida judicialmente?

A velha questão do descumprimento de ordem judicial pela Fazenda Pública, tema essencial e umbilicalmente ligado à autoridade do Judiciário, passou pelo STF.

Como se sabe, além de todas as *regalias* processuais (e materiais) da Administração Pública, aí incluída a tão conhecida *demora processual*, ao fim da ação, com sentença transitada em julgado e após todos os percalços da fase de execução, o cidadão porventura vencedor em demanda contra as entidades públicas ainda se submete à *via crucis* do *precatório judicial*. No sistema do precatório, o pagamento se dará no exercício seguinte ao da sua expedição ao administrador público, e, ainda, desde que isto ocorra até 1º de julho do ano da competência, pois, caso contrário, o exercício será o posterior ao seguinte (vale dizer, dois anos depois da requisição precatorial). Eis o teor do art. 100, CF/1988:

"Art. 100. À exceção dos créditos de natureza alimentícia, os pagamentos devidos pela Fazenda Federal, Estadual ou Municipal, em virtude de sentença judiciária, far-se-ão exclusivamente na ordem cronológica de apresentação dos precatórios e à conta dos créditos respectivos, proibida a designação de casos ou de pessoas nas dotações orçamentárias e nos créditos adicionais abertos pa-

PRECATÓRIOS – SEQÜESTRO DE VERBA PÚBLICA – INTERVENÇÃO 429

ra este fim. "§ 1º. É obrigatória a inclusão, no orçamento das entidades de direito público, de verba necessária ao pagamento de seus débitos oriundos de sentenças transitadas em julgado, constantes de precatórios judiciários, apresentados até 1º de julho, fazendo-se o pagamento até o final do exercício seguinte, quando terão seus valores atualizados monetariamente. "§ 1º-A. Os débitos de natureza alimentícia compreendem aqueles decorrentes de salários, vencimentos, proventos, pensões e suas complementações, benefícios previdenciários e indenizações por morte ou invalidez, fundadas na responsabilidade civil, em virtude de sentença transitada em julgado. "§ 2º. As dotações orçamentárias e os créditos abertos serão consignados diretamente ao Poder Judiciário, cabendo ao Presidente do Tribunal que proferir a decisão exeqüenda determinar o pagamento segundo as possibilidades do depósito, e autorizar, a requerimento do credor, e exclusivamente para o caso de preterimento de seu direito de precedência, o seqüestro da quantia necessária à satisfação do débito. "§ 3º. O disposto no *caput* deste artigo, relativamente à expedição de precatórios, não se aplica aos pagamentos de obrigações definidas em lei como de pequeno valor que a Fazenda Federal, Estadual, Distrital ou Municipal deva fazer em virtude de sentença judicial transitada em julgado. § 4º. São vedados a expedição de precatório complementar ou suplementar de valor pago, bem como fracionamento, repartição ou quebra do valor da execução, a fim de que seu pagamento não se faça, em parte, na forma estabelecida no § 3º deste artigo e, em parte, mediante expedição de precatório. § 5º. A lei poderá fixar valores distintos para o fim previsto no § 3º deste artigo, segundo as diferentes capacidades das entidades de direito público. § 6º. O Presidente do Tribunal competente que, por ato comissivo ou omissivo, retardar ou tentar frustrar a liquidação regular de precatório incorrerá em crime de responsabilidade."[1]

A primeira discussão originada deste preceito constitucional referiu-se à necessidade ou não de precatório judicial para cumprimento de decisão judicial que condenasse a Administração Pública em verba de natureza alimentícia (salários, remuneração, vencimentos, subsídios, gratificações, correções salariais, dos trabalhadores e servidores públicos). A matéria, entretanto, foi de logo pacificada: o *caput* do art. 100, CF/1988, não dispensa o precatório; apenas, cria uma nova ordem cronológica precatoriana para pagamento prioritário da verba alimentar:

---

1. CF, art. 100 e parágrafos com redação dada pelas ECs 20/1998, 30/2000 e 37/2002. As alterações introduzidas por estas Emendas em nada influirão na análise deste tópico da investigação.

430 O SUPREMO TRIBUNAL FEDERAL NA CRISE INSTITUCIONAL BRASILEIRA

"*Recurso Extraordinário. Precatório. Prestação de natureza alimentícia. Art. 100, 'caput', da Carta da República.* A exceção contida no artigo 100-*caput* da Constituição, em favor dos créditos de natureza alimentícia, não dispensa o precatório mas, tão-só, assegura-lhes prioridade de pagamento sobre os créditos de outra natureza. Precedentes do STF" (STF-2ª T., RE 190.519-SP, Min. Francisco Rezek, *DJU* 15.9.95, p. 29.582; *Ementário* 01800.25, p. 5.136).[2]

Para o STF, a CF estabelecera uma ordem especial no pagamento dos precatórios, a ser feita entre dívidas de mesma natureza, ou seja, entre as de natureza alimentar. Embora elas tenham prioridade sobre as demais, submetem-se a precatório, cujo pagamento deve observar à preferência entre outras de mesma natureza.

Na crise de autoridade do Judiciário e fortalecimento da máquina pública, que, aos poucos, revela uma tendência de se tornar imune às decisões judiciais, virou praxe o descumprimento dos precatórios. Na Justiça do Trabalho, a questão tomou dimensão tamanha que o Tribunal Superior do Trabalho viu-se compelido a baixar a Instrução Normativa n. 11, de 10.4.1997, a qual autorizava o seqüestro de verbas

---

2. Em igual sentido: STF, RE 191.557-SP, 2ª T., *DJU* 15.9.1995, p. 29.628; RE 156.594-SP, 2ª T., *DJU* 15.9.1995, p. 29.521; RE 156.595-SP, 2ª T., *DJU* 15.9.1995, p. 29.521; RE 158.220-SP, 2ª T., *DJU* 15.9.1995, p. 29.522; RE 158.345-SP, 1ª T., *DJU* 15.9.1995, p. 29.522; RE 158.398-SP, 2ª T., *DJU* 15.9.1995, p. 29.523; RE 158.560-SP, 1ª T., *DJU* 15.9.1995, p. 29.523; RE 158.596-SP, 2ª T., *DJU* 15.9.1995, p. 29.523; RE 158.682-SP, 1ª T., *DJU* 15.9.1995, p. 29.523; RE 158.684-SP, 2ª T., *DJU* 15.9.1995, p. 29.523; RE 158.717-SP, 2ª T., *DJU* 15.9.1995, p. 29.524; RE 158.694-SP, 1ª T., *DJU* 15.9.1995, p. 29.523; RE 158.708-SP, 2ª T., *DJU* 15.9.1995, p. 29.524; RE 158.868-SP, 2ª T., *DJU* 15.9.1995, p. 29.524; RE 158.903-SP, 2ª T., *DJU* 15.9.1995, p. 29.524; RE 158.943-SP, 2ª T., *DJU* 15.9.1995, p. 29.524; RE 158.989-SP, 2ª T., *DJU* 15.9.1995, p. 29.524; RE 159.169-SP, 1ª T., *DJU* 15.9.1995, p. 29.525; RE 159.222-SP, 1ª T., *DJU* 15.9.1995, p. 29.525; RE 159.256-SP, 2ª T., *DJU* 15.9.1995, p. 29.525; RE 159.270-SP, 2ª T., *DJU* 15.9.1995, p. 29.525; RE 159.972-SP, 2ª T., *DJU* 15.9.1995, p. 29.526; RE 160.372-SP, 1ª T., *DJU* 15.9.1995, p. 29.526; RE 161.109-SP, 2ª T., *DJU* 15.9.1995, p. 29.527; RE 161.121-SP, 1ª T., *DJU* 15.9.1995, p. 29.527; RE 161.133-SP, 1ª T., *DJU* 15.9.1995, p. 29.527; RE 161.147-SP, 1ª T., *DJU* 15.9.1995, p. 29.527; RE 161.183-SP, 1ª T., *DJU* 15.9.1995, p. 29.528; RE 161.185-SP, 1ª T., *DJU* 15.9.1995, p. 29.528; RE 161.186-SP, 2ª T., *DJU* 15.9.1995, p. 29.528; RE 161.191-SP, 1ª T., *DJU* 15.9.1995, p. 29.528; RE 161.225-SP, 1ª T., *DJU* 15.9.1995, p. 29.528; RE 161287-SP, 2ª T., *DJU* 15.9.1995, p. 29.529; RE 161.293-SP, 1ª T., *DJU* 15.9.1995, p. 29.529; RE 161.659-SP, 1ª T., *DJU* 15.9.1995, p. 29.529; RE 161.669-SP, 2ª T., *DJU* 15.9.1995, p. 29.529; RE 162.040-SP, 1ª T., *DJU* 15.9.1995, p. 29.529; RE 162.046-SP, 2ª T., *DJU* 15.9.1995, p. 29.530; RE 162.300-SP, 2ª T., *DJU* 15.9.1995, p. 29.530; RE 162.315-SP, 1ª T., *DJU* 15.9.1995, p. 29.530.

PRECATÓRIOS – SEQÜESTRO DE VERBA PÚBLICA – INTERVENÇÃO 431

públicas do ente que deixasse de cumprir o precatório (v. seus incisos II a IV, XI e XII):

"II – É obrigatória a inclusão, no orçamento das entidades condenadas, de verba necessária ao pagamento de seus débitos constantes de precatórios apresentados até 1º de julho de cada ano, data em que serão atualizados seus valores, fazendo-se o pagamento até o final do exercício seguinte.

"III – O não cumprimento da ordem judicial relativa à inclusão, no respectivo orçamento, pela pessoa jurídica de direito público condenada, de verba necessária ao pagamento do débito constante de precatório regularmente apresentado até 1º julho, importará na preterição de que tratam os §§ 1º e 2º do art. 100 da Constituição da República e autorizará o Presidente do Tribunal Regional do Trabalho, a requerimento do credor, expedir, após ouvido o Ministério Público, ordem de seqüestro nos limites do valor requisitado.

"IV – A pessoa jurídica de direito público informará ao Tribunal, até 31 de dezembro, se fez incluir no orçamento os precatórios apresentados até 1º de julho. (...).

"XI – Ficam ressalvadas, no que couber, quanto à observância do estabelecimento nesta Resolução, as situações alcançadas pelo que dispõe o art. 57, § 3º, da Constituição do Estado de São Paulo, segundo o qual 'os créditos de natureza alimentícia' – cujos precatórios observarão ordem cronológica própria – 'serão pagos de uma só vez, devidamente atualizados até a data do efetivo pagamento'.

"XII – Na hipótese ressalvada no item anterior, caso efetivado o pagamento por meio inidôneo, a menor, sem a devida atualização ou fora do prazo legal, poderá o Juiz da execução, *ex officio* ou a requerimento da parte interessada, requisitar ao Presidente do Tribunal o seqüestro da quantia necessária à satisfação do crédito, após a atualização do débito e oficiada a entidade devedora com prazo para pagamento."

No contexto sócio-político, a IN 11/97-TST tinha uma importância fundamental, até mesmo sob a ótica político-institucional, na medida em que impedia o desrespeito às decisões judiciais. Social e processualmente, vinha assegurar ao jurisdicionado vencedor na demanda o percebimento de seu crédito, coibindo a rolagem ilegal da dívida pública. Institucionalmente, garantia o cumprimento e a eficácia da decisão do Judiciário.

Decisões não cumpridas levam o juiz ao descrédito, ao desprestígio, institucional, social e político. Qualquer prefeito do Município mais

432 O SUPREMO TRIBUNAL FEDERAL NA CRISE INSTITUCIONAL BRASILEIRA

longínquo e miserável fica à vontade para descumprir a decisão de um respeitável Ministro de Tribunal Superior.

Mais uma vez, o STF teve oportunidade de se manifestar a propósito. Eis sua decisão suspendendo a IN 11/97-TST, para impedir o seqüestro de verbas públicas pelos Presidentes dos Tribunais do Trabalho:

"*Instrução Normativa n. 11/97, do TST. Inconstitucionalidade. Suspensão de dispositivos. ADI*. O STF, por unanimidade de votos, indeferiu o pedido de medida cautelar, relativamente aos itens I, II, V, VI, VII, VIII, IX, X e XI, da Instrução Normativa n. 11, de 10.4.97, do TST. Por unanimidade de votos, o Tribunal deferiu a cautelar e suspendeu, com eficácia *ex nunc* e até final julgamento da ação, a vigência dos itens III e XII da mesma Instrução Normativa n. 11/97-TST. E, por maioria de votos, indeferiu a medida cautelar, relativamente ao item IV da Instrução Normativa n. 11/97-TST, vencidos os Srs. Ministros Maurício Corrêa (Relator) e Nelson Jobim. Por unanimidade, o Tribunal deferiu, em parte, a medida cautelar quanto à alínea 'b', do item VIII da referida instrução, dando às expressões 'correção de inexatidões materiais ou a retificação de erros de cálculo', constantes desse dispositivo, interpretação conforme a Constituição Federal, segundo a qual, a correção a que se refere o dispositivo citado somente deve referir-se a diferenças resultantes de erros materiais ou aritméticos ou de inexatidões dos cálculos dos precatórios, não podendo, porém, dizer respeito ao critério adotado para a elaboração do cálculo ou a índices de atualização diversos dos que foram utilizados em primeira instância. Votou o Presidente. Ausentes, justificadamente, os Srs. Ministros Carlos Velloso, Moreira Alves e Celso de Mello, Presidente. Presidiu o julgamento o Sr. Ministro Néri da Silveira" (STF, ADI 1.662-8-DF – Med. Liminar, plenário, 11.9.1997, Rel. Min. Maurício Corrêa).[3]

---

3. Na mesma vertente: "Ação Direta de Inconstitucionalidade. Débito judicial. Dispensa de precatório tendo em consideração o valor da condenação: Art. 128 da Lei 8.213/1991. Inconstitucionalidade parcial da norma frente ao disposto no art. 100 da Constituição Federal. Resolução n.. 5 do Conselho Nacional de Previdência Social: art. 5º. Não-conhecimento. 1 – O preceito ínsito ao art. 100 da Constituição Federal proíbe a designação de casos ou de pessoas nas dotações orçamentárias e nos créditos adicionais, tendo em vista a observação de preferência. Por isso, a dispensa de precatório, considerando-se o valor do débito, distancia-se do tratamento uniforme que a Constituição objetivou conferir à satisfação dos débitos da Fazenda. 1.1 Inconstitucionalidade da expressão contida no art. 128 da Lei 8.213/1991: 'e liquidadas imediatamente, não se lhes aplicando o disposto nos arts. 730 e 731 do Código de Processo Civil'. 2 – Art. 5º da Resolução n. 5 do Conselho Nacional de Previdência Social.

PRECATÓRIOS – SEQÜESTRO DE VERBA PÚBLICA – INTERVENÇÃO   433

Logo em seguida à decisão do STF (ADI 1.662), o então Presidente do TST, Min. Ermes Pedro Pedrassani, enviou Ofício a todos os TRTs (Of. Circ. GDGDJ.GP n. 108/97, de 15.9.1997), do qual se extrai:

"Considerando a deliberação supramencionada, nas hipóteses de não inclusão no orçamento das entidades de Direito Público de verba para pagamento dos débitos constantes dos seus precatórios regularmente apresentados até 1º de julho, ou, ainda que incluída, não efetivado o pagamento, deverá a Presidência desse Tribunal Regional comunicar o ocorrido, mediante ofício ao Presidente do Tribunal Superior do Trabalho, consignando o descumprimento do § 1º do art. 100 da CF, para ser oficiado ao Excelso Supremo Tribunal Federal, para adoção das providências cabíveis, nos termos do art. 34, VI, c/c art. 36, II, da Constituição Federal."

Assim, excepcionado o caso específico e cabalmente comprovado do § 2º do art. 100, CF (inobservância à ordem cronológica dos precatórios pagos), o pedido de intervenção na unidade política (Estado ou Município) afigurou-se como única solução para o descumprimento do precatório judicial. Todavia, na prática, a intervenção em quaisquer destas entidades exige um processo complexo, que envolve os Poderes Judiciário, Executivo e Legislativo, sem falar na conveniência política da medida. Logo, acaba sendo de nenhuma utilidade a representação interventiva, exceto se houver interesse político-partidário na intervenção. E, ao fim, os precatórios continuam descumpridos da mesma maneira, na enorme maioria dos casos.

Tem-se, aí, que o STF suspendeu a eficácia dos incisos III e XII da IN 11/97-TST, justamente os dispositivos referentes ao seqüestro judicial de verbas públicas por descumprimento do precatório. Ao viso dessa decisão, o Administrador Público tornou-se desobrigado de incluir no seu orçamento o valor constante do precatório judicial; e esta postura encontra respaldo na mais alta Corte do País. Além de fragilizar ain-

Controvérsia que se circunscreve à legalidade e não constitucionalidade do ato normativo. Ação Direta de Inconstitucionalidade não conhecida, nesta parte. 2.1 A Resolução está umbilicalmente vinculada ao art. 128 da Lei 8.213/1991, e a declaração de inconstitucionalidade parcial deste preceito retira-lhe o sustentáculo para a sua existência na ordem jurídica e, por conseqüência, a sua aplicabilidade. Ação direta de inconstitucionalidade parcialmente procedente" (STF, Pleno, ADI 1.252-5-DF, Rel. Min. Maurício Corrêa; *DJU-1* 24.10.1997, p. 54.156; *IOBJur* 2/13.041, dez./1997).

434   O SUPREMO TRIBUNAL FEDERAL NA CRISE INSTITUCIONAL BRASILEIRA

da mais o Judiciário, o STF deixou o cidadão desamparado perante a Administração Pública, eis que multiplicada a dificuldade em receber seus créditos. E o Judiciário ficou impedido de fazer cumprir suas decisões contra a Fazenda Pública, haja vista que resta submetido à boa vontade do administrador em cumprir a ordem judicial.

A decisão do STF foi formidável para amofinar e engessar os demais Tribunais do Judiciário brasileiro.

O Precatório judicial é uma excrescência, sendo o Brasil um dos raros países que mantêm esta forma complicada e pouco prática de execução. Porém, o STF vem ampliando esta modalidade executiva, estendendo-a para os Correios e as empresas públicas que não explorem atividade econômica.[4] A interpretação adotada, nesses casos, é constitucionalmente inadequada, pois amplia uma norma excepcional, quando se sabe que tais normas devem ser interpretadas restritivamente, e dificulta o acesso à Justiça, à efetividade do processo. É sabido que a interpretação ampliativa ou restritiva é técnica engendrada e utilizada na época da chamada *Hermenêutica Clássica*. Por outro lado, no entanto, estas técnicas não perderam de todo sua importância. Elas simplesmente se mostraram insuficientes aos novos desafios do mundo jurídico, de forma a requerer outros métodos complementares, daí vindo a *Moderna Hermenêutica Constitucional*.

Seja qual for o método ou critério hermenêutico utilizado pelo intérprete, correto é aquele que atenda aos princípios inerentes à dignidade dos seres humanos.

O descumprimento de ordem judicial pelo Poder Público grassa em todas as instâncias. As ordens de pagamento, os precatórios judiciais, se já não contavam com a boa vontade dos administradores públicos, agora

---

4 "*Ementa*: 1. Empresa Brasileira de Correios e Telégrafos: execução (CF, art. 100; C. Pr. Civil, arts. 730 e 731): recepção pela Constituição de 1988 do art. 12 do Decreto-Lei 509/69, que estendeu à Empresa Brasileira de Correios e Telégrafos os privilégios conferidos à Fazenda Pública, dentre eles o da impenhorabilidade de seus bens, rendas e serviços, devendo a execução fazer-se mediante precatório, sob pena de vulneração do disposto no artigo 100 da Constituição da República: precedente" (STF, 1ª T., AI-AgR 243.250-RS, Rel. Min. Sepúlveda Pertence, *DJU* 23.4.2004, p. 9). Idem: STF, Pleno, RE-ED 230.051-SP, Rel. Min. Maurício Corrêa, *DJU* 8.8.2003, p. 86; STF, 1ª T., RE 336.685-MG, Rel. Min. Moreira Alves, *DJU* 19.4.2002, p. 64; STF, 2ª T., AI-AgR 313.854-CE, Rel. Min. Néri da Silveira, *DJU* 26.10.2001, p. 38; STF, 2ª T., RE 229.444-CE, Rel. Min. Carlos Velloso, *DJU* 31.8.2001, p. 64.

PRECATÓRIOS – SEQÜESTRO DE VERBA PÚBLICA – INTERVENÇÃO   435

não causam o menor receio. A medida extrema para este comportamento aviltante seria a intervenção nas unidades políticas, independentemente da punição pelo crime de responsabilidade e/ou de improbidade, além das sanções pelo descumprimento de ordem judicial. Contudo, o próprio STF não tem tradição intervencionista, o que leva a uma infeliz prática de descumprimento às ordens do Judiciário e à rolagem da dívida pública, a perder de vista, sem que se punam os maus administradores.

Em 26.3.2003, o então Presidente do STF, Ministro Marco Aurélio, levou a julgamento pelo plenário 356 processos de Intervenção Federal, promovidos contra os Estados de São Paulo e Rio Grande do Sul, "por suposto descumprimento de decisão judicial quanto ao pagamento de precatórios de natureza alimentar, a título de complementação de depósitos insuficientes ou mesmo do pagamento integral dos valores devidos".[5] Porém, com espeque nos precedentes das Intervenções Federais 2.915 e 2.953, o STF julgou improcedentes estes pedidos, contra o voto do Ministro Marco Aurélio.

No julgamento, o Ministro Marco Aurélio fez um paralelo entre "a situação do devedor, cidadão comum, que tem 24 horas para liquidar o débito constante de decisão judicial, e a pessoa jurídica de direito público, que tem 18 meses e não o faz". E ressaltou a "herança maldita", deixada aos governantes pelos 14 planos econômicos instituídos no Brasil.[6]

O voto divergente, vencedor, foi puxado pelo Ministro Gilmar Ferreira Mendes, invocando o princípio da proporcionalidade, que, a seu ver, é uma medida excepcional, além de vislumbrar as limitações econômicas que condicionam a atuação do Estado quanto ao cumprimento das decisões judiciais que fundamentam os pedidos de intervenção. Acompanhou-o o Ministro Sydney Sanches, que se reportou ao eventual interventor: "[Se] acreditasse que uma intervenção federal, no dia seguinte a sua posse iria pagar todos os precatórios de São Paulo, eu decretaria a intervenção, mas sei que não iria acontecer, por isso sou contra a intervenção".

Assim, o STF concluiu que os Estados não têm a intenção de burlar o pagamento dos precatórios devidos, pois as limitações orçamentárias é que comprometem a regularidade desses pagamentos.

---

5. *Notícias do STF*, informativo eletrônico desta Corte, de 26.3.2003 (www.stf. gov.br/noticias/imprensa/ultimas, acessado em 28.3.2003).
6. Na época (março de 2003), o Brasil só tinha passado por 14 planos econômicos...

436   O SUPREMO TRIBUNAL FEDERAL NA CRISE INSTITUCIONAL BRASILEIRA

Os Tribunais, principalmente os do Trabalho, passaram a criar setores de conciliação em precatórios, comandados por juízes e servidores escalados para a realização das audiências com as partes. Têm-se feito acordos por atacado, numa prática estimulada pelo Conselho Nacional de Justiça (CNJ). E se alardeiam números milionários a serem pagos efetivamente por Municípios e, mais raramente, Estados da Federação. Estes setores de conciliação são, assim, apontados como de alto sucesso, por lograr o compromisso de pagamento judicial de entidades públicas que dificilmente pagariam a quantia expressa nos precatórios.

Todavia, este é um expediente que demonstra a fraqueza do Judiciário, incapaz de fazer cumprir sua decisão condenatória, proferida há anos, já expedido o precatório, a "ordem" de pagamento. Os Tribunais preferem apelar, mais uma vez, para uma conciliação com as autoridades políticas, firmando acordos que variam de 60% a 80% do crédito impago. Quanto é deixado de ser pago nestes acordos? É preciso submeter o cidadão vencedor na ação, mais uma vez, ao parcelamento de um valor inferior ao que a Justiça, há anos, firmou como devido. Isto é prova cabal da tibiez do Judiciário, que deveria encontrar meios para fazer valer suas decisões.

O argumento de que os municípios (principalmente eles) não têm condições de cumprir os precatórios chega a ser desumano, ofensivo a qualquer princípio inerente à aplicação de direitos fundamentais. Não há princípio da proporcionalidade (pelo menos corretamente utilizado) que explique isto.

O que acontece é que o Judiciário e o cidadão estão sendo chamados para resolver o problema e sacrificar seus direitos, respectivamente, numa etapa tardia, por conseqüência da má gestão pública. E o mau gestor se safa de qualquer conseqüência.

Há de se ter cuidado com a má administração dos gestores públicos. De fato, gerenciam mal a *res publica*, aplicam equivocadamente o orçamento, violam direitos dos servidores e dos cidadãos, defendem-se em descortesia aos Poderes constituídos, procrastinam feitos e, ao final, quando se deparam com a cobrança dos demais organismos de fiscalização e corretores, demandam o Judiciário para rolar dívidas, encontrar solução para a Administração Pública e, sobretudo, para legitimar as ilegalidades e injustiças.

PRECATÓRIOS – SEQÜESTRO DE VERBA PÚBLICA – INTERVENÇÃO   437

O Judiciário precisa ter prudência e cautela para não ser mero legitimador de desmandos administrativos e orçamentários. A solução para estes desmandos deve ser buscada fora do aparato judiciário e não por meio de ações e medidas judiciais, exceto quanto às providências punitivas.

Apesar de toda sua inconveniência, o precatório precisa pelo menos ser cumprido. Isto é o mínimo que se espera de um Estado de Direito, de onde o malfadado expediente já deveria ter sido abolido.

Capítulo 18
REELEIÇÃO PARA PRESIDENTE DA REPÚBLICA, GOVERNADORES E PREFEITOS

A perpetuação no Poder...
No conflito entre a legitimidade e o golpe da democracia.
Entre os líderes intelectuais e populares,
que se sucederam, rasgou-se a democracia...

Outra questão de suma importância para o País foi a reeleição para Presidente da República, Governadores dos Estados e Prefeitos Municipais. A proposta de Emenda Constitucional rompia toda a tradição brasileira, era uma inovação histórica, uma ruptura vertical em nossa tendência, um corte na nossa tradição no plano federal.[1] Parafraseando Euclides da Cunha, "era o Brasil que recuava, abandonando o traçado superior das suas tradições" (*Contrastes e Confrontos*). E, sem consulta nenhuma ao povo, iniciou-se o processo legislativo dessa Emenda.

Paulo Brossard, considerando a reeleição um insulto à Nação, observou que foi preciso chegar à Presidência da República não um militar, não um general, mas um civil; não um homem de caserna, mas um professor universitário, para que o Brasil regredisse ao nível mais baixo da América Latina em matéria de provimento de chefia do Estado.[2]

---

1. Na República Velha, admitia-se a reeleição de governadores. Porém, os abusos cometidos levaram a Constituição a adotar norma proibitiva. A experiência deveria ter servido para mostrar que a reeleição, no Brasil, não dá certo.
2. Paulo Brossard, "A Reeleição é um Insulto à Nação", Prefácio à obra de Sebastião Nery, *A Eleição da Reeleição*, p. 9. Josaphat Marinho atestava que a reelegibilidade sem desincompatibilização cria, pela cultura do Brasil, uma desigualdade propensa ao favorecimento indevido (idem, ibidem, p. 19).

REELEIÇÃO PARA PRESIDENTE DA REPÚBLICA, GOVERNADORES E PREFEITOS   439

A propósito das mudanças na conjuntura política e econômica do Brasil, o Presidente do Instituto dos Advogados Brasileiros (IAB), João Luiz Duboc Pinaud, no XVI Congresso Brasileiro de Magistrados, no dia 9.9.1999, desabafou: "Os militares, com toda a sua condenável violência, violentaram nossa Constituição. Romperam, sim, com o pacto jurídico. Mas não violaram o pacto da Nação".[3]

Sob o plano democrático, a questão deveria ter sido submetida previamente a plebiscito ou, pelo menos, a referendo popular,[4] para saber se o povo desejava que seus governantes pudessem se reeleger. Afinal, a democracia não pode ser encarada como um fenômeno eleitoral, que só se verifica periodicamente, de tempos em tempos, para eleger os candidatos.[5] Ela há de ser perpétua, constante, manifestando-se sempre, em todas as horas, pois o cidadão é cidadão em todos os momentos e tem o direito de participar das grandes decisões do País.

A cidadania não é mais concebida como o simples direito de votar e ser votado,[6] por homens e mulheres,[7] haja vista que a participação na vida política de um país não se restringe a esse aspecto – *eleitoral* (hoje

---

3. João Luiz Duboc Pinaud, *Jornal do Magistrado*, set.-out./1999, p. 9. Montesquieu via na preservação da nação a primeira das leis políticas. No tópico intitulado "quando, por alguma circunstância, a lei política destrói o Estado, é preciso decidir segundo a lei política que o conserva, que se torna algumas vezes um direito das gentes", consagrava, em letras garrafais: "a salvação do povo é a lei suprema" (*O Espírito das Leis*, p. 535, Livro 26º, XXIII).

4. O *plebiscito* é consulta feita ao povo previamente a uma mudança a ser introduzida nas Instituições fundamentais; enquanto o *referendo* é submissão a voto popular de uma proposição normativa, para conferir-lhe validade (Fávila Ribeiro, *Direito Eleitoral*, p. 12). Karl Loewenstein leciona que o referendo adquiriu especial destaque na Suíça (*Teoría de la Constitución*, pp. 330-331). O relevante prestígio do referendo é analisado por Cármen Lúcia Antunes Rocha, no texto "O *Referendum* e a Representação Democrática no Brasil", publicado na *RILeg*. 23(92)/13-40.

5. Ainda assim, "é preciso a pureza do regime democrático para conceder legitimidade filosófica ao processo eleitoral" (Pinto Ferreira, *Código Eleitoral Comentado*, p. 6).

6. Cf. Vera Regina Pereira de Andrade, *Cidadania: do Direito aos Direitos Humanos*, p. 41. Para a idéia – restritiva aos direitos políticos – de cidadania para efeitos de ação popular (Lei 4.717/1965, art. 1º, § 3º), v.: Manoel Gonçalves Ferreira Filho, *Curso de Direito Constitucional*, p. 307; Elival da Silva Ramos, *A Ação Popular como Instrumento de Participação Política*, p. 144.

7. Sobre a idéia de cidadania na evolução e nas conquistas das mulheres, v. Angela Groppi, "As Raízes de um Problema", *O Dilema da Cidadania – Direitos e Deveres das Mulheres*, pp. 11-26.

440　O SUPREMO TRIBUNAL FEDERAL NA CRISE INSTITUCIONAL BRASILEIRA

de cunho mais partidário do que propriamente *político*) –, porquanto a *Política* ultrapassa a seara dos *partidos políticos* e é muito mais complexa do que a atividade destes. A concepção restritiva teria o condão de negar o caráter de cidadão, p. ex., às crianças e a todos quantos não possam votar e ser votados. Esta *ideologia do voto* só contribui para a permanência do sistema de exploração, na medida em que descaminha para a ausência de discussão os problemas de Estado, deles afastando o povo. Considerando a massa de jovens que não tem o direito de votar (menores de 16 anos), bem como a parcela das pessoas que, mesmo em idade de votar (inobstante lhes ser obrigatório ou facultativo o voto), não votam, concluir-se-ia que estas também não são cidadãs, justamente este contingente de pessoas que formam um número considerável do povo brasileiro. Neste contexto, negar-lhes a cidadania e deixar de lhes reconhecer todos os direitos inerentes a tal atributo (*v.g.*, direito à dignidade, ao trabalho, à participação etc.) significaria que o Estado deixa à margem de sua tutela tais sujeitos.[8]

A própria definição de *direitos políticos* não se compadece mais com o simples direito de votar e ser votado. Direito político é direito à participação. Então, mesmo que se vincule a idéia de cidadania a direito político, torna-se evidentemente inadequada e teoricamente rejeitável a equiparação do cidadão ao eleitor efetivo, em dia com suas obrigações eleitorais.

Merlin Clève, com sua autorizada percuciência, aponta que a cidadania não se resume na possibilidade de manifestar-se, periodicamente, por meio de eleições para o Legislativo e para o Executivo. "A cidadania vem exigindo a reformulação do conceito de democracia, radicalizando, até, uma tendência que vem de longa data. Tendência endereçada à adoção de técnicas diretas de participação democrática. Vivemos, hoje, um momento em que se procura somar a técnica necessária da

---

8. E, exatamente por deixá-los à margem de seu alcance, não teria legitimidade para fazer incidir sobre essas pessoas as suas normas e o seu império. O pacto social estaria rompido com relação a esta parcela da sociedade. Formariam tais sujeitos os excluídos do sistema normativo, o que é um contrasenso, pois todos devem estar sujeitos ao Estado e contribuir para a sua formação. Igualmente, não teria sentido reconhecer os direitos de participação na vida do Estado somente durante o período em que a pessoa estivesse apta ao trabalho ou no vigor de suas forças físicas (presumidamente os menores de 70 anos), ficando excluídos os maiores de 70 (setenta) anos que deixem de votar.

REELEIÇÃO PARA PRESIDENTE DA REPÚBLICA, GOVERNADORES E PREFEITOS   441

democracia representativa com as vantagens oferecidas pela democracia direta."[9]

O cidadão não é mais o simples eleitor nem o candidato em quem se vota. É o sujeito ativo, responsável pela história que o envolve, agente ativo do fenômeno político, com direitos e aptidões de participar das decisões do Estado, deste cobrando, exigindo e vindicando posturas e atitudes efetivas para a satisfação das necessidades e anseios sociais e individuais. A nova postura do cidadão coloca-o no *status* de censor, com poderes de fiscalizar a Administração Pública.[10] A cidadania significa o direito de participar das decisões do Estado, de ter acesso aos cargos públicos, de poder desempenhar a função pública que venha a ser conferida a determinada pessoa, de acompanhar, fiscalizar e sugerir as posturas administrativas.

O acesso ao aparelho estatal pelo cidadão, num sistema democrático, não se restringe ao direito de representatividade, muito menos pela via indireta. Torna-se inegável, assim, o caráter democrático do direito de petição (art. 5º, XXXIV, CF), por meio do qual todos dispõem do poder de peticionar e representar aos poderes públicos para a defesa de direitos ou contra ilegalidade ou abuso de poder, assegurando-se a obtenção de certidões em repartições públicas, para a defesa desses direitos e esclarecimento de situações de interesse pessoal. Insere-se aí a responsabilização de funcionários e as reivindicações em geral aos órgãos públicos, com o acionamento dos mecanismos de censura postos à disposição do administrado.

Baracho[11] também enfatiza os reais caracteres do cidadão, frisando a sua participação no poder como característica da democracia, confi-

---

9. Clemerson Merlin Clève, *Temas de Direito Constitucional – E de Teoria do Direito*, pp. 16-17.

10. Sobre a questão da *cidadania* em *Kant*, vide Cláudio de Cicco, "Kant e o Estado de Direito: o Problema do Fundamento da Cidadania", in Beatriz Giorgi e outros (Coords.), *Cidadania e Justiça*, pp. 175-188. Comungando dessa idéia ampla de cidadania: Elival da Silva Ramos, *A Ação Popular como Instrumento de Participação Política*, p. 100. O dilema da cidadania sob a ótica ambivalente da sociedade, em sua concretização fática, para além das estruturas jurídicas, é enfocado por Vera da Silva Telles, "Sociedade Civil e Construção de Espaços Públicos", in Evelina Dagnino (Org.), *Anos 90 – Política e Sociedade no Brasil, passim*.

11. José Alfredo de Oliveira Baracho, *Teoria Geral da Cidadania – A plenitude da cidadania e as garantias constitucionais e processuais*, p. 3.

442 O SUPREMO TRIBUNAL FEDERAL NA CRISE INSTITUCIONAL BRASILEIRA

gurando-se esta pela tomada de posição concreta na gestão dos negócios da cidade, isto é, no poder, consagrado através de modalidades, procedimentos e técnicas diferentes.

Mas, retomando a questão da submissão da *Emenda da Reeleição* a plebiscito ou a referendo popular, tais expedientes implicariam, por si só, em indagar à população se ela estava satisfeita com o Presidente, os Governadores e os Prefeitos, o que não era politicamente conveniente na época. Por sua vez, *imposta* a reeleição, por certo o eleitorado teria como um dos candidatos alguém da situação, e este, obviamente, disporia de toda a máquina estatal a seu favor, o que significaria clara vantagem sobre os demais, em especial se pertencesse a algum partido ligado às lideranças políticas do Planalto.[12]

A natureza da reeleição era, evidentemente, político-partidária, a par dos interesses da política econômica exterior, manifestados pela vontade do capital estrangeiro em manter o *status quo* da subserviência brasileira.

Isto significava, enfim, prolongar por mais alguns anos toda a cúpula política do momento, com sua ideologia sobre a forma de conduzir o País. E a manutenção da situação governista, administrativa e econômica agradava ao mercado externo, aos banqueiros, aos grandes empresários.

Para a aprovação da *Emenda da Reeleição*, houve uma sucessão de fatos e acontecimentos inexplicados. Pesquisa feita pela *Folha de S. Paulo* às vésperas da sessão em que seria votada a Emenda indicara a derrota da reelegibilidade presidencial para o período subseqüente. Apareceram, então, denúncias de compras de votos para garantir, na Câmara, a vitória da proposta da reeleição. Dois deputados, cujas conversas telefônicas confirmavam esta versão, renunciaram a seus mandatos, lembra Rubem Azevedo Lima. A oposição quis criar uma CPI para investigar as suspeitas de corrupção em torno do assunto, mas as lideranças do Governo proibiram que seus liderados concordassem com as investigações.[13] E, efetivamente, nada se apurou.

---

12. Os governantes (Prefeitos e Governadores) ligados a partidos opositores ao Planalto já vinham, há certo tempo, sofrendo dificuldades administrativas, decorrentes de problemas com verbas e incentivos federais, não repassados regularmente. Logo, as suas administrações não caminhavam muito bem, daí recebendo certa antipatia do eleitorado local; donde a pouca possibilidade de serem reeleitos.

13. Rubem Azevedo Lima, "A Vitória da Minoria", Prefácio à obra de Sebastião Nery, *A Eleição da Reeleição*, p. 13.

REELEIÇÃO PARA PRESIDENTE DA REPÚBLICA, GOVERNADORES E PREFEITOS   443

Mas, além dessa discussão e desse interesse *político*, surgiram problemas formais, jurídicos, no processo legislativo da Emenda. Foi a "deixa" para se demandar a ajuda do Judiciário, órgão teoricamente descomprometido com as questões político-partidárias. Era crucial o pronunciamento da mais alta Corte judiciária.

Impetrado o Mandado de Segurança 22.864-DF, por Senadores, objetivando suspender a votação, em 2º turno, no Senado, do projeto de Emenda, o pedido de liminar foi submetido ao plenário, tendo o STF indeferido a liminar (contra o voto do Relator). E, com isto, a votação teve curso, tramitando o projeto nas casas respectivas, sendo, ao fim, aprovada a reeleição. Eis a notícia do julgamento em apreço:

"Reeleição e Votação no Senado Federal – 1: O Tribunal – resolvendo questão de ordem suscitada pelo Min. Marco Aurélio, no sentido de que compete ao relator a apreciação de medida liminar, à vista do que dispõe o § 1º do art. 203 do RISTF ('Quando relevante o fundamento e do ato impugnado puder resultar a ineficácia da medida, caso deferida, o Relator determinar-lhe-á a suspensão...') – reconheceu a possibilidade do relator submeter à decisão colegiada pedido cautelar. Pautou-se a decisão no que preconiza o RISTF em seus artigos 21, III e IV ('Art. 21 – São atribuições do Relator:... III – Submeter ao Plenário... questões de ordem para o bom andamento dos processos; IV – Submeter ao Plenário... medidas cautelares necessárias à proteção de direito suscetível de grave dano e de incerta reparação...') e 22, parágrafo único, 'b', que preceitua que o relator submeterá o feito ao julgamento do Plenário quando, em razão da relevância da questão jurídica, convier o seu pronunciamento. Entendeu a maioria, com base nos citados dispositivos regimentais, que a utilização pelo relator da faculdade que lhe outorga o Regimento é indício de sua competência. Precedente citado: MS 21.564-DF" (*DJU* de 27.8.1993).

"Reeleição e Votação no Senado Federal – 2: Na mesma votação, a Corte, considerando inexistir, à primeira vista, fumaça de bom direito, indeferiu medida liminar – que objetivava suspender a votação, em segundo turno, no Senado Federal, de projeto de emenda à CF– requerida em mandado de segurança impetrado por parlamentares contra ato das Mesas Diretoras do Senado Federal e da Câmara dos Deputados, relacionados com a votação do Projeto de Emenda Constitucional n. 4/1997, que visa introduzir o instituto da reeleição para os cargos de presidente da República, governadores de Estado e prefeitos

444 O SUPREMO TRIBUNAL FEDERAL NA CRISE INSTITUCIONAL BRASILEIRA

municipais. Vencido o Ministro Marco Aurélio" (STF, Pleno, MS 22.864-DF, Rel. Min. Sydney Sanches, 4.6.1997, *Informativo-STF* 74, de 2-6.6.1997).[14]

Aprovada a *Emenda da Reeleição*, o processo antidemocrático ficou evidente, surgindo os primeiros traços das mancomunações políticas e de informações da imprensa, juntamente com uma guerra judicial.

O País presenciou um *esquemão* de montagem de vetos ao lançamento de candidaturas que pudessem comprometer as chances de reeleição do Presidente Fernando Henrique Cardoso. Isto incluiu interferência e intervenção do próprio Presidente da República, por meio de seus Ministros, nas convenções do PMDB, com o apoio de muitos congressistas para impedir que o maior partido político do País lançasse candidato próprio ao pleito presidencial de 1998.[15] E vieram todas as discussões, defesas e sustentações da imprensa sobre a importância da reeleição de FHC para a manutenção do Plano Real e da estabilização monetária. E manipularam-se as pesquisas.[16]

Houve uma espécie de *intervenção branca* no PMDB, o que significa um ferimento na autonomia dos partidos políticos. Abriu-se uma chaga no processo democrático, na organização e na liberdade político-partidária,[17] no pluralismo (CF, *Preâmbulo* e arts. 1º e 17), no "canal da representação popular".[18] O Governo se intrometeu nas decisões internas dos partidos; no caso, do então maior partido brasileiro. Forçou uma situação, contrariando a democracia da livre participação partidária, da indicação de candidatos a cargos eletivos do País, da concorrência típica dos regi-

---

14. STF, Pleno, Questão de Ordem em Medida Cautelar no MS 22.864-DF, publicada no *DJU* 16.11.2001, Rel. Min. Sydney Sanches.

15. Cândido Mendes mostra como FHC resistia a qualquer novo partido emergente e, aos demais, exigia fidelidade canina, disso resultando o novo *tucanato* (*A Presidência Afortunada – Depois do Real, antes da Social-Democracia*, pp. 28-29).

16. As famosas manipulações de estatísticas (inclusive *oficiais*), sobre as quais alerta Peter H. Mann, no seu *Métodos de Investigação Sociológica*, pp. 72-74.

17. Citando Duverger, Machado Paupério coloca que, na ordem prática, os eleitores outra coisa não fazem senão escolher "entre os candidatos cooptados pelos partidos, constituindo a cooptação o primeiro ato da operação eleitoral" (*Teoria Democrática do Estado*, p. 76).

18. Sérgio Sérvulo da Cunha, "A nova Lei de Liberdade Partidária", *CDCCP* 2/211. Sobre a importância dos partidos políticos, numa abordagem histórica: José Ferreira de Freitas, "Partidos Políticos e sua Importância na Democracia", *CDCCP* 3(12)/255-268.

REELEIÇÃO PARA PRESIDENTE DA REPÚBLICA, GOVERNADORES E PREFEITOS 445

mes democráticos. Sebastião Nery comenta, p. ex., que Fernando Henrique Cardoso, "imperador do Viaduto do Chá, vetou o Ceará de eleger senador seu mais representativo líder político, o deputado Paes de Andrade", porque este impedira que o PMDB, que ele presidia, "apoiasse a reeleição do presidente. Deu ordem ao governador para 'derrotar Paes de Andrade, custe o que custar'. Tasso cumpriu. E como custou. Elegeu senador o deputado estadual Luís Pontes, primo da mulher dele".[19]

Observa Rubem Lima que momentos houve, às vésperas do pleito, "em que até a Justiça Eleitoral, apesar do dever de isenção, procurou ajudar, manifestando-se a favor da vitória do candidato à reeleição, por julgá-lo politicamente o melhor para os interesses do País". No mesmo sentido, prossegue o Autor, "grande parte da imprensa chegou quase às raias do terrorismo ao sustentar que a eventual vitória do adversário eleitoralmente mais forte do Presidente poderia levar o Brasil ao caos".[20] Veio a história do *custo Brasil*, referindo-se à credibilidade do País lá fora.

Sebastião Nery coloca num tripé, a que denomina *tríplice corrupção*, a compra da *Emenda da Reeleição*, a condução da convenção do PMDB e a manipulação das pesquisas eleitorais.[21]

Apesar de tudo isso, de toda a mobilização governista, a reeleição de FHC ocorreu, no primeiro turno, com apenas um terço dos votos válidos do eleitorado brasileiro. Sebastião Nery faz o apanhado, textualmente:

"De 160 milhões de habitantes e 106 milhões de eleitores, Fernando Henrique Cardoso se elegeu com 36 milhões de votos (33,87%). Perdeu para os ausentes, nulos e brancos (36,17%). Teve só mais 4% do que a oposição (29,96%). Apesar de estar no governo com a caneta e a gula na mão, da indecorosa manipulação das pesquisas e da unanimidade mercenária da imprensa, teve um terço do eleitorado e um quinto da população. Como representação nacional, embora legítima, é pequena."[22]

---

19. Sebastião Nery, *A Eleição da Reeleição: Histórias, Estado por Estado*, p. 103. Tasso Jereissati era o Governador do Ceará, na época.
20. Rubem Azevedo Lima, "A Vitória da Minoria", Prefácio, *A Eleição da Reeleição* (de Sebastião Nery), p. 12. O adversário era Lula, do PT.
21. Sebastião Nery, *A Eleição da Reeleição...*, cit., p. 23.
22. Ibidem, ibidem, p. 27.

446 O SUPREMO TRIBUNAL FEDERAL NA CRISE INSTITUCIONAL BRASILEIRA

Antes da reeleição presidencial, já se propagava, no setor oposicionista, o que iria acontecer com ela nos planos social e econômico: agravamento da recessão, aumento do dólar, dificuldades financeiras etc. Neste sentido, foram esclarecedores os pronunciamentos de Ciro Gomes (ex-Governador do Ceará), Lula (candidato à Presidência da República), Leonel Brizola (candidato à Vice-Presidência da República), representantes de partidos de esquerda e de economistas conceituados.

A reeleição não segurou o dólar, que disparou, atraindo o descontrole de preços e o País tendo que recorrer, novamente, ao FMI, sem que o *Plano Real* apresentasse efeitos imediatos.

Bem, não é preciso esmiuçar, nesta seara, o prejuízo social e político da nação por força da reeleição do Presidente e dos Governadores.[23] Todavia, por amor à causa, salienta-se que, sob o âmbito meramente político, no geral o *status quo* permaneceu o mesmo de antes de outubro de 1998, embora o cenário econômico tenha se modificado para pior. Tudo corroborado pelo STF.

Paulo Bonavides coloca a *reeleição para Presidente* como um dos principais sintomas do *golpe de Estado institucional*. Veja-se, em suas próprias palavras:

"O golpe de Estado institucional começou a ser desferido desde o momento em que a aliança neoliberal, tendo assumido o poder, logrou aprovar a Emenda Constitucional da reeleição do magistrado supremo.

"Dava o golpe execução cabal ao pacto das oligarquias que atraiçoaram o País, desnacionalizaram a economia e expropriaram a riqueza da Nação. Com efeito, em menos de 48 horas, nos escândalos financeiros do colapso do real, em janeiro de 1999, dez bilhões de dólares escoaram do bolso do contribuinte brasileiro para os cofres dos banqueiros internacionais numa doação das elites governantes ao capital estrangeiro.

"Dinheiro do País, desviado por um Governo que nega fundos à educação, à saúde, aos socorros públicos, à assistência social, e mantém sessenta milhões de brasileiros sem pão e sem teto, na orla da pobreza absoluta. Dinhei-

---

23. Sebastião Nery comenta, Estado por Estado, como se desenvolveu o pleito nas eleições de 1998. O caso do Ceará foi lastimável, segundo ele, desenvolvendo-se sob extrema pressão do então Governador Tasso Jereissati perante os Prefeitos municipais e ante a utilização da máquina estatal, para a reeleição sua própria e de Fernando Henrique Cardoso (idem, ibidem, especialmente pp. 100-103).

REELEIÇÃO PARA PRESIDENTE DA REPÚBLICA, GOVERNADORES E PREFEITOS 447

ro de um Estado que não pune os crimes do colarinho branco, nacionais e internacionais. Dinheiro de uma corrupção que ameaça acabar para sempre com o País constitucional, a soberania, o Estado, a República, e reduzi-los a possessão ou colônia de um Império Global, cujo interesse supremo terá jurisdição única sobre os destinos da feitoria em que a nação ter-se-á transformado."[24]

Feitos os conchavos políticos e os acertos partidários, também o Judiciário coonestou a tacada à democracia, rejeitando o pedido de liminar formulado no MS 22.864-DF, conforme já transcrito.

Eis, portanto, a posição adotada pelo STF naqueles sombrios dias da *Emenda da Reeleição*.

24. Paulo Bonavides, *Do País Constitucional ao País Neocolonial*, pp. 30-31.

Capítulo 19
O VALOR DO SALÁRIO MÍNIMO

O valor do salário mínimo é capaz de atender
às necessidades vitais básicas do trabalhador?
Ele é constitucional?

Mais um caso impõe seja trazido à colação. O tema é por demais abrangente e alcança, induvidosamente, todas as instituições brasileiras e os setores privado e público. É pertinente ao Executivo federal, no encargo de definir a política econômica do País; ao Congresso Nacional, competente para fixar, por lei, o valor do salário mínimo; ao Judiciário, a quem se atribui a discussão judiciária de sua constitucionalidade; ao setor privado, porque é afetado pelo valor fixado ao salário mínimo, incumbindo-lhe o pagamento aos trabalhadores; ao setor público em geral, inclusive INSS, como fonte pagadora dos servidores e aposentados; e à classe trabalhadora, porque padece desse valor ínfimo. Aliás, toda a Administração Pública tem interesse na fixação desse valor, haja vista que também ela está obrigada a remunerar aos seus servidores um mínimo legal, como garantia salarial indisponível.

O inc. IV do art. 7º, CF/1988, assegura a todo trabalhador:

"IV – salário mínimo, fixado em lei, nacionalmente unificado, capaz de atender a suas necessidades vitais básicas e às de sua família com moradia, alimentação, educação, saúde, lazer, vestuário, higiene, transporte e previdência social, com reajustes periódicos que lhe preservem o poder aquisitivo, sendo vedada sua vinculação para qualquer fim."

Ora, bem. É notório que o valor do salário mínimo de há muito não é capaz de atender a todas estas necessidades vitais básicas do trabalhador e de sua família. Então, é discutível a constitucionalidade das leis que rotineiramente o disciplinam e lhe fixam o valor.

O VALOR DO SALÁRIO MÍNIMO

Propostas Ações Diretas de Inconstitucionalidade, o STF as extinguiu por vícios formais, apegando-se a fundamentos processuais, embora, subjacentes a eles, estivessem presentes aspectos político-econômicos. Confiram-se, *litteris*:

"*Salário mínimo. Medida Provisória. ADI (1)*. Não se conheceu de ação direta ajuizada por partidos políticos (PDT, PT, PC do B e PSB) contra o art. 1º, *caput*, e par. único, da medida provisória que reajustou para R$ 112,00 o valor do salário mínimo a partir de 1.5.1996 (MP 1.415/1996), ao fundamento de que o pedido, fundado embora na tese da inconstitucionalidade *por omissão parcial* em face do disposto no art. 7º, IV, da CF ('São direitos dos trabalhadores urbanos e rurais, (...)': IV – salário mínimo, fixado em lei, nacionalmente unificado, capaz de atender a suas necessidades vitais básicas e às de sua família com moradia, alimentação, educação, saúde, lazer, vestuário, higiene, transporte e previdência social, com reajustes periódicos que lhe preservem o poder aquisitivo, (...)'), visava à exclusão da norma impugnada do ordenamento jurídico, e não, como decorreria logicamente de sua motivação, a que o Poder competente fosse cientificado da decisão que declarasse a inconstitucionalidade por omissão, nos termos do art. 103, § 2º, da CF. Impossibilidade da conversão da ADI em ação direta de inconstitucionalidade por omissão. Precedente citado: ADI 986-DF (*DJU* de 8.4.1994). Vencido o Min. Marco Aurélio" (STF, ADI 1.439- DF, Rel. Min. Celso de Mello, *Informativo STF* 32, de 20-24.5.1996).

"*Salário mínimo. Medida Provisória. ADI (2)*. Noutra ação direta, ajuizada pela CUT e pela CONTAG contra a mesma medida provisória (em que se impugnam, além do art. 1º, *caput*, e par. único, os arts. 2º, 4º e 8º), o Tribunal decidiu, preliminarmente, por maioria, excluir a CUT do pólo ativo por ilegitimidade ativa, ao fundamento de que essa entidade, não sendo confederação sindical, tampouco poderia ser enquadrada no conceito de 'entidade de classe de âmbito nacional' (CF, art. 103, IX). Remanescendo como autora apenas a CONTAG, a ação direta não foi conhecida *a)* quanto ao art. 1º, *caput*, e parág. único, pelos mesmos fundamentos que justificaram a decisão na ADI 1.439-DF (no ponto, motivação e pedidos eram idênticos) e *b)* quanto aos arts. 4º e 8º, por inépcia da inicial (falta de fundamentação e de pedido). Quanto ao art. 2º, que prevê o reajuste dos benefícios mantidos pela previdência, a partir de 1.5.1996, pela variação acumulada do IGP-DI nos últimos doze meses – critério que, ao contrário do anterior (reajuste pela variação do INPC), não atenderia ao princípio constitucional da preservação do valor real dos benefícios (CF, art. 201, § 2º) –, o Tribunal decidiu converter o julgamento em diligência para solicitar informa-

450 O SUPREMO TRIBUNAL FEDERAL NA CRISE INSTITUCIONAL BRASILEIRA

ções ao Presidente da República" (STF, ADI 1.442-DF, Rel. Min. Celso de Mello, 22.5.1996, *Informativo STF* 32, de 20-24.5.1996).

Posteriormente, ajuizadas Ações Diretas de Inconstitucionalidade por Omissão (ADIO), o STF indeferiu a liminar, entendendo que esta modalidade de ação não admite a concessão de tutela liminar, "eis que não se pode pretender que mero provimento cautelar *antecipe* efeitos positivos *inalcançáveis* pela própria decisão final emanada do STF", pois, na ADIO, a procedência da ação implica unicamente na comunicação pelo Tribunal ao órgão legiferante do seu estado de inércia. Vejam-se estas decisões, *verbis*:

"*Salário mínimo. Medida provisória. ADIO. Ação Direta de Inconstitucionalidade por Omissão*. Na ação direta de inconstitucionalidade por omissão – cuja procedência implica somente a comunicação ao Poder competente para a adoção das medidas necessárias a tornar efetiva norma constitucional (CF, art. 103, § 2º) – não se admite a concessão de medida liminar. Com base nesse entendimento, o Tribunal, conhecendo de ação direta por omissão ajuizada pela Confederação Nacional dos Trabalhadores na Saúde – CNTS contra os já mencionados art. 1º, *caput*, e parág. único, da medida provisória do salário mínimo, indeferiu a medida cautelar. Precedentes citados: ADI 361-DF (*RTJ* 133/569) e ADI 267-DF (*DJU* de 19.5.1995)" (STF, ADI 1.458-DF, Rel. Min. Celso de Mello, 23.5.1996, *Informativo STF* 32, de 20-24.5.1996).

"*Desrespeito à Constituição. Modalidade de comportamentos inconstitucionais do Poder Público*. – O desrespeito à Constituição *tanto* pode ocorrer mediante *ação* estatal *quanto* mediante *inércia* governamental. A situação de inconstitucionalidade pode derivar de um *comportamento ativo* do Poder Público, que *age* ou *edita* normas em *desacordo* com o que dispõe a Constituição, ofendendo-lhe, assim, os preceitos e os princípios que nela se acham consignados. Essa conduta estatal, que importa em um *facere* (atuação positiva), gera a inconstitucionalidade *por ação*. Se o Estado *deixar de adotar* as medidas *necessárias* à realização concreta dos preceitos da Constituição, em ordem a torná-los efetivos, operante e exeqüíveis, abstendo-se em conseqüência, *de cumprir* o dever de prestação que a Constituição lhe impôs, incidirá em *violação negativa* do texto constitucional. Desse *non facere* ou *non praestare*, resultará a inconstitucionalidade *por omissão*, que pode ser total, quando é *nenhuma* a providência adotada, ou *parcial*, quando é *insuficiente* a medida efetivada pelo Poder Público. *Salário mínimo. Satisfação das necessidades básicas. Garantia de preservação de seu poder aquisitivo*. – A cláusula constitucional inscrita no

O VALOR DO SALÁRIO MÍNIMO 451

art. 7º, IV, da Carta Política – para além da proclamação da garantia social do salário mínimo – consubstancia verdadeira *imposição legiferante*, que, dirigida ao Poder Público, tem por finalidade *vinculá-lo* à efetivação de uma *prestação positiva* destinada: a) a *satisfazer* as necessidades essenciais do trabalhador e de sua família; e b) a *preservar*, mediante reajustes periódicos, o valor intrínseco dessa remuneração básica, *conservando-lhe* o poder aquisitivo. O legislador constituinte brasileiro delineou, no preceito consubstanciado no art. 7º, IV, da Carta Política, um nítido programa social destinado a ser desenvolvido pelo Estado, mediante atividade legislativa vinculada. Ao *dever de legislar* imposto ao Poder Público – e de legislar com *estrita* observância dos *parâmetros constitucionais* de índole jurídico-social e de caráter econômico-financeiro (CF, art. 7º, IV) –, corresponde o *direito público subjetivo* do trabalhador a uma legislação que lhe assegure, *efetivamente*, as necessidades vitais básicas individuais e familiares e que lhe garanta a revisão periódica do valor salarial mínimo, em ordem a preservar, em caráter permanente, o poder aquisitivo desse piso remuneratório. *Salário mínimo. Valor insuficiente. Situação de inconstitucionalidade por omissão parcial.* – A *insuficiência* do valor correspondente ao salário mínimo, definido em importância que se revele *incapaz* de atender as necessidades vitais básicas do trabalhador e dos membros de sua família, *configura um claro descumprimento*, ainda que parcial, da *Constituição da República*, pois o legislador, em tal hipótese, longe de atuar com o sujeito concretizante do postulado constitucional que *garante* à classe trabalhadora um piso geral de remuneração (CF, art. 7º, IV), estará realizando, *de modo imperfeito*, o programa social assumido pelo Estado na ordem jurídica. A omissão do Estado – *que deixa de cumprir*, em maior ou em menor extensão, a *imposição* ditada pelo texto constitucional – *qualifica-se* como comportamento revestido da maior gravidade político-jurídica, eis que, *mediante inércia*, o Poder Público *também* desrespeita a Constituição, *também* ofende direitos que nela se funda e *também* impede, por ausência de medidas concretizadoras, a própria aplicabilidade dos postulados e princípios da Lei Fundamental. As situações configuradoras de omissão inconstitucional – *ainda que se cuide de omissão parcial*, derivada da *insuficiente* concretização, pelo Poder Público, do conteúdo material da norma impositiva fundada na Carta Política, de que é destinatário – refletem comportamento estatal que deve ser repelido, pois a inércia do Estado qualifica-se, *perigosamente*, como um dos *processos informais de mudança da Constituição*, expondo-se, por isso mesmo à censura do Poder Judiciário. *Inconstitucionalidade por omissão. Descabimento de medida cautelar.* – A jurisprudência do Supremo Tribunal Federal firmou-se no sentido de proclamar *incabível* a

452 O SUPREMO TRIBUNAL FEDERAL NA CRISE INSTITUCIONAL BRASILEIRA

medida liminar nos casos de ação direta de inconstitucionalidade *por omissão* (*RTJ* 133/569, Rel. Min. Marco Aurélio; ADI 267-DF, Rel. Min. Celso de Mello), eis que não se pode pretender que mero provimento cautelar *antecipe* efeitos positivos *inalcançáveis* pela própria decisão final emanada do STF. A *procedência* da ação direta de inconstitucionalidade *por omissão*, importando em reconhecimento judicial do estado de inércia do Poder Público, confere ao Supremo Tribunal, *unicamente*, o poder de *cientificar* o legislador inadimplente, para que este adote as medidas necessárias à concretização do texto constitucional. *Não assiste* ao Supremo Tribunal Federal, contudo, em face dos próprios limites fixados pela Carta Política em tema de inconstitucionalidade por omissão (CF, art. 103, § 2º), a prerrogativa de expedir provimentos normativos com o objetivo de suprir a inatividade do órgão legislativo inadimplente" (STF, Pleno, ADI 1.458-7-DF, Ac. unân. TP, 23.5.1996, Rel. Min. Celso de Mello – Reqte.: Confederação Nacional dos Trabalhadores da Saúde – CNTS; Reqdos.: Presidente da República e Congresso Nacional) – *Revista LTR* 60(10)/1.365, out./1996).[1]

No último destes julgamentos, o STF caminhava para admitir a inconstitucionalidade das leis que fixaram o valor do salário mínimo. Mas, ao fim, o jurisdicionado foi surpreendido com a negativa de seu desiderato por razões meramente formais (cf. final da ementa por último transcrita).

Idênticos julgamentos se repetiram no STF, alguns contemporâneos e outros mais recentes do que o acima citado:

"*Ementa: desrespeito à Constituição – Modalidades de comportamentos inconstitucionais do Poder Público.* – O desrespeito à Constituição tanto pode ocorrer mediante ação estatal quanto mediante inércia governamental. A situação de inconstitucionalidade pode derivar de um comportamento ativo do Poder Público, que age ou edita normas em desacordo com o que dispõe a Constituição, ofendendo-lhe, assim, os preceitos e os princípios que nela se acham consignados. Essa conduta estatal, que importa em um *facere* (atuação positi-

---

1. Decisão publicada no *DJU* 20.9.1996, p. 34.531, e no site www.stf.gov.br/jurisprudencia (critério de busca: 1458, Min. Celso de Mello), acessado em 13.9.2007. Alexandre de Moraes apresenta ementa desta mesma ação diferentemente da divulgada no site do STF e no *Diário da Justiça* (v. acima), em sua obra *Constituição do Brasil Interpretada – E Legislação Constitucional*, p. 473, anotações ao inc. IV do art. 7º, CF. Na ementa apresentada pelo referido Autor, não consta, p. ex., o trecho final da decisão, referente aos requisitos formais do processo, que inviabiliza a demanda.

O VALOR DO SALÁRIO MÍNIMO 453

va), gera a inconstitucionalidade por ação. – Se o Estado deixar de adotar as medidas necessárias à realização concreta dos preceitos da Constituição, em ordem a torná-los efetivos, operantes e exeqüíveis, abstendo-se, em conseqüência, de cumprir o dever de prestação que a Constituição lhe impôs, incidirá em violação negativa do texto constitucional. Desse *non facere* ou *non praestare*, resultará a inconstitucionalidade por omissão, que pode ser total, quando é nenhuma a providência adotada, ou parcial, quando é insuficiente a medida efetivada pelo Poder Público. *Salário mínimo – Satisfação das necessidades vitais básicas – Garantia de preservação de seu poder aquisitivo.* – A cláusula constitucional inscrita no art. 7º, IV, da Carta Política – para além da proclamação da garantia social do salário mínimo – consubstancia verdadeira imposição legiferante, que, dirigida ao Poder Público, tem por finalidade vinculá-lo à efetivação de uma prestação positiva destinada (a) a satisfazer as necessidades essenciais do trabalhador e de sua família e (b) a preservar, mediante reajustes periódicos, o valor intrínseco dessa remuneração básica, conservando-lhe o poder aquisitivo. – O legislador constituinte brasileiro delineou, no preceito consubstanciado no art. 7º, IV, da Carta Política, um nítido programa social destinado a ser desenvolvido pelo Estado, mediante atividade legislativa vinculada. Ao dever de legislar imposto ao Poder Público – e de legislar com estrita observância dos parâmetros constitucionais de índole jurídico-social e de caráter econômico-financeiro (CF, art. 7º, IV) –, corresponde o direito público subjetivo do trabalhador a uma legislação que lhe assegure, efetivamente, as necessidades vitais básicas individuais e familiares e que lhe garanta a revisão periódica do valor salarial mínimo, em ordem a preservar, em caráter permanente, o poder aquisitivo desse piso remuneratório. *Salário mínimo – Valor insuficiente – Situação de inconstitucionalidade por omissão parcial.* – A insuficiência do valor correspondente ao salário mínimo, definido em importância que se revele incapaz de atender as necessidades vitais básicas do trabalhador e dos membros de sua família, configura um claro descumprimento, ainda que parcial, da Constituição da República, pois o legislador, em tal hipótese, longe de atuar como o sujeito concretizante do postulado constitucional que garante à classe trabalhadora um piso geral de remuneração (CF, art. 7º, IV), estará realizando, de modo imperfeito, o programa social assumido pelo Estado na ordem jurídica. – A omissão do Estado – que deixa de cumprir, em maior ou em menor extensão, a imposição ditada pelo texto constitucional – qualifica-se como comportamento revestido da maior gravidade político-jurídica, eis que, mediante inércia, o Poder Público também desrespeita a Constituição, também ofende direitos que nela se fundam e também impede, por ausência de medidas

454 O SUPREMO TRIBUNAL FEDERAL NA CRISE INSTITUCIONAL BRASILEIRA

concretizadoras, a própria aplicabilidade dos postulados e princípios da Lei Fundamental. – As situações configuradoras de omissão inconstitucional – ainda que se cuide de omissão parcial, derivada da insuficiente concretização, pelo Poder Público, do conteúdo material da norma impositiva fundada na Carta Política, de que é destinatário – refletem comportamento estatal que deve ser repelido, pois a inércia do Estado qualifica-se, perigosamente, como um dos processos informais de mudança da Constituição, expondo-se, por isso mesmo, à censura do Poder Judiciário. *Inconstitucionalidade por omissão – Descabimento de medida cautelar.* – A jurisprudência do Supremo Tribunal Federal firmou-se no sentido de proclamar incabível a medida liminar nos casos de ação direta de inconstitucionalidade por omissão (*RTJ* 133/569, Rel. Min. Marco Aurélio; ADI 267-DF, Rel. Min. Celso de Mello), eis que não se pode pretender que mero provimento cautelar antecipe efeitos positivos inalcançáveis pela própria decisão final emanada do STF. – A procedência da ação direta de inconstitucionalidade por omissão, importando em reconhecimento judicial do estado de inércia do Poder Público, confere ao Supremo Tribunal Federal, unicamente, o poder de cientificar o legislador inadimplente, para que este adote as medidas necessárias à concretização do texto constitucional. – Não assiste ao Supremo Tribunal Federal, contudo, em face dos próprios limites fixados pela Carta Política em tema de inconstitucionalidade por omissão (CF, art. 103, § 2º), a prerrogativa de expedir provimentos normativos com o objetivo de suprir a inatividade do órgão legislativo inadimplente. *Impossibilidade de conversão da ação direta de inconstitucionalidade, por violação positiva da Constituição, em ação de inconstitucionalidade por omissão (violação negativa da Constituição).* – A jurisprudência do Supremo Tribunal Federal, fundada nas múltiplas distinções que se registram entre o controle abstrato por ação e a fiscalização concentrada por omissão, firmou-se no sentido de não considerar admissível a possibilidade de conversão da ação direta de inconstitucionalidade, por violação positiva da Constituição, em ação de inconstitucionalidade por omissão, decorrente da violação negativa do texto constitucional" (STF, Pleno, DI-MC 1.439-DF, Rel. Min. Celso de Mello, j. 22.5.1996, *DJU* 30.5.2003, p. 28; *Ement.* 21.12.2001, p. 76).

"*Ementa: Ação Direta de Inconstitucionalidade – Ausência de legitimidade ativa de Central Sindical (CUT) – Impugnação a medida provisória que fixa o novo valor do Salário Mínimo – Alegação de inconstitucionalidade em face da insuficiência desse valor salarial – Realização incompleta da determinação constante do art. 7º, IV, da Constituição da República – Hipótese de Inconstitucionalidade por Omissão Parcial – Impossibilidade de conversão da*

O VALOR DO SALÁRIO MÍNIMO 455

ADI em Ação Direta de Inconstitucionalidade por Omissão – Ação direta de que não se conhece, no ponto – Medida provisória que se converteu em lei – Lei de conversão posteriormente revogada por outro diploma legislativo – Prejudicialidade da Ação Direta. Falta de legitimidade ativa das centrais sindicais para o ajuizamento de ação direta de inconstitucionalidade. – No plano da organização sindical brasileira, somente as confederações sindicais dispõem de legitimidade ativa *ad causam* para o ajuizamento da ação direta de inconstitucionalidade (CF, art. 103, IX), falecendo às centrais sindicais, em conseqüência, o poder para fazer instaurar, perante o Supremo Tribunal Federal, o concernente processo de fiscalização normativa abstrata. *Precedentes. Salário mínimo – Valor insuficiente – Situação de inconstitucionalidade por omissão parcial.* – A insuficiência do valor correspondente ao salário mínimo – definido em importância que se revele incapaz de atender as necessidades vitais básicas do trabalhador e dos membros de sua família – configura um claro descumprimento, ainda que parcial, da Constituição da República, pois o legislador, em tal hipótese, longe de atuar como sujeito concretizante do postulado constitucional que garante à classe trabalhadora um piso geral de remuneração digna (CF, art. 7º, IV), estará realizando, de modo imperfeito, porque incompleto, o programa social assumido pelo Estado na ordem jurídica. – A omissão do Estado – que deixa de cumprir, em maior ou em menor extensão, a imposição ditada pelo texto constitucional – qualifica-se como comportamento revestido da maior gravidade político-jurídica, eis que, mediante inércia, o Poder Público também desrespeita a Constituição, também compromete a eficácia da declaração constitucional de direitos e também impede, por ausência de medidas concretizadoras, a própria aplicabilidade dos postulados e princípios da Lei Fundamental. – As situações configuradoras de omissão inconstitucional, ainda que se cuide de omissão parcial, refletem comportamento estatal que deve ser repelido, pois a inércia do Estado – além de gerar a erosão da própria consciência constitucional – qualifica-se, perigosamente, como um dos processos informais de mudança ilegítima da Constituição, expondo-se, por isso mesmo, à censura do Poder Judiciário. Precedentes: *RTJ* 162/877-879, Rel. Min. Celso de Mello; *RTJ* 185/794-796, Rel. Min. Celso de Mello. *O desprezo estatal por uma Constituição democrática revela-se incompatível com o sentimento constitucional resultante da voluntária adesão popular à autoridade normativa da Lei Fundamental.* – A violação negativa do texto constitucional, resultante da situação de inatividade do Poder Público – que deixa de cumprir ou se abstém de prestar o que lhe ordena a Lei Fundamental – representa, notadamente em tema de direitos e liberdades de segunda geração (direitos econômicos, sociais e culturais),

456 O SUPREMO TRIBUNAL FEDERAL NA CRISE INSTITUCIONAL BRASILEIRA

um inaceitável processo de desrespeito à Constituição, o que deforma a vontade soberana do poder constituinte e que traduz conduta estatal incompatível com o valor ético-jurídico do sentimento constitucional, cuja prevalência, no âmbito da coletividade, revela-se fator capaz de atribuir, ao Estatuto Político, o necessário e indispensável coeficiente de legitimidade social. *Ação Direta de Inconstitucionalidade e revogação superveniente do ato estatal impugnado.* – A revogação superveniente do ato estatal impugnado faz instaurar situação de prejudicialidade que provoca a extinção anômala do processo de fiscalização abstrata de constitucionalidade, eis que a ab-rogação do diploma normativo questionado opera, quanto a este, a sua exclusão do sistema de direito positivo, causando, desse modo, a perda ulterior de objeto da própria ação direta, independentemente da ocorrência, ou não, de efeitos residuais concretos. Precedentes" (STF, Pleno, ADI 1.442-DF, Rel. Min. Celso de Mello, j. 3.11.2004; *DJU* 29.4.2005, p. 7; *Ement*. 2.189-1, p. 113; *RTJ* 195-03/752).

"*Ementa: Argüição de descumprimento de preceito fundamental. Medida provisória n. 2.019-1 que 'dispõe sobre o salário mínimo a vigorar a partir de 3 de abril de 2000'.* Com a edição de normas posteriores alterando o valor do salário mínimo, julga-se prejudicada a argüição ante a perda de seu objeto.

"Decisão: O Tribunal, por maioria, vencidos os Senhores Ministros Marco Aurélio, Sepúlveda Pertence e o Presidente (Ministro Carlos Velloso), rejeitou a preliminar de precedência da questão de regularização da procuração.

"Prosseguindo no julgamento, após os votos dos Senhores Ministros Celso de Mello, Marco Aurélio, Sepúlveda Pertence, Ilmar Galvão e o Presidente, conhecendo da argüição, e dos votos dos Senhores Ministros Octavio Gallotti (Relator), Nelson Jobim, Maurício Corrêa, Sydney Sanches e Moreira Alves, não conhecendo da argüição, registrado o empate, os autos serão encaminhados ao Senhor Ministro Néri da Silveira, para o desempate, por não ter Sua Excelência assistido ao relatório. Plenário, 28.6.2000.

"Decisão: Colhido o voto de desempate do Senhor Ministro Néri da Silveira, o Tribunal concluiu pela admissibilidade da argüição, vencidos os Senhores Ministros Octavio Gallotti, Relator, Nelson Jobim, Maurício Corrêa, Sydney Sanches e Moreira Alves. Votou o Presidente, o Senhor Ministro Marco Aurélio. A conclusão do julgamento fica suspensa e os autos irão, por sucessão, à Senhora Ministra Ellen Gracie. Plenário, 17.4.2002.

"Decisão: O Tribunal, por unanimidade, julgou prejudicada a ação, nos termos do voto da Relatora, Ministra Ellen Gracie, Presidente. Impedido o Senhor Ministro Gilmar Mendes. Plenário, 2.8.2006" (STF, Pleno, ADPF 4-DF (MC), Rel. Min. Ellen Gracie, j. 2.8.2006; *DJU* 22.9.2006, p. 28; *Ement*. 2.248-01/1).

O VALOR DO SALÁRIO MÍNIMO

Há um ponto comum em todas estas decisões: o STF encontrou *saídas* processuais às causas, extinguindo-as, para não ter que ingressar no mérito. Se apreciasse o mérito, por certo teria de, posteriormente, fazer cumprir sua decisão, já que declarar a constitucionalidade do valor fixado pelo legislador ao salário mínimo era notoriamente insustentável, sob o ponto de vista jurídico. A análise meritória acarretaria conseqüências políticas, econômicas e jurídicas inefáveis.

Conseqüência das decisões transcritas há pouco foi que, neste ponto, o inc. IV do art. 7º, CF/1988, permaneceu letra morta, sem aplicabilidade, considerando o valor irrisório fixado do salário mínimo, insuficiente para atender às necessidades vitais básicas do trabalhador e de sua família.

Sob a perspectiva jurídica, a discussão encontra pronta resposta, ante a clarividência do preceito constitucional, o qual contrasta com as leis estipuladoras do valor do salário mínimo. No aspecto econômico, sim, a questão é complexa e suscita profundas discussões, pois as empresas e os Municípios não estão preparados para, num primeiro momento, arcarem com o pagamento de um salário mínimo demasiadamente elevado a seus trabalhadores.

A prefixação do salário mínimo pela CF é um típico caso de normas que estabelecem programas a serem seguidos e implementados pelos governos, paulatinamente. Providências que, sabidamente, não podem ser adotadas de imediato; mas que, por outro lado, precisam de um atuar contínuo, de conquistas diárias, para lograr sua finalidade algum dia no futuro. Nisto reside a eficácia comedida da norma-programa: obrigar o administrador a encontrar meios de ir implementando-a aos poucos.

O caso trazido à análise, no entanto, serve para demonstrar que o STF, quando *quer*, utiliza-se de argumentos meramente jurídico-processuais para *inviabilizar* as ações que se contraponham ao sistema ou que apresentem *séria conseqüência social*, ao comprometerem a saúde da economia. Por outro lado, ainda para sustentar o *status quo* do sistema, mesmo quando o ordenamento jurídico é claramente favorável ao *povão*, a Suprema Corte recorre a argumentos metajurídicos. Isto leva à conclusão de que o seu compromisso fático é, antes de tudo, com a manutenção do *status quo*, mesmo que, para tanto, tenha de *interpretar* a norma constitucional, adequando-a à sua pretensão, ou à do Governo. É como se qualquer modificação na estrutura do País devesse ser discutida fora dos muros do STF.

458   O SUPREMO TRIBUNAL FEDERAL NA CRISE INSTITUCIONAL BRASILEIRA

Outra vez o tema do salário mínimo retornou à baila (março de 2000). E, quando a sociedade reclamava por um aumento considerável – no que tinha o apoio de alguns líderes de partido no Congresso –, foi majorado de R$ 136,00 para R$ 151,00, atendendo ao brado do Ministro da Fazenda Pedro Malan e, num certo momento, do Ministro da Previdência Social Waldeck Ornélas, sendo fixado por medida provisória pelo Presidente Fernando Henrique Cardoso. A alegação básica foi a de sempre: os cofres públicos não tinham receita bastante para arcar com valor superior a este. Afinal, o novo salário mínimo implicou em aumento de um bilhão de reais nas contas públicas. Os trabalhadores tiveram de se resignar.

O jornal *Diário do Nordeste* (26.3.2000, p. 3, "Opinião") estampou que "um corte de 0,5% no juro, se fosse mantido por 12 meses, daria uma economia de R$ 2,5 bilhões, ou 2,5 vezes a conta adicional do salário mínimo", cujo custo fiscal adicional foi de um bilhão de reais.

É interessante notar como surgem tantos entraves à melhoria salarial; tantas justificativas para se manter o salário mínimo em níveis aviltantes; como aparecem inúmeros cálculos para justificar a impossibilidade de sua elevação em percentual considerável: os cofres públicos não suportam, a Previdência entrará em colapso, os Municípios não têm erário suficiente, o País está contendo despesas, a inflação poderá voltar etc.

E, falando em contenção de despesas, devem-se mencionar dois outros fatos mais recentes na história orçamentária do País.

Primeiro: no início de dezembro de 1999, FHC liberou R$ 500 milhões para emendas individuais dos parlamentares do *baixo clero* no Orçamento Geral da União. O limite de gasto por deputado ou senador ficou de R$ 1,5 milhão (jornal *O Povo*, Fortaleza, 4.12.1999, p. 13A). O objetivo foi o de melhorar a articulação política do Governo no Congresso. Os parlamentares do *baixo clero* são aqueles que não possuem força política suficiente para influenciar os dirigentes do Governo, no momento em que o Orçamento está sendo elaborado, mas, entretanto, decidem as votações e, exatamente por isso, o Palácio do Planalto precisa atendê-los.

Segundo: o Palácio da Alvorada, onde morava FHC, iniciou, em janeiro de 2000, uma reforma orçada em R$ 1,1 milhão para os cofres da União, dinheiro este retirado por aplicação da Lei de Incentivo à

O VALOR DO SALÁRIO MÍNIMO

Cultura, ficando o Banco do Brasil encarregado de captar os recursos junto a empresas privadas, que têm como estímulo contribuir para isenção de impostos. A última reforma ocorrera em 1992, pelo Presidente Fernando Collor. Desta vez, a reforma consistia em corrigir vazamento de água no banheiro da biblioteca, sanitários masculinos entupidos, estofados rasgados e instalar ar refrigerado em algumas salas (jornal *O Povo*, Fortaleza, 4.12.1999, p. 13A).[2]

Estas verbas e estes gastos, no entanto, não prejudicam o erário nem comprometem a estabilidade financeira do País, ao contrário de qualquer aumento um pouco maior do salário mínimo.

Outro ponto digno de registro, ainda pertinente ao valor do salário mínimo, diz respeito aos elementos que o integram. Seguindo a linha do TST, o STF tem conferido interpretação restritiva ao inc. IV do art. 7º da CF/1988, tanto para lhe admitir a proporcionalidade à jornada de trabalho quanto para esclarecer que o valor do mínimo constitucional leva em conta a importância global paga pelo empregador ou pela Administração Pública. Desta forma, nivelando por baixo, permitiu que o salário-base seja inferior ao valor fixado por lei para o salário mínimo. Da jurisprudência, colhem-se:

"Salário-base inferior ao salário mínimo. Art. 7º, inc. IV, da Constituição da República. Precedentes. Agravo Regimental desprovido. A jurisprudência deste Supremo Tribunal firmou-se no sentido de que o art. 7º, inc. IV, da Constituição da República refere-se à remuneração e não ao salário-base" (STF, Ag.Reg. no AI 567.634-8 SP Rel. Min. Cármen Lúcia,. *DJU* 16.2.2007, in *DT*, Abril/2007, v. 153, p. 250).

"Orientação do Plenário desta Corte no sentido de que o art. 7º, IV, c/c o art. 39, § 2º, da Constituição do Brasil, se refere à remuneração total do servidor" (STF, AgR no AI 92.967-SP, Rel. Min. Eros Grau, *DJU* 8.4.2005).

"Servidores do Estado de São Paulo. Vencimentos. Piso. Salário mínimo. Orientação do Plenário no sentido de que o art. 7º, IV, c/c o art. 39, § 2º, da Constituição, se refere à remuneração total do servidor e não apenas ao vencimento-base. Agravo regimental a que se nega provimento" (STF, AgR no RE 283.741-SP, Rel. Min. Ellen Gracie, *DJU* 15.32002).

---

2. Quando Lula assumiu a Presidência, empreendeu reformas mais profundas: além da casa presidencial, do seu jardim, da piscina, da churrasqueira, providenciou a aquisição de um novo avião, muito mais moderno.

460 O SUPREMO TRIBUNAL FEDERAL NA CRISE INSTITUCIONAL BRASILEIRA

Deste modo, como se não bastasse o valor insuficiente do salário mínimo para atender o contido no inc. IV do art. 7º da CF, a Excelsa Corte ainda definiu que o seu importe mínimo é resultante do salário-base com o acréscimo de outras vantagens pecuniárias. Daí, a Súmula Vinculante n. 6, permitindo o estabelecimento de remuneração inferior ao mínimo:

Súmula Vinculante n. 6: "Não viola a Constituição o estabelecimento de remuneração inferior ao salário mínimo para as praças prestadoras de serviço militar inicial".

No TST, ressalta-se a Orientação Jurisprudencial 272, da Subseção de Dissídios Individuais I:

OJ 272, SBDI-1/TST: *"Salário-mínimo. Servidor. Salário-base inferior. Diferenças indevidas.* A verificação do respeito ao direito ao salário-mínimo não se apura pelo confronto isolado do salário-base com o mínimo legal, mas deste com a soma de todas as parcelas de natureza salarial recebidas pelo empregado diretamente do empregador".

Outra possibilidade de pagamento em patamar inferior ao mínimo constitucional é a sua vinculação à jornada diária máxima de 8h (ou 44h semanais), de tal forma que jornada menor acarreta remuneração também menor, proporcionalmente. Esta é a interpretação conferida pela OJ 358, da SBDI-1, do TST, assim redigida:

OJ 358, SBDI-1, TST: *"Salário-mínimo e piso salarial proporcional à jornada reduzida. Possibilidade (DJU* 14.3.2008). Havendo contratação para cumprimento de jornada reduzida, inferior à previsão constitucional de oito horas diárias ou quarenta e quatro semanais, é lícito o pagamento do piso salarial ou do salário mínimo proporcional ao tempo trabalhado".

Com vênias a estes entendimentos, a interpretação adotada nos julgados acima coletados viola diretamente o artigo 7º, IV, da Constituição Federal, cuja finalidade foi a de assegurar a todos os trabalhadores a percepção de, ao menos, um salário mínimo. De fato, a garantia constitucional do salário mínimo diz respeito ao piso remuneratório que assegura a dignidade humana. É um piso da cidadania, ao passo que a jornada de 8h/dia é o teto máximo dentro do qual pode ser pactuada, expressa ou tacitamente, a jornada efetiva de trabalho, portanto inferior.

O VALOR DO SALÁRIO MÍNIMO 461

O texto constitucional utiliza como parâmetro, para a determinação do valor do salário mínimo, diversas necessidades que devem ser satisfeitas por meio dessa contraprestação mínima que todo trabalhador faz jus pela prestação do trabalho.

O atendimento das necessidades vitais básicas do trabalhador e de sua família, com moradia, alimentação, educação, saúde, lazer, vestuário, higiene, transporte e previdência social é o que determina o salário mínimo e não o tempo em que o trabalhador se encontra à disposição do empregador. Este último fator pode ser levado em consideração, mas para efeitos de sobrejornada, a reclamar pagamento de horas extras. A jurisprudência mencionada vincula o salário mínimo a uma jornada de 8h/dia, isto é, um pagamento *mínimo* a uma jornada *máxima*, assim fixados pela Constituição.

Trata-se de *mínimo existencial* garantido a todo ser humano que dispõe de sua energia de trabalho em benefício alheio. Sem um salário digno, o ser humano não tem a mesma dignidade apregoada pela Constituição.

Não é possível extrair do texto constitucional qualquer vinculação do valor do salário mínimo (art. 7º, IV, CF) à duração do trabalho estabelecida como limite a ser observado pelos empregadores (art. 7º, XIII, CF), especialmente quando imposto de forma unilateral e, pior, pelo administrador público. Isso porque as necessidades básicas do trabalhador não se reduzem pelo simples fato de estar submetido a uma jornada inferior ao limite previsto na Constituição.

Referidos verbetes jurisprudenciais violam, ainda, o *caput* do artigo 7º da Constituição, pois desconsideram a cláusula da irreversibilidade das condições sociais dos trabalhadores garantida em seu enunciado (*princípio da progressão social*). A previsão expressa dos direitos no texto constitucional – "além de outros que visem à melhoria de sua condição social" – não é compatível com uma interpretação que acarrete prejuízos à condição social dos trabalhadores.

A tese consagrada pelos Tribunais (STF e TST) enfraquece o bloco constitucional que estabelece as garantias do marco civilizatório mínimo. A inobservância de um de seus pilares afeta o conjunto das relações sociais, na medida em que perde a referência da dignidade da pessoa humana, prevista no art. 1º, III, da Constituição.

462 O SUPREMO TRIBUNAL FEDERAL NA CRISE INSTITUCIONAL BRASILEIRA

Encontra-se a reivindicação da proporcionalidade do salário mínimo, principalmente, nos Municípios, ao estabelecerem baixa remuneração dos servidores públicos, sob a alegação de socializar as dificuldades e dividir os difíceis benefícios com a população. Contudo, a providência municipal tem cunho muito mais eleitoreiro do que social, na medida em que, concedendo subempregos aos cidadãos, cria e mantém um curral eleitoral obediente, facilmente manobrável, com capacidade de decidir as eleições locais. Enfim, uma prática espúria, que não deve ser alimentada pelo Poder Judiciário.

Capítulo 20
O MANDADO DE INJUNÇÃO

O Poder Judiciário pode suprir, em casos concretos,
a mora do Legislativo?
Entre os direitos fundamentais, não exercidos pela omissão
do Legislativo, e a separação dos Poderes... O que o STF fez?

Mais um exemplo ilustra a presente investigação. Desta feita, pertinente a um dos remédios teoricamente mais eficazes contra a inércia do Poder Público em regular direitos fundamentais. De fato, assim preceitua o inc. LXXI do art. 5º, CF/1988:

"LXXI – conceder-se-á mandado de injunção sempre que a falta de norma regulamentadora torne inviável o exercício dos direitos e liberdades constitucionais e das prerrogativas inerentes à nacionalidade, à soberania e à cidadania."

Como se vê, o sujeito ativo do mandado de injunção é quem tiver seus direitos cerceados pela ausência de norma regulamentadora. O sujeito passivo é a autoridade do órgão competente para expedir a norma regulamentadora. Esta modalidade de ação é cabível sempre quando, por falta de norma regulamentadora, encontrar-se impossibilitado de exercício um dos direitos e liberdades constitucionais e das prerrogativas inerentes à nacionalidade, à soberania e à cidadania. Isto ocorrendo, poderá o cidadão ir ao Judiciário para fazer valer seus direitos previstos constitucionalmente. A omissão do legislador em regulamentar – e, portanto, tornar plenamente eficaz determinado direito fundamental – inviabiliza a aplicação da Constituição, traindo a confiança que o constituinte lhe depositou. Esta postura omissiva do legislador situa-se no caminho entre a Constituição e o seu destinatário (o cidadão), tornando intransitável o direito, num hiato intransponível.

464 O SUPREMO TRIBUNAL FEDERAL NA CRISE INSTITUCIONAL BRASILEIRA

Incumbirá ao Judiciário, nesta hipótese, interpretar diretamente a Constituição, haja vista a ausência da norma infraconstitucional, e estabelecer norma *in concreto*, suprindo a lacuna da legislação, ocasionada pela inércia do legislador. Neste ofício, o Judiciário aproximará a Constituição do cidadão, estabelecendo uma ponte provisória superadora do hiato deixado pelo legislador. E o direito fundamental se tornará eficaz. Daí o importante papel do Judiciário em restaurar eficazmente a previsão constitucional e assegurar o desejo do constituinte, na defesa da cidadania.

Esta atividade do Judiciário, de estabelecer norma *in concreto*, com efeitos limitados às partes da ação injuncional e até o advento da legislação pertinente, não significa irregular invasão na competência legislativa, porquanto o Judiciário estará agindo por força de mandamento constitucional; logo, estará apenas cumprindo sua missão diária constitucional de dirimir conflitos e estabelecer lei entre as partes, prestando a tutela jurisdicional. Alexandre de Moraes sustenta a compatibilidade do efeito *concretista individual* da decisão prolatada no mandado de injunção e o princípio da separação dos Poderes, pois a Constituição Federal adotou um complexo sistema de freios e contrapesos para harmonizá-los em prol da sociedade (*check and balances*).[1]

Segundo Celso Neves, a função processual do mandado de injunção "determina a natureza jurisdicional do provimento que nele se há de proferir – *declaratório* da omissão regulamentar e da inviabilidade de exercício dos direitos em causa – bem como os efeitos de *constituição* e *mandamento* que, no plano executório da realização de suas conseqüências, *possa* e *deva* ter".[2]

Contudo, lamentavelmente, o entendimento das altas Cortes brasileiras, sobretudo do STF,[3] foi bastante restrito, dando interpretação li-

---

1. Alexandre de Moraes, *Direito Constitucional*, pp. 166-167. Vide, tb., Maria Garcia, "Os Efeitos do Mandado de Injunção e o Princípio da Separação dos Poderes", *CDCCP* 3/80-84. Sobre os efeitos do mandado de injunção, v. tb.: Sérgio Reginaldo Bacha, "Mandado de Injunção", *CDCCP* 11/224-236; e Uadi Lammêgo Bulos, *Curso de Direito Constitucional*, pp. 601-604.

2. Celso Neves, "Mandado de Segurança, Mandado de Segurança Coletivo e Mandado de Injunção", *Rev. LTR* 52(11)/1.319.

3. STF, MI 175-8 (Agravo Regimental), Rel. Min. Paulo Brossard, – Francisco Eyder Maranhão Pinto e outros *x* Presidente da República, em 22.3.1990; STF-MI 44 (Agravo Regimental), Rel. Min. Moreira Alves – Antônio Namura *x* TSE, em 15.2.1990.

O MANDADO DE INJUNÇÃO 465

mitativa ao art. 5º, LXXI, CF, de modo a inviabilizar o efetivo ajuizamento da ação epigrafada. No âmbito trabalhista, então, o quadro se apresenta mais grave,[4] apesar do disposto no art. 105, I, "h", CF.[5]

Aliás, a título de curiosa constatação, vê-se que a Justiça do Trabalho tem se mostrado desafeta aos novos instrumentos constitucionais de defesa do cidadão. Parece não ter percebido, ainda, seu relevante papel na dirimência das lides laborais, em especial quanto à coletivização do processo e à importância que as ações coletivas podem ter para o desafogamento dos fóruns. Basta ver, neste corolário, o tratamento que o TST conferiu à substituição processual pelos sindicatos (Súmula 310, de caráter restritivo ao inc. III do art. 7º, CF, cancelada em outubro de 2003, em face das reiteradas decisões do STF em sentido contrário), e como vêm os TRTs entendendo a (presença da) litispendência entre as ações coletivas e as ações individuais,[6] sem observarem a subsidiariedade do Código de Defesa do Consumidor (arts. 81 e 104).[7]

Leciona Oscar Vilhena Vieira que o STF, num primeiro momento, ao julgar o MI 107, confundiu-o com a ação direta de inconstitucionali-

Cf., ainda, STF, Pleno, MI 3.475/400, 7.5.1993, Min. Néri da Silveira, em que são citados vários outros mandados de injunção, igualmente não conhecidos pelo STF, em especial quanto à isonomia salarial e reajustes de remuneração (*Rev. LTR* 58(09)/1.057-1.060).

4. *"Mandado de Injunção*. A Justiça do Trabalho é incompetente para apreciar mandado de injunção. Julga-se procedente, em parte, dissídio coletivo que visa vantagens de natureza salarial e outras condições de trabalho à categoria profissional, desde que não contrariem a legislação em vigor" (TRT-PA 2.236/89, AC 626/90, Rel. Arthur Francisco Seixas dos Anjos – *Synthesis* 11/273).

5. CF: "Art. 105. Compete ao Superior Tribunal de Justiça:
"I – processar e julgar, originariamente: (...)
"h) o mandado de injunção, quando a elaboração da norma regulamentadora for atribuição de órgão, entidade ou autoridade federal, da administração direta ou indireta, excetuados os casos de competência do Supremo Tribunal Federal e dos órgãos da Justiça Militar, da Justiça Eleitoral, da *Justiça do Trabalho* e da Justiça Federal" (destacou-se).

6. TRT-3ª Reg., 1ª T., 2.243/92, Rel. Juiz Aguinaldo Proliello, *DOE* 2.12.92, *Synthesis* 18/94; TRT-PR 144/89, AC 1ª T. 547/90, Rel. Juiz Délvio José Machado Lopes, *DJU* 31.1.90, *Rev. Synthesis* 11/310; e *COAD-Consultoria Trabalhista* 08/96, verbete 9.462. A tendência mais recente do TST é contrária, para observar as disposições do Cód. Defesa do Consumidor e, portanto, rejeitar a litispendência entre ação coletiva e ações individuais.

7. A respeito, vide: Francisco Gérson Marques de Lima, "Ações Coletivas Sindicais e Litispendência", *Suplemento Trabalhista* 79/519-522.

466 O SUPREMO TRIBUNAL FEDERAL NA CRISE INSTITUCIONAL BRASILEIRA

dade por omissão, limitando-se a comunicar ao órgão legiferante a omissão constatada pelo Judiciário. Depois, no MI 232 (sobre imunidade tributária),[8] tendo ingressado no STF os Ministros Marco Aurélio e Carlos Velloso, o Tribunal passou a entender que deveria notificar ao órgão legiferante sua inércia, fixando-lhe prazo para sanar a omissão, sob pena de, findo *in albis* o lapso concedido, a tutela ser prestada *in concreto* pelo Judiciário. O próximo passo ocorreu no julgamento do MI 283,[9] em que foi Relator o Ministro Sepúlveda Pertence, a propósito de cujo voto Oscar Vilhena Vieira escreve:

"O Ministro Sepúlveda Pertence, relator do processo, primeiro a votar, deferiu o pedido, a princípio, nos termos do entendimento prevalecente no tribunal (MI 107), determinando que o Congresso Nacional fosse informado de sua mora. Não se restringiu a essa medida. Determinou que caso a lei não fosse sancionada em sessenta dias, quarenta e cinco para a sua aprovação pelo Congresso e quinze para a sanção presidencial, deveria ser reconhecida ao 'impetrante a faculdade de obter, pela via processual adequada, sentença líquida de condenação à reparação constitucional devida, pelas perdas e danos que se arbitrem'."[10]

O STF deixou de assegurar, no caso concreto, o direito constitucional dependente de norma regulamentadora, o que desvirtua o instituto do Mandado de Injunção. Novamente desponta o exagero às formalidades processuais, acarretando a morte dessa garantia constitucional. À guisa de exemplo, transcreve-se:

"*Mandado de Injunção ajuizado por empregado contra ex-empregador. Ilegitimidade passiva 'ad causam'. Aviso prévio proporcional.* Constituição art. 7º, XXI. Mandado de injunção ajuizado por empregado despedido, exclusivamente, contra a ex-empregadora. Natureza do mandado de injunção. Firmou-se no STF o entendimento segundo o qual o mandado de injunção há de dirigir-se contra o Poder, órgão, entidade ou autoridade que tem o dever de regulamentar a norma constitucional, não se legitimando 'ad causam', passivamente, em princípio, quem não estiver obrigado a editar a regulamentação respectiva. Não é viável dar curso a mandado de injunção, por ilegitimidade

8. *RTJ* 137.
9. *RTJ* 135.
10. Oscar Vilhena Vieira, *O Supremo Tribunal Federal...*, cit., pp. 200-203. Sérgio Reginaldo Bacha igualmente enfoca a evolução do MI no STF: "A Evolução do Mandado de Injunção na Suprema Corte Brasileira", 20/126-129.

O MANDADO DE INJUNÇÃO

passiva *ad causam*, da ex-empregadora do requerente, única que se indica como demandada, na inicial. Mandado de Injunção não conhecido" (STF, Pleno, MI 3.521/400-RS, questão de ordem, Rel. Min. Néri da Silveira, *DJU-1* 12.12.1997, p. 65.569; *IOBJur* 1/11.946, fev./1998).

"*Mandado de Injunção. Regulamentação do disposto no art. 7º, incisos I e XXI da Constituição Federal.* Relação de emprego protegida contra despedida arbitrária ou sem justa causa. Aviso prévio proporcional ao tempo de serviço. Pedido não conhecido em relação ao art. 7º, I da CF, diante do que decidiu esta Corte no MI 114-SP. Pedido deferido em parte no que toca à regulamentação do art. 7º, XXI da CF, para declarar a mora do Congresso Nacional, que deverá ser comunicado para supri-la" (STF, Pleno, MI 278-MG, Rel. Min. Carlos Velloso. Relator(a) p/ Acórdão: Min. Ellen Gracie, j. 3.10.2001, *DJU* 14.12.2001, p. 28; *Ement.* 02053-01, p. 1).

"*Mandado de injunção:* ausência de lei regulamentadora do direito ao aviso prévio proporcional; ilegitimidade passiva do empregador suprida pela integração ao processo do congresso nacional; mora legislativa: critério objetivo de sua verificação: procedência, para, declarada a mora, notificar o legislador para que a supra" (STF, Pleno, MI 95-RR, Rel. Min. Carlos Velloso. Relator p/ acórdão: Min. Sepúlveda Pertence, j. 7.10.1992, *DJU* 18.6.1993, p. 12.108; *Ement.* 01708-01, p. 75. Partes: Paulo Marcelo Aguiar Carneiro de Albuquerque *x* Congresso Nacional).

Ora, no caso em epígrafe, considerando a aplicação da Lei 1.533/1951 (Mandado de Segurança) ao mandado de injunção, nada custava ao Supremo notificasse o impetrante para chamar ao feito, como litisconsorte, o legitimado, ao invés de extinguir de logo a ação. Ou, ainda, era perfeitamente possível intimar-se a parte para sanar o vício e impetrar a ação contra o verdadeiro legitimado (o Poder Público). Mas, não. O STF optou por extinguir imediatamente o feito, sem ingressar no mérito.

As duas últimas ementas coletadas há pouco (MI 278-MG e MI 95-RR) se referem a direitos trabalhistas previstos na CF/1988, mas ainda pendentes de regulamentação. Aliás, o art. 7º, CF, é rico em previsões inaplicáveis, à míngua de regulamentação pelo legislador ordinário. O mandado de injunção, portanto, mostra-se um importante instrumento para a implementação dos direitos sociais. Porém, o STF não tem compreendido a relevância e o real objetivo desta garantia constitucional.

468 O SUPREMO TRIBUNAL FEDERAL NA CRISE INSTITUCIONAL BRASILEIRA

Tem sido repetida esta matéria e vinha permanecendo o mesmo entendimento do STF, conforme se confirma da seguinte notícia, extraída do *site* desta Corte:

"1.3.2007 – 19:50 – STF declara mora legislativa do Congresso Nacional para regulamentar aviso prévio proporcional

"O Plenário do Supremo Tribunal Federal (STF) acompanhou por unanimidade o voto do ministro Sepúlveda Pertence no julgamento do Mandado de Injunção (MI) 695, para declarar a mora legislativa do Congresso Nacional (demora em regulamentar norma constitucional) em relação ao direito ao aviso prévio proporcional, previsto no inciso XXI, do artigo 7º, da Constituição Federal de 1988.

"O impetrante, ex-funcionário do Banco do Brasil, alega que trabalhou naquela empresa por mais de 20 anos e, quando foi dispensado, recebeu apenas o pagamento de 30 dias a título de aviso-prévio proporcional.

"O advogado do ex-bancário requereu ao STF a notificação do Banco para apresentação de defesa ou o pagamento do aviso prévio proporcional, além da comunicação ao órgão competente, pela evidente omissão do poder responsável, para que seja regulamentada a norma constitucional, a fim de garantir o direito do ex-funcionário. No pedido, a defesa indicou como impetrado o Banco do Brasil, que deveria ser condenado ao pagamento do aviso prévio proporcional.

"O relator, ministro Sepúlveda Pertence, informou que é firme no STF o entendimento da 'ilegitimidade passiva do particular contra quem se dirigiria o direito de exercício obstado pela omissão da Lei regulamentada'. Nesse ponto o ministro indeferiu a notificação do Banco do Brasil e explicou que o pedido foi retificado, com a indicação do Congresso Nacional como impetrado.

"Em seu voto o ministro declarou que 'a simples existência de projetos de lei referentes à matéria não é causa suficiente para afastar a mora legislativa'. Pertence lembrou que 'dispositivo constitucional não regulado já é velho cliente desse Tribunal' ao citar outros mandados de injunção que já foram julgados na Corte (MI 95 e MI 270). Para o ministro 'o Congresso Nacional parece obstinado na inércia legislativa a respeito, seria talvez a oportunidade de reexaminar a posição do Supremo quanto à natureza e eficácia do mandado de injunção nos moldes que se desenha no MI 670'.

"O ministro julgou procedente o mandado de injunção para 'declarar a mora e comunicar a decisão ao Congresso Nacional para que a supra'. Seu entendimento obteve a adesão de todos os ministros e ministra(s) do STF.

O MANDADO DE INJUNÇÃO   469

"O MI foi distribuído ao Min. Sepúlveda Pertence em 9.12.2003."[11]

Em 1996, o STF avançara no seu entendimento, proferindo decisão importante sob a ótica jurídica (apontando o alcance do mandado de injunção), mas que nenhum efeito prático teve, haja vista que a legiferação da matéria, em geral e no caso específico, inexistiu:

"Direito de greve no serviço público. Mandado de Injunção coletivo. O exercício do direito público subjetivo de greve outorgado aos servidores civis só se revelará possível depois da edição da lei complementar reclamada pela Carta Política. A lei complementar referida – que vai definir os termos e os limites do exercício do direito de greve no serviço público – constitui requisito de aplicabilidade e de operatividade da norma inscrita no art. 37, VII, do texto constitucional. Essa situação de lacuna atécnica, precisamente por inviabilizar o exercício do direito de greve, justifica a utilização e o deferimento do mandado de injunção. A inércia estatal configura-se, objetivamente, quando o excessivo e o irrazoável retardamento na efetivação da prestação legislativa – não obstante a ausência, na Constituição, de prazo prefixado para a edição da necessária norma regulamentadora – vem a comprometer e a nulificar a situação subjetiva de vantagem criada pelo texto constitucional em favor dos seus beneficiários. *Mandado de Injunção coletivo:* A jurisprudência do Supremo Tribunal Federal firmou-se no sentido de admitir a utilização, pelos organismos sindicais e pelas entidades de classe, do mandado de injunção coletivo, com a finalidade de viabilizar, em favor dos membros ou associados dessas instituições, o exercício de direitos assegurados pela Constituição. Precedentes e doutrina" (STF, MI 20-4, Rel. Min. Celso de Mello, *DJU* 22.11.1996 – *Informativo STF* 54/3, 27.11.1996; *Ementário* 1.851-01).

E o tão importante instrumento assegurador de direitos e liberdades fundamentais não encontrou no Supremo Tribunal o amparo que se esperava. A inércia do Poder Público na regulamentação desses direitos e garantias persiste até hoje, prejudicando o seu exercício. Na linguagem de José Albuquerque Rocha, o mandado de injunção foi *esvaziado* pelo STF,[12] que contribuiu para a "cidadania de papel".[13]

---

11. STF, MI 695, www.stf.gov.br/notícias, acessado em 28.3.2007.
12. José de Albuquerque Rocha, *Estudos sobre o Poder Judiciário*, p. 147.
13. Gilberto Dimenstein, *O Cidadão de Papel – A Infância, a Adolescência e os Direitos Humanos no Brasil, passim.*

470 O SUPREMO TRIBUNAL FEDERAL NA CRISE INSTITUCIONAL BRASILEIRA

A postura do STF foi, sem dúvida, responsável pela redução das impetrações do mandado de injunção, ante a inocuidade da medida, conforme mostra a tabela a seguir:

Tabela 11: Histórico de Impetrações de Mandado de Injunção no STF

	1988	1989	1990	1991	1992	1993	1994	1995	1996	1997
Distribuídos	43	132	93	91	32	33	28	49	22	22
Julgados	12	4	120	83	53	41	61	32	44	45

	1998	1999	2000	2001	2002	2003	2004	2005	2006	2007
Distribuídos	27	21	17	27	20	14	17	16	17	12
Julgados	17	16	16	35	41	23	24	37	17	14

Dados até 30.6.2007.
Fonte: Secretaria de Informática do STF (BNDPJ).

Facilmente se percebe a redução do número de mandados de injunção impetrados perante o STF (de 43 ações somente nos dois primeiros meses seguintes à CF/1988; 132 MIs em 1989 e 93 em 1990, para apenas 21 em 1999, e 17 em 2006). A causa, com certeza, não foi a complementação das normas constitucionais pelo legislador infraconstitucional neste período, porquanto as lacunas permaneceram praticamente as mesmas, senão aumentadas, por força das Emendas surgidas posteriormente a 31.3.1992 (data da EC 1), que exigem atuação complementar da Casa Legislativa e do Executivo. O declínio, é fato, deveu-se à restrição do *writ* pelo STF.

Esperava Esperava-se que, com a nova formação do STF, especialmente por força das nomeações de ministros no governo do Presidente Lula (Cezar Peluso, em 2003; Carlos Ayres Britto, em 2003; Joaquim Barbosa, em 2003; Eros Grau, em 2004; Ricardo Lewandowski, em 2006; Cármen Lúcia Antunes Rocha, em 2006; e Carlos Alberto Direito, em 2007), a Corte logo revisse sua posição sobre o Mandado de Injunção. A sinalização, porém, só veio em abril/2007, no julgamento do MI 712-8/PA (Rel. Min. Eros Grau), referente ao exercício do direito de greve no serviço público. O julgamento foi concluído em 25.10.2007, nos termos da certidão a seguir transcrita:

O MANDADO DE INJUNÇÃO	471

"O Tribunal, por maioria, nos termos do voto do Relator, conheceu do mandado de injunção e propôs a solução para a omissão legislativa com a aplicação da Lei n. 7.783, de 28 de junho de 1989, no que couber, vencidos, parcialmente, os Senhores Ministros Ricardo Lewandowski, Joaquim Barbosa e Marco Aurélio, que limitavam a decisão à categoria representada pelo sindicato e estabeleciam condições específicas para o exercício das paralisações. Votou a Presidente, Ministra Ellen Gracie. Não votou o Senhor Ministro Menezes Direito por suceder ao Senhor Ministro Sepúlveda Pertence, que proferiu voto anteriormente. Ausente, justificadamente, a Senhora Ministra Cármen Lúcia, com voto proferido em assentada anterior. Plenário, 25.10.2007

Do Acórdão, publicado no DJe de 30.10.2008, e transcrito no Capítulo 31, adiante, extraem-se as seguintes afirmações:

Ementa: Mandado de Injunção. Art. 5º, LXXI da Constituição do Brasil. Concessão de efetividade à norma veiculada pelo artigo 37, inciso VII, da Constituição do Brasil. (...) Aplicação da lei federal n. 7.783/89 à greve no serviço público até que sobrevenha lei regulamentadora. Parâmetros concernentes ao exercício do direito de greve pelos servidores públicos definidos por esta corte. Continuidade do serviço público. Greve no serviço público. Alteração de entendimento anterior quanto à substância do Mandado de Injunção. Prevalência do interesse social. insubsistência do argumento segundo o qual dar-se-ia ofensa à independência e harmonia entre os poderes (art. 2º da Constituição do Brasil) e à separação dos Poderes (art. 60, § 4º, III, da Constituição do Brasil). Incumbe ao Poder Judiciário produzir a norma suficiente para tornar viável o exercício do direito de greve dos servidores públicos, consagrado no artigo 37, VII, da Constituição do Brasil. (...) 3. O preceito veiculado pelo artigo 37, inciso VII, da CB/88 exige a edição de ato normativo que integre sua eficácia. Reclama-se, para fins de plena incidência do preceito, atuação legislativa que dê concreção ao comando positivado no texto da Constituição. 4. Reconhecimento, por esta Corte, em diversas oportunidades, de omissão do Congresso Nacional no que respeita ao dever, que lhe incumbe, de dar concreção ao preceito constitucional. Precedentes. 5. Diante de mora legislativa, cumpre ao Supremo Tribunal Federal decidir no sentido de suprir omissão dessa ordem. Esta Corte não se presta, quando se trate da apreciação de mandados de injunção, a emitir decisões desnutridas de eficácia. (...) 9. A norma veiculada pelo artigo 37, VII, da Constituição do Brasil reclama regulamentação, a fim de que seja adequadamente assegurada a coesão social. 10. A regulamentação do exercício do direito de greve pelos servidores públicos há de ser

472 O SUPREMO TRIBUNAL FEDERAL NA CRISE INSTITUCIONAL BRASILEIRA

peculiar, mesmo porque "serviços ou atividades essenciais" e "necessidades inadiáveis da coletividade" não se superpõem a "serviços públicos"; e vice-versa. 11. Daí porque não deve ser aplicado ao exercício do direito de greve no âmbito da Administração tão-somente o disposto na Lei n. 7.783/89. A esta Corte impõe-se traçar os parâmetros atinentes a esse exercício. 12. O que deve ser regulado, na hipótese dos autos, é a coerência entre o exercício do direito de greve pelo servidor público e as condições necessárias à coesão e interdependência social, que a prestação continuada dos serviços públicos assegura. 13. O argumento de que a Corte estaria então a legislar – o que se afiguraria inconcebível, por ferir a independência e harmonia entre os poderes (art. 2º da Constituição do Brasil] e a separação dos poderes (art. 60, § 4º, III) – é insubsistente. 14. O Poder Judiciário está vinculado pelo dever-poder de, no mandado de injunção, formular supletivamente a norma regulamentadora de que carece o ordenamento jurídico. 15. No mandado de injunção o Poder Judiciário não define norma de decisão, mas enuncia o texto normativo que faltava para, no caso, tornar viável o exercício do direito de greve dos servidores públicos. 16. Mandado de injunção julgado procedente, para remover o obstáculo decorrente da omissão legislativa e, supletivamente, tornar viável o exercício do direito consagrado no artigo 37, VII, da Constituição do Brasil.

Conquanto a decisão do STF sobre a greve no serviço público seja analisada em capítulo específico desta obra (Capítulo 31), vislumbra-se de logo sua relevância sob o ponto de vista de resgate do mandado de injunção. Com efeito, a Suprema Corte resolveu sair da caverna para reconhecer e aplicar seu poder de regulamentar a matéria. É certo que, ao nosso ver (e de outros Ministros do mesmo Tribunal), o STF extravasou da permissão constitucional, ao conferir efeitos *erga omnes* à sua decisão, ao invés de limitá-los às partes do Mandado de Injunção. Na mesma oportunidade, e no mesmo sentido, foram julgados, também, os idênticos MI 708 e 670, sob a relatoria do Min. Gilmar Mendes.

A falta de norma regulamentadora e a postura omissiva do STF no mandado de injunção impediram o exercício de direitos fundamentais. Os direitos sociais, especialmente consagrados no art. 7º da CF, o direito de greve dos servidores públicos, o aviso prévio proporcional, a definição das atividades penosas e seu adicional, a participação do cidadão na Administração Pública (art. 37, § 3º, CF), a taxa anual de juros (12%) e outros.

Diferente seria a realidade política e social se estes direitos estivessem regulamentados e, portanto, fossem exercidos.

Capítulo 21
A VEDAÇÃO DA VINCULAÇÃO
AO SALÁRIO MÍNIMO

Qual a finalidade da Constituição em vedar a vinculação
do salário mínimo?
Ele pode ser vinculado para alguns fins?
Como ficaram os pisos salariais e os pisos profissionais,
anteriormente fixados em número de salários mínimos?
Que interpretação o STF deu à vedação constitucional,
a par da proibição de redução salarial?
E como fica a base de cálculo do adicional de insalubridade?

O exemplo utilizado neste capítulo é o da vedação da vinculação do salário mínimo, o qual se encontra previsto no inc. IV, art. 7º, CF/ 1988, *litteris*:

"IV – salário mínimo, fixado em lei, nacionalmente unificado, capaz de atender a suas necessidades vitais básicas e às de sua família com moradia, alimentação, educação, saúde, lazer, vestuário, higiene, transporte e previdência social, com reajustes periódicos que lhe preservem o poder aquisitivo, *sendo vedada sua vinculação para qualquer fim*" (destacamos).

No final do inc. IV do art. 7º, a CF/1988 vedou a *vinculação* do salário mínimo para *qualquer fim*. Na realidade, o intuito do Texto Magno foi evitar a indexação, que levava à disparada inflacionária, considerando que as dívidas (comerciais e civis) aumentavam de acordo com os reajustes do salário mínimo, fragilizando a estabilidade da economia. O móvel do constituinte não foi provocar achatamento salarial, mas controlar o monstro inflacionário, interferindo na política de preços e nas relações de consumo. Referida vedação constitucional, até em razão da sua localização no Texto Magno, constituía *direito* dos trabalhadores (art.

474 O SUPREMO TRIBUNAL FEDERAL NA CRISE INSTITUCIONAL BRASILEIRA

7º, *caput*, CF) e não *dever*, *obrigação* ou *penalidade* desta classe produtiva. Logo, a interpretação apropriada não poderia ser a que causasse achatamento ou redução salarial, mas a que assegurasse o padrão de vida dos trabalhadores e, ao mesmo tempo, desvinculasse o salário mínimo das relações consumeristas.

A proibição de vinculação já vinha sendo imprimida pelo legislador ordinário, sem o mesmo sucesso: o Dec.-Lei 2.351/1987 criara o Salário Mínimo de Referência (SMR), determinando que os valores vinculados a salários mínimos, até então, passariam a ser vinculados a SMR, inclusive pisos, salários profissionais e vencimentos. Posteriormente, a Lei 7.789/1989 extinguiu o piso nacional de salários e o SMR.

O STF já deu interpretação radical e inflexível ao dispositivo constitucional, para não permitir a vinculação ao salário mínimo nem mesmo para o estabelecimento de pisos salariais, ressalvando-se o direito adquirido aos valores percebidos, em nome do primado da irredutibilidade salarial. Até mesmo em instância coletiva, nos dissídios coletivos da Justiça do Trabalho (e nos contratos coletivos de trabalho entre as categorias), o STF tem vedado esta vinculação, conforme se constata das seguintes ementas:

"*Competência normativa da Justiça do Trabalho*. 1 – Examinando pela primeira vez o alcance do § 2º do art. 114 da CF ('Recusando-se qualquer das partes à negociação ou à arbitragem, é facultado aos respectivos sindicatos ajuizar dissídio coletivo, podendo a Justiça do Trabalho estabelecer normas e condições, respeitadas as disposições convencionais e legais mínimas de proteção ao trabalho'), a Turma entendeu que a Justiça do Trabalho, no exercício dessa competência, pode criar obrigações para as partes envolvidas no dissídio, desde que atue no vazio deixado pelo legislador e não se sobreponha ou contrarie a legislação em vigor, sendo-lhe vedado estabelecer normas ou condições vedadas pela Constituição ou dispor sobre matéria cuja disciplina seja reservada pela Constituição ao domínio da lei formal. 2 –Baseando-se em tais premissas, a Turma declarou a invalidade das seguintes cláusulas, constantes de sentença normativa confirmada pelo TST: *a) piso salarial nunca inferior ao salário mínimo acrescido de 20%*. **Entendeu-se que haveria, aí, vinculação ao salário mínimo, vedada pelo art. 7º, IV, da CF;** *b) garantia de emprego por 90 dias a partir da data de publicação da decisão proferida no dissídio*. Essa cláusula ofenderia o art. 7º, I e III, da CF, de cuja interpretação se extrai

A VEDAÇÃO DA VINCULAÇÃO AO SALÁRIO MÍNIMO   475

que a estabilidade no emprego, para os trabalhadores urbanos e rurais, está restrita, desde a entrada em vigor da Carta de 1988, às hipóteses previstas no art. 10, II, do ADCT; *c) 60 dias de aviso-prévio para todos os demitidos sem justa causa*. Essa matéria, tendo sido colocada pelo art. 7º, XXI, da CF, sob reserva de lei formal, não poderia ser objeto de disciplina baixada pela Justiça do Trabalho (vencidos os Ministros Celso de Mello e Ilmar Galvão); e *d) antecipação para o mês de junho do pagamento da primeira parcela do 13º salário*. Entendeu-se que essa cláusula não poderia sobrepor-se à previsão da Lei 4.749/1965, que faculta ao empregador o pagamento dessa parcela até o mês de novembro (vencido o Min. Ilmar Galvão). 3 – Mantiveram-se, em contrapartida, as cláusulas concernentes à construção de abrigos para proteção e refeição dos trabalhadores, à remessa anual ao sindicato da relação dos empregados pertencentes à categoria e à criação de quadro para afixação de avisos de interesse dos trabalhadores. Afastou-se, quanto a essas cláusulas, a alegação de contrariedade ao art. 114, § 2º, da CF" (STF-1ª T., RE 197.911-PE, Rel. Min. Octávio Gallotti, 24.9.1996, *Informativo STF* 46, 23-27.9.1996) (destacamos).

"Ementa: Argüição de descumprimento de preceito fundamental. Artigo 2º do Decreto n. 4.726/87 do estado do Pará. Ato regulamentar. Autarquia estadual. Departamento de Estradas de Rodagem. Remuneração dos servidores. Vinculação ao salário mínimo. Não-recebimento do ato impugnado pela Constituição do Brasil. Fumus boni iuris e periculum in mora caracterizados. Medida cautelar deferida. 1. A controvérsia posta nestes autos foi examinada por esta Corte quando do julgamento da ADPF n. 33. Em ambas as hipóteses, restou atendida a exigência da subsidiariedade. 2. Decreto estadual que vinculava os vencimentos dos servidores da autarquia estadual ao salário mínimo. 3. A ocorrência do *fumus boni iuris* é inquestionável, já que, ao menos em delibação cautelar, tem-se presente a ofensa a preceito fundamental. O *periculum in mora* também está configurado. Isto porque decisões judiciais, ao aplicarem o texto normativo, impõem obrigações pecuniárias ao Estado-membro, o que conduz ao comprometimento das atividades da Administração. 4. Plausibilidade da medida cautelar pleiteada" (STF, Pleno, ADPF-MC 47-PA, Min. Eros Grau, j. 7.12.2005, *DJU* 27.10.2006, p. 32; *Ement.* 2.253-01, p. 60).

"Ementa: Recurso Extraordinário. 2. Servidor Público Estadual. Gratificação Complementar de Vencimento. Lei Estadual 9.503, de 1994. 3. Base de cálculo. Vinculação ao salário mínimo. Ofensa ao art. 7º, IV, da Constituição Federal. 4. Recurso Extraordinário conhecido e provido" (STF, Pleno, RE 426.059-SC, Rel. Min. Gilmar F. Mendes, j. 30.6.2005; *DJU* 23.9.2005, p. 7; *Ement.* 2.206-05, p. 824).

476 O SUPREMO TRIBUNAL FEDERAL NA CRISE INSTITUCIONAL BRASILEIRA

O STF entendeu ser inconstitucional a Constituição do Estado do Rio Grande do Sul que assegurava aos servidores militares a garantia, no soldo, de pelo menos um salário mínimo. O argumento básico foi de que o salário mínimo não pode ser alvo de vinculação.[1]

Na mesma linha, o STF decidiu que a fixação do adicional de insalubridade em determinado percentual do salário mínimo contraria o disposto no art. 7º, IV, da CF, que veda a sua vinculação para qualquer fim, tema sobre o qual se voltará a analisar, ao final deste Capítulo.[2]

Sob o aspecto doutrinário, no entanto, magnífica dissertação sobre o tema da vinculação do salário mínimo foi defendida por Marly Cardone, no sentido da possibilidade de vinculação do salário mínimo estabelecido, pois inconstitucional, porquanto não obedece às exigências estabelecidas pelo art. 7º, IV, CF (*atendimento das necessidades básicas do empregado e de sua família...*). E concluiu a Autora: "Os empregados devem argüir em Juízo a inconstitucionalidade do Dec.-Lei 2.351/1987 e da Lei 7.789/1989 para continuarem a ter a situação anterior aos mesmos, ou seja, que o adicional de insalubridade e os salários profissionais sejam calculados com base no salário mínimo".[3]

Não menos primoroso foi o trabalho de Ives Gandra Martins Filho, no qual admoesta, referindo-se às normas vinculadoras do salário mínimo:

"(...) a lacuna legal deixada pela decretação da inconstitucionalidade da lei geraria um caos jurídico e social maior do que aquele acaso existente com a aplicação da norma legal. (...). Portanto, parece-nos solução possível para o problema a do simples reconhecimento da inconstitucionalidade de tais normas legais, sem que se decrete formalmente sua inconstitucionalidade, com a continuação de aplicação das mesmas até que outras lhes tomem o lugar, evitando, dessarte, o vazio legislativo, pior para a ordem jurídica e social do que uma possível desconformidade com a Carta Maior do país. (...) Para isso, poderia ser invocado em socorro da norma legal que se contrapõe a preceito constitucional outro comando da Constituição que resguarde o interesse em disputa, de

1. STF, RE 198.892-RS, Rel. Min. Ilmar Galvão, *Informativo-STF* 12.8.1998, p. 2.
2. STF, RE 236.396-MG, Rel. Min. Sepúlveda Pertence, *Informativo-STF* 14.10.1998, p. 1; RREE 209.968-MG, 222.643-MG, Rel. Min. Moreira Alves, *Informativo-STF* 9.12.1998, p. 2.
3. Marly Cardone, "O Salário Mínimo e sua Vinculação para Fins Diversos", *Repertório IOB de Jurisprudência* 11/182.

A VEDAÇÃO DA VINCULAÇÃO AO SALÁRIO MÍNIMO

forma a contrabalançar a inconstitucionalidade da lei com a inconstitucionalidade da lacuna da mesma. (...). A própria previsão Constitucional dos juizados especiais e de pequenas causas (CF, arts. 24, X, e 98, I) demonstra o intuito do constituinte de desafogar o Poder Judiciário e propiciar uma mais célere prestação jurisdicional. Assim, o instituto da alçada se enquadraria nesses parâmetros. Nesse caso, a não pronúncia da nulidade do art. 2º, § 4º, da Lei 5.584/1970 teria como fundamento o princípio constitucional implícito da necessidade de agilizar e desafogar o Poder Judiciário (CF, arts. 24, X e 98, I), e como razão valorativa de decidir o fato de que a norma constitucional invocada como atritante com a lei (CF, art. 7º, IV) não teve como escopo direto suprimir a alçada. Sendo, pois, a possível supressão da alçada apenas efeito colateral e mais prejudicial à ordem social do que a sua manutenção temporária com base na lei inconstitucional, teríamos os elementos necessários para deixar de pronunciar a nulidade do preceito legal em tela."[4]

Já no pertinente à vinculação do salário mínimo para efeitos de alçada recursal, nos processos trabalhistas (Lei 5.584/1970), enfrentando incidentalmente a questão, o STF tem excepcionado a norma para admitir a possibilidade de o juiz fixar a alçada em número de salários mínimos, o que demonstra uma suavização do seu pensamento – senão uma incoerência na trilha que vinha percorrendo, de completa desvinculação salarial (para qualquer fim):[5]

---

4. Ives Gandra da Silva Martins Filho, "Vedação Constitucional à Utilização do Salário Mínimo como Indexador – Problemas do Adicional de Insalubridade e da Alçada – Experiência do Direito Comparado para Solução da Questão", *LTr* 56(04)/411-12.

5. Súmula 356-TST: "O art. 2º, § 4º, da Lei n. 5.584/70 foi recepcionado pela Constituição da República de 1988, sendo lícita a fixação do valor da alçada com base no salário mínimo".

"*Alçada. Vinculação do salário mínimo.* A Carta Magna de 1988, no art. 7º, item IV, vedou a vinculação do salário mínimo apenas para fins que impliquem seja afetada a política econômica adotada no Brasil no que tange, especialmente, ao combate à inflação. Relativamente ao princípio do 'devido processo legal', não se pode ter por contrariado pelo estabelecimento da 'alçada recursal', instituto muito conhecido e adotado em vários países e que, como sabido, não impede o direito de defesa (processo de conhecimento), mas, apenas, o de revisão da decisão de primeiro grau. Recurso de revista desprovido" (TST-3ª T., RR 111.885/94.9, AC 3.571/95, Rel. Min. Manoel Mendes de Freitas, *LTR* 59(10)/142).

"*Alçada.* O parágrafo 4º, do art. 2º, da Lei n. 5.584/70, não foi revogado pelo inciso IV, do art. 7º da Constituição Federal, sendo lícito fixar o valor de alçada com base no salário mínimo. Embargos não conhecidos" (TST, SDI, E-RR-24.560/91.1, AC 3.734/94, Rel. Min. José Luiz Vasconcellos, *LTR* 59(01)/49, jan./1995).

478　O SUPREMO TRIBUNAL FEDERAL NA CRISE INSTITUCIONAL BRASILEIRA

"Recurso extraordinário. Recepção da Lei 5.584/70 pela atual Constituição. Alcance da vedação da vinculação do salário mínimo contida na parte final do artigo 7º, IV, da Carta Magna. Vinculação da alçada ao salário-mínimo. – Não tem razão o recorrente quando pretende que, em face do disposto no artigo 5º, LV e parágrafo 1º, da Constituição Federal, esta constitucionalizou o princípio do duplo grau de jurisdição, não mais admitindo decisões de única instância, razão por que não foi recebida pela nova ordem constitucional a Lei 5.584/1970. – A vedação da vinculação do salário-mínimo contida na parte final do artigo 7º, IV, da Constituição não tem sentido absoluto, mas deve ser entendida como vinculação de natureza econômica, para impedir que, com essa vinculação, se impossibilite ou se dificulte o cumprimento da norma na fixação do salário-mínimo compatível com as necessidades aludidas nesse dispositivo, bem como na concessão dos reajustes periódicos que lhe preservem o poder aquisitivo. A vinculação do valor da alçada ao salário-mínimo, para estabelecer quais são as causas de pequeno valor e que, portanto, devem ser decididas com a presteza de rito simplificado e com decisão de única instância ordinária, não se enquadra na finalidade a que visa a Constituição com a vedação por ela prevista, razão por que não é proibida constitucionalmente. Recurso extraordinário não conhecido" (STF-1ª T., RE 201.297-1-DF, Rel. Min. Moreira Alves, *DJU-1* 5.9.1997, p. 41.898-9; *IOBJur* 1/11.640, nov./1997).

Em outras ocasiões, o STF permitiu a vinculação ao salário mínimo, porque não vislumbrava nenhuma indexação à economia:

"Ementa: Argüição de descumprimento de preceito fundamental. Medida cautelar. Artigo 3º da Lei federal n. 6.194. Seguro obrigatório. Preceito que disciplina os valores pagos em razão de danos pessoais causados por veículos automotores de via terrestre, ou por sua carga, a pessoas transportadas ou não. Fixação dos valores em salários mínimos. Violação do disposto no artigo 7º, inciso IV, da Constituição do Brasil. Fumus boni iuris e periculum in mora não caracterizados. Medida cautelar indeferida. 1. O artigo 3º da Lei federal n. 6.194 vincula ao salário mínimo as indenizações pagas em decorrência de morte, invalidez permanentes e despesas de assistência médica e suplementares resultantes de acidentes causados por veículos automotores de via terrestre. 2. O Tribunal dividiu-se quanto à caracterização do *fumus boni iuris* e do *periculum in mora:* I – votos majoritários que entenderam ausentes o *fumus boni iuris* e o *periculum in mora*, eis que o artigo 7º, inciso IV, da Constituição do Brasil não vedaria a utilização do salário mínimo como parâmetro quantificador de indenização e a Lei n. 6.194 teria sido inserida no ordenamento jurídico

A VEDAÇÃO DA VINCULAÇÃO AO SALÁRIO MÍNIMO   479

em 1974, respectivamente; II – votos vencidos, incluindo o do Relator, no sentido de que o *fumus boni iuris* estaria configurado na impossibilidade de vinculação do salário mínimo para fins remuneratórios, indenizatórios – embora em situações excepcionais esta Corte tenha manifestado entendimento diverso – e o *periculum in* mora evidenciado pela existência de inúmeras decisões judiciais que, aplicando o texto normativo impugnado, impondo às entidades seguradoras obrigações pecuniárias. 3. Medida cautelar indeferida, contra o voto do Relator, que determinava a suspensão do trâmite dos processos em curso que respeitem à aplicação do artigo 3º da Lei n. 6.194, de 19 de dezembro de 1974, até o julgamento final do feito" (STF, Pleno, ADPF-MC 95-DF, Min. Eros Grau, j. 31.8.2006; *DJU* 11.5.2007, p. 47; *Ement*. 2.275-01, p. 001).

"*Ementa: Constitucional. Ação Direta de Inconstitucionalidade. Lei n. 6.663, de 26 de abril de 2001, do Estado do Espírito Santo.* O diploma normativo em causa, que estabelece isenção do pagamento de taxa de concurso público, não versa sobre matéria relativa a servidores públicos (§ 1º do art. 61 da CF/1988). Dispõe, isto sim, sobre condição para se chegar à investidura em cargo público, que é um momento anterior ao da caracterização do candidato como servidor público. Inconstitucionalidade formal não configurada. Noutro giro, não ofende a Carta Magna a utilização do salário mínimo como critério de aferição do nível de pobreza dos aspirantes às carreiras púbicas, para fins de concessão do benefício de que trata a Lei capixaba n. 6.663/01. Ação direta de inconstitucionalidade julgada improcedente" (STF, Pleno, ADI 2.672-ES, Min. Ellen Gracie, Rel./ acórdão Min. Carlos Brito, j. 22.6.2006, *DJU* 10.11.2006, p. 49; *Ement*. 2.255-02, p. 219).

Depois, a Lei 9.957/2000 criou o *rito sumaríssimo* na Justiça do Trabalho, submetendo a este procedimento "os dissídios individuais cujo valor não exceda a quarenta vezes o salário mínimo vigente na data do ajuizamento da reclamação" (art. 852-A, CLT).

Outra discussão fortemente travada referiu-se aos pisos salariais e pisos profissionais legais, vinculados a número de salários mínimos. De fato, a legislação anterior à CF/1988 cuidava de alguns destes pisos, estabelecendo, p. ex., que os engenheiros, arquitetos, agrônomos, químicos e veterinários tivessem o piso fixado em seis salários mínimos (Lei 4.950-A/1966). O advento da CF/1988 pegou estas situações em andamento, enquanto ela própria proibiu a redução salarial (art. 7º, VI). Na aplicação concreta, estes dois mandamentos constitucionais chegaram a colidir em inúmeras ocasiões, nos fóruns trabalhistas.

480 O SUPREMO TRIBUNAL FEDERAL NA CRISE INSTITUCIONAL BRASILEIRA

Uma solução paliativa, tentando harmonizar os preceptivos constitucionais, foi a transformação dos valores dos Salários Mínimos correspondentes à quantia do Piso e sua constante atualização monetária, sempre de modo implantado na remuneração dos trabalhadores e dos servidores. Esta solução, encontrada pelo STF, remeteu ao juiz ordinário a tarefa de encontrar um valor razoável que garantisse o seu valor aquisitivo, sem ofender o valor nominal da remuneração. Veja-se:

"Lacuna Legislativa e Salário Mínimo de Referência. Com a proibição de vinculação ao salário mínimo (CF/1988, art. 7º, IV) e a extinção do salário mínimo de referência (Lei 7.789/1989), o salário profissional de diplomados em Engenharia, Química, Arquitetura, Agronomia e Veterinária – fixado em 6 salários mínimos pela Lei 4.950-A/1966 (art. 5º) – deverá ser fixado com base no art. 4º da LICC ('Quando a lei for omissa, o juiz decidirá o caso de acordo com a analogia, os costumes e os princípios gerais de direito.'). Com esse entendimento, a Turma, reconhecendo que a Lei 4.950-A/1966 continua em vigor e que, portanto, os autores da reclamação, engenheiros agrônomos, têm direito à percepção de salário profissional, determinou que o juiz *a quo*, na execução, decida qual o valor do salário profissional a ser adotado após a extinção do salário mínimo de referência, vedada a redução do valor nominal da remuneração.[6]

"Ementa oficial desta decisão: Salário mínimo profissional: persistência do direito à sua percepção, não obstante a lacuna quanto ao seu valor, advinda da extinção do salário mínimo de referência e da vedação constitucional de sua vinculação ao salário mínimo: fixação judicial do valor do salário mínimo profissional, limitado pelo do pedido, até que a lei venha a determinar o seu *quantum*."

A conseqüência básica do entendimento do STF é que títulos trabalhistas historicamente consagrados como parametrados no salário mínimo deixaram de o ser, contribuindo para a falta de reajuste salarial do operariado. Na prática, houve redução salarial (no salário real), em decorrência da mencionada desvinculação. O Supremo desconsiderou os parâmetros, sem preservar a intenção das partes manifestada na negociação coletiva originária, que era justamente a de manter o poder aquisitivo real do salário.

Com a inflação controlada nos últimos anos, é tempo de se reler o dispositivo constitucional, porquanto as razões que o alentaram não mais

6. STF-1ª T., RE 235.643-PA, Rel. Min. Sepúlveda Pertence, 23.5.2000, *Informativo* 191, de 29.5-2.6.2000.

A VEDAÇÃO DA VINCULAÇÃO AO SALÁRIO MÍNIMO 481

subsistem. Sem haver liberação geral, o preceito há de receber interpretação social moderna, paulatina, progressiva, desachatando os padrões salariais, possibilitando que os trabalhadores recobrem o poder aquisitivo. A flexibilização, tema tão atual e simpático aos neoliberais, pode ser utilizada em favor do trabalho. Por este motivo, o mencionado inc. IV do art. 7º, CF, pode muito bem receber interpretação que flexibilize o seu alcance também neste ponto, pois as razões históricas e sociais o justificam.

Em 30.4.2008, o STF aprovou o texto da Súmula Vinculante n. 4, pretendendo tornar indiscutível a não-vinculação do salário mínimo para qualquer fim:

"**Súmula Vinculante 4:** Salvo nos casos previstos na Constituição, o salário mínimo não pode ser usado como indexador de base de cálculo de vantagem de servidor público ou de empregado, nem ser substituído por decisão judicial."

Esta Súmula Vinculante teve imediato alcance sobre o adicional de insalubridade, que era fixado com base no salário mínimo, conforme se constata do art. 192, CLT:

"Art. 192. O exercício de trabalho em condições insalubres, acima dos limites de tolerância estabelecidos pelo Ministério do Trabalho, assegura a percepção de adicional respectivamente de 40% (quarenta por cento), 20% (vinte por cento) e 10% (dez por cento) do salário-mínimo da região, segundo se classifiquem nos graus máximo, médio e mínimo".

O direito ao adicional de insalubridade também tem origem constitucional, em dispositivo da mesma envergadura que o art. 7º, IV, da CF, em questão.[7] É por isso que se entende a opinião do Min. Ives Gandra Martins Filho (do TST), no trecho transcrito há pouco, de que a compatibilização dos dois dispositivos constitucionais seria no sentido de preservar a eficácia do adicional de insalubridade, mesmo que utilizando por base de cálculo o salário mínimo, até que norma posterior regulamentasse a matéria. Pareceu seguir esta inteligência, adaptando-a

---

7. CF/88: "Art. 7º. São direitos dos trabalhadores urbanos e rurais, além de outros que visem à melhoria de sua condição social: (...) XXIII – adicional de remuneração para as atividades penosas, insalubres ou perigosas, na forma da lei".

482 O SUPREMO TRIBUNAL FEDERAL NA CRISE INSTITUCIONAL BRASILEIRA

à Súmula Vinculante 4-STF, a inovadora redação da Súmula 228-TST, fazendo o adicional incidir sobre o salário básico do trabalhador.[8]

No entanto, acolhendo pedido liminar formulado por entidades empresariais, o Min. Gilmar Mendes determinou o cancelamento da Súmula 228-TST, ao apreciar, na condição de Presidente do STF, em julho de 2008, as Reclamações constitucionais 6.266, 6.275 e 6.277. Basicamente, os argumentos utilizados foram o de que: a) a adaptação tentada pelo TST equivalia a decisão judicial, o que era vedado pelo final da Súmula Vinculante n. 4; b) o TST não podia estabelecer critério de incidência do adicional de insalubridade, matéria afeta ao legislativo.

Sem base de cálculo, a decisão do STF deixou o adicional de insalubridade sem aplicabilidade. A classe dos trabalhadores precisou contar, então, com a boa vontade dos empresários para lhe continuar pagando o adicional. Conquanto se pudesse falar de irredutibilidade salarial, para justificar a permanência do mesmo patamar remuneratório, o certo é que as empresas venderiam caro sua anuência, nas negociações coletivas, um meio de barganha fenomenal, argutamente utilizado em troca de outros direitos.

Um direito social fundamental, intimamente relacionado com a saúde do trabalhador, restou mortalmente ofendido.

---

8. Com o advento do inc. IV do art. 7º da CF/88, surgiu a discussão sobre a base de cálculo do adicional de insalubridade. O TST resolveu aplicar, à míngua de outro critério, o salário mínimo, estabelecendo em sua Súmula 228, na redação publicada em 21.11.2003: "O percentual do adicional de insalubridade incide sobre o salário mínimo de que cogita o art. 76 da CLT, salvo as hipóteses previstas na Súmula 17".

A superveniência da Súmula Vinculante n. 4-STF, levou o TST a modificar a mencionada Súmula 228, que adquiriu a seguinte redação (*DJU* 10.7.2008): "A partir de 9 de maio de 2008, data da publicação da Súmula Vinculante n. 4 do Supremo Tribunal Federal, o adicional de insalubridade será calculado sobre o salário básico, salvo critério mais vantajoso fixado em instrumento coletivo".

Capítulo 22
TAXAS ANUAIS DE JUROS (12% A.A.)

A quem a limitação das taxas de juros,
em 12% ao ano, beneficiava?
Qual sua importância para os cidadãos?
Como os bancos viam a limitação?
O que fez o Banco Central para fazer respeitar
o comando constitucional?
E qual posição o STF adotou, quando foi demandado
pela população?

Vem à tona, agora, questão de suma relevância para todos quantos lidam direta e indiretamente com a área financeira: a referente aos juros anuais e à capitalização.

No combate à inflação e na linha de seu caráter social, a CF/1988 prescreveu:

"Art. 192. O sistema financeiro nacional, estruturado de forma a promover o desenvolvimento equilibrado do País e a servir aos interesses da coletividade, será regulado em lei complementar, que disporá, inclusive, sobre: (...).

"§ 3º. As taxas de juros reais, nelas incluídas comissões e quaisquer outras remunerações direta ou indiretamente referidas à concessão de crédito, não poderão ser superiores a doze por cento ao ano; a cobrança acima deste limite será conceituada como crime de usura, punido, em todas as suas modalidades, nos termos que a lei determinar."

Em 2003, a EC 40 modificou esta redação do art. 192, CF, retirando por completo a previsão contida no seu § 3º. O assunto passou a ser tratado, então, pela legislação ordinária.[1]

---

1. Ex.: Cód. Civil, art. 1.187, parágrafo único, II.

484 O SUPREMO TRIBUNAL FEDERAL NA CRISE INSTITUCIONAL BRASILEIRA

Mas o tema que ora se traz ensejou discussão formidável ao tempo da vigência do reportado art. 192, § 3º, CF, e teve grande importância histórica, repercutindo nas relações de consumo, nas bancárias, nas de crédito e, enfim, nas financeiras em geral. Em 2008, a matéria acabou sendo objeto da Súmula Vinculante n. 7, do STF:

"A norma do § 3º do artigo 192 da Constituição, revogada pela Emenda Constitucional n. 40/2003, que limitava a taxa de juros reais a 12% ao ano, tinha sua aplicação condicionada à edição de Lei Complementar".

De antemão, faz-se mister a utilização dos conceitos de *juros* e *capitalização* veiculados por Giacomo Rizzo e Henrique Afonso Pipolo. Juros são a remuneração do capital aplicado, durante um determinado período de tempo. Capitalização é a incorporação, após o processo de formação, dos juros ao capital; ou seja, os juros, após o seu processo de formação, incorporam-se ao capital do credor, ocorrendo aí a capitalização.[2] Não paga a dívida, novos juros incidirão sobre o total capitalizado, incorporando-se novamente ao capital do credor, admitindo a incidência posterior de novos juros. E assim, sucessivamente, na cadeia indefinida de capitalização (são os juros sobre juros).

Juros são frutos produzidos pelo dinheiro, é o preço pelo uso do capital.[3] *Juros reais*, define José Afonso da Silva, são aqueles que constituem valores efetivos, e se constituem sobre toda desvalorização da moeda. Revela ganho efetivo e não simples modo de corrigir desvalorização monetária.[4]

Emerson Odilon Sandim critica a postura interpretativa do STF a respeito das normas constitucionais. Mourejando paralelo entre o STF e a Suprema Corte (EUA), exalta a exegese da Corte americana por procurar sintonizar o princípio do devido processo legal com aquilo que o constituinte pretendeu ao estabelecer a regra, conferindo o máximo de eficácia à norma constitucional.

---

2. Giacomo Rizzo e Henrique Afonso Pipolo, "Juros Capitalizados ou Juros de Juros (Anatocismo): Conceito Matemático, Normas Legais e Jurisprudência", *IOBJur* 3/281.

3. Sílvio Rodrigues, *Direito Civil – Parte Geral das Obrigações*, p. 317, tópico 167.

4. José Afonso da Silva, *Curso de Direito Constitucional Positivo*. 6ª ed. São Paulo, Ed. RT, 1990, p. 695.

TAXAS ANUAIS DE JUROS (12% A.A.) 485

Na seqüência, o Autor reclama da interpretação que o STF deu ao art. 192, § 3º, CF/1988, pertinente às taxas anuais de juros. Para o Autor, o preceptivo é [era] claro em que "as taxas de juros reais (...) não poderão ser superiores a doze por cento ao ano". Contudo, reconhece a contrariedade normativa aos interesses dos banqueiros e de tantos outros que vivem da exploração financeira. Logo, era necessário encontrar uma maneira de tornar inoperante a norma, ainda que sofismaticamente. A solução foi sustentar a falta de aplicabilidade, pois não se saberia *a priori* o que seriam os ditos "juros reais" e, ainda mais, no final do precitado § 3º tinha-se a locução "nos termos que a lei determinar".

Odilon Sandim invoca Luís Roberto Barroso, o qual prelecionara que uma norma constitucional poderá deixar de ser efetivada por resistência dos setores econômica e politicamente influentes: no constitucionalismo moderno, sobretudo nos constitucionalismos menos desenvolvidos, este quadro se repete tanto na elaboração legislativa, quanto na prática, no jogo político do poder e da influência, impedindo os avanços sociais. E se referia à precitada limitação dos juros. O STF, ao examinar a matéria, entendeu pela não auto-aplicabilidade da regra em comento, limitando-a.

Prosseguindo, Odilon Sandim recrimina o trágico destino conferido ao Mandado de Injunção pelo STF. Destarte, sendo inaplicável o art. 192, § 3º, CF, conforme entendeu o STF, ainda assim, quem se sentisse violentado com juros acima de 12% a.a., haveria de se resignar com a esperança de que o Congresso Nacional viesse, um dia, a regulamentar a matéria, porque, em mandado de injunção, o Supremo sedimentou a imprestabilidade da ação mandamental. Enfim, não fez o Supremo Tribunal um julgamento atrelado estritamente ao almejado pelo Constituinte, no que se distancia da Suprema Corte americana.[5]

A ADI 4-7-DF, no caso citado por Odilon Sandim (taxa de juros anuais de 12%), fora ajuizada pelo Partido Democrático Trabalhista (PDT) perante o STF, contra ato do Presidente da República, que aprovara Parecer do Consultor Geral da República, o qual concluíra não ser auto-aplicável o § 3º do art. 192, CF/1988 (referente à taxa de juros reais de 12% a.a.). O Parecer assumira contornos vinculativos e normati-

5. Emerson Odilon Sandim, *O Devido Processo Legal na Administração Pública...*, cit., pp. 88-89.

486 O SUPREMO TRIBUNAL FEDERAL NA CRISE INSTITUCIONAL BRASILEIRA

vos, obrigando, inclusive, o Banco Central (BACEN) a editar norma no mesmo sentido.

Torna-se de fundamental importância transcreverem-se trechos da petição inicial da ADI 4-7–DF, *verbis*:

"O mais que do ato normativo consta são argumentos *ad terrorem*, o apocalipse que criaria para a economia brasileira, do ponto de vista interno ou externo.

"Tais sofismas são refutados de modo inquestionável pelos inclusos documentos, oriundos da Embaixada dos Estados Unidos da América e da Itália, onde se constata a evolução histórica da taxa de juros nominais, de 1929.

"A média anual não excede 4% ao ano. Durante os anos do Governo do Presidente Carter e após o segundo choque do petróleo (1979), quando a inflação norte-americana alcançou 14,5% ao ano, os juros nominais atingiram seu mais alto patamar histórico, como se constata dos inclusos documentos.

"Deduzida a inflação do período, os juros *reais* se mantiveram na taxa média histórica de 4% a.a.

"O escândalo é o terrorismo da taxa de juros reais no Brasil, que permitiram ao setor financeiro se apropriar de 25% da renda nacional, a partir de um patamar de 7% no início da década de 1970.

"Isto desvela a intenção não só de adiar a aplicação do dispositivo limitativo dos juros, como de sepultá-lo definitivamente, por tê-la como ineficaz, tomado o termo na acepção de não produzir efeitos no plano econômico-social. (...).

"Com efeito, não pode haver dúvida razoável de que o parágrafo 3º do artigo 192 da Constituição de 1988 introduziu um novo, compulsório e imediato tratamento para a questão dos juros teratológicos cobrados no mercado financeiro nacional, onde as taxas não raro ultrapassam o patamar de 60%, contrastando com aquelas vigorantes nas democracias políticas e econômicas da Europa e nos Estados Unidos da América, onde a remuneração do capital oscila em torno de 5% ao ano" (trechos da petição inicial da ADI 4-7-DF, ajuizada pelo PDT perante o STF, datada de 12.10.1988).

Prosseguindo, a petição inicial comentou a conquista normativa verificada entre o Código Civil de 1916, que limitava a taxa anual de juros em 6% se outra não fosse convencionada pelas partes contratantes, e o Decreto getuliano 22.626, de 7.4.1933, que proibiu a contratação de juros superiores ao dobro da taxa legal (12% a.a.). E arrematou:

TAXAS ANUAIS DE JUROS (12% A.A.) 487

"Infelizmente, essa importante conquista legislativa do povo brasileiro foi traída e solapada após o golpe de 1964, com a edição da Lei 4.595, de 31 de dezembro do mesmo ano, que criou o *Sistema Financeiro Nacional* e conferiu competências normativas ao Conselho Monetário Nacional. Este Colegiado, ato contínuo, expediu resolução determinando que as instituições financeiras não estavam obrigadas à limitação de juros prevista no Decreto 22.626/1933. Por acréscimo, e de forma pouco crível e de indigente juridicidade, o Supremo Tribunal Federal entendeu, à época, que a proibição da cobrança de juros usurários efetivamente não se aplicava aos bancos e instituições financeiras em geral, pelo que editou a Súmula n. 596 de sua jurisprudência, assim enunciada: 'As disposições do Decreto 22.626, não se aplicam às taxas de juros e aos outros encargos cobrados nas operações realizadas por instituições públicas ou privadas, que integram o sistema financeiro nacional'" (trecho da petição inicial da ADI 4-7-DF, ajuizada pelo PDT perante o STF, datada de 12.10.1988).

Submetida a questão ao controle de constitucionalidade em tese, o STF julgou improcedente a ação, proferindo decisão com a ementa seguinte:

"*Ação Direta de Inconstitucionalidade. Taxa de juros reais até 12% ao ano (parágrafo 3º, do art. 192 da Constituição Federal). Questões preliminares sobre:* 1) Impedimento de Ministros; 2) Ilegitimidade na representação do autor (partido político), no processo; 3) Descabimento da ação por visar a interpretação de norma constitucional e não, propriamente, a declaração de inconstitucionalidade de Lei ou Ato Normativo; 4) Impossibilidade jurídica do pedido, por impugnar Ato não normativo (parecer SR n. 70, de 6.10.1988, da Consultoria Geral da República, aprovado pelo Presidente da República). *Mérito:* Eficácia imediata, ou não, da norma do § 3º, do art. 192 da Constituição Federal, sobre a taxa de juros reais (12% ao ano). Demais preliminares rejeitadas, por unanimidade. *Mérito:* Ação julgada improcedente, por maioria dos votos (declaração a constitucionalidade do Ato normativo impugnado). 1) Ministro que oficiou nos autos do processo da ADI, com Procurador-Geral da República, emitindo parecer sobre Medida Cautelar, está impedido de participar, como membro da Corte, do julgamento final da ação. 2) Ministro que participou, como membro do Poder Executivo da discussão de questões, que levaram a elaboração do ato impugnado na ADI, não está, só por isso, impedido de participar do julgamento. 3) Havendo sido a procuração outorgada ao Advogado signatário da inicial, por partido político, com representação no Congresso Nacional (art. 103, inc. VIII, da CF), subscrita por seu Vice-Presidente, no exer-

488 O SUPREMO TRIBUNAL FEDERAL NA CRISE INSTITUCIONAL BRASILEIRA

cício da presidência, e, depois, ratificada pelo Presidente, e regular a representação processual do autor. 4) Improcede a alegação preliminar, no sentido de que a ação, como proposta, visaria apenas a obtenção de uma interpretação do Tribunal, sobre certa norma constitucional, se, na verdade, o que se pleiteia, na inicial, e a declaração de inconstitucionalidade de certo parecer da Consultoria Geral da República, aprovado pelo presidente da república e seguido de circular do Banco Central. 5) Como o parecer da consultoria Geral da República (SR n. 70, de 6.10.1988, *DOU* de 7.10.1988), aprovado pelo Presidente da República, assumiu caráter normativo, por força dos artigos 22, parágrafo 2º, e 23 do Decreto n. 92.889, de 7.7.1986, e ademais, foi seguido de circular do Banco Central, para o cumprimento da Legislação anterior a Constituição de 1988 (e não do parágrafo 3º, do art. 192 desta última), pode ele (o parecer normativo) sofrer impugnação, mediante ação direta de inconstitucionalidade por se tratar de ato normativo federal (art. 102, I, 'a', da CF). 6) Tendo a Constituição Federal, no único artigo em que trata do sistema financeiro nacional (art. 192), estabelecido que este será regulado por Lei Complementar, com observância do que determinou no 'caput', nos seus incisos e parágrafos. Não é de se admitir a eficácia imediata e isolada do disposto em seu parágrafo 3º, sobre taxa de juros reais (12% ao ano), até porque estes não foram conceituados em tal diploma. 7) Em conseqüência, não são inconstitucionais os atos normativos em questão (parecer da Consultoria Geral da República, aprovado pela Presidência e circular do Banco Central). O primeiro considerando não auto-aplicável a norma do parágrafo 3º sobre juros reais de 12% ao ano, e a segunda determinando observância da Legislação anterior de 1988, até o advento da Lei Complementar reguladora do sistema financeiro nacional. 8) Ação declaratória de inconstitucionalidade julgada improcedente, por maioria de votos" (STF, Pleno, ADI 4-7-DF, Rel. Min. Sydney Sanches, *DJU* 25.6.1993).

O alentado acórdão, da lavra do Min. Sydney Sanches, teve 129 laudas, das quais 43 compuseram o Relatório. No seu voto, o Ministro Sydney Sanches utilizou-se dos argumentos constantes do parecer da Consultoria Geral da República, do qual se transcreve:

"É impressionante o trabalho técnico daquele Banco [BACEN], de difícil ou impossível contestação na fase inflacionária vivida pelo País.

"Registre-me, antes da transcrição, que o trabalho prevê efeito catastrófico nas finanças nacionais se o tabelamento dos juros for aplicado imediatamente, sem a reforma do sistema financeiro e sem a necessária e gradativa adequação do mercado que, regulado por novas normas, poderá absorver e cumprir o mandamento constitucional (fls. 54-55, do voto). (...)

TAXAS ANUAIS DE JUROS (12% A.A.)

"No caso de as taxas de juros internacionais subirem ou, ainda, no caso de as expectativas dos investidores apontarem para a incompatibilidade entre a limitação da taxa de juros e o risco da operação, o Brasil estaria excluído competitivamente do mercado de crédito internacional, podendo ocorrer, ainda, fuga de capital para o exterior (fls. 57, do voto). (...)

"14) A *prudência* recomenda uma *definição legal dos juros reais*, como quer o legislador constituinte e a técnica legislativa a indica. O parágrafo, sendo atrelado ao artigo, não tendo vida autônoma, e havendo o *caput* feito depender de *lei complementar* a regulamentação do sistema financeiro nacional, aquela lei é que vai dar operacionalidade a toda a estrutura do sistema, inclusive definir juros reais, 'de forma a promover o desenvolvimento equilibrado do País e a servir aos interesses da coletividade (fls. 88, do voto)."

O Min. Sydney Sanches se baseou, dentre outras razões, no fato de a norma (art. 192, § 3º, CF) não ser auto-aplicável, eis que dependente de lei complementar, que tratasse de todo o sistema financeiro, esclarecesse a questão dos juros reais e estabelecesse o crime a que se referia a norma constitucional. Ao fim, o Ministro concluiu seu voto assim: "Por todas essas razões, louvando, embora, a qualidade do trabalho contido na petição inicial, subscrita pelo ilustre advogado Dr. Paulo Matta Machado, e lamentando dissentir de vozes tão autorizadas, como algumas das citadas no voto, inclusive a da Procuradoria Geral da República, *julgo improcedente a ação*" (fls. 129, do voto vencedor).

O Min. Octávio Gallotti, acompanhando o Min. Sydney Sanches, apesar de entender que o tipo penal se encontrava estabelecido pela Lei 1.251/1951, art. 4º, "a", cuja pena é a de detenção de dois meses a dois anos, acrescentou:[6]

"Não há índice oficial e a taxa de referência de juros, como diz o próprio nome, deve ser calculada, segundo a lei que a criou, pela média dos juros no mercado. Por isso, não sei se deva ser considerada índice, uma vez que poderá ser maior ou menor que a inflação, segundo a liquidez do mercado. Nem se

---

6. Lei 1.251/1951: "Art. 4º. Constitui crime da mesma natureza a usura pecuniária ou real, assim se considerando: "a) cobrar juros, comissões ou descontos percentuais, sobre dívidas em dinheiro, superiores à taxa permitida por lei; cobrar ágio superior à taxa oficial de câmbio sobre quantia permutada por moeda estrangeira; ou, ainda, emprestar sob penhor que seja privativo da instituição oficial de crédito: "Pena: detenção de seis meses a dois anos e multa de cinco mil a vinte mil cruzeiros."

490 O SUPREMO TRIBUNAL FEDERAL NA CRISE INSTITUCIONAL BRASILEIRA

poderá prestar, sendo média de juros a que, sobre ela, se calcule ou se acresça outra parcela, também de juros.

"Enfim, se permitirmos que as partes convencionem livremente um índice, teremos comprometido a certeza do percentual que a Constituição quis impor, mas com a necessidade de uma lei complementar, não apenas por estar esta prevista no *caput* do dispositivo, que é a chave do Sistema Financeiro Nacional, nem somente por estar incluído esse mandamento em um parágrafo do art. 192, mas, sobretudo, porque me parece faltar um conceito jurídico ou de direito positivo, para que se lhe dê uma eficácia imediata" (fls. 3, do voto convergente).

Em brilhante justificativa de voto vencido, o Min. Carlos Velloso, socorrendo-se de grandes estudiosos pátrios do Direito Constitucional (José Afonso da Silva, Rui Barbosa, Celso Antonio Bandeira de Mello, Régis Fernandes de Oliveira), lembrou que são auto-aplicáveis as normas constitucionais que contenham vedações, proibições ou que declarem direitos, além de que, por regra, os preceitos constitucionais já são, por si sós, auto-aplicáveis. E, quanto à imprecisão do conceito de juros reais, sustentou:

"Não seria procedente, portanto, o segundo argumento dos que entendem que o § 3º do art. 192 não é auto-aplicável: a locução 'taxa de juros reais' não teria sido definida juridicamente, o que impediria a imediata aplicação da norma limitadora dos juros.

"Celso Antonio Bandeira de Mello, no trabalho já mencionado [refere-se a 'Eficácia das Normas Constitucionais sobre Justiça Social', *RDP* 57-58/233], registra que 'a imprecisão ou fluidez das palavras constitucionais não lhes retira a imediata aplicabilidade dentro do campo induvidoso de sua significação. Supor a necessidade de lei para delimitar este campo, implicaria outorgar à lei mais força do que à Constituição, pois deixaria sem resposta a seguinte pergunta: de onde a lei sacou a base significativa para dispor do modo em que o fez, ao regular o alcance do preceito constitucional? É puramente ideológica – e não científica – a tese que faz depender de lei a fruição dos poderes ou direitos configurados em termos algo fluidos'. (...)."

"A formulação do conceito de juros reais ou a concretização desse conceito não oferece, ao que penso, maiores dificuldades. Juros reais diferem de juros nominais. Os juros reais constituem efetiva ou real remuneração do capital. Assim, incidem eles sobre o capital corrigido monetariamente, por isso que a doutrina e a jurisprudência já estabeleceram que a correção monetária não constitui acréscimo, sendo mera atualização do capital. Em outras palavras, os juros

TAXAS ANUAIS DE JUROS (12% A.A.) 491

reais são juros deflacionados, são os juros que se calculam desprezando-se a parcela referente à correção monetária. (...).

"Em Ciência Econômica, registra o Juiz Sérgio Gischkow Pereira, forte em Antonio Carlos Marques de Matos (*A Inflação Brasileira*, Vozes, 1987, p. 74), 'os vocábulos *valor nominal* e *valor real* são assim definidos: *valor nominal* é o valor tal e qual se apresenta; *valor real* é o nominal deflacionado (se houver inflação), ou inflacionado (se houver deflação)'. E acrescenta o Juiz Gischkow, alicerçado no magistério de Paul Singer (*Curso de Introdução à Economia Política*, Forense, 11ª ed., 1987, pp. 105-107): 'Dentro desta visão, a taxa de juros reais não é apenas constituída pelo juro puro ou básico, compreendido como remuneração pela renúncia à liquidez, mas abrange o elemento de risco e os custos da transação ou remuneração do intermediário' ('A Luta contra a Usura', cit., p. 64).

"Parece-me, Senhor Presidente, que somos fiéis à Constituição quando afirmamos que a taxa de juros reais, segundo está no § 3º do art. 192, é mesmo o juro nominal deflacionado; ou é o juro que se obtém a partir do capital corrigido monetariamente. Esse juro nominal deflacionado remunerará o capital e os custos permitidos, incluindo-se, evidentemente, os tributos que têm como contribuinte de direito o emprestador do dinheiro. Os tributos de que o tomador do empréstimo for o contribuinte *de jure* não estariam contidos no conceito de juros reais" (trechos da justificativa de voto vencido do Min. Carlos Velloso).

Posteriormente, foi impetrado mandado de injunção pela empresa *Agro Comercial Kanekadan Ltda e Outro*, objetivando tornar efetiva a norma inscrita no art. 192, § 3º, CF/1988 (taxa de juros reais em 12% a.a.). A decisão do STF logrou a seguinte ementa:

"*Mandado de Injunção. Finalidade jurídico-constitucional. Omissão estatal e desprestígio da Constituição. Juros reais. CF, art. 192, § 3º. Omissão do Congresso Nacional reconhecida.* Writ *deferido em parte.* 1) As Constituições consubstanciam ordens normativas, cuja eficácia, autoridade e valor não podem ser afetados ou inibidos pela voluntária inação das instituições estatais. Não se pode tolerar que os órgãos do Poder Público, descumprindo, por inércia e omissão, o dever de emanação normativa que lhes foi imposto, infrinjam, com esse comportamento negativo, a própria autoridade da Constituição e afetem, em conseqüência, o conteúdo eficacial dos preceitos que compõem a estrutura normativa da Lei Maior. 2) A injustificável omissão legiferante do Estado, além de inviabilizar o exercício de direitos, liberdades e prerrogativas assegurados pelo ordenamento constitucional às pessoas, atua como fator de desvalo-

492 O SUPREMO TRIBUNAL FEDERAL NA CRISE INSTITUCIONAL BRASILEIRA

rização da própria Constituição. 3) A ausência da lei reclamada pelo art. 192, § 3º da Constituição, que estabelece em 12% ao ano o limite das taxas de juros reais, justifica, plenamente, o reconhecimento do estado de inércia legiferante em que se acha o Congresso Nacional desde 5 de outubro de 1988. 4) A jurisprudência do Supremo Tribunal Federal firmou-se no sentido de não fixar prazo para suprimento da omissão estatal, sempre que o exercício do direito material outorgado pela Constituição, não obstante inviabilizado pela inércia do Poder Público, tiver como sujeito passivo entidades ou pessoas estranhas ao aparelho de Estado (as instituições financeiras, no caso). 5) A estipulação de prazo para o adimplemento da prestação legislativa faltante só se justificará, portanto, quando o Estado, também ele, qualificar-se como sujeito passivo da relação obrigacional fundada na regra da Constituição que simultaneamente lhe impôs o dever de editar o provimento normativo necessário ao exercício do direito nela contemplado. Precedentes" (STF, Pleno, MI 372-6-SP, Rel. Min. Celso de Mello, em 1.8.1994).[7]

Nesta ação injuncional, foram vencidos os Ministros Marco Aurélio e Carlos Velloso, tendo o primeiro, em voto divergente, se referido a mandado de injunção idêntico (MI 361-RJ), no qual mantivera o mesmo posicionamento que esposou no MI 372-6-SP. Antonio Joaquim Ferreira Custódio adiciona, em idêntico sentido: MI 341, *RDA* 198/246; MI 321-1, *DJU* 30.9.1994; MI 342-4-SP, *RT* 713/240; e MI 323-8-DF, *RT* 715/301.[8] A este rol, acrescentam-se (STF, Pleno): MI 379-7-SP, Min. Ilmar Galvão, *JSTF* 208/196; e MI 469-2-PR, Min. Ilmar Galvão, *JSTF* 206/153.

Como se percebe, o STF vislumbrou a omissão do legislador em regulamentar e conferir eficácia ao § 3º do art. 192, CF/1988. Contudo, a conclusão pecou por não alcançar a verdadeira finalidade da ação injuncional nem lhe conferir eficácia, pois se limitou a comunicar ao Congresso Nacional a mora em que se encontrava. E o preceito continuou ineficaz, sem aplicabilidade. Foi o que concluiu a Corte, ao deferir parcialmente o MI 488-9-SP, *litteris*: "O deferimento é parcial porque não pode esta Corte, sem a preexistência dessa Lei Complementar, impor, em ato próprio, a

---

7. Osório Silva Barbosa Sobrinho, *Constituição Federal vista pelo STF*, comentários ao art. 192, § 3º, pp. 777-778.

8. Antonio Joaquim Ferreira Custódio, *Constituição Federal Interpretada pelo STF*, p. 199, anotações ao § 3º do art. 192, CF/1988.

TAXAS ANUAIS DE JUROS (12% A.A.) 493

adoção de tal taxa, nos contratos de interesse dos impetrantes ou de quaisquer outros interessados, que se encontrem na mesma situação".

No campo dos recursos individuais, o STF concluiu inúmeras vezes pela falta de aplicação imediata do § 3º do art. 192, CF/1988, conforme mencionado no AgRg(AgRg-AI) 219.697-1-MG, 1ª T., Rel. Min. Ilmar Galvão, j. 9.2.1999: "Apresenta-se sem utilidade prática o processamento do recurso extraordinário quando o acórdão recorrido se harmoniza com a jurisprudência firme desta Corte acerca do tema. Agravo regimental improvido".[9]

Em 3.4.2000 foi iniciado, em Curitiba, uma campanha nacional de combate aos juros exorbitantes, acima dos 12% a.a. A causa principal foram os juros cobrados nos cartões de crédito, entre 10% a 15%, tendo, inclusive, os consumidores logrado êxito em algumas instâncias da Justiça Comum.

Entre os anos 1998 e 2003, houve um processo peculiar de endividamento do brasileiro, especialmente do pequeno consumidor, que recorria ao crediário e aos empréstimos bancários, animado com o plano real, que começava a apresentar sucesso (iniciando-se pelo controle da inflação e pela equiparação do real ao dólar, o que causou uma certa deflação). Houve cobrança de juros sobre juros, com taxas altíssimas. Logo, a contribuição do STF foi, novamente, exemplar ao custo social, favorecendo os bancos e as administradoras de cartões de crédito, os quais não observavam o art. 192, § 3º, CF/1988.

Ilustrando este tema, cumpre noticiar que a jurisprudência do STJ tinha se consolidado no sentido de vedar a capitalização de juros para toda e qualquer relação contratual, oriunda ou não do Sistema Financeiro, se não prevista a hipótese em texto legal (Cédulas de Crédito Industrial, Comercial, Rural e, a então recente, Bancária) e ainda quando expressamente pactuada a capitalização.[10] Não havia, outrossim, no orde-

---

9. *LEX-JSTF* 251/117-118, nov./1999. Também: STF-2ª T., AgRg(AI) 145.928-0-GO, Min. Néri da Silveira, j. 9.4.1996, *DJU* 8.8.1997; e STF-2ª T., RE 173.876-6/210-MG, Rel. Min. Néri da Silveira, *JSTF* 209/207.

10. STJ-4ª T., REsp 181.306-RS, Rel. Min. Aldir Passarinho Júnior, *DJU* 3.4.2000, p. 153; STJ-4ª T., REsp 190.414-RS, Rel. Aldir Passarinho Júnior, *DJU* 3.4.2000, p. 154; STJ-3ª T., REsp 3.571, Rel. Min. Eduardo Ribeiro, *DJU* 19.11.1990; STJ-4ª T., REsp 59.416-2-SP, Rel. Min. Sálvio de Figueiredo, *DJU* 22.5.1995. No mesmo sentido: Súm. 121-STF: "É vedada a capitalização dos juros, ainda que expressamente convencionada".

494 O SUPREMO TRIBUNAL FEDERAL NA CRISE INSTITUCIONAL BRASILEIRA

namento pátrio nenhum permissivo de capitalização mensal. Mas, veio a MP 1.963-17 (e suas reedições) dispondo, no seu art. 5º que "nas operações realizadas pelas instituições integrantes do Sistema Financeiro Nacional, é admissível a capitalização de juros com periodicidade inferior a um ano". Na prática, resume Paulo Nalin, significou a liberação do mercado financeiro oficial e privado (art. 192, I, CF) para fazer incluir nos contratos de mútuo feneratício em geral juros capitalizados (ou juros sobre juros, em ofensa ao Decreto 22.626/1933, art. 4º).[11] Também o Cód. Comercial vedava a incidência de juros sobre juros (art. 253).

Numa economia fundada no crédito, em que o consumidor dele necessita para adquirir bens e serviços, já que não dispõe de poupança para ter acesso a eles, a decisão do STF foi de suma relevância, porque danosa ao cidadão comum.[12]

O jornal *O Povo* (de 21.1.2002, caderno de Economia) mostrou pesquisa da Associação Nacional de Defesa dos Consumidores do Sistema Financeiro (ANDIB), enfocando os disparates entre os rendimentos de uma aplicação financeira e os ganhos dos bancos e administradoras de cartão de crédito, exatamente em virtude das elevadas taxas de juros. A ANDIB mostrou que há diferenças em até 45.716%. Na comparação com as taxas do cartão de crédito, a diferença apontada era de mais de 1,4 milhão por cento. Eis o exemplo dado:

"R$ 1 mil aplicados na caderneta de poupança, de 1º de janeiro de 2000 a 31 de dezembro de 2005, renderá ao pequeno investidor, no fim do período, um ganho de R$ 1.594,00. Se esse mesmo dinheiro (R$ 1 mil) for emprestado pelo banco a um cliente, na linha de empréstimo pessoal, o tomador deverá pagar ao banco R$ 47.225,00, no mesmo período. Caso o crédito seja feito por meio de cheque especial, nas mesmas condições, o débito será de R$ 730.309,00. A diferença é estratosférica, caso o crédito seja de uma administradora de cartão, isto é, de R$ 23,4 milhões."

---

11. Paulo Nalin, "A 'Volta por Cima' dos Juros Capitalizados", *RepertórioIOB-Jur* 3/217. No *mútuo feneratício* se ajusta o pagamento ou o débito *mensal* dos juros.
12. Em matéria semelhante, enfocando a importância do crediário para o consumidor brasileiro e o posicionamento da jurisprudência pátria a respeito das normas de consumo em face do setor bancário, vide: Anna Luíza de Castro Gianasi, "Aplicabilidade do Código de Defesa do Consumidor às Atividades Bancárias", in Álvaro Ricardo de Souza Cruz (Coord.), *O Supremo Tribunal Federal Revisitado*, pp. 119-162.

No caso de cheque especial, continuou a reportagem de *O Povo*, pesquisa do Procon-SP "revela uma taxa média mensal, em 2001, de 8,67%, o que equivale à taxa anual de 171%. Já em termos de cartão de crédito, que chegam a cobrar taxa mensal de até 12%, os juros anuais saltam para 289,60%". A MP 1.531, reeditada 17 vezes à época da reportagem, permitiu aos bancos a inserção de taxas superiores a 12% a.a. nos contratos de financiamento, o que recebeu duras críticas de Aparecido Donizete Píton, à época presidente da Associação Nacional de Defesa dos Consumidores do Sistema Financeiro (ANDIB).

Este exemplo deixa muito clara a repercussão da decisão do STF na economia brasileira sobre as taxas de juros.

Por outro lado, para as dívidas da União, o STF adotou posicionamento contrário, beneficiando a Administração Pública, em detrimento do seu credor judicial:

"Brasília, terça-feira, 6 de março de 2007 – 10:58h

"Notícias:

"28.2.2007 – 19:40 – *STF limita em 6% ao ano juros de mora pagos pela União*

"Por 7 votos a 4, o Plenário do Supremo Tribunal Federal (STF) entendeu que as dívidas judiciais decorrentes de verbas remuneratórias devidas a servidores ou empregados públicos pela União serão corrigidas em, no máximo, 6% a.a. A decisão ocorreu no julgamento do Recurso Extraordinário (RE) 453.740 que foi provido, por maioria. No recurso, a Fazenda Nacional contesta o acórdão da Turma Recursal dos Juizados Especiais Federais do Rio de Janeiro, que a condenou a pagar para servidor público aposentado, de uma só vez, as diferenças de vencimentos devidas a ele, acrescidas de juros de mora de 1% ao mês a partir da citação.

"Em sua decisão, a Turma Recursal declarou inconstitucional a fixação diferenciada de percentual de juros de mora previstos no artigo 1º-F da Lei 9.494/1997 (que disciplina a aplicação da tutela antecipada contra a Fazenda Pública), por ferir o princípio constitucional da isonomia (artigo 5º, *caput*, Constituição Federal).

"Para a União, esse dispositivo é constitucional, pois os juros de mora, nas condenações impostas à Fazenda Pública para pagamento de verbas remuneratórias devidas a servidores e empregados públicos, não poderão ultrapassar o percentual de 6% ao ano.

496 O SUPREMO TRIBUNAL FEDERAL NA CRISE INSTITUCIONAL BRASILEIRA

"*Julgamento*

"Antes do pedido de vista do ministro Joaquim Barbosa, no dia 16 de agosto de 2006, o relator, ministro Gilmar Mendes, votou pelo provimento do RE. Para o ministro-relator, não há razão para a Turma Recursal – assim como ocorreu na Justiça de primeira instância – questionar as normas federais. 'Os débitos da Fazenda Pública, como regra, são fixados em 6% ao ano, a exemplo do que se dá na desapropriação, nos títulos da dívida pública e na composição dos precatórios', exemplificou o relator. 'Portanto, não há discriminação, muito menos discriminação arbitrária entre credores da Fazenda Pública', afirmou.

"O ministro ressaltou que, como o referido dispositivo trata igualmente todos servidores públicos que têm direito a correção nas verbas indenizatórias, não há falar em inconstitucionalidade dela. 'Não há qualquer tratamento discriminatório. Todos os créditos, em face da Fazenda Pública, são pagos, nos casos de juros de mora, com taxa de 6%', ressaltou, em seu voto, ao dar provimento ao recurso, declarando a constitucionalidade do artigo 1º-F da Lei n. 9.494/97.

"De modo contrário votou a ministra Cármen Lúcia Antunes Rocha. Ela entendeu que o dispositivo em questão é inconstitucional, por não vislumbrar, no caso, elementos que pudessem dotar de razão legítima de ser a norma nele contida.

"A ministra lembrou que, embora a jurisprudência do Supremo tenha considerado legítimo, em alguns casos, o tratamento diferenciado relativamente aos entes estatais, na espécie, a norma prevê 'desigualação' que fere o princípio da razoabilidade, além de ser injusta. Ressaltou que a Fazenda Nacional reconhece a dívida do resíduo de valor que deveria ter pago aos servidores, mas define, na norma, modo de pagar que os prejudica e que no caso em análise não existem elementos que poderiam dotar de razão legítima de ser a norma descrita no artigo 1º-F, da Lei 9.494, tal como prevê a Medida Provisória 2.225/2001.

"*Voto-vista*

"Hoje, a matéria foi trazida para análise do Plenário pelo ministro Joaquim Barbosa, que pediu vista em agosto do ano passado. Ele acompanhou o relator e deu provimento ao recurso.

'Nada há na Constituição Federal que impeça o legislador de exercer o seu poder de conformação normativa estabelecendo disciplina diversa para situações diferenciadas, desde que justificadas as diferenciações à luz do princípio da proporcionalidade e preservado o direito fundamental à propriedade', disse Barbosa, ao ressaltar que o litígio, em qualquer de suas formas, não deve ser considerado como opção de financiamento.

TAXAS ANUAIS DE JUROS (12% A.A.)

"Ele também concluiu que 'as circunstâncias que caracterizam a mora tributária não são análogas àquelas que caracterizam a mora de pagamento de verbas remuneratórias aos servidores públicos'.

"*Resultado*

"No julgamento de hoje, os ministros Joaquim Barbosa (voto-vista), Ricardo Lewandowski, Eros Grau, Cezar Peluso, Celso de Mello e Ellen Gracie acompanharam o relator, Gilmar Mendes, pelo provimento do recurso. Já os ministros Carlos Ayres Britto, Marco Aurélio e Sepúlveda Pertence votaram com a divergência aberta pela ministra Cármen Lúcia, pelo não provimento do RE. Assim, por maioria, os ministros julgaram constitucional o artigo 1º-F da Lei 9.494/97."[13]

A decisão do STF tanto autorizou a legislação infraconstitucional a estabelecer regras específicas de incidência de juros, possibilitando uma distinção entre devedores, a privilegiar o Poder Público, quanto corroborou o processo de fragilização das sentenças judiciais, nos precatórios, tema já enfrentado neste estudo. Na verdade, as decisões judiciais precisam ser muito mais valorizadas e trazerem uma carga maior de eficácia, que possa levar o administrador público a se ver, de fato, compelido a cumpri-las.

O credor da União Federal, assim, pode ter uma dívida para com ela ou outro credor privado e se submeter a juros de mais de 6% a.a.; mas se for ele o credor da União, especialmente em matéria judicial, os juros não podem ultrapassar a casa dos 6% a.a. Então, é claro que há um tratamento desigual nessa situação. Isto sem contar que é válida uma lei que estabeleça juros em patamar superior a 6% a.a., em débitos judiciais que envolvam outros sujeitos (basta não ser a União Federal a devedora).

---

13. Notícias do STF (www.stf.gov.br/notícias); acessado em 19.3.2007.

Capítulo 23
RESTRIÇÃO AO USO DAS AÇÕES DIRETAS DE INCONSTITUCIONALIDADE

A legitimidade para propor ações no controle de constitucionalidade deve receber interpretação restritiva, para evitar o uso desbragado do instrumento?
Ou deve ela possibilitar que o controle da constitucionalidade possa ser feito com maior amplitude, a fim de assegurar os canais democráticos de participarem mais ativamente perante o Estado?

Sem dúvida, um dos mecanismos de preservação do Estado de Direito é a ação direta de inconstitucionalidade contra ato normativo do Poder Público, visando ao resguardo do Texto Constitucional. No presente momento histórico, este remédio se afigura de suma importância, levando em conta o emprego abusivo das medidas provisórias (algumas vigorando indefinidamente, por força da EC 32/2001) e toda sorte de Emenda Constitucional,[1] além do conteúdo expurgável dos atos normativos de encomenda, típico de períodos autoritários e despóticos. É através do controle da constitucionalidade dos atos normativos que o cidadão pode exigir o respeito normativo à Constituição Federal, purificando o ordenamento interno, abolindo a legislação inconstitucional e, portanto, defendendo e fazendo respeitar o Estado de Direito.

No entanto, este controle – chamado *direto* ou *concentrado* – não é feito diretamente pelo cidadão: a CF estabelece órgãos específicos para

---

1. Sobre normas constitucionais inconstitucionais, vide, por todos: Otto Bachof, *Normas Constitucionais Inconstitucionais?, passim*; Paulo Bonavides, "Inconstitucionalidade de Preceito Constitucional: Poder Constituinte Originário e Derivado – Cláusula Pétrea – Preceito Imodificável por Emenda", *RTDP* 7/58-81.

RESTRIÇÃO AO USO DAS AÇÕES DIRETAS DE INCONSTITUCIONALIDADE   499

discutir o problema da constitucionalidade dos atos normativos perante o STF (em abstrato, com eficácia contra todos). Somente no controle *difuso* é que o cidadão pleiteia por si próprio o afastamento da legislação inconstitucional, com efeitos concretos, específicos ao seu caso, incidentalmente à ação de que seja autor ou réu, em curso perante qualquer órgão judiciário.

Torna-se, pois, de inolvidável relevo o papel dos órgãos legitimados no ajuizamento de ADIs para a defesa da cidadania contra a legislação inconstitucional. Segundo o art. 103, CF, podem propor a *ação (direta) de inconstitucionalidade* e a *ação declaratória de constitucionalidade*: o Presidente da República, a Mesa do Senado Federal, a Mesa da Câmara dos Deputados, a Mesa de Assembléia Legislativa ou da Câmara Legislativa do Distrito Federal, o Governador de Estado ou do Distrito Federal, o Procurador-Geral da República, o Conselho Federal da Ordem dos Advogados do Brasil (OAB), partido político com representação no Congresso Nacional e confederação sindical ou entidade de classe de âmbito Nacional.

A distribuição de ADIs ajuizadas, segundo seus requerentes, a partir de 1989, encontra-se na Tabela 12, na p. seguinte:

Quanto maior o número de legitimados para ajuizar ADI, obviamente maior será a possibilidade de defesa do cidadão frente às normas inconstitucionais. E quanto mais órgãos e entidades de classe forem legitimadas, melhor será para os integrantes dos vários segmentos, pois tais órgãos e entidades são quem conhecem, mais de perto, as necessidades da categoria e o alcance nefasto das normas ofensivas à Constituição Federal. E a democracia se torna mais real à proporção em que os cidadãos tiverem maior possibilidade de ter acesso ao resguardo do ordenamento jurídico que os regula.

É certo, de seu turno, que o rol de legitimados apresentado pela Constituição Federal brasileira constitui um dos maiores do mundo a propósito de controle abstrato de constitucionalidade das normas.[2] Entretanto, isto não justifica que o Judiciário ou qualquer outro intérprete da Constituição deva restringi-lo obrigatoriamente. O preceito constitu-

---

2. Veja-se no Capítulo 3, tópico 2 ("STF: natureza, dificuldades e fundamentos para uma Corte Constitucional"), o elevado índice de normas inconstitucionais no Brasil, a justificar o rol de legitimados para combatê-los.

Tabela 12: Ações Diretas de Inconstitucionalidade (por Requerente)

Requerente	1989	1990	1991	1992	1993	1994	1995	1996	1997	1998	1999	2000	2001	2002	2003	2004	2005	2006	2007	Total	%
Presidente da República	0	0	0	0	0	0	0	0	0	0	0	0	0	0	0	0	1	3	0	4	0,1
Mesa do Senado Federal	0	0	0	0	0	0	0	0	0	0	0	0	0	0	0	0	1	0	0	1	0,03
Mesa da Câmara dos Deputados	0	0	0	0	0	0	0	0	0	0	0	0	0	0	0	0	0	0	0	0	0,0
Mesa da Assembléia Legislativa	1	1	7	4	1	1	3	2	2	1	3	4	3	3	1	0	5	3	0	45	1,18
Governador de Estado	55	100	57	47	39	32	61	25	60	28	48	68	58	49	66	53	53	46	13	958	25,16
Procurador-Geral da República	22	63	65	63	49	68	47	12	38	27	18	22	11	6	117	92	91	54	6	871	22,88
Conselho Federal da OAB	5	9	3	4	7	3	2	8	12	9	12	20	6	14	9	7	9	13	7	159	4,18
Partido Político	14	30	39	25	15	29	47	47	45	42	59	75	79	27	44	41	23	16	9	706	18,54
Confederação Sindical ou Entidade de Classe	53	51	58	21	48	64	48	59	47	69	46	62	51	35	52	78	70	57	33	1002	26,32
Outros	9	1	3	2	3	1	3	5	2	5	3	2	1	1	0	5	13	2	0	61	1,60
Total	**159**	**255**	**323**	**166**	**162**	**198**	**211**	**158**	**206**	**181**	**189**	**253**	**209**	**135**	**289**	**276**	**266**	**194**	**68**	**3.807**	**100**

Fonte: BNDPJ – STF (www.stf.gov.br).

Dados até 30.6.2007.

RESTRIÇÃO AO USO DAS AÇÕES DIRETAS DE INCONSTITUCIONALIDADE   501

cional há de ser cumprido e interpretado numa perspectiva democrática. No mais, o mandamento refletiu, em sua origem, uma opção política do constituinte, que, portanto, merece ser respeitado.

Mas o STF vem conferindo interpretação restritiva ao art. 103, CF, limitando ao máximo o rol de legitimados ao ajuizamento de ADI.

Osório da Silva Barbosa Sobrinho, ao examinar a jurisprudência da Excelsa Corte, indica que ela aponta como desprovida de legitimidade ativa para ajuizamento de ADI:

1) Associação Brasileira da Indústria de Máquinas e Equipamentos – ABI-MAQ (ADIMC 1.804-RS, Rel. Min. Ilmar Galvão, *Informativo STF* 107);

2) Associação Brasileira de Consumidores – ABC (ADI 1.693, Rel. Min. Marco Aurélio, *Informativo STF* 98, *DJU* 6.2.1998);

3) Associação Nacional dos Delegados de Polícia Federal – ANDF.

4) Associação Nacional dos Juízes Classistas da Justiça do Trabalho – ANA-JUCLA (ADI 1.580-DF, Rel. Min. Maurício Corrêa, *Informativo STF* 75);[3]

5) Associação Nacional dos Registradores de Pessoas Naturais – ARPEN (ADI 1.788-UF, Rel. p/ac. Min. Nelson Jobim, em 5.3.1998 *Informativo STF* 101);

6) Associação Nacional dos Servidores da Polícia Federal – ANSEF (ADI 1.431-UF, Rel. p/ac. Min. Ilmar Galvão, *Informativo STF* 98);

7) Confederação Nacional de Transporte Alternativo – CONVAN (ADI 1.810-DF, Rel. Min. Moreira Alves, *Informativo STF* 114);

8) Confederação Democrática dos Trabalhadores no Serviço Público Federal – CONDISEF (ADI 797-DF, Rel. Min. Marco Aurélio, *Informativo STF* 113);

9) Confederação Democrática dos Trabalhadores no Serviço Público Federal (ADI 433-DF, Rel. Min. Moreira Alves, *Informativo STF* 52);

10) Confederação dos Servidores Públicos do Brasil – CSPB (ADI 1.471-4, Rel. Min. Néri da Silveira, *Informativo STF* 54; ADI 1.427-7/600-PE, Rel. Min. Néri da Silveira, j. 17.5.1996, *DJU* 22.11.1996);

11) Confederação Nacional de Saúde – Hospitais, Estabelecimentos e Serviços – CNS (ADI 1.437-4 (AgRg), Rel. Min. Ilmar Galvão, *Informativo STF* 54);

---

3. No ano de 2000, o STF reconheceu a legitimidade da ANAJUCLA para ajuizar ADI (ADIMC 2.173-DF, Min. Moreira Alves, 22.3.2000, *Informativo STF* 182).

502 O SUPREMO TRIBUNAL FEDERAL NA CRISE INSTITUCIONAL BRASILEIRA

12) Confederação Nacional do Ministério Público – CONAMP (ADI 1.402-1-DF, Rel. p/ac. Min. Maurício Corrêa, *Informativo STF* 21);

13) CONTAG (ADI 1.442-DF, Rel. Min. Celso de Mello, *Informativo STF* 32);

14) CUT (ADI 1.442-DF, Rel. Min. Celso de Mello, *Informativo STF* 32);

15) Federação das Associações e Sindicatos de Trabalhadores das Universidades Brasileiras – FASUBRA (ADIMC 1.599-DF, Rel. Min. Maurício Corrêa, *Informativo STF* 100);

16) Federação das Associações dos Engenheiros Agrônomos do Brasil – FAEAB (ADIMC 1.771-DF, Rel. Min. Moreira Alves, *Informativo STF* 99);

17) Federação das Entidades dos Trabalhadores do Ministério da Saúde – FETRAMES (ADI 797-DF, Rel. Min. Marco Aurélio, *Informativo STF* 113);

18) Federação Nacional da Polícia Civil – FENAPOL (ADI 151-5, Rel. Min. Sydney Sanches, *DJU* 10.5.1996);

19) Federação Nacional das Empresas de Navegação Marítima, Fluvial, Lacustre e de Tráfego – FENAVEGA (ADI 1.795-PA, Rel. Min. Moreira Alves, *Informativo STF* 103);

20) Federação Nacional dos Bancos – FENABAN (ADI 166-3, Rel. Min. Ilmar Galvão, *Informativo STF* 49);

21) Federação Nacional dos Servidores do Poder Judiciário nos Estados e no Distrito Federal – FENAJUD (ADI 1.785-RJ (AgRg), Rel. Min. Nelson Jobim, *Informativo STF* 114);

22) Federação Nacional dos Sindicatos e Associações de Trabalhadores da Justiça do Trabalho (ADI 433-DF, Rel. Min. Moreira Alves, *Informativo STF* 52);

23) Mesa de Câmara Municipal;

24) Sindicato dos Servidores Públicos Federais do Distrito Federal – SINDSEP (ADI 797-DF, Rel. Min. Marco Aurélio, *Informativo STF* 113);

25) Sindicato dos Servidores Públicos Federais no Distrito Federal (ADI 433-DF, Rel. Min. Moreira Alves, *Informativo STF* 52);

26) Sindicato Nacional dos Docentes nas Instituições de Ensino Superior – Seção Sindical dos Docentes da UFRS/ANDES (ADIMC 1.599-DF, Rel. Min. Maurício Corrêa, *Informativo STF* 100).

O sobredito Autor informa, ainda, que já tiveram legitimidade ativa:

RESTRIÇÃO AO USO DAS AÇÕES DIRETAS DE INCONSTITUCIONALIDADE 503

1) Confederação Nacional dos Transportes – CNT (ADI 1.502-DF, Rel. Min. Ilmar Galvão, *Informativo STF* 45; ADI 1.479-RS, Rel. Min. Moreira Alves, *Informativo STF* 52 e 61);

2) Associação dos Delegados de Polícia do Brasil – ADEPOL (ADI 1.494-DF, Rel. p/ac. Min. Marco Aurélio, *Informativo STF* 66; ADI 23-SP, Rel. p/ac. Min. Moreira Alves, *Informativo STF* 105);

3) Confederação dos Servidores Públicos do Brasil (ADI 1.409-9, Rel. Min. Moreira Alves, *Informativo STF* 47).[4]

Com acerto, já frisou Gladston Mamede uma dificuldade ao exercício da cidadania decorrente da exegese judicial feita pelo STF, ao erigir todas "as dificuldades possíveis para o exercício das ações diretas de inconstitucionalidade, fugindo ao exercício de suas funções constitucionais a partir de exegeses que limitam as garantias constitucionais". E, em nota de rodapé, acrescenta:

"Na ADI 1.234-7 (Rel. Min. Ilmar Galvão), como já se houvera feito na ADI 894-3 (Rel. Min. Néri da Silveira), considerou-se a União Nacional dos Estudantes (UNE) parte ilegítima 'para acionar o controle abstrato de constitucionalidade, tendo em vista que não se enquadra como entidade de classe de âmbito nacional, na interpretação que tem sido conferida à segunda parte do inciso IX do artigo 103 da Carta da República' (*DJU* de 10.3.1995, p. 4.898). Ressalvando os votos vencidos dos ministros Francisco Rezek, Marco Aurélio, Sepúlveda Pertence e Carlos Velloso, tal interpretação concretiza uma fuga de nossa sobreeminente Corte de suas obrigações para com a sociedade brasileira, o que, em minha opinião, constitui um absurdo inominável. Aquela Corte, contudo, tem reiterado comportamentos que merecem a crítica da sociedade brasileira, como quando declarou a inconstitucionalidade da cobrança do empréstimo compulsório sobre a aquisição de gasolina ou álcool, instituída no ano de 1986 (Lei 2.288), apenas em 1º de dezembro de 1994."[5]

Além das remições feitas pelos autores acima invocados, transcrevem-se as seguintes notícias e julgados do STF, nos quais se evidenciam as restrições feitas pela Máxima Corte brasileira, poupando o leitor de maiores comentários:

4. Osório Silva Barbosa Sobrinho, *Constituição Federal vista pelo STF*, anotações ao art. 103, pp. 594-607.

5. Gladston Mamede, "Neoliberalismo e Desadministrativização", *Revista de Informação Legislativa* 32(127)/153.

504   O SUPREMO TRIBUNAL FEDERAL NA CRISE INSTITUCIONAL BRASILEIRA

"Associação de associações não é parte legítima para ajuizar ADI" (STF, ADI 638-RJ[QO], Rel. Min. Moreira Alves, *Informativo STF* 24.6.98, p. 3).

"*Sindicato de âmbito nacional. Ilegitimidade. ADI.* Na esfera das entidades sindicais, somente as confederações possuem, a teor do disposto no inc. IX do art. 103 da Constituição Federal, legitimidade para a propositura da ação direta de inconstitucionalidade. Descabe, considerado o campo de atuação, confundi-las com sindicato embora nacional. A disjuntiva 'ou' empregada no preceito constitucional indica a diversidade de pessoas jurídicas, consideradas as confederações e as entidades de classe de âmbito nacional" (STF, Pleno, ADI 54-3-DF, Ac. 5.6.96, Rel. Min. Marco Aurélio, *LTR* 60(10)/1.371, out./96).

"Não possui legitimidade ativa para ajuizar ADI o Conselho Nacional da Associação dos Ex-Combatentes do Brasil" (STF, Pleno, ADI 2.073-DF, Rel. Min. Moreira Alves, 9.3.2000, *Informativo STF* 180).

"*Direito Constitucional. ADI intitulada Ação Civil Pública. Inadmissibilidade. Agravo regimental.* Não se admite ação que se intitula ação civil pública, mas, como decorre do pedido, é, em realidade, verdadeira ação direta de inconstitucionalidade de atos normativos municipais em face da Constituição Federal, ação essa não admitida pela Carta Magna. Agravo a que se nega provimento" (STF-1ª T., AgRg em Ag 189.601-2-GO, Rel. Min. Moreira Alves, *DJU-1* 3.10.1997, p. 49.231; *IOBJur* 1/11.700, dez./1997).

"*ADI.* Não se conhece de ação direta de inconstitucionalidade que impugna, em determinado sistema normativo, apenas alguns dos preceitos que o integram – deixando de questionar a validade de outros dispositivos com eles relacionados – dado que essa declaração de inconstitucionalidade, tal como pretendida, alteraria o sistema da Lei. Com esse entendimento, o Tribunal não conheceu de ação direta ajuizada pelo Partido Social Liberal – PSL, contra a Lei 3.329/1999, do Estado do Rio de Janeiro, que cria o Instituto de Segurança Pública do Estado do Rio de Janeiro – RIOSEGURANÇA e dá outras providências" (STF, Pleno, ADI 2.133-RJ, Rel. Min. Ilmar Galvão, 9.3.2000, *Informativo STF* 180).

A Máxima Corte Judiciária brasileira estabeleceu, ainda, a *pertinência temática* da representação, como essencial à legitimidade de entidades e órgãos mencionados pelo art. 103, CF/1988. No seu entender, nos casos dos incisos IV, V e IX exige-se vinculação entre a norma impugnada e os objetivos do autor da ação (ADI(QO) 1.526-6, Rel. Min. Maurício Corrêa, j. 5.12.1996).[6] Na ADI 1.519-2, Rel. Min. Carlos

---

6. *LEX-JSTF* 225/55-60. A pertinência temática não se aplica aos partidos políticos (STF, Pleno, ADI (ML) 1.396-3-SC, Min. Marco Aurélio, *JSTF* 216/53).

RESTRIÇÃO AO USO DAS AÇÕES DIRETAS DE INCONSTITUCIONALIDADE 505

Velloso, o Tribunal Pleno definira que a legitimidade ativa da confederação sindical, entidade de classe de âmbito nacional, Mesas das Assembléias Legislativas e Governadores, para a ação direta de inconstitucionalidade, "vincula-se ao objeto da ação, pelo que deve haver pertinência da norma impugnada com os objetivos do autor da ação".[7]

E, para além da restrição concernente à legitimidade para ajuizar ADI, várias outras condições da ação são colocadas em proeminência pelo STF, de modo a dificultar o manejo do instrumento processual. Sem maiores delongas e deixando de citar vários outros casos, por razão de praticidade, vejam-se ilustrativamente as seguintes decisões, algumas das quais contraditórias entre si:

1. *"Norma superveniente à norma combatida em ADI.* 'Em virtude da superveniência da EC 20/1998, que modificou o sistema da previdência social, dando nova redação ao art. 40, § 5º (regra agora prevista no § 7º acrescido), o Tribunal, por maioria, julgou prejudicada ação direta de inconstitucionalidade ajuizada pelo Partido Verde-PV contra o art. 1º, e seu parágrafo único, da Lei 9.127/1990, do Estado do Rio Grande do Sul (Art. 1º. 'O valor das pensões pagas pelo Instituto de Previdência do Estado do Rio Grande do Sul – IPERGS – será atualizado de forma a resguardar sua correspondência à totalidade dos vencimentos ou proventos do servidor falecido, até o limite estabelecido nesta Lei, sendo revisto de conformidade com que o determina o § 3º do art. 41 da Constituição Estadual, combinado com o parágrafo único do art. 12, do Ato das Disposições Constitucionais Transitórias. Parágrafo Único – Os critérios para a fixação do valor das pensões, suas limitações e das parcelas que integram o salário da contribuição, são os definidos no art. 18 e seus parágrafos e no art. 27 da Lei n. 7.672, de 19 de junho de 1982, com a redação da Lei n. 7.716, de 26 de outubro de 1982'), cassando-se, em conseqüência, a liminar concedida. Vencido o Min. Marco Aurélio, sob o entendimento de que, na espécie, a modificação do texto constitucional não repercutiu ao ponto de prejudicar a ação direta'" (STF, Pleno, ADI 1.137-RS, Rel. Min. Ilmar Galvão, em 25.3.1999, *Informativo-STF* 143, de 7.4.1999, p. 2).

2. *"ADI. CF revogada. Conhecimento da ação por outro fundamento. Possibilidade.* Não estando o STF vinculado, na ação direta de inconstitucionalidade, à argumentação deduzida pelo autor, a indicação como norma de parâmetro de preceito constitucional revogado não impede o conhecimento da

---

7. *LEX-JSTF* a225/59. V., tb., ADI 1.096-RS, *LEX-JSTF* 211/54; e ADI 305-RN, *RTJ* 153/428.

506   O SUPREMO TRIBUNAL FEDERAL NA CRISE INSTITUCIONAL BRASILEIRA

ação, que pode vir a ser julgada procedente por outro fundamento. Hipótese à qual não se aplica a orientação jurisprudencial que não admite ação direta de inconstitucionalidade fundada em norma de Constituição revogada. Com esse entendimento, o Tribunal afastou, por unanimidade, a preliminar de não conhecimento inicialmente suscitada pelo relator, no julgamento de medida cautelar, afinal indeferida, em ação direta movida pelo PMDB contra o art. 1º, I, 'e', e § 2º, da LC 64/1990, contestados em face do § 9º do art. 14 da CF, na redação anterior à Emenda Constitucional de Revisão n. 4/1994. Na parte em que sustentava a inconstitucionalidade das Súmulas 8 e 12 do TSE, a ação não foi conhecida, ao argumento de que súmula de jurisprudência não possui caráter normativo. Precedente citado: ADI 594-DF (*RTJ* 151/20)" (STF, ADI 1.493-DF, Rel. Min. Sydney Sanches, 26.9.1996, *Informativo STF* 46, 23-27.9.1996).[8]

3. *"Direito constitucional. ADI. Portaria MTb n. 865, de 14.9.1995. Convenção ou acordo coletivo. Condições de trabalho. CF/1988. Violação indireta. Não-conhecimento.* Não cabe ação direta de inconstitucionalidade quando o ato normativo de hierarquia inferior à Lei viola diretamente esta e apenas indiretamente a Constituição. No caso, se os arts. 1º, 4º e 5º da Portaria em causa violarem a Carta Magna, essa violação será indireta. Quanto aos demais artigos da Portaria em apreço, não foram eles objeto de ataque específico, nem a eles são pertinentes os fundamentos em que se estriba a presente ação direta. ADI não conhecida" (STF, Pleno, ADI 1.635-9-DF, Rel. Min. Moreira Alves, *DJU-e-1* 27.3.1998, p. 2; *IOBJur* 1/12.249, maio/1998).

4. *"ADI. Regimento Interno, em face da LOMAN. Cabimento.* A alegação de conflito entre norma de regimento interno de Tribunal de Justiça e norma da Lei Orgânica da Magistratura Nacional (LC 35/1979, recebida pela CF/1988) enseja o cabimento da ação direta de inconstitucionalidade, desde que se trate de saber se a matéria objeto da disciplina impugnada foi colocada, ou não, pela CF, sob reserva de lei complementar. Se foi, a mera falta de correspondência entre a norma regimental e a norma complementar implicará a inconstitucionalidade formal da primeira, por invasão da competência legislativa prevista no art. 93 da CF ('Lei complementar, de iniciativa do Supremo Tribunal Federal,

---

8. STF, Pleno, ADIMC 1.896-DF, Rel. Min. Sydney Sanches: "É da jurisprudência do Plenário, o entendimento de que, na Ação Direta de Inconstitucionalidade, seu julgamento independe da *causa petendi* formulada na inicial, ou seja, dos fundamentos jurídicos nela deduzidos, pois, havendo, nesse processo objetivo, argüição de inconstitucionalidade, a Corte deve considerá-la sob todos os aspecto em face da Constituição e não apenas diante daqueles focalizados pelo autor" (*RTJ* 169/927).

RESTRIÇÃO AO USO DAS AÇÕES DIRETAS DE INCONSTITUCIONALIDADE 507

disporá sobre o Estatuto da Magistratura, (...)'). Com base nesse entendimento, o Tribunal conheceu, por maioria de votos, de ação direta ajuizada pelo Procurador-Geral da República contra dispositivos do Regimento Interno do Tribunal de Justiça do Estado do Rio de Janeiro que disciplinam a eleição para os cargos de direção daquela corte, e deferiu, por unanimidade, a medida cautelar, no tocante ao § 4º do art. 11 do mencionado regimento, que prevê uma espécie de 'segundo turno' com novos candidatos, obedecida a antigüidade, para o caso de nenhum dos concorrentes alcançar a maioria dos votos no primeiro, procedimento não contemplado pelo art. 102 da LOMAN" (STF, ADI 1.503-RJ, Rel. Min. Maurício Corrêa, 2.10.1996, *Informativo STF* 47, de 30.9 a 4.10.1996).

5. *"Aditamento e Convenção Coletiva de Trabalho. Reedição de Medida Provisória.* Tratando-se de ação direta de inconstitucionalidade contra medida provisória, é necessário o aditamento da petição inicial quanto às reedições posteriores da medida inicialmente impugnada, sob pena de a ação ser considerada prejudicada uma vez que seu objeto fica restrito a norma que não está mais em vigor. Com esse entendimento, o Tribunal, prosseguindo no julgamento de ação direta ajuizada contra o art. 19 da MP 1.620-38/98, no ponto em que revogou os §§ 1º e 2º do artigo 1º da Lei 8.542/1992 (v. *Informativo 119*), dela não conheceu por perda de objeto em face do não aditamento da inicial, restando prejudicada a liminar concedida" (STF, Pleno, ADI 1.849-DF, Rel. Min. Marco Aurélio, 1º.9.1999, *Informativo do STF* 160, de 30.8-3.9.1999).

A demora do STF em concluir a apreciação das ações que lhe são submetidas prejudica o direito do cidadão, ao lume do verificado na primeira das decisões coletadas acima (*norma superveniente à norma combatida em ADI*).[9] Durante o curso da ação, sobrevém norma que prejudi-

---

9. Ajuizada em 23.1.2007, a ADI 3.849 opunha-se à MP 349/2007, que alterara a Lei 8.036/1990 (Lei do FGTS). A MP compusera o PAC-Pacote de Aceleração do Crescimento, implementado pelo Governo Federal, criando o Fundo de Investimento do FGTS (FI-FGTS). Destina-se o FI-FGTS a aplicar recursos da conta vinculada do trabalhador em empreendimentos nos setores de rodovia, energia, ferrovia, portuário e saneamento, conforme decisão do Conselho Curador do FGTS. Com menos de 6 meses após o anúncio do PAC (que ocorrera em janeiro de 2007), detectou-se esquema de desvio dos recursos financeiros, em mais uma manobra da corrupção instalada na máquina administrativa.
Em 14.9.2007, a ADI 3.849 foi extinta por perda superveniente do objeto, pelo Min. Celso de Mello (relator), em conclusão que ora se transcreve: "E, não obstante a MP n. 349/2007, objeto da presente ação direta, tenha sido convertida na mencionada Lei n. 11.491/2007, a parte autora absteve-se de pedir fosse estendida, à lei de conversão, a impugnação anteriormente deduzida contra a medida provisória em questão,

508 O SUPREMO TRIBUNAL FEDERAL NA CRISE INSTITUCIONAL BRASILEIRA

ca a discussão judicial, em princípio. "Em princípio", porque algumas questões, na verdade, não ficam inteiramente resolvidas por essa superveniência, muito embora o STF não tenha se debruçado com a costumeira sensibilidade para diferenciar quais as situações alcançadas e quais as não alcançadas pela nova legislação. O direito adquirido e o ato jurídico perfeito, p. ex., são remetidos a segundo plano, incumbindo ao interessado discuti-los individualmente em outra via judicial.

Todavia, o art. 27, da Lei 9.868/1999, estabelece: "Ao declarar a inconstitucionalidade de lei ou ato normativo, e tendo em vista razões de segurança jurídica ou de excepcional interesse social, poderá o Supremo Tribunal Federal, por maioria de dois terços de seus membros, restringir os efeitos daquela declaração ou decidir que ela só tenha eficácia a partir de seu trânsito em julgado ou de outro momento que venha a ser fixado". O preceito não pode ser interpretado ampliativamente, porque é excepcional. Esta limitação do efeito da sentença, no tempo, pelo STF se restringe aos casos de *segurança jurídica* e de *excepcional interesse social*, numa perspectiva racional, atendido o requisito do *quorum* qualificado de dois terços dos membros da Corte. Teori Zavascki observa que a providência a ser tomada no controle de constitucionalidade deve ser a menos gravosa ao sistema de direito, fulcrada na hierarquia de valores[10] (segurança jurídica, interesse social e validade normativa).

A mora do Supremo pode acarretar prejuízos sociais e políticos imensos, dependendo da dimensão da querela. À guisa de ilustração, confira-se a decisão abaixo, referente à tramitação de projeto de emenda constitucional (processo legislativo):

"*MS Preventivo: Prejudicialidade.* Examinando mandado de segurança preventivo interposto por deputados federais para impedir a tramitação de projeto de emenda constitucional em que se alegava ofensa ao art. 60, § 2º, da CF ('A proposta será discutida e votada em cada Casa do Congresso Nacional, em dois turnos, considerando-se aprovada se obtiver, em ambos, três quintos dos

---

desconsiderando, desse modo, em face de tal omissão, a exigência imposta pela jurisprudência do Supremo Tribunal Federal".

10. Teori Albino Zavascki, *Eficácia das Sentenças na Jurisdição Constitucional*, p. 50. "O legislador cria normas para disciplinar situações futuras. O Supremo, ao aplicar o art. 27 da Lei 9.868, de 10.11.1999, faz juízo de valor sobre fatos já passados" (idem, ibidem).

RESTRIÇÃO AO USO DAS AÇÕES DIRETAS DE INCONSTITUCIONALIDADE   509

votos dos respectivos membros.'), o Tribunal julgou-o prejudicado pela perda superveniente de legitimidade ativa dos impetrantes em virtude de ulterior promulgação da Emenda Constitucional. Precedente citado: MS 21.648-DF (*DJU* de 19.9.97)" (STF, Pleno, MS 22.986-DF, Rel. Min. Octávio Gallotti, 12.8.1999, *Informativo do STF* 157, de 9-13.8.1999).

A importância do pronunciamento do Supremo Tribunal, no caso analisado, caiu no vazio, porquanto, ao se manifestar sobre o tema, a Emenda Constitucional a propósito de cujo processo se discutia já fora promulgada. E o desiderato dos impetrantes virou fumaça levada pelos ventos da demora judicial, que, no contexto de um momento político, tanto pode ser danoso quanto proposital.

A quinta decisão transcrita *supra* (STF, ADI 1.849-DF, *Aditamento e Convenção Coletiva de Trabalho. Reedição de Medida Provisória*), quase fulmina as ações diretas de inconstitucionalidade ajuizadas contra medidas provisórias, ao exigir que o autor da demanda atualize o pedido de acordo com a norma provisória do dia. Ora, isto exige do autor da ADI uma constante atualização ou emenda à petição inicial, considerando a corriqueira reedição de medidas provisórias, segundo o modelo existente à época. Entre a celeridade com que se reeditavam MPs e a lentidão do STF em apreciar a demanda, restava o perigo de o autor se descuidar e, portanto, lograr a prejudicialidade da ação. A continuar na trilha do Supremo Tribunal, urgia que o autor emendasse a inicial todos os meses, de acordo com as reedições da medida provisória impugnada. E, no rigor da técnica processual, a cada emenda à inicial a parte acionada deveria ter assegurada nova vista dos autos, em nome do contraditório e da ampla defesa. Então, corria-se o risco de se ter um *sem-fim* de processo, composto de atos repetitivos, em prejuízo da sua duração razoável.

Examinando as restrições impostas pelo STF, chega-se à conclusão, ainda, de que ele acabou vedando às entidades de servidores públicos a discussão de políticas econômicas e combate de atos governamentais pela via abstrata do controle normativo. Ficaram os casos particulares e de menor repercussão tanto na matéria em si, quanto na forma de combater a inconstitucionalidade dos atos normativos. Obviamente, a entidade representativa da categoria poderia se valer de outros instrumentos, os quais, no entanto, têm finalidade diversa da ADI e não apresentam o mesmo alcance nem a mesma utilidade.

Capítulo 24
O CASO "HUMBERTO LUCENA". RUPTURA DA SEPARAÇÃO ENTRE OS PODERES

Quais os limites da anistia?
Em que ocasiões o Legislativo pode elaborar leis
que anistiem o condenado pelo Judiciário?
Como ficam os princípios da impessoalidade
e da abstração da norma?
A elaboração de leis também não se submete
ao cânone de eticidade?

Mais um caso interessa trazer à colação, mesmo *en passant*: o de Humberto Lucena, ex-Presidente do Senado Federal, com importante participação na história política do País, à época da promulgação da CF/1988. Este Senador, candidato outra vez ao cargo em 1994, fora acusado de utilizar a máquina pública (gráfica do Senado Federal) em benefício pessoal, próprio, por haver confeccionado calendários em grande quantidade, distribuindo-os ao eleitorado. A questão foi parar no Tribunal Superior Eleitoral (TSE), que afirmou "configurar-se, no caso concreto, abuso de poder de autoridade e uso indevido de recursos públicos, criando-se, também, situação de desigualdade com os demais candidatos. Propaganda eleitoral vedada". Por meio de recurso apropriado, a matéria foi submetida pelo Senador Humberto Lucena ao STF, que sequer conheceu do apelo interposto, restando incólume a decisão do TSE, *verbis*:

"Caso Humberto Lucena. 1 – Recurso Extraordinário. Matéria Eleitoral.
Candidato ao Senado Federal. Registro. Cassação. Inelegibilidade. Propaganda
Eleitoral. Abuso do Poder de Autoridade. Lei Complementar n. 64/1990, art. 22,
XIV. 2 – Decisão do Tribunal Superior Eleitoral que afastou alegação do ora re-
corrente de intempestividade do Recurso Ordinário interposto pelo Ministério
Público Eleitoral contra Acórdão de Tribunal Regional Eleitoral, ao julgar im-

O CASO "HUMBERTO LUCENA". RUPTURA DA SEPARAÇÃO ENTRE OS PODERES   511

procedente a representação. Intimação do Ministério Público. Forma. Lei Orgânica do Ministério Público (Lei n. 8.625, de 12.2.1993), art. 41, IV. Intimação pessoal. Inocorrência da intimação, para os efeitos legais, com a mera assinatura do órgão do Ministério Público aposta no acórdão. Matéria decidida pelo Tribunal Superior Eleitoral, com base na interpretação dada à legislação infraconstitucional e à vista dos fatos. Não cabe reapreciar esse ponto em Recurso Extraordinário, por não se configurar questão constitucional. Constituição, art. 102, inc. III. Súmula 279. Alegação de ofensa a coisa julgada que não é, desse modo, suscetível de acolhida. A ofensa à Constituição, para servir de base ao Recurso Extraordinário, há de ser direta e frontal, e não verificável por via oblíqua. Precedentes do STF. *3* – Calendários de 1994, com fotografia do candidato, impressos na gráfica do Senado Federal, em grande volume, e distribuídos ao eleitorado do Estado onde o parlamentar é candidato à vaga de Senador. Decisão do Tribunal Superior Eleitoral que afirmou configurar-se, no caso concreto, abuso de poder de autoridade e uso indevido de recursos públicos, criando-se, também, situação de desigualdade com os demais candidatos. Propaganda eleitoral vedada. Não cabe, em Recurso Extraordinário, reexaminar os fatos e as provas considerados nas decisões dos Tribunais Eleitorais. Discussão em torno da caracterização do abuso de autoridade e de propaganda eleitoral ilícita, que se realizou nas instâncias ordinárias, à vista dos fatos, provas e da legislação infraconstitucional. Inviabilidade de reapreciação da matéria em Recurso Extraordinário. Constituição, art. 102, III, e Súmula 279. *4 – Alegação de cerceamento de defesa insuscetível de acolhimento. 5* – Não se caracteriza, na hipótese, a alegada interferência indevida do Poder Judiciário em matéria *interna corporis* do Poder Legislativo. O acórdão não anula sequer ato algum do Senado Federal referente à organização e funcionamento da gráfica, nem quanto às denominadas quotas anuais utilizáveis pelos parlamentares, de acordo com normas internas da Casa Legislativa. No caso, o Tribunal Superior Eleitoral julgou a ação do recorrente, ao distribuir ao eleitorado calendários com fotografias, impressos na gráfica do Senado Federal, concluindo que ocorreu abuso do poder de autoridade e propaganda vedada, tendo como aplicável à hipótese o art. 22, XIV, da Lei Complementar n. 64/1990. A Justiça Eleitoral, no exercício de sua competência, reconheceu, diante dos fatos, que o recorrente descumpriu a lei específica. *Direitos Políticos, Legislação Eleitoral. Normalidade e Legitimidade das Eleições. Constituição, art. 14, § 9º.* Não cabe, na espécie, a alegação de ofensa ao art. 2º, da Constituição. *6* – Recurso Extraordinário não conhecido."[1]

---

1. STF, Pleno, RE 186.0880/210-DF(PB), m.v., Rel. Min. Néri da Silveira, j. 30.11.1994, *DJU* 24.2.1995, p. 3.696; *Ementário* 1.776.06, p. 1.149.

512 O SUPREMO TRIBUNAL FEDERAL NA CRISE INSTITUCIONAL BRASILEIRA

Após esta decisão do STF, em uma expressão exemplar do seu corporativismo, o Congresso Nacional tomou a iniciativa da Lei 8.985/1995, que tratou da anistia aos candidatos às eleições de 1994, processados ou condenados com fundamento na legislação eleitoral em vigor, nos casos ali especificados. O texto legal, devidamente editado e publicado, tomou a seguinte redação:

"Lei n. 8.985, de 7 de fevereiro de 1995.

"Concede, na forma do inciso VIII do artigo 48 da Constituição Federal, anistia aos candidatos às eleições de 1994, processados ou condenados com fundamento na legislação eleitoral em vigor, nos casos que especifica.

"Art. 1º. É concedida anistia especial aos candidatos às eleições gerais de 1994, processados ou condenados ou com registro cassado e conseqüente declaração de inelegibilidade ou cassação do diploma, pela prática de ilícitos eleitorais previstos na legislação em vigor, que tenham relação com a utilização dos serviços gráficos do Senado Federal, na conformidade de regulamentação interna, arquivando-se os respectivos processos e restabelecendo-se os direitos por eles alcançados. Parágrafo único. Nenhuma outra condenação pela Justiça Eleitoral ou quaisquer outros atos de candidatos considerados infratores da legislação em vigor serão abrangidos por esta lei. Art. 2º. Somente poderão beneficiar-se do preceituado no *caput* do artigo precedente os membros do Congresso Nacional que efetuarem o ressarcimento dos serviços individualmente prestados, na conformidade de tabela de preços para reposição de custos aprovada pela Mesa do Senado Federal, excluídas quaisquer cotas de gratuidade ou descontos. Art. 3º. Esta lei entra em vigor na data de sua publicação, aplicando-se a quaisquer processos decorrentes dos fatos e hipóteses previstos no art. 1º desta lei."

Como se vê, a lei anistiou o Senador Humberto Lucena, tornando sem efeito a decisão condenatória do TSE e a confirmatória do STF. E, pior, a lei foi dirigida àquele Senador, especificamente. Seu DNA manifestava-se em cada disposição, tauxiado na genética legal.

O Conselho Federal da OAB, detectando a inconstitucionalidade da norma e a *jogada política* do Congresso, ingressou com ADI contra a referida lei, ao argumento de que ela ofendia o art. 1º, CF. A exordial sustentou que "na vigência do Estado Democrático de Direito, impõe-se a regra proibitória de leis específicas e direcionadas para casos concretos", como era aquele. Aduziu que, na hipótese, a lei fora editada e estava em vigência "para atender a casos pretéritos e futuros, in-

O CASO "HUMBERTO LUCENA". RUPTURA DA SEPARAÇÃO ENTRE OS PODERES   513

clusivamente para desfazer condenação imposta pela Alta Corte Eleitoral e confirmada por essa Excelsa e Suprema Corte". Salientou que a missão constitucional conferida pelo corpo eleitoral ao Congresso Nacional "cifra-se na competência legislativa para elaboração de leis que consultem aos interesses coletivos e públicos". Tinha-se, em liça, caso particular disciplinado por uma lei dirigida, direcionada a um parlamentar.

No respeitante, especificamente, ao instituto da anistia, acrescentou:

"A anistia é sempre genérica, conferida pelo Congresso Nacional para realizar, por uma lei, um interesse público, vale dizer, de toda a sociedade em que se esqueçam os atos causados pelos beneficiários para que a paz social se restabeleça.

"A anistia especial concedida pelo Congresso Nacional tenta, rigorosamente ao contrário desse objetivo de satisfazer o interesse público, esconder do povo causa imoral e julgada como a ele contrária e que culminou com a condenação dos beneficiários daquele ato.

"Mais ainda, sendo membros do próprio Congresso Nacional os beneficiários da norma, tem-se que, além de não ser anistia o ato concessivo do benefício de se excluírem do Direito os praticantes das infrações julgadas, também não é lei o ato dele emanado e dotado daquele título, porque não é geral, nem abstrato, nem se dirige a assegurar o interesse público.

"Mas se lei fosse, não poderia ser considerada válida, por ter sido elaborada e promulgada em matéria de competência de outro Poder do Estado, como é a concessão de indulto.

"Não há república de castas. Não há república em castas ou corporações."[2]

A Lei 8.985/1995 ofendeu e rompeu o princípio da separação dos Poderes, eis que implicou, diretamente, no desfazimento de uma decisão judiciária transitada em julgado, em benefício de "pessoas específicas".[3] Na verdade, ao conteúdo da lei só faltou nominar a quem ela amparava: o Senador Humberto Lucena, anteriormente condenado pelo Tribunal Superior Eleitoral, em aresto confirmado pelo STF (ementa já transcrita).

2. Petição transcrita na *RTDP* 10/278-79, 1995.
3. Rigorosamente, em favor de *uma* pessoa específica.

514 O SUPREMO TRIBUNAL FEDERAL NA CRISE INSTITUCIONAL BRASILEIRA

Ainda hoje não se sabe ao certo o resultado final desta ADI, ajuizada pelo Conselho Federal da OAB, porquanto não há registro de publicação do acórdão respectivo no *Diário da Justiça* nem no site do STF. Porém,

Em 15.12.2005, o STF concluiu o julgamento da ADI 1231-DF (Rel. Min. Carlos Velloso), por sua improcedência, sendo vencidos os Ministros Marco Aurélio, Carlos Britto e Sepúlveda Pertence:

Ementa: Constitucional. Anistia: Lei Concessiva. Lei 8.985, de 7.2.95. CF, art. 48, VIII, art. 21, XVII. Lei de Anistia: Norma Geral. I – Lei 8.985/95, que concede anistia aos candidatos às eleições gerais de 1994, tem caráter geral, mesmo porque é da natureza da anistia beneficiar alguém ou a um grupo de pessoas. Cabimento da ação direta de inconstitucionalidade. II – A anistia, que depende de lei, é para os crimes políticos. Essa é a regra. Consubstancia ela ato político, com natureza política. Excepcionalmente, estende-se a crimes comuns, certo que, para estes, há o indulto e a graça, institutos distintos da anistia (CF, art. 84, XII). Pode abranger, também, qualquer sanção imposta por lei. III – A anistia é ato político, concedido mediante lei, assim da competência do Congresso e do Chefe do Executivo, correndo por conta destes a avaliação dos critérios de conveniência e oportunidade do ato, sem dispensa, entretanto, do controle judicial, porque pode ocorrer, por exemplo, desvio do poder de legislar ou afronta ao devido processo legal substancial (CF, art. 5º, LIV). IV – Constitucionalidade da Lei 8.985, de 1995. V – ADI julgada improcedente.

Durante este estudo, foi possível acompanhar uma série de incidentes processuais, criados no curso da ADI 1.231-DF, em prejuízo do esperado andamento. Inclusive, quando das informações prestadas pelo Congresso Nacional ao STF, houve insultos ao membro da OAB signatário da petição da ADI, no que houve resposta à altura. Veja-se, à guisa de exemplo:

"STF, Pleno, ADI 1.231DV-2-DF, Rel. Min. Marco Aurélio:

"1 – *Decisão*: Por *maioria* de votos, vencidos os Ministros Marco Aurélio (Relator) e Celso de Mello, o Tribunal decidiu que o julgamento do agravo regimental se proceda nos termos da parte final do art. 93, inciso IX da CV. Em seguida, na ausência ocasional do Ministro Octávio Gallotti, o Tribunal suspendeu o julgamento por falta de *quorum* para a decisão de matéria constitucional. Votou o Presidente. Ausentes, justificadamente, os Ministros Carlos Velloso, Ilmar Galvão e Francisco Rezek. Vice-Procurador-Geral da República, Dr. Haroldo Ferraz da Nóbrega. – Plenário, 14.9.1995.

O CASO "HUMBERTO LUCENA". RUPTURA DA SEPARAÇÃO ENTRE OS PODERES 515

"2 – Por *maioria* de votos, o Tribunal *negou provimento* ao agravo, vencidos os Ministros Maurício Corrêa e Ilmar Galvão. Votou o Presidente. Ausente, ocasionalmente, o Ministro Celso de Mello. – Plenário, 28.3.96 (*DJU* 22.8.1997). Sem Liminar.

"3 – *Contraditório – Poder de Polícia Processual – Impressões injuriosas – Riscadura – Artigo 15 do Código de Processo Civil*. A providência prevista no artigo 15 do Código de Processo Civil prescinde do contraditório, ainda que ocorra mediante provocação de uma das partes. *Processo – Expressões Injuriosas – Sentido*. Partes, representantes processuais, membros do Ministério Público e magistrados devem-se respeito mútuo. A referência a expressões injuriosas contida no artigo 15 do Código de Processo Civil compreende o uso de todo e qualquer vocábulo que discrepe dos padrões costumeiros, atingindo as raias da ofensa. *Parlamentar – Inviolabilidade – Informações em Ação Direta de Inconstitucionalidade*. A imunidade material de que cuida o artigo 53 da Constituição Federal não alcança informações prestadas, em ação direta de inconstitucionalidade, por parlamentar, cabendo a aplicação do disposto no artigo 15 do Código de Processo Civil. Improvido" (STF, Pleno, AGRADI-1.231-DF, Rel. Min. Marco Aurélio, j. 28.3.1996, m.v., *DJU* 22.8.1997, p. 38.765; *Ementário* 01.879-02, p. 223). *Observação:* O AGRADI-1.231 foi julgado de acordo com a parte final do inciso IX, do artigo 93 da Constituição Federal.

Supunha-se que a ADI seria simplesmente extinta, por se encontrar prejudicada, considerando-se que perdera seu objeto, pois o único beneficiário dela (Senador Humberto Lucena, PMDB-PB) falecera em 13.4.1998, e as eleições a que ele concorreria já transcorreram há lustros.[4] A decisão do STF, portanto, não apresentava mais nenhuma utilidade prática em 2005, por conseqüência da sua demora. Então, o primado da harmonia e independência entre os Poderes restou inobservado, tendo a balança pendido para o Legislativo, enquanto o STF caiu inerte na solução de tão relevante matéria.

E a história voltou a se repetir alguns anos depois, agora em novembro de 2004, quando se tratou da anistia do Senador João Capiberi-

---

4. Anteriormente, em 26.2.1993, o STF concluíra que "atos estatais de efeitos concretos, ainda que veiculados em texto de lei formal, não se expõem, em sede de ação direta, à jurisdição constitucional abstrata do Supremo Tribunal Federal. A ausência de densidade normativa no conteúdo do preceito legal impugnado desqualifica-o – enquanto objeto juridicamente inidôneo – para o controle normativo abstrato" (ADI 842-1-DF, Rel. Min. Celso de Mello, *DJU* 14.5.1993; *RTDP* 4/280, 1993).

be e sua mulher, Deputada Janete Capiberibe, ambos do PSB do Amapá, que haviam sido cassados em abril pelo TSE, por compra de votos. Novamente, o Senado Federal elaborou o projeto de lei, em condições idênticas ao que ocorrera com o caso Senador Humberto Lucena, de que se tratou neste capítulo. Desta feita, o Min. Eros Grau restabeleceu ditos mandatos em 17.11.2004, o que evitou escândalo maior, que fragilizaria ainda mais o Judiciário.[5] E, mais uma vez, foi a OAB a se opor contra a lei da anistia do casal.

São condutas como estas da Casa Legislativa Federal, não espancadas pelo STF, que mancham a moralidade administrativa e fazem o povo descrer das Instituições nacionais. Constituem estímulo à corrupção e aos comportamentos antiéticos, assinalados pela impunidade institucionalizada.

5. Vejam-se AC 509-AP/MC, RE 446.907-AP e RE-QO 446.907-AP.

Capítulo 25
A ILEGITIMIDADE DO MINISTÉRIO PÚBLICO PARA PROPOR AÇÃO CIVIL PÚBLICA QUE VERSE SOBRE TRIBUTOS

A quem beneficia a atuação do Ministério Público no ajuizamento de Ação Civil Pública que contrarie a cobrança de tributos?

Convém trazer outro caso jurisprudencial, agora pertinente à atuação do Ministério Público, em caráter restritivo.

Tratava-se de recurso extraordinário interposto, simultaneamente, a recurso especial contra acórdão do Tribunal de Alçada do Estado do Paraná. No mérito, o Supremo Tribunal manteve o acórdão recorrido que negara legitimidade ao Ministério Público para a propositura de ação civil pública visando à revisão de lançamentos do IPTU do Município de Umuarama. Vencido o Min. Marco Aurélio, que conhecia e dava provimento ao Recurso Extraordinário do Ministério Público.[1] No mesmo sentido, o Supremo Tribunal confirmou acórdão do Tribunal de Justiça de Minas Gerais que, declarando a ilegitimidade do Ministério Público para propor ação civil pública que versasse sobre tributos, julgara extinta "sem julgamento do mérito" ação civil pública contra a taxa de iluminação pública do Município de Rio Novo (Lei 23/1973), novamente sendo vencido o Min. Marco Aurélio.[2]

Por amostragem, eis uma dessas decisões do STF:

---

1. STF, Pleno, RE 195.056-PR, Rel. Min. Carlos Velloso, em 9.12.1999; *Informativo-STF* 174, de 6-10.12.1999.
2. STF, Pleno, RE 213.631-MG, Rel. Min. Ilmar Galvão, em 9.12.1999; *Informativo* 174, de 6-10.12.1999.

518   O SUPREMO TRIBUNAL FEDERAL NA CRISE INSTITUCIONAL BRASILEIRA

"Ministério Público. Ação civil pública. Taxa de iluminação pública do município de Rio Novo-MG. Exigibilidade impugnada por meio de ação pública, sob alegação de inconstitucionalidade. Acórdão que concluiu pelo seu não-cabimento, sob invocação dos arts. 102, I, 'a', e 125, § 2º, da Constituição. Ausência de legitimidade do Ministério Público para ações da espécie, por não configurada, no caso, a hipótese de interesses difusos, como tais considerados os pertencentes concomitantemente a todos e a cada um dos membros da sociedade, como um bem não individualizável ou divisível, mas, ao revés, interesses de grupo ou classe de pessoas, sujeitos passivos de uma exigência tributária cuja impugnação, por isso, só pode ser promovida por eles próprios, de forma individual ou coletiva. Recurso não conhecido" (STF, Pleno, RE 213.631-0-MG, Rel. Min. Ilmar Galvão, *Informativo-STF* 184, de 12.4.2000; *DJU* 7.4.2000).

Manifestando-se sobre a decisão do STF no RE 213.631-MG, a propósito da legitimação do Ministério Público em casos de tributos, Eduardo Gabriel Saad opinou que falecia legitimidade ao Ministério Público para propor ação civil pública contra tributos, em acepção ampla. Todavia – prosseguiu o jurista –, em se tratando de taxa (na hipótese, de iluminação pública municipal), verifica-se que o Município, *in casu*, é um prestador de serviços e, por via de conseqüência, a ele se aplica o preceituado no art. 3º do Código de Defesa do Consumidor (Lei 8.078, de 11.9.1990). E, empós transcrever este dispositivo e o art. 77 do CTN, inferiu que o Município, sendo um fornecedor de serviços, como o é no caso marginado, não só ficava sujeito à normação do Código de Defesa do Consumidor como, também, podia ser o alvo de uma ação civil pública proposta por um dos seus legitimados – o Ministério Público (art. 5º, da Lei 7.347, de 24.7.1985). Logo, "se o Município de Rio Novo, como fornecedor de luz elétrica, violou um dos preceitos do Código de Defesa do Consumidor, é cabível a ação civil pública".[3]

Esta decisão do STF foi repetida outras vezes pelos membros da Corte. E, em 24.8.2001, a MP 2.180-35 deu nova redação ao art. 1º da Lei 7.347/1985 (Lei da Ação Civil Pública), cujo parágrafo único passou a dispor:

"Parágrafo único. Não será cabível ação civil pública para veicular pretensões que envolvam tributos, contribuições previdenciárias, o Fundo de Ga-

---

3. Eduardo Gabriel Saad, "Resenha LTR", *Suplemento Trabalhista* 27/137.

ILEGITIMIDADE DO MP PARA PROPOR AÇÃO CIVIL PÚBLICA SOBRE TRIBUTOS   519

rantia do Tempo de Serviço – FGTS ou outros fundos de natureza institucional cujos beneficiários podem ser individualmente determinados."

Referida MP é uma daquelas pérolas editadas pelo Presidente da República às vésperas da EC 32/2001 (que alterou a disciplina das MPs, v. Capítulo 15), com o intuito de vigorar indefinidamente, encontrando-se, de fato, ainda vigente.

O certo é que o STF tolheu a legitimidade do principal defensor da população simples em matéria tributária (o Ministério Público). A população leiga que não dispõe de conhecimento nem meios jurídicos para questionar as centenas de pequenos valores, comuns a todos, cobrados pelo Poder Público. O Supremo Tribunal sacralizou a imponência do Poder Público, limitando a discutibilidade de seus atos, na medida em que vedou a defesa da população pelo *Parquet*.

Desta forma, a função do Ministério Público foi restringida por interpretação do Supremo Tribunal. E a participação democrática da população nos atos do Poder Público ficou ainda mais restrita, sendo presa fácil à ganância tributária. As grandes empresas, os grupos econômicos, têm seus advogados tributaristas para combater as ilegalidades do Poder Público. No entanto, os contribuintes mais humildes, aqueles que, isoladamente, não acionariam toda a máquina judiciária para discutir questão de pequeno porte, ficaram ao desamparo do Estado. Quando multiplicados por milhares de contribuintes, os tributos, inicialmente de pequeno valor, assumem proporções milionárias. E ninguém mais apropriado do que o Ministério Público para resistir à ilegalidade, em nome e defesa da população. A Defensoria Pública da União ainda padece de muitas carências, e as dos Estados têm um histórico de dificuldades crônicas as mais diversas, ambas sem condições práticas efetivas de desempenhar a atuação que o STF negou ao Ministério Público.

Capítulo 26
PROCESSO LEGISLATIVO E PRINCÍPIO DA LEGALIDADE. MATÉRIA "INTERNA CORPORIS"

O que se entende por matéria "interna corporis"?
O Judiciário não pode julgá-las?

Em 1996, foi submetido ao STF Mandado de Segurança contra ato do Presidente da Câmara dos Deputados, relativamente à tramitação de Emenda Constitucional (MS 22.503-3-DF). Alegava-se a violação de normas do Regimento Interno da Câmara e de preceito constitucional (art. 60, § 5º, CF). No pano de fundo, o Mandado de Segurança atacava a reapreciação, na mesma sessão legislativa, de proposta de Emenda Constitucional do Poder Executivo, que "modifica o sistema de previdência social e estabelece normas de transição e dá outras providências". O *writ* foi parcialmente conhecido, e neste ponto (na parte *conhecida*) foi indeferido.

Neste MS (n. 22.503-3-DF), o STF consolidou o entendimento de que a norma regimental do Executivo Federal não poderia ser apreciada pela Corte, por ser matéria *interna corporis* da Casa Legislativa. Desta forma, os atos daquele Poder só poderiam ser apreciados pela Corte Judiciária se ofendessem frontalmente a Constituição Federal. A matéria da legalidade passava ao lado, não podendo ser alvo de pronunciamento do STF, para evitar a quebra da independência entre os Poderes.

E, ao fim, foi este o resultado do julgamento:

"*Mandado de segurança impetrado contra ato do Presidente da Câmara dos Deputados, relativo à tramitação de Emenda Constitucional. Alegação de violação de diversas normas do Regimento Interno e do art. 60, § 5º, da Consti-*

PROCESSO LEGISLATIVO – MATÉRIA "INTERNA CORPORIS"   521

tuição Federal. Preliminar: impetração não conhecida quanto aos fundamentos regimentais, por se tratar de matéria 'interna corporis' que só pode encontrar solução no âmbito do Poder Legislativo, não sujeita à apreciação do Poder Judiciário; conhecimento quanto ao fundamento constitucional. Mérito: Reapresentação, na mesma sessão legislativa, de proposta de Emenda Constitucional do Poder Executivo, que modifica o sistema de previdência social, estabelece normas de transição e dá outras providências *(PEC n. 33-A, de 1995)*. I – Preliminar: 1) Impugnação de ato do Presidente da Câmara dos Deputados que submeteu a discussão e votação emenda aglutinativa, com alegação de que, além de ofender ao par. único do art. 43 e ao § 3º do art. 118, estava prejudicada nos termos do inc. VI do art. 163, e que deveria ter sido declarada prejudicada, a teor do que dispõe o n. 1 do inc. I do art. 17, todos do Regimento Interno, lesando o direito dos impetrantes de terem assegurados os princípios da legalidade e moralidade durante o processo de elaboração legislativa. A alegação, contrariada pelas informações, de impedimento do relator – matéria de fato – e de que a emenda aglutinativa inova e aproveita matérias prejudicada e rejeitada, para reputá-la inadmissível de apreciação, é questão *interna corporis* do Poder Legislativo, não sujeita à reapreciação pelo Poder Judiciário. Mandado de segurança não conhecido nesta parte. 2) Entretanto, ainda que a inicial não se refira ao § 5º do art. 60 da Constituição, ela menciona dispositivo regimental com a mesma regra; assim interpretada, chega-se à conclusão que nela há ínsita uma questão constitucional, esta sim, sujeita ao controle jurisdicional. Mandado de segurança conhecido quanto à alegação de impossibilidade de matéria constante de proposta de emenda rejeitada ou havida por prejudicada poder ser objeto de nova proposta na mesma sessão legislativa. II – Mérito: 1) Não ocorre contrariedade ao § 5º do art. 60 da Constituição na medida em que o Presidente da Câmara dos Deputados, autoridade coatora, aplica dispositivo regimental adequado e declara prejudicada a proposição que tiver substitutivo aprovado, e não rejeitado, ressalvados os destaques (art. 163, V). 2) É de ver-se, pois, que tendo a Câmara dos Deputados apenas rejeitado o substitutivo, e não o projeto que veio por mensagem do Poder Executivo, não se cuida de aplicar a norma do art. 60, § 5º, da Constituição. Por isso mesmo, afastada a rejeição do substitutivo, nada impede que se prossiga na votação do projeto originário. O que não pode ser votado na mesma sessão legislativa é a emenda rejeitada ou havida por prejudicada, e não o substitutivo que é uma subespécie do projeto originariamente proposto. 3) Mandado de segurança conhecido em parte, e nesta parte indeferido" (STF, MS 22.503-3-DF, Rel. p/acórdão Min. Maurício Corrêa, j. 8.5.1996; *Informativo-STF* 74, de 2-6.6.1997).

522 O SUPREMO TRIBUNAL FEDERAL NA CRISE INSTITUCIONAL BRASILEIRA

A decisão teve repercussão posteriormente, em casos de alta relevância, valendo citar o incidente da "CPI dos Bancos":

Dos 81 senadores da Casa Legislativa Federal, 29, portanto mais de um terço, subscreveram requerimento ao Presidente do Senado Federal para a criação de Comissão Parlamentar de Inquérito (CPI), com a finalidade de apurar responsabilidade civil e criminal contra o Sistema Financeiro Nacional. O requerimento pedia a investigação, "em profundidade, da prática, denunciada pela imprensa, de atividades ilícitas relacionadas com empréstimos e balancetes fictícios, já analisados ou em análise pelo Banco Central do Brasil e, assim, também, a remessa ilegal de moeda para o exterior" (29.2.1996).

O requerimento foi recebido e o Presidente do Senado o admitiu, determinando o seu regular processamento, transcorrendo o prazo regimental sem impugnação, de forma que a CPI ficou criada.

No entanto, depois de designados sete (a maioria) dos membros que integrariam a CPI, sobreveio questão de ordem, levantada pelo Senador Hugo Napoleão, para arquivar o requerimento, com alegação de duas nulidades por falta de requisitos essenciais à sua validade: *a)* inexistência de *fato determinado* (art. 58, § 3º, CF); e *b)* não estipulação do *limite das despesas a serem realizadas* (art. 145, § 1º, Reg. Interno).

Por ter o Presidente do Senado indeferido a questão de ordem e, conseqüentemente, o pedido de arquivamento do Requerimento 196/1996, seguiu-se recurso (n. 2/1996) para o Plenário. Ouvida previamente a Comissão de Constituição, Justiça e Cidadania, de que resultou o Parecer 131/1996, favorável ao acolhimento da pretensão recursal por ambos os fundamentos, o Plenário deu provimento ao apelo, por 48 votos contra 24 (e três abstenções), sendo arquivado o Requerimento anterior e a conseqüente extinção da CPI. Esta decisão foi comunicada pelo Presidente do Senado ao Presidente da "CPI dos Bancos", Senador Espiridião Amin.

Objetivando suspender a eficácia deste Ofício, Antônio Carlos Valladares e outros 16 senadores impetraram, perante o STF, o MS 22.494-1-DF, Rel. Min. Maurício Corrêa.[1]

---

1. *JSTF* 228/137-178, dados extraídos do Relatório do acórdão.

PROCESSO LEGISLATIVO – MATÉRIA "INTERNA CORPORIS"

No julgamento da ação, foi rejeitada a preliminar de que o MS tinha sido impetrado contra o *Plenário* do Senado, quando a competência do STF era (e é) para julgar MS impetrado contra atos da *Mesa* do Senado. Numa segunda preliminar, o Min. Relator justificou que a Corte, traduzindo o pensamento da maioria dos seus Ministros, "está orientada no sentido de que no caso de impetração de mandado de segurança contra atos das Mesas da Câmara dos Deputados ou do Senado Federal, só se conhece do pedido 'nos limites do fundamento constitucional'".[2]

Por maioria, o STF, citando o precedente do MS 22.503-3-DF (Min. Maurício Corrêa), concluiu que a Corte não podia ingressar na legalidade do § 1º do art. 145 do Regimento Interno do Senado, por ser matéria *interna corporis*. A outra discussão, sobre o preceito constitucional (art. 58, § 3º, CF), restou prejudicada, por incidência do *"princípio* contido na Súmula 283" do STF.[3] Salientou o voto vencedor (Min. Maurício Corrêa) que, tendo o ato impugnado dois fundamentos, "cada um deles por si só suficiente", era inútil a prestação da tutela jurisdicional àquele caso, pois a Corte só poderia enfrentar um dos fundamentos (a matéria constitucional), considerando o outro – regimental – estar fora da jurisdição do Supremo. E este fundamento sustentaria o ato atacado, por estar imune à apreciação do STF. Finalizando, a Corte seguiu o voto do Relator, concluindo pelo não conhecimento do *writ*.

Pois bem: a decisão consagrou a possibilidade de a norma regimental, de qualquer casa legislativa, *dispor contra a lei*. Vale dizer, desde que não seja inconstitucional, a norma regimental está livre da legislação. Não se vincula à lei nem lhe deve obediência. E, no caso de inconstitucionalidade da norma regimental, a apreciação judiciária só será possível mediante a aplicação do preceito constitucional aos casos concretos (e não, propriamente, do cotejo da norma regimental com a CF).

Mais apropriada a observação do Min. Celso de Mello (vencido) quando afirmou que a questão *interna corporis*, desvestida de repercussão constitucional, deve ser resolvida, com exclusividade, no âmbito do Poder Legislativo. Mas isto desde que o ato ocorra na esfera da exclu-

2. *JSTF* 228/15a0, Min. Maurício Corrêa.
3. *JSTF* 228/151, Min. Maurício Corrêa. Dispõe a Súmula 283-STF que "é inadmissível o recurso extraordinário, quando a decisão recorrida assenta em mais de um fundamento suficiente e o recurso não abrange todos eles".

524 O SUPREMO TRIBUNAL FEDERAL NA CRISE INSTITUCIONAL BRASILEIRA

siva competência discricionária desse Poder; logo, ficam ressalvadas, para efeito de apreciação judicial, "as hipóteses de lesão ou de ameaça a direitos públicos subjetivos".[4] Este entendimento foi corroborado com o voto do Min. Marco Aurélio (também vencido), o qual sustentou que os regimentos internos das Casas Legislativas, "estão submetidos, tal como qualquer diploma legal, ao princípio insculpido na Carta de 1988, que é o da legalidade". Pelo princípio da legalidade, não pode a maioria do Senado, por conveniências momentâneas, ditar a regra de plantão para disciplinar a matéria.[5] E complementou este Ministro:

"E aí, por isso ou por aquilo, tendo em conta as repercussões do tema, o que noticiaram os veículos de comunicação, à época, surgiu a toda poderosa maioria, que, a pretexto de não se contar com verbas suficientes para prover despesas dessa Comissão, a chamada 'CPI dos Bancos' – e há verbas para muitas outras coisas –, simplesmente fulminou a Comissão Parlamentar de Inquérito já instaurada. Ora, o Regimento Interno condiciona o alcance do preceito constitucional? É possível a inversão de valores? É possível potencializar-se o Regimento Interno da Casa, colocando-se em plano secundário o objetivo maior do § 3º do artigo 58?."[6]

Também vencido, o voto do Min. Sepúlveda Pertence foi no sentido de que havia, no caso, direito fundamental em jogo, pois a CPI é instrumento básico da minoria, dela não precisando a maioria. "A constituição de comissões parlamentares de inquérito para fiscalizar o Governo, sem se converter antes em maioria é direito fundamental da minoria e, portanto, dos deputados que, em determinado episódio, a personalizam, na medida em que firmam requerimento para investigação de fato que consideram relevante".[7]

Em face da sedimentação do STF, não está assegurada garantia às minorias, pois a qualquer momento a maioria da Casa Legislativa pode adotar a postura que quiser, inclusive modificando o seu Regimento Interno, e o Judiciário nada poderá fazer, em razão da natureza *interna corporis* de tais atos. Deste modo, projetos de lei podem ser apreciados e reapresentados de todas as formas, porquanto o STF não terá como

4. *JSTF* 228/165.
5. *JSTF* 228/172.
6. *JSTF* 228/173.
7. *JSTF* 228/178.

PROCESSO LEGISLATIVO – MATÉRIA "INTERNA CORPORIS"

interferir no regular processamento, exceto se houver ofensa literal à Constituição Federal. Então, a participação democrática das minorias queda-se no vazio.

Não há sombra de dúvidas de que existem situações em que resta clara a *impossibilidade* de o Congresso Nacional (poder constituinte derivado) apresentar Projeto de Emenda à Constituição, *v.g.*, sem que isto seja insindicável pelo Judiciário. O exemplo maior se encontra no art. 60, § 4º, CF, segundo o qual não pode sequer ser objeto de deliberação Projeto de Emenda Constitucional tendente a abolir direitos e garantias fundamentais. Não ofende ao princípio da imunidade judiciária das matérias *interna corporis* a apreciação e proibição, pelo STF, de PEC que não se ajuste ao mencionado dispositivo. Aliás, isto já foi analisado pelo próprio STF, nestes termos:

"Mandado de Segurança contra ato da Mesa do Congresso que admitiu a deliberação de proposta de emenda constitucional que a impetração alega ser tendente à abolição da república. Cabimento do mandado de segurança em hipóteses em que a vedação constitucional se dirige ao próprio processamento da lei ou da emenda, vedando sua apresentação (como é o caso previsto no parágrafo único do art. 57) ou a sua deliberação (como na espécie). Nesses casos, a inconstitucionalidade diz respeito ao próprio andamento do processo legislativo, e isso porque a Constituição não quer – em face da gravidade dessas deliberações, se consumadas – que sequer se chegue à deliberação, proibindo-a taxativamente. A inconstitucionalidade, se ocorrente, já existe antes de o projeto ou de a proposta se transformar em lei ou em emenda constitucional, porque o próprio processamento já desrespeita, frontalmente, a Constituição. (...)" (STF, Pleno, MS 20.257-DF, Rel. p/acórdão Min. Moreira Alves, j. 8.10.1980, *RTJ* 99/1.031).

De todas estas situações, parece que o argumento da imunidade da matéria *interna corporis* vem, vez por outra, em auxílio de uma opção política do Judiciário (*rectius*, do STF) em não apreciar questões mais complexas, justificando o seu afastamento do cenário político.

Esta opção tem seus prós e seus contras, a serem muito bem averiguados em cada situação concreta.

Capítulo 27
OS RECURSOS EXTRAORDINÁRIOS
NA JUSTIÇA DO TRABALHO

Como o STF vem tratando os recursos extraordinários
provenientes da Justiça do Trabalho?
O STF está afinado com os direitos sociais,
a ponto de compreender toda a sua dimensão
e a sua envergadura constitucional?

José Alberto Couto Maciel desenvolveu magnífico artigo publicado na revista jurídica *Consulex*, acerca do *recurso extraordinário* no âmbito do STF em matéria trabalhista.[1] A hipótese do Articulista, comprovada no seu trabalho investigativo, é que "a postulação do recurso extraordinário na área trabalhista está jurisprudencialmente vetada", tendo o STF julgado contra a própria Constituição paara inadmitir recursos extraordinários do TST, exceto quando, a seu livre-alvedrio, entende por recebê-los. Desta forma, o STF cria uma discriminação inconstitucional, pois parte do pressuposto de que as ofensas judiciais envolvendo Direito do Trabalho só vilipendiam a Constituição reflexamente, o que leva ao descabimento do recurso extraordinário, o qual exige que a violação da decisão recorrida seja direta e frontal ao texto constitucional (art. 102, III, CF; art. 541 e ss., CPC). Alberto Couto Maciel transcreve a seguinte ementa do STF, que é emblemática e sintetiza o entendimento da Corte:

"A jurisprudência do Supremo Tribunal Federal, pronunciando-se em causas de natureza trabalhista, deixou assentado que, em regra, as alegações de

---

1. José Alberto Couto Maciel, "Pode o STF julgar Contra a Constituição?", *Revista Jurídica Consulex* 179.

OS RECURSOS EXTRAORDINÁRIOS NA JUSTIÇA DO TRABALHO   527

desrespeito aos postulados da legalidade, do devido processo legal, da motivação dos atos decisórios, do contraditório, dos limites da coisa julgada e da prestação jurisdicional, podem configurar, quando muito, situações de ofensa meramente reflexa ao texto da Constituição, circunstância essa que impede a utilização do recurso extraordinário. Precedentes (...)" (AI 339.862, 2ª T., Min. Celso de Mello).

Para corroborar a pesquisa de Couto Maciel, acrescenta-se a seguinte ementa:

"STF, AI 628.526-SP

"Relator Min. Celso de Mello, *DJU* 22.2.2007, p. 65.

"*Despacho*

"*Decisão*: A jurisprudência do Supremo Tribunal Federal, em matéria trabalhista, firmou orientação no sentido de que a discussão em torno dos pressupostos de admissibilidade do recurso de revista não viabiliza o acesso à via recursal extraordinária, por tratar-se de tema de caráter eminentemente infraconstitucional (*RTJ* 131/311, Rel. Min. Sydney Sanches; *RTJ* 147/255, Rel. Min. Sydney Sanches; *RTJ* 151/276, Rel. Min. Francisco Rezek; *RTJ* 159/328, Rel. Min. Celso de Mello; *RTJ* 159/977, Rel. Min. Celso de Mello). Esse mesmo entendimento, por sua vez, também tem prevalecido, no âmbito deste Tribunal, no que concerne aos requisitos de admissibilidade pertinentes aos recursos trabalhistas em geral (AI 175.681-AgR-MS, Rel. Min. Ilmar Galvão; AI 220.109-DF, Rel. Min. Néri da Silveira; AI 254.389-MG, Rel. Min. Néri da Silveira; AI 260.335-BA, Rel. Min. Néri da Silveira; RE 252.876-AgR-MG, Rel. Min. Maurício Corrêa; RE 257.241-AgR-PR, Rel. Min. Maurício Corrêa; RE 257.345-AgR-PR, Rel. Min. Maurício Corrêa, *v.g.*). Esta Corte, de outro lado, deixou assentado, ainda em sede processual trabalhista, que, em princípio, as alegações de desrespeito aos postulados da legalidade, da motivação dos atos decisórios, do contraditório, do devido processo legal, dos limites da coisa julgada e da prestação jurisdicional podem configurar, quando muito, situações caracterizadoras de ofensa meramente reflexa ao texto da Constituição (AI 158.928-AgR-PR, Rel. Min. Sydney Sanches; AI 165.054-SP, Rel. Min. Celso de Mello; AI 174.473-MG, Rel. Min. Celso de Mello; AI 182.811-SP, Rel. Min. Celso de Mello; AI 188.762-AgR-PR, Rel. Min. Sydney Sanches; RE 236.333-DF, Rel. Min. Marco Aurélio, *v.g.*), hipóteses em que também não se revela cabível o recurso extraordinário. A espécie ora em exame não foge aos padrões acima mencionados, refletindo, por isso mesmo, possível situação de ofensa indireta às prescrições da Carta Política, circunstância essa

528 O SUPREMO TRIBUNAL FEDERAL NA CRISE INSTITUCIONAL BRASILEIRA

que impede – como precedentemente já enfatizado – o próprio conhecimento do recurso extraordinário (*RTJ* 120/912, Rel. Min. Sydney Sanches; *RTJ* 132/455, Rel. Min. Celso de Mello). Cabe registrar, finalmente, que ambas as Turmas do Supremo Tribunal Federal têm reafirmado que a discussão sobre a responsabilidade subsidiária do tomador de serviços, por débitos trabalhistas, fundada no confronto da Lei 8.666/1993 com o Enunciado n. 331/TST (inciso IV), não autoriza a utilização do apelo extremo, por tratar-se de matéria de índole eminentemente infraconstitucional (AI 409.572-AgR-PE, Rel. Min. Ilmar Galvão; AI 416.363-AgR-BA, Rel. Min. Gilmar Mendes; AI 426.702-AgR-MG, Rel. Min. Nelson Jobim; AI 437.106-AgR-RS, Rel. Min. Ellen Gracie, *v.g.*): 'Trabalhista. Responsabilidade subsidiária. Art. 71 da Lei 8.666/93 e Enunciado n. 331, item IV do TST. Controvérsia infraconstitucional. Precedentes. Regimental não provido' (AI 429.938-AgR-PA, Rel. Min. Nelson Jobim, 2ª T.). Sendo assim, e pelas razões expostas, nego provimento ao presente agravo de instrumento, eis que se revela inviável o recurso extraordinário a que ele se refere. Publique-se. Brasília, 11 de dezembro de 2006.

"Ministro Celso de Mello – Relator."[2]

Desta forma, o STF generalizou: sendo a matéria trabalhista, a ofensa à Constituição é reflexa, mesmo quando diga respeito à coisa julgada, ao devido processo legal, à motivação dos atos decisórios, ao contraditório, ao direito adquirido, ao ato jurídico perfeito etc. Assim, quando o recurso extraordinário tiver origem no TST, versando ofensa à coisa julgada, ao ato jurídico perfeito etc., a questão é de mera ofensa à lei, e, portanto, não será admitido o RE; mas se o processo for originário de outro Tribunal (não trabalhista), torna-se cabível o recurso extraordinário(!). Estas são as premissas postas no STF, que, porém, admitem uma

2. Do mesmo Ministro Celso de Mello e de igual teor, citam-se: AI 539.736-SP, *DJU* 17.5.2005, p. 104; AI 513.032-ES, *DJU* 30.9.2004, p. 68; AI 442.853-ES, *DJU* 27.8.2004, p. 99; AI 485.792-SP, *DJU* 3.2.2004, p. 75; AI 477.227-SP, *DJU* 12.12.2003, p. 126; AI 442.898-SP, *DJU* 12.8.2003, p. 45; AI 362.751-MG, *DJU* 4.8.2003, p. 35; AI 437.023-SE, *DJU* 25.4.2003, p. 105; AI 373.788-BA, *DJU* 25.3.2002, p. 40; AI 245.360-PB, *DJU* 25.3.2002, p. 12; AI-AgR 506.977-BA, 2ª T., *DJU* 10.11.2006, p. 62.
Da lavra de outros Ministros do STF, em julgados idênticos: AC 340-RJ, Min. Carlos Britto, *DJU* 2.8.2004, p. 55; RE 252.229-BA, Min. Ilmar Galvão, *DJU* 27.8.2001, p. 49; RE 170.802-RJ, Min. Néri da Silveira, 2ª T., *DJU* 19.12.1996, p. 51.791; AI-AgR 145.244-RJ, 2ª T., Min. Paulo Brossard, *DJU* 17.2.1994, p. 2.750; AI-AgR 146.603-PR, 1ª T., Min. Ilmar Galvão, *DJU* 21.5.1993, p. 9.769.
Este entendimento já vinha desde a CF/1967-1969, inclusive em sede de dissídio coletivo: STF-2ª T., RE 103.332-MG, Min. Néri da Silveira, *DJU* 25.3.1994, p. 5.997.

OS RECURSOS EXTRAORDINÁRIOS NA JUSTIÇA DO TRABALHO   529

ou outra exceção. Todavia, o que se questiona aqui é, exatamente, o fato de as coisas serem colocadas como premissas, como regras gerais.

Couto Maciel informa que um dos eminentes Ministros da Corte Suprema, atualmente já aposentado, chegou a ementar, em diversos despachos denegatórios de recursos extraordinários, que não caberia esta modalidade recursal em matéria trabalhista (AI 276.886 e AI 272.170).[3] Ou seja: o RE só caberia em matéria não trabalhista. Ora, isto é a materialização do menoscabo aos direitos sociais, a negativa do *status* constitucional destes direitos de segunda dimensão; reflete a incompreensão social do mundo do trabalho, das lides empregatícias, pelo STF.[4]

Em seguida, o mesmo articulista acrescenta que, dos despachos da Corte, *negando* recursos extraordinários e agravos, quase todos se referem a recursos em sede de Processo trabalhista. E se reporta a *"RTJ* 120/912, RE 326.333-DF, AI 182.811 e outros".[5] Deste modo, o estudo

3. José Alberto Couto Maciel, "Pode o STF julgar Contra a Constituição?", *Revista Jurídica Consulex* 179/41. Não foi possível identificar o nome do Ministro reportado, apesar da investigação empreendida a partir do estudo de Couto Maciel.
4. Para registrar a contribuição positiva do STF, transcreve-se:
"*Ementa*: Recurso extraordinário. Trabalhista. Ação civil pública. 2. Acórdão que rejeitou embargos infringentes, assentando que ação civil pública trabalhista não é o meio adequado para a defesa de interesses que não possuem natureza coletiva. 3. Alegação de ofensa ao disposto no art. 129, III, da Carta Magna. Postulação de comando sentencial que vedasse a exigência de jornada de trabalho superior a 6 horas diárias. 4. A Lei Complementar n. 75/1993 conferiu ao Ministério Público do Trabalho legitimidade ativa, no campo da defesa dos interesses difusos e coletivos, no âmbito trabalhista. 5. Independentemente de a própria lei fixar o conceito de interesse coletivo, é conceito de Direito Constitucional, na medida em que a Carta Política dele faz uso para especificar as espécies de interesses que compete ao Ministério Público defender (CF, art. 129, III). 6. Recurso conhecido e provido para afastar a ilegitimidade ativa do Ministério Público do Trabalho" (STF-2ª T., RE 213.015-DF, Rel. Min. Néri da Silveira, 8.4.2002, *DJU* 24.5.2002).
"*Estabilidade Provisória e Comunicação da Gravidez*. Considerando que a estabilidade provisória assegurada à empregada gestante (ADCT, art. 10, II, b) independe da prévia comunicação da gravidez ao empregador, a Turma manteve acórdão do TST que, afastando a alegada necessidade de demonstração de confirmação da gravidez para o fim de garantir a estabilidade, assegurara o direito de empregada gestante ao pagamento de indenização decorrente da mencionada estabilidade provisória (ADCT, art. 10, II: 'fica vedada a dispensa arbitrária ou sem justa causa... b) da empregada gestante, desde a confirmação da gravidez até cinco meses após o parto'). Precedente citado: RE 234.186-SP (*DJU* de 31.8.2001)" (STF-1ª T., RE 259.318-RS, Rel. Min. Ellen Gracie, 14.5.2002, *Informativo* 268, de 13-17.5.2002).
5. José Alberto Couto Maciel, "Pode o STF julgar...", cit., p. 39.

530 O SUPREMO TRIBUNAL FEDERAL NA CRISE INSTITUCIONAL BRASILEIRA

leva a duas lamentáveis conclusões: (a) o STF já rejeita, em tese, recurso extraordinário em matéria trabalhista, o que só é admissível excepcionalmente; e (b) os poucos processos que escapam à rejeição generalizante não resistem ao teste concreto do exame de admissibilidade do RE.

O argumento do Articulista é incontestável:

"É evidente que existem muitos recursos extraordinários interpostos contra a última decisão da Justiça do Trabalho e, excetuando-se os procrastinatórios, que podem existir em todos os ramos do Direito, são eles mais numerosos porque o constituinte, por vontade popular, inseriu na Constituição todos os direitos básicos do trabalhador, dando-se até mesmo ao texto o apelido de 'Constituição Cidadã'.

"Quando assim agiu o constituinte, aprovando a Constituição, inserindo-se em seu corpo todos os direitos trabalhistas, se estes forem violados certamente que seu texto será violado, não havendo como a Suprema Corte fugir dessa verdade, a não ser julgando inconstitucionalmente, o que seria contrário a todo o Direito, pois o STF é o guardião da Constituição, não podendo discriminar os processos que lá chegam por matéria, por celeridade, ou seja por qualquer outra razão.

"(...) Por que os limites da coisa julgada podem ser desobedecidos pela Justiça do Trabalho e contra esse tema as partes não podem ter seu recurso extraordinário apreciado pelo Supremo Tribunal Federal? Esta matéria não é reflexa de violação legal, como dizem as citadas ementas."[6]

Ainda para ilustrar, tem-se que, no AI 488.917-2, sobre prescrição do FGTS, o STF concluiu:

"É inviável o RE. A questão da prescrição, no caso em que se discute somente o direito a diferenças de FGTS sobre valores pagos fora do salário – se trintenária ou qüinqüenária – situa-se no âmbito infraconstitucional, insuscetível de apreciação em RE."

Novamente Couto Maciel se opõe, indignado:

"*Data venia*, não há matéria de maior profundidade constituicional trabalhista a ser apreciada pelo Supremo Tribunal Federal do que a referente à prescrição trabalhista, uma vez que está ela repetida no novo texto do artigo 11 da CLT, pois foi totalmente regulamentada pelo artigo 7º, inciso XXIX, do texto constitucional.

6. Idem, ibidem, p. 40.

OS RECURSOS EXTRAORDINÁRIOS NA JUSTIÇA DO TRABALHO 531

"Não trata mais a Constituição de prescrição de direitos trabalhistas, mas sim de créditos resultantes das relações de trabalho."

A cartada final de Couto Maciel, porém, é a que mais se destaca no seu artigo, pois denuncia uma afinação do STF com as políticas econômicas governamentais, senão com os interesses dos empresários, tema do qual se vem tratando ao longo de todo este livro. Eis o formidável destaque:

"Questões sobre planos econômicos, como as URPs de abril e maio de 1988, sobre as quais o Supremo Tribunal Federal abriu suas portas para, durante anos, modificar toda a jurisprudência sumulada do TST, evidenciando que não havia direito adquirido aos referidos planos, salvando as empresas no País, atualmente não estão sendo mais apreciadas, por considerar a Suprema Corte que tais questões teriam sido julgadas à luz da legislação infra-constitucional.

"Ora, exatamente em decorrência da legislação infra-constitucional trazer em seu corpo direito adquirido ou não, é que foram centenas de recursos extraordinários julgados pelo STF, sendo que, atualmente, de forma paradoxal, tornam-se incabíveis os recursos quanto a essas matérias."[7]

Por certo o STF estava movido pela incompreensão, em parte, da importância dos direitos trabalhistas, imaginando que os processos tratavam de meros interesses individuais, simples, sem conotação geral alguma. Um salário que não fora pago, horas extras não computadas, alguns descansos semanais desobedecidos, FGTS não recolhido... Então, discutir, em sede de recurso extraordinário, questões sem a menor repercussão geral não seria interessante para a atarefada Corte. Com este pensamento, a fim de enfrentar a feroz crise dos números processuais, o Supremo achou por bem não dar tanta atenção às demandas do trabalho subordinado.

Ao invés de discutir a violação constitucional de um direito alimentar, essencial à sobrevivência do trabalhador e de sua família, o STF preferia dar prioridade a outras matérias, entre as quais os juros bancários, chancelando-os. Mas acontece que grande parte destas matérias, também, tinha simples interesse individual, sem alcance geral, conforme já se demonstrou fartamente neste estudo, quando se apresentou a crise pela qual passa a Corte, em seus números astronômicos (v. no Ca-

7. Idem, ibidem, p. 42.

532 O SUPREMO TRIBUNAL FEDERAL NA CRISE INSTITUCIONAL BRASILEIRA

pítulo 3, o tópico 2, intitulado "STF: natureza, dificuldades e fundamentos para uma Corte Constitucional"). E repetem-se, outra vez, os seguintes casos exemplificativos:

"1. Em novembro de 2004, chegou ao STF o caso de um funcionário público de Goiás acusado de ter atirado em um papagaio, depredado carros, matado uma cadela prenha e demarcado a rua sem autorização do DETRAN;

"2. o comerciante A.R.P. tentou no STF a reversão de sua pena por haver dado uma vassourada em uma senhora, concorrente no ramo do comércio;

"3. a causa de F.R.M. foi parar no STF por haver furtado uma bicicleta, avaliada em R$ 60,00;

"4. hipótese semelhante aconteceu com o réu C.S., em agosto de 2004, acusado de ter roubado um boné;

"5. uma candidata a miss Rio Grande do Sul, que ficou em segundo lugar, recorreu ao STF alegando que a vencedora tinha idade inferior ao previsto no regulamento;

"6. por fim, a esperada história da sogra, caro leitor, ocorreu em decisão da 1ª Turma do STF, em março de 2004, só porque o réu F.J.P.N. deu uma 'canelada' na sogra, atingindo sua perna direita."[8]

7. Revisão de aposentadoria individual de servidor público: STF-2ª T., RMS 21.834-DF, Min. Maurício Corrêa.

8. Falta de pagamento de vencimentos a determinado servidor pela entidade pública: STF-1ª T., RMS 23.226-DF, Min. Octávio Gallotti.

9. Gratificação ou vantagens individuais a servidor: STF-2ª T., RMS 23.363-DF, Min. Maurício Corrêa.

10. *Habeas corpus* e Recurso em *habeas corpus* de natureza individual, sobretudo de decisões dos Tribunais de Justiça, sem repercussão pública: STF-1ª T., HC 74.330, Min. Celso de Mello; STF-1ª T., HC 74.661-RS, Min. Celso de Mello; STF-2ª T., RHC 78.951-DF, Min. Carlos Velloso.

11. A maioria dos recursos extraordinários, como "desconto de parcela salarial de trabalhador privado" (STF-1ª T., RE 109.450-RJ, Min. Sydney Sanches, *RTJ* 170/289), "vale-refeição a aposentado" (STF-1ª T., RE 237.300-RS, Min. Moreira Alves, *RTJ* 170/725); "expulsão de 'praça' da Polícia Militar" (STF-1ª T., RE 184.727-1-MG, Min. Octávio Gallotti, *LEX-JSTF* 211/280);

---

8. Exemplos extraídos do Jornal *Folha de S. Paulo*, Caderno Cotidiano, de 23.10.2006, p. C4.

OS RECURSOS EXTRAORDINÁRIOS NA JUSTIÇA DO TRABALHO   533

pensão por morte de servidor (STF-1ª T., RE 211.545-RS, Min. Celso de Mello, *RTJ* 170/695) e exclusão de companheira de servidor, da pensão (STF, Pleno, MS 21.449-0-SP, Min. Octávio Gallotti, *JSTF* 207/83).[9]

12. Oficial das Forças Armadas que passa para a reserva remunerada: STF-1ª T., RMS 22.653-DF, Min. Sydney Sanches.

13. Testamento particular: STF, Pleno, AR 1.146-SP, Min. Celso de Mello, *RTJ* 169/857.

14. Recursos e Agravos de Instrumento de decisões de Colégio Recursal de Juizado Especial: STF, Pleno, Recl. 1.051-ES, Min. Sepúlveda Pertence.[10]

15. Remuneração de um terço de férias de determinado juiz: STF-1ª T., AOrig. (AgRg) 465-9-RS, Min. Celso de Mello, *DJU* 25.4.1997.

Todos estes exemplos, de uma série de muitos outros (até por repetição destes), traduziam simples interesses individuais, quase sempre particulares, privados. E, no entanto, o STF continuou a recebê-los, por diversas vias e formas; mas se recusou, reiteradamente, a aceitar a discutir a constitucionalidade dos direitos trabalhistas. E, de fato, observa-se que a jurisprudência do STF em matéria trabalhista é escassa, muito rara. Mesmo no âmbito do Direito Coletivo (as disputas sindicais, as greves, as sentenças normativas) a jurisprudência suprema é pífia, em termos quantitativos. E é de se considerar que, no plano do Direito Coletivo do Trabalho, os interesses são coletivos, metaindividuais, senão gerais e públicos. São interesses de toda uma categoria, que podem afetar a sociedade, como é o caso de uma greve no setor hospitalar, nos transportes urbanos ou interestaduais. A discussão a propósito de normas coletivas privadas (convenções e acordos coletivos) e sentenças normativas encontra um obstáculo a mais: a sua vigência (art. 614, § 3º, CLT: até 2 anos; e art. 868, parágrafo único, CLT: até 4 anos, respectivamente). Portanto, a demora *natural* do processo acaba inviabilizando o interesse processual de um recurso tão extremo quanto o extraordinário. O tempo acaba prejudicando a análise recursal. Todavia, mesmo assim, há várias hipóteses que justificam uma discussão constitucional

9. Algumas questões corriqueiras (como a última, sobre pensão de companheira de servidor), vão parar no STF apenas porque a originou decisão administrativa do TCU. Vale dizer, por sua natureza, não é pertinente propriamente à *jurisdição constitucional*.

10. O STF consagrou a interposição de Recurso Extraordinário dos Colégios Recursais dos Juizados Especiais: STF, Pleno, Rcl 525-9-SP, Min. Carlos Velloso, j. 25.4.1996, *LEX-JSTF* 216/199.

534 O SUPREMO TRIBUNAL FEDERAL NA CRISE INSTITUCIONAL BRASILEIRA

pela Corte, em face dos efeitos e seqüelas que os atos coletivos acabam deixando no campo social e nas relações jurídicas. Além do mais, o lado pedagógico está intrínseco, também, neste tipo de provimento, exemplar para o futuro.

Examinando o *site* do STF, encontra-se a estatística de uma década de movimentação processual, classificada por matéria. No momento desta pesquisa, o *site* estava atualizado, neste particular, só até 1999. Todavia, ele revela números infelizes ao Direito do Trabalho (5,94%), apesar de a CF/1988 haver contemplado um rol considerável, expressamente, de direitos trabalhistas. Eis os dados do STF:

Tabela 13: Movimentação de Processos no STF, por Matéria (1989-1999)

Matérias (ramo jurídico)	Ano (1989-1999)	%
Administrativo	66.274	20,38
Civil	72.651	22,34
Constitucional	75.851	23,32
Penal	12.578	3,87
Trabalhista	19.333	5,94
Tributária	30.847	9,49
Não informado	47.681	14,66
Total	**325.215**	**100**

Fonte: BNDPJ, STF.
Dados até dez./1999.

Se houve um erro do constituinte de 1988 em inserir no Texto Magno vários direitos trabalhistas, não cabe ao STF desconsiderar a previsão constitucional para deixar de admitir o apelo extraordinário sob a alegação de que ditos direitos foram inflacionados constitucionalmente. É muito mais factível que a discussão em torno da prescrição do FGTS seja de cunho constitucional (porque prevista em, pelo menos, dois incisos do art. 7º, CF: o inc. III e o XXIX) do que, reversamente, sustentar o cabimento do recurso extraordinário em processo sobre a expulsão de praça da Polícia Militar (STF-1ª T., RE 184.727-1-MG, Min. Octávio Gallotti, *LEX-JSTF* 211/280) ou sobre a pensão por morte do servidor público (STF-1ª T., RE 211.545-RS, Min. Celso de Mello, *RTJ* 170/695).

No entanto, a CF/1988 não cometeu equívoco algum em ter inserido em seu bojo os direitos sociais. O STF é que ainda não compreendeu a relevância dos direitos sociais e a sua consagração histórica nos textos constitucionais do mundo inteiro. Conforme já dito nesta obra, esta incompreensão se deve, na Corte brasileira, ao fato de ela não ter integrantes com militância no Direito do Trabalho, salvo o Min. Marco Aurélio de Mello, que constitui exceção histórica nesse Tribunal.

A base do constitucionalismo moderno são os direitos fundamentais. O ser humano é o centro de todo o Direito, aí incluído o Constitucional. As Constituições do mundo inteiro se erguem no princípio da dignidade humana. Dignidade humana em todas as suas dimensões; direitos fundamentais em todos os seus graus e gerações. E o que dá ampla sustentação a eles é o fato de serem necessários à vida em sociedade organizada, pelo que não pode o Estado deles se descurar, como entidade politicamente organizada e compromissada com o suposto e histórico pacto social. Entre estes direitos se encontram os sociais, os trabalhistas, de segunda dimensão.[11]

---

11. Aponta a doutrina quatro *gerações* ou, mais acertadamente, *dimensões* dos direitos fundamentais. Na primeira geração se encontram as liberdades públicas ou os direitos de liberdade, que se caracterizam pela necessidade de não intervenção do Estado no patrimônio jurídico dos membros da comunidade. Historicamente, esta categoria antecedeu as demais, fundada na idéia do Estado absenteísta, para o desenvolvimento e garantia da liberdade individual do cidadão. Constata-se, aí, a manifestação do *status libertatis* ou *status negativus*. Os direitos de segunda geração são os direitos sociais, os que requerem prestações pelo Estado, no fito de suprir carências da sociedade, os direitos culturais, econômicos e coletivos. Há, aqui, terreno propício ao *status* positivo. Na terceira dimensão têm-se os direitos inerentes ao gênero humano, isto é, mais do que pertencentes ao sujeito em sua individualidade em um coletividade. Pertencem a esta classe os direitos de fraternidade, direitos ao meio ambiente hígido, ao desenvolvimento dos povos, à paz, à propriedade sobre o patrimônio comum da humanidade e à comunicação. Compõem os direitos da quarta geração o direito à democracia, à informação e ao pluralismo, bem como à participação (*status activus*). As garantias, que instrumentalizam os direitos, devem seguir a mesma linha desta classificação, mostrando-se aptas a tutelar *pari passu* cada um deles em sua categoria. E de tal forma que, para tutelar os interesses coletivos, p. ex., situem-se eles em que categoria for, a tutela também há de ser a coletiva. A garantia precisa ser a adequada; o provimento previsto na legislação e o efetivamente fornecido pelas autoridades públicas, nas situações concretas, devem ser apropriados.

O SUPREMO TRIBUNAL FEDERAL NA CRISE INSTITUCIONAL BRASILEIRA

Como modalidades de direitos fundamentais, não podem ser excluídos da apreciação do STF, simplesmente pelo fato de seus integrantes não provirem da lide trabalhista, não terem contato direto com o Direito do Trabalho. Por isto é que se criticou, nesta obra, a formação do STF, mesmo na Presidência de Luís Inácio Lula da Silva, que não nomeou um só integrante oriundo da militância do Direito do Trabalho. A Corte precisa ser eclética, formada por penalistas, civilistas, tributaristas, constitucionalistas... mas, também, trabalhistas. Sucede que, historicamente, o STF não tem tradição de ter Ministros com formação jurídica na área trabalhista. E isto é prejudicial aos direitos sociais,[12] inclusive nestes primeiros anos do século XXI, quando se aborda o tema da flexibilização dos direitos trabalhistas e do caráter de cláusula pétrea destes mesmos direitos, a ponto de admitirem modificação ou não por Emenda Constitucional (art. 60, § 4º, CF); numa época em que o Direito do Trabalho passa por uma profunda transformação, precisando cada vez mais do amadurecimento jurisprudencial para poder tomar um novo rumo.

A par da tradicional jurisprudência do STF, impeditiva do conhecimento de apelo extraordinário em matéria trabalhista, o excesso de processos leva a adotar medidas que busquem contornar a crise dos números.

A transcendência nos recursos extraordinários virá dar um novo balizamento nisto tudo, pois o STF poderá conhecer somente daqueles processos em que houver, de fato, um interesse geral, independentemente de ser de natureza trabalhista, civil, penal, tributária, processual etc. É que, por força da EC 45/2004, o § 3º do art. 102, CF, passou a dispor, *verbis*: "No recurso extraordinário o recorrente deverá demonstrar a repercussão geral das questões constitucionais discutidas no caso, nos termos da lei, a fim de que o Tribunal examine a admissão do recurso, somente podendo recusá-lo pela manifestação de dois terços de seus membros". Esta maté-

---

12. O STF não apreciou, até esta edição, a (in)constitucionalidade da EC 45/2004, ao exigir o "comum acordo" como condição para o ajuizamento de dissídio coletivo de natureza econômica (§ 2º, art. 114, CF), apesar de várias ADIs terem sido ajuizadas. E, para não causar mais delonga a este estudo, demorou a decidir sobre a proporcionalidade do aviso prévio, limitando-se, porém, a declarar em mora o Congresso Nacional (STF, Pleno, ADI 695, Rel. p/ acórdão Min. Sepúlveda Pertence, j. 1.3.2007; STF, Pleno, MI 278-MG, Rel. Min. Carlos Velloso. Relator(a) p/ Acórdão: Min. Ellen Gracie, j. 3.10.2001, *DJU* 14.12.2001, p. 28; *Ement.* 02.053-01, p. 1). Vejam-se outros exemplos no Capítulo 20 (*O Mandado de Injunção*).

OS RECURSOS EXTRAORDINÁRIOS NA JUSTIÇA DO TRABALHO   537

ria foi regulamentada pela Lei 11.418, de 19.12.2006, que alterou o CPC (v. arts. 543-A e 543-B, CPC).[13] Anteriormente, a CLT já cuidava deste assunto no âmbito do TST (art. 896-A, princípio da transcendência, no Recurso de Revista – MP 2.226/2001).[14]

Repete-se no recurso extraordinário a mesma crítica que a doutrina vinha fazendo à transcendência do Recurso de Revista trabalhista: as empresas e os grupos econômicos conseguirão mais facilmente demonstrar a repercussão geral das decisões que lhes sejam contrárias do que os trabalhadores. Afinal, qual a repercussão para a sociedade de um julgado que tenha negado direitos trabalhistas a um empregado? Que importância geral tem a decisão que lhe negue salário ou direitos rescisórios? Por outro lado, se a condenação for elevada, de modo a afetar as finanças da empresa, surgirá o risco de falência, de despedidas em massa, de se criar um problema social e, portanto, será manifesta a transcendência da causa. Criou-se, assim, um recurso elitizado. Espera-se, contudo, que a jurisprudência saiba administrar a aplicação desse pressuposto recursal *sui generis*.

13. CPC, art. 543-A: "§ 1º Para efeito da repercussão geral, será considerada a existência, ou não, de questões relevantes do ponto de vista econômico, político, social ou jurídico, que ultrapassem os interesses subjetivos da causa".
14. CLT: "Art. 896-A. O Tribunal Superior do Trabalho, no recurso de revista, examinará previamente se a causa oferece transcendência com relação aos reflexos gerais de natureza econômica, política, social ou jurídica".

Capítulo 28
O APAGÃO ELÉTRICO

O "apagão elétrico" foi justamente abordado pelo STF?
O STF esclareceu à população, com ampla transparência,
sua opção no julgamento?
Os culpados pelo apagão foram punidos?

Episódios iniciados ainda em março de 1999 indicavam problemas no potencial elétrico do Brasil. As Regiões Sul e Sudeste sofreram os primeiros *black-outs*, de forma generalizada, comprometendo a vida dos cidadãos, acarretando pânico e prejuízo nos grandes centros.

O ano de 2000 foi pródigo em evidenciar a crise energética. A população se deparara com um estouro, vindo numa avalanche repentina, trazendo a penumbra energética aos lares, escolas, igrejas, empresas e repartições públicas: era o apagão elétrico, que assolou o País de norte a sul, de leste a oeste, agravado juridicamente em 2001. Medidas precisaram ser tomadas emergencialmente, a fim de contornar a crise e evitar que as trevas viessem em definitivo.

Tudo porque o Governo brasileiro não adotara providências a tempo, apesar de técnicos terem-no advertido oportunamente. Algo muito parecido com a crise aérea dos anos 2006-2007: o mesmo descuido dos governos, a mesma penalização da população, que teve de ser sacrificada até que uma solução, embora paliativa, fosse adotada. É interessante observar como, nas democracias, os governos se parecem, por mais que, antes de assumirem o Poder, apresentem profundas divergências ideológicas!

Por um descuido (ou descaso), por uma falta de planejamento do Poder Público, o País ficou às portas da escuridão, atordoado em seus compromissos. Sem dúvida, o processo de privatização das empresas do

O APAGÃO ELÉTRICO

setor contribuiu para a crise, especialmente para o aumento das tarifas e degenerescência da qualidade dos serviços (vide o Capítulo 11, *Processo de Privatização*).

A saída emergencial adotada pelo Governo foi o racionamento elétrico, a ser seguido por toda a população, sob pena, inclusive, de suspensão do serviço de distribuição da energia ao infrator. Limites de consumo foram impostos, restrições foram exigidas do consumidor, em prejuízo da produtividade empresarial e dos riscos que a medida poderia trazer. Alguns Municípios adotaram até o *toque de recolher*, para economizar o uso da energia elétrica. E cidades como São Paulo, Rio de Janeiro e Recife, destacadas em sua violência urbana, estremeceram ante o pavor de se verem na escuridão, pois seriam presas fáceis do crime; as autoridades não conseguiriam proteger a população, o que praticamente já não o fazem nem mesmo em condições normais. Seria o caos, o pânico generalizado. E a produtividade cairia vertiginosamente, pois no mundo moderno tudo depende do uso da energia, seja ela qual for. Isto comprometeria profundamente a economia brasileira, cujos preços dos produtos por certo seriam majorados, tornando-se impossíveis de concorrer com os importados.

Na Califórnia (EUA), em 2000, houve embaraço idêntico, tendo o Estado quase parado, submetido que fora a uma crise exemplar de energia elétrica. Lá também se adotou, emergencialmente, o racionamento. No entanto, as providências não pararam aí.

Ernani Sartori se reportou, em meticuloso artigo, à crise do apagão elétrico na Califórnia, a qual teria ocorrido em situações similares à brasileira.[1] Combatendo a privatização insana, recorreu ao Relatório intitulado "Califórnia: a Experiência da Desregulamentação, Modelo de um Fracasso", de Robert A. Laurie, Diretor da Comissão de Energia da Califórnia. No citado Relatório, Robert Laurie criticava a desregulamentação desbragada, apontando a necessidade de que o Estado voltasse a manter controle sobre o setor energético, mesmo na parte encarregada da distribuição. Ernani Sartori explicou os fatos, referindo-se a Robert Laurie:

---

1. Ernani Sartori, "Fraude do Apagão tem Fundamento", http://jus2.uol.com.br/doutrina, acessado em 21.3.2007. Na Califórnia, como no Brasil, as empresas que lidavam com o setor elétrico também haviam sido privatizadas, num processo de desregulamentação semelhante ao brasileiro.

540   O SUPREMO TRIBUNAL FEDERAL NA CRISE INSTITUCIONAL BRASILEIRA

"E ele continua informando: 'Historicamente, em um dia normal, cerca de 3.000 MW ficam fora de serviço devido a manutenções programadas e não-programadas. Em 2000, esta cifra aumentou para 10.000 MW, 12.000 MW e até 17.000 MW. Os resultados disso foram os apagões e os preços da energia que duplicaram, triplicaram e subiram ainda mais. Até que a população tomou conhecimento de tudo, reagiu e o secretário do governador e Presidente das Empresas Públicas qualificou a desregulamentação como completamente errônea e um fracasso, imediatamente freou a ampliação da desregulamentação e o governo impôs um limite para os preços ao consumidor. Após esta ação o mercado se estabilizou, os tais MW faltantes apareceram novamente e os preços voltaram aos níveis anteriores ao da desregulamentação'. Interessante, não? Há alguma semelhança dessas manobras das empresas privadas californianas com conhecidas e bem comuns atitudes encontradas no Brasil? Ou será que o Brasil é um país de elite e governantes totalmente sérios, completamente respeitosos, estão muito longe daquela prática, não importam sujeiras, não exploram seu povo e não há nenhuma possibilidade de tais malvadezas acontecerem por aqui?

"Na Califórnia, onde também foram criados um ONS, uma ANEEL e um MAE, eles tiveram como detectar o desaparecimento de megawatts. E aqui? Aqui onde a desregulamentação e o atual e pretendido sistema elétrico são cópias fiéis, *receita pronta* do que foi feito lá, não é possível obter dados sobre isso, mas mesmo que entre a geração e a recepção de energia haja mais coisas do que a nossa vã filosofia pode imaginar, sabe-se que houve pelo menos outra alternativa para que os resultados das duas crises energéticas sejam identificados como semelhantes. Como se vê nos antigos reservatórios, por exemplo, o nível crítico da água e a conseqüente falta de potencial de energia puderam ser notados desde 1994-95, quando o 'seu' FHC começava a entregar o setor energético brasileiro bem como o país inteiro e em cuja época já podiam ter sido tomadas atitudes de maneira a evitar o racionamento e o massacre sobre o povo. Houve tempo para isso. O racionamento não era o único caminho. Mas deixaram acontecer. Deixaram o nível d'água baixar. *E não houve seca*. Já havia um futuro em vista... Em 1997 aconteceu o primeiro apagão, que não foi por falta de água nem de energia. A finalidade do apagão é só a de causar efeito psicológico na população, pra fazê-la aceitar facilmente o que vier pela frente, seja preço elevado, seja equipamento estrangeiro empurrado, seja capital nacional entregado, com vendedor bem comissionado. Os apagões e as 'pesquisas' eleitorais têm tudo em comum: provêm da mesma fonte, parecem legítimos e conduzem o povo ao que lhes interessa."[2]

2. Idem, ibidem.

O APAGÃO ELÉTRICO   541

O texto de Sartori é apaixonado, mas é um dos poucos escritos a respeito do tema, o que acaba lhe conferindo relevância, pois apresentado com conhecimento de causa. Ele acha que a crise do apagão se deveu, principalmente, à intenção das empresas brasileiras do setor, então privatizadas, em aumentar as taxas, cujos lucros chegaram a 650%. Percentual considerado insuficiente para a gana empresarial. Ele próprio faz, ainda, indignado, a seguinte observação sobre aquele ano de 2001, extravasando sua opinião apaixonadamente:

"Mas, afinal, é o governo usando de todo seu poder para retirar dinheiro do nosso povo combalido para dá-lo a particulares multibilionários e estrangeiros sem qualquer finalidade e interesse com o desenvolvimento de nosso país? *Ele* dizia que seria o contrário. *O racionamento não serve mais como justificativa para aumentos e taxas sobre o preço da energia, isto está claro!* Já que o governo FHC e as empresas de energia aumentaram abusiva e injustamente os preços e obtiveram lucros extorsivos com o racionamento, esses dois segmentos bem sintonizados perderam a sua principal justificativa para o mesmo e também não nos deixam encontrar razões mais plausíveis. Aliás, eles deveriam pedir perdão, mostrar mais trabalho e humildade para recuperar o que estragaram e sem dar mais prejuízos à sociedade. Ou então deveriam pegar o boné e irem embora.

"E a privatização, serviu para quê? *Não era para as empresas investirem no Brasil em vez do Brasil dar dinheiro a elas?* O 'seu' FHC, entre outras balelas, mentiras e batatadas, dizia que a privatização serviria para reduzir os preços e tornar o Estado mínimo. Pois, pois... O governo brasileiro gasta com as estradas privatizadas cerca de 20 vezes mais do que gastava antes. Onde está a razão disso? E os remédios ficaram 353% mais caros. E só nos primeiros 45 dias de 2002 remédios subiram 88%. '*A Comissão de Energia deve intervir agressivamente quando os mercados não produzem preços razoáveis. Esta é a lei do país nos Estados Unidos da América do Norte. Os consumidores de energia exigem que a liberalização do mercado lhes beneficie. Sem tais benefícios, ela não tem nenhuma razão de ser*'".

Que a privatização, no Brasil, se deu imprudentemente, disto não se tem a menor dúvida. Chegou a ser vergonhosa, um crime de lesa-pátria, para o qual concorreram várias autoridades públicas.

Entrementes, a questão, aqui, apresenta outro foco. O Presidente da República baixou medidas de contenção do consumo de energia aos brasileiros, através da MP 2.152-2, de 1.6.2001, instalando a Câmara de Gestão da Crise de Energia Elétrica. A redução ou limitação máxima

542 O SUPREMO TRIBUNAL FEDERAL NA CRISE INSTITUCIONAL BRASILEIRA

para o consumo de energia acarretou transtornos em todos os setores (público e privado), comprometendo as atividades que dependiam do consumo regular. Obrigações contratuais entre empresas, envolvendo relações de consumo, hospitalares etc., viram-se na contingência de não poderem ser honradas integralmente.

A população se revolvia, insatisfeita, não acreditando que os termos do racionamento fossem os únicos meios de combater a crise, mesmo que provisoriamente. E antes que alguém recorresse à Corte Máxima, a Advocacia Geral da União se antecipou, ajuizando Ação Declaratória de Constitucionalidade da MP 2.152-2/2001, logrando o beneplácito do STF:

> *"Ementa: Ação Declaratória de Constitucionalidade.* 2. Artigos 14, 15, 16, 17 e 18, da Medida Provisória n. 2.152-2, de 1º.6.2001, que cria e instala a Câmara de Gestão da Crise de Energia Elétrica, do Conselho de Governo, estabelecendo diretrizes para programas de enfrentamentos da crise de energia elétrica, dando outras providências. 3. Afirmação de controvérsia judicial relevante sobre a constitucionalidade dos dispositivos, objeto da ação. 4. Pedido de concessão de medida liminar com eficácia erga omnes e efeito vinculante até o julgamento definitivo da ação para: '(a) sustar a prolação de qualquer decisão, cautelar, liminar ou de mérito e a concessão de tutelas antecipadas, que impeça ou afaste a eficácia dos arts. 14, 15, 16, 17 e 18 da Medida Provisória n. 2.152-2, de 1º.6.2001; (b) suspender, com eficácia *ex tunc*, os efeitos de quaisquer decisões, cautelares, liminares ou de mérito e a concessão de tutelas antecipadas, que tenham afastado a aplicação dos preceitos da citada Medida Provisória'. 5. Pressupostos de conhecimento comprovados, afastada a invocação de ofensa ao art. 62 da Constituição. 6. Deferida cautelar para suspender, com eficácia *ex tunc*, e com efeito vinculante, até final julgamento da ação, a prolação de qualquer decisão que tenha por pressuposto a constitucionalidade ou a inconstitucionalidade dos artigos 14 a 18 da Medida Provisória n. 2.152-2, de 1º.6.2001. 7. Os votos minoritários, inclusive o do relator, indeferiam a cautelar, não dando pela plausibilidade do pedido constante da inicial."*[3]

Desta forma, quando o Estado do Rio de Janeiro, p. ex., demandou o Judiciário, reivindicando indenização à União Federal, em razão do

---

3. STF, Pleno, ADC-MC 9-DF, Rel. Min. Néri da Silveira, Rel. p/ acórdão: Min. Ellen Gracie, j. 26.8.2001. Partes: Presidente da República (Rqte.), Advogado-Geral da União, *DJU* 23.4.2004, p. 5, *Ementário* 2.148-01, p. 55.

O APAGÃO ELÉTRICO

racionamento imposto, o ambiente já estava constitucionalmente sedimentado pelo STF, na ADC 9-DF:

"*Ementa*: Ação Cível Originária. Agravo Regimental. 2. Indeferido o pedido de antecipação da tutela em ação cível originária, baseada nos arts. 21, XII, 'b', 37, § 6º e 102, I, 'f', da Constituição Federal, e nos arts. 15 e 159 do Código Civil e 273 do Código de Processo Civil ajuizada pelo Estado do Rio de Janeiro, contra a União Federal, visando ressarcimento de prejuízos tributários decorrentes da instituição do programa de racionamento de energia elétrica. 3. Renova o agravante os argumentos da inicial, quanto aos prejuízos que o autor, ora agravante, dá como certos, em virtude da MP n. 2.152, de 1º.6.2001, objeto de apreciação pelo Plenário na ADC-9, em 26.6.2001, em que a Corte, por maioria de votos, deferiu medida cautelar, reconhecendo a validade do ato normativo em referência, com eficácia vinculante, *ex tunc, erga omnes*, até o julgamento final da demanda. 4. Inexiste base legal a atender o que pretende o Estado autor, imediatamente: a redução do valor da obrigação contratual que tem para com a União Federal, em cumprimento à Cláusula 5ª do Contrato 004/99-STN/COAFI. 5. Decisão mantida pelos demais fundamentos do despacho. 6 Agravo regimental a que se nega provimento."[4]

"*Antecipação de Tutela: Requisito*. O Tribunal manteve decisão do Min. Néri da Silveira, relator, que negara o pedido de antecipação de tutela em ação cível originária, ajuizada pelo Estado do Rio de Janeiro contra a União, consistente em ação de indenização em que se pretende o ressarcimento dos prejuízos tributários decorrentes da crise de energia elétrica e da instituição, pelo Governo Federal, do programa de racionamento (MP 2.152/2001), invocando-se, para tanto, a responsabilidade civil da União em razão de não ter adotado, oportunamente, as providências indispensáveis a não se verificar a atual crise (CF, art. 37, § 6º). O Tribunal entendeu inviável o pedido de antecipação de tutela – que tem por objeto determinar a redução mensal da parcela do refinanciamento da dívida do Estado do Rio de Janeiro com a União, previsto em contrato –, porquanto o mesmo não corresponde ao objeto da demanda pretendida, inexistindo a relação de pertinência entre a tutela definitiva (indenização) e a tutela antecipada (efeitos de ato jurídico perfeito), conforme determina o art. 273 do CPC ('O juiz poderá, a requerimento da parte, antecipar, total ou par-

---

4. STF, Pleno, ACO-AgR 615-RJ (Agravo Regimental na Ação Cível Originária), Rel. Min. Néri da Silveira, j. 14.11.2001. Partes: Estado do Rio de Janeiro (Agte), PGE-RJ; União Federal (Agda), AGU, *DJU* 15.2.2002, p. 9, *Ementário* 02.057-01, p. 1.

544   O SUPREMO TRIBUNAL FEDERAL NA CRISE INSTITUCIONAL BRASILEIRA

cialmente, os efeitos da tutela pretendida no pedido inicial, (...)')" (STF, Pleno, ACO (AgRg) 615-RJ, Rel. Min. Néri da Silveira, 14.11.2001 – *Informativo* 250, de 12-16.11.2001).

Diz-se que a História se repete, mesmo que em forma de espiral, tangenciando experiências pretéritas. Eis um ditado verdadeiro. De fato, na década de 1960, durante o regime militar, o Brasil já precisou adotar o racionamento elétrico, ao enfrentar crise idêntica. O posicionamento do STF, à época, não fora diferente:

"*Ementa: Energia elétrica. Racionamento devido à escassez de energia.* Ausência de direito líquido e certo para compelir a concessionária a consentir no aumento de consumo. Recurso de Mandado de Segurança não provido."[5]

Neste tipo de crise, lida-se com algumas situações que merecem uma apreciação particularizada, embora brevemente:

a) Denota uma situação periclitante e emergencial, da qual não se pode olvidar: a atualidade da crise, os problemas emergenciais que ela traz, a exigirem uma resposta imediata, evitando seu agravamento e contornando, na medida do possível, os efeitos mais intensos. Isto requer uma solução provisória, urgente, voltada ao imediatismo.

b) O problema maior é a perpetuação da crise, que deve ser enfrentada e debelada em suas causas, a fim de surtir efeitos para o futuro. Tal requer medidas mais profundas, a médio e longo prazos, com efeitos para o futuro.

c) A punição dos responsáveis pela crise, quer tenham agido mediante ação, direta ou indiretamente (contribuindo para ela), quer o tenham feito por omissão. No caso brasileiro, os técnicos já haviam advertido as autoridades públicas da crise que se avizinhava.

Foi submetida ao STF a MP 2.152-2/2001, que *(a)* tratava de providências imediatas e *(b)* instalava a Câmara de Gestão da Crise de Energia Elétrica, para estudar medidas a médio e longo prazo. A parte submetida ao STF consistiu nas providências emergenciais (v. alínea "a", *supra*), que estariam comprometendo a vida dos cidadãos, empresas e repartições públicas brasileiras. Em nenhum momento veio à tona

---

5. STF, 1ª T., RMS 16.094-MG, Rel. Min. Evandro Lins, j. 25.3.1966, *DJU* 27.5.1966, p. 1.786, *Ementário* 656-02, p. 729.

O APAGÃO ELÉTRICO   545

a discussão sobre a responsabilidade das autoridades públicas, que ficaram impunes.

De fato, a posição do STF era de alta relevância nacional. De um lado, havia o ambiente jurídico, sendo a MP 2.152-2/2001 de difícil sustentação, pois violava contratos de consumo de energia elétrica, feria direitos adquiridos, modificava condições na prestação do serviço e implicava em majoração de taxas. De outro lado, havia a pavimentação política, erguida em elementos de fato, que impossibilitava a mantença dos mesmos padrões de consumo. Afinal, o "apagão" era iminente, o que causaria prejuízo muito maior à nação. A este aspecto não poderia o STF olvidar, sobretudo ante o seu papel de intérprete responsável do Direito.

Nesta dicotomia, o STF pendeu para a última possibilidade, deixando a finalidade político-social do Direito prevalecer sobre o seu juridicismo. Decisão que se afigurou razoável para aquele momento, tão importante para o País.

Que crítica, então, pode-se apontar ao pronunciamento do STF? A falta de clareza na opção que fez e a falta de punição dos responsáveis. Cabia ao STF, como já salientado nesta obra, esclarecer ao cidadão, em manifestação transparente, as verdadeiras razões de seu julgamento, que, certamente, foram muito menos jurídicas. Demais disso, detectando nos autos a culpabilidade do Governo, de agentes públicos, incumbia-lhe formular às demais autoridades representação para que adotassem as providências investigativas e punitivas, nos termos do art. 40, Código de Processo Penal:

"Art. 40. Quando, em autos ou papéis de que conhecerem, os juízes ou tribunais verificarem a existência de crime de ação pública, remeterão ao Ministério Público as cópias e os documentos necessários ao oferecimento da denúncia."

Mandamento semelhante se encontra no art. 14 da Lei 8.429/1992.

O apagão pusera o País em risco. Isto é assunto de extrema preocupação. Será que nos autos das ações que chegaram ao STF não havia nenhum elemento que demonstrasse ou colocasse em suspeita algum responsável?

O País não podia calar. Mas calou.

Houve aumento das taxas de consumo de energia, anunciado que seria apenas provisório. Justificava-se que era preciso desestimular o consumo de energia e que o setor precisava se restabelecer. No entanto, superado aquele momento, o preço não diminuiu como prometido. Portanto, as distribuidoras de energia elétrica não sofreram prejuízos. Pelo contrário, saíram, ao final, beneficiadas.

A Procuradoria-Geral da República, tendo, à época, por chefe Geraldo Brindeiro, quedou-se inerte. As autoridades encarregadas de fiscalizar o setor nada fizeram efetivamente.

Ninguém foi punido. Nem um só culpado foi investigado; tampouco denunciado formalmente. Ninguém sentou no banco dos réus. Só a população teve de ser penalizada, fazendo seus sacrifícios. E a crise energética não restou solucionada em definitivo, tanto que voltou a ser alvo de preocupação cinco anos depois daquela Medida Provisória, já no Governo Lula.

Capítulo 29
A REFORMA DA PREVIDÊNCIA (2003)

A Previdência Social brasileira é deficitária?
A EC 41/2003 (Emenda da Previdência) foi necessária?
A sociedade teve acesso aos dados verdadeiros,
isto é, às contas da Previdência?
Qual a postura do STF?
Ele apresentou à população os cálculos em que se baseou
para decidir sobre a constitucionalidade da Emenda?
A questão analisada pelo STF era apenas jurídica
ou teve outro viés (político, econômico...)?

Tratando da anunciada debelação da inflação, fulminada ainda no Governo de FHC, Paulo Bonavides anunciava, sem receio, a sua insegurança no anúncio dos economistas brasileiros:

"Para lograr resultado tão duvidoso, a cidadania que sufragou o primeiro magistrado está pagando um preço político, social e econômico extremamente alto: poder-se-ia até dizer escorchante. Não apenas a cidadania; a Nação inteira, as gerações presentes e vindouras, o Estado brasileiro em sua feição independente, as forças econômicas de sustentação da soberania nacional; estas sobretudo agredidas, mutiladas e debilitadas com a privatização da riqueza nacional jacente nas empresas estatais e com o quebrantamento do monopólio da Petrobrás e das telecomunicações.

"O olho do furacão revisionista passa de maneira devastadora pelo meridiano de nossa independência econômica. Literalmente riscado do calendário ficará o 7 de setembro se as Emendas que tramitam no Congresso forem promulgadas nos termos originais da proposta constitucional encaminhada pelo governo.

"Com sua doutrina de poder, o neoliberalismo organizou e sistematizou em cada País a traição aos interesses nacionais."[1]

---

1. Paulo Bonavides, *A Constituição Aberta*, pp. 281-282.

548 O SUPREMO TRIBUNAL FEDERAL NA CRISE INSTITUCIONAL BRASILEIRA

Tem-se a impressão de que o mundo moderno é escravo da economia. Que todos os desfechos se encontram nas soluções miraculosas dos economistas, dos técnicos. Por vezes, o Direito é atropelado, sendo pisoteados os direitos fundamentais do cidadão. Não raramente, os números são manipulados politicamente para que determinadas medidas obtenham pronta aprovação e inescusável aceitação.

Então, num ambiente de desconfianças, de números manipuláveis, de políticos que causam estupor a cada investigação do Ministério Público ou da Polícia Federal, qualquer modificação radical tendente a afetar direitos fundamentais precisa ser muito bem esclarecida, em todas as suas dimensões.

A reforma previdenciária vinha sendo tentada desde o Governo de Collor de Mello, no *Emendão*.

Dando posse ao Conselho da República, em 6.8.1990, o Presidente Collor reclamara das dificuldades que a nova Carta criava para governar, e anunciou a sua reforma, para servir "de instrumento à modernização do país". Em 5.10.1990, comemorando o aniversário da Constituição, o mesmo Presidente voltou a atacá-la na TV, reivindicando a governabilidade. Collor atribuiu à CF as dificuldades nas contas públicas e o desestímulo aos investimentos internos e externos. Havia poucos dias enviara ao Congresso um pacote de propostas de emendas constitucionais, visando a alterar a CF/1988 (o *Emendão*), relativamente: à exploração do petróleo e dos serviços de telecomunicações, à pesquisa e lavra de recursos minerais, a operações de crédito interno e externo, à aposentadoria dos servidores públicos e sua estabilidade, e à aposentadoria previdenciária.

No dia 19.10.1990, na sede da OAB, em Brasília, 30 entidades decidiram iniciar uma campanha nacional contra o Emendão. É expressivo notar que as matérias do Emendão acabaram sendo implementadas, poucos anos após, pelo Governo do Presidente Fernando Henrique Cardoso e, depois, continuadas pelo do Presidente Luís Inácio Lula da Silva, sem que as Instituições Públicas a elas se opusessem ou a imprensa as atacasse. Mal encaminhadas as reformas, sobreveio o *impeachment* de Collor.

Dando continuidade às reformas reivindicadas por Collor de Mello, Fernando Henrique Cardoso só não conseguiu se aprofundar na da Previdência Social. Este papel coube ao Presidente Luís Inácio Lula da

A REFORMA DA PREVIDÊNCIA (2003)　　549

Silva. Mas FHC se esforçara em providenciá-la, dando o pontapé inicial, começando pelos inativos.

Marcelo Pimentel, ex-Ministro Presidente do TST e ex-Ministro do Trabalho, empós analisar o rombo da previdência e a tentativa de saná-lo, atacou a Lei 9.783, de 28.1.1999 (contribuição dos inativos). Segundo ele, o objetivo da lei, de natureza confiscatória, foi o de cobrir o rombo da previdência, causado pela inépcia administrativa. Apesar de chamar a Lei de inconstitucional, o ex-Ministro achava inconveniente submeter a questão logo ao controle abstrato pelo STF, até mesmo porque constatara, durante a sua votação, no Congresso, o temor de alguns deputados na repercussão negativa que a rejeição poderia causar às negociações com o FMI. Assim, "o clima não é propício à provocação de pronunciamento de última instância sobre a constitucionalidade ou não da norma". O mais conveniente "é buscar decisão favorável em instância mais baixa". No seu sentir, "é imprudente submeter ao Supremo, desde logo, a questão". E lembrava os Lordes ingleses, no caso *Pinochet*: "A pressão da opinião pública, lá como cá, dificulta a solução legal. Aqui, seria a pressão dita institucional, leia-se FMI".[2]

O argumento para a reforma previdenciária eram os cálculos, os números, porquanto se apontava um constante *déficit* na arrecadação, que já não cobria os benefícios pagos. Portanto, a projeção destes números seria bastante ameaçadora à manutenção do sistema nos próximos anos.[3] Coube ao Presidente Lula implementar a reforma, socorrendo-se

---

2. Marcelo Pimentel, "Afinal, para onde vamos? Como foram arrombados os Cofres da Previdência", *Suplemento Trabalhista* 46/239. A sabedoria do ex-Ministro era fundada. Com efeito, o STF confirmou suas suspeitas anos depois, quando o tema voltou à tona, com a EC 41/2003: chancelou as alterações e pôs abaixo qualquer noção de direito adquirido.

3. O conceito de Seguridade Social abrange a Saúde, a Previdência Social e a Assistência Social (art. 5º, LXXIV; art. 7º, II; art. 24, XIV; e arts. 194 a 204, CF).

Eduardo Rocha Dias e José Leandro Monteiro de Macêdo lecionam, *verbis*: "Das definições constitucionais de saúde, previdência social e assistência social, sobressai claro que o sistema de seguridade social engendrado pelo legislador constituinte brasileiro, por adotar técnicas de proteção social diferenciadas, não constitui um sistema homogêneo. Considerando que a previdência social é de caráter contributivo e de filiação obrigatória (art. 201 da Constituição Federal), ao passo que a assistência social será prestada a quem dela necessitar, independentemente de contribuição (art. 203 da Constituição Federal), e que a saúde é direito de todos e dever do Estado, sendo o acesso às suas ações e serviços para sua promoção, proteção e recuperação

550　O SUPREMO TRIBUNAL FEDERAL NA CRISE INSTITUCIONAL BRASILEIRA

de números apresentados oficialmente à população para demonstrar este *déficit* e justificar a necessidade da "adequação constitucional":

Tabela 14: Arrecadação e Pagamento de Benefícios Previdenciários
(Segundo o Governo – Ministério da Previdência Social)

Ano	Arrecadação Líqüida	Pagamento de Benefícios Previdenciários	Saldo Previdenciário
1988	30,79	17,83	12,959
1989	30,49	19,04	11,450
1990	31,50	19,52	11,981
1991	28,32	20,47	7,850
1992	27,93	22,28	5,657
1993	31,74	29,97	1,772
1994	33,88	33,07	0,809
1995	40,69	41,02	-0,325
1996	44,36	44,48	-0,124
1997	45,89	49,06	-3,177
1998	46,74	53,49	-6,752

Vê-se que os cálculos apresentados pelo Governo apresentaram números deficitários, numa progressão inexorável, considerando o aumento da expectativa de sobrevida por idade, em face do envelhecimento da população, e o aumento da economia informal, eis que os trabalhadores informais geralmente não contribuem para o sistema. Portanto, seria impossível manter o equilíbrio das contas do INSS.

Então, a questão da reforma da Previdência centrava-se em razões econômicas, financeiras, orçamentárias, e não propriamente jurídicas.

Um dos sites de órgão oficial do Governo chegou a publicar as seguintes explicações, em forma de quadro explicativo:

universal e igualitário (art. 196 da Constituição Federal), é possível afirmar que o sistema de seguridade social brasileiro é composto de dois subsistemas: o contributivo e o não contributivo" (*A Nova Previdência Social do Servidor Público – de Acordo com a Emenda Constitucional n. 41/2003*, pp. 32-33).

A REFORMA DA PREVIDÊNCIA (2003)

Conheça a verdade

Esta seção traz explicações sobre idéias equivocadas que vêm sendo discutidas entre as pessoas. Existe diferença entre o que é dito e o que é verdade. O objetivo é fornecer informações para esclarecimento de boatos.

O que falam	A verdade
Que a Previdência não tem déficit.	No ano passado, a Previdência Social pagou R$ 88 bilhões a 19 milhões de beneficiários do INSS e arrecadou R$ 71 bilhões das contribuições de empresas e trabalhadores da iniciativa privada. No serviço público, foram pagos R$ 61 bilhões a 3,2 milhões de servidores inativos e pensionistas e arrecadou R$ 22 bilhões. Assim, o governo complementou a diferença de R$ 39 bilhões para o serviço público e de R$ 17 bilhões para a iniciativa privada.
Os inativos já contribuíram enquanto trabalhavam e, agora, terão que contribuir novamente, isso é injusto.	O governo defende a contribuição dos inativos porque entende ser esta uma questão de justiça social e de respeito ao caráter contributivo e solidário do sistema previdenciário dos servidores. Nem todos os inativos vão contribuir. A Proposta de Emenda Constitucional prevê que só vão contribuir os inativos que possuam proventos acima de R$ 1.058,00. Por exemplo: quem ganha R$ 1.500 de aposentadoria, a contribuição de 11% será aplicada no valor excedente, neste caso de R$ 442,00.
Com a reforma, os brasileiros vão se aposentar muito velhos.	O Brasil é o país da América Latina onde os trabalhadores se aposentam com menor idade. Confira no gráfico comparativo *[informação do original]*.
É vantagem para quem cumpriu os requisitos requerer logo a aposentadoria.	Quem correr para se aposentar pode perder dinheiro. Isso porque o Governo decidiu pagar um abono de permanência para o servidor que tiver cumprido os requisitos para se aposentar, mas decidir continuar na ativa. Esse abono será de 11%, mesmo percentual da contribuição previdenciária que ele passaria a pagar após a aposentadoria, sobre o valor que exceder R$ 1.058,00. Ou seja, o servidor que puder se aposentar, mas continuar na ativa, vai ganhar mais. O Governo considera que não faz sentido que servidores experientes, dedicados e na plenitude de sua capacidade deixem de servir ao País por desinformação sobre seus direitos. **Fonte**: Boletim eletrônico *Em Questão* n. 29, de 17 de junho de 2003.

(continua)

552 O SUPREMO TRIBUNAL FEDERAL NA CRISE INSTITUCIONAL BRASILEIRA

O que falam	A verdade
Com a reforma da Previdência os valores das pensões vão cair drasticamente.	Não é verdade. As pensões já concedidas não vão sofrer qualquer alteração e as que serão concedidas depois da promulgação da lei é que terão limite de até 70% do valor dos proventos do servidor falecido. Em diversos países não se utiliza a vinculação do valor de pensão ao valor do provento/benefício para o cálculo de pensões.
Mesmo com a Reforma as aposentadorias milionárias vão continuar.	Não. A proposta de emenda constitucional do governo Lula vai indicar uma solução para esse problema crônico. Pretende-se adotar o valor da maior remuneração atribuída por lei a ministro do Supremo Tribunal Federal como teto imediato para salários, aposentadorias e pensões de todo o setor público, até que o presidente do STF envie ao Congresso projeto que regulamente essa matéria.
Não será possível receber aposentadoria acima do limite de R$ 2.400,00.	Será possível sim. No futuro, o servidor público poderá se filiar a um fundo de pensão fechado que não terá fins lucrativos e será administrado paritariamente por servidores e governos. Os atuais servidores não serão submetidos a esse teto.
Com a Reforma, o governo pretende privatizar a Previdência.	A reforma não significa a privatização da Previdência, em primeiro lugar, porque os fundos de previdência complementar a serem criados pela União, pelos estados, pelo Distrito Federal e pelos municípios serão fechados, sem fins lucrativos e administrados paritariamente pelos servidores e pelo governo. Os servidores não terão de se filiar a planos de previdência abertos, comercializados pelos bancos e pelas seguradoras. Em segundo lugar, o mercado de seguros avalia que o teto de R$ 2.400 para os benefícios do INSS vai reduzir o número de trabalhadores em condições de contribuir para a previdência privada aberta.
A nova previdência dos servidores públicos vai beneficiar os bancos e as seguradoras.	Não. Os estados, os municípios e a União só poderão implantar Previdência Complementar de tipo fechado, sem fins lucrativos e administrada pelo próprio servidor e pelo Estado. É muito diferente dos planos previdenciários de tipo aberto, comercializados pelos bancos e seguradoras. **Fonte**: Boletim eletrônico *Em Questão* n. 30, de 18 de junho de 2003.

(continua)

A REFORMA DA PREVIDÊNCIA (2003)

O que falam	A verdade
A reforma é uma iniciativa apenas do Governo Federal.	Não. A implantação da nova previdência do servidor público interessa à União, aos estados e aos municípios, pois todos convivem com déficits que vão se avolumando e se acumulando a cada ano. Antes de formatar a proposta encaminhada ao Congresso Nacional, o Presidente da República reuniu-se com os 27 governadores, com prefeitos e vários outros segmentos da sociedade. É por isso que o esforço de divulgação do conteúdo e da necessidade das mudanças deve ser assumido também por governadores e prefeitos. **Fonte:** Boletim eletrônico *Em Questão* n. 30, de 18 de junho de 2003.
As mudanças vão atingir todos os trabalhadores brasileiros.	Não. A nova previdência foi formatada para o servidor público. Para o trabalhador da iniciativa privada, filiado ao INSS, a única mudança é o benefício da ampliação do teto de R$ 1.869,34 para R$ 2.400,00, igual ao previsto para o futuro servidor público. O trabalhador que ganha acima do teto atual vai pagar um pouco mais todos os meses, mas poderá se aposentar com um valor maior no futuro, situação que hoje só é possível para quem tem previdência privada. Quem já cumpriu os requisitos para a aposentadoria nem precisa se preocupar, porque nada muda. **Fonte:** Boletim eletrônico *Em Questão* n. 29, de 17 de junho de 2003.
Quem não for diretamente atingido pela reforma não tem nada a ver com ela.	Esse é mais um equívoco. Para financiar o déficit da Previdência na área pública, que consumiu R$ 39 bilhões da União, estados e municípios em 2002, são retirados recursos que poderiam ser aplicados em outras áreas, como educação, saúde, saneamento ou infraestrutura. É por isso que a reforma da Previdência interessa a todos os brasileiros, sejam servidores públicos e trabalhadores da iniciativa privada, velhos e moços, homens e mulheres, contribuintes ou não da previdência social.

Fonte: Boletim eletrônico *Em Questão* n. 30, de 18.6.2003.[4]

4. www.mpas.gov.br/reforma/verdade.htm (acessado em 14.5.2007).

554 O SUPREMO TRIBUNAL FEDERAL NA CRISE INSTITUCIONAL BRASILEIRA

Outros organismos, não oficiais, porém, contra-apresentaram números discrepantes dos divulgados pelo Governo, demonstrando que o sistema era superavitário. Um destes organismos foi a Associação Nacional dos Auditores Fiscais da Previdência Social (ANFIP), que denunciou o maquiamento de dados pelo Governo. A ANFIP[5] divulgou os números a seguir:

Tabela 15-a: Receitas e Despesas da Seguridade Social (Anos 2001-2003)

I – RECEITAS	2000	2001	2002	2003
Receita previdenciária líquida	55,72	62,49	71,03	80,73
Outras receitas do INSS	0,54	0,62	0,36	0,60
Multas sobre contribuição previdenciária	0,66	—	—	—
COFINS	38,63	45,68	51,03	57,78
Contribuição social sobre o lucro líquido	8,67	8,97	12,46	16,14
Concurso de prognósticos	0,47	0,52	1,05	1,27
CPMF	14,40	17,16	20,26	22,99
Receitas próprias do ministério da saúde	0,57	0,96	0,89	0,76
Outras contribuições sociais	1,05	0,48	0,32	0,17
Total das receitas	**120,71**	**136,88**	**157,40**	**180,44**
II – DESPESAS	2000	2001	2002	2003
Pagamento Total de Benefícios	68,51	78,70	92,11	112,20
1. Benefícios previdenciários	64,28	73,69	86,37	105,36
Urbanos	53,86	59,38	69,30	84,45
Rurais	10,43	14,31	17,07	20,91
2. Benefícios assistenciais	3,51	4,33	5,08	6,22
RMV	1,50	1,64	1,66	1,77
LOAS	2,01	2,69	3,43	4,45

(continua)

5. A ANASPS (Associação Nacional dos Servidores da Previdência Social) apresenta ditos números. Vide, também: www.senado.gov.br/paulopaim/Grandes%20temas/previdencia/privada/arquivo/SEGURID.__2000,_2001,__2002__E_2003%20%20-%2002-2004%202.xls (acessado em 13.5.2007).

A REFORMA DA PREVIDÊNCIA (2003)

3. EPU – Legislação Especial	0,71	0,68	0,66	0,62
Saúde	20,44	21,11	24,53	26,71
Assistência social geral	1,02	1,88	0,50	0,48
Custeio e pessoal do INSS	4,08	3,50	2,36	2,92
Outras ações da Seguridade Social	—	—	2,28	2,23
Ações do Fundo de Combate à Pobreza	—	0,23	2,66	4,17
Total das despesas	**94,05**	**105,41**	**124,44**	**148,71**
SALDO FINAL	**+26,66**	**+31,46**	**+32,96**	**+31,73**

Fonte: SIAFI e Fluxo de Caixa do INSS (dados de previdência).

NOTAS EXPLICATIVAS (extraídas do original):

(1) Receitas e despesas da Seguridade Social, conforme preceitua o artigo 195 da CF (exclui PIS/PASEP, FAT, juros, amortizações, etc.). Nas receitas das contribuições sociais estão incluídas as de dívida ativa.

(2) Receita líquida = Arrecadação bancária + SIMPLES + REFIS + arrecadação CDP + arrecadação FIES + depósitos judiciais - restituições - transferências a terceiros.

(3) Corresponde a rendimentos financeiros, antecipação de receita e outros, segundo o Fluxo de Caixa do INSS.

(4) A partir de 2001, o valor está incluído na receita previdenciária líquida.

(5) Referem-se a contribuições sobre o DPVAT (vai para a saúde), contribuições sobre prêmios prescritos, bens apreendidos (parcela da assistência social).

(6) Referem-se aos benefícios mantidos (previdenciários + assistenciais + legislação especial).

(7) Encargos previdenciários da União: benefícios concedidos através de leis especiais, pagos pelo INSS, com recursos da Seguridade Social, e repassados pelo Tesouro.

(8) Inclui ações de saúde do SUS, saneamento pessoal ativo e custeio do Ministério da Saúde.

(9) Reúne pagamentos realizados a ativos do INSS, bem como despesas operacionais consignadas.

(10) Referem-se a ações prestadas em outros ministérios.

(11) Despesas financiadas com parcela da CPMF (0,08%), a partir de 2001, e outras receitas.

Tabela 15-b: Receitas e Despesas da Seguridade Social (2003)

Título	R$ (bilhões)
1. Receitas:	
Receita previdenciária	80,73
Outras receitas do INSS	0,60

(continua)

556 O SUPREMO TRIBUNAL FEDERAL NA CRISE INSTITUCIONAL BRASILEIRA

COFINS	57,78
Contribuição Social sobre o Lucro Líquido	16,14
Concurso de Prognósticos	1,27
CPMF	22,99
Receitas próprias do Ministério da Saúde	0,76
Outras contribuições sociais	0,17
Total das receitas	**180,44**
2. Despesas:	
Pagamento Total de Benefícios:	
a) Benefícios previdenciários	105,36
Urbanos	84,45
Rurais	20,91
b) Benefícios assistenciais	6,22
RMV	1,77
LOAS	4,45
c) EPU – Legislação Especial	0,62
d) Saúde	26,71
e) Assistência social geral	0,48
f) Custeio de pessoal do INSS	2,92
g) Outras ações da Seguridade	2,23
h) Ações do Fundo de Combate à Pobreza	4,17
Total das despesas	**148,71**
Saldo (superavitário)	**31,73**

Fonte: ANFIP, 2004, p. 11.

Tabela 15-c: Receitas e Despesas da Seguridade Social (2004)

Título	R$ (bilhões)
1. Receitas:	
Receita previdenciária líquida	93,77
Outras receitas do INSS	1,24

(continua)

A REFORMA DA PREVIDÊNCIA (2003)   557

COFINS	77,29
Contribuição Social sobre o Lucro Líquido	19,31
Concurso de Prognósticos	1,45
CPMF	26,39
Receitas próprias do Ministério da Saúde	0,81
Outras contribuições sociais	0,07
Total das receitas	**220,34**
2. Despesas:	
Pagamento Total de Benefícios:	134,07
a) Benefícios previdenciários	126,75
Urbanos	102,99
Rurais	22,76
b) Benefícios assistenciais	7,58
RMV	1,85
LOAS	5,73
c) EPU – Legislação Especial	0,74
d) Saúde	32,15
e) Assistência social geral	5,67
f) Custeio de pessoal do INSS	4,07
g) Outras ações da Seguridade	1,84
Total das despesas	**177,80**
Saldo (superavitário)	**42,53**

Fonte: ANFIP, 2005, p. 13.

Tabela 15-d: Receitas e Despesas da Seguridade Social (2005)

Título	R$ (bilhões)
Receitas:	
1. Receitas de Contribuições Sociais:	275.170
Receita previdenciária líquida	108.434
COFINS	86.855,4

(continua)

CPMF	29.001,2
CSLL	25.048,5
PIS/PASEP	21.382,5
Concurso de prognósticos	1.564,3
Contribuições para correção do FGTS	2.884,1
2. Recursos próprios da Seguridade:	**1.882,4**
Ministério da Previdência Social	797,6
Ministério da Saúde	987,4
Ministério do Desenvolvimento Social	97,4
3. Contrapartida devida do Orçamento Fiscal para EPU – Benefícios de Legislação Especial	1.052,0
Receita total (1+2+3)	**278.104,4**
Despesas liquidadas:	
1. Benefícios Previdenciários:	146.839,7
Benefícios Previdenciários Urbanos	118.649,8
Benefícios Previdenciários Rurais	27.189,8
2. Benefícios Assistenciais:	9.335,1
Benefícios Assistenciais – LOAS	7.540,0
Benefícios Assistenciais – RMW	1.795,1
3. Ações e Serviços de Saúde e demais despesas do MS	34.517,4
4. Ações de Assistência Social e demais despesas do MDS	1.715,8
5. Benefícios de Transferência de Renda	8.768,9
6. Custeio e Pessoal Ativo do MPS e INSS	3.404,1
7. Outras Ações (executadas na Educação, Justiça, Agricultura, Integração, Defesa e outros órgãos)	2.489,4
8. Benefícios e outras ações do FAT	11.921,6
9. Complementação FGTS	3.178,0
10. EPU – Benefício de Legislação Especial	1.052,0
Total das despesas (soma de 1 a 10)	**221.222,0**
Saldo (superavitário)	**56.882,4**

Fonte: ANFIP, 2006, p. 13.

A REFORMA DA PREVIDÊNCIA (2003)   559

Referidos dados mostram não só um superávit como, ainda, a progressividade do saldo positivo, sempre crescente. Qual destas informações era a verdadeira? A oficial, divulgada pelo Governo, que tinha notório interesse em aprovar a Reforma, ou a da ANFIP, que também tinha acesso às contas públicas e defendia interesse dos servidores?

Mas, apesar da discrepância dos números, a Reforma saiu, concretizando-se na EC 41/2003, alterando limites de idade e de tempo de serviço para a aposentadoria, estabelecendo tetos máximos, criando a obrigatoriedade de contribuição para que seja concedida a aposentadoria, constitucionalizando a contribuição dos inativos, mudando as regras básicas dos que já estivessem no sistema etc.

Ficou aberto o caminho para a previdência complementar privada, um campo disputadíssimo pelas empresas, que, por certo, não teriam nenhum interesse se o sistema não fosse superavitário.

Indiscutivelmente, a previdência precisava de alguns ajustes, tornando mais responsável e igualitário o seu custeio. De fato, exemplifica-se com os sucessivos casos de pessoas que ingressavam no serviço público depois de décadas contribuindo modestamente para o INSS ou nem sequer sendo seu contribuinte. A alguns anos da aposentadoria, submetiam-se a concursos públicos e, pouco tempo depois, aposentavam-se com proventos integrais pelos cofres públicos, sem haver contribuído à altura. Isto é, não haviam custeado o sistema, aproveitando-se de uma falha da legislação se beneficiavam das vantagens mantidas pelos servidores não-oportunistas. A reforma anunciada se propunha (e o fez, efetivamente) a corrigir estas distorções e a criar um teto máximo para os aposentados, independentemente do patamar dos valores que haviam despedido ao longo do serviço. A proposta era de que a importância do teto seria de R$ 2.400,00. Ora, isto significava uma notória redução na passagem *da ativa* para a *aposentadoria* por quem recebesse subsídios mais elevados. Vale dizer, com a inatividade o "padrão salarial" seria substancialmente prejudicado; mas os cofres públicos se beneficiariam da alíquota incidente sobre os subsídios, mesmo quando superiores ao teto anunciado. A saída apontada pelo Governo Federal foi a filiação dos servidores aos fundos de pensão fechados ou à previdência privada, o que implicaria contribuição complementar, a fim de assegurar "patamar salarial" razoável, compensatório, na aposentadoria. Enfim: um golpe mortal nos idosos.

560 O SUPREMO TRIBUNAL FEDERAL NA CRISE INSTITUCIONAL BRASILEIRA

Houve deficiência e desencontros na forma de explicitar os dados, pois se utilizou o Direito para dar sustentação a uma medida econômica, com argumentos (ou desculpas) impróprios. E não se discutiu devida nem amplamente números, projeções dos encargos da previdência pública etc.

Ora, se havia desencontros nos números (entre os oficiais e os paraoficiais) e se o Direito não pesava tanto na sustentação da EC 41/2003, pois a preocupação maior era com as finanças do sistema a longo prazo, então a discussão sobre ditos números era essencial. Qualquer abordagem sobre a EC 41/2003 deveria passar por uma análise minuciosa dos dados apresentados por todos os interlocutores. A transparência dos verdadeiros números se impunha. Abrindo ampla discussão com a sociedade, talvez uma audiência pública se tornasse necessária no STF, onde foi parar a insurgência do segurado. Ou diligências contábeis, a fim de fornecer dados verdadeiros e claros à Corte brasileira, espancando as dúvidas.

No entanto, o STF deu inteira sustentação ao plano do Governo, o qual não primou pela transparência. Ao final, tudo ficou meio nebuloso, com a única certeza da implementação da reforma. Vejam-se as seguintes decisões do STF:

"*Previdência – Direito adquirido*:

"*Despacho*: 1. A desistência de recurso opera pela só declaração de vontade (arts. 158, *caput*, e 501 do CPC) e, como tal, independe de homologação, só necessária para a chamada 'desistência da ação' (art. 158, § único). Com a declaração do desistente operou-se a extinção do recurso. Certifique-se, pois, o trânsito em julgado do acórdão de fls. 682-684. Oportunamente, arquivem-se. Publique-se. Brasília, 1º.9.2006 (STF, Pleno, ADI Emb. Dec. 3.128-7-DF, Rel. Min. Cezar Peluso, Partes: Embte.: Sindicato Nacional dos Docentes das Instituições de Ensino Superior (ANDES) e outro, *DJU* 19.9.2006).

"*Decisão final*:

"O Tribunal, por unanimidade, rejeitou as preliminares. Votou o Presidente. Em seguida, após os votos da Senhora Ministra Ellen Gracie, Relatora, e Carlos Britto, que julgavam procedente a ação e declaravam a inconstitucionalidade do artigo 4º, *caput*, § 1º, incisos I e II, da Emenda Constitucional n. 41, de 19.12.2003, e do voto do Sr. Ministro Joaquim Barbosa, que a julgava improcedente, pediu vista dos autos o Sr. Ministro Cezar Peluso. Falaram, pela requerente, Associação Nacional dos Procuradores da República-ANPR, o Dr.

A REFORMA DA PREVIDÊNCIA (2003)

Artur Castilho Neto; pelas *amici curiae*, Federação Nacional dos Auditores Fiscais da Previdência Social-FENAFISP; Sindicato dos Policiais Civis de Londrina e Região-SINDIPOL; Associação Nacional dos Advogados da União e dos Advogados das Entidades Federais-ANAJUR; Sindicato Nacional dos Docentes das Instituições de Ensino Superior-ANDES; Associação Nacional dos Auditores Fiscais da Previdência Social-ANFIP; Federação Nacional dos Sindicatos de Trabalhadores do Judiciário Federal e Ministério Público da União-FENAJUFE; Sindicato Nacional dos Auditores Fiscais da Receita Federal-UNAFISCO SINDICAL; Sindicato dos Trabalhadores do Poder Judiciário e do Ministério Público da União no Distrito Federal-SINDJUS-DF, os Drs. Mauro Menezes e José Luiz Wagner; pela Advocacia-Geral da União, o Dr. Álvaro Ribeiro Costa e, pelo Ministério Público Federal, o Dr. Cláudio Lemos Fonteles, Procurador-Geral da República. Presidência, em exercício, do Sr. Ministro Nelson Jobim, Vice-Presidente. – Plenário, 26.5.2004. Renovado o pedido de vista do Sr. Ministro Cezar Peluso, justificadamente, nos termos do § 1º do artigo 1º da Resolução n. 278, de 15.12.2003. Presidência do Senhor Ministro Nelson Jobim. – Plenário, 23.6.2004. O Tribunal, por maioria, julgou improcedente a ação em relação ao *caput* do artigo 4º da Emenda Constitucional n. 41, de 19.12.2003, vencidos a Senhora Ministra Ellen Gracie, Relatora, e os Senhores Ministros Carlos Britto, Marco Aurélio e Celso de Mello. Por unanimidade, o Tribunal julgou inconstitucionais as expressões 'cinqüenta por cento do' e 'sessenta por cento do', contidas, respectivamente, nos incisos I e II do parágrafo único do art. 4º da EC n. 41/2003, forma pela qual aplica-se então o § 18 do art. 40 do texto permanente da Constituição, introduzido pela mesma emenda constitucional. Votou o Presidente, o Sr. Ministro Nelson Jobim (STF, Pleno, ADI (Med. Liminar) 3.128-7-DF, Rel. Min. Cezar Peluso, Red. acórdão Min. Joaquim Barbosa, j. 18.8.2004, *DJU* 18.2.2005).

"*Ementa*:

"1. Inconstitucionalidade. Seguridade social. Servidor público. Vencimentos. Proventos de aposentadoria e pensões. Sujeição à incidência de contribuição previdenciária. Ofensa a direito adquirido no ato de aposentadoria. Não ocorrência. Contribuição social. Exigência patrimonial de natureza tributária. Inexistência de norma de imunidade tributária absoluta. Emenda Constitucional n. 41/2003 (art. 4º, *caput*). Regra não retroativa. Incidência sobre fatos geradores ocorridos depois do início de sua vigência. Precedentes da Corte. Inteligência dos arts. 5º, XXXVI, 146, III, 149, 150, I e III, 194, 195, *caput*, II e § 6º, da CF, e art. 4º, *caput*, da EC n. 41/2003. No ordenamento jurídico vigente, não há norma, expressa nem sistemática, que atribua à condição jurídico-sub-

562   O SUPREMO TRIBUNAL FEDERAL NA CRISE INSTITUCIONAL BRASILEIRA

jetiva da aposentadoria de servidor público o efeito de lhe gerar direito subjetivo como poder de subtrair *ad aeternum* a percepção dos respectivos proventos e pensões à incidência de lei tributária que, anterior ou ulterior, os submeta à incidência de contribuição previdencial. Noutras palavras, não há, em nosso ordenamento, nenhuma norma jurídica válida que, como efeito específico do fato jurídico da aposentadoria, lhe imunize os proventos e as pensões, de modo absoluto, à tributação de ordem constitucional, qualquer que seja a modalidade do tributo eleito, donde não haver, a respeito, direito adquirido com o aposentamento. 2. Inconstitucionalidade. Ação direta. Seguridade social. Servidor público. Vencimentos. Proventos de aposentadoria e pensões. Sujeição à incidência de contribuição previdenciária, por força de Emenda Constitucional. Ofensa a outros direitos e garantias individuais. Não ocorrência. Contribuição social. Exigência patrimonial de natureza tributária. Inexistência de norma de imunidade tributária absoluta. Regra não retroativa. Instrumento de atuação do Estado na área da previdência social. Obediência aos princípios da solidariedade e do equilíbrio financeiro e atuarial, bem como aos objetivos constitucionais de universalidade, equidade na forma de participação no custeio e diversidade da base de financiamento. Ação julgada improcedente em relação ao art. 4º, *caput*, da EC n. 41/2003. Votos vencidos. Aplicação dos arts. 149, *caput*, 150, I e III, 194, 195, *caput*, II e § 6º, e 201, *caput*, da CF. Não é inconstitucional o art. 4º, *caput*, da Emenda Constitucional n. 41, de 19.12.2003, que instituiu contribuição previdenciária sobre os proventos de aposentadoria e as pensões dos servidores públicos da União, dos Estados, do Distrito Federal e dos Municípios, incluídas suas autarquias e fundações. 3. Inconstitucionalidade. Ação Direta. Emenda Constitucional (EC n. 41/2003, art. 4º, § único, I e II). Servidor público. Vencimentos. Proventos de aposentadoria e pensões. Sujeição à incidência de contribuição previdenciária. Bases de cálculo diferenciadas. Arbitrariedade. Tratamento discriminatório entre servidores e pensionistas da União, de um lado, e servidores e pensionistas dos Estados, do Distrito Federal e dos Municípios, de outro. Ofensa ao princípio constitucional da isonomia tributária, que é particularização do princípio fundamental da igualdade. Ação julgada procedente para declarar inconstitucionais as expressões 'cinqüenta por cento do' e 'sessenta por cento do', constante do art. 4º, § único, I e II, da EC n. 41/2003. Aplicação dos arts. 145, § 1º, e 150, II, c/c art. 5º, *caput* e § 1º, e 60, § 4º, IV, da CF, com restabelecimento do caráter geral da regra do art. 40, § 18. São inconstitucionais as expressões 'cinqüenta por cento do' e 'sessenta por cento do', constantes do § único, incisos I e II, do art. 4º da Emenda Constitucional n. 41, de 19 de dezembro de 2003, e tal pronúncia restabelece o caráter geral da

A REFORMA DA PREVIDÊNCIA (2003)   563

regra do art. 40, § 18, da Constituição da República, com a redação dada por essa mesma Emenda."[6]

A destacada crítica que aqui se faz ao julgamento do Colendo STF diz respeito à ausência de maior discussão sobre os números que justificaram a EC 41/2003. Sim, pois eles assumiram tamanha importância que se sobrepuseram, até, à discussão propriamente jurídica. Logo, para apreciar a ADI, este ponto não poderia passar despercebido. Era preciso mergulhar mais a fundo na discussão, a fim de preservar a moralidade pública e a moralidade no escamoteamento dos dados.

Tudo indica que houve, de fato, um embuste do Poder Público em apresentar aqueles dados para justificar a reforma da previdência.

Em primeiro lugar, os cálculos inicialmente apresentados pelo Governo não integralizavam todas as fontes do sistema previdenciário, deixando de computar, p. ex., COFINS e CPMF (cf. tabelas antes apresentadas).

Em segundo, porque o próprio Governo confessou, poucos anos depois, que o déficit do sistema previdenciário não era como anunciara. Na realidade, era muito menor e se devia, ainda, a válvulas de escoamento, alheias ao sistema propriamente dito.[7] É o que apontam as matérias transcritas a seguir:

"16 de Março de 2007.

"Ministro: déficit da Previdência é menor que o oficial

"Em audiência pública (15.3) na Comissão de Finanças e Tributação, o ministro da Previdência, Nelson Machado, propôs mais transparência na apuração do déficit do setor. As contas da Previdência Social, segundo números do governo, fecharam 2006 com um déficit de R$ 42 bilhões, mas, segundo o ministro, por meio de cálculos mais realistas, esse valor chegaria a, no máximo, R$ 22 bilhões. Desse resultado, apenas R$ 4 bilhões referem-se ao déficit com a previdência urbana. Para Nelson Machado, saber qual é, de fato, o tamanho do desequilíbrio das contas previdenciárias ajudaria a buscar soluções para o problema.

6. STF, Pleno, ADI (Med. Liminar) 3.128-7-DF, *DJU* 18.2.2005, Min. Cezar Peluso.
7. De há muito se falava dos desvios da dinheirama arrecadada à seguridade social. Finalmente, o Governo confessou o óbvio. Mas sequer cogitou de fechar as válvulas de escoamento.

564 O SUPREMO TRIBUNAL FEDERAL NA CRISE INSTITUCIONAL BRASILEIRA

"O déficit no setor é o resultado da arrecadação líquida de contribuições pagas por empresas e trabalhadores – R$ 123,5 bilhões – e dos benefícios pagos a segurados do Instituto Nacional do Seguro Social (INSS) – R$ 165,5 bilhões. Para o ministro, trata-se de 'um número mágico', que não é adequado para as finanças públicas nem para a sociedade. 'Precisamos separar os gastos com saúde dos efetuados com assistência social e com a previdência', defendeu.

"Renúncias fiscais

"Nelson Machado lembrou que estão embutidos nos R$ 42 bilhões do déficit oficial renúncias fiscais que não têm relação com a previdência. 'São políticas públicas do governo que não deveriam ser suportadas pela Previdência', afirmou. Para o ministro, as renúncias com o *Simples* (R$ 4,8 bilhões), com entidades filantrópicas (R$ 4,16 bilhões) e com a exportação da produção rural (R$ 1,85 bilhões) deveriam entrar na conta do Tesouro Nacional e não da Previdência. Por outro lado, Nelson Machado defendeu que a parte da *CPMF* destinada à Previdência (R$ 8,44 bilhões) deveria ser contabilizada como receita do setor e, portanto, abatida do resultado.

"O deputado Félix Mendonça (PFL-BA) concordou com o ministro. 'Na seguridade social, que inclui, além da previdência, as áreas da saúde e da assistência social, não há déficit', explicou. O deputado Paulo Teixeira (PT-SP) também considerou pertinentes as observações de Nelson Machado, afirmando que 'não se pode fazer caridade com chapéu alheio'.

"Já o deputado Eduardo Cunha (PMDB-RJ) defendeu o veto ao dispositivo do projeto da Super-Receita (PL 6.272/05) que limita a fiscalização da Previdência em empresas individuais (emenda 3). 'Isso seria um buraco para a fuga de recursos previdenciários', avaliou. O projeto foi aprovado pela Câmara em fevereiro e aguarda a sanção presidencial.

"Reforma da Previdência

"O deputado Antonio Palocci (PT-SP) propôs a implementação de uma reforma previdenciária gradual, a ser realizada a longo prazo, por meio de medidas pontuais. Na opinião de Palocci, as reformas, até agora, foram feitas de 'forma abrupta' e provocaram uma corrida para as aposentadorias, ampliando o déficit do sistema. Para o deputado, o governo, os parlamentares e a população precisam discutir os problemas da Previdência com mais clareza. 'O Brasil está melhorando, o brasileiro vai viver mais e, por isso, precisa trabalhar alguns anos a mais para cobrir sua aposentadoria', disse.

"Na avaliação de Palocci, um desequilíbrio entre as receitas e as despesas da Previdência, em razão, por exemplo, do aumento da expectativa de vida da

A REFORMA DA PREVIDÊNCIA (2003)

população, pressionará a carga tributária, que precisa ser aumentada sistematicamente para financiar o déficit crescente. 'Não adianta prometer redução na carga tributária sem debater claramente com a sociedade esses problemas', afirmou o deputado, para quem as regras da Previdência devem acompanhar a evolução da realidade social, e não retirar direitos dos contribuintes.

"Antonio Palocci elogiou a criação da Super-Receita, que unifica as secretarias da Receita Federal e de Receita Previdenciária. 'Foi a maior reforma de gestão realizada pelo País nos últimos anos', avaliou (Fonte: Agência Câmara/Reportagem: Edvaldo Fernandes/Edição: Rosalva Nunes).[8]

"Rombo é do Tesouro, não da Previdência Social, diz Lula – 29.1.2007

"Em Davos, presidente diz que o déficit do INSS é provocado por gastos com política social para ajudar os pobres

"Rolf Kuntz, Enviado Especial, Davos

"O presidente Luiz Inácio Lula da Silva disse ontem que não há déficit da Previdência, mas do Tesouro, defendeu a redução gradual dos juros, conclamou os empresários a pressionar os governos pela conclusão da Rodada Doha e justificou a estatização do petróleo e do gás bolivianos. Além disso, falou a favor do presidente venezuelano Hugo Chávez, garantiu que a América Latina está comprometida com a democracia e prometeu segurança a quem quiser investir no Brasil."[9]

Bem, o discurso mudou em menos de quatro anos, no mesmo Governo, agora para justificar a super-receita. E novos dados foram apresentados!

Com estas declarações de órgãos públicos, percebe-se que a população foi ludibriada em 2003 e que o STF foi levado a erro nos seus julgamentos, o que talvez não tivesse ocorrido se houvesse analisado os dados mais criticamente, ouvido com mais atenção os órgãos não governamentais e realizado diligências contábeis, especulações sobre as contas públicas da previdência.

No final, o trabalhador passou a contribuir mais, por mais tempo; e a perceber menos (os tetos fixados para a aposentadoria), por menos

---

8. www.anasps.org.br/index.asp?id=1978&categoria=29&subcategoria=51 (acessado em 14.5.2007).

9. www.abrapi.org.br/hp/index.asp?p_codmnu=13&p_codnot=4759 (acessado em 14.5.2007).

tempo (em razão da expectativa de vida), tanto na aposentadoria por idade, quanto na por tempo de serviço.

Quando, no curso desta obra, insiste-se na transparência de dados e de fundamentos metajurídicos verdadeiros pelo STF, não se está afirmando que ele os esteja manipulando ou os escondendo da população maquiavelicamente. O que se levanta é a necessidade de tais elementos serem considerados e apresentados aos jurisdicionados da forma mais completa e transparente possível, pouco importando as razões pelas quais o STF não o faz (e, quando assim não o faz, provavelmente não será por motivos espúrios).

Capítulo 30
A HISTÓRICA IMPUNIDADE
DOS CRIMES DE IMPROBIDADE ADMINISTRATIVA

Há quantos anos o STF não pune autoridades do alto escalão
do Governo por crimes de improbidade administrativa
ou que maculem os princípios éticos da Administração Pública?
A Corte tem sido provocada pelos legitimados?
Que reflexos se podem apontar na postura do STF?

1. Histórico da jurisprudência do STF. 2. O "caso Sardenberg": afastamento da Lei de Improbidade aos agentes políticos e prevalência do foro privilegiado (2007). 3. O "esquema do mensalão". Recebimento da denúncia pelo STF (2007).

1. Histórico da jurisprudência do STF

Historicamente, o STF tem poupado as autoridades públicas da sua espada da justiça, muito embora provocado por Representações Criminais e pedidos de punição aos agentes por malversação do dinheiro público, desvio de verbas, cometimento de ato de improbidade em geral, corrupção, formação de quadrilha, crimes eleitorais, sonegação fiscal etc. Já foram submetidos ao STF casos envolvendo Senadores, Deputados, Ministros de Estado, Presidentes da República e várias outras autoridades públicas.

No entanto, a impunidade campeou por vários anos seguidos, sob os mais diversos argumentos.

O jornal *O Estado de São Paulo*, edição de 18.2.2007 (acessado pelo site www.google.com.br, em 25.2.2007) estampou a matéria "Em 10 Anos, STF não condenou nenhum Político", na qual apresentava os dados abaixo:

568 O SUPREMO TRIBUNAL FEDERAL NA CRISE INSTITUCIONAL BRASILEIRA

"De 1996 até 2006 o STF julgou definitivamente 29 processos penais contra políticos que têm direito a foro privilegiado. Nenhum foi condenado.

"Dos 29 processos criminais, 13 prescreveram – deixaram de existir, porque acabou o prazo em que a pessoa acusada podia ser punida pelo crime. Em outros 10 casos, a ação foi encaminhada pelo STF para instâncias inferiores. Nas 6 restantes, os acusados foram absolvidos. (...).

"Um exemplo é o processo contra o deputado Fernando Gonçalves (PTB-RJ), acusado de participação na máfia dos sanguessugas, e o ex-deputado Fábio Raunheitti (PTB-RJ) – já morto –, um dos cinco anões do Orçamento cassados em 1993. Eles foram denunciados pelo desvio de R\$ 1,3 milhão do Sistema Único de Saúde (SUS), no Rio de Janeiro, em 1991. O processo prescreveu em 2002.

"O caso mais recente de prescrição foi o do processo contra o deputado José Fuscaldi Cesílio, o Tatico, reeleito pelo PTB de Goiás. Empresário, em 1994 ele foi acusado por crime de sonegação tributária. Seu processo foi levado ao Supremo em 2002, quando Tatico foi eleito deputado federal pela primeira vez. Em 7 de novembro do ano passado [2006], os ministros do STF decretaram a prescrição da pena – depois de 12 anos da denúncia, ele não poderia mais ser punido pelo suposto crime.

"O último caso de que se tem notícia de condenação no Supremo é de 1994. O ex-tesoureiro de campanha do ex-presidente Fernando Collor, Paulo César Farias, o PC Farias, recebeu pena de 7 anos do STF. Mas PC Farias foi morto em 1996 [e em liberdade...]."

O Min. Gilmar Mendes justificou, na reportagem, duas coisas: (a) os processos são mal instruídos e as ações, mal formuladas, de forma que elas já nascem defeituosas; e (b) até 2001, o tribunal precisava de autorização do Congresso para processar parlamentares. Logo, as contas de *O Estado de S. Paulo* deveriam partir deste ano. Ademais, as denúncias são complexas, a exigir apurações também complexas, sendo que o STF não tem estrutura para atuar a contento. Só o escândalo do mensalão despejou 40 denúncias contra parlamentares e autoridades do alto escalão do Governo, entre os quais José Dirceu, Luiz Gushiken, José Genoíno, Delúbio Soares, Sílvio Pereira etc. Já o número de sanguessugas denunciados chega a 84 suspeitos.

Com este passado de impunidade no STF, o foro privilegiado foi freqüentemente reivindicado pelas autoridades públicas. Destinado a

A HISTÓRICA IMPUNIDADE DOS CRIMES DE IMPROBIDADE ADMINISTRATIVA 569

assegurar o exercício de funções essenciais à nação, pela autoridade, protegendo-a de possíveis decisões açodadas ou não amadurecidas, o foro privilegiado acabou se transformando em escudo de impunidade, ante a ausência de estrutura do STF e, portanto, da sua demora em punir os criminosos.

Um estudo realizado pela Associação dos Magistrados do Brasil (AMB) chegou à conclusão pior: o STF não punia autoridades há mais de 18 anos (de 1988 até maio de 2007), embora tenha aberto 130 processos contra autoridades que têm foro privilegiado. Comentando o estudo da AMB, a *Folhapress Brasília*, ajuntou, em 6.7.2007:[1]

"Um levantamento divulgado ontem pela Associação dos Magistrados Brasileiros (AMB) também mostrou distorções no Superior Tribunal de Justiça (STJ), criado em 1989: foram abertas 483 ações penais, 28% dos réus responderam ou respondem por crimes contra a Administração Pública, mas só cinco foram condenados. 'O foro privilegiado é acima de tudo o foro da impunidade', disse o presidente da AMB, Rodrigo Collaço. 'A sociedade está abalada com o baixíssimo número de punidos. A pressão é legítima. O Judiciário precisa reagir a esses números'."

"A entidade promoveu ontem ato público contra a impunidade, com a presença de deputados e senadores. Eles criticaram a renúncia do senador Joaquim Roriz e a conduta do presidente do Senado, Renan Calheiros (PMDB-AL). 'A renúncia é uma estratégia esperta para escapar do julgamento político', protestou o deputado Chico Alencar (PSol-RJ). (...).

"No STF, os três tipos de crime mais denunciados foram contra a administração pública (33,85%), eleitoral (16,92%) e contra a honra (13,85%). Das 130 ações penais, 52 estão tramitando, 46 seguiram para uma instância inferior (por exemplo, porque a autoridade perdeu o foro), 13 foram arquivadas porque o crime prescreveu e seis foram absolvidos. Há 13 casos, não especificados. O STF informou que, desde 1988, foram autuados 2.144 inquéritos criminais contra autoridades. Apenas 130 resultaram em ações penais."[2]

---

1. Vide matéria de Silvana de Freitas, da *Folhapress*, Brasília: www.jcnet.com.br/editorias/detalhe_agencias.php?codigo=107743, datada de 6.7.2007, acessado em 31.7.2007.
2. www.jcnet.com.br/editorias/detalhe_agencias.php?codigo=107743, acessado em 31.7.2007.

570 O SUPREMO TRIBUNAL FEDERAL NA CRISE INSTITUCIONAL BRASILEIRA

Ainda mais preocupantes são os dados divulgados no jornal *O Globo*, em 17.6.2007, em matéria intitulada "Em 40 Anos, nenhuma Ação Criminal no STF deu Punição", referindo-se às infrações penais cometidas por autoridades públicas. Segundo a reportagem, de Alan Gripp e Carolina Brígido, desde 1968 foram abertos 137 processos criminais contra Deputados, Senadores, Ministros e Presidentes da República, sem que um só fosse condenado. E arremata:

"As acusações vão do desvio de verbas públicas e evasão de divisas a até homicídios. Há processos que tramitaram por mais de uma década sem conclusão. O ministro do STF Joaquim Barbosa admite que o tribunal não tem estrutura para julgar o volume de ações que chega à mais alta corte do país anualmente. (...).

"O levantamento feito por *O Globo* – sobre os processos criminais – só considera as ações movidas pelo Ministério Público Federal e exclui aquelas relacionadas a crimes de opinião, como injúria difamação e calúnia, e os chamados delitos leves, como desacato. Entre os processos que tramitaram no STF, há de tudo: acusações de desvio de verbas, evasão de divisas, corrupção e até homicídios e um caso de seqüestro. (...).

"Embora não haja estatísticas oficiais, um cruzamento de dados inédito revela que menos de 7% das autoridades processadas por improbidade administrativa foram condenadas – quase sempre políticos de pouca expressão."[3]

Em razão destas dificuldades do STF, surgiram propostas de criação de mais um Tribunal no Brasil com competência para julgar as infrações cometidas por autoridades públicas. Com esta competência específica, o tribunal de improbidade administrativa e de crimes contra a Administração Pública teria *status* de Tribunal Superior, com melhor aparelhamento para esclarecer os fatos e de punir os infratores. Sua composição seria eclética, com membros provenientes da magistratura, do Ministério Público, da Advocacia e de outros setores. Os requisitos para o cargo seriam semelhantes aos dos pretendentes a Ministro do STF. No entanto, as propostas não resolvem o problema da politicidade que normalmente campeia este tipo de órgão jurisdicional.

3. http://oglobo.globo.com/pais/mat/2007/06/17/296408160.asp (acessado em 19.6.2007).

A HISTÓRICA IMPUNIDADE DOS CRIMES DE IMPROBIDADE ADMINISTRATIVA   571

2. O "caso Sardenberg": afastamento da Lei de Improbidade aos agentes políticos e prevalência do foro privilegiado (2007)

No início de fevereiro de 2007, o panorama judiciário se agitou com a perspectiva de julgamento, pelo STF, da aplicabilidade ou não da Lei de Improbidade administrativa (Lei 8.429/1992) aos agentes políticos (Presidente da República, Governadores, Prefeitos, Ministros etc.). Caso a decisão, no caso Sardenberg, fosse mantida, segundo a Revista *Veja*, cerca de 10.000 processos de improbidade que então havia contra autoridades e ex-autoridades seriam anulados. A anistia jurídica significaria um festival de impunidade, concluiu a Revista *Veja*,[4] que anunciou, em matéria de Ricardo Brito:

"A discussão sobre a aplicação da Lei de Improbidade começou com uma reclamação do ex-ministro Ronaldo Sardenberg, condenado a devolver 20.000 reais à União por ter usado, em 1998, um avião oficial para fazer turismo na ilha de Fernando de Noronha. Sardenberg recorreu ao STF alegando que, como ministro, não poderia ser acionado por improbidade."[5]

Dois aspectos se alevantavam: (a) se o foro privilegiado continuaria existindo para as autoridades públicas, nos termos da lei; e (b) se às autoridades públicas eram aplicáveis ou não a Lei de Improbidade Administrativa, quanto às infrações, procedimento e sanções. É que a Lei 8.429/1992 estabelece sanções civis, administrativas e penais, disciplinando os ritos da apuração.

Tinha-se sob julgamento Reclamação proposta em agosto de 2002 pela Advocacia-Geral da União (Recl. 2.138), na qual ela pedia a extinção de ação contra o ex-Ministro da Ciência e Tecnologia, à época do Presidente Fernando Henrique Cardoso, Ronaldo Sardenberg, em curso na 14ª Vara da Justiça Federal de Brasília (1ª Região). Sardenberg opunha-se fosse condenado às penas estabelecidas na Lei 8.429/1992 (ressarcimento ao erário e perda dos direitos políticos por oito anos), pelo uso inapropriado de jato da Força Aérea Brasileira (FAB), em uma viagem de férias à ilha de Fernando de Noronha.[6]

---

4. Revista *Veja*, de 28.2.2007, pp. 52-53.
5. Idem, p. 53.
6. No primeiro grau de jurisdição, a Vara Federal acolhera denúncia contra o ex-Ministro acusado, condenando-o em perda dos direitos políticos por oito anos e ressarcimento ao erário, ante a utilização indevida de aeronaves da FAB.

572 O SUPREMO TRIBUNAL FEDERAL NA CRISE INSTITUCIONAL BRASILEIRA

Tratava-se de matéria complexa e de alta relevância para o Brasil, submetida ao STF no ano de 2002. A imprensa e as Instituições encarregadas de aplicar o Direito e a Justiça (magistratura, Ministério Público, OAB, ONGs etc.) debruçavam-se atentamente sobre cada voto dos Ministros do STF. Talvez por isto mesmo se justifiquem os pedidos de vista, a fim de que cada Ministro amadurecesse suas convicções e votasse com segurança.

Dos 11 Ministros que integravam a Corte, seis votaram pela impossibilidade de aplicação da Lei 8.429/1992 às autoridades do alto escalão e mantiveram o foro privilegiado. O julgamento ocorreu em 13.6.2007. Coube ao Min. Nelson Jobim, ainda em novembro de 2002, convencer o Tribunal de que os agentes políticos já estavam submetidos a regime especial de responsabilidade, pela Lei 1.079/1950, com foro privilegiado.

A divergência fora aberta pelo Min. Carlos Velloso, sendo seguido pelos Min. Marco Aurélio, Celso de Mello e Sepúlveda Pertence. Durante as sessões que se seguiram, houve pedido de vista pelo Min. Joaquim Barbosa, cujo voto vencido, manifestado em 14.12.2005, concluía pela extinção da Reclamação da AGU, mantendo a decisão de primeiro grau. Para o Ministro Joaquim Barbosa, as infrações previstas pela Lei de Improbidade Administrativa (Lei 8.429/1992) não se confundem com as constantes da Lei de Responsabilidade (Lei 1.079/1950), podendo co-existirem. E entendeu que a ação do Ministério Público não tinha por finalidade sanção política ao ex-Ministro, o que seria objeto da Lei 1.079/1950, mas, sim, de sanções e ressarcimentos estabelecidos pela Lei 8.429/1992.[7]

No âmbito do Ministério Público, o Procurador-Geral da República Antonio Fernando sustentava a ação originária (em curso na Justiça Federal), conforme noticiado na época, nos seguintes termos:

"Antonio Fernando prosseguiu narrando que quando foi retomado o julgamento, em 14 de dezembro de 2005, o interessado não mais ocupava o cargo de Ministro. Disse também que não havia ainda sido publicado o acórdão na ADI 2.797, que declarou a inconstitucionalidade dos parágrafos 1º e 2º

---

7. Os Ministros Carlos Ayres Britto, Eros Grau, Ricardo Lewandowski e a ministra Cármen Lúcia Antunes Rocha não votaram, por sucederem os Ministros aposentados que já haviam votado.

A HISTÓRICA IMPUNIDADE DOS CRIMES DE IMPROBIDADE ADMINISTRATIVA 573

do artigo 84 do Código de Processo Penal, com a redação dada pela Lei 10.628/02, que assegurava o foro por prerrogativa de função mesmo após a cessação do exercício da função pública, inclusive para ação de improbidade administrativa. Nessa oportunidade, o julgamento da Reclamação voltou a ser interrompido, desta vez com pedido de vista do ministro Joaquim Barbosa.

"A cessação do exercício da função pública pelo interessado e o reconhecimento da inconstitucionalidade dos parágrafos 1º e 2º do artigo 84 do CPP, segundo o procurador, são fatos supervenientes à retomada do julgamento dessa Reclamação. 'E somente se configuraram as duas hipóteses após o prosseguimento do segundo pedido de vista'."[8]

Prevaleceu, contudo, no "caso Sardenberg", o voto do Min. Nelson Jobim, tendo o Tribunal concluído seu julgamento em 13.6.2007. Um dos Ministros do STF que votou pela anulação da decisão de primeiro grau e acatamento da Reclamação 2.138/2002 foi Gilmar Ferreira Mendes, ex-Chefe da Advocacia-Geral da União, que respondia a acusações por improbidade do período em que era companheiro de Sardenberg no Governo de Fernando Henrique Cardoso.[9] Isto, porém, não significa, por si só, envolvimento efetivo processual ou criminal do Ministro do STF em qualquer assunto relacionado ao ex-Ministro Sardenberg, considerando a presunção de inocência que o ampara e porque, em 13.3.2008, a Excelsa Corte julgou prejudicado recurso do Ministério Público Federal contra decisão da Min. Ellen Gracie, que arquivara a PET 3.053, na qual o Min. Gilmar Mendes era acusado de suposto ato de improbidade administrativa, que teria sido praticado quando ele era o chefe da AGU. A ação de improbidade administrativa fora proposta perante a Justiça Federal de 1ª Instância do Distrito Federal e chegou ao STF pelo TRF-1ª Região (DF), em virtude da prerrogativa de foro de Gilmar Mendes, que já havia se tornado Ministro do STF. O fundamento para o arquivamento foi o precedente de Ronaldo Sardenberg (Rcl 2.138), quando

---

8. www.federasul.com.br/noticias/noticiaDetalhe.asp? idNoticia=5061&Catego riaNome=Jur%C3%ADdico (acessado em 30.8.2007).

9. Vide estes dados em "Memória": www.semapirs.com.br/semapi2005/site/index.php?inc=mostra_noticia&f_cod_noticia=1277&PHPSESSID=4c712483d8272b 972368eb33b1250e43 (acessado em 14.5.2007).

Sobre o escândalo da "máfia dos precatórios do DNER", denunciado pela imprensa como sendo um esquema de corrupção, no Governo FHC, envolvendo funcionários do Ministério dos Transportes, chefiado pelo então Min. Eliseu Padilha, vide Capítulo 2 (*Supremo Tribunal Federal: uma Apresentação Necessária*), tópico 1.

574 O SUPREMO TRIBUNAL FEDERAL NA CRISE INSTITUCIONAL BRASILEIRA

o STF definiu que a lei de improbidade administrativa não é aplicável a agentes políticos. "O ministro Cezar Peluso indeferiu o pedido do MPF. Já o ministro Marco Aurélio acolheu o pedido, pois, para ele, não há necessidade da ratificação da denúncia pelo Procurador-Geral da República, uma vez que a primeira instância tem competência para analisá-la". E o STF, às vésperas de ter o Min. Gilmar Mendes na sua Presidência, arquivou a ação promovida pelo Ministério Público, com supedâneo em argumentos processuais, sem ingressar propriamente no mérito.[10]

Embora a decisão não tenha efeito vinculante nem *erga omnes*, não há dúvida de que ela acarretou repercussões práticas nos demais processos, assinalando a compreensão do STF. Pouco mais de um mês depois, a Min. Ellen Gracie, na Presidência do STF, arquivou as Reclamações 5.389, 5.391 e 5.393, então promovidas por três Prefeitos do Estado do Pará, que pretendiam ser beneficiados com a extensão da decisão proferida na Recl. 2.138/2002, a fim de não serem processados com base na Lei 8.429/1992. Para a Ministra, as três situações devem ser analisadas caso a caso, e não por mera extensão do julgamento proferido na Recl. 2.138/2002.[11]

Tendo o STF atraído para si esta competência do foro privilegiado, estimulou a impunidade, em face da falta de estrutura para instruir e julgar os processos.

3. O "esquema do mensalão". Recebimento da denúncia pelo STF (2007)

Quando chegou agosto de 2007, o STF foi posto a uma das suas maiores provas. Após mais de dois anos de escândalos na imprensa do País, envolvendo autoridades do alto escalão do Governo Lula e membros do Partido dos Trabalhadores (PT) e de outros partidos da base aliada, com operações da Polícia Federal e diversas acusações, a Procuradoria-Geral da República ofereceu denúncia contra 40 sus-

10. *Notícias-STF*, de 13.3.2008, in http://www.stf.gov.br/portal/cms /verNoticia-Detalhe.asp?idConteudo=84941&tip=UN, acessado em 17.8.20087).
11. Notícia de 24.7.2007, in www.blogdolfg.com.br/article.php?story=20070724163158971 (acessado em 23.8.2007).

A HISTÓRICA IMPUNIDADE DOS CRIMES DE IMPROBIDADE ADMINISTRATIVA   575

peitos, no Supremo Tribunal Federal. Tinha-se por razão básica o "esquema do mensalão", em que estariam supostamente envolvidos ex-Ministro de Estado, Chefe de gabinete, Chefe da Casa Civil, líderes do PT, tesoureiro do Partido etc. (STF, INQ 2.245, Rel. Min. Joaquim Barbosa).

Considerando o histórico de impunidade no STF, apontado pela imprensa e por outros órgãos de classe, aliado ao interesse político na causa e ao fato de terem sido denunciadas autoridades do mais alto escalão, o País acompanhava, entre desconfiado e cansado de tanta roubalheira, a definição da Corte. O ambiente político agitava-se e a imprensa cobria cada detalhe.

A este respeito, o Min. Celso de Mello, profundo conhecedor da história da Corte, viria se pronunciar, em 28.8.2007:

"Questionado sobre as semelhanças com o julgamento do caso Collor, quando em 1994 o STF absolveu o ex-presidente Fernando Collor de Mello, após ter acolhido as denúncias contra ele pelos crimes de formação de quadrilha e corrupção passiva, o ministro frisou que este caso [*mensalão*] é diferente. Naquela ocasião, falou o ministro, tratava-se de um episódio decorrido ao longo de um governo decaído, já que o Fernando Collor de Mello havia sido destituído de seu cargo em 1992.

"Hoje não, disse o ministro, 'hoje a própria condição dos personagens envolvidos no atual processo, personagens que estavam e estão ainda no exercício de atividades políticas, nomes expressivos que foram de determinadas agremiações partidárias ou mesmo do próprio aparelho governamental faz a grande diferença'."[12]

Sob os olhos atentos e críticos da imprensa, o julgamento correu rapidamente, desenvolvendo-se em cinco sessões seguidas, que duraram em torno de uma semana. Diariamente, os jornais estampavam a matéria, acompanhando a atuação do STF, passo a passo, ora demonstrando desconfiança, ora estimulando a Corte a romper com a história de seus últimos anos quando se deparara com situações similares. A divulgação dos votos de cada Ministro, de cada discussão nas sessões, de cada opinião extrajudicial manifestada pelos integrantes desse Tribunal, entre outros fatores, constituíram uma das manifestações mais

---

12. www.stf.gov.br/noticias, de 29.8.2007 (acessado em 30.8.2007).

576 O SUPREMO TRIBUNAL FEDERAL NA CRISE INSTITUCIONAL BRASILEIRA

democráticas no campo da jurisdição. Em alguns momentos, chegou-se até a divulgar informações de duvidosa conveniência.[13]

No final do mês (28.8.2007), após cinco sessões de julgamento, o STF decidiu receber a denúncia contra todos os 40 acusados de participarem do esquema do mensalão, na forma a seguir explicitada:

1. Anderson Adauto: lavagem de dinheiro; corrupção ativa.

2. Anita Leocádia: lavagem de dinheiro.

3. Antonio Lamas: formação de quadrilha e lavagem de dinheiro.

4. Ayanna Tenório: gestão fraudulenta, lavagem de dinheiro; formação de quadrilha.

5. Bispo Rodrigues: lavagem de dinheiro; corrupção passiva.

6. Breno Fischberg: formação de quadrilha; lavagem de dinheiro.

7. Carlos Quaglia: formação de quadrilha; lavagem de dinheiro.

8. Cristiano Paz: corrupção ativa; peculato, lavagem de dinheiro; formação de quadrilha; evasão de divisas.

9. Delúbio Soares: corrupção ativa; formação de quadrilha.

10. Duda Mendonça: lavagem de dinheiro; evasão de divisas.

11. Emerson Palmieri: corrupção passiva; lavagem de dinheiro.

12. Enivaldo Quadrado: formação de quadrilha; lavagem de dinheiro.

13. Geiza Dias: lavagem de dinheiro; corrupção ativa; formação de quadrilha, evasão de divisas.

14. Henrique Pizzolato: peculato, corrupção passiva, lavagem de dinheiro.

15. Jacinto Lamas: formação de quadrilha, lavagem de dinheiro, corrupção passiva.

16. João Cláudio Genu: formação de quadrilha; corrupção passiva; lavagem de dinheiro.

17. João Magno: lavagem de dinheiro.

---

13. Como aconteceu com a divulgação das mensagens trocadas na sessão, pela intranet do STF, entre a Ministra Cármen Lúcia Antunes Rocha e o Min. Ricardo Lewandowski, em tom não muito oficial, no primeiro dia do julgamento. Na conversa, destaca-se a insinuação de que o Min. Eros Grau votaria pela rejeição da denúncia formulada pelo Procurador-Geral da República, em troca da nomeação do Min. Carlos Alberto Direito Menezes (do STJ) para o STF, na vaga deixada pelo Min. Sepúlveda Pertence, que se aposentara poucos dias antes (matéria publicada no jornal *O Globo*, de 23.8.2007). A conversa fora captada pelas lentes da máquina do fotógrafo Roberto Stuckert Filho, focalizando as telas dos monitores dos dois Ministros.

A HISTÓRICA IMPUNIDADE DOS CRIMES DE IMPROBIDADE ADMINISTRATIVA 577

18. João Paulo Cunha: lavagem de dinheiro, corrupção passiva; peculato.

19. José Borba: corrupção passiva; lavagem de dinheiro.

20. José Dirceu: corrupção ativa; formação de quadrilha.

21. José Genoíno: corrupção ativa; formação de quadrilha.

22. José Janene: formação de quadrilha; corrupção passiva; lavagem de dinheiro.

23. José Luiz Alves: lavagem de dinheiro.

24. José Salgado: gestão fraudulenta, lavagem de dinheiro; formação de quadrilha; evasão de divisas.

25. Kátia Rabello: gestão fraudulenta, lavagem de dinheiro; formação de quadrilha; evasão de divisas.

26. Luiz Gushiken: peculato.

27. Marcos Valério: corrupção ativa; peculato, lavagem de dinheiro; formação de quadrilha; evasão de divisas.

28. Paulo Rocha: lavagem de dinheiro.

29. Pedro Correa: formação de quadrilha; corrupção passiva; lavagem de dinheiro.

30. Pedro Henry: formação de quadrilha; corrupção passiva; lavagem de dinheiro.

31. Professor Luizinho: lavagem de dinheiro.

32. Rámon Hollerbach: corrupção ativa; peculato, lavagem de dinheiro; formação de quadrilha; evasão de divisas.

33. Roberto Jefferson: corrupção passiva; lavagem de dinheiro.

34. Rogério Tolentino: lavagem de dinheiro; corrupção ativa; formação de quadrilha.

35. Romeu Queiroz: corrupção passiva; lavagem de dinheiro.

36. Silvio Pereira: formação de quadrilha.

37. Simone Vasconcelos: lavagem de dinheiro; corrupção ativa; formação de quadrilha; evasão de divisas.

38. Valdemar da Costa: formação de quadrilha, lavagem de dinheiro, corrupção passiva.

39. Vinícius Samarane: gestão fraudulenta, lavagem de dinheiro; formação de quadrilha, evasão de divisas.

40. Zilmar Fernandes: lavagem de dinheiro; evasão de divisas.

A rejeição da denúncia se deu em relação a:

1. Ayanna Tenório: evasão de divisas.
2. Delúbio Soares: peculato.
3. José Dirceu: peculato.
4. José Genoíno: peculato; corrupção ativa.
5. Marcos Valério: falsidade ideológica.
6. Rogério Tolentino: corrupção ativa, peculato; evasão de divisas.
7. Sílvio Pereira: peculato; corrupção ativa.

A atuação do STF foi célere, como nunca se havia visto na história da Corte, em assunto tão intrincado, complexo e politicamente tão relevante. A nação reacendeu os ânimos e a credibilidade da Corte. O Min. Joaquim Barbosa inovou a prática do Tribunal, disponibilizando virtualmente todo o processo, com provas e demais documentos que o instruíam, aos advogados de defesa, superando um tempo precioso. De fato, pelo caminho normal, seriam necessárias várias vezes só para esta etapa inicial.

Eis que sobreveio matéria bombástica do jornal *O Globo*, anunciando que o recebimento da denúncia contra todos os acusados decorrera de um deslize no provável pacto de absolvê-los. Esta ilação fora retirada de uma conversa telefônica em que o Min. Ricardo Lewandowski reclamara da pressão da imprensa durante o julgamento em epígrafe, forçando o Tribunal a decidir contra suas convicções. Para ele, os membros do STF julgaram "com a faca no pescoço".

E logo a intrépida imprensa divulgou:

"*Tendência era amaciar para Dirceu, diz Ministro do STF*

"Quinta-feira, 30.8.2007 – 8:21

"Da *Folha de São Paulo*:

"Em conversa telefônica na noite de anteontem, o ministro Ricardo Lewandowski, do STF (Supremo Tribunal Federal), reclamou de suposta interferência da imprensa no resultado do julgamento que decidiu pela abertura de ação penal contra os 40 acusados de envolvimento no mensalão. 'A imprensa acuou o Supremo', avaliou Lewandowski para um interlocutor de nome 'Marcelo'. 'Todo mundo votou com a faca no pescoço'. Ainda segundo ele, 'a tendência era amaciar para o Dirceu'.

"Lewandowski foi o único a divergir do relator, Joaquim Barbosa, quanto à imputação do crime de formação de quadrilha para o ex-ministro da Casa Civil e deputado cassado José Dirceu, descrito na denúncia do procurador-

A HISTÓRICA IMPUNIDADE DOS CRIMES DE IMPROBIDADE ADMINISTRATIVA   579

geral da República, Antonio Fernando de Souza, como o 'chefe da organização criminosa' de 40 pessoas envolvidas de alguma forma no escândalo.

"O telefonema de cerca de dez minutos, inteiramente testemunhado pela *Folha*, ocorreu por volta das 21h35. Lewandowski jantava, acompanhado, no recém-inaugurado Expand Wine Store by Piantella, na Asa Sul, em Brasília.

"Apesar de ocupar uma mesa na parte interna do restaurante, o ministro preferiu falar ao celular caminhando pelo jardim externo, que fica na parte de trás do estabelecimento, onde existem algumas mesas – entre elas a ocupada pela repórter da *Folha*, a menos de cinco metros de Lewandowski.

"A menção à imprensa se deve à divulgação na semana passada, pelo jornal *O Globo*, do conteúdo de trocas de mensagens instantâneas pelo computador entre ministros do STF, sobretudo de uma conversa entre o próprio Lewandowski e a colega Cármen Lúcia.

"Nos diálogos, os dois partilhavam dúvidas e opiniões a respeito do julgamento, especulavam sobre o voto de colegas e aludiam a um suposto acordo envolvendo a aposentadoria do ex-ministro Sepúlveda Pertence e a nomeação – que veio a se confirmar – de Carlos Alberto Direito para seu lugar. Lewandowski chegou a relacionar o suposto acordo ao resultado do julgamento.

"Ontem, na conversa de cerca de dez minutos com Marcelo, opinou que a decisão da Corte poderia ter sido diferente, não fosse a exposição dos diálogos. 'Você não tenha dúvida', repetiu em seguidas ocasiões ao longo da conversa.

"O fato de os 40 denunciados pelo procurador-geral terem virado réus da ação penal e o dilatado placar a favor do recebimento da denúncia em casos como o de Dirceu e de integrantes da cúpula do PT surpreenderam advogados de defesa e o governo. Na véspera do início dos trabalhos, os ministros tinham feito uma reunião para 'trocar impressões' sobre o julgamento, inédito pelo número de denunciados e pela importância política do caso.

"Em seu voto divergente no caso de Dirceu, Lewandowski disse que 'não ficou suficientemente comprovada' a formação de quadrilha no que diz respeito ao ex-ministro. 'Está se potencializando o cargo ocupado [por Dirceu] exatamente para se imputar a ele a formação de quadrilha', afirmou.

"Enrique Ricardo Lewandowski, 58, foi o quinto ministro do STF nomeado por Lula, em fevereiro do ano passado, para o lugar de Carlos Velloso. Antes, era desembargador do Tribunal de Justiça de SP.

"No geral, o ministro foi o que mais divergiu do voto de Barbosa: 12 ocasiões. Além de não acolher a denúncia contra Dirceu por formação de quadrilha, também se opôs ao enquadramento do deputado José Genoino nesse crime, no que foi acompanhado por Eros Grau.

580 O SUPREMO TRIBUNAL FEDERAL NA CRISE INSTITUCIONAL BRASILEIRA

"No telefonema com Marcelo, ele deu a entender que poderia ter contrariado o relator em mais questões, não fosse a suposta pressão da mídia. Ao analisar o efeito da divulgação das conversas sobre o tribunal, disse que, para ele, não haveria maiores conseqüências: 'Para mim não ficou tão mal, todo mundo sabe que eu sou independente'. Ainda assim, logo em seguida deu a entender que, não fosse a divulgação dos diálogos, poderia ter divergido do relator em outros pontos: 'Não tenha dúvida. Eu estava tinindo nos cascos'.

"Lewandowski fez ainda referência à nomeação de Carlos Alberto Direito, oficializada naquela manhã pelo presidente Luiz Inácio Lula da Silva. Negou ao interlocutor que fizesse parte de um grupo do STF contrário à escolha do ministro do Superior Tribunal de Justiça para a vaga de Pertence, como se depreende da conversa eletrônica entre ele e Cármen Lúcia. 'Sou amigo do Direito. Todo mundo sabia que ele era o próximo. Tinha uma campanha aberta para ele'.

"Ainda em tom queixoso, gesticulando muito e passando várias vezes a mão livre pela vasta cabeleira branca enquanto falava ao celular, Lewandowski disse que a prática de trocar mensagens pelos computadores é corriqueira entre os ministros durante as sessões. 'Todo mundo faz isso. Todo mundo brinca.'

"Já prestes a encerrar a conversa, o ministro, que ainda trajava o terno azul acinzentado e a gravata amarela usados horas antes, no último dia de sessão do mensalão, procurou resignar-se com a exposição inesperada e com o resultado do julgamento. 'Paciência', disse, várias vezes. E ainda filosofou: 'Acidentes acontecem. Eu poderia estar naquele avião da TAM'."

Obviamente, a matéria que circulou na imprensa causou um mal-estar perante a população, acarretando suspeitas. Isto levou o STF, por sua Presidente, a Min. Ellen Gracie, a publicar a seguinte nota oficial, publicada no site www.stf.gov.br/noticias/imprensa:

"*Nota Oficial*

"O Supremo Tribunal Federal – que não permite nem tolera que pressões externas interfiram em suas decisões – vem reafirmar o que testemunham sua longa história e a opinião pública nacional, que são a dignidade da Corte, a honorabilidade de seus Ministros e a absoluta independência e transparência dos seus julgamentos. Os fatos, sobretudo os mais recentes, falam por si e dispensam maiores explicações.

"Brasília, 30 de agosto de 2007

"Presidente do Supremo Tribunal Federal (STF)

"Ministra Ellen Gracie."

A HISTÓRICA IMPUNIDADE DOS CRIMES DE IMPROBIDADE ADMINISTRATIVA 581

De todo modo, fofocas, comentários e suspeitas levantadas à parte, o recebimento da denúncia, pelo STF, contra 40 autoridades, representa, apenas, um passo importante para a punição dos culpados. Mas não assegura que, efetivamente, conclua-se pela culpabilidade dos acusados. Deveras, uma nova etapa se inicia: a do processo judicial. Por experiência processual, dificilmente se consegue chegar a um fim em ações coletivas penais, quando se têm vários réus, cada um com advogado próprio, defesas específicas e provas diferenciadas. A complexidade do processo tende a levar a confusão tamanha, com tantos incidentes, que o compromete mortalmente.

No episódio, o Min. Joaquim Barbosa foi alçado a herói nacional, passando a figurar entre os cotados a candidato a Presidente da República, por ter cumprido fielmente o seu papel. O Ministro já demonstrara não ser partidário da impunidade nem de privilégios, e possuir convicções firmes (voto vencido na Recl. 2.138, comentada no tópico anterior, sobre a improbidade e o privilégio de foro de autoridades públicas do alto escalão). É de se reconhecer, porém, o formidável trabalho desenvolvido pela Polícia Federal e a atuação do Procurador-Geral da República em oferecer denúncia contra 40 acusados.

Na verdade, houve alarde maior do que o devido pela imprensa, pois a decisão do STF implicou, apenas, no *recebimento* da ação penal. Ela ainda passará por várias etapas, até ser julgada. As provas serão todas analisadas, produzidas, reproduzidas, escutar-se-ão testemunhas, abrir-se-ão novas defesas etc. Convém conceder, uma vez mais, um voto de confiança ao STF e, ao mesmo tempo, lançar-lhe um olhar atento, perscrutador.

Todavia, compreende-se o objetivo da imprensa: levantar a credibilidade da Corte, estimulando-a a romper sua história de impunidade. Isto não deixa de ser, de certa forma, pressão sobre os Ministros. Bem, ela está no seu papel. É a imprensa livre, como se espera nos regimes democráticos. No caso em espécie, é verídico que ela já condenou os 40 acusados perante a opinião pública.

Resta à população aguardar o desenrolar dos acontecimentos e ver no que vai dar o caso do "esquema do mensalão". E, novamente, a imprensa não deve afastar suas lentes dos atos que se seguirão.

Que se acompanhe pelo site do STF e outros modos o andamento do INQ 2245, Rel. Min. Joaquim Barbosa, e da Ação Penal 470, na qual 10 réus do mensalão recorreram contra o recebimento da denúncia oferecida pelo Procurador-Geral da República.

Capítulo 31
DIREITO DE GREVE NO SERVIÇO PÚBLICO

*A Lei de Greve do setor privado
pode ser aplicada aos servidores públicos?
De quem é a competência para conhecer e processar
as ações envolvendo o exercício do direito de greve?
O serviço público pode ser suspenso em razão da greve?
Qual o alcance da decisão do STF
sobre o direito de greve no serviço público?*

A greve no serviço público tem trazido uma freqüente discussão administrativa, ensejando batalhas judiciais homéricas. Deveras, apesar do direito de greve ser constitucionalmente assegurado tanto aos servidores públicos (art. 37, VII) quanto aos trabalhadores da iniciativa privada (art. 9º), a CF/88 remeteu a sua regulamentação a leis ordinárias distintas. Porém, só a greve na iniciativa privada recebeu tratamento legal, através da Lei 7.783/1989.

Assim, embora o direito dos servidores públicos se encontre constitucionalmente assegurado pelo art. 37, VII, da CF, o seu exercício depende de lei específica que o regulamente. Esta lei, no entanto, ainda não veio ao mundo jurídico, prejudicando o direito social do paredismo no setor público. Para suprir a lacuna do legislador, foi impetrado Mandado de Injunção, em 1996, o qual logrou o seguinte tratamento perante o STF:

"Direito de greve no serviço público. Mandado de Injunção Coletivo. O exercício do direito público subjetivo de greve outorgado aos servidores civis só se revelará possível depois da edição da lei complementar reclamada pela Carta Política. A lei complementar referida — que vai definir os termos e os limites do exercício do direito de greve no serviço público — constitui requisito de aplicabilidade e de operatividade da norma inscrita no art. 37, VII, do

DIREITO DE GREVE NO SERVIÇO PÚBLICO   583

texto constitucional. Essa situação de lacuna atécnica, precisamente por inviabilizar o exercício do direito de greve, justifica a utilização e o deferimento do mandado de injunção. A inércia estatal configura-se, objetivamente, quando o excessivo e o irrazoável retardamento na efetivação da prestação legislativa — não obstante a ausência, na Constituição, de prazo prefixado para a edição da necessária norma regulamentadora — vem a comprometer e a nulificar a situação subjetiva de vantagem criada pelo texto constitucional em favor dos seus beneficiários. *Mandado de Injunção Coletivo*: A jurisprudência do Supremo Tribunal Federal firmou-se no sentido de admitir a utilização, pelos organismos sindicais e pelas entidades de classe, do mandado de injunção coletivo, com a finalidade de viabilizar, em favor dos membros ou associados dessas instituições, o exercício de direitos assegurados pela Constituição. Precedentes e doutrina" (STF, MI 20-4, Rel. Min. Celso de Mello, *Informativo STF* º 54, 27.11.1996, p. 3; *DJU* 22.11.1996, p. 45.690).

Ao lume desta ementa, informa-se que o STF, ao julgar o MI 20-4, declarou a inviabilidade do exercício do direito de greve, por parte dos funcionários públicos, enquanto não regulamentado, por lei, o art. 37, VII, da CF. Foi com base nesta decisão que a mesma Corte, na ADI 1.880-4-DF (Rel. Min. Ilmar Galvão, j. 9.9.1998, *DJU* 27.11.1998), não conheceu da Ação Direta de Inconstitucionalidade movida pelo PT-Partido dos Trabalhadores, cujo objetivo era obter a inconstitucionalidade da Portaria 1.788/1998, da Secretaria da Receita Federal, a qual vedava ao servidor em estágio probatório participar de movimento grevista.[1]

Na decisão retro transcrita, apesar de reconhecer a inércia do legislador, o STF não deu real eficácia ao direito postulado, de modo que se prosseguiu na omissão normativa, conquanto o direito de greve, no serviço público, existisse como realidade fática, fenômeno social indissociável das reivindicações populares.

Em 2006, o Min. Eros Grau julgou o MI 689-PB (*DJU* 18.8.2006), a propósito da aplicabilidade da Lei 7.783/1989 aos servidores públicos, da seguinte forma:

"Ementa: Mandado de Injunção. Concessão de efetividade à norma inscrita no artigo 37, inciso VII, da Constituição do Brasil. Aplicação da Lei Federal n. 7.783/89, que rege o direito de greve na iniciativa privada, até que

1. *LEX-JSTF* 244/41, abril/1999.

584 O SUPREMO TRIBUNAL FEDERAL NA CRISE INSTITUCIONAL BRASILEIRA

sobrevenha lei regulamentadora. Legitimidade ativa de entidade sindical. Mandado de Injunção utilizado como sucedâneo do Mandado de Segurança. Não-conhecimento. 1. O acesso de entidades de classe à via do mandado de injunção coletivo é processualmente admissível, desde que legalmente constituídas e em funcionamento há pelo menos um ano. 2. Este Tribunal entende que a utilização do mandado de injunção como sucedâneo do mandado de segurança é inviável. Precedentes. 3. O mandado de injunção é ação constitutiva; não é ação condenatória, não se presta a condenar o Congresso ao cumprimento de obrigação de fazer. Não cabe a cominação de pena pecuniária pela continuidade da omissão legislativa 4. Mandado de injunção não conhecido" (MI 689-PB, rel. Min. Rel. Eros Grau, *DJU* 18.8.2006).

Passados algum tempo e modificada a composição do STF, reacendendo-se novas esperanças sobre a matéria, o Sindicato dos Trabalhadores do Poder Judiciário do Estado do Pará-SINJEP postulou no STF, por meio de Mandado de Injunção coletivo, efetividade ao art. 37, VII, da CF, referente ao direito de greve no serviço público. Solicitou fosse aplicada a Lei 7.783/1989, que trata da greve no setor privado, cuja redação ora se transcreve:

"Art. 1º. É assegurado o direito de greve, competindo aos trabalhadores decidir sobre a oportunidade de exercê-lo e sobre os interesses que devam por meio dele defender. Parágrafo único. O direito de greve será exercido na forma estabelecida nesta Lei. Art. 2º. Para os fins desta Lei, considera-se legítimo exercício do direito de greve a suspensão coletiva, temporária e pacífica, total ou parcial, de prestação pessoal de serviços a empregador. Art. 3º. Frustrada a negociação ou verificada a impossibilidade de recursos via arbitral, é facultada a cessação coletiva do trabalho. Parágrafo único. A entidade patronal correspondente ou os empregadores diretamente interessados serão notificados, com antecedência mínima de 48 (quarenta e oito) horas, da paralisação. Art. 4º. Caberá à entidade sindical correspondente convocar, na forma do seu estatuto, assembléia geral que definirá as reivindicações da categoria e deliberará sobre a paralisação coletiva da prestação de serviços. § 1º O estatuto da entidade sindical deverá prever as formalidades de convocação e o quorum para a deliberação, tanto da deflagração quanto da cessação da greve. § 2º Na falta de entidade sindical, a assembléia geral dos trabalhadores interessados deliberará para os fins previstos no "caput", constituindo comissão de negociação. Art. 5º. A entidade sindical ou comissão especialmente eleita representará os interesses dos trabalhadores nas negociações ou na Justiça do Trabalho. Art. 6º.

DIREITO DE GREVE NO SERVIÇO PÚBLICO 585

São assegurados aos grevistas, dentre outros direitos: I - o emprego de meios pacíficos tendentes a persuadir ou aliciar os trabalhadores a aderirem à greve; II - a arrecadação de fundos e a livre divulgação do movimento. § 1º Em nenhuma hipótese, os meios adotados por empregados e empregadores poderão violar ou constranger os direitos e garantias fundamentais de outrem. § 2º É vedado às empresas adotar meios para constranger o empregado ao comparecimento ao trabalho, bem como capazes de frustrar a divulgação do movimento. § 3º As manifestações e atos de persuasão utilizados pelos grevistas não poderão impedir o acesso ao trabalho nem causar ameaça ou dano à propriedade ou pessoa. Art. 7º. Observadas as condições previstas nesta Lei, a participação em greve suspende o contrato de trabalho, devendo as relações obrigacionais, durante o período, ser regidas pelo acordo, convenção, laudo arbitral ou decisão da Justiça do Trabalho. Parágrafo único. É vedada a rescisão de contrato de trabalho durante a greve, bem como a contratação de trabalhadores substitutos, exceto na ocorrência das hipóteses previstas nos arts. 9º e 14. Art. 8º. A Justiça do Trabalho, por iniciativa de qualquer das partes ou do Ministério Público do Trabalho, decidirá sobre a procedência, total ou parcial, ou improcedência das reivindicações, cumprindo ao Tribunal publicar, de imediato, o competente acórdão. Art. 9º. Durante a greve, o sindicato ou a comissão de negociação, mediante acordo com a entidade patronal ou diretamente com o empregador, manterá em atividade equipes de empregados com o propósito de assegurar os serviços cuja paralisação resultem em prejuízo irreparável, pela deterioração irreversível de bens, máquinas e equipamentos, bem como a manutenção daqueles essenciais à retomada das atividades da empresa quando da cessação do movimento. Parágrafo único. Não havendo acordo, é assegurado ao empregador, enquanto perdurar a greve, o direito de contratar diretamente os serviços necessários a que se refere este artigo. Art. 10. São considerados serviços ou atividades essenciais: I - tratamento e abastecimento de água; produção e distribuição de energia elétrica, gás e combustíveis; II - assistência médica e hospitalar; III - distribuição e comercialização de medicamentos e alimentos; IV - funerários; V - transporte coletivo; VI - captação e tratamento de esgoto e lixo; VII - telecomunicações; VIII - guarda, uso e controle de substâncias radioativas, equipamentos e materiais nucleares; IX - processamento de dados ligados a serviços essenciais; X - controle de tráfego aéreo; XI compensação bancária. Art. 11. Nos serviços ou atividades essenciais, os sindicatos, os empregadores e os trabalhadores ficam obrigados, de comum acordo, a garantir, durante a greve, a prestação dos serviços indispensáveis ao atendimento das necessidades inadiáveis da comunidade. Parágrafo

586 O SUPREMO TRIBUNAL FEDERAL NA CRISE INSTITUCIONAL BRASILEIRA

único. São necessidades inadiáveis, da comunidade aquelas que, não atendidas, coloquem em perigo iminente a sobrevivência, a saúde ou a segurança da população. Art. 12. No caso de inobservância do disposto no artigo anterior, o Poder Público assegurará a prestação dos serviços indispensáveis. Art. 13. Na greve, em serviços ou atividades essenciais, ficam as entidades sindicais ou os trabalhadores, conforme o caso, obrigados a comunicar a decisão aos empregadores e aos usuários com antecedência mínima de 72 (setenta e duas) horas da paralisação. Art. 14. Constitui abuso do direito de greve a inobservância das normas contidas na presente Lei, bem como a manutenção da paralisação após a celebração de acordo, convenção ou decisão da Justiça do Trabalho. Parágrafo único. Na vigência de acordo, convenção ou sentença normativa não constitui abuso do exercício do direito de greve a paralisação que: I - tenha por objetivo exigir o cumprimento de cláusula ou condição; II - seja motivada pela superveniência de fatos novos ou acontecimento imprevisto que modifique substancialmente a relação de trabalho. Art. 15. A responsabilidade pelos atos praticados, ilícitos ou crimes cometidos, no curso da greve, será apurada, conforme o caso, segundo a legislação trabalhista, civil ou penal. Parágrafo único. Deverá o Ministério Público, de ofício, requisitar a abertura do competente inquérito e oferecer denúncia quando houver indício da prática de delito. Art. 16. Para os fins previstos no art. 37, inciso VII, da Constituição, lei complementar definirá os termos e os limites em que o direito de greve poderá ser exercido. Art. 17. Fica vedada a paralisação das atividades, por iniciativa do empregador, com o objetivo de frustrar negociação ou dificultar o atendimento de reivindicações dos respectivos empregados (lockout). Parágrafo único. A prática referida no caput assegura aos trabalhadores o direito à percepção dos salários durante o período de paralisação. Art. 18. Ficam revogados a Lei n° 4.330, de 1° de junho de 1964, o Decreto-Lei n° 1.632, de 4 de agosto de 1978, e demais disposições em contrário. Art. 19 Esta Lei entra em vigor na data de sua publicação."

Ao votar no MI 712-8-PA (12.4.2007), o Min. Eros Grau entendeu que a Lei 7.783/1989 não se aplicaria, em princípio, às relações públicas. Contudo, admitiu que, por falta da norma regulamentadora do Congresso Nacional, era possível fazer uso da mencionada lei, ao menos em parte, cabendo ao STF definir os contornos de sua aplicabilidade, conferindo os parâmetros do exercício do direito de greve no setor público (v. tópico 45, do voto do Min. Eros Grau). Explicou que o STF, no mandado de injunção, formula *supletivamente* a norma regulamentadora, com "função normativa, porém não legislativa".

DIREITO DE GREVE NO SERVIÇO PÚBLICO 587

Percebe-se, aí, uma mudança de paradigma na compreensão da Corte a propósito do Mandado de Injunção.

Na mesma sessão, o Min. Gilmar Ferreira Mendes acompanhou o Min. Eros Grau, permanecendo como redator do MI 670 (originário do Min. Maurício Corrêa) e do MI 708, ambos de idêntico objeto. A compreensão dos dois Ministros foi de conferir eficácia *erga omnes* à decisão. Abriu divergência o Min. Ricardo Lewandowski, por entender que a eficácia havia de ser *inter partes,* somente para o caso concreto.

Nos debates que se seguiram, na sessão, a maioria acompanhou os votos dos Min. Eros Grau e Gilmar Mendes, embora não tenha ficado muito claro, até aí, o alcance da decisão em proferimento naquele Mandado de Injunção: se seria *erga omnes* ou *inter partes*. O Min. Joaquim Barbosa pediu vista regimental, tendo o Min. Marco Aurélio preferido aguardar o voto do Min. Joaquim Barbosa. Eis a suma da Certidão de Julgamento:

"DECISÃO: Após os votos dos Senhores Ministros Eros Grau (Relator), Gilmar Mendes, Celso de Mello, Sepúlveda Pertence, Carlos Britto, Cármen Lúcia e Cezar Peluso, que conheciam e julgavam procedente o Mandado de Injunção para determinar a aplicação da Lei nº 7.783, de 28 de junho de 1989, e do voto do Senhor Ministro Ricardo Lewandowski, julgando-a procedente em parte, nos termos do voto proferido, pediu vista dos autos o Senhor Ministro Joaquim Barbosa. Em seguida, o Tribunal, por maioria, apreciando Questão de Ordem suscitada, indeferiu o pedido de tutela antecipada, vencidos os Senhores Ministros Relator, que a suscitara, Cézar Peluso, Celso de Mello e Gilmar Mendes. Ausentes, ocasionalmente, neste ponto, o Senhor Ministro Sepúlveda Pertence, e, na segunda parte da sessão, a Senhora Ministra Ellen Gracie (Presidente). Presidência do Senhor Ministro Gilmar Mendes (Vice-Presidente). Plenário, 12.4.2007" (STF, MI 712-8-PA, Rel. Min. Eros Grau).

Do voto apresentado pelo Min. Eros Grau, sugerindo a regulamentação do direito de greve pelo servidor público, a par do estabelecido pela Lei 7.783/1989, pelo próprio STF, constam as seguintes adaptações, feitas pelo Relator, que ora se encontram destacadas:

"53. Isto posto, a norma, na amplitude que a ela deve ser conferida no âmbito do presente mandado de injunção, compreende conjunto integrado pelos artigos 1º ao 9º, 14, 15 e 17 da Lei n. 7.783/89, com as alterações necessárias ao atendimento das peculiaridades da greve nos serviços públicos, que

588 O SUPREMO TRIBUNAL FEDERAL NA CRISE INSTITUCIONAL BRASILEIRA

introduzo no art. 3º e seu parágrafo único, no art. 4º, no parágrafo único do art. 7º, no art. 9º e seu parágrafo único e no art. 14. Este, pois, é o conjunto normativo reclamado, no quanto diverso do texto dos preceitos mencionados da Lei n. 7.783/89:

'Art. 3º. Frustrada a negociação ou verificada a impossibilidade de recursos via arbitral, é facultada a cessação *parcial* do trabalho. Parágrafo único. A entidade patronal correspondente ou os empregadores diretamente interessados serão notificados, com antecedência mínima de *72 (setenta e duas) horas*, da paralisação.' 'Art. 4º. Caberá à entidade sindical correspondente convocar, na forma do seu estatuto, assembléia geral que definirá as reivindicações da categoria e deliberará sobre a paralisação *parcial* da prestação de serviços'; 'Art. 7º. (...) Parágrafo único. É vedada a rescisão de contrato de trabalho durante a greve, exceto na ocorrência da hipótese prevista no *art. 14*'; 'Art. 9º. Durante a greve, o sindicato ou a comissão de negociação, mediante acordo com a entidade patronal ou diretamente com o empregador, manterá em atividade equipes de empregados com o propósito de assegurar *a regular continuidade da prestação do serviço público*. Parágrafo único. *É assegurado ao empregador, enquanto perdurar a greve*, o direito de contratar diretamente os serviços necessários a que se refere este artigo'; 'Art. 14. Constitui abuso do direito de greve a inobservância das normas contidas na presente Lei, *em especial o comprometimento da regular continuidade na prestação do serviço público*, bem como a manutenção da paralisação após a celebração de acordo, convenção ou decisão da Justiça do Trabalho' (original sem destaques).

"54. Em face de tudo, conheço do presente mandado de injunção, para, reconhecendo a falta de norma regulamentadora do direito de greve no serviço público, remover o obstáculo criado por essa omissão e, supletivamente, tornar viável o exercício do direito consagrado no artigo 37, VII da Constituição do Brasil, nos termos do conjunto normativo enunciado neste voto."

Ou seja, o Ministro votou pela aplicação da Lei de Greve ao serviço público, mas já sugerindo nova redação a alguns de seus dispositivos, adequando a norma à realidade da Administração Pública. Ficou claro, dos trechos transcritos, que a adequação da Lei 7.783/1989 consistiu em pontos relevantes e diferenciadores, que ora se comentam, em itálico:

DIREITO DE GREVE NO SERVIÇO PÚBLICO 589

a) O serviço público é naturalmente atividade essencial, a ele se aplicando os regramentos da lei próprios deste tipo de atividade: notificação da greve com antecedência de 72h, pelo sindicato; e possibilidade de contratação, pela Administração Pública, de pessoal temporário para assegurar a regular continuidade do serviço. *Ora, a permissão para a contratação temporária pode vir a esvaziar o movimento paredista;*

b) Sendo essencial, o serviço público não pode ser totalmente paralisado. Um percentual razoável de servidores deve assegurar a continuidade regular, em resguardo da sociedade. *O percentual, porém, não é fixado, ficando para as situações concretas, dependendo da natureza do serviço. De seu turno, não dá para assegurar a continuidade regular do serviço público numa greve, a não ser que haja prejuízo do movimento paredista, fragilizando o direito coletivo da categoria;*

c) Constitui abuso do direito de greve a paralisação que comprometa a regular continuidade na prestação do serviço público. *Como se vê, esta é uma colocação muito subjetiva, pois não há critérios objetivos que possam identificar quando ocorrerá o comprometimento da prestação do serviço público ou em que grau ele se manifeste;*

d) Os salários dos grevistas poderão ser descontados pelos dias da paralisação (art. 7º), sendo possível a contratação temporária de servidores substitutos e a demissão daqueles envolvidos em greve ilícita. *Estas inseguranças comprometem o trabalho de arregimentação e convencimento dos grevistas, submetendo-os à vontade ou tirania do administrador.*

No mais, permaneceram as disposições da Lei 7.783/1989. O STF até que poderia ter adequado mais, para eliminar ou adaptar coisas óbvias, bem como espancar alguns pontos que certamente trarão dúvidas e interpretações inseguras. Poderia, por exemplo, ter modificado termos como "empregado" e "empregador" por "servidor público" e "Administração Pública", respectivamente, para conferir a real abrangência da decisão. Também poderia ter retirado a referência a Acordo e Convenção Coletiva de Trabalho, por serem modalidades incompatíveis com a Administração, conforme já definido pelo STF no julgamento da ADI 492-DF, a propósito do art. 240 da Lei 8.112/1990. E, na mesma linha, ter excluído a possibilidade de arbitragem no conflito coletivo em serviço público, ante a indisponibilidade dos interesses da Administração. Ainda, sem esgotar outros pontos, caberia excluir, no

590 O SUPREMO TRIBUNAL FEDERAL NA CRISE INSTITUCIONAL BRASILEIRA

art. 14, a referência à Justiça do Trabalho, já que a greve envolvendo servidores estatutários há de ser decidida pela Justiça Comum, estadual ou federal (por conseqüência da decisão proferida na ADI 3.395-DF).[2]

Em 24.5.2007, o Min. Gilmar Mendes (Relator) levou a plenário seu voto no MI 708, impetrado pelo Sindicato dos Trabalhadores em Educação do Município de João Pessoa (SINTEM), comungando com a opinião manifestada pelo Min. Eros Grau. O noticiário do STF, desse dia, informou a seguinte proposta formulada pelo Ministro ao plenário da Corte:

"*Aplicabilidade da decisão*. Quanto à aplicação da decisão, o relator não afastou, de acordo com as peculiaridades de cada caso concreto mediante solicitação do órgão competente, que seja facultado ao juízo competente impor a observância ao regime de greve mais severo, em razão de se tratarem de serviços ou atividades essenciais.

"Ao complementar a decisão, o ministro Gilmar Mendes fixou os parâmetros institucionais e constitucionais da definição de competência provisória e ampliativa para apreciação de dissídios de greve instaurados entre o poder público e os servidores com vínculo estatutário. 'Creio ser necessário e adequado que fixemos balizas procedimentais mínimas para apreciação e julgamento dessas demandas coletivas', avaliou.

"'No plano procedimental, vislumbro a possibilidade de aplicação da Lei 7.701/88 que cuida da especialização das Turmas dos Tribunais do Trabalho

---

2. Mais uma prova de que o art. 114-I, CF, conferia à Justiça do Trabalho competência para julgar as causas envolvendo servidores públicos, inclusive estatutários, em dissídios individuais ou de greve. É que, histórica e constitucionalmente, é a única Justiça do Poder Judiciário brasileiro dotada de poder normativo. Agora, o STF estende – aliás, *cria* – um certo poder normativo também à Justiça Comum, que não tem autorização constitucional nem vocação para tanto. Ou, pior: se a Justiça Comum não tiver poder normativo, o dissídio de greve que a ela será submetido será inócuo, pois ela se limitará a declarar a abusividade ou não do movimento. Neste caso, vislumbram-se duas possibilidades, não excludentes entre si: ou a Justiça Comum não resolverá a essência do conflito (as reivindicações dos servidores, resistidas pela Administração Pública), e, quando muito, penderá pelo Estado – vaticina-se de logo esta postura; ou simplesmente deixará aos litigantes a solução do problema central, o que demonstra a desnecessidade de sua intervenção, por sua atuação despicienda.

Foi percebendo esta incongruência, provavelmente, e as possíveis limitações impostas à greve no serviço público, quase a esvaziá-la, que o SINJEP pediu desistência do MI 712, do qual fora autor, às vésperas do julgamento no plenário do STF. Mas o Min. Eros Grau encaminhou ao Plenário a Questão de Ordem, sendo indeferido o pedido (15.10.2007) e posto o feito em mesa.

em processos coletivos, no que tange à competência para apreciar e julgar eventuais conflitos judiciais referentes à greve dos servidores públicos que sejam suscitados até o momento da colmatação legislativa da lacuna ora declarada', considerou Mendes.

"Ao desenvolver mecanismos de apreciação da proposta constitucional para omissão legislativa, o Ministro entendeu não ser possível argumentar pela impossibilidade de se proceder a uma interpretação ampliativa do texto constitucional. 'Nesse contexto, é imprescindível que esse Plenário densifique as situações provisórias de competência constitucional para apreciação desses dissídios no contexto nacional, regional, estadual e municipal', analisou o Ministro, comentando a necessidade de que haja um órgão competente para dirimir esses conflitos.

"Segundo o relator, se a paralisação for de âmbito nacional ou abranger mais de uma região da Justiça Federal ou, ainda, abranger mais de uma unidade da Federação, a competência para o dissídio de greve será do Superior Tribunal de Justiça (STJ), por aplicação analógica do artigo 2º, I, *a*, da Lei 7.701. Também quanto ao âmbito federal, o Ministro afirmou que se a controvérsia estiver ligada a uma única região da Justiça Federal, a competência será dos Tribunais Regionais Federais. Para o caso da jurisdição no contexto estadual ou municipal, Gilmar Mendes ressaltou que se a controvérsia estiver sujeita a uma unidade da Federação, a competência será do respectivo Tribunal de Justiça, também por aplicação analógica do artigo 6º da Lei 7.701.

"'É importante ressaltar que a par da competência para o dissídio de greve em si, discutindo a abusividade ou não da greve, também os referidos tribunais nos seus respectivos âmbitos serão competentes para decidir as medidas cautelares nas quais se postule a preservação do objeto da querela judicial, qual seja o percentual dos servidores que devem continuar trabalhando ou mesmo a proibição de qualquer tipo de paralisação, a fim de que não haja quebra da continuidade na prestação de serviços ou ainda a própria questão do pagamento dos dias de paralisação', explicou Mendes.

"Dessa forma, o relator do MI concluiu que 'ao adotar essa medida, estará assegurado o direito de greve constitucionalmente garantido no artigo 37, VII, da Constituição, sem desconsiderar a garantia da continuidade da prestação do serviço, um elemento fundamental para a preservação do interesse público em áreas que são extremamente demandadas para o benefício da sociedade brasileira'. O Ministro Gilmar Mendes conheceu do mandado de injunção e determinou a aplicação da Lei 7.783. Após o voto, o Ministro Ricardo Lewandowski pediu vista dos autos."

592 O SUPREMO TRIBUNAL FEDERAL NA CRISE INSTITUCIONAL BRASILEIRA

Um detalhe de indiscutível importância no voto do Min. Gilmar Mendes é a referência à Lei 7.701/1988, que cuida da competência originária dos Tribunais do Trabalho. Segundo esta Lei, os dissídios coletivos (inclusive os de greve) são julgados pelo plenário ou órgão especial (SDC-Sessão de Dissídios Coletivos) dos Tribunais do Trabalho, e não pelas Varas do Trabalho. Se o conflito abranger apenas a área jurisdicional de um TRT, será este o competente para julgar a greve respectiva; mas se o conflito ultrapassar o território competencial do TRT (p. ex., alcançando mais de um Estado da Federação ou Municípios de Estados diferentes ou de Regiões distintas) a competência passa a ser do TST.

Ao assegurar a competência da Justiça Comum (federal ou estadual, conforme o âmbito funcional do servidor público), o Min. Gilmar Mendes concluiu pela aplicação da Lei 7.701/1988, analogicamente estendendo-a aos Tribunais de Justiça, Tribunais Regionais Federais e Superior Tribunal de Justiça, dependendo da dimensão do conflito inerente à greve e da categoria de servidor público (federal, estadual ou municipal). Vale dizer, mesmo no âmbito da Justiça Comum, a competência originária para julgar o conflito é dos tribunais, e não do primeiro grau de jurisdição.[3]

---

3. Esta conclusão, porém, cria algumas perplexidades de ordem constitucional, ainda referentes à competência. Suponha-se que uma greve seja deflagrada por servidores públicos municipais, de categoria cuja entidade sindical tenha representação em Municípios de Estados diferentes (ex.: Petrolina-PE e Juazeiro-BA). E a greve envolva, portanto, os trabalhadores desses Municípios.

Não me parece que nenhum dos Tribunais de Justiça de cada Estado possa julgar o conflito, pois a limitada competência territorial os impede de processar ações que envolvam servidores públicos de outro Estado ou de Município de outro Estado.

Também nenhum TRF, mesmo que tenha jurisdição na área desses Municípios ou Estados, terá competência para julgar a ação, pois se trata de servidores públicos municipais, e não federais.

Então, só resta o STJ, que processará e julgará litígios típicos da relação jurídica estatutária regulada por normas municipais. Veja-se: normas locais, não federais nem nacionais; interesses restritos ao âmbito dos Municípios envolvidos. Um tribunal federal julgando leis locais, estatutos municipais que não confrontem com lei federal. Uma maneira de solucionar o problema seria dividir as demandas por Municípios e submetê-las aos respectivos Tribunais de Justiça, valendo este raciocínio para quando o conflito for de cunho interestadual, mantida a mesma razão. Uma solução, porém, jurídica, que não atende a questão social, de reivindicação.

DIREITO DE GREVE NO SERVIÇO PÚBLICO 593

Quanto ao MI 670, o Relator originário (Min. Maurício Corrêa) havia votado pela simples ciência da lacuna normativa ao Congresso Nacional. Mas sua aposentadoria compulsória o impediu de ver o julgamento concluído, ante o pedido de vista do Min. Gilmar Mendes. Ao final, na sessão de 25.10.2007, prevaleceu o voto deste último Ministro, que abrira divergência ao Relator, para padronizar o novo entendimento da Corte sobre o mandado de injunção e o direito de greve no serviço público. Sem dúvida, foi um amadurecido passo do Tribunal, no referente ao instituto do Mandado de Injunção (muito mais do que, propriamente, à greve no serviço público). Talvez, até, um passo largo demais, ante o reconhecimento de efeito *erga omnes* àquelas decisões.

Estas propostas dos Ministros Eros Grau e Gilmar Mendes acabaram sendo confirmadas em plenário, em 25.10.2007 (no referido MI 712-PA), sendo parcialmente vencidos os Min. Ricardo Lewandowski, Joaquim Barbosa e Marco Aurélio, que não conferiam efeitos *erga omnes* à decisão prolatada no MI.[4]

Diferentemente, quando os Tribunais do Trabalho julgam servidores celetistas, aplicam a lei federal, a legislação do trabalho, que é uma só para todo o país.

4. A ementa do referido acórdão é a seguinte (DJe 206, de 30.10.2008):
Mandado de Injunção. Art. 5º, LXXI da Constituição do Brasil. Concessão de efetividade à norma veiculada pelo artigo 37, inciso VII, da Constituição do Brasil. Legitimidade ativa de entidade sindical. Greve dos trabalhadores em geral [art. 9º da Constituição do Brasil]. Aplicação da Lei Federal n. 7.783/89 à greve no serviço público até que sobrevenha lei regulamentadora. Parâmetros concernentes ao exercício do direito de greve pelos servidores públicos definidos por esta corte. Continuidade do serviço público. Greve no serviço público. Alteração de entendimento anterior quanto à substância do Mandado de Injunção. Prevalência do interesse social. Insubsistência do argumento segundo o qual dar-se-ia ofensa à independência e harmonia entre os Poderes [art. 2º da Constituição do Brasil] e à separação dos Poderes [art. 60, § 4º, III, da Constituição do Brasil]. Incumbe ao Poder Judiciário produzir a norma suficiente para tornar viável o exercício do direito de greve dos servidores públicos, consagrado no artigo 37, VII, da Constituição do Brasil. 1. O acesso de entidades de classe à via do mandado de injunção coletivo é processualmente admissível, desde que legalmente constituídas e em funcionamento há pelo menos um ano. 2. A Constituição do Brasil reconhece expressamente possam os servidores públicos civis exercer o direito de greve – artigo 37, inciso VII. A Lei n. 7.783/89 dispõe sobre o exercício do direito de greve dos trabalhadores em geral, afirmado pelo artigo 9º da Constituição do Brasil. Ato normativo de início inaplicável aos servidores públicos civis. 3. O preceito veiculado pelo artigo 37, inciso VII, da CB/88 exige a edição de ato normativo que integre sua eficácia. Reclama-se, para fins de plena incidência do preceito, atuação legislativa que dê concreção ao comando do positivado no texto da Constituição. 4. Reconhecimento, por esta Corte, em diver-

sas oportunidades, de omissão do Congresso Nacional no que respeita ao dever, que lhe incumbe, de dar concreção ao preceito constitucional. Precedentes. 5. Diante de mora legislativa, cumpre ao Supremo Tribunal Federal decidir no sentido de suprir omissão dessa ordem. Esta Corte não se presta, quando se trate da apreciação de mandados de injunção, a emitir decisões desnutridas de eficácia. 6. A greve, poder de fato, é a arma mais eficaz de que dispõem os trabalhadores visando à conquista de melhores condições de vida. Sua auto-aplicabilidade é inquestionável; trata-se de direito fundamental de caráter instrumental. 7. A Constituição, ao dispor sobre os trabalhadores em geral, não prevê limitação do direito de greve: a eles compete decidir sobre a oportunidade de exercê-lo e sobre os interesses que devam por meio dela defender. Por isso a lei não pode restringi-lo, senão protegê-lo, sendo constitucionalmente admissíveis todos os tipos de greve. 8. Na relação estatutária do emprego público não se manifesta tensão entre trabalho e capital, tal como se realiza no campo da exploração da atividade econômica pelos particulares. Neste, o exercício do poder de fato, a greve, coloca em risco os interesses egoísticos do sujeito detentor de capital – indivíduo ou empresa – que, em face dela, suporta, em tese, potencial ou efetivamente redução de sua capacidade de acumulação de capital. Verifica-se, então, oposição direta entre os interesses dos trabalhadores e os interesses dos capitalistas. Como a greve pode conduzir à diminuição de ganhos do titular de capital, os trabalhadores podem em tese vir a obter, efetiva ou potencialmente, algumas vantagens mercê do seu exercício. O mesmo não se dá na relação estatutária, no âmbito da qual, em tese, aos interesses dos trabalhadores não correspondem, antagonicamente, interesses individuais, senão o interesse social. A greve no serviço público não compromete, diretamente, interesses egoísticos do detentor de capital, mas sim os interesses dos cidadãos que necessitam da prestação do serviço público. 9. A norma veiculada pelo artigo 37, VII, da Constituição do Brasil reclama regulamentação, a fim de que seja adequadamente assegurada a coesão social. 10. A regulamentação do exercício do direito de greve pelos servidores públicos há de ser peculiar, mesmo porque "serviços ou atividades essenciais" e "necessidades inadiáveis da coletividade" não se superpõem a "serviços públicos"; e vice-versa. 11. Daí porque não deve ser aplicado ao exercício do direito de greve no âmbito da Administração tão-somente o disposto na Lei n. 7.783/89. A esta Corte impõe-se traçar os parâmetros atinentes a esse exercício. 12. O que deve ser regulado, na hipótese dos autos, é a coerência entre o exercício do direito de greve pelo servidor público e as condições necessárias à coesão e interdependência social, que a prestação continuada dos serviços públicos assegura. 13. O argumento de que a Corte estaria então a legislar – o que se afiguraria inconcebível, por ferir a independência e harmonia entre os poderes [art. 2o da Constituição do Brasil] e a separação dos poderes [art. 60, § 4o, III] – é insubsistente. 14. O Poder Judiciário está vinculado pelo dever-poder de, no mandado de injunção, formular supletivamente a norma regulamentadora de que carece o ordenamento jurídico. 15. No mandado de injunção o Poder Judiciário não define norma de decisão, mas enuncia o texto normativo que faltava para, no caso, tornar viável o exercício do direito de greve dos servidores públicos. 16. Mandado de injunção julgado procedente, para remover o obstáculo decorrente da omissão legislativa e, supletivamente, tornar viável o exercício do direito consagrado no artigo 37, VII, da Constituição do Brasil.

Capítulo 32
A LUTA PELA COMPETÊNCIA DA JUSTIÇA DO TRABALHO

Quais as competências constitucionalmente
asseguradas à Justiça do Trabalho?
Como o STF tem interpretado o art. 114, CF?
Qual o receio do aumento da competência
da Justiça do Trabalho?
O que diz a Constituição sobre as ações
dos servidores públicos civis?

De há tempos, a Justiça do Trabalho parece ser uma espinha atravessada na garganta do empresariado e do próprio Poder Judiciário. Talvez pelas razões de sua origem, pela sua prática social incompreendida e pelo vanguardista Processo do Trabalho, que, aos poucos, e apesar disso, vai sendo imitado pelo Processo Civil e pela legislação extravagante (ex.: Leis 8.078/1990-CDC e. 9.099/1995-Lei dos Juizados Especiais comuns; extensão do princípio da conciliabilidade; concessão de tutelas antecipadas, inclusive com natureza satisfativa; citação por correio etc.).

Na história da luta pelo aumento da competência da Justiça do Trabalho, o STF e o STJ (antes dele, o TFR) têm conferido interpretação restritiva a qualquer norma sobre a matéria, no que são alimentados pela Procuradoria-Geral da República.

Conquanto o constituinte tenha valorizado a Justiça do Trabalho, aumentando-lhe consecutivamente a competência, o STF tem podado o comando Maior, às vezes até contra a literalidade da norma, fazendo malabarismos processuais e utilizando argumentos os mais diversos, alguns sem a força do convencimento técnico-jurídico.

596   O SUPREMO TRIBUNAL FEDERAL NA CRISE INSTITUCIONAL BRASILEIRA

O caso dos servidores públicos. O primeiro caso emblemático ocorreu com a Lei n. 8.112/90 (Estatuto dos Servidores Públicos Civis da União), cujo art. 240, alíneas *d* e *e*, foram declaradas inconstitucionais. Tudo porque o polêmico art. 114 da CF (redação originária, de 1988),[1] não conseguira expressar a clareza necessária para se atribuir à Justiça Obreira a competência para dirimir os dissídios envolvendo funcionários públicos (servidores estatutários). Veja-se a redação da Lei 8.112/1990:

"Art. 240. Ao servidor público civil é assegurado, nos termos da Constituição Federal, o direito à livre associação sindical e os seguintes direitos, entre outros, dela decorrentes: a) de ser representado pelo sindicato, inclusive como substituto processual; b) de inamovibilidade do dirigente sindical, até um ano após o final do mandato, exceto se a pedido; c) de descontar em folha, sem ônus para a entidade sindical a que for filiado, o valor das mensalidades e contribuições definidas em assembléia geral da categoria; *d) de negociação coletiva; e) de ajuizamento, individual e coletivamente, frente à Justiça do Trabalho, nos termos da Constituição Federal*".[2]

O art. 240, *e*, da Lei 8.112/1990, outorgava à Justiça do Trabalho competência para julgar os *dissídios individuais e coletivos* dos servidores públicos civis *versus* Administração Pública Federal, sendo vetado pelo Presidente da República neste peculiar, mas mantido pelo Congresso Nacional. A Procuradoria Geral da República ingressou com a ADIn 492-DF perante o STF, obtendo liminar suspensiva da alínea *d* (negociação coletiva) e, na alínea *e*, a expressão *e coletivamente*, todas do mencionado art. 240 da Lei (Plenário de 1º.7.1991). Ao julgar o mérito da ação, no entanto, o STF, por maioria de votos, declarou a inconstitucionalidade, *in totum*, das referidas alíneas do preceptivo combatido,[3]

---

1. CF/1988, "Art. 114. (red. originária) Compete à Justiça do Trabalho conciliar e julgar os dissídios individuais e coletivos entre trabalhadores e empregadores, abrangidos os entes de direito público externo e da administração pública direta e indireta dos Municípios, do Distrito Federal, dos Estados e da União, e, na forma da lei, outras controvérsias decorrentes da relação de trabalho, bem como os litígios que tenham origem no cumprimento de suas próprias sentenças, inclusive coletivas".

2. As alíneas "d" e "e" foram revogadas em 1997, pela Lei 9.527.

3. "*Ementa*: Constitucional. Trabalho. Justiça do Trabalho. Competência. Ações dos Servidores Públicos Estatutários. CF, arts. 37, 39, 40, 41 e 114. Lei n. 8.112, de 1990, arts. 240, *d* e *e*. I – Servidores públicos estatutários: direito à negociação coletiva e à ação coletiva frente à Justiça do Trabalho: inconstitucionalidade. Lei 8.112/90, art. 240, alíneas *d* e *e*; II – Servidores públicos estatutários: incompetência da Justiça

A LUTA PELA COMPETÊNCIA DA JUSTIÇA DO TRABALHO

assegurando a competência da Justiça Federal, *stricto sensu* (nos casos de servidores públicos federais) e da Justiça Comum estadual (nas hipóteses de servidores estaduais ou municipais) para dirimir tais lides, quando se tratar de servidor público não-celetista (fosse estatutário ou submetido a um terceiro regime).

A EC 45/2004, porém, reafirmou o propósito do constituinte de 1987-1988, de atribuir à Justiça do Trabalho competência para dirimir os litígios entre os servidores públicos em geral e a Administração Pública (art. 114, I, CF, nova redação). Mas um possível vício no processo legislativo abriu o flanco para que a citada competência fosse posta em xeque, em ADI promovida pela AJUFE (Associação dos Juízes Federais), a que se ajuntou a ANAMAGES (Associação Nacional dos Magistrados Estaduais).

Para melhor compreensão pelo leitor, eis o texto do art. 114 na redação originária da EC 45/2004:

"Art. 114. Compete à Justiça do Trabalho processar e julgar: I – as ações oriundas da relação de trabalho, abrangidos os entes de direito público externo e da administração pública direta e indireta da União, dos Estados, do Distrito Federal e dos Municípios; II – as ações que envolvam exercício do direito de greve; III – as ações sobre representação sindical, entre sindicatos, entre sindicatos e trabalhadores, e entre sindicatos e empregadores; IV – os mandados de segurança, "habeas corpus" e "habeas data", quando o ato questionado envolver matéria sujeita à sua jurisdição; V – os conflitos de competência entre órgãos com jurisdição trabalhista, ressalvado o disposto no art. 102, I, "o"; VI – as ações de indenização por dano moral ou patrimonial, decorrentes da relação de trabalho; VII – as ações relativas às penalidades administrativas impostas aos empregadores pelos órgãos de fiscalização das relações de trabalho; VIII – a execução, de ofício, das contribuições sociais previstas no art. 195, I, "a", e II, e seus acréscimos legais, decorrentes das sentenças que proferir; IX – outras controvérsias decorrentes da relação de trabalho, na forma da lei."

do Trabalho para o julgamento dos seus dissídios individuais: inconstitucionalidade da alínea *e* do art. 240 da Lei 8.112/90; III– Ação direta de inconstitucionalidade julgada procedente" (STF, ADI 492-1-DF. Rel. Min. Carlos Velloso, j. 12.11.1992. Fonte: *Rev. LTr* 56(11):1287-95 e *DJU* 16.11.1992).

Magnífico foi o voto divergente do Min. Marco Aurélio, publicado na *Rev. LTr* 56(12):1.413-1.420, dezembro/1992.

598 O SUPREMO TRIBUNAL FEDERAL NA CRISE INSTITUCIONAL BRASILEIRA

No dia 27.1.2005 (menos de um mês de vigência da EC 45/2004, e poucos dias após o ajuizamento da ação), o Min. Nelson Jobim, na Presidência do STF, acolhendo parcialmente a solicitação encabeçada pela AJUFE, em controle concentrado de constitucionalidade, deferiu liminar restringindo o inciso I do art. 114, na parte referente à competência da Justiça do Trabalho para processar as ações envolvendo servidores estatutários (ADI-MC 3.395-DF). Desta forma, a Justiça do Trabalho não mais poderia julgar lides de servidores estatutários, pelo menos enquanto vigorasse a liminar, ou se o STF a confirmasse no mérito.[4] A matéria da competência se encontra na Câmara, desde dezembro de 2004, para reapreciar as modificações da PEC, que originou a EC 45/2004, introduzidas pelo Senado Federal. O posicionamento da Câmara poderá levar à perda do objeto da ação ajuizada pela AJUFE. Eis o Despacho, na íntegra, do Min. Nelson Jobim:

"*Despacho*: A Associação dos Juízes Federais do Brasil - AJUFE - propõe a presente ação contra o inciso I do art. 114 da CF, na redação dada pela EC n. 45/2004. Sustenta que no processo legislativo, quando da promulgação da emenda constitucional, houve supressão de parte do texto aprovado pelo Senado. 1. *Câmara dos Deputados*. Informa que a Câmara dos Deputados, na PEC n. 96/92, ao apreciar o art. 115, 'aprovou em dois turnos, uma redação (...) que (...) ganhou um inciso I (...)' (fls. 4 e 86). Teve tal dispositivo a seguinte redação: 'Art. 115. Compete à Justiça do Trabalho processar e julgar: I – as ações oriundas da relação de trabalho, abrangidos os entes de direito público externo e da administração pública direta e indireta da União, dos Estados, do Distrito Federal e dos Municípios'. 2. *Senado Federal*. A PEC, no Senado Federal, tomou n. 29/200. Naquela Casa, a Comissão de Constituição, Justiça e Cidadania manifestou-se pela divisão da "(...) proposta originária entre (a) texto destinado à promulgação e (b) texto destinado ao retorno para a Câmara dos Deputados" (Parecer 451/04, fls. 4, 177 e 243). O SF aprovou tal inciso com acréscimo. O

---

4. O principal argumento da AJUFE foi o de vício no processo legislativo. Na verdade, o interesse era, muito mais, o de preservar a competência para processar litígios envolvendo os servidores estatutários em geral, do que o de garantir o regime da legalidade. Não parece muito apropriado que esta atividade esteja entre os propósitos estatutários da AJUFE nem que haja o requisito da sua pertinência para com o objeto da demanda constitucional, condição para o ajuizamento da ADI. O Min. Nelson Jobim concedeu a liminar por outros argumentos (a segurança, evitando transtornos processuais), que não propriamente o de vício no processo legislativo.

A LUTA PELA COMPETÊNCIA DA JUSTIÇA DO TRABALHO   599

novo texto ficou assim redigido: 'Art. 114. Compete à Justiça do Trabalho processar e julgar: I – as ações oriundas da relação de trabalho, abrangidos os entes de direito público externo e da administração pública direta e indireta da União, dos Estados, do Distrito Federal e dos Municípios, *exceto os servidores ocupantes de cargos criados por lei, de provimento efetivo ou em comissão, incluídas as autarquias e fundações públicas dos referidos entes da federação'* (fls. 4 e 280). Informa, ainda, que, na redação final do texto para promulgação, nos termos do parecer n. 1.747 (fls. 495), a parte final acima destacada foi suprimida. Por isso, remanesceu, na promulgação, a redação oriunda da Câmara dos Deputados, sem o acréscimo. No texto que voltou à Câmara de Deputados (PEC 358/2005), o SF fez constar a redação por ele aprovada, com o referido acréscimo (Parecer 1.748/04, fls. 502). Diz, mais, que a redação da EC n. 45/2004, nesse inciso, trouxe dificuldades de interpretação ante a indefinição do que seja "relação de trabalho". Alega que há divergência de entendimento entre os juízes trabalhistas e os federais, "(...) ausente a precisão ou certeza, sobre a quem coube a competência para processar as ações decorrentes das relações de trabalho que envolvam a União, quando versem sobre servidores ocupantes de cargos criados por lei, de provimento efetivo ou em comissão, incluídas as autarquias e fundações públicas". (fls. 7). Em face da alegada violação ao processo legislativo constitucional, requer liminar para sustar os efeitos do inciso I do art. 114 da CF, na redação da EC n. 45/2004, com eficácia 'ex tunc', ou que se proceda a essa sustação, com interpretação conforme. (fls. 48). 3. *Decisão*. A CF, em sua redação dispunha: 'Art. 114. Compete à Justiça do Trabalho conciliar e julgar os dissídios individuais e coletivos entre trabalhadores e empregadores, abrangidos os entes de direito público externo e da administração pública direta e indireta dos Municípios, do Distrito Federal, dos Estados e da União, e, na forma da lei, outras controvérsias decorrentes da relação de trabalho, bem como os litígios que tenham origem no cumprimento de suas próprias sentenças, inclusive coletivas'. O Supremo, quando dessa redação, declarou a inconstitucionalidade de dispositivo da L. 8.112/90, pois entendeu que a expressão 'relação de trabalho' não autorizava a inclusão, na competência da Justiça trabalhista, dos litígios relativos aos servidores públicos. Para estes o regime é o 'estatutário e não o contratual trabalhista' (Celso de Mello, ADI 492). Naquela ADI, disse mais Carlos Velloso (Relator): '(...) Não com referência aos servidores de vínculo estatutário regular ou administrativo especial, porque o art. 114, ora comentado, apenas diz respeito aos dissídios pertinentes a trabalhadores, isto é, ao pessoal regido pela Consolidação das Leis do Trabalho, hipótese que, certamente, não é a presente. (...)'. O SF, quando após

600 O SUPREMO TRIBUNAL FEDERAL NA CRISE INSTITUCIONAL BRASILEIRA

o acréscimo referido acima e não objeto de inclusão no texto promulgado, meramente explicitou, na linha do decidido na ADI 492, o que já se continha na expressão 'relação de trabalho', constante da parte inicial do texto promulgado. A Requerente, porque o texto promulgado não contém o acréscimo do SF, sustenta a inconstitucionalidade formal. Entendo não ser o caso. A não inclusão do enunciado acrescido pelo SF em nada altera a proposição jurídica contida na regra. Mesmo que se entendesse a ocorrência de inconstitucionalidade formal, remanesceria vigente a redação do 'caput' do art. 114, na parte que atribui à Justiça trabalhista a competência para as 'relações de trabalho' não incluídas as relações de direito administrativo. Sem entrar na questão da duplicidade de entendimentos levantada, insisto no fato de que o acréscimo não implica alteração de sentido da regra. A este respeito o Supremo tem precedente. Destaco do voto por mim proferido no julgamento da ADC 4, da qual fui relator: 'O retorno do projeto emendado à Casa iniciadora não decorre do fato de ter sido simplesmente emendado. Só retornará se, e somente se, a emenda tenha produzido modificação de sentido na proposição jurídica. Ou seja, se a emenda produzir proposição jurídica diversa da proposição emendada. Tal ocorrerá quando a modificação produzir alterações em qualquer dos âmbitos de aplicação do texto emendado: material, pessoal, temporal ou espacial. Não basta a simples modificação do enunciado pela qual se expressa a proposição jurídica. O comando jurídico – a proposição – tem que ter sofrido alteração. (...)'. Não há que se entender que justiça trabalhista, a partir do texto promulgado, possa analisar questões relativas aos servidores públicos. Essas demandas vinculadas a questões funcionais a eles pertinentes, regidos que são pela Lei 8.112/90 e pelo direito administrativo, são diversas dos contratos de trabalho regidos pela CLT. Leio Gilmar Mendes, há 'Oportunidade para interpretação conforme à Constituição (...) sempre que determinada disposição legal oferece diferentes possibilidades de interpretação, sendo algumas delas incompatíveis com a própria Constituição. (...) Um importante argumento que confere validade à interpretação conforme à Constituição é o princípio da unidade da ordem jurídica (...)'. (*Jurisdição Constitucional*, São Paulo, Saraiva, 1998, págs. 222/223). É o caso. A alegação é fortemente plausível. Há risco. Poderá, como afirma a inicial, estabelecerem-se conflitos entre a Justiça Federal e a Justiça Trabalhista, quanto à competência desta ou daquela. Em face dos princípios da proporcionalidade e da razoabilidade e ausência de prejuízo, concedo a liminar, com efeito 'ex tunc'. Dou interpretação conforme ao inciso I do art. 114 da CF, na redação da EC n. 45/2004. Suspendo, 'ad referendum', toda e qualquer interpretação dada ao inciso I do art. 114 da CF, na redação dada pela

A LUTA PELA COMPETÊNCIA DA JUSTIÇA DO TRABALHO 601

EC 45/2004, que inclua, na competência da Justiça do Trabalho, a '(...) apreciação (...) de causas que (...) sejam instauradas entre o Poder Público e seus servidores, a ele vinculados por típica relação de ordem estatutária ou de caráter jurídico-administrativo'. Publique-se. Brasília, 27 de janeiro de 2005. Ministro Nelson Jobim Presidente."[5]

A liminar concedida pelo Min. Nelson Jobim foi confirmada em plenário:

> *Ementa: Inconstitucionalidade.* Ação Direta. Competência. Justiça do Trabalho. Incompetência reconhecida. Causas entre o Poder Público e seus servidores estatutários. Ações que não se reputam oriundas de relação de trabalho. Conceito estrito desta relação. Feitos da competência da Justiça Comum. Interpretação do art. 114, inc. I, da CF, introduzido pela EC 45/2004. Precedentes. Liminar deferida para excluir outra interpretação. O disposto no art. 114, I, da Constituição da República, não abrange as causas instauradas entre o Poder Público e servidor que lhe seja vinculado por relação jurídico-estatutária.[6]

Eis alguns trechos retirados da votação que confirmou a liminar do Min. Nelson Jobim:

"O Sr. Ministro Ricardo Lewandowski: Senhora Presidente, peço vênia para, desde logo, acompanhar o Relator no sentido de prestigiar a liminar concedida pelo eminente Ministro Nelson Jobim integralmente. Afasto, também, qualquer inconstitucionalidade formal porque entendo que a alteração feita no Senado não altera o sentido da regra impugnada."

"O Sr. Ministro Carlos Britto: Senhora Presidente, eu supero, também, na linha do voto do eminente Relator, a questão formal. Pelos mesmos fundamentos, entendo que a intervenção do Senado se deu sem alteração de substância".

"O Sr. Ministro Carlos Britto: Supero o obstáculo de ordem formal, na linha do pensamento do eminente Relator, por entender que o acréscimo que adviria da intervenção do Senado teve caráter meramente expletivo, porque ele já se contém logicamente na atual redação do Art. 114, I. Acho que o Ministro Peluso votou nessa linha e eu sigo integralmente".

---

5. STF, ADI 3.395-6-DF/MC, Rel. Min. Cezar Peluso, decisão proferida pelo Presidente do STF Min. Nelson Jobim, j. 27.1.2005. Partes: AJUFE *vs.* Congresso Nacional; *DJU* 4.2.2005, p. 2.

6. STF, Pleno, ADI-DF/MC 3.395-6, Rel. Min. Cezar Peluso, j. 5.4.2006, *DJU* 10.11.2006, p. 49; *Ement.* v. 2.255, p. 274.

602 O SUPREMO TRIBUNAL FEDERAL NA CRISE INSTITUCIONAL BRASILEIRA

Quanto à questão de fundo, tenho preocupação em precisar o alcance material da liminar agora submetida ao nosso referendo, porque o Ministro Jobim exclui, dando interpretação conforme ao art. 114, I, da competência da Justiça do Trabalho toda causa instaurada entre o Poder Público e os seus servidores por típica relação de ordem estatutária ou de caráter jurídico-administrativo.

Esse 'ou' é uma conjunção disjuntiva? Significa uma coisa ou outra?

O Sr. Ministro Cezar Peluso (Relator): Dou elemento histórico para ajudá-lo a compreender. Essa expressão foi tirada do voto do eminente Ministro Celso de Mello, intérprete autêntico. *A impressão que tive é que, no voto da ADI 492, Vossa Excelência quis dizer relação jurídico-administrativo como sinônimo de relação estatutária.*

O Sr. Ministro Carlos Britto: Exatamente.

O Sr. Ministro Cezar Peluso (Relator): É mero reforço.

O Sr. Ministro Carlos Britto: Porque se for assim, aquelas relações de trabalho instauradas entre o Poder Público e os servidores temporários (...)

O Sr. Ministro Cezar Peluso (Relator): Fora de dúvida que é da Justiça do Trabalho.

O Sr. Ministro Carlos Britto: Agora, porque embora ela se instaure por efeito de um contrato administrativo, não tem caráter estatutário, porque, se o tivesse, também não teria o traço da contratualidade.

Se todo cargo provido estatutariamente é de caráter jurídico-administrativo, nem toda relação de trabalho de caráter jurídico-administrativo é estatutária. *Então*, quero deixar bem claro *que, de fora à parte as investiduras em cargo efetivo ou em cargo em comissão, tudo o mais cai sob a competência da Justiça do Trabalho.*

Então, precisando o alcance material da decisão, agora posta à nossa apreciação, também referendo a decisão do Ministro Nelson Jobim" (STF, Pleno, ADI 3.395-DF, Rel. Min. Cezar Peluso, sem grifos, no original).

Durante a votação, o Min. Marco Aurélio abriu divergência, rememorando a redação inicial do art. 114 da CF, elaborada em 1988, inclusive ao tempo da ADI 492-DF, promovida em face do art. 240 da Lei 8.112/1990. A discussão iniciou assim:

"O que houve em decorrência da Emenda Constitucional n. 45/2004? Uma ampliação marcante – talvez considerados os novos ares da Justiça do Trabalho, com a anterior exclusão dos leigos – da competência dessa mesma Justiça do Trabalho. E, aí, a Câmara dos Deputados aprovou este texto:

A LUTA PELA COMPETÊNCIA DA JUSTIÇA DO TRABALHO 603

'Art. 114. Compete à Justiça do Trabalho processar e julgar: I – as ações oriundas da relação de trabalho' – não há mais referência a empregadores, tendo-se a alusão implícita a tomador de serviços – 'abrangidos os entes de direito público externo e da administração pública direta e indireta da União, dos Estados, do Distrito Federal e dos Municípios'.

A Proposta de Emenda à Constituição seguiu para o Senado, e, na Câmara Alta – esse dado é importantíssimo –, sem que fosse apresentada qualquer emenda, houve a inserção da seguinte expressão – esvaziando, portanto, a rigor, e segundo o vernáculo, o que aprovado na Câmara: 'exceto os servidores ocupantes de cargos criados por lei, de provimento efetivo ou em comissão, incluídas as autarquias e fundações públicas dos referidos entes da federação', ou seja, Municípios, Estados e União.

O Sr. Ministro Carlos Britto: O art. 114, I, se Vossa Excelência me permite, não necessita dessa explicitação.

O Sr. Ministro Marco Aurélio: Não é explicitação, mas uma restrição.

O Sr. Ministro Carlos Britto: Porque esse conteúdo já se contém no art. 114, I.

O Sr. Ministro Marco Aurélio: Seria uma restrição ao texto aprovado pela Câmara. O que se verificou? Constatou-se que tinha sido inserido algo que não refletiria a manifestação do Senado da República. Então, a duas mãos, tal como previsto no artigo 60 da Constituição Federal, houve a promulgação do texto aprovado na Câmara e também no Senado. Este, em passo seguinte, remeteu à outra Casa Legislativa uma nova redação, considerado o resquício da reforma do Judiciário, com aquele trecho que, sem votação, fora incluído e depois expungido. Reconheceu-se explicitamente que a expressão – já referida por mim – 'exceto os servidores ocupantes' não fora objeto de deliberação. Leio o texto que está em vigor, decorrente da Emenda Constitucional n. 45/2004:

'Compete à Justiça do Trabalho processar e julgar: I – as ações oriundas da relação de trabalho, abrangidos os entes de direito público externo ou da administração pública direta e indireta da União, dos Estados, do Distrito Federal e dos Municípios; (...)'

Não tivesse havido aquela inserção, já reconhecida pelo próprio Senado como indevida, seria dado questionar, a ponto de emprestar interpretação conforme a Carta, não o texto primitivo, mas o novo teor do inciso I do artigo 114?

A resposta, para mim, é desenganadamente negativa. A interpretação conforme, estampada na liminar do ministro Nelson Jobim, implica, sim, preva-

604   O SUPREMO TRIBUNAL FEDERAL NA CRISE INSTITUCIONAL BRASILEIRA

lência do que teria sido inserido indevidamente – como veio a reconhecer, repito, mediante promulgação, o próprio Senado da República – no texto. Estaremos, prevalente a liminar de Sua Excelência, a atuar como legisladores positivos e não como legisladores negativos. Por quê? Porque, consoante foi promulgado, o texto não permite dúvidas quanto à impossibilidade de se distinguir a espécie de relação jurídica a aproximar o prestador dos serviços do tomador de serviços, envolvido o ente público.

"Assim, peço vênia ao Relator e aos que o acompanharam para não referendar a liminar."

A propósito do que se deva entender por "relação de trabalho", o Min. Cezar Peluso levantou a questão sobre se ela teria sido usada no sentido sociológico ou no sentido jurídico. Reportando-se a passagens da CF, em que ela destaca os valores do trabalho humano, o Min. Carlos Ayres Britto vislumbrou um sentido amplo à "relação de trabalho", ao que o Mini. Cezar Peluso insistiu:

"O Sr. Ministro Cezar Peluso (Relator): Não me refiro à palavra 'trabalho', mas à expressão 'relação de trabalho', que é conceito típico do Direito do Trabalho e que equivale a relação de emprego.

"O Sr. Ministro Carlos Ayres Britto: Ministro, é possível que, na Constituição originária, a expressão, não a palavra, mas a expressão 'relação de trabalho' se cingisse ao aspecto trabalhista, propriamente dito, ou ao aspecto empregatício. Não mais depois da Emenda 45.

"O Sr. Ministro Marco Aurélio: Ministro Carlos Ayres Britto, posso testemunhar que, no setor público, trabalha-se muito."

Para o Min. Marco Aurélio, há uma relação contratual entre a Administração Pública e o seu servidor, mesmo o estatutário. Opinião, todavia, rejeitada na Corte.

Ao fim, o Min. Carlos Ayres Britto arrematou: "Nesta decisão, agora tomada, penso que está claro que somente se exclui da Justiça do Trabalho a relação propriamente estatutária, a compreender, exclusivamente, a investidura em cargo em comissão e efetivo".

A confusão feita entre "relação de trabalho" e "relação de emprego", pelo Min. Cezar Peluso, mata o texto constitucional. Deveras, citado Ministro confundiu as duas expressões, vendo-as sinônimas, quando

A LUTA PELA COMPETÊNCIA DA JUSTIÇA DO TRABALHO 605

se sabe, de longa data, que elas são distintas. As doutrinas do Direito do Trabalho e do clássico Direito Civil já fazem esta distinção há décadas, encontrando-se elas consagradas de há muito tempo. Destarte, a interpretação dada pelo STF, *data maxima venia*, despreza a história e altera o sentido de uma expressão já consolidada. É como tomar um translúcido verbete do dicionário e dizer que, dali por diante, ele terá outro significado.

O equívoco, não comungado pelos Min. Marco Aurélio e Carlos Britto, foi eventual e involuntário, por certo justificado no calor da discussão durante a sessão plenária, em juízo perfunctório de uma simples liminar. Ainda há tempo e oportunidade de o STF consertar a falha.

Supunha-se decisiva a intervenção do Min. Carlos Britto, nos trechos já transcritos:

"Então, quero deixar bem claro que, de fora à parte as investiduras em cargo efetivo ou em cargo em comissão, tudo o mais cai sob a competência da Justiça do Trabalho. (...) está claro que somente se exclui da Justiça do Trabalho a relação propriamente estatutária, a compreender, exclusivamente, a investidura em cargo em comissão e efetivo".

Ao confirmarem a decisão do Min. Nelson Jobim, os Ministros do STF concordaram, portanto, em excluir da competência da Justiça do Trabalho apenas a apreciação de causas que "sejam instauradas entre o Poder Público e seus servidores, a ele vinculados por típica relação de ordem estatutária ou de caráter jurídico-administrativo" (conclusão do Min. Nelson Jobim). Logo, litígios envolvendo a Administração Pública e seus servidores celetistas são da competência da Justiça do Trabalho, como de há muito tem sido. Também o seriam as questões envolvendo servidores temporários, sem vínculo definido ou que não sejam estatutários; os contratados por cooperativas ou mediante qualquer tipo de terceirização; os contratados de forma anômala; e os meros prestadores de serviços, quando pessoas físicas, dentre outros.

No entanto, mesmo após esta definição pelo STF, a própria Corte passou a dar abrangência maior à decisão que proferira na ADI 3.395-DF, para limitar ainda mais o alcance do art. 114-I da CF, conforme se verá adiante, a propósito das Reclamações constitucionais promovidas no Tribunal contra a competência da Justiça do Trabalho.

606 O SUPREMO TRIBUNAL FEDERAL NA CRISE INSTITUCIONAL BRASILEIRA

Acidente do trabalho. Mas a EC 45/2004 aumentou a competência da Justiça do Trabalho, induvidosamente, também para outras matérias, inclusive para processamento de ações por danos morais e materiais decorrentes de relação de trabalho. Ficou fora o acidente de trabalho, que permaneceu na alçada da Justiça Comum estadual (art. 109, I, CF). A propósito desta questão, surgiu dúvida envolvendo a competência para processar as ações de danos morais e materiais surgidas do acidente de trabalho.

De início, o STF concluiu que esta competência pertenceria à Justiça Comum, por envolver acidente de trabalho. Veja-se:

Ementa: *Recurso Extraordinário. Constitucional. Processual. Dano moral e material decorrente de acidente de trabalho. Competência.* 1. É competente a Justiça Comum estadual para o julgamento das causas relativas à indenização por acidente de trabalho, bem assim para as hipóteses de dano material e moral que tenham como origem esse fato jurídico, tendo em vista o disposto no artigo 109, I, da Constituição do Brasil. 2. A nova redação dada ao artigo 114 pela EC 45/2004 não teve a virtude de deslocar para a Justiça do Trabalho a competência para o exame da matéria, pois expressamente refere-se o dispositivo constitucional a dano moral ou patrimonial decorrentes de relação de trabalho. Recurso extraordinário conhecido, mas não provido, mantida a competência da Justiça Comum para o exame da lide.[7]

Ementa: *Acidente do trabalho. Indenização por danos materiais e/ou morais. Ação ajuizada em face do empregador, com fundamento no direito comum – Matéria que, não obstante a superveniência da EC 45/2004, ainda permanece na esfera de competência do Poder Judiciário local. Recurso improvido.* Compete à Justiça dos Estados-membros e do Distrito Federal, e não à Justiça do Trabalho, o julgamento das ações de indenização por danos materiais e/ou morais resultantes de acidente do trabalho, ainda que fundadas no direito comum e ajuizadas em face do empregador. – Não obstante a superveniência da EC 45/2004, subsiste íntegra, na esfera de competência material do Poder Judiciário local, a atribuição para processar e julgar as causas acidentárias, qualquer que seja a condição ostentada pela parte passiva (INSS ou empregador), mesmo que a pretensão jurídica nelas deduzida encontre funda-

---

7. STF, 1ª T., RE 394.943-SP, Rel. para o acórdão Min. Eros Grau, j. 1.2.2005, *DJU* 13.5.2005, p. 19; *Ement.* v. 2191-03, p. 469.

A LUTA PELA COMPETÊNCIA DA JUSTIÇA DO TRABALHO   607

mento no direito comum. Inaplicabilidade da Súmula 736/STF. Precedente: RE 438.639-MG.[8]

Poucos dias depois, no entanto, o STF reformulou seu entendimento, corrigindo o erro hermenêutico, conforme se constata das ementas abaixo:

Ementa: *Constitucional. Competência judicante em razão da matéria. Ação de indenização por danos morais e patrimoniais decorrentes de acidente do trabalho, proposta pelo empregado em face de seu (ex)-empregador. Competência da Justiça do Trabalho. Art. 114 da Magna Carta. Redação anterior e posterior à Emenda Constitucional n. 45/04. Evolução da jurisprudência do STF. Processos em curso na Justiça Comum dos Estados. Imperativo de política judiciária.* Numa primeira interpretação do inciso I do art. 109 da Carta de Outubro, o Supremo Tribunal Federal entendeu que as ações de indenização por danos morais e patrimoniais decorrentes de acidente do trabalho, ainda que movidas pelo empregado contra seu (ex-)empregador, eram da competência da Justiça comum dos Estados-Membros. 2. Revisando a matéria, porém, o Plenário concluiu que a Lei Republicana de 1988 conferiu tal competência à Justiça do Trabalho. Seja porque o art. 114, já em sua redação originária, assim deixava transparecer, seja porque aquela primeira interpretação do mencionado inciso I do art. 109 estava, em boa verdade, influenciada pela jurisprudência que se firmou na Corte sob a égide das Constituições anteriores. 3. Nada obstante, como imperativo de política judiciária – haja vista o significativo número de ações que já tramitaram e ainda tramitam nas instâncias ordinárias, bem como o relevante interesse social em causa –, o Plenário decidiu, por maioria, que o marco temporal da competência da Justiça trabalhista é o advento da EC 45/04. Emenda que explicitou a competência da Justiça Laboral na matéria em apreço. 4. A nova orientação alcança os processos em trâmite pela Justiça comum estadual, desde que pendentes de julgamento de mérito. É dizer: as ações que tramitam perante a Justiça comum dos Estados, com sentença de mérito ante-

8. STF, Pleno, RE-AgR 441.038-MG, Rel. Min. Celso de Mello, Rel. para o acórdão Min. Cezar Peluso, j. 22.3.2005, *DJU* 8.4.2005, p. 36; *Ement.* v. 2186-5, p. 832.
V. também: STF, RE 438.639, Rel. Min. Carlos Ayres Britto, j. 9.3.2005. A decisão confrontou a própria Súmula 736-STF ("Compete à Justiça do Trabalho julgar as ações que tenham como causa de pedir o descumprimento de normas trabalhistas relativas à segurança, higiene e saúde dos trabalhadores") e ensejou proposta do Min. Cezar Peluso de que a primeira súmula vinculante no Brasil tivesse este objeto, nos termos do RE mencionado, cuja votação liderara, ao lado do Min. Celso de Mello.

608   O SUPREMO TRIBUNAL FEDERAL NA CRISE INSTITUCIONAL BRASILEIRA

rior à promulgação da EC 45/04, lá continuam até o trânsito em julgado e correspondente execução. Quanto àquelas cujo mérito ainda não foi apreciado, hão de ser remetidas à Justiça do Trabalho, no estado em que se encontram, com total aproveitamento dos atos praticados até então. A medida se impõe, em razão das características que distinguem a Justiça comum estadual e a Justiça do Trabalho, cujos sistemas recursais, órgãos e instâncias não guardam exata correlação. 5. O Supremo Tribunal Federal, guardião-mor da Constituição Republicana, pode e deve, em prol da segurança jurídica, atribuir eficácia prospectiva às suas decisões, com a delimitação precisa dos respectivos efeitos, toda vez que proceder a revisões de jurisprudência definidora de competência *ex ratione materiae*. O escopo é preservar os jurisdicionados de alterações jurisprudenciais que ocorram sem mudança formal do Magno Texto. 6. Aplicação do precedente consubstanciado no julgamento do Inquérito 687, Sessão Plenária de 25.8.99, ocasião em que foi cancelada a Súmula 394 do STF, por incompatível com a Constituição de 1988, ressalvadas as decisões proferidas na vigência do verbete. 7. Conflito de competência que se resolve, no caso, com o retorno dos autos ao Tribunal Superior do Trabalho.[9]

Ementa: *Processual civil. Embargos de declaração. Pressupostos. Competência. Acidente de trabalho. Ação de indenização: danos morais e patrimoniais. EC 45/2004. CF, art. 114, VI. Justiça do Trabalho. Orientação firmada pelo Plenário do Supremo Tribunal Federal no julgamento do CC 7.204-MG: efeitos para o futuro.* I. Compete à Justiça do Trabalho o julgamento das ações de indenização por danos morais e patrimoniais decorrentes de acidente de trabalho. CC 7.204+MG, Plenário, Relator Ministro Carlos Britto. II. Atribuição de efeito *ex nunc* à nova orientação, que somente será aplicada às causas ajuizadas após a vigência da EC 45/2004, iniciada em 31.12.2004. III. Não-ocorrência dos pressupostos dos embargos de declaração: sua rejeição.[10]

Aplicação da EC 45/2004, no tempo: Muito embora o STF tenha aceitado a competência da Justiça do Trabalho para a matéria, um outro ponto surgiu, a restringir a competência dessa Justiça, agora não mais especializada: a definição do *momento de aplicação da EC 45/2004 aos*

---

9 STF, Pleno, CC 7.204-MG, Rel. Min. Carlos Britto, j. 29.6.2005, *Ement.* v. 2217-2, p. 303.

10. STF, 2ª T., AI-AgR-ED 529.763-BA, Rel. Min. Carlos Velloso, j. 25.10.2005, *DJU* 2.12/2005, p. 31; *Ement.* v. 2216, p. 811.

A LUTA PELA COMPETÊNCIA DA JUSTIÇA DO TRABALHO 609

processos em curso, tanto nesta quanto em outras matérias, igualmente atribuídas à Justiça do Trabalho pela reportada EC. Nas últimas ementas acima coletadas, vê-se que o STF (e logo foi seguido pelo STJ) estabeleceu como marco a prolação da sentença pelo juízo comum, tivesse ou não transitada em julgado. Destarte, embora reconhecendo a nova competência constitucional da Justiça do Trabalho, esclareceu que só lhe seriam remetidos os processos ainda pendentes de julgamento no primeiro grau.

Inicialmente, esta definição do STF não constou das notas taquigráficas nem dos fundamentos do acórdão. Somente com a publicação da ementa é que ela surgiu, sendo reiterada a partir daí.

A Corte esqueceu, porém, que a nova competência da Justiça do Trabalho é constitucional, o que é muito mais do que aquela implementada por legislação infraconstitucional. O juiz natural, o constitucional, assume suas atribuições imediatamente com a nova ordem constitucional (*rectius*, com a EC 45/2004), sendo absolutamente nulos todos os atos praticados pela autoridade judiciária que perdeu quinhão de sua competência. Isto levou este autor à elaboração de artigo científico, de onde se extrai:

"Ficaria muito estranho que vários servidores públicos estatutários, embora tendo ajuizado ações semelhantes, em pequenos grupos ou individualmente, na Justiça Comum, alguns tenham seus processos remetidos à Justiça do Trabalho, enquanto outros prossigam na Justiça de origem, com possibilidade de sentenças distintas, conflitantes, e rito executório diferenciado (nos recursos, por exemplo). A disparidade criada entre os dois órgãos, resultante ora da maior celeridade empreendida a alguns processos, ora decorrente do rito próprio do Processo do Trabalho ou do Processo Civil, é situação que traz insegurança jurídica afeita essencialmente à aplicabilidade imediata da norma constitucional.

"Não se pode cogitar de *perpetuatio jurisdictionis* a tal hipótese de alteração na competência constitucional nem de nulidade de atos praticados anteriormente a esta modificação. Afinal, estes foram praticados ao tempo em que o órgão era constitucionalmente competente. Mas, pela mesma séria razão, o órgão judiciário perdeu dita competência por disposição constitucional expressa, proveniente da EC 45/2004. (...).

"Tudo isto revela o grau do vício decorrente do ato praticado por juiz constitucionalmente incompetente. Viu-se, há pouco, que Maria Lúcia Karam

610 O SUPREMO TRIBUNAL FEDERAL NA CRISE INSTITUCIONAL BRASILEIRA

discorda que a sentença e os atos praticados por juiz constitucionalmente incompetente sejam inexistentes, tratando-se, na verdade, de nulidade absoluta. Mas esta mesma autora confere uma nulidade diferenciada, qualificada, a tal ponto de comprometer não só os atos decisórios, como, também, todos os demais. Enfim, todos os autores por último citados reconhecem a gravidade do vício referente aos atos praticados por juiz constitucionalmente incompetente, muito além daquela característica das demais nulidades tipificadas pela legislação infraconstitucional, mesmo quando absolutas.[11]

O juízo do STF reduziu, sem dúvida alguma, a competência da Justiça do Trabalho, criando, inconstitucionalmente, uma prorrogação de competência e sem amparo teórico, *data maxima venia*. Deste modo, negou eficácia à EC 45/2004, deixando que processos em curso na Justiça Comum prosseguissem de forma menos célere e com maior formalismo do que alcançariam no Processo do Trabalho. Portanto, a interpretação foi prejudicial ao jurisdicionado; socialmente danosa.

Competência criminal da Justiça do Trabalho. Digna de menção, ainda, é a ADI 3.684, ajuizada pelo Procurador-Geral da República, contra os incs. I, IV e IX do art. 114 da CF (EC 45/2004). O objetivo era a *competência criminal* da Justiça do Trabalho, cuja fatia alguns setores do MPT e da própria Justiça do Trabalho queriam se assenhorear: diziam que os crimes relacionados à relação de trabalho eram da alçada trabalhista, exceto os crimes contra a organização do trabalho, em face do art. 109, VI, CF, que os confia à Justiça Federal.

O Procurador-Geral da República requereu a suspensão do inc. I do art. 114 ou que o Tribunal desse *interpretação conforme à Constituição*. Pediu, também, o afastamento de qualquer entendimento que reconhecesse a competência penal da Justiça do Trabalho, bem como a interpre-

---

11. STF, Pleno, CC 7204/MG, rel. Min. Carlos Ayres Britto, 29.06.2005, *Informativo STF* 394. Desse *Informativo* se extrai: "Fixou-se, como marco temporal da competência da justiça laboral, a edição da EC 45/2004, por razões de política judiciária. Vencido, no ponto, o Min. Marco Aurélio, que estabelecia o termo inicial dessa competência a partir da redação original do art. 114 da CF".

Veja-se artigo de Francisco Gérson Marques de Lima, "Remessa Imediata de Autos à Justiça do Trabalho: um Problema mal Resolvido de Competência Constitucional e mal Interpretado pelo Superior Tribunal de Justiça", *Suplemento Trabalhista LTR*, São Paulo: LTr, n. 6, 2006, pp. 27-34.

A LUTA PELA COMPETÊNCIA DA JUSTIÇA DO TRABALHO 611

tação *conforme o texto constitucional*[12] dos incs. IV e IX do art. 114. No mérito, apontou a inconstitucionalidade de todos estes dispositivos. Do boletim virtual de *notícias* do STF, datado de 1.2.2007, consta o seguinte resumo do voto do Relator, Min. Cezar Peluso, ao conceder a liminar na ADI 3.684:

"Em seu voto, o relator da ação, Ministro Cezar Peluso, afirmou que o *inciso IV do artigo 114* determina a competência da Justiça do Trabalho para julgar *Habeas Corpus, Habeas Data* e Mandados de Segurança, 'quando o ato questionado envolver matéria sujeita a sua jurisdição'. Ele lembra, porém, que o pedido de *Habeas Corpus* pode ser usado 'contra atos ou omissões praticados no curso de processos de qualquer natureza', e não apenas em ações penais. Se fosse a intenção da Constituição outorgar à Justiça trabalhista competência criminal ampla e inespecífica, não seria preciso prever, textualmente, competência para apreciar *habeas corpus*.

"O relator ressalta que a Constituição 'circunscreve o objeto inequívoco da competência penal genérica', mediante o uso dos vocábulos 'infrações penais' e 'crimes'. No entanto, a competência da Justiça do Trabalho para o processo e julgamento de ações oriundas da relação trabalhista se restringe apenas às ações destituídas de natureza penal. Ele diz que a aplicação do entendimento que se pretende alterar violaria frontalmente o princípio do juiz natural, uma vez que, segundo a norma constitucional, cabe à Justiça Comum – Estadual ou Federal, dentro de suas respectivas competências, julgar e processar matéria criminal.

"Quanto à alegada inconstitucionalidade formal, Peluso argumenta que a alteração no texto da EC 45, durante sua tramitação no Legislativo, 'em nada alterou o âmbito semântico do texto definitivo', por isso não haveria a violação ao § 2º, artigo 60, da Constituição.

"Assim, por unanimidade, foi deferida a liminar na ADI, com efeitos *ex tunc* (retroativo), para atribuir interpretação conforme a Constituição, aos incisos I, IV e IX de seu art. 114, declarando que, no âmbito da jurisdição da Jus-

---

12. A interpretação *conforme a Constituição* evita que uma lei seja declarada inconstitucional quando puder ser interpretada em consonância com o texto constitucional. Ela "pode ter lugar também quando um conteúdo ambíguo e indeterminado de uma norma resultar coerente graças ao conteúdo da Constituição" (Judiceal Sudário de Pinho, *Temas de Direito Constitucional e o Supremo Tribunal Federal*, p. 113). Na inconstitucionalidade sem redução de texto extrai-se o sentido do dispositivo, encontrado nas suas entrelinhas, adequando-o à Constituição. A conformação à Lei Maior se dá no plano do sentido normativo, deixando seu texto incólume.

612 O SUPREMO TRIBUNAL FEDERAL NA CRISE INSTITUCIONAL BRASILEIRA

tiça do Trabalho, não está incluída competência para processar e julgar ações penais. (STF, Pleno, ADI 3.684, Rel. Min. Cezar Peluso)."

Como pano de fundo, a inteligência do STF evidenciou-se apropriada, sobre a competência criminal da Justiça do Trabalho. Tecnicamente escorreita, bem interpretou a Constituição Federal. De fato, a competência penal só pode passar à Justiça do Trabalho por norma expressa, como autoriza o inc. IX do art. 114 da CF. Apenas num ponto a decisão do STF merece esclarecimento, senão reparo: ela dá a entender de que nem mesmo a norma infraconstitucional pode atribuir dita competência à Justiça do Trabalho. No entanto, o inc. IX não deixa dúvidas de que isto é possível.[13]

Quem dera todas ADIs envolvendo a EC 45/2004 fossem todas apreciadas, ao menos liminarmente, com a mesma rapidez.[14]

Reclamações constitucionais contra a competência da Justiça do Trabalho. Após a concessão da liminar postulada na ADI 3.395, tendo o Ministério Público do Trabalho promovido ações civis públicas contra entes estatais (principalmente municípios) que contratavam servidores por meio de cooperativas, contratações temporárias, terceirizações ilegais, contratações avulsas etc., os gestores demandaram diretamente ao STF, reivindicando a autoridade da decisão da Corte, no fito de espancar a competência da Justiça do Trabalho. O fundamento processual para a utilização da Reclamação constitucional repousava no art. 102-I

---

13. Vide Francisco Gérson Marques de Lima, "Explorando o sentido etimológico dos termos 'oriundas' e 'decorrentes' do art. 114 da Constituição Federal" (www. prt7.mpt.gov.br/artigos/Justiça do Trabalho.Decorrentes_e_oriundos), acessado em 27.8.2007.

14. Um dos temas submetido ao controle concentrado de constitucionalidade perante o STF é a exigência do "comum acordo", como condição para ajuizamento de dissídios coletivos na Justiça do Trabalho (§ 2º, art. 114, CF, red. EC 45). Contudo, o STF não apreciou o pedido até o fechamento da edição deste livro (ADI 3.392-1, Rel. Min. Cezar Peluso, protocolada em 20.1.2005; ADI 3.431, Rel. Min. Cezar Peluso, protocolada em 10.3.2005). Quanto a outros temas trabalhistas, frisa-se a demora da Corte em decidir sobre a proporcionalidade do aviso prévio, limitando-se, porém, a declarar em mora o Congresso Nacional (STF, Pleno, ADI 695, Rel. para o acórdão Min. Sepúlveda Pertence, j. 1.3.2007; STF, Pleno, MI 278-MG, Rel. Min. Carlos Velloso. Rel. para o acórdão Min. Ellen Gracie, j. 3.10.2001, *DJU* 14.12.2001, p. 28; *Ement.* v. 02053-01, p. 1). Pende de julgamento, também, a ADI 1.625-DF (Rel. Maurício Corrêa, distrib. 17.6.1997), a propósito do Dec. 2.100/1996, que denunciara a Convenção 158 da OIT. Vejam-se outros exemplos no Capítulo 20 ("Mandado de Injunção").

A LUTA PELA COMPETÊNCIA DA JUSTIÇA DO TRABALHO 613

da CF, segundo o qual é da competência originária do STF processar e julgar: "1) a reclamação para a preservação de sua competência e garantia da autoridade de suas decisões".[15]

Inúmeras vezes o STF concedeu liminares *inaudita altera parte*, em situações diversas das contidas no julgamento da ADI 3.395-6-DF, já citada, ao apreciar pedidos formulados em Reclamações constitucionais. Foram liminares que não observaram o contraditório e em algumas ocasiões nas quais não havia condições de precisar a verdadeira natureza do vínculo jurídico, isto é, se era estatutário ou não. Tal postura do STF estimulou a Administração Pública do país inteiro a demandar a Corte, tornando-a instância primária de ações trabalhistas promovidas nas várias Regiões; passou a ser instância de contestação de ações trabalhistas, suprimindo instância. Com a suspensão das ações no primeiro grau, feriu-se o primado da duração razoável do processo, quando do era muito mais aceitável que assegurasse o trâmite processual até decisão final. É de se mencionar, a título ilustrativo, as seguintes Reclamações: STF, Rcl 5.656-RJ, Rel. Min. Celso de Mello; Rcl 4.074-GO/MC, Rel. Min. Joaquim Barbosa; Rcl 4.104-GO/MC, Rel. Min. Joaquim Barbosa; Rcl 4.296-TO/MC, Rel. Min. Cezar Peluso; Rcl 4.466-GO/MC, Rel. Min. Joaquim Barbosa; Rcl 4.886-GO/MC, Rel. Min. Gimar Mendes; Rcl 4.912-GO/MC, Rel. Min. Carmen Lúcia; Rcl 4.989-GO/MC, Rel. Min. Carmen Lúcia; Rcl 4.990-PB/MC, Rel. Min. Gilmar Mendes; Rcl 5.254-PA/MC, Rel. Min. Cezar Peluso; Rcl 5.398-GO/MC, Rel. Min. Joaquim Barbosa.

Veja-se, por exemplo, o que expusemos acima ao comentar a ADI 3.395-DF: nas discussões travadas na sessão de confirmação da liminar do Min. Nelson Jobim, por provocação do Min. Carlos Britto, ficou es-

---

15. Ada Pellegrini Grinover comenta, sobre a Reclamação constitucional: "Desse conceito, destacam-se alguns elementos que deixam claríssima a absoluta impropriedade de entender-se a *reclamação* como recurso. Assim: a) a reclamação não visa a *impugnar* uma decisão, mas, muito ao contrário, a assegurar a sua autoridade; b) a reclamação não se utiliza *antes* da preclusão, mas *depois* de haver o trânsito em julgado; c) a reclamação não se faz na relação processual, mas depois que esta já se encerrou; d) por meio da reclamação não se objetiva reformar, invalidar, esclarecer ou integrar uma decisão, mas, longe disso, garantir a autoridade de uma decisão cujo conteúdo se quer justamente preservar" (*O Processo: Estudos & Pareceres*, São Paulo, Perfil, 2005, pp. 84-87).

614 O SUPREMO TRIBUNAL FEDERAL NA CRISE INSTITUCIONAL BRASILEIRA

clarecido que a Justiça do Trabalho só não teria competência para processar as causas de servidores públicos *estatutários e comissionados*, porque regidos por regime administrativo. No mais, inclusive quanto às contratações de temporários, por cooperativa, terceirizados etc., a competência seria da Justiça do Trabalho.

Contudo, a jurisprudência da Corte, construída posteriormente, foi além, para inverter o raciocínio anterior. Deveras, o Tribunal passou a entender que somente os casos de servidores públicos regidos pelo regime *celetista*, formalizado, seriam da alçada da Justiça do Trabalho. Qualquer outra modalidade de contratação estaria a cargo da Justiça Comum. Constate-se, por todas, a seguinte notícia jurisprudencial:

"*Ministros aplicam precedente sobre competência da Justiça comum em reclamações*: O Supremo Tribunal Federal determinou nesta tarde que a Justiça Comum (federal ou estadual) é competente para julgar causas que envolvam relação de emprego entre o Poder Público e seus servidores. Após tomar essa decisão, os ministros julgaram várias reclamações sobre a matéria, afastando a atuação da Justiça do Trabalho nesses tipos de contratações, que têm caráter jurídico-administrativo e não de direito do trabalho.

"No final da sessão, o presidente da Corte, Ministro Gilmar Mendes, destacou que a tarde foi 'extremamente produtiva' e informou que, conforme levantamento feito pela Ministra Cármen Lúcia Antunes Rocha, tramitam na Corte quase duas mil reclamações sobre a matéria. Ele propôs, então, que o entendimento firmado nesta tarde seja aplicado monocraticamente aos processos sobre a mesma matéria.

"'Talvez fosse recomendável que, pelo menos nos casos típicos aqui referenciados, nós pudéssemos decidir monocraticamente essas reclamações na linha do precedente firmado', propôs Gilmar Mendes. O precedente foi firmado por meio do julgamento de RE 573.202 proposto pelo Governo do Amazonas. Foi nele que a Corte firmou a competência da Justiça Comum para julgar causas sobre a relação de emprego entre o Poder Público e seus servidores.

"O ministro Marco Aurélio, que votou de forma divergente da maioria, ponderou sobre a proposta do presidente: 'Não estou a me opor a que os colegas procedam desta ou daquela forma. Estou apenas ressalvando a possibilidade de atuar segundo a minha ciência e consciência', disse Marco Aurélio.

"Processos relacionados: RE 573.202.

"Quinta-feira, 21 de Agosto de 2008."

A LUTA PELA COMPETÊNCIA DA JUSTIÇA DO TRABALHO 615

"*STF reafirma que cabe à Justiça comum julgar causas entre o Poder Público e seus servidores.* Por maioria (7 votos a 1), o Plenário do Supremo Tribunal Federal confirmou, nesta quinta-feira, jurisprudência preponderante na Corte no sentido de que a relação de emprego entre o Poder Público e seus servidores é sempre de caráter jurídico-administrativo e, portanto, a competência para dirimir conflitos entre as duas partes será sempre da Justiça Comum, e não da Justiça do Trabalho.

"A decisão, à qual o Tribunal deu caráter de repercussão geral – casos que tenham maiores implicações para o conjunto da sociedade –, foi tomada no julgamento do RE 573.202, interposto pelo Governo do Estado do Amazonas contra acórdão do TST.

"Ao julgar um recurso trabalhista, o TST entendeu que a Justiça do Trabalho é competente para processar e julgar casos de contratação de servidores pelo regime temporário previsto em lei estadual. Com isso, deu ganho de causa a uma contratada pelo governo estadual pelo regime previsto na Lei estadual n. 1.674/84 para exercer, temporariamente, o cargo de professora.

"Ao reclamar o pagamento de direitos trabalhistas previstos na CLT, a professora alegou que seu contrato de trabalho sofreu várias prorrogações, estendendo-se por oito anos, o que teria transmutado sua relação, automaticamente, para o regime trabalhista. Portanto, a competência para julgar o feito seria da Justiça do Trabalho.

"Inconformado com a decisão, o Governo do Amazonas interpôs Recurso Extraordinário no STF. Alegou violação dos artigos 37, IX, e 114, da Constituição Federal. Segundo ele, 'a competência da Justiça Trabalhista, prevista no artigo 114 da CF, não acolhe o julgamento de matéria de natureza administrativa e constitucional'.

"Assim, sustentou o governo amazonense, os atos decisórios até então praticados no processo seriam nulos, porque emanados de juízo incompetente.

"*Competência:* Acompanhando o voto do relator, Ministro Ricardo Lewandowski, o Plenário do STF confirmou a tese sustentada pelo Governo estadual. Lewandowski citou uma série de precedentes do STF no mesmo sentido. Um deles é a ADI 3.395, relatada pelo Ministro Cezar Peluso, em que o STF assentou o entendimento de que não cabe à Justiça Trabalhista, mas sim à Justiça comum, estadual ou federal, dirimir conflitos da relação jurídico-administrativa entre o Poder Público e seus servidores.

"'Não há que se entender que a Justiça Trabalhista, a partir do texto promulgado (da nova Constituição de 1988) possa analisar questões relativas aos

616 O SUPREMO TRIBUNAL FEDERAL NA CRISE INSTITUCIONAL BRASILEIRA

servidores públicos', decidiu o Plenário. Essas demandas vinculadas a questões funcionais a eles pertinentes, regidas que são pela Lei 8.112/90 (Estatuto do Funcionalismo Público) e pelo Direito Administrativo, são diversas dos contratos de trabalho regidos pela CLT, conforme o entendimento dos ministros.

"*Votos*. Em seu voto, o ministro Ricardo Lewandowski observou, ainda, que o Plenário do STF já firmou entendimento pela competência da Justiça estadual, nos casos disciplinados por lei local com fundamento no artigo 106 da CF de 1967, nos termos da Emenda Constitucional n. 1/89. E disse que a Constituição de 1988 não alterou esse entendimento da Corte.

"Para o Ministro Cezar Peluso, que acompanhou o relator, 'não há possibilidade de a relação do Poder Público com seus servidores (qualquer relação) estar sujeita à CLT e, portanto, à Justiça do Trabalho'. Na mesma direção se pronunciou a ministra Cármen Lúcia Antunes Rocha. Segundo ela, 'o vínculo (do servidor) com o estado tem caráter administrativo'.

"Cezar Peluso observou, a propósito, que a CLT não resolveria casos de emergência, como, por exemplo, a convocação de servidores no fim de semana, diante das exigências contidas na CLT.

"*Divergência*. Único voto divergente, o Ministro Marco Aurélio sustentou que 'o que define a competência são os fatos'. Segundo ele, no caso concreto, trata-se de uma relação trabalhista mascarada por um contrato temporário. Portanto, seria competente a Justiça trabalhista para julgar o feito.

"Quinta-feira, 21 de Agosto de 2008."

Na prática, o STF não "aceita" a competência da Justiça do Trabalho nem se conforma com a vontade do constituinte. E, na seqüência, constrói jurisprudência negativa.

Há uma parcela de culpa dos organismos trabalhistas, a começar pelo TST, *data venia,* que não se aproxima da Corte Suprema nem traça política de boa vizinhança institucional, preferindo se enclausurar na ambientação tecnicista do emaranhado de suas Súmulas e Orientações Jurisprudenciais.

Capítulo 33
OUTROS DADOS JURISPRUDENCIAIS E INSTITUCIONAIS

O Ministério Público pode fazer investigações criminais?
A Polícia Federal deve ser controlada externamente?
Outros casos de extraordinária repercussão
junto à opinião pública.

1. Justificativa deste capítulo. 2. Investigação pelo Ministério Público. 3. Choque do STF com a Polícia Federal e a ABIN (2008). 4. Um caso não punido no TRT-22ª Região, pelo STF. 5. Outros casos, para reflexão pelo leitor.

1. Justificativa deste Capítulo

Durante a elaboração desta pesquisa, percebeu-se que ela é inacabável, não tem um termo final, pois exige constante acompanhamento das decisões do STF. Mas era preciso concluir a obra e pontuar os casos eleitos à investigação. E isto foi feito no seu curso, em capítulos específicos.

Todavia, outras decisões do STF surgiram sem carecerem da mesma profundidade de abordagem: ou porque simplesmente complementam capítulos já dissecados, ou, ainda, porque surgiram de última hora, durante a edição do presente livro, não permitindo discussão mais ampla nem formatação diferente. Um pequeno empecilho facilmente contornável em edição futura, se necessário.

Emanou a conveniência, apesar disso, de apresentar ao leitor os julgamentos desta natureza, o que ora se faz.

2. Investigação pelo Ministério Público

O STF restringiu a atuação do *Parquet* quando firmou a possibilidade de autoridade administrativa "deixar de atender requisição de membro

618 O SUPREMO TRIBUNAL FEDERAL NA CRISE INSTITUCIONAL BRASILEIRA

do Ministério Público no sentido da realização de investigações tendentes à apuração de infrações penais, mesmo porque não cabe ao membro do Ministério Público realizar, diretamente, tais investigações, mas requisitá-las à autoridade policial, competente para tal (CF, art. 144, §§ 1º e 4º)".[1]

Esta decisão limitou o poder de investigação do Ministério Público, vinculando-o à atividade policial. Assim, transferiu para a polícia um múnus inerente ao *Parquet*, que é o de desempenhar a persecução penal. Retirou o caráter informativo das peças do inquérito policial, tornando-as obrigatórias. Ademais, criou um paradoxo, pois a autoridade policial pode requisitar da autoridade administrativa o que entender necessário para a investigação; no entanto, o *Parquet*, titular do direito persecutório e do controle externo da polícia, não o poderia. Neste paradoxo, o Ministério Público pode até requisitar (não é apenas *solicitar*) à polícia que requisite da autoridade administrativa determinada informação ou documento; mas não pode requisitar diretamente desta. Uma cadeia de requisições desnecessária e sem sentido.

Afigura-se-nos mais coerente e acertada a linha esposada pelo STJ, *verbis*:

"*Mandado de Segurança contra ato de órgão do Ministério da Aeronáutica. Recusa de informações requeridas pelo Ministério Público objetivando liberar informações existentes em órgãos do Ministério da Aeronáutica. Prevalência do interesse público relevante. Deferimento*. A competência do Ministério Público no concernente à requisição de informações e documentos de quaisquer órgãos da Administração, independentemente de hierarquia, advém de sede constitucional e visa ao interesse público que se sobrepõe a qualquer outro (a fim de que possíveis fatos constitutivos de crimes sejam apurados), pondo-lhe, a Lei Maior, à disposição, instrumento eficazes para o exercício das atribuições constitucionalmente conferidas. Em sendo a ação penal pública de iniciativa exclusiva do Ministério Público, e se a Constituição lhe confere o poder de expedir notificações e de requisitar informações e documentos (Constituição Federal, arts. 127 e 129), resulta, daí, que as suas atividades se revestem de interesse público relevante – oponível a qualquer outro – que deve ser cuidado com previdência, eis que a outorga desse poder constitui reflexo de suas prerrogativas constitucionais. A ocultação e o não fornecimento de informações e documentos é conduta impeditiva da ação ministerial e, conseqüen-

---

1. STF, RE 205.473-AL, Rel. Min. Carlos Velloso, *Informativo-STF* 142, de 24.3.1999.

OUTROS DADOS JURISPRUDENCIAIS 619

temente, da justiça, se erigindo em abuso de poder. Os documentos e informações requisitadas (e em poder do Ministério da Aeronáutica) não serão, desde logo, acolhidos como verdadeiros e incontestáveis, mas, submetidos ao crivo da autoridade judiciária e do Ministério Público; deste, para auxiliar e, até, impulsionar as diligências subseqüentes, e do Judiciário para que as submeta, em tempo oportuno, ao contraditório, em que se assegurará aos indiciados ou acusados a mais ampla defesa. Nada importa que as conclusões dos órgãos da Aeronáutica sejam diametralmente opostas às do Ministério Público ou do Judiciário. A responsabilidade civil é independente da criminal (CC, art. 1.525), como também a ação do Ministério Público independe do juízo de valor que, na esfera administrativa, a autoridade aeronáutica atribuir aos fatos, não ficando, por isso mesmo, adstrito, quer às conclusões do relatório preliminar, quer às do relatório final. A publicidade dos atos administrativos e demais atividades estatais decorre de preceito constitucional (art. 5º, XXXIII), que só ressalva a hipótese em que o sigilo seja imprescindível à segurança da sociedade e do Estado. 'O novo estatuto brasileiro – que rejeita o poder que oculta e não tolera o poder que se oculta – consagrou a publicidade dos atos e das atividades estatais como valor constitucionalmente assegurado, disciplinando-o como direitos e garantias fundamentais' (STF). Já existindo Inquérito instaurado em torno do fato, com o acompanhamento do *Parquet*, torna-se evidente o interesse público na ultimação dessas investigações cujo fito é o de desvendar a existência de possíveis crimes. O sigilo, *in casu*, não pode ser oponível à ação do Ministério Público, visto como o Inquérito Policial está se desenvolvendo sob absoluta reserva (CPC, art. 20), inexistindo temor sob possíveis desvirtuamentos das informações e documentos requisitados. É entendimento assente na doutrina que o Ministério Público, em face da legislação vigente, tem acesso até mesmo às informações sob sigilo, não sendo lícito a qualquer autoridade opor-lhe tal exceção. Segurança concedida. Decisão unânime."[2]

Felizmente, a jurisprudência da Suprema Corte não se consolidou.

3. *Choque do STF com a Polícia Federal e a ABIN (2008)*

Os meses de julho, agosto e setembro de 2008 concentram indícios de crise entre o STF, a Polícia Federal e a ABIN-Agência Brasileira de Inteligência. Estavam em discussão, sinteticamente:

---

2. STJ, 1ª S., MS 5.370-DF, Rel. Min. Demócrito Reinaldo, *DJU-1* 15.12.1997, p. 66.185; *IOBJur* 1/11.913, fev./1998.

620 O SUPREMO TRIBUNAL FEDERAL NA CRISE INSTITUCIONAL BRASILEIRA

• Gravações não autorizadas de conversas de membros do STF, sobretudo de seu Presidente, Min. Gilmar Mendes, e de Senadores, por funcionários da ABIN;

• Uso excessivo de algemas pela Polícia Federal, além de outros excessos cometidos em investigações;

• A pronta soltura do banqueiro Daniel Dantas (do banco Opportunity), personagem central na operação Satiagraha, pelo Min. Gilmar Mendes, Presidente do STF, em julho de 2008, logo após a sua prisão pela Polícia Federal.

Conforme já explicado no item 6 ("Desvios éticos nos Tribunais: um mapa dos anos 2000") do Capítulo 5 desta obra, a Operação Satiagraha, da Polícia Federal, apurava desvios de dinheiro público, lavagem, transações escusas e crimes financeiros, esquema que teria ligação com o do *mensalão,* que levara ao banco dos réus (em 2007) 40 autoridades do alto escalão do governo federal e do cenário político nacional. Nas últimas etapas da investigação, a Polícia Federal prendeu Daniel Dantas, o ex-Prefeito de São Paulo Celso Pitta e o empresário Naji Nahas. A operação ganhou publicidade com a prisão de dois supostos emissários de Daniel Dantas, que tentaram subornar um Delegado da PF, por um milhão de reais. Judicialmente, a operação contava com a autorização do Juiz Federal da 6ª Vara Federal Criminal de São Paulo, Fausto De Sanctis, que determinou a prisão de Daniel Dantas (julho de 2008).[3]

3. A revista *Época*, n. 530, de 14.7.2008, em matéria subscrita por Mariana Sanches e Ricardo Mendonça, editou o "universo de Dantas", contando sua história profissional. Depois de narrar o uso de grampos que Daniel Dantas fazia, por meio da empresa Kroll, de onde teria se originado um dossiê bombástico envolvendo altas negociações empresariais, a matéria informou: "Um dos métodos de atuação de Dantas foi buscar a proximidade com o poder. Na época das privatizações, o Opportunity contratou o ex-presidente do Banco Central Pérsio Arida e a ex-diretora do BNDES Elena Landau. No governo Lula, Dantas negociou uma parceria com a Gamecorp, empresa de Fábio Luiz, o Lulinha, filho do presidente Luiz Inácio Lula da Silva. Quando estavam próximos de fechar o negócio, Lula foi alertado e abortou a operação. A Gamecorp virou então sócia da Telemar. Por meio de suas empresas, Dantas também contratou serviços advocatícios de Roberto Teixeira, compadre de Lula, de Antonio Carlos de Almeida Castro, o Kakay, ligado ao ex-ministro José Dirceu, e de Roberto Mangabeira Unger, hoje ministro" (p. 48). Na disputa pela Brasil Telecom por Daniel Dantas, a operação da Polícia Federal veio num momento de incredulidade, "depois que o governo Lula e Dantas pareciam ter acertado um acordo de paz" (idem, p. 45).

OUTROS DADOS JURISPRUDENCIAIS 621

No entanto, respondendo pelo STF, o Min. Gilmar Mendes determinou a imediata soltura de Daniel Dantas, por entender que não estavam presentes os requisitos necessários que justificassem a prisão (HC/MC 950.09-SP). O mencionado juiz federal, então, reexaminando outros fatos do processo, voltou a determinar a prisão do mesmo acusado, o que o Min. Gilmar Mendes interpretou como afronta à sua decisão anterior e determinou nova soltura, em despacho no qual reivindicou a autoridade hierárquica do STF. Estes fatos, ocorridos entre os dias 9 e 11 de julho de 2008, agitaram o Judiciário, o Ministério Público Federal e as entidades de classe.

A Justiça Federal de 1º grau, a AJUFE-Associação dos Juízes Federais (com exceção da AJUFE do Rio de Janeiro) e a AMB-Associação dos Magistrados do Brasil manifestaram apoio ao colega de judicatura.[4] Houve repercussão na Procuradoria da República, sendo que a unidade Regional de São Paulo anunciou na imprensa ter iniciado estudos preliminares sobre possível pedido de *impeachment* do Presidente do STF, Min. Gilmar Mendes.[5] Também a Associação Nacional dos Procuradores da República emitiu nota de apoio aos Procuradores que atuavam no caso, lamentando as decisões do Presidente do STF. Setores representativos da advocacia (OAB e AASP) entenderam que as deci-

4. Nota divulgada pela AMB, no episódio: "Associação dos Magistrados Brasileiros (AMB) vem a público manifestar que considera inaceitável que um magistrado, seja ele federal, estadual, militar ou trabalhista, sofra qualquer tipo de intimidação, constrangimento ou tentativa de investigação em virtude do livre exercício das funções judicantes. Logo, a decisão do juiz Fausto De Sanctis, que, encontrando nos autos elementos suficientes para tanto, decretou a prisão preventiva do Sr. Daniel Dantas, não pode ser alvo de qualquer tipo de censura ou represália, a não ser dentro do processo e pelos recursos cabíveis. A independência do magistrado constitui pedra fundamental do Estado Democrático de Direito e garantia indissociável do exercício da atividade jurisdicional, merecendo repulsa veemente toda tentativa de menosprezá-la ou diminuí-la. Mozart Valadares Pires – Presidente da AMB".
5. Veja-se: "Procuradores da República em São Paulo estão preparando um pedido de impeachment (impedimento) do presidente do Supremo Tribunal Federal (STF), Gilmar Mendes, em protesto contra a decisão de Mendes de ter concedido a suspensão da prisão preventiva do banqueiro Daniel Dantas. Segundo procuradores, que disseram 'estar indignados' em entrevista ao Último Segundo, o presidente do STF efetuou o erro jurídico da 'supressão de instância' mesmo tendo proferido dezenas de decisões contra esse tipo de falha" (http://ultimosegundo.ig.com.br/brasil/2008/07/14/procuradores_indignados_elaboram_pedido_de_impeachment_de_gilmar_mendes_1441485.html, acessado em 15.7.2008).

622   O SUPREMO TRIBUNAL FEDERAL NA CRISE INSTITUCIONAL BRASILEIRA

sões do Ministro haviam de ser respeitadas e cumpridas, muito embora não fosse permitida qualquer forma de ameaça ou intimidação a juízes. A imprensa, faminta e alentada pelo escândalo, animava o dissenso, bailando entre as diversas declarações.[6] O apoio fundamental à postura de Gilmar Mendes veio através de pronunciamento feito pelo Min. Celso de Mello (STF), na primeira sessão da Corte (agosto de 2008), reconhecendo o acerto das decisões tomadas durante o recesso do Tribunal, que teriam sido firmes, restauradoras da autoridade do STF e de acordo com a sua jurisprudência. Os demais ministros acompanharam a proposição.

Foi ainda nesse mesmo conturbado mês de julho de 2008 que a CUT-Central Única dos Trabalhadores protocolou pedido de *impeachment* contra o Min. Gilmar Mendes, no Senado Federal, por entender que a postura adotada na prisão de Daniel Dantas e as críticas feitas ao juiz da 6ª Vara Federal Criminal de São Paulo não eram compatíveis com o cargo de Presidente do STF. Contudo, o Senado arquivou de plano o pedido. Isto parece ter desestimulado outros pedidos de *impeachment* semelhantes.

O Delegado Protógenes passou a réu e suas investigações foram refeitas (embora aproveitadas, em sua maioria). O juiz Fausto De Sanctis foi exposto publicamente, mas rejeitou promoção para o TRF-3ª Região, continuou à frente do processo, julgou a causa e teve suas decisões mantidas pelo TRF. Enquanto isso, no STF a concepção era outra: em 6.11.2008 foi julgado o HC 95.009 (Min. Eros Grau), impetrado por Daniel Dantas. A liminar anteriormente concedida pelo Min. Gilmar Mendes foi mantida, em favor do impetrante. Na sessão de julgamento, houve críticas expressas ao juiz Fausto De Sanctis, sendo aventada a possibilidade de Representações contra as autoridades que tinham agido indevidamente no processo. Em 5.12.2008, o Presidente do STF, Min. Gilmar Mendes, encaminhou Ofício ao Procurador-Geral da República, solicitando apuração quanto a trecho da sentença proferida pelo magistrado Federal, que se referia a um possível envolvimento entre funcionário da Corte e o banqueiro.

Vazou na imprensa notícia de que escutas telefônicas indevidas estavam sendo feitas por órgãos do governo, inclusive envolvendo minis-

---

6. Estas notícias se concentram no site http://www.jusbrasil.com.br/noticias/ 59545/ leia-nota-de-apoio-da-anpr-a-juiz-e-procurador-do-caso-operacao-satiagraha/ relacionadas?p=2, acessado em 7.9.2008.

OUTROS DADOS JURISPRUDENCIAIS

tros do STF. O Presidente da Corte, Min. Gilmar Mendes, teria sido uma das vítimas de escuta não autorizada. O STF cobrou providências diretamente do Presidente da República, sobretudo porque as denúncias eram de que as escutas tinham partido da ABIN, órgão de Estado ligado à Presidência da República. O Ministro da Defesa, Nelson Jobim, confirmou que a ABIN comprara equipamentos de escutas telefônicas. E o Exército informou que os equipamentos da ABIN gravam conversas telefônicas utilizando alta tecnologia. Depois disso, houve uma série de informações desencontradas entre os próprios órgãos do Governo. Sem dúvida, o segundo semestre de 2008 começara agitado.

Depondo na CPI das Escutas Telefônica, da Câmara dos Deputados (agosto de 2008), o banqueiro Daniel Dantas afirmou que o diretor-geral da ABIN e ex-diretor da Polícia Federal, Paulo Lacerda, teria articulado a Operação Satiagraha, que o prendera, com o objetivo de prejudicá-lo, em represália a um suposto dossiê que teria contra a autoridade governamental, divulgado em 2006. Em reportagem intitulada "Por que Dantas Assusta", a revista *Época* noticiou que "em março de 2007, Protógenes foi incumbido pelo antigo diretor da Polícia Federal, o delegado Paulo Lacerda, de conduzir a operação Satiagraha. Lacerda deixou a Polícia Federal em 2007, insatisfeito por não ter feito sucessor. Hoje no comando da ABIN, segue dando todo tipo de apoio a Protógenes, para desconforto de Luiz Fernando Correa, seu sucessor, nomeado por Lula" (*Época*, n. 530, edição de 14.7.2008).

Em meio a todo este alvoroço, tendo por cerne as escutas clandestinas (*grampos*), o Presidente da República foi chamado a intervir, pessoalmente, no caso, o que ocasionou a demissão da Cúpula da ABIN, sendo exonerado seu Diretor-Geral, Delegado federal Paulo Lacerda,[7] e outros integrantes da cúpula. Assumiu interinamente Wilson Trezza, que já trabalhara em outra pasta no governo de Fernando Henrique Cardoso, ex-colega de trabalho de Daniel Dantas em órgãos ligados à telefônica Brasil Telecom, nos idos de 2002-2003, e ex-oficial de inteligência do extinto SNI-Serviço Nacional de Inteligência (1981).

---

7. Ao assumir a direção da ABIN em outubro de 2007, Paulo Lacerda defendera a possibilidade de escutas telefônicas pelo órgão (http://oglobo.globo.com/pais/mat/2007/10/09/298072688.asp, acessado em 7.9.2008). Esta declaração voltou à tona quando da crise das escutas telefônicas em agosto de 2008.

624   O SUPREMO TRIBUNAL FEDERAL NA CRISE INSTITUCIONAL BRASILEIRA

Com a Polícia Federal, o Min. Gilmar Mendes já vinha se postando contra a forma de sua atitude investigativa, por entender ser *policialesca*. Ainda em janeiro de 2008, o Ministro defendeu a criação de lei para *enquadrar* os casos de abuso de autoridade, divulgação não autorizada de investigações, uso indevido de algemas etc. Para ele, isso consistia em terrorismo, "coisa de gângster". E, no meio da confusão de julho, cobrou do Procurador-Geral da República, Antonio Fernando de Souza, apuração do vazamento de informações. Em seguida, pediu aos jornalistas que divulgassem os casos em que a Corte rejeita denúncias do Ministério Público, por inépcia.[8]

No mês de junho de 2008, o ex-Ministro do STF Carlos Velloso solicitara providências ao Presidente da Corte pela forma grosseira como teria sido convocado a depor na Polícia Federal, fato este amplamente divulgado na imprensa.[9] Tinha-se em questão suposto tráfico de influências do ex-ministro junto ao TSE para inocentar amigos seus, sobretudo o prefeito do Município de Timóteo, cassado pelo TRE/MG. A imprensa insinuou que o nome de Carlos Velloso teria sido invocado em conversas gravadas pela Polícia Federal, que apurava esquema de compra e venda de sentenças e de ilegalidades envolvendo contratos municipais. Então, por ordem de Gilmar Mendes, o STF informou à Polícia Federal a necessidade de serem respeitadas as prerrogativas de Velloso, a quem, mesmo aposentado, incumbia marcar data e hora para seu depoimento. A Polícia Federal atendeu ao expediente do STF.

Em agosto de 2008 foi editada a Súmula Vinculante n. 11, do STF: "Só é lícito o uso de algemas em casos de resistência e de fundado receio de fuga ou de perigo à integridade física própria ou alheia, por parte do preso ou de terceiros, justificada a excepcionalidade por escrito, sob pena de responsabilidade disciplinar, civil e penal do agente ou da autoridade e de nulidade da prisão ou do ato processual a que se re-

---

8. Notícias colhidas do site http://oglobo.globo.com/pais/eleicoes2008/mat/ 2008/07/01/gilmar_mendes_divulgar_lista_de_candidatos_com_ficha_suja_populismo-547048420.asp, acessado em 7.9.2008. Os ataques do Min. Gilmar Mendes ao Ministério Público Federal encontram raízes antigas, ainda da época em que ele pertencia a esta Instituição, tendo a animosidade se agravado com a sua ida para a AGU, no Governo de FHC, quando os interesses institucionais se confrontaram reiteradas vezes.

9. Fonte: http://www.jusbrasil.com.br/noticias/43000/carlos-velloso-responde-a-revista-epoca, acessado em 7.9.2008. A reportagem que mais deixou os ânimos exaltados saiu da revista *Época*, n. 528, de 30.6.2008.

fere, sem prejuízo da responsabilidade civil do Estado". Foi uma Súmula feita da noite para o dia, sem passar por um prévio processo de amadurecimento judicial nem jurisprudencial.

O Ministro da Justiça, Tarso Genro, e o Diretor-Geral da Polícia Federal Luiz Fernando Corrêa, tiveram de mudar normas procedimentais internas e cuidaram de tratar do assunto com o Presidente.

A Câmara dos Deputados e o Senado Federal também pressionaram o Planalto, fazendo coro ao desiderato do Min. Gilmar Mendes, para espancar os abusos que estariam sendo cometidos pela Polícia Federal, os grampos ilegais, a divulgação de informações privilegiadas à imprensa etc. Mas é de se ver que boa parte dos grampos são feitos com a autorização do próprio Judiciário, pelo quê a Polícia não pode ser a única responsável por fazê-lo.[10]

De fato, é incompatível com o Estado de Direito o *policialismo* e seus abusos, como frisou o Min. Gilmar Mendes. A Polícia Federal deu munição gratuita a setores interessados em castrar sua incomodante atuação; empolgou-se com o reconhecimento que vinha obtendo perante a sociedade e passou a cometer excessos. No entanto, a frente proveniente da classe política não é das mais legítimas para se apresentar como moralizadora do trabalho da Polícia Federal, já que ela tem sido a mais investigada, a que mais tem se envolvido em atos de corrupção, assunto este tratado no Capítulo 5, com ênfase no tópico 2 ("Crise das instituições e sua corrupção, fragilização e descrédito do Judiciário").

Instiga-se o leitor, neste instante, a verificar quantas autoridades públicas e órgãos do Estado se envolveram nos episódios seguintes a junho de 2008, explodindo logo após a prisão de Daniel Dantas, coinci-

---

10. Segundo a revista *Época*, n. 534, de 11.8.2008, na semana anterior à reportagem "surgiu notícia de que, no curso das investigações da Operação Satiagraha, o juiz Fausto De Sanctis, da 6ª Vara Criminal Federal de São Paulo, autorizou o delegado Protógenes Queiroz, então responsável pelo caso, a receber senhas que permitem acesso total e irrestrito ao cadastro e ao histórico de chamadas de qualquer titular de linha telefônica do país" (p. 48). Noticiou a mesma reportagem que, em 2003, "procuradores da República no Espírito Santo descobriram por acaso que suas conversas haviam sido gravadas pela Polícia Federal. Conseguiram na Justiça Federal um mandato de busca e apreensão em uma casa secreta dos agentes federais, na Praia do Canto, área nobre de Vitória, onde estava instalado o sistema de escuta da PF" (p. 50). E que em 2007 foram grampeados oficialmente 409 mil telefones, o que significa uma média de 4 milhões de conversas com pessoas as mais diversas (p. 48).

626 O SUPREMO TRIBUNAL FEDERAL NA CRISE INSTITUCIONAL BRASILEIRA

dentemente ou não. Bem, alguém tem se beneficiado com o clima de crise que se instalou no País, envolvendo Instituições da mais alta envergadura do país. Preocupa esta situação de incerteza e insegurança, pois o discurso de defesa do Estado de Direito, de garantias de direitos fundamentais, pode estar permeado pelo interesse em blindar criminosos de larga influência e tentáculos em diversos setores em face do combate à criminalidade, à corrupção e ao crime organizado.

Louvável a preocupação encabeçada pelo STF. Espera-se que seus benefícios revertam em favor da sociedade, não se deixando manobrar pelos que estejam interessados na blindagem dos criminosos.

4. Um caso não punido no TRT-22ª Região, pelo STF

Aconteceu no TRT-22ª Região (Piauí) um caso inusitado, no final dos anos que marcaram a década de 1990, fruto do desespero de um servidor da Justiça do Trabalho, inconformado com a perda de vantagens do cargo que ocupava.

Em sessão de julgamento do plenário do TRT-22ª Região, o colegiado apreciava o pedido administrativo do servidor, cuja matéria não vem ao caso explicitar, pois é alheia aos fatos que interessam à presente abordagem e não justificaria a atitude aqui noticiada. Proclamado o resultado da votação, indeferindo o pedido administrativo, o Tribunal foi surpreendido pela violência com que o servidor irrompeu a sala de sessões, de revólver em punho, furiosamente apontando-o para os membros da Corte, que trataram de se proteger como podiam (correndo ou agachando-se sob a bancada por trás da qual se sentavam. Não havia vigilância nem seguranças nesse instante).

Mesmo assim, o servidor conseguiu, por cima da bancada, apontar a arma e alvejar um dos magistrados togados, quase o matando, enquanto os demais fugiram do recinto, à busca de salvação. Depois deste fato, o servidor evadiu-se da sala de sessões, sendo o magistrado acudido e levado ao hospital.

Tal fato levou o TRT-22ª Região a instaurar o competente processo administrativo disciplinar, concluindo pela demissão do servidor, que ainda estava no estágio probatório. A defesa levantara a tese da insanidade mental, expediente bastante comum nestas situações e atitudes inexplicáveis, e que foi rejeitada pelo Tribunal. Contra esta decisão, foi

OUTROS DADOS JURISPRUDENCIAIS 627

impetrado o *mandamus* a que se reporta a referência jurisprudencial do STF (*LEX-JSTF* 243:25, mar./1999):

"*Semi-imputabilidade e Demissão*. Julgando originariamente mandado de segurança impetrado contra ato do TRT da 22ª Região que demitira o impetrante por ofensa física a um de seus juízes (CF, art. 102, I, *n*), a Turma, por maioria, indeferiu o *writ* uma vez que a semi-imputabilidade do impetrante, constatada pelo relatório da comissão de inquérito, motivaria a decretação de aposentadoria por invalidez, pedido este não contido na petição inicial, ressalvando, no entanto, o exame, pela via própria, da conversão da pena. Vencido o Min. Sepúlveda Pertence, relator, que, aplicando analogicamente o direito penal ao processo administrativo disciplinar, deferia em parte a segurança para anular a demissão do impetrante ao fundamento de que a semi-imputabilidade levaria a uma redução da pena máxima de demissão (STF, Ação Originária 500-3-PI, Rel. origin. Min. Sepúlveda Pertence, Red. para o acórdão Min. Octávio Gallotti, 9.6.1998)

"*Processo Administrativo Disciplinar*. Ofensa física em serviço (art. 132, VII, da Lei n. 8.112/90). Semi-imputabilidade insusceptível de conduzir à comutação ou substituição de pena de demissão e conseqüente retorno ao serviço, ressalvado o exame, pela via própria, da expedição de aposentadoria por invalidez" (STF, 1ª T., Ação Originária 500-3-PI, Rel. Origin. Min. Sepúlveda Pertence, Red. para o acórdão Min. Octávio Gallotti, 9.6.1998). (*Informativo do STF 114, de 8-12.6.1998*).

O STF, apesar de denegar a Segurança, reconheceu a semi-imputabilidade do servidor a ensejar a aposentadoria por invalidez, em vez da demissão. E remeteu a discussão para a via ordinária apropriada. Com base nesse precedente, qualquer pessoa pode invadir a sala de sessões de um Tribunal e alvejar um juiz (um Ministro, também?), sob a alegação de ser semi-imputável. O Supremo Tribunal estimulou a impunidade, em detrimento da segurança de um sublime momento jurisdicional, o julgamento feito por órgão colegiado plenário. Levando em conta a forma como se desenvolvem as sessões dos tribunais, facilmente o fato poderá se repetir, agora avalizado pelo Pretório Excelso.

5. *Outros casos, para reflexão pelo leitor*

Deixa-se ao leitor a formulação de suas conclusões sobre estes últimos casos, sem a emissão prévia de juízo de valor a seu respeito, conquanto se apresentem observações sucintas, de cunho perfunctório.

628 O SUPREMO TRIBUNAL FEDERAL NA CRISE INSTITUCIONAL BRASILEIRA

Exoneração de servidores aposentados, no STF. Eleito Presidente do STF em abril de 2001, o Min. Marco Aurélio deu declaração na imprensa de que exoneraria de suas funções gratificadas os servidores da Corte já aposentados. A declaração causou rebuliço entre os demais Ministros, levando-os, em 8.5.2001, a modificarem o Regimento Interno da Corte para limitarem o poder de nomeação e exoneração desses servidores pelo Presidente do STF. A alteração veio antes que o Min. Marco Aurélio tomasse posse no cargo. A medida, a princípio moralizadora do futuro Presidente da Corte, foi impossibilitada pelo próprio Tribunal; morreu embrionariamente.

Considerando o discurso de posse do Min. Marco Aurélio, de que enfrentaria as dificuldades sem temor de qualquer forma de pressão, e a postura adotada pelo STF ao ouvir a primeira medida a ser tomada por aquele, ensaiou nova crise no Tribunal, desta feita de natureza administrativa. Na verdade, a postura da Corte vinha em momento desconcertantemente inoportuno, em face dos discursos de moralização feitos pelo Min. Marco Aurélio e o reclamo da sociedade brasileira em que fosse resgatada a moralidade. Exatamente quando o Senado implodia (e continua se desmanchando ainda hoje), na apuração de atos ofensivos à ética e à moralidade; quando o Executivo Federal criava uma pasta exclusiva para justificar e convencer a população de que o pântano que o cercava tinha lama apenas dos governos passados; quando o jurisdicionado lutava para ver respeitados os princípios insculpidos no art. 37 da CF/1988 (impessoalidade e moralidade, p. ex.); quando os Tribunais de Justiça eram investigados por atos de corrupção; quando os órgãos do Judiciário agiam com cautela, procurando resgatar a legitimidade e a credibilidade perante a sociedade; quando a imprensa perscrutava atentamente (e assim prossegue fazendo) as cortes judiciárias e expunha o nepotismo na Justiça do Trabalho; quando toda a sociedade reclamava justiça, igualdade, ética, moralidade etc.; quando tudo isto ocorria, o STF se expunha com questão que não teria nenhuma repercussão quantitativa para a nação brasileira. Criou um incidente interno e deu margem a que os olhos de todo o País se voltassem para ele, desconfiadamente.

A falta de consenso interno, dentro do Supremo Tribunal, comprometia o seu firme atuar e fragilizava a Instituição, que deve permanecer inabalável em seus pilares morais e jurídicos. O STF precisa estar rijo, altivo, forte e pronto a desenvolver com firmeza o seu papel constitucional, para resgatar a estabilidade das Instituições, pois é sempre demandado por re-

OUTROS DADOS JURISPRUDENCIAIS 629

presentantes delas. Certas Instituições brasileiras não são muito estáveis, apresentando-se débeis, ruindo por dentro, afundando na antieticidade política; e o Supremo Tribunal tem um relevante papel neste momento histórico. Por isso, não podia gerar um embrião de relutâncias internas.

Todavia, os Ministros da Corte, em sua sabedoria, souberam contornar mais esta dificuldade, sem perder a boa imagem externa, construída ao longo dos anos de sua atuação, nem fragilizar suas relações internas.

Verticalização, nas eleições de 2002: Em agosto de 2001, alguns Deputados Federais formularam consulta ao Tribunal Superior Eleitoral sobre a possibilidade de partidos políticos fazerem coligações para a eleição de Presidente da República, enquanto, paralelamente, no âmbito dos Estados, faziam outras coligações para a eleição de Governadores. Respondendo negativamente (Resolução 21.002), o TSE baixou, em seguida, a Instrução 55 (Resolução 20.993), a propósito da escolha e do registro dos candidatos para as eleições de 2002. O art. 4º dessa Instrução se referia à verticalização de coligações, tema caro à eticidade partidária e ao compromisso democrático, fundado na fidelidade partidária.

No contexto político, a verticalização imposta pelo TSE beneficiava José Serra, candidato à Presidência da República (apoiado pelo Presidente FHC), cujo principal opositor era Luiz Inácio Lula da Silva, dificultando os "palanques" dos demais candidatos e aumentando o seu tempo de propaganda eleitoral no rádio e na televisão.

Instado a se pronunciar, em controle concentrado de constitucionalidade, o STF manteve a resolução do TSE, limitando a verticalização somente para as eleições de 2002.

Mileny Reis Vilela, demonstrando que o STF poderia ter avançado muito mais, esclarece:

"O Supremo Tribunal Federal, no julgamento das ADIs n. 2.626-7 e 2.628-3, teve a possibilidade de iniciar uma reforma partidária no País, estabelecendo a plena verticalização para a eleição de 2002 e para as posteriores. Porém, numa atitude imediatista e pouco preocupada com a democracia do País, o Supremo Tribunal limitou-se a manter a decisão do Tribunal Eleitoral para a eleição de 2002."[11]

---

11. Mileny Reis Vilela, "A Polêmica acerca da Verticalização das Coligações Partidárias para as Eleições de 2002: o Julgamento das Ações Diretas de Inconstitucionalidade ns. 2.626-7 e 2.628-3", *O Supremo Tribunal Federal Revisitado*, p. 358.

630   O SUPREMO TRIBUNAL FEDERAL NA CRISE INSTITUCIONAL BRASILEIRA

Fidelidade partidária. Em 2007, o STF foi chamado a apreciar matéria da mais alta relevância política para o País. Agora, estava em jogo a fidelidade dos políticos para com seus respectivos Partidos. Como pano de fundo discutiam-se as constantes mudanças de Partidos por candidatos eleitos a cargos de representação política, denotando total desconsideração à ideologia partidária, senão mero interesse pessoal. É como se o candidato usasse o partido apenas para obter uma legenda para concorrer ao pleito eleitoral. Uma vez eleito, posto desafinado com sua linha ideológica, deixava-o para atender a conchavos de poder e a conveniências pessoais.

Provocado a partir de medida adotada pelo TSE, o STF definiu a matéria favoravelmente à fidelidade partidária. É o que se transcreve a seguir:

"Relativamente ao mandado de segurança impetrado pelo PSDB, de relatoria do Min. Celso de Mello, o Tribunal, por maioria, indeferiu o *writ*. Na espécie, a impetração mandamental fora motivada pela resposta dada pelo Tribunal Superior Eleitoral-TSE à Consulta 1.398/DF na qual reconhecera que os partidos políticos e as coligações partidárias têm o direito de preservar a vaga obtida pelo sistema eleitoral proporcional, se, não ocorrendo razão legítima que o justifique, registrar-se ou o cancelamento de filiação partidária ou a transferência para legenda diversa, do candidato eleito por outro partido. Entendeu-se correta a tese acolhida pelo TSE. Inicialmente, expôs-se sobre a essencialidade dos partidos políticos no processo de poder e na conformação do regime democrático, a importância do postulado da *fidelidade partidária*, o alto significado das relações entre o mandatário eleito e o cidadão que o escolhe, o caráter eminentemente partidário do sistema proporcional e as relações de recíproca dependência entre o eleitor, o partido político e o representante eleito. Afirmando que o caráter partidário das vagas é extraído, diretamente, da norma constitucional que prevê o sistema proporcional (CF, art. 45, *caput*: "A Câmara dos Deputados compõe-se de representantes do povo, eleitos, pelo sistema proporcional, em cada Estado, em cada Território e no Distrito Federal"), e que, nesse sistema, a vinculação entre candidato e partido político prolonga-se depois da eleição, considerou-se que o ato de infidelidade, seja ao partido político, seja ao próprio cidadão-eleitor, mais do que um desvio ético-político, representa, quando não precedido de uma justa razão, uma inadmissível ofensa ao princípio democrático e ao exercício legítimo do poder, na medida em que migrações inesperadas não apenas causam surpresa ao próprio corpo eleitoral

OUTROS DADOS JURISPRUDENCIAIS   631

e às agremiações partidárias de origem, privando-as da representatividade por elas conquistada nas urnas, mas acabam por acarretar um arbitrário desequilíbrio de forças no Parlamento, vindo, em fraude à vontade popular e afronta ao próprio sistema eleitoral proporcional, a tolher, em razão da súbita redução numérica, o exercício pleno da oposição política (MS 26.603-DF, rel. Min. Celso de Mello)" *(Informativo STF* 482, 3-4.10.2007.

No dia 4.10.2007, o STF prolatou julgamento em três mandados de segurança. A sociedade brasileira aguardava, apreensiva, a definição da fidelidade partidária pelo Tribunal. Das notícias, extraídas do site da Corte, constou, imediatamente:

"*Supremo decide pela fidelidade partidária.* O Supremo Tribunal Federal encerrou há pouco o julgamento dos Mandados de Segurança 26.602 (PPS), 26.603 (PSDB) e 26.604 (DEM), que analisaram a fidelidade partidária. Os ministros Celso de Mello, Cármen Lúcia, Menezes Direito, Cezar Peluso, Gilmar Mendes e a presidente, ministra Ellen Gracie, formaram a maioria vencedora, votando pelo indeferimento dos MS 26.602 e 26.603 e pelo deferimento parcial do MS 26.604, neste caso para que a questão da deputada Jusmari Oliveira, que se desfiliou do DEM após a resposta do Tribunal Superior Eleitoral à Consulta 1.398, seja encaminhada pelo presidente da Câmara dos Deputados para o Tribunal Superior Eleitoral. A maioria concordou, ainda, que o Supremo deve entender que o instituto da fidelidade partidária começou a vigorar a partir da data da resposta dada pelo TSE à Consulta 1.398, formulada pelo então Partido da Frente Lilberal – atual DEM. No caso, no dia 27 de março de 2007".

Em 12.11.2008, o STF julgou improcedentes as ADIs 3.999 e 4.086 (rel. Min. Joaquim Barbosa), as quais questionavam a Resolução 22.610/07, do TSE, a propósito da perda de cargos eletivos por infidelidade partidária. Ficou patenteado pela Corte que o mandato é do Partido, e não do Deputado respectivo.

No cerne da questão, desponta o tema da ética na política brasileira, vinculando os representantes do povo à pauta ideológica de seu Partido. Quando um deputado, senador ou qualquer outro político salta de Partido em Partido, a fim de atender exclusivamente a seus interesses, quebra o compromisso que havia firmado com o ente que o acolhera. Não raramente, a população vota em candidatos que, pelo Partido a que são filiados, tendem a defender determinados pontos de vista.

Andou bem o STF, ao assegurar a eticidade em parcela das relações de Poder, agora do regime representativo.

632   O SUPREMO TRIBUNAL FEDERAL NA CRISE INSTITUCIONAL BRASILEIRA

O teto e os subsídios. a fixação de teto para os subsídios tem sido tema espinhoso na jurisprudência pátria. A propósito, é suficiente trazer a entrevista feita pelo jornalista Valdélio Muniz ao Min. Marco Aurélio de Mello, no jornal *O Povo*. Na ocasião, o Ministro dissera ao jornalista:

"Em 1998 fiz um ofício ao então presidente da Corte, ministro Celso de Melo, revelando que o valor correto, integrada a gratificação de férias e o 13º, já que o subsídio é parcela única, não comporta penduricalhos, seria em torno de R$ 21 mil a R$ 22 mil. Ainda estamos no campo da remuneração porque não houve consenso entre os poderes em relação ao subsídio, já que a iniciativa é conjunta. Quatro anos depois, o que viemos a fixar? R$ 17 mil. A minha conclusão é de que este valor ficou aquém do que seria a conseqüência lógica da reposição do poder aquisitivo da moeda, a observância do princípio da irredutibilidade dos vencimentos e da formação de parcela única a revelar o subsídio. Mas, claro, na quadra econômica e financeira vivida pelo país, já foi um passo bastante largo e que, de certa forma, atende à magistratura inclusive porque acaba o esqueleto que estava no armário, já que tivemos uma lei editada em 1998 dispondo sobre a retroação do subsídio que viesse a ser fixado."[12]

Ao fim, houve um acerto entre os Poderes, sendo fixado o teto. Mas a conglomeração pecuniária ou parcela única nos subsídios (art. 37, XI, e art. 39, § 4º, da CF, red. EC 41/2003) navega contra a concepção de valorização de qualquer pessoa que trabalhe a longo tempo numa mesma Instituição, pois trata igualmente os desiguais, não permitindo que os antigos percebam qualquer parcela que estimule ou reconheça seu tempo de serviço. A fórmula adotada à remuneração por subsídios nivela o servidor recém nomeado ao mais antigo da carreira, causando um nivelamento desprovido de razoabilidade.

O caso dos anencéfalos. A primeira década deste milênio foi assinalada por novas questões submetidas ao STF, de cunho diversificado e de grande repercussão social. Um destes casos foi a discussão sobre a possibilidade ou não de interrupção da gravidez, mediante aborto voluntário, quando configurada a anencefalia do nascituro (ADPF 54-DF, Rel. Min. Marco Aurélio). Entre agosto e setembro de 2008 sucederam-

---

12. *O Povo*, caderno No Olhar, reportagem de Valdélio Muniz (www2.noolhar. com/servlet, acessado em 9.7.2002).

OUTROS DADOS JURISPRUDENCIAIS 633

se audiências públicas com importantes setores representativos da sociedade, envolvendo comunidades religiosas, médicas, políticas etc.[13] A providência foi uma brilhante iniciativa da Corte, sob a relatoria do Min. Marco Aurélio, para discutir o difícil momento em que a vida se inicia. O aspecto jurídico perdia-se na vastidão das concepções de religiosos, cientistas, médicos, filósofos etc.

Fica para o leitor o juízo sobre a conclusão do STF, salientando-se, porém, que, sob o ponto de vista procedimental, a questão foi amplamente discutida com a sociedade, de forma transparente, pública e lídima.

O problema da Reserva "Raposa Serra do Sol" (Roraima) -2008. Também de grande repercussão para o país, a envolver o pacto federativo, foi a delimitação da Reserva Raposa Serra do Sol, em Roraima. Essencialmente, puseram-se em lados opostos os interesses dos indígenas da região, lutando por terras a que teriam direito pelo marco de sua cultura e ancestralidade, e os interesses econômicos, desenvolvimentistas da grande área, com a cultura de arroz e projetos de usina cuja energia seria importante para o Estado. Graças ao formidável trabalho da imprensa e às novas tecnologias usadas nos julgamentos públicos do STF, a questão foi amplamente divulgada à população, que acompanhava atentamente o voto de cada Ministro da Corte. Vejam-se os principais processos a este respeito: STF, Pleno: AC-MC AgR 1.794-RR, PET-AgR 3.755-RR, MS 25.483-DF, Rcl 3.331-RR, PET-AgR 3.388-RR, Rcl 2.833-RR (todos sob a Relatoria do Min. Carlos Britto) e a ADI 1.512-RR, Rel. Min. Maurício Corrêa.[14] O ápice da questão se deu em

---

13. Citam-se: Conselho Federal de Medicina, Federação Brasileira das Associações de Ginecologia e Obstetrícia, Sociedade Brasileira de Medicina Fetal, Sociedade Brasileira de Genética Clínica, Sociedade Brasileira para o Progresso da Ciência, Deputado Federal José Aristodemo Pinotti, Deputado federal Luiz Bassuma, Professora Lenise Aparecida Martins Garcia, e Instituto de Bioética, Direitos Humanos e Gênero-ANIS.

14. Veja-se a ADI 1.512-RR, Rel. Min. Maurício Corrêa, j. 7.11.1996, *DJU* 1.8.2003, p. 99: "Ementa: *Medida Cautelar em Ação Direta de Inconstitucionalidade. Instalação das sedes dos recém-criados Municípios de Pacaraíma e Uiramutã em vilas com os mesmos nomes: artigos terceiros das Leis ns. 96 e 98, de 17.10.95. Alegação de que estão situados nas áreas indígenas de 'São Marcos' e 'Raposa Terra do Sol', respectivamente, e de ofensa ao art. 231, §§ 1º, 4º e 6º, da Constituição*. 1. Escorço histórico dos contornos dos fatos relacionados com a ocupação das áreas do

634 O SUPREMO TRIBUNAL FEDERAL NA CRISE INSTITUCIONAL BRASILEIRA

sessões realizadas no segundo semestre de 2008. Trazia-se à baila, ainda, questões sobre a segurança nacional, quanto aos países vizinhos, com estrangeiros que circulavam livremente na Amazônia; e o controle da região pelo Exército brasileiro.

Pela complexidade e novidade do tema, este autor ainda não possui posição firmada a respeito das conseqüências sociais do entendimento do STF, preferindo aguardar o desenrolar dos fatos, até mesmo porque a dimensão da matéria só pode ser apreciada com mais elementos, de que ora não se dispõe.

Lista suja de candidatos a cargos políticos. Com movimento encabeçado pela magistratura nacional, tendo à frente a AMB-Associação dos Magistrados do Brasil, com o fito de pôr um basta no comportamento ímprobo de políticos que se candidatavam às eleições de 2008, pretendiam os magistrados publicar a *lista suja* dos candidatos envolvidos em ações de improbidade, desonestidade, desvio de verbas públicas, corrupção etc., mesmo não tendo as sentenças proferidas nas ações respectivas transitado em julgado e rejeitarem o registro da candidatura. A intenção era obter a inelegibilidade dos referidos candidatos e levar à população a relação nominal dos denunciados pelo Ministério Público. O principal entrave era de índole constitucional, porquanto a pretensão da magistratura não esperava que houvesse o trânsito em julgado da condenação, nos termos do art. 5º, LVII, e do art. 15, III, da Constituição, *verbis:*

Estado de Roraima, desde 1768, onde se pretende instalar os novos Municípios. 2. O deslinde das questões ligadas à ocupação da área exige observância à legislação da época (Lei n. 601, de 1850, e Decreto n. 1.918, de 1854, que a regulamentou, entre outros), pesquisa de documentos e depoimentos de eventuais testemunhas que conheçam o passado destas áreas. 3. Pendência de interdito proibitório requerido pela FUNAI contra o Estado de Roraima. 4. Casos como a demarcação homologada da Reserva de São Marcos, estão com a eficácia suspensa em virtude da nova orientação de política demarcatória de reservas indígenas adotadas pelo Decr. n. 1.775/95, que alterou o Decr. n. 22/91; inexistência de ato demarcatório das áreas aperfeiçoado. 5. Incerteza quanto aos requisitos exigidos pelo § 1º do art. 231 da Constituição, para se considerar que as áreas mencionadas são tradicionalmente ocupadas pelos índios; situação que não permite arrostar a autonomia do Estado, manifestada ao criar os Municípios. 6. Solução da lide que exige a apuração de um estado de fato concreto e contraditório cuja natureza do tema e deslinde não são compatíveis com os moldes e limites do juízo cautelar nem com o conteúdo da ação de controle normativo abstrato das leis. Precedentes. 7. Ação direta não conhecida".

OUTROS DADOS JURISPRUDENCIAIS 635

"Art. 5°. (...); LVII – ninguém será considerado culpado até o trânsito em julgado de sentença penal condenatória;".

"Art. 15. É vedada a cassação de direitos políticos, cuja perda ou suspensão só se dará nos casos de: (...) III – condenação criminal transitada em julgado, enquanto durarem seus efeitos".

O Presidente do STF, Min. Gilmar Mendes, achou a medida populista e sem amparo constitucional, com possibilidade de vir a cometer injustiças, considerando que um número considerável dos recursos dos candidatos condenados no primeiro e no segundo grau é provido no TSE ou no STF.

A AMB questionou a Lei Complementar 64/1990 (Lei das Inelegibilidades), na parte que exigia decisões judiciais de última instância para negar o registro dos candidatos que respondessem a processos judiciais, mesmo já tendo sentença condenatória pendente de recurso.

Julgada improcedente a ADPF 144 em 6.8.2008, o STF fez prevalecer a Constituição, proibindo os juízes eleitorais de rejeitarem o registro de candidatos que respondiam a processos judiciais. O Relator foi o Min. Celso de Mello, que elaborou extenso voto, adversado pelos Min. Carlos Britto e Joaquim Barbosa (vencidos).

Sob o ponto de vista social, a decisão não contribuiu para a moralização pública, considerando a freqüência da corrupção e da improbidade administrativa dos prefeitos municipais, principal classe de sujeito passivo destas ações promovidas pelo Ministério Público. Como os fins não justificam os meios, o Estado de Direito se depara, vez por outra, com as conseqüências nefastas de seu mau funcionamento. No caso, a demora e as protelações processuais disponibilizadas pelo ordenamento pátrio são entraves à democracia, porquanto contribuem para que os maus administradores não sejam punidos e, conseqüentemente, voltem a usurpar os cofres públicos em sucessivos mandatos.

Particularmente, a divulgação de uma "lista suja" dos administradores que sofreram condenação judicial é salutar para o processo democrático ético. Como entidade privada (associação), a AMB ou qualquer outro órgão contribuirão formidavelmente se assim o fizerem.

Eis, pois, os casos complementares, submetidos à consideração do leitor, para que reflita sobre eles e, ao mesmo tempo, sinta-se estimulado a investigar outras decisões, deitando juízo crítico a seu respeito.

CONCLUSÕES

Tanto o STF precisa repensar seus posicionamentos, quanto o País precisa repensar essa Corte.

De tudo quanto aqui se expôs, desponta evidente a função metajurídica do Supremo Tribunal Federal (econômica, política e social). Com efeito, situando-se no ápice do Poder Judiciário, encarregado de dirimir grandes questões da nação, o STF não pode deixar de analisar causas as mais variadas nem de sopesar os reflexos de suas decisões. É imperioso que ele cumpra o seu compromisso com o povo, ora barrando a sede dos demais Poderes, ora conferindo eficácia aos direitos e garantias fundamentais, tudo fulcrado na Constituição Federal.

Na prática, todavia, tem-se percebido, com certa freqüência, uma proximidade muito grande, além do democraticamente esperado, do STF aos demais Poderes e à conjuntura política palaciana, de tal maneira que, olvidando o brado do povo, às vezes o STF opta por manter as medidas governamentais, por mais antipáticas, impopulares, antinacionais, malévolas e inconstitucionais que elas pareçam. Argumentos jurídicos são forjados no fogo da pouca sensibilidade social, dando origem a votos alentados, mas distanciados dos ideais sociais. Em conseqüência, o Executivo vai se apoderando de parcelas de competência dos demais Poderes, tornando-se cada dia mais forte. A Administração Pública se encaminha para uma *imunidade* às decisões do Judiciário, que passa por uma crise de autoridade. E a sociedade é tomada pelos vírus da insegurança e do descrédito nas Instituições.

Houve casos em que a postura adotada pelo STF ou o silêncio momentâneo do órgão olvidaram as suas conseqüências sociais, deixando de emitir pronunciamento do qual a sociedade tanto carecia, numa opção política (ou econômica), que às vezes se mostrava juridicamente

638 O SUPREMO TRIBUNAL FEDERAL NA CRISE INSTITUCIONAL BRASILEIRA

razoável, mas socialmente desaconselhável, em razão dos danos causados ao cidadão e ao regime jurídico, ofendendo princípios e direitos fundamentais, como o da segurança e o da propriedade. Assim ocorreu com o bloqueio dos cruzados, em que somente depois de muito tempo o STF dirimiu a questão, quando sua decisão já pouco ou em nada mais importava para o cidadão; e com a reedição de medidas provisórias, contra o que sempre foi voto unânime do povo e dos estudiosos do Direito.

Grandes falhas ocorreram na aplicação dos novéis remédios constitucionais, valendo citar o mandado de injunção, destinado a assegurar direitos fundamentais, ante a incúria do legislador. O Supremo acabou aniquilando a garantia processual constitucional, impondo-lhe vários obstáculos e encobrindo-o com um nefasto véu de ineficácia. Somente em 2007 este quadro mudou, com o julgamento dos MIs 712, 708 e 670, cujos relatores eram os Min. Eros Grau e Gilmar Mendes.

O Supremo chancelou o processo de privatização e venda das empresas brasileiras, contribuindo com o Executivo para o empobrecimento do País e para a alienação do patrimônio nacional. Na mesma senda, vedou ao Judiciário o poder de emitir tutelas de urgência contra a Administração Pública (liminares, cautelares e tutelas antecipatórias), além de praticamente acabar com a possibilidade de seqüestro de verbas públicas por descumprimento de precatório judicial. Daí, a fragilização dos órgãos do Judiciário, o qual padece na crise de autoridade.

As políticas econômicas traçadas pelos sucessivos Governos foram coonestadas pela mais alta Corte do País, tendo sido negados os gatilhos salariais e até modificado o conceito de "direito adquirido", para assegurar o interesse contrário ao do cidadão prejudicado com os planos econômicos. A ação rescisória passou a ter efeito suspensivo da execução, desconstituindo sentenças já transitadas em julgado, com processo de precatório em curso, mediante uso inicial de cautelares e, posteriormente, por tutelas antecipadas. Nem mesmo com a construção da doutrina da relativização da coisa julgada, que almejava tornar inexecutáveis as sentenças condenatórias dos expurgos inflacionários, os planos econômicos lograram o êxito anunciado, eis que a crise social prosseguiu e a situação do povo quase não melhorou, as condições de trabalho pioraram e os postos de serviço continuaram escassos. A conquista não foi proporcional aos anos de sacrifício, despendido na sucessão de planos catastróficos, até chegar à fase primorosa do real, para quem foram

CONCLUSÕES 639

essenciais os bons ventos soprados pela economia mundial dos anos 2000.

No âmbito propriamente político, o STF admitiu a antecipação do plebiscito pela EC 2/1992; claudicou em suspender os direitos políticos do ex-Presidente Fernando Collor de Mello, por força do seu *impeachment*; permitiu a revisão constitucional ampla, com *quorum* e processo simplificados na votação para aprovação das Emendas Revisionistas; coonestou a alteração constitucional no pertinente à reeleição do Presidente da República, Governadores de Estado e Prefeitos Municipais; chancelou a reedição indiscriminada de medidas provisórias, por meio das quais o Presidente da República se sub-roga dos poderes do Congresso Nacional, legislando a todo momento sobre tudo que se possa imaginar, sem observar os conceitos de *relevância* e *urgência*. Até que sobreveio a EC 32/2001, restringindo o uso das medidas provisórias.

Na esfera diretamente social, trabalhista, o STF furtou-se a emitir pronunciamento conclusivo sobre a Convenção 158-OIT, só o fazendo quando o Governo brasileiro a denunciou e a população dispensava sua tardia decisão. As discussões sobre a constitucionalidade do valor do salário mínimo tiveram tratamento estritamente processual, extinguindo-se as ações de inconstitucionalidade ajuizadas contra as leis que o haviam estipulado em valores abaixo do suficiente para permitir ao trabalhador a satisfação de suas necessidades vitais básicas e de sua família.

Quanto ao funcionalismo público, basta citar a coonestação do desrespeito à data-base, levado a cabo pelo Presidente Fernando Henrique Cardoso, de modo a permitir o achatamento salarial e a falta de reajuste do servidor público. É de se mencionar, também, a desconsideração do direito adquirido aos expurgos inflacionários na sucessão dos planos econômicos. E, ainda, a competência da Justiça do Trabalho, tantas vezes negada pelo STF, que a limitou aos celetistas. Em face da compreensão equivocada da Corte sobre o mandado de injunção, o direito de greve no serviço público permaneceu no limbo, mera realidade fática, padecendo de norma regulamentadora, até sua regulamentação judicial, em 2007, quando acabou sendo restringido.

No campo dos Direitos Econômico e Financeiro, é suficiente a menção da decisão proferida na ADI 4-7-DF, na qual o Supremo Tribunal Federal entendeu não ser auto-aplicável o dispositivo constitucional que

640 O SUPREMO TRIBUNAL FEDERAL NA CRISE INSTITUCIONAL BRASILEIRA

limitava a 12% ao ano a taxa de juros aplicada pelo sistema financeiro nacional, o que foi objeto da Súmula Vinculante n. 7, do STF.

Veio a mudança das regras do sistema previdenciário (EC 41/2003), com a contribuição dos inativos, tema caro à população contribuinte, que recebeu a decisão corroboradora do Supremo sem que houvesse discussão pormenorizada das contas públicas, do balanço entre a arrecadação e os gastos, sem poder discutir a proporcionalidade das medidas da área econômica do Governo.

Por fim, marcados pela cobrança de postura mais incisiva da Corte no âmbito sancional, o ano 2007 chocou a população por ter o Tribunal afastado a aplicação da Lei de Improbidade Administrativa das autoridades públicas do alto escalão (os agentes políticos), além de reconhecer o seu privilégio de foro por prerrogativa de função. O mesmo ano recebeu um contrabalanceamento, em virtude do recebimento, pelo STF, de ação penal de 40 autoridades ligadas ao alto escalão do Governo Federal, formulada pelo Procurador-Geral da República, em episódio exemplar e célere (esquema do mensalão).

Estes dados revelam, ao ver deste trabalho, que o STF, apesar de estar institucionalmente fadado a desenvolver um relevante papel social, não parece ter feito a melhor opção hermenêutica nas hipóteses aqui coletadas, em detrimento dos reais interesses da sociedade. E as decisões, nestes casos, foram de repercussão inigualável, de proporções gigantescas, gerais.

A causa desses posicionamentos encontra-se em três principais fatores: *a)* a crise do STF, que lhe alcança tanto a parte de infra-estrutura, de excesso de processos encaminhados e submetidos a julgamento, prejudicando a qualidade dos julgamentos, em detrimento da sensibilidade social, quanto à parte política, eis que o órgão se mostrou, em algumas ocasiões, mais chancelador das decisões do Governo do que paladino da Constituição, da cidadania e do respeito aos direitos e garantias fundamentais; *b)* a ilegitimidade do órgão, que se mostrou desafinado com os interesses da população, porquanto a forma de ingresso de seus membros não sofre qualquer ingerência popular, e a sua permanência na Corte não se submete a nenhum controle de regra de democracia, pois assinalada pela vitaliciedade e livre de mecanismo eficaz de fiscalização popular ou institucional; *c)* um certo *pacto de gratidão* existente entre os Ministros que foram nomeados por determinado Presidente da Repú-

CONCLUSÕES 641

blica e a pessoa física detentora do mais alto cargo do Executivo, de forma a haver uma espécie de compromisso (ou gratidão) de sustentarem-se os atos daquele Governo no STF, com as exceções de praxe. Ser grato é uma virtude natural e esperada dos homens de bem.

Não se pode afirmar que as falhas da máxima Corte brasileira, apontadas nesta investigação, decorreram de um propósito dos seus membros em prejudicar a população ou de satisfazer interesses de grupos. Tampouco se pode dizer que decorreram de uma *ingenuidade* dos seus componentes. Foram, simplesmente, *falhas*. As razões subjetivas ou pessoais que nortearam o voto de cada Ministro refugiram da análise deste apanhado. Não foram coletados elementos para fazer nenhum juízo de valor (ético, moral ou psicológico) sobre tais posturas; nem estas instâncias foram investigadas. Por isso, não se emitiu nenhuma opinião a respeito. A análise, conforme esclarecido na Introdução, foi de cunho sociológico.

É necessário instituir uma Corte Constitucional, em substituição ao atual STF, com um processo de afunilamento maior do que o atual, de modo a permitir cheguem no órgão somente as questões diretamente pertinentes à jurisdição constitucional, sobretudo conflitos interorgânicos e controle abstrato de constitucionalidade das normas. E, neste último caso, é bastante sintomático que os pronunciamentos da Corte tenham conteúdo vinculativo a todos os órgãos do Estado e a todas as instâncias do Judiciário. Neste sentido, louváveis (como norma, e espera-se que também o seja como prática) as alterações do CPC, no regime do recurso extraordinário (por força da EC 45/2004 e da Lei 11.418/2006), a propósito do princípio da transcendência (a repercussão geral da causa) como pressuposto específico deste apelo, muito embora se reconheça a conveniência de seu aprimoramento e a cautela no seu manuseio, a fim de não torná-lo um recurso elitizado.

Sugere-se que a Corte passe por mudanças a aproximá-la do modelo alemão, mas que seja organizada e composta de forma a permitir o acesso pelos mais variados representantes da sociedade, adequando-se à realidade brasileira.

A vertente trilhada ao longo deste livro, no entanto, não implica motivo para pessimismo ou para extinção do referido Tribunal, pura e simplesmente, do dia para a noite. Apenas, esta investigação brotou no intuito de explorar uma perspectiva ainda não estudada e de desvelar o

642 O SUPREMO TRIBUNAL FEDERAL NA CRISE INSTITUCIONAL BRASILEIRA

que de fato se logrou com algumas decisões do Supremo e suas conseqüências. No mais, apresentado o problema e demonstrado o papel do STF, resta a luta para conscientizar o órgão de que o povo padece sob seus pronunciamentos, e que seus membros formam um grupo elitizado de homens públicos capaz de frear os atos atentatórios ao Estado de Direito e violentadores da Constituição Federal, bem ainda detêm o papel fundamental de evitar a entrega do País ao estrangeiro. É nesses homens que a sociedade ainda põe sua confiança e deles espera a tutela institucional efetiva e justa. São estes homens que possuem o cabedal constitucional de aplicar, em última instância, os preceitos e os princípios insculpidos na Constituição Federal da República. Na continuidade, é insistir na necessidade de uma Corte Constitucional no Brasil.

Que se encampe a luta, fazendo deste estudo o primeiro passo de uma longa e fértil caminhada.

Apesar de todas as dificuldades, do vírus da corrupção instalada em vários segmentos do Estado, da crise ética do País, credita-se ao STF um relevante papel no resgate do Estado de Direito, da Justiça e da fé no Brasil. Papel este do qual não pode se esquivar no atual momento histórico, independentemente de se tornar ou não Corte Constitucional.

Como um todo, alimenta-se a certeza de que as *coisas* mudarão para melhor, superando-se as dificuldades atuais. Certamente não agora, não de imediato, pois o desenvolvimento do senso ético é lento e passa, primeiramente, pela educação primária, pelos princípios religiosos, pelos bons costumes adquiridos nos lares, por um longo trabalho de conscientização do papel das Instituições e do seu verdadeiro compromisso com o povo. No caso específico do STF, urge alterar-lhe a feição, modificar-lhe a natureza para Corte Constitucional, mudar a forma de ingresso de seus membros, filtrar as questões que lhe devam ser submetidas, modificar a Constituição Federal e, conseqüentemente, neste ponto, alterar a legislação processual em vigor.

Um dia, virá o êxito, alcançando-se o objetivo: o Brasil será melhor, com Instituições sólidas, éticas, democráticas e arrojadas. A demora nas mudanças é natural da espécie humana. Afinal, observando-se a evolução dos valores concebidos nos últimos mil anos, conclui-se que importantes passos no tratamento digno do semelhante já foram trilhados. A escravidão foi legalmente riscada; a pena de morte resta abolida em quase todos os países; cria-se, paulatinamente, uma consciência de respeito

CONCLUSÕES

à integridade física, de ojeriza à tortura; a mulher ganha seu espaço na sociedade; rejeita-se a origem divina da autoridade do líder; inadmitem-se os sacrifícios humanos; repele-se o perdão dos pecados mediante o pagamento à Igreja; instituíram-se sistemas de previdência e assistência social a deficientes, a idosos e a quem não possa manter-se pelo trabalho próprio; lograram-se êxitos no campo dos direitos sociais; debelaram-se doenças tidas como incuráveis; conquistou-se o espaço, visitou-se a lua; invadiu-se o núcleo do átomo; explorou-se a informática etc. Tudo isto é evolução de um milênio, especialmente dos últimos dois séculos. Tempo que é um nada, comparado à existência da sociedade humana.

Em termos de Brasil, no novo milênio, tanto o Supremo Tribunal Federal precisa repensar seus posicionamentos, quanto o País precisa repensar essa Corte, pois isto constitui um dos fatores essenciais à superação dos problemas atuais e futuros. É o que se propõe nesta investigação, que inspira um constante acompanhamento pelos estudiosos, tendo em vista novas decisões do Supremo Tribunal Federal.

BIBLIOGRAFIA

ABREU, Hugo. *O Outro Lado do Poder*. Rio de Janeiro, Nova Fronteira, 1979.

ADEODATO, João Maurício. "Uma Teoria (Emancipatória) da Legitimação para Países Subdesenvolvidos", *Anuário do Mestrado em Direito*, 5/207-242. Recife, Universidade Federal de Pernambuco, Editora Universitária da UFPE, 1992.

_____. *Filosofia do Direito – uma Crítica à Verdade, na Ética e na Ciência*. São Paulo, Saraiva, 1996.

ALCALÁ, Humberto Nogueira. "El Sistema Constitucional Chileno", in BELAUNDE, D. Garcia; SEGADO, F. Fernandez e VALLE, R. Hernandez (Coord.). *Los Sistemas Constitucionales Iberoamericanos*. Madrid, Editorial Dykinson, 1992, pp. 273-324.

ALVES JR., Luís Carlos Martins. *O Supremo Tribunal Federal nas Constituições brasileiras*. Belo Horizonte: Mandamentos, 2004.

ALEXY, Robert. *Teoría de los Derechos Fundamentales*. Madrid, Centro de Estudios Constitucionales, 2001.

_____. *Teoria dos Direitos Fundamentais*. Título original: *Theorie der Grundrechte*. Tradução de Virgilio Afonso da Silva. São Paulo, Malheiros Editores, 2008. Veja-se, também, a tradução castelhana: Ernesto Garzón Valdés. Madrid: Centro de Estudios Constitucionales, 2001.

_____. *Teoría de la Argumentación Jurídica*. Madrid, Centro de Estudios Constitucionales, 1997.

ALLY, Raimundo Cerqueira. "A Convenção n. 158 da OIT e a Constituição no Brasil", *Revista LTr* 60(06)/777-785. São Paulo, LTr, jun./1996.

ALTHUSIUS, Johannes. *Política*. Título original: *Politica methodice digesta*. Trad. Joubert de Oliveira Brízida. Rio de Janeiro, Topbooks, 2003.

ALVES, J. C. Moreira. "Centenário do Supremo Tribunal Federal (discurso)", *Revista LTr* 55(08)/899-903. São Paulo, LTr, ago./1991.

ALVES JR., Luís Carlos Martins. *O Supremo Tribunal Federal nas Constituições Brasileiras*. Belo Horizonte, Mandamentos, 2004.

ANDRADE, Vera Regina Pereira de. *Cidadania: do Direito aos Direitos Humanos*. São Paulo, Acadêmica, 1993.

646 O SUPREMO TRIBUNAL FEDERAL NA CRISE INSTITUCIONAL BRASILEIRA

ANTISERI, Dario e REALE, Giovani. *História da Filosofia: Antiguidade e Idade Média*. São Paulo, Paulus, 1990, 3 vols.

ARANTES, Rogério Bastos. "Jurisdição Política Constitucional", in SADEK, Maria Tereza (Org.). *Reforma do Judiciário*. São Paulo, Fundação Konrad Adenauer, 2001.

ARAÚJO, Luiz Alberto David. "A Convenção n. 158 da Organização Internacional do Trabalho e o Ferimento da Constituição Federal", *Revista LTr* 60(06)/790-792. São Paulo, LTr, jun./1996; e *Suplemento Trabalhista* 83/501-504. São Paulo, LTr, [1996].

ARISTÓTELES. *A Política*. Título original: *La Politique*. Trad. Mário da Gama Kury. 3ª ed., Brasília, Editora Universidade de Brasília, 1997.

_____. *Obra Jurídica*. Trad. Carlos E. Rodrigues. São Paulo, Ícone Editora, 1997.

ARNS, Paulo Evaristo. *Brasil: nunca mais*. São Paulo, Vozes, 1986.

ÁVILA, Fernando Bastos de. *Pequena Enciclopédia de Moral e Civismo*. Rio de Janeiro, Companhia Nacional de Material de Ensino, Ministério da Educação e Cultura-MEC, 1967.

AZEVEDO, Plauto Faraco de. *Direito, Justiça Social e Neoliberalismo*. São Paulo, Ed. RT, 1999.

BACHA, Sérgio Reginaldo. "A Evolução do Mandado de Injunção na Suprema Corte Brasileira", *Cadernos de Direito Constitucional e Ciência Política (Instituto Brasileiro de Direito Constitucional)* 5(20)/126-129. São Paulo, Ed. RT, jul.-set./1997.

_____. "Mandado de Injunção", *Cadernos de Direito Constitucional e Ciência Política (Instituto Brasileiro de Direito Constitucional)* 11/224-236. São Paulo, Ed. RT, abr.-jun./1995.

BACHOF, Otto. *Normas Constitucionais Inconstitucionais?* Trad. José Manuel M. Cardoso da Costa. Título original alemão: *Verfassungswidrige Verfassungsnormen?* Coimbra, Almedina, 1994.

BALEEIRO, Aliomar. "O Supremo Tribunal Federal", *RF* 69(242)/5-15. Rio de Janeiro, Forense, abr.-jun./1973.

BARACHO, José Alfredo de Oliveira. *Processo Constitucional*. Rio de Janeiro, Forense, 1984.

_____. *Teoria Geral da Cidadania – a Plenitude da Cidadania e as Garantias Constitucionais e Processuais*. São Paulo, Saraiva, 1995.

_____. "Teoria dos Procedimentos de Exercício da Cidadania perante a Administração Pública", *Revista Brasileira de Estudos Políticos* 85/07-70. Belo Horizonte, Universidade Federal de Minas Gerais (UFMG), imprensa universitária, jul./1997.

BIBLIOGRAFIA 647

BARBOSA, Rui. *Escritos e Discursos Seletos*. 2ª reimp., Rio de Janeiro, Editora Nova Aguilar, 1995.

BARBOSA SOBRINHO, Osório Silva. *Constituição Federal vista pelo STF*. 2ª ed., São Paulo, Juarez de Oliveira, 2000.

BARROS, Suzana de Toledo. *O Princípio da Proporcionalidade e o Controle de Constitucionalidade das Leis Restritivas de Direitos Fundamentais*. Brasília-DF, Livraria e Editora Brasília Jurídica, 1996.

BARROSO, Luís Roberto. *O Direito Constitucional e a Efetividade de suas Normas – Limites e Possibilidades da Constituição Brasileira*. 2ª ed., Rio de Janeiro, Renovar, 1993.

_____. *Interpretação e Aplicação da Constituição*. São Paulo, Saraiva, 1996.

_____. "Dez Anos da Constituição de 1988 (foi bom para você também?)", *Revista Trimestral de Direito Público* 20/29-49. São Paulo, Malheiros Editores, 1997.

BASILE, Juliano e JAYME, Thiago Vitale. "Novatos e Decanos acirram Cizânia no STF – Judiciário: Ministros Antecipam seus Votos para não se submeterem aos Pedidos de Vista dos indicados de Lula", *Valor Econômico*, de 27.5.2005.

BASTOS, Celso Ribeiro. *Dicionário de Direito Constitucional*. São Paulo, Saraiva, 1994.

BATALHA, Wilson de Souza Campos. *Direito Intertemporal*. Rio de Janeiro, Forense, 1980.

BELAUNDE, D. Garcia; SEGADO, Francisco Fernández e VALLE, R. Hernandez (Coords.). *Los Sistemas Constitucionales Ibero Americanos*. Madrid, Editorial Dykinson, 1992.

BELLINGHAM, David. *Introdução à Mitologia Grega*. Título original: *An Introduction to Greek Mythology*. Trad. Isabel Teresa Santos. Lisboa, Editorial Stampa, 2000.

BERTOLIN, Patrícia Tuma Martins. *Reformulação do Processo do Trabalho: Juizado de Pequenas Causas Trabalhistas*. São Paulo, LTr, 1996.

BIAGI, Cláudia Perotto. *A Garantia do Conteúdo Essencial dos Direitos Fundamentais na Jurisprudência Constitucional Brasileira*. Porto Alegre, Sergio Antonio Fabris Editor, 2005.

BIONDI, Aloysio. *O Brasil Privatizado*. São Paulo, Fundação Perseu Abramo, 1999.

BOBBIO, Norberto. *Estado, Governo, Sociedade – para uma Teoria Geral da Política*. Trad. Marco Aurélio Nogueira. 4ª ed., São Paulo, Paz e Terra, 1992.

_____. *Teoria Geral da Política – a Filosofia Política e as Lições dos Clássicos*. Título original: *Teoria Generale della Politica*. Rio de Janeiro, Campus, 2000.

BOBBIO, Norberto; MATTEUCCI, Nicola e PASQUINO, Gianfranco. *Dicionário de Política*. Trad. Carmen C. Varriale, Gaetano Lo Mônaco, João Ferreira, Luís Guerreiro Pinto Cacais e Renzo Dini. Coord. da tradução de João Ferreira. Título original: *Dizionario di Politica*. 12ª ed., Brasília, Editora UnB, 1999, 2 vols.

648 O SUPREMO TRIBUNAL FEDERAL NA CRISE INSTITUCIONAL BRASILEIRA

BÖCKENFÖRDE, Ernst-Wolfgang. *Escritos sobre Derechos Fundamentales*. Trad. Juan Luís Requejo Pagés e Ignacio Villaverde Menéndez. Baden-Baden, Nomos, 1993.

BONAVIDES, Paulo. *A Constituição Aberta: Temas Políticos e Constitucionais da Atualidade, com Ênfase no Federalismo das Regiões*. 3ª ed., São Paulo, Malheiros Editores, 2004.

_____. *Ciência Política*. 16ª ed., São Paulo, Malheiros Editores, 2009.

_____. *Curso de Direito Constitucional*. 22ª ed., atualizada, São Paulo, Malheiros Editores, 2008.

_____. *Do País Constitucional ao País Neocolonial – a Derrubada da Constituição e a Recolonização pelo Golpe de Estado Institucional*. 3ª ed., ao Paulo, Malheiros Editores, 2004.

_____. "Inconstitucionalidade de Preceito Constitucional: Poder Constituinte Originário e Derivado – Cláusula Pétrea – Preceito Imodificável por Emenda", *Revista Trimestral de Direito Público* 7/58-81. São Paulo, Malheiros Editores, 1994.

_____. *Teoria do Estado*. 7ª ed. São Paulo, Malheiros Editores, 2008.

BONAVIDES, Paulo e ANDRADE, Paes de. *História Constitucional do Brasil*. Brasília, OAB Editora, 2002.

BORBA, Marco Aurélio. *Cabo Anselmo: a Luta Armada ferida por dentro*. São Paulo, Global, 1981.

BORGES FILHO, Nilson. "Estado de Violência", *Teoria do Direito e do Estado*. Porto Alegre, Sergio Antonio Fabris Editor, 1994, pp. 97-106.

BRANDÃO, Junito. *Dicionário Mítico-Etimológico*. Brasília, Editora UnB, co-edição Vozes, 1993.

BREWER-CARÍAS, Allan R. "El Sistema Constitucional Venezolano", in BELAUNDE, D. Garcia; SEGADO, F. Fernandez e VALLE, R. Hernandez (Coord.). *Los Sistemas Constitucionais Iberoamericanos*. Madrid, Editorial Dykinson, 1992.

BROSSARD, Paulo. "A Reeleição é um Insulto à Nação", in *A Eleição da Reeleição*. Prefácio à obra de Sebastião Nery. São Paulo, Geração Editorial, 1999, pp. 9-10.

_____. "Ata da 7ª (sétima) Sessão solene realizada em 9.11.89 (STF) – Discurso", in *Comissão Constitucional do Centenário da República e da Primeira Constituição Republicana*. Brasília, Senado Federal, 1995.

BULOS, Uadi Lammêgo. *Curso de Direito Constitucional*. São Paulo, Saraiva, 2007.

CADEMARTORI, Sérgio. *Estado de Direito e Legitimidade – uma Abordagem Garantística*. Porto Alegre, Livraria do Advogado, 1999.

CALDAS, Gilberto. *A Técnica do Direito – Defesa Criminal*, vol. 3. São Paulo, Brasiliense, [1988].

BIBLIOGRAFIA   649

CAMPILONGO, Celso Fernandes. *O Direito na Sociedade Complexa*. São Paulo, Max Limonad, 2000, p. 100.

CAMPOS, German J. Bidart. *Valor Justicia y Derecho Natural*. Buenos Aires, Ediar, 1983.

_____. "El Sistema Constitucional Argentino", in BELAUNDE, D. Garcia; SEGADO, F. Fernandez e VALLE, R. Hernandez (Coord.). *Los Sistemas Constitucionales Iberoamericanos*. Madrid, Editorial Dykinson, 1992, pp. 35-98.

_____. "La Democracia Social en la Constitución Portuguesa (1976-1996)", in MIRANDA, Jorge (Org.). *Perspectivas Constitucionais – nos 20 anos da Constituição de 1976*, vol. I. Coimbra, Coimbra Editora, 1996, pp. 231-248.

CANAS, Vitalino. "O Princípio da Proibição do Excesso na Constituição: Arqueologia e Aplicações", in MIRANDA, Jorge (Org.). *Perspectivas Constitucionais – nos 20 anos da Constituição de 1976*, vol. II. Coimbra, Coimbra Editora, 1997, pp. 323-358.

CANOTILHO, J. J. Gomes. *Direito Constitucional*. 5ª ed., 2ª reimp., Coimbra, Livraria Almedina, 1992.

_____. "Jurisdição Constitucional e Intranqüilidade Discursiva", in MIRANDA, Jorge (Org.). *Perspectivas Constitucionais – nos 20 anos da Constituição de 1976*, vol. I. Coimbra, Coimbra Editora, 1996, pp. 871-887.

CAPPELLETTI, Mauro. "Nécessité et Légitimité de la Justice Constitutionnelle", in *Cours Constitutionnelles Européennes et Droits Fondamentaux*. Paris, Economica; Aix-en-Provence, Presses Universitaires D'Aix-Marseille, 1981, pp. 461-493.

CARDONE, Marly A. "O Salário Mínimo e sua Vinculação para Fins Diversos", *Repertório IOB de Jurisprudência* 11/182, 1990.

CARDOSO, Fernando Henrique. *O Modelo Político Brasileiro e outros Ensaios*. 5ª ed., Rio de Janeiro, Bertrand Brasil, 1993.

CARDOZO, José Eduardo Martins. *Da Retroatividade da Lei*. São Paulo, Ed. RT, 1995.

CARNEIRO, Athos Gusmão. *Jurisdição e Competência*. 6ª ed. São Paulo, Saraiva, 1995.

CARNEIRO, Leandro Piquet; LEÓN, Roberto Briceño e CRUZ, José Miguel. "O apoio dos Cidadãos à Ação Extrajudicial da Polícia no Brasil, em El Salvador e na Venezuela", in PANDOLFI, Dulce Chaves; CARVALHO, José Murilo de; CARNEIRO, Leandro Piquet e Outro (Coords.). *Cidadania, Justiça e Violência*. Rio de Janeiro, Fundação Getúlio Vargas, 1999, pp. 117-128.

CASTAGNOLA, Luís e PADOVANI, Umberto. *História da Filosofia*. 17ª ed., São Paulo, Melhoramentos, 1995.

CAVALCANTI, José Paulo. *1984: o Supremo, contra as Diretas, Emenda à Constituição*. Recife, Companhia Editora de Pernambuco, 1988.

650 O SUPREMO TRIBUNAL FEDERAL NA CRISE INSTITUCIONAL BRASILEIRA

CAVALCANTI, Themístocles. "O STF e a Constituição", *Arquivos do Ministério da Justiça* 157.

CHEVALLIER, Jacques. *L'État de Droit*. 2ª ed., Paris, Montchrestien, E.J.A., 1994.

CHILCOTE, Ronald H. "Teoria de Classe", *BIB* 39/85-101. Rio de Janeiro, 1º sem., 1995.

CICCO, Cláudio de. "Kant e o Estado de Direito: O Problema do Fundamento da Cidadania", in GIORGI, Beatriz, CAMPILONGO, Celso Fernandes e PIOVE-SAN, Flávia (Coords.). *Cidadania e Justiça*. São Paulo, Ed. RT, 1995.

CINTRA, Antonio Carlos de Araújo, GRINOVER, Ada Pellegrini e DINAMARCO, Cândido Rangel. *Teoria Geral do Processo*. 25ª ed. São Paulo, Malheiros Editores, 20097.

CLÈVE, Clémerson Merlin. *Temas de Direito Constitucional – e de Teoria do Direito*. São Paulo, Acadêmica, 1993.

COELHO, Luiz Fernando. *Teoria Crítica do Direito*. 2ª ed., Porto Alegre, Sergio Antonio Fabris Editor, 1991.

COELHO, Pedro Teixeira. "OIT – Convenção n. 158 sobre Término da Relação de Trabalho", *Suplemento Trabalhista* 103/593-595. São Paulo, LTr, [1996].

COHN, Haim H. *Los Derechos Humanos en la Biblia y en el Talmud*. Barcelona, Riopiedras, 1996.

COMPARATO, Fábio Konder. "Réquiem para uma Constituição", *Revista Trimestral de Direito Público* 20/5-6. São Paulo, Malheiros Editores, 1997.

CORRÊA, Oscar Dias. *A Crise da Constituição, a Constituinte e o Supremo Tribunal Federal*. São Paulo, Ed. RT, 1986.

COSTA, Edgard. *Os Grandes Julgamentos do Supremo Tribunal Federal*. Rio de Janeiro, Civilização Brasileira, 1964, 4 vols.

COSTA, José Rubens. *Manual de Processo Civil. Teoria Geral e Ajuizamento da Ação*. São Paulo, Saraiva, 1994.

COSTA, Regina Helena. "Conceitos Jurídicos Indeterminados e Discricionariedade Administrativa", *Revista da PGE-SP*. jun./1988, pp. 79-108.

COULANGES, Fustel de. *A Cidade Antiga*. Trad. Fernando de Aguiar. Título original: *La Cité Antique*. 3ª ed. São Paulo, Martins Fontes, 1995.

CRESCENZO, Luciano de. *História da Filosofia Grega – a partir de Sócrates*. Título original italiano: *Storia della Filosofia Greca da Socrate in Poi*. Trad. Maria Jorge Vilar de Figueiredo. Lisboa, Editorial Presença, 1988. Caderno 28.

CRUZ, Álvaro Ricardo de Souza (Coord). *O Supremo Tribunal Federal Revisitado – Ano Judiciário 2002*. Belo Horizonte, Mandamentos, 2003.

CRUZ, José Miguel; CARNEIRO, Leandro Piquet e LEÓN, Roberto Briceño. "O apoio dos Cidadãos à Ação Extrajudicial da Polícia no Brasil, em El Salvador e na Venezuela", in PANDOLFI, Dulce Chaves; CARVALHO, José Murilo de; CAR-

BIBLIOGRAFIA

NEIRO, Leandro Piquet e Outro (Coords.). *Cidadania, Justiça e Violência*. Rio de Janeiro, Fundação Getúlio Vargas, 1999, pp. 117-128.

CRUZ, José Raimundo Gomes da. *Estudos sobre o Processo e a Constituição de 1988*. São Paulo, Ed. RT, 1993.

CUNHA, Sérgio Sérvulo da. "A nova Lei de Liberdade Partidária", *Cadernos de Direito Constitucional e Ciência Política (Instituto Brasileiro de Direito Constitucional)* 2/210-219. São Paulo, Ed. RT, jan.-mar./1993.

———. "Dez Anos de Constituição", *Revista Trimestral de Direito Público* 23/32-39. São Paulo, Malheiros Editores, 1998.

CUSTÓDIO, Antonio Joaquim Ferreira. *Constituição Federal Interpretada pelo STF*. 2ª ed., São Paulo, Oliveira Mendes, 1998.

DAHRENDORF, Ralf. *Após 1989 – Moral, Revolução e Sociedade Civil*. Trad. Patrícia Zimbre. Rio de Janeiro, Paz e Terra, 1997.

DALLARI, Dalmo de Abreu. *Constituição e Constituinte*. São Paulo, Saraiva, 1984.

DANTAS, Ivo. *Poder Constituinte e Revolução – breve Introdução à Teoria Sociológica do Direito Constitucional*. Rio de Janeiro, Editora Rio, 1978.

———. *Teoria do Estado – Direito Constitucional*, vol. I. Belo Horizonte, Del Rey, 1989.

———. *Princípios Constitucionais e Interpretação Constitucional*. Rio de Janeiro, Editora Lumen Juris, 1995.

———. *Aspectos Jurídicos das Medidas Provisórias*. 3ª ed., Brasília, Livraria e Editora Brasília Jurídica, 1997.

———. *Direito Adquirido, Emendas Constitucionais e Controle da Constitucionalidade*. Rio de Janeiro, Lumen Juris, 1997.

DAVID, René. *O Direito Inglês*. Trad. Eduardo Brandão. Título original francês: *Le Droit Anglais*. São Paulo, Martins Fontes, 1997.

———. *Os Grandes Sistemas do Direito Contemporâneo*. Trad. Hermínio A. Carvalho. Título original: *Les Grands Systèmes du Droit Contemporains*. São Paulo, Martins Fontes, 1997.

DEMO, Pedro. *Pobreza Política*. 5ª ed., Coleção Polêmicas do Nosso Tempo, Campinas, Autores Associados, 1996.

———. *Participação é Conquista*. 4ª ed., São Paulo, Cortez, 1999.

DIAS, Eduardo Rocha e MACÊDO, José Leandro Monteiro de. *A Nova Previdência Social do Servidor Público – de Acordo com a Emenda Constitucional n. 41/2003*. Rio de Janeiro, Letra Legal, 2004.

DIMENSTEIN, Gilberto. *A República dos Padrinhos – Chantagem e Corrupção em Brasília (Jornalismo Investigativo)*. 5ª ed. São Paulo, Brasiliense, 1988.

———. *O Cidadão de Papel – a Infância, a Adolescência e os Direitos Humanos no Brasil*. 18ª ed., São Paulo, Ática, 1999.

652 O SUPREMO TRIBUNAL FEDERAL NA CRISE INSTITUCIONAL BRASILEIRA

DINAMARCO, Cândido Rangel. *A Instrumentalidade do Processo*. 13ª ed. São Paulo, Malheiros Editores, 2008.

DINAMARCO, Cândido Rangel; CINTRA, Antonio Carlos de Araújo e GRINOVER, Ada Pellegrini. *Teoria Geral do Processo*. 25ª ed. São Paulo, Malheiros Editores, 2009.

DINIZ, Márcio Augusto de Vasconcelos. "Controle da Constitucionalidade das Leis. A experiência francesa", *Anuário do Mestrado em Direito* 7/301-344. Recife, Universidade Federal de Pernambuco, Editora Universitária da UFPE, 1995.

DINIZ, Maria Helena. *Lei de Introdução ao Código Civil Brasileira Interpretada*. São Paulo, Saraiva, 1994.

DURKHEIM, Émile. *As Regras do Método Sociológico*. Trad. Maria Isaura Pereira de Queiroz. Original francês: *Les Règles de la Méthode Sociologique*. 13ª ed., São Paulo, Editora Nacional, 1987.

DWORKIN, Ronald. *Los Derechos en Serio*. Trad. Marta Guastavino. Título original: *Taking Rights Seriously*. Barcelona, Ariel Derecho, 1995.

ENTERRÍA, Eduardo García de. *Democracia, Jueces e Control de la Administración*. 2ª ed., Madrid, Civitas, 1996, pp. 217-254.

ESOPO. *Fábulas*. Trad. Antônio Carlos Vianna. Porto Alegre, L&PM, 1997.

FABRÍCIO, Adroaldo F. *Poder Judiciário – Flagrantes Institucionais*. Porto Alegre, Editora Livraria do Advogado, 1997.

FAGUNDES, Miguel Seabra. "As Funções Políticas do Supremo Tribunal Federal", *Arquivos do Ministério da Justiça* 157/29-39. Ministério da Justiça, Divisão de Documentação, jan.-mar./1981.

FARIA, José Eduardo (Org.). *A Crise Constitucional e a Restauração da Legitimidade*. Porto Alegre, Sergio Antonio Fabris Editor, 1985.

_____ (Org. e Colaborador). "Ordem Legal x Mudança Social: a Crise do Judiciário e a Formação do Magistrado", in *Direito e Justiça – a Função do Judiciário*. 3ª ed. São Paulo, Ática, 1997.

_____. *Direitos Humanos, Direitos Sociais e Justiça*. 1ª ed., 4ª tir., São Paulo, Malheiros Editores, 2005.

FARIAS, Paulo José Leite. "Mutação Constitucional Judicial como Mecanismo de Adequação da Constituição Econômica à Realidade Econômica", *Revista de Informação Legislativa* 34(133)/213-231. Brasília, Senado Federal, Subsecretaria de Edições Técnicas, jan.-mar./1997.

FAVOREAU, Louis. "Rapport Général Introductif", *Cours Constitutionnelles Européennes et Droits Fondamentaux*. Paris, Economica; Aix-en-Provence, Presses Universitaires D'Aix-Marseille, 1981.

BIBLIOGRAFIA 653

FÉDER, João. *Estado sem Poder*. São Paulo, Max Limonad, 1997.

FERNANDES, Antonio Scarance; GRINOVER, Ada Pellegrini e GOMES FILHO, Antonio Magalhães Gomes. *Recursos no Processo Penal*. 2ª ed., São Paulo, Ed. RT, 1997.

FERNANDES, Cícero. *Justiça Tarda e Falha*. Brasília, Publicação do próprio autor (AB Comunicação Gráfica e Editora), 2003.

FERNANDEZ, Eusebio. *Teoría de la Justicia y Derechos Humanos*. Madrid, Editorial Debate, 1991.

FERRARI, Irany. "I – A Esquecida Lei n. 4.923/65 e a Convenção da OIT n. 158; II – Poder Normativo e Reposições Salariais", *Suplemento Trabalhista* 131/729-731. São Paulo, LTr, [out.] 1996.

FERRAZ, Anna Cândida da Cunha. *Conflito entre Poderes – o Poder Congressual de sustar Atos Normativos do Poder Executivo*. São Paulo, Ed. RT, 1994.

FERREIRA, Pinto. "A Corte Constitucional", *Anuário do Mestrado em Direito* 4/169-178. Recife, Universidade Federal de Pernambuco, Editora Universitária da UFPE, 1988.

_____. *Código Eleitoral Comentado*. 3ª ed., São Paulo, Saraiva, 1991.

FERREIRA FILHO, Manoel Gonçalves. *Curso de Direito Constitucional*. 20ª ed., São Paulo, Saraiva, 1990.

FIGUEIREDO, Lúcia Valle. "Medida Provisória – Novas Reflexões", *BDA – Boletim de Direito Administrativo*. Dez./1999, pp. 772-776.

FIÚZA, Ricardo Arnaldo Malheiros. "Poder Judiciário: uma Visão Internacional", *Cadernos de Direito Constitucional e Ciência Política (Instituto Brasileiro de Direito Constitucional)* 5(21)/98-107. São Paulo, Ed. RT, out.-dez./1997.

FONSECA, Guilherme da. "O Papel da Jurisprudência Constitucional", in MIRANDA, Jorge (Org.). *Perspectivas Constitucionais – nos 20 Anos da Constituição de 1976*, vol. II. Coimbra, Coimbra Editora, 1997, pp. 1.035-1.051

FRAGA, Ricardo Carvalho e VARGAS, Luiz Alberto de. "Falácia da Simplicidade Objetiva Determinável", *Suplemento Trabalhista* 36(37)/197-200. São Paulo, LTr, 2000.

FRANÇA, R. Limongi. *A Irretroatividade das Leis e o Direito Adquirido*. 5ª ed., rev. atual. [do *Direito Intertemporal Brasileiro*]. São Paulo, Saraiva, 1998.

FREITAS, José Ferreira de. "Partidos Políticos e sua Importância na Democracia", *Cadernos de Direito Constitucional e Ciência Política (Instituto Brasileiro de Direito Constitucional)* 3(12)/255-268. São Paulo, Ed. RT, jul.-set., 1995.

_____. "O STF como Corte Constitucional", *Cadernos de Direito Constitucional e Ciência Política (Instituto Brasileiro de Direito Constitucional)* 5(19)/137-149. São Paulo, Ed. RT, abr.-jun., 1997.

FURTADO, Celso. *O Longo Amanhecer – Reflexões sobre a Formação do Brasil*. Rio de Janeiro, Paz e Terra, 1999.

654   O SUPREMO TRIBUNAL FEDERAL NA CRISE INSTITUCIONAL BRASILEIRA

GALBRAITH, John Kenneth. *A Sociedade Justa: uma Perspectiva Humana*. Rio de Janeiro, Campus, 1996.

GALVES, Carlos. *Manual de Economia Política Atual*. 15ª ed., Rio de Janeiro, Forense Universitária, 2004.

GARCIA, Enrique Alonso. *La Interpretación de la Constitución*. Madrid, Centro de Estudios Constitucionales, 1984.

GARCIA, Juvêncio Gomes. *Função Criadora do Juiz*. Brasília, Brasília Jurídica, 1996.

GARCIA, Maria. "Os Efeitos do Mandado de Injunção e o Princípio da Separação dos Poderes", *Cadernos de Direito Constitucional e Ciência Política (Instituto Brasileiro de Direito Constitucional)* 3/80-84. São Paulo, Ed. RT, abr.-jun./1993.

GARCÍA-PELAYO, Manuel. *Derecho Constitucional Comparado*. Madrid, Alianza Editorial, 1993.

GÉNÉREUX, Jacques. *O Horror Político – o Horror não é Econômico*. Trad. Eloá Jacobina. Título original: *Une Raison d'Espérer*. 2ª ed., Rio de Janeiro, Bertrand Brasil, 1999.

GIANASI, Anna Luíza de Castro. "Aplicabilidade do Código de Defesa do Consumidor às Atividades Bancárias", in CRUZ, Álvaro Ricardo de Souza (Coord.). *O Supremo Tribunal Federal Revisitado: o Ano Judiciário de 2002*. Belo Horizonte, Mandamentos, 2003, pp. 119-162.

GOGUEL, François. "Conseil Constitutionnel Français", *Cours Constitutionnelles Européennes et Droits Fondamentaux*. Paris, Economica; Aix-en-Provence, Presses Universitaires D'Aix-Marseille, 1981, pp. 225-240.

GOMES, Ciro e UNGER, Roberto Mangabeira. *O Próximo Passo – uma Alternativa Prática ao Neoliberalismo*. Rio de Janeiro, Topbooks, 1996.

GOMES FILHO, Antonio Magalhães Gomes; GRINOVER, Ada Pellegrini e FERNANDES, Antonio Scarance. *Recursos no Processo Penal*. 2ª ed., São Paulo, Ed. RT, 1997.

GONÇALVES, Carlos Roberto. *Direito Civil Brasileiro – Parte Geral*. São Paulo, Saraiva, 2003.

GOYARD-FABRE, Simone. *Os Princípios Filosóficos do Direito Político Moderno*. Trad. Irene A. Paternot. Título original francês: *Les Principes Philosophiques du Droit Politique Moderne*. São Paulo, Martins Fontes, 1999.

GRAU, Eros Roberto. *A Ordem Econômica na Constituição de 1988 – Interpretação e Crítica*. 13ª ed., São Paulo, Malheiros Editores, 2008.

_____. *O Direito Posto e o Direito Pressuposto*. 7ª ed. São Paulo, Malheiros Editores, 2008.

_____. "O Discurso Neoliberal e a Teoria da Regulação", in *Desenvolvimento Econômico e Intervenção do Estado na Ordem Constitucional*. Porto Alegre, Sergio Antonio Fabris Editor, 1995, pp. 59-75.

BIBLIOGRAFIA 655

GRINOVER, Ada Pellegrini. "Ação Rescisória e Divergência de Interpretação em Matéria Constitucional", *Cadernos de Direito Constitucional e Ciência Política (Instituto Brasileiro de Direito Constitucional)* 5(17)/50-60. São Paulo, Ed. RT, out.-dez./1996.

GRINOVER, Ada Pellegrini; GOMES FILHO, Antonio Magalhães Gomes e FERNANDES, Antonio Scarance. *Recursos no Processo Penal.* 2ª ed., São Paulo, Ed. RT, 1997.

GRINOVER, Ada Pellegrini; CINTRA, Antonio Carlos de Araújo e DINAMARCO, Cândido Rangel. *Teoria Geral do Processo.* 25ª ed. São Paulo, Malheiros Editores, 2009.

GROPPI, Angela. "As Raízes de um Problema", in *O Dilema da Cidadania – Direitos e Deveres das Mulheres.* São Paulo, UNESP, 1995.

GROTTI, Dinorá Adelaide Musetti. "Conceitos Jurídicos Indeterminados e Discricionariedade Administrativa", *Cadernos de Direito Constitucional e Ciência Política (Instituto Brasileiro de Direito Constitucional)* 3(12)/84-115. São Paulo, Ed. RT, jul.-set./1995.

GUERRA FILHO, Willis Santiago. *Ensaios de Teoria Constitucional.* Fortaleza, Imprensa Universitária da UFC, 1989.

_____. "Notas em torno ao Princípio da Proporcionalidade", in MIRANDA, Jorge (Org.). *Perspectivas Constitucionais – nos 20 anos da Constituição de 1976*, vol. II. Coimbra, Coimbra Editora, 1997, pp. 249-262.

_____. "Princípio da Isonomia, Princípio da Proporcionalidade e Privilégios Processuais da Fazenda Pública", *Nomos – Revista do Curso de Mestrado da UFC*, vols. XIII/XIV, ns. 1-2/17-29. Fortaleza, Imprensa da UFC, jan.-dez., 1995.

_____. *Processo Constitucional e Direitos Fundamentais.* São Paulo, Celso Bastos Editor, 1999.

_____. *Teoria Processual da Constituição.* São Paulo, Celso Bastos Editor, 2000.

GURGEL, Márcia. "O Senado é Ele", *Jornal "O Povo".* Fortaleza, ed. 19.3.1999.

GURVITCH, Georges. *Sociologia Jurídica.* Trad. Djacir Menezes. Rio de Janeiro, Kosmos, 1982.

HÄBERLE, Peter. *Hermenêutica Constitucional: a Sociedade aberta dos Intérpretes da Constituição: Contribuição para a Interpretação Pluralista e "Procedimental" da Constituição.* Título original: *Die offene Gesellschaft der Verfassungsinterpreten. Ein Beitrag zur pluralistischen und "prozessualen" Verfassungsinterpretation.* Trad. Gilmar Ferreira Mendes. Porto Alegre, Sergio Antonio Fabris Editor, 1997.

_____. *La Garantía del Contenido Esencial de los Derechos Fundamentales.* Madrid, Dykinson, 2003.

656 O SUPREMO TRIBUNAL FEDERAL NA CRISE INSTITUCIONAL BRASILEIRA

HABERMAS, Jürgen. *Direito e Democracia – entre Facticidade e Validade*. Trad. Flávio Beno Siebeneichler. Título original alemão: *Faktizität und Geltung. Beiträge zur Diskurstheorie des Rechts um des demokratische Rechtstaats*. Rio de Janeiro, Tempo Brasileiro, 1997, 2 vols.

HARB, Benjamín Miguel. "El Sistema Constitucional Boliviano", in BELAUNDE, D. Garcia; SEGADO, F. Fernandez e VALLE, R. Hernandez (Coord.). *Los Sistemas Constitucionales Iberoamericanos*. Madrid, Editorial Dykinson, 1992, pp. 99-127.

HARRIS, David. *La Justificación del Estado de Bienestar*. Trad. Juan J. F. Cainzos. Título original: *Justifying State Welfare*. Madrid, Instituto de Estudios Fiscales, 1990.

HART, Herbert L. A. *O Conceito de Direito*. Trad. A. Ribeiro Mendes. Título original inglês: *The Concept of Law*. 2ª ed., Lisboa, Fundação Calouste Gulbenkian, 1994.

HAZAN, Ellen Mara Ferraz. "A Convenção OIT 158 — Reintegração ou Readmissão", *Suplemento Trabalhista* 39/233-234. São Paulo, LTr, [1996].

HECK, Luís Afonso. *O Tribunal Constitucional Federal e o Desenvolvimento dos Princípios Constitucionais*. Porto Alegre, Sergio Antonio Fabris Editor, 1995.

HESSE, Johannes. *Filosofia dos Valores*. 5ª ed., Trad. L. Cabral de Moncada. Título do original alemão: *Wertphilosophie*. Coimbra, Armênio Amado, 1980.

HESSE, Konrad. *A Força Normativa da Constituição*. Porto Alegre, Sergio Antonio Fabris Editor, 1991, p. 15.

HÖFFE, Otfried. *Justiça Política – Fundamentação de uma Filosofia Crítica do Direito e do Estado*. Trad. Ernildo Stein. Título original alemão: *Politische Gerechtigkeit*. Petrópolis, Vozes, 1991.

HUISMAN, Denis. *Dicionário dos Filósofos*. Trad. Cláudia Berliner e outros. Título original francês: *Dictionnaire des Philosophies*. São Paulo, Martins Fontes, 2001.

IRIGOYEN, Ramón. *La Locura de los Césares*. Barcelona, Planeta, 1999.

JANSEN, Letácio. *Introdução à Economia Jurídica*. Rio de Janeiro, Lumen Juris, 2003.

JELLINEK, G. *Reforma e Mutación de la Constitución*. Madrid, Centro de Estudios Constitucionales, 1991.

JUNQUEIRA, Eliane Botelho e OLIVEIRA, Luciano (Orgs.). *Isto ou Aquilo: Sociologia Jurídica nas Faculdades de Direito*. Rio de Janeiro, Letra Capital, 2002.

KARAM, Maria Lúcia. *Competência no Processo Penal*. São Paulo, Ed. RT, 1997.

BIBLIOGRAFIA 657

KELSEN, Hans. *Teoria Geral do Direito e do Estado*. Trad. Luís Carlos Borges. Título original: *General Theory of Law and State*. São Paulo, Martins Fontes, 1995.

———. *O Problema da Justiça*. 2ª ed., Trad. João Baptista Machado. Título original: *Das Problem der Gerechtigkeit*. São Paulo, Martins Fontes, 1996.

KLITGAARD, Robert. *A Corrupção sob Controle*. Trad. Octávio Alves Velho. Título original: *Controlling Corruption*. Rio de Janeiro, Jorge Zahar, 1994.

KOERNER, Andrei. *Judiciário e Cidadania na Constituição da República Brasileira*. São Paulo, HUCITEC – Departamento de Ciência Política, USP, 1998.

KURY, Mário da Gama. *Dicionário de Mitologia Grega e Romana*. 2ª ed., Rio de Janeiro, Jorge Zahar, 1992.

LARA, Sílvia Hunold (Org.). *Ordenações Filipinas, Livro V*. São Paulo, Companhia das Letras, 1999.

LASPRO, Oreste Nestor de Souza. *Duplo Grau de Jurisdição no Direito Processual Civil*. São Paulo, Ed. RT, 1995.

LASSALLE, Ferdinand. *A Essência da Constituição*. 4ª ed., Rio de Janeiro, Lumen Juris, 1998.

LATORRE, Angel. *Introdução ao Direito*. Trad. Manuel de Alarcão. Título original: *Introducción al Derecho*. Coimbra, Livraria Almedina, 1978.

LEÓN, Roberto Briceño; CARNEIRO, Leandro Piquet e CRUZ, José Miguel. "O apoio dos Cidadãos à Ação Extrajudicial da Polícia no Brasil, em El Salvador e na Venezuela", in PANDOLFI, Dulce Chaves; CARVALHO, José Murilo de; CARNEIRO, Leandro Piquet e Outro (Coords.). *Cidadania, Justiça e Violência*. Rio de Janeiro, Fundação Getúlio Vargas, 1999, pp. 117-128.

LÉVY-BRUHL, Henri. *Sociologia do Direito*. Trad. Antonio de Pádua Danesi. Título original: *Sociologie du Droit*. 2ª ed., São Paulo, Martins Fontes, 1997.

LIMA, Fernando Machado da Silva. *Jurisdição Constitucional e Controle do Poder: é efetiva a Constituição Brasileira?* Porto Alegre, Sergio Antonio Fabris Editor, 2005.

LIMA, Mário Franzen. *A Hermenêutica Tradicional e o Direito Scientífico*. Belo Horizonte, Oliveira, Costa & Cia, 1932.

LIMA, Rubem Azevedo. "A Vitória da Minoria", Prefácio à obra de Sebastião Nery, *A Eleição da Reeleição*. São Paulo, Geração Editorial, 1999, pp. 11-15.

LIMA, Sebastião de Oliveira. "Mandado de Segurança Coletivo e seus Principais Problemas", *Revista Trimestral de Direito Público* 3/135. São Paulo, Malheiros Editores, 1993.

LOEWENSTEIN, Karl. *Teoría de la Constitución*. Trad. Alfredo Gallego Anabitarte. 2ª ed., Barcelona, Ariel, 1976.

658 O SUPREMO TRIBUNAL FEDERAL NA CRISE INSTITUCIONAL BRASILEIRA

LOPES, José Reinaldo de Lima. "A Função Política do Poder Judiciário", in FARIA, José Eduardo (Organ.). *Direito e Justiça – a Função Social do Judiciário*. São Paulo, Ática, 1997, pp. 123-144.

LOSANO, Mario G. *Los Grandes Sistemas Jurídicos*. Versão castelhana, por, Alfonso Ruiz Miguel. Original italiano: *I Grandi Sistemi Giuridici*. Madrid, Editorial Debate, Gabriela Mistral, 1993.

LUHMANN, Niklas. *Sociologia do Direito*. Trad. Gustavo Bayer. Título original alemão: *Rechtssoziologie I-II*. Rio de Janeiro, Tempo Brasileiro, 1985, 2 vols.

LUÑO, Antonio-Enrique Pérez. *La Seguridad Jurídica*. 2ª ed., Barcelona, Editorial Ariel, 1994.

MACÊDO, José Leandro Monteiro de e DIAS, Eduardo Rocha. *A Nova Previdência Social do Servidor Público – de Acordo com a Emenda Constitucional n. 41/2003*. Rio de Janeiro, Letra Legal, 2004.

MACHADO NETO, Antonio Luís. *Sociologia Jurídica*. 6ª ed., São Paulo, Saraiva, 1987.

MACIEL, José Alberto Couto. "Vigência e Compatibilidade da Convenção n. 158 da OIT", *Revista LTR* 60(06)/763-765. São Paulo, LTr, jun./1996.

_____. "Pode o STF julgar Contra a Constituição?", *Revista Jurídica Consulex* 179, de 20.6.2004. Brasília, ano VIII.

MACINTYRE, Alasdair. *Justiça de Quem? Qual Racionalidade?* Coleção Filosofia. São Paulo, Loyola, 1991.

MADRAZO, Jorge Carpizo e. "El Sistema Constitucional Mexicano", in BELAUNDE, D. Garcia; SEGADO, F. Fernandez e VALLE, R. Hernandez (Coord.). *Los Sistemas Constitucionales Iberoamericanos*. Madrid, Editorial Dykinson, 1992, pp. 557-611.

MAGANO, Octávio Bueno. "Convenção n. 158 da OIT", *Revista LTR* 60(06)/748-750. São Paulo, LTr, jun./1996.

MAIOR, A. Souto. *História do Brasil*. 10ª ed., São Paulo, São Paulo Editora, 1974.

MAIOR, Jorge Luiz Souto. "I – O Procedimento Sumaríssimo Trabalhista; II – Comissões de Conciliação Prévia", *Suplemento Trabalhista* 36(33)/159-171. São Paulo, LTr, 2000.

MAMEDE, Gladston. "Neoliberalismo e Desadministrativização", *Revista de Informação Legislativa* 32(127)/151-160. Brasília, Senado Federal, Subsecretaria de Edições Técnicas, jul.-set./1995.

MANFREDI, Valerio Massimo. *Aléxandros – o Sonho de Olympias*. Trad. Mario de Fondelli. Título original: *Aléxandros – il Figlio del Sogno*. Rio de Janeiro, Rocco, 1999.

BIBLIOGRAFIA 659

MANN, Peter H. *Métodos de Investigação Sociológica*. Trad. Octavio Alves Velho. Título original: *Methods Sociological Enquiry*. 2ª ed., Rio de Janeiro, Zahar, 1973.

MANZANO, Marcelo Prado Ferrari. "Custo de Demissão e Proteção do Emprego no Brasil", in OLIVEIRA, Carlos Eduardo Barbosa de e MATTOSO, Jorge Eduardo Levi (Org.). *Crise e Trabalho no Brasil – Modernidade ou Volta ao Passado*. São Paulo, Scritta, 1996, pp. 253-268.

MARINHO, Josaphat. "Reeleição e Desincompatibilização", Prefácio à obra de Sebastião Nery, *A Eleição da Reeleição*. São Paulo, Geração Editorial, 1999, pp. 16-19.

MARQUES, Maria Manuel Leitão; SANTOS, Boaventura de Sousa; PEDROSO, João e Outro. *Os Tribunais nas Sociedades Contemporâneas – o Caso Português*. Porto, Edições Afrontamento, 1996.

MARQUES DE LIMA, Francisco Gérson. "Ações Coletivas Sindicais e Litispendência", *Suplemento Trabalhista* 79/519-522. São Paulo, LTr, jul./1993.

_____. *Lei de Introdução ao Código Civil e Aplicação do Direito do Trabalho*. São Paulo, Malheiros Editores, 1996.

_____. *Direito Processual do Trabalho*. 2ª e 3ª eds., São Paulo, Malheiros Editores, 1997 e 2001.

_____. "Interpretação Axiológica da Constituição, sob o Signo da Justiça", *Estudos de Direito Constitucional – Homenagem a Paulo Bonavides*. São Paulo, LTr, 2001, pp. 53-83.

_____. "Os Deveres Constitucionais: o Cidadão Responsável", in BONAVIDES, Paulo; MARQUES DE LIMA, Francisco Gérson e BEDE, Fayga Silveira (coords.). *Constituição e Democracia. Estudos em Homenagem ao Prof. J. J. Gomes Canotilho*. São Paulo, Malheiros Editores, 2006, pp. 140-187.

_____. "Remessa imediata de Autos à Justiça do Trabalho: um Problema mal resolvido de Competência Constitucional e mal interpretado pelo Superior Tribunal de Justiça", *Suplemento Trabalhista LTR* 6/27-34. São Paulo, LTr, 2006.

_____. *A Justiça – nas Lendas, nas Fábulas e na História Universal*. 2ª ed., Recife, Nossa Livraria, 2007.

_____. "Explorando o Sentido Etimológico dos termos 'oriundas' e 'decorrentes' do art. 114 da constituição federal (www.prt7.mpt.gov.br/artigos/Justiça do Trabalho. Decorrentes e oriundos), acessado em 27.8.2007.

MARQUES DE LIMA, Francisco Meton. "Os Princípios de Direito do Trabalho diante da Reforma Neoliberal", *Revista LTR* 61(05)/621-628. São Paulo, LTr, maio/1997.

_____. *Os Princípios de Direito do Trabalho na Lei e na Jurisprudência*. 2ª ed., São Paulo, LTr, 1997.

660 O SUPREMO TRIBUNAL FEDERAL NA CRISE INSTITUCIONAL BRASILEIRA

_____. *O Resgate dos Valores na Interpretação Constitucional: por uma Hermenêutica reabilitadora do Homem como "Ser-Moralmente-Melhor"*. Fortaleza, ABC, 2001.

MARTÍN, Nuria Belloso. *El Control Democrático del Poder Judicial en España*. Curitiba, Universidade de Burgos, Moinho do Verbo, 1999.

MARTINS FILHO, Ives Gandra da Silva. "Vedação Constitucional à Utilização do Salário Mínimo como Indexador – Problemas do Adicional de Insalubridade e da Alçada – Experiência do Direito Comparado para Solução da Questão", *Revista LTr* 56(04)/411-12. São Paulo, LTr, abr./1992.

_____. "A Justiça do Trabalho do Ano 2000: as Leis 9.756/1988, 9.957 e 9.958/2000, a Emenda Constitucional 24/1999 e a Reforma do Judiciário", *Revista Jurídica Virtual* 8/1-17, 1.1.2000 (www.planalto.gov.br/CCIVIL/revista/Rev_8/just_trabalho.htm).

MAUAD, Marcel José Ladeira. "Convenção 158", *Revista LTR* 60(06)/770-776. São Paulo, LTr, jun./1996.

MELLO, Celso de Albuquerque. "O § 2º do art. 5º da Constituição Federal", in TORRES, Ricardo Lobo (Org.). *Teoria dos Direitos Fundamentais*. Rio de Janeiro, Renovar, 1999, pp. 1-34.

MELLO, Cláudio Ari. *Democracia Constitucional e Direitos Fundamentais*. Porto Alegre, Livraria do Advogado, 2004.

MELLO, Ialba-Luza Guimarães. "A Convenção n. 158", *Suplemento Trabalhista* 142/781-785. São Paulo, LTr, [1996].

MÉNARD, René. *Mitologia Greco-Romana*, vol. 1. Trad. Aldo Della Nina. Título original francês: *La Mythologie dans L'Art Ancien et Moderne*. São Paulo, Fittipaldi, 1985.

MENDES, Cândido. *A Presidência Afortunada – depois do Real, antes da Social-Democracia*. Rio de Janeiro, Record, 1998.

MENDES, Gilmar Ferreira. *Jurisdição Constitucional – o Controle Abstrato de Normas no Brasil e na Alemanha*. São Paulo, Saraiva, 1996.

MENDONÇA, Maria Luíza Vianna Pessoa de. *O Princípio Constitucional da Irretroatividade da Lei – a Irretroatividade da Lei Tributária*. Belo Horizonte, Del Rey, 1996.

MIRABETE, Julio Fabbrini. *Processo Penal*. 3ª ed., São Paulo, Atlas, 1994.

MIRANDA, Jorge. *Manual de Direito Constitucional*. 2ª ed., Coimbra, Coimbra Editora, 1988, 4 ts.

MOMEZZO, Marta Casadei. "Convenção n. 158 da OIT", *Revista LTR* 60(06)/766-769. São Paulo, LTr, jun./1996.

MONTESQUIEU, Charles de Secondat, Baron de. *O Espírito das Leis*. Trad. Cristina Murachco. Título original: *L'Esprit des Lois*. São Paulo, Martins Fontes, 1993.

BIBLIOGRAFIA 661

MORAES, Alexandre de. *Constituição do Brasil Interpretada – e Legislação Constitucional*. São Paulo, Atlas, 2002.

_____. *Direito Constitucional*. 4ª ed., São Paulo, Atlas, 1998.

MORAES, Germana de Oliveira. *Controle Jurisdicional da Administração Pública*. São Paulo, Dialética, 1999.

MORAES NETO, Geneton. *Dossiê Brasil – as Histórias por trás da História recente do País*. 5ª ed., Rio de Janeiro, Objetiva, 1997.

MOREIRA NETO, Diogo de Figueiredo. *Teoria do Poder – Parte I*. São Paulo, Ed. RT, 1992.

MORESO, José Juan. *La Indeterminación del Derecho y la Interpretación de la Constitución*. Madrid, Centro de Estudios Políticos y Constitucionales, 1997.

MORO, Sérgio Fernando. *Jurisdição Constitucional como Democracia*. São Paulo, Ed. RT, 2004.

MÜLLER, Friedrich. *Quem é o Povo? – a Questão Fundamental da Democracia*. Trad. Peter Naumann. São Paulo, Max Limonad, 1998.

NAHAS, Thereza Christina. "Do Rito Sumaríssimo no Processo do Trabalho", *Suplemento Trabalhista* 36(32)/155-158. São Paulo, LTr, 2000.

NALIN, Paulo. "A 'Volta por Cima' dos Juros Capitalizados", *Repertório IOB de Jurisprudência* 3/215-217. São Paulo, 2ª quinz., maio/2000.

NALINI, José Renato. "A Ética nas Profissões Jurídicas", *LEX-Jurisprudência do STF* 19(225)/5-23. São Paulo e Rio de Janeiro, LEX, set./1997.

_____. "A Função Política da Magistratura", *LEX-Jurisprudência do Supremo Tribunal Federal* 21(248)/5-11. São Paulo e Rio de Janeiro, LEX, ago./1999.

_____. "Proposta Concreta para um Novo Judiciário", *LEX-Jurisprudência do Supremo Tribunal Federal* 208/5-54. São Paulo e Rio de Janeiro, LEX, abr./1996.

NASCIMENTO, Amauri Mascaro. "As Dispensas Coletivas e a Convenção n. 158 da OIT", *Rev. LTR* 60(06)/727-744. São Paulo, LTr, jun./1996.

_____. "Breves Observações sobre o Procedimento Sumaríssimo", *Suplemento Trabalhista* 36(26)/131-134. São Paulo, LTr, 2000.

NERY, Sebastião. *A Eleição da Reeleição: Histórias, Estado por Estado*. São Paulo, Geração Editorial, 1999.

NEVES, Celso. "Mandado de Segurança, Mandado de Segurança Coletivo e Mandado de Injunção", *Revista LTR* 52 (11)/1.318. São Paulo, LTr, nov./1988.

NEVES, Marcelo. *A Constitucionalização Simbólica*. São Paulo, Acadêmica, 1994.

NOBRE JÚNIOR, Edilson Pereira. "Reedição de Medida Provisória (Visão Comparativa das Jurisprudências da Corte Constitucional Italiana e do STF)", *Revista de Informação Legislativa* 143(36)/77-83. Brasília, Senado Federal, jul.-set./1999; e *LEX-Jurisprudência do Supremo Tribunal Federal* 21(251)/5-12. São Paulo e Rio de Janeiro, LEX, nov./1999.

662 O SUPREMO TRIBUNAL FEDERAL NA CRISE INSTITUCIONAL BRASILEIRA

NOGUEIRA, Roberto Wanderley. *Justiça Acidental: nos Bastidores do Poder Judiciário*. Porto Alegre, Sergio Antonio Fabris Editor, 2003.

NUNES, Pedro. *Dicionário de Tecnologia Jurídica*. 12ª ed., 2ª tir., Rio de Janeiro, Freitas Bastos, 1993.

NUSDEO, Fábio. *Curso de Economia – Introdução ao Direito Econômico*. 3ª ed. São Paulo, Ed. RT, 2001.

OLIVEIRA, Alexandre Vidigal. "A Constituição-Cidadã e a Crise do Judiciário – Mudanças Estruturais necessárias", *BDA-Boletim de Direito Administrativo* 196-202. Mar./2000.

OLIVEIRA, Francisco Antônio de. "Da Aplicação da Convenção n. 158 da OIT no Processo do Trabalho", *Revista LTR* 60(06)/760-762. São Paulo, LTr, jun./1996.

OLIVEIRA, Luciano e JUNQUEIRA, Eliane Botelho (Orgs.). *Isto ou Aquilo: Sociologia Jurídica nas Faculdades de Direito*. Rio de Janeiro, Letra Capital, 2002.

ORWELL, George. *A Revolução dos Bichos*. 59ª ed., São Paulo, Globo, 1999.

PADOVANI, Umberto e CASTAGNOLA, Luís. *História da Filosofia*. 17ª ed., São Paulo, Melhoramentos, 1995.

PALU, Oswaldo Luiz. *Controle dos Atos de Governo pela Jurisdição*. São Paulo, Ed. RT, 2004.

PASSOS, Edésio. "Garantia do Emprego e a Convenção 158 da OIT", *Suplemento Trabalhista* 39/231-233. São Paulo, LTr, [1996].

PAULO NETTO, José. *Crise do Sociologismo e Ofensiva Neoliberal*. São Paulo, Cortez, 1993.

PAUPÉRIO, Arthur Machado. *Teoria Democrática do Estado*. 3ª ed., Rio de Janeiro, Forense Universitária, 1997.

PÉCAUT, Daniel. *Os Intelectuais e a Política no Brasil – entre o Povo e a Nação*. Trad. Maria Júlia Goldwasser. Título original: *Entre le Peuple et la Nation: les Intellectuels et la Politique au Brésil*. São Paulo, Ática, 1990.

PEDROSO, João; SANTOS, Boaventura de Sousa; MARQUES, Maria Manuel Leitão; e Outro. *Os Tribunais nas Sociedades Contemporâneas – o Caso Português*. Porto, Edições Afrontamento, 1996.

PEIXOTO, Juliana Sombra. *Análise Constitucional da Relativização da Coisa Julgada*. Dissertação. Curso de Mestrado em Direito da UFC, defendida em jun./2007 (inédito).

PERELMAN, Chaïm. *Ética e Direito*. Trad. Maria Ermantina Galvão G. Pereira. Título original: *Éthique et Droit*. São Paulo, Martins Fontes, 1996.

_____. *Tratado da Argumentação*. Trad. Maria Ermantina Galvão G. Pereira. Título original: *Traité de l'Argumentation*. São Paulo, Martins Fontes, 1996.

BIBLIOGRAFIA 663

PIÇARRA, Nuno. *A Separação dos Poderes como Doutrina e Princípio Constitucional – um Contributo para o Estudo das suas Origens e Evolução*. Coimbra, Coimbra Editora, 1989.

PIEDRAHITA, Carlos Restrepo. "El Sistema Constitucional Colombiano", in BELAUNDE, D. Garcia; SEGADO, F. Fernandez e VALLE, R. Hernandez (Coord.). *Los Sistemas Constitucionales Iberoamericanos*. Madrid, Editorial Dykinson, 1992, pp. 173-210.

PIMENTEL, Marcelo. "Afinal, para onde vamos? Como foram arrombados os Cofres da Previdência", *Suplemento Trabalhista* 046/237-241. São Paulo, LTr, 1999.

PINAUD, João Luiz Duboc. *Jornal do Magistrado*. Set.-out./1999.

PINHO, Judicael Sudário de. *Temas de Direito Constitucional e o Supremo Tribunal Federal*. São Paulo, Atlas, 2005.

PIPOLO, Henrique Afonso e RIZZO, Giacomo. "Juros Capitalizados ou Juros de Juros (Anatocismo): Conceito Matemático, Normas Legais e Jurisprudência", *Repertório IOB de Jurisprudência* 3/277-281. São Paulo, 1ª quinz., jul./2000.

PIRES, Aurélio. "A Convenção n. 158 da OIT e a Constituição Federal", *Suplemento Trabalhista* 121/683-685. São Paulo, LTr, [1996].

PLATÃO. *Protágoras*. Trad. e estudo introdutório: Eleazar Magalhães Teixeira. Fortaleza, EUFC-Edições Universidade Federal do Ceará, 1986.

PLUTARCO. *Vidas Paralelas*. Madrid, Editorial LIBRA, 1988.

_____. *Como tirar Proveito de seus Inimigos*. Trad. do grego por Isis Borges B. da Fonseca. São Paulo, Martins Fontes, 1997.

PORTO, Pedro Rui da Fontoura. *Direitos Fundamentais Sociais: Considerações acerca da Legitimidade Política e Processual do Ministério Público e do Sistema de Justiça para sua Tutela*. Porto Alegre, Livraria do Advogado, 2006.

PRIETO, Justo José. "El Sistema Constitucional Paraguayo", in BELAUNDE, D. Garcia; SEGADO, F. Fernandez e VALLE, R. Hernandez (Coord.). *Los Sistemas Constitucionais Iberoamericanos*. Madrid, Editorial Dykinson, 1992.

PRUDENTE, Antonio Souza. "A Lei Injusta e sua Inconstitucionalidade Substancial no Estado Democrático de Direito", *Revista de Informação Legislativa* 30(119)/121-130. Brasília, Diretoria de Informação Legislativa, Senado Federal, jul.-set./1993.

_____. "Medida Provisória e Segurança Jurídica", *Revista Trimestral de Direito Público* 18/69-81. São Paulo, Malheiros Editores, 1997.

QUEZADO, Paulo Napoleão Gonçalves. "O Estado do Estado (ou a Miséria da Democracia)", *Diário do Nordeste*. Fortaleza, 25.2.1999.

RADBRUCH, Gustav. *Introdução à Ciência do Direito*. Trad. Vera Barkow. Título original, *Einführung in die Rechtswissenschaft*. São Paulo, Martins Fontes, 1999.

664   O SUPREMO TRIBUNAL FEDERAL NA CRISE INSTITUCIONAL BRASILEIRA

RAMOS, Elival da Silva. *A Ação Popular como Instrumento de Participação Política*. São Paulo, Ed. RT, 1991.

REALE, Giovani e ANTISERI, Dario. *História da Filosofia: Antiguidade e Idade Média*. São Paulo, Paulus, 1990, 3 vols.

REALE, Miguel. *Teoria Tridimensional do Direito– Situação Atual*. 5ª ed., São Paulo, Saraiva, 1994.

_____. *Filosofia do Direito*. 17ª ed., São Paulo, Saraiva, 1996.

_____. *O Estado Democrático de Direito e o Conflito das Ideologias*. 2ª ed., São Paulo, Saraiva, 1999.

REIS, Carlos David Santos Aarão. "Medida Provisória: Relevância e Urgência como seus Pressupostos", *Revista Trimestral de Direito Público* 18/61-68. São Paulo, Malheiros Editores, 1997.

REIS, Palhares Moreira. "As Togas do STF e o Controle de Constitucionalidade", *Revista Jurídica Consulex* 162. Ano VII, Brasília, 15.10.2003.

REVORIO, Francisco Javier Díaz. *Valores Superiores e Interpretación Constitucional*. Madrid, Centro de Estudios Políticos y Constitucionales, 1997.

REZEK, José Francisco. *Direito Internacional Público – Curso Elementar*. 2ª ed., São Paulo, Saraiva, 1991.

RIBEIRO, Djanira Maria Radamés de Sá. *Teoria Geral do Direito Processual Civil – a Lide e sua Resolução*. Rio de Janeiro, Aide Editora, 1991.

RIBEIRO, Fávila. *Direito Eleitoral*. 3ª ed., Rio de Janeiro, Forense, 1988.

RIZZO, Giacomo e PIPOLO, Henrique Afonso. "Juros Capitalizados ou Juros de Juros (Anatocismo): Conceito Matemático, Normas Legais e Jurisprudência", *Repertório IOB de Jurisprudência* 3/277-281. São Paulo, 1ª quinz., jul./2000.

ROBLES, Gregorio. *Los Derechos Fundamentales e la Ética en Sociedad Actual*. Madrid, Civitas, 1995.

ROCHA, Cármen Lúcia Antunes. "O *Referendum* e a Representação Democrática no Brasil", *Revista de Informação Legislativa* 23(92)/13-40. Brasília, Diretoria de Informação Legislativa, Senado Federal, out.-dez./1986.

ROCHA, José de Albuquerque. *Teoria Geral do Processo*. São Paulo, Saraiva, 1991.

_____. *Estudos sobre o Poder Judiciário*. São Paulo, Malheiros Editores, 1995.

_____. "Poder Judiciário: o que conservar e o que inovar", *Revista de Direito Processual Civil* 15/24-32. Curitiba, Gênesis, jan.-março/2000.

RODRIGUES, Lêda Boechat. *História do Supremo Tribunal Federal*, t. II (1899-1910: *Defesa do Federalismo*). 2ª ed., Rio de Janeiro, Civilização Brasileira, 1991.

RODRIGUES, Sílvio. *Direito Civil*, vol. 2: *Parte Geral das Obrigações*. 19ª ed., São Paulo, Saraiva, 1989.

BIBLIOGRAFIA 665

ROSAS, Roberto. "Suprema Corte Americana: Acompanhamento da Realidade Política e Econômica", *Arquivos do Ministério da Justiça* 49(187)/91-100. Brasília, Ministério da Justiça, jan.-jun./1996.

ROTTERDAM, Erasmo de. *Elogio da Loucura*. Trad. Paulo M. de Oliveira. Série Clássicos. Bauru, São Paulo, Edipro, 1995.

RUIVO, Fernando. "Aparelho Judicial, Estado e Legitimação", in FARIA, José Eduardo (Org.). *Direito e Justiça – a Função Social do Judiciário*. 3ª ed., São Paulo, Ática, 1997, pp. 66-94.

RUPRECHT, Alfredo J. *Os Princípios do Direito do Trabalho na Lei e na Jurisprudência*. Trad. Edilson Alkmin Cunha. São Paulo, LTr, 1995.

RUSCHEL, Ruy. "O Poder Constituinte e a Revolução", *Cadernos de Direito Constitucional e Ciência Política (Instituto Brasileiro de Direito Constitucional)* 2/110-116. São Paulo, Ed. RT, jan.-mar./1993.

SAAD, Eduardo Gabriel. "Temas Trabalhistas (2)", *Suplemento Trabalhista* 54/305-308. São Paulo, LTr, [1996].

_____. "Temas Trabalhistas (3) – Do Procedimento Sumaríssimo", *Suplemento Trabalhista* 36(23)/111-118. São Paulo, LTr, 2000.

_____. "Temas Trabalhistas (4) – Das Comissões de Conciliação Prévia", *Suplemento Trabalhista* 36(43)/235-240. São Paulo, LTr, 2000.

_____. "Resenha LTR", *Suplemento Trabalhista* 27/137. São Paulo, LTr, fev./2000.

SABADELL, Ana Lúcia. *Manual de Sociologia Jurídica*. São Paulo, Ed. RT, 2000.

SALDANHA, Nelson Nogueira. *Pequeno Dicionário da Teoria do Direito e Filosofia Política*. Porto Alegre, Sergio Antonio Fabris Editor, 1987.

_____. "Reflexões sobre a História do Supremo", *Arquivos do Ministério da Justiça* 157/96-101. Rio de Janeiro, Ministério da Justiça, jan.-mar./1981.

_____. *Ética e História*. Rio de Janeiro, Renovar, 1998.

SALVETTI NETTO, Pedro. *Curso de Teoria do Estado*. 7ª ed., São Paulo, Saraiva, 1987.

SANCHES, Sydney. "O Supremo Tribunal Federal: Composição, Competências Originárias e Recursais". *III Ciclo de Estudos de Direito do Trabalho*. Rio de Janeiro, IBCB, 1997.

SANDIM, Emerson Odilon. *O Devido Processo Legal na Administração Pública – com Enfoques Previdenciários*. São Paulo, LTr, 1997.

SANDRONI, Paulo. *Dicionário de Economia do Século XXI*. Rio de Janeiro, Record, 2005.

SANTOS, Boaventura de Sousa. "Introdução à Sociologia da Administração da Justiça", in FARIA, José Eduardo (Org.). *Direito e Justiça – a Função Social do Judiciário*. 3ª ed., São Paulo, Ática, 1997.

666   O SUPREMO TRIBUNAL FEDERAL NA CRISE INSTITUCIONAL BRASILEIRA

_____; MARQUES, Maria Manuel Leitão; PEDROSO, João e Outro. *Os Tribunais nas Sociedades Contemporâneas – o Caso Português*. Porto, Edições Afrontamento, 1996.

SANTOS, Wanderley Guilherme dos. *Décadas de Espanto e uma Apologia Democrática*. Rio de Janeiro, Rocco, 1998.

SARLET, Ingo Wolgang. *A Eficácia dos Direitos Fundamentais*. 3ª ed., Porto Alegre, Livraria do Advogado, 2003.

SCURO NETO, Pedro. *Manual de Sociologia Geral e Jurídica*. 4ª ed., São Paulo, Saraiva, 2000.

SEGADO, Francisco Fernández; BELAUNDE, D. Garcia e VALLE, R. Hernandez (Coords.). *Los Sistemas Constitucionales Ibero Americanos*. Madrid, Editorial Dykinson, 1992.

SICHES, Luis Recaséns. *Tratado de Sociologia*. Trad. João Baptista Coelho Aguiar. Título original da edição mexicana: *Tratado General de Sociología*. Porto Alegre, Globo, 1965.

_____. *Nueva Filosofía de la Interpretación del Derecho*. 2ª ed., México, Porruá, 1973.

SILVA, Antônio Álvares da. "As Indenizações previstas na Convenção n. 158 da OIT", *Revista LTR* 60(06)/742-747. São Paulo, LTr, jun./1996.

SILVA, Carlos Alberto Barata e. "Política Salarial – Plano Bresser", *Revista LTR* 55(08)/907-908. São Paulo, LTr, ago./1991.

SILVA, Christine Oliveira Peter da. *Hermenêutica de Direitos Fundamentais*. Brasília, Brasília Jurídica, 2005.

SILVA, De Plácido e. *Vocabulário Jurídico*. 3ª ed., Rio de Janeiro, Forense, 1991.

SILVA, José Afonso da. *Curso de Direito Constitucional Positivo*. 32ª ed. São Paulo, Malheiros Editores, 2009.

SILVA, José Antônio Ribeiro de Oliveira. "Algumas Considerações sobre o Procedimento Sumaríssimo no Processo do Trabalho", *Suplemento Trabalhista* 36(40)/215-221. São Paulo, LTr, 2000.

SILVA FILHO, Derly Barreto e. "Controle Jurisdicional dos Atos Políticos do Poder Executivo", *Cadernos de Direito Constitucional e Ciência Política (Instituto Brasileiro de Direito Constitucional)* 7/11-23. São Paulo, Ed. RT, abr.-jun./1994.

SILVA FILHO, Fernando Paulo da. "Convenção 158 da OIT — A Discussão Doutrinária se cristaliza agora em nossos Tribunais", *Suplemento Trabalhista* 105/603-609. São Paulo, LTr, [1996].

SILVEIRA, Aramis de Souza. "Os Efeitos da Convenção n. 158 da OIT nas Relações de Trabalho", *Revista LTR* 60(06)/786-787. São Paulo, LTr, jun./1996.

SOARES, Humberto Ribeiro. *Impeachment: Crimes de Responsabilidade do Presidente da República*. Rio de Janeiro, Lumen Juris, 1993.

BIBLIOGRAFIA 667

SOARES, José Ronald Cavalcante. "O Caráter Tuitivo do Direito do Trabalho e a Nova Ordem Política Mundial", in *Estudos de Direito do Trabalho e Direito Processual do Trabalho*. São Paulo, LTr, 1999, pp. 57-75.

SÓFOCLES. *Antígona*. Trad. Millôr Fernandes. Coleção Leitura. Rio de Janeiro, Paz e Terra, 1997.

SOUTO, Cláudio e SOUTO, Solange. *Sociologia do Direito – uma Visão Substantiva*. Porto Alegre, Sergio Antonio Fabris Editor, 1997.

SOUTO, Marcos Juruena Villela. "O Programa Brasileiro de Privatização de Empresas Estatais", *Revista de Informação Legislativa* 28(110)/261-274. Brasília, Senado Federal, Subsecretaria de Edições Técnicas, abr.-jun./1991.

SOUTO, Solange e SOUTO, Cláudio. *Sociologia do Direito – uma Visão Substantiva*. Porto Alegre, Sergio Antonio Fabris Editor, 1997.

SOUZA, Artur de Brito Gueiros. "Justiça Comutativa *vs.* Justiça Distributiva – uma Análise do Pensamento de Friedrich von Hayek e o Papel do Juiz na Sociedade Contemporânea", *Cadernos de Direito Constitucional e Ciência Política (Instituto Brasileiro de Direito Constitucional)* 5(19)/184-195. São Paulo, Ed. RT, abr.-jun./1997.

SOUZA, Luiz Sérgio Fernandes de. *O Papel da Ideologia no Preenchimento das Lacunas no Direito*. São Paulo, Ed. RT, 1993.

SOUZA, Sérgio Alberto de. "A insustentável Leveza do Príncipe Neoliberal", *Gênesis* 15(89)/717-729. Curitiba, Genesis, maio/2000.

SPECK, Bruno Wilhelm. *Caminhos da Transparência: Análise dos Componentes de um Sistema Nacional de Integridade*. Campinas, Ed. UNICAMP, 2002.

SPENCER, Herbert. *La Justicia*. Buenos Aires, Editorial Heliasta, 1978.

STRATHERN, Paul. *Confúcio – em 90 Minutos*. Trad. Cláudio Somogyi. Rio de Janeiro, Jorge Zahar, 1998.

STRECK, Lenio Luiz. "A Hermenêutica Filosófica e as Possibilidades de Superação do Positivismo pelo (neo)Constitucionalismo", in ROCHA, Leonel Severo e STRECK, Lenio Luiz (Orgs.). *Constituição, Sistemas Sociais e Hermenêutica*. Porto Alegre, Livraria do Advogado; São Leopoldo, UNISINOS, 2005.

STRENGER, Irineu. "A Convenção n. 158 da OIT", *Revista da LTR* 60(06)/739-741. São Paulo, LTr, jun./1996.

STUMM, Raquel Denize. *Princípio da Proporcionalidade no Direito Constitucional Brasileiro*. Porto Alegre, Livraria do Advogado, 1995.

SUANNES, Adauto. *Os Fundamentos Éticos do Devido Processo Penal*. São Paulo, Ed. RT, 1999.

SÜSSEKIND, Arnaldo. "Aspectos Controvertidos da Convenção OIT n. 158", *Revista LTR* 60(06)/735-738. São Paulo, LTr, e *Suplemento Trabalhista* 87/523-526. São Paulo, LTr, [1996].

668 O SUPREMO TRIBUNAL FEDERAL NA CRISE INSTITUCIONAL BRASILEIRA

_____. "Aspectos Controvertidos da Convenção OIT-158", *Suplemento Trabalhista* 106/611-614. São Paulo, LTr, [1996].

SWISHER, Carl Brent. *Decisões Históricas da Corte Suprema*. Trad. Arlette Pastor Centurion. Título original: *Historic Decisions of the Supreme Court*. Rio de Janeiro, Forense, 1964.

TALAMINI, Eduardo. *Coisa Julgada e sua Revisão*. São Paulo, Ed. RT, 2005.

TAVARES, André Ramos. "Reflexões sobre a Legitimidade e as Limitações do Poder Constituinte, da Assembléia Constituinte e a Competência Constitucional Reformadora", *Cadernos de Direito Constitucional e Ciência Política (Instituto Brasileiro de Direito Constitucional)* 5(21)/221-240. São Paulo, Ed. RT, out.-dez., 1997.

_____. *Tribunal e Jurisdição Constitucional*. São Paulo, Celso Bastos Editor, 1998.

TEIXEIRA, José Elaeres Marques. *A Doutrina das Questões Políticas no Supremo Tribunal Federal*. Porto Alegre, Sergio Antonio Fabris Editor, 2005.

TEIXEIRA, Sálvio de Figueiredo. "A Unificação da Segunda Instância", *LEX-Jurisprudência do Supremo Tribunal Federal* 21(246)/5-11. São Paulo, LEX Editora, jun./1999.

_____. "O Judiciário Brasileiro e as Propostas de um novo Modelo", *LEX-Jurisprudência do STF* 250/5-10. Brasília, out./1999.

TELLES, Vera da Silva. "Sociedade Civil e Construção de Espaços Públicos", in DAGNINO, Evelina (Org.). *Anos 90 – Política e Sociedade no Brasil*. São Paulo, Brasiliense, 1994.

THOREAU, Henry David. *A Desobediência Civil*. Trad. Sérgio Karam. Porto Alegre, L&PM Pocket, 2001 (versão simplificada, para leitura rápida).

TUCCI, Rogério Lauria. *Direitos e Garantias Individuais no Processo Penal Brasileiro*. São Paulo, Saraiva, 1993.

UNGER, Roberto Mangabeira e GOMES, Ciro. *O Próximo Passo – uma Alternativa Prática ao Neoliberalismo*. Rio de Janeiro, Topbooks, 1996.

VALE, Osvaldo Trigueiro do. *O Supremo Tribunal Federal e a Instabilidade Político-Institucional*. Rio de Janeiro, Civilização Brasileira, 1976.

_____. "O Supremo Tribunal Federal no Império e na República", *Arquivos do Ministério da Justiça* 157/40-57. Rio de Janeiro, Ministério da Justiça, Divisão de Documentação, jan.-mar./1981.

VALLE, R. Hernandez; SEGADO, Francisco Fernández e BELAUNDE, D. Garcia (Coords.). *Los Sistemas Constitucionales Ibero Americanos*. Madrid, Editorial Dykinson, 1992.

BIBLIOGRAFIA 669

VARGAS, Luiz Alberto de e FRAGA, Ricardo Carvalho. "Falácia da Simplicidade Objetiva Determinável", *Suplemento Trabalhista* 36(37)/197-200. São Paulo, LTr, 2000.

VASCONCELOS, Arnaldo. *Direito, Humanismo e Democracia*. 2ª ed. São Paulo, Malheiros Editores, 2006.

_____. *Teoria da Norma Jurídica*. 6ª ed., São Paulo, Malheiros Editores, 2006.

VASCONCELOS, Frederico. *Juízes no Banco dos Réus*. São Paulo, Publifolha, 2005.

VASCONCELLOS, Gilberto Felisberto. *As Ruínas do Pós-Real*. Rio de Janeiro, Espaço e Tempo, 1999.

VECCHIO, Del. *A Justiça*. São Paulo, Saraiva, 1960.

VELLOSO, Carlos Mário. "O Supremo Tribunal Federal, Corte Constitucional (uma Proposta que visa a tornar efetiva a sua Missão precípua de Guarda da Constituição)", *Revista Trimestral de Direito Público* 4/215-238. São Paulo, Malheiros Editores, 1993.

VENTURA, Zuenir. *1968: o Ano que não terminou – a Aventura de uma Geração*. Rio de Janeiro, Nova Fronteira, 1988.

VERDÚ, Pablo Lucas. *O Sentimento Constitucional: Aproximação ao Estudo do Sentir Constitucional como Modo de Integração Política*. Título original: *El Sentimiento Constitucional: Aproximación el Estudio del Sentir Constitucional como Modo de Integración Política*. Trad. de Agassiz Almeida Filho. Rio de Janeiro, Forense, 2004.

VIEHWEG, Theodor. *Tópica e Jurisprudência*. Trad. Tércio Sampaio Ferraz Jr. Coleção Pensamento Jurídico Contemporâneo. Brasília, Departamento de Imprensa Nacional, 1979.

VIEIRA, Oscar Vilhena. *Supremo Tribunal Federal – Jurisprudência Política*. 2ª ed., São Paulo, Malheiros Editores, 2002.

_____. *Direitos Fundamentais – uma Leitura da Jurisprudência do STF*. São Paulo, Malheiros Editores, 2006.

VIGO, Rodolfo Luís. *Interpretación Constitucional*. Buenos Aires, Abeledo-Perrot, 1993.

VILANOVA, Lourival. "A Dimensão Política nas Funções do Supremo Tribunal Federal", *Arquivos do Ministério da Justiça* 157/58-76. Rio de Janeiro, Ministério da Justiça, jan.-março/1981.

VILELA, Mileny Reis. "A Polêmica acerca da Verticalização das Coligações Partidárias para as Eleições de 2002: o Julgamento das Ações Diretas de Inconstitucionalidade n. 2626-7 e 2628-3", in CRUZ, Álvaro Ricardo de Souza (Coord.). *O Supremo Tribunal Federal Revisitado*. Belo Horizonte, Mandamentos, 2003, pp. 327-360.

VILHENA, Paulo Emílio Ribeiro de. "A Convenção n. 158 da OIT — Vigência e Aplicabilidade", *Revista LTR* 60(06)/751-755. São Paulo, LTr, jun./1996.

670 O SUPREMO TRIBUNAL FEDERAL NA CRISE INSTITUCIONAL BRASILEIRA

VINCENTINO, Cláudio. *História Geral*. São Paulo, Scipione, 1997.

WOLKER, Antonio Carlos. "Uma nova Conceituação Crítica de Legitimidade", *Cadernos de Direito Constitucional e Ciência Política (Instituto Brasileiro de Direito Constitucional)* 5/25-31. São Paulo, Ed. RT, out.-dez./1993.

YAMASHITA, Douglas. "Controle de Constitucionalidade de Medidas Provisórias à luz do Princípio da Proporcionalidade – Considerações sobre o Estado Democrático de Direito no Brasil", *Repertório IOB de Jurisprudência* 5/160-173. São Paulo, IOB, mar./1999.

YOSHIDA, Márcio. "O Direito de Reintegração em Face da Convenção n. 158 da OIT", *Revista LTR* 60(06)/788-789. São Paulo, LTr, jun./1996.

ZAFFARONI, Eugenio Raúl. *Estructuras Judiciales*. Buenos Aires, Ediar, 1994.

ZAVASCKI, Teori Albino. *Eficácia das Sentenças na Jurisdição Constitucional*. São Paulo, Ed. RT, 2001.

Periódicos e repositórios de jurisprudência (em ordem alfabética)

Almanaque Abril CD-ROM, verbete "Planos Econômicos". 4ª ed. ABRIL Multimídia.

Anuário Estatístico do IBGE. Rio de Janeiro, IBGE, publicação anual.

Arquivos do Ministério da Justiça. Brasília. Ministério da Justiça, publicação semestral.

Boletim de Direito Administrativo. São Paulo. NDJ, publicação mensal.

Cadernos de Direito Constitucional e Ciência Política. São Paulo. Ed. RT, publicação trimestral.

Correio Brasiliense. Brasília, Diários Associados, publicação diária.

Diário do Nordeste. Fortaleza, Verdes Mares, publicação diária.

Folha de S. Paulo. São Paulo, publicação diária.

Época. Editora Globo, publicação semanal.

Exame. São Paulo, Ed. Abril, publicação quinzenal.

Informa Jurídico – Jurisprudência/Legislação, Bases de Dados. Versão 12. CD's I e II. Softwares Prolink. Cuiabá, Prolink, 1.7.1997.

Informativo STF. Brasília, Imprensa Nacional, publicação semanal.

Internet, especialmente o site do STF (www.stf.gov.br)

IstoÉ. São Paulo, Ed. Três.

Jurisprudência do Supremo Tribunal Federal e Superior Tribunal de Justiça. 4ª ed. Versão 3.1ª, em CD-ROM. Brasília, Folio Bound Views, distribuído por CD-Graf Publicações Eletrônicas, 1994.

BIBLIOGRAFIA 671

LEX-Jurisprudência do STF. São Paulo, LEX, publicação mensal.

O Estado de S. Paulo. São Paulo, publicação diária.

O Povo. Fortaleza, Empresa Jornalística *O Povo*, publicação diária.

Repertório IOB de Jurisprudência. São Paulo, IOB Informações Objetivas, publicação quinzenal.

Revista Brasileira de Estudos Políticos. Belo Horizonte, Universidade Federal de Minas Gerais (UFMG), imprensa universitária, publicação semestral.

Revista de Informação Legislativa. Brasília, Centro Gráfico do Senado Federal, publicação trimestral.

Revista dos Tribunais. São Paulo, Ed. RT, publicação mensal.

Revista LTR. São Paulo, LTr, publicação mensal.

Revista Trimestral de Direito Público. São Paulo, Malheiros Editores, publicação trimestral.

Revista Trimestral de Jurisprudência. Brasília, Imprensa Nacional, publicação trimestral.

SuperInteressante. São Paulo, Ed. Abril, publicação mensal.

Veja. São Paulo, Ed. Abril, publicação semanal.

* * *

01183

GRÁFICA PAYM
Tel. (011) 4392-3344
paym@terra.com.br